TRAUNER VERLAG

BILDUNG

Bildung, die begeistert!

Ihr interaktives E-Book *plus* in der TRAUNER-DigiBox

Das Plus zum gedruckten Buch

+ Angereichertes E-Book
+ Multimediale Inhalte
+ Vielfältige Zusatzmaterialien auf einen Blick
+ Einfache Navigation
+ Für verschiedene Endgeräte (PC, Mac, Tablet, Smartphone)

Spannendes Lernen an jedem Ort.

Film ab! Lernvideos motivieren

Interaktives E-Book

Interaktive Abbildungen

Safety-Checks überprüfen den Kompetenzerwerb automatisch

Kopier- und Vervielfältigungsverbot

Wir weisen darauf hin, dass gem. § 42/6 UrhG kein Teil dieses Schulbuches in irgendeiner Form ohne schriftliche Genehmigung des Verlages reproduziert (kopiert) oder unter Verwendung elektronischer Systeme verarbeitet, vervielfältigt oder verbreitet werden darf.

Dieses Buch wurde auf Papier aus nachhaltiger Forstwirtschaft gedruckt.

© 2019
TRAUNER Verlag + Buchservice GmbH,
Köglstraße 14, 4020 Linz,
Österreich/Austria
Alle Rechte vorbehalten.
Layout wurde vom Patentamt mustergeschützt: © Österreich 2010

Nachdruck und sonstige Vervielfältigung, auch auszugsweise, nur mit ausdrücklicher Genehmigung des Verlages.

Lektorat/Produktmanagement:
Mag. Magdalena Rose,
Veronika Schiefer, MA
Korrektorat: Bettina Trauner
Titelgestaltung: Bettina Victor
Grafik und Gestaltung:
Michael Wenigwieser
Schulbuchvergütung/Bildrechte:
© Bildrecht GmbH/Wien
Gesamtherstellung:
Johann Sandler GesmbH & Co KG
Druckereiweg 1, 3671 Marbach

ISBN 978-3-99113-290-5
Schulbuch-Nr. 180.840

www.trauner.at

Impressum

Zauner u. a., DigitalWerkstatt – Officemanagement und angewandte Informatik I HAK, Office 365

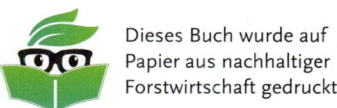

1. Auflage 2022
Schulbuch-Nr. 180.840
TRAUNER Verlag, Linz

Die Autorinnen

Doris Zauner, MEd MSc
Höhere Bundeslehranstalt für wirtschaftliche Berufe Steyr

Dipl.-Päd. Claudia Adlung, BEd
Bundeshandelsakademie und Bundeshandelsschule Traun

Elke Kepplinger, BEd
Höhere Bundeslehranstalt für wirtschaftliche Berufe und Hotelfachschule Weyer

Claudia Malli-Voglhuber, BEd MA
Vortragende an der Pädagogischen Hochschule OÖ

Eva Christina Pöttschacher, BEd MSc
Höhere Bundeslehranstalt für wirtschaftliche Berufe und Hotelfachschule Weyer

Approbiert für den Unterrichtsgebrauch an Handelsakademien für den ersten Jahrgang im Unterrichtsgegenstand Officemanagement und angewandte Informatik. Bundesministerium Bildung, Wissenschaft und Forschung, 5.048/0034-IT/3/2016=2021-0.428.026 (BMBWF/Trauner) vom 24. September 2021.

Liebe Schülerin, lieber Schüler,
Sie bekommen dieses Schulbuch von der Republik Österreich für Ihre Ausbildung. Bücher helfen nicht nur beim Lernen, sondern sind auch Freunde fürs Leben.

Die Inhalte entsprechen dem vorgeschriebenen Kompetenzraster laut Bildungsstandards und sind laut Lehrplan zu vermitteln. Eine Auswahl bzw. Gewichtung ist nur innerhalb einzelner Kapitel (Beispiele bzw. Vertiefungsangebote) gewährleistet, nicht jedoch dürfen lt. Ministerium einzelne Kapitel oder Kompetenzbereiche ausgelassen werden.

Wichtiger Hinweis zu OFFICE 365
Bei OFFICE 365 kann es durch Unterschiede in der Installationsumgebung zu einem leicht veränderten Erscheinungsbild der Programm-Oberflächen kommen. Zusätzlich gibt es Unterschiede, je nachdem, ob mit einem mobilen Endgerät oder einem Desktop-PC gearbeitet wird. OFFICE 365 wird von MICROSOFT laufend mit Updates versorgt, es können daher gegebenenfalls neue oder veränderte Funktionen im vorliegenden Schulbuch noch nicht berücksichtigt sein. Die Designs können sich ebenfalls unterscheiden. Die in den Übungen verwendeten Designs stellen daher nur einen Vorschlag dar.

Einleitung

Aktives Arbeiten mit aktueller Software, Zusammenhänge verstehen und Informationen kritisch hinterfragen: All das und noch viel mehr trainieren die Schüler/innen in der Reihe **„DigitalWerkstatt – Officemanagement und angewandte Informatik"**. Das umfangreiche Übungsangebot schafft einen (digitalen) Arbeitsraum mit viel Platz zum Lernen, Probieren und Entfalten.

Wesentliche Elemente und verwendete Symbole

Die **Ziele** am Anfang jedes Kapitels zeigen den Schülerinnen und Schülern, was sie nach Bearbeitung können sollen. Sie sind mit den Farben Blau, Rot und Schwarz nach der Kompetenzstufe gekennzeichnet.

Meine Ziele

Nach Bearbeitung dieses Kapitels kann ich
- Blau (wiedergeben, verstehen);
- Rot (anwenden);
- Schwarz (analysieren und entwickeln).

KOMPETENZ-ERWERB

Zur Erarbeitung der Kenntnisse und Fertigkeiten sowie zur Kontrolle des Lernerfolgs stehen den Lernenden WissensChecks, WorkBoxen und umfassende Arbeitsaufträge („Ziele erreicht?") zur Verfügung.

WissensCheck, WorkBox, Ziele erreicht?

Die WorkBoxen und „Ziele erreicht?"-Aufgaben sind ebenfalls nach dem Kompetenzmodell mit den Farben Blau, Rot, Schwarz gekennzeichnet. Es wird unterschieden zwischen Aufgaben, bei denen die Schüler/innen
- die gelernten Fachinhalte wiedergeben und verstehen;
- erworbenes Wissen anwenden können;
- eigenständig Probleme analysieren und Lösungen entwickeln.

 Besonders Wichtiges wird in **Merksätzen** hervorgehoben. Sie unterstützen beim Lernen.

Let's do this!

Durchgängige Demobeispiele unterstützen die Schüler/innen beim Erarbeiten wichtiger Funktionen und fördern die Kreativität.

···· PROFI-TIPP ····

Tipps und Tricks von Expertinnen/Experten bereiten
die Schüler/innen perfekt auf die Arbeitswelt vor.

WissensChecks können mithilfe der Informationen aus dem Buchtext beantwortet werden.

 WorkBoxen erfordern die praktische Umsetzung des Wissens und verlangen zum Teil eigene kreative Lösungsansätze. Sie helfen den Lernenden, die Kenntnisse und Fertigkeiten zu festigen.

 „Ziele erreicht? – Aufgaben" am Ende eines Kapitels ermöglichen den Lernenden, selbst festzustellen, inwieweit sie in ihrem Lernprozess erfolgreich waren. Der Kompetenzzuwachs wird aufgezeigt.

Kompetenzen erworben?
Kreuzen Sie aufgrund der durchgeführten Ziele erreicht?-Aufgaben an, ob Sie die Kompetenzen
😊 **zur Gänze**
😐 **überwiegend** oder
☹ **(noch) nicht ausreichend**
erworben haben. Wiederholen Sie den jeweiligen Lehrstoff im Buch, falls Sie einzelne Ziele noch nicht erreicht haben.

Folgende weitere Piktogramme unterstützen das Lehren und Lernen im Buch:

 Arbeitsaufträge

 Schritt-für-Schritt-Anleitungen

 Verweise zu Gesetzen

 Diskussionsaufgaben

 Wissenswertes und Tipps

 Verknüpfungen zu anderen Gegenständen, Kapiteln oder Internetlinks

 Tastschreiben – Schreibfertigkeit

 Hilfreiche Programme und Apps

 Achten Sie auf Ihre Sicherheit!

 Bitte speichern!

 Programmschritte

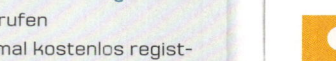 Videos, die mittels QR-Code bzw. Link aufgerufen werden können

 Downloads aus der TRAUNER-DigiBox (www.trauner-digibox.com)

Viel Freude und Erfolg wünschen die Autorinnen!

STARTEN SIE IHR DIGITALES ZUSATZPAKET ZUM BUCH!

In der TRAUNER-DigiBox (www.trauner-digibox.com) finden Sie Ihr persönliches E-Book und die Zusatzmaterialien zum Buch:
- www.trauner-digibox.com aufrufen
- Einmal kostenlos registrieren
- Ihr digitales Zusatzpaket mit **Lizenz-Key** auf der Rückseite des Buches freischalten.

Inhaltsverzeichnis

I	**Durchstarten mit MICROSOFT 365**	7

Mit MICROSOFT 365 arbeiten 8

1	Die ersten Schritte am Computer	9
1.1	Computer starten und sich anmelden	9
1.2	Energie sparen, Herunterfahren oder Neu starten	9
1.3	Abmelden oder Sperren	10
1.4	WINDOWS per Maus bzw. Touchpad oder Tastatur steuern	10
1.5	Mit Fenstern arbeiten	12
2	MICROSOFT 365-Programme und -Apps kennenlernen	13
2.1	Office.com erkunden	14
2.2	MICROSOFT 365 installieren	19
3	Microsoft ONEDRIVE FOR BUSINESS nutzen	20
3.1	Dokumente auf ONEDRIVE speichern und teilen	20
3.2	ONEDRIVE FOR BUSINESS am eigenen PC installieren	25
4	Mit Microsoft TEAMS online zusammenarbeiten	26
4.1	Die TEAMS-Oberfläche erkunden	27
4.2	Über TEAMS kommunizieren	29
4.3	Dokumente und Aufgaben in TEAMS bearbeiten	33
5	Mit MICROSOFT ONENOTE KLASSENNOTIZBUCH organisiert arbeiten	35

II	**IT betrifft uns alle**	41

So arbeitet ein Computer 42

1	Datenreise durch den Computer	43
1.1	Datenverarbeitung ganz einfach	43
1.2	Das EVA-Arbeitsprinzip verstehen	44
2	Das binäre Zahlensystem kennenlernen	45
2.1	Bits und Bytes – Speicherkapazitäten umrechnen	46
2.2	Digitale und analoge Daten unterscheiden	47
3	Hardware und Software unterscheiden	48

Hardware – die Anatomie des Computers 52

1	Hardware-Technik verstehen	53
2	Die Hauptkomponenten eines Computers kennenlernen	54
2.1	CPU – Hauptprozessor	54
2.2	Motherboard	55
2.3	Bussystem	56
2.4	Schnittstellen	56
2.5	RAM – Arbeitsspeicher (Random Access Memory)	58
2.6	ROM – Festwertspeicher (Read Only Memory)	58
2.7	Grafikkarte und Soundkarte	59
3	Massenspeicher im Überblick	62
3.1	Magnetische Speicher nutzen	63
3.2	Optische Speicher verwenden	64
3.3	Elektronische Speicher nutzen	65
4	Außenansichten unterscheiden	67
5	Tipps für den Computerkauf	68
6	Ein- und Ausgabegeräte genauer kennenlernen	70
6.1	Eingabegeräte unterscheiden	71
6.2	Ausgabegeräte unterscheiden	74
7	Einfache technische Probleme lösen	77

Software – der unsichtbare Boss am Computer 82

1	Software-Arten unterscheiden	83
1.1	System-Software kennenlernen	83
1.2	Anwendungs-Software entdecken	85
2	Betriebssysteme kennenlernen	88
2.1	Die Aufgaben des Betriebssystems verstehen	88
2.2	Verschiedene Betriebssysteme im Vergleich	89
3	Software kaufen	91
4	Lernplattformen nutzen	93
4.1	Die Funktionen von Lernplattformen entdecken	93
4.2	Lernplattformen kennenlernen	94

Das Betriebssystem WINDOWS 11 erkunden 99

1	Die Benutzeroberfläche kennenlernen	100
1.1	Den Desktop erkunden	100
1.2	Mit der Taskleiste arbeiten	101
1.3	Das Startmenü entdecken	102
1.4	Die WINDOWS-Suche nutzen	103
1.5	Die Mitteilungszentrale verwenden	104
1.6	Mit dem Papierkorb arbeiten	104
1.7	Den WINDOWS-Task-Manager einsetzen	106
1.8	Probleme mit der WINDOWS-Hilfe lösen	107
2	Die WINDOWS-Einstellungen im Überblick	109
2.1	Software und Apps installieren und deinstallieren	110
2.2	Drucker installieren und einrichten	113
2.3	Netzwerk und Internet – WLAN nutzen	115
2.4	Konten – persönliche Einstellungen ändern	117
2.5	Sicher unterwegs dank der WINDOWS-Sicherheit	120

Dateien sinnvoll und sicher organisieren 124

1	Die Oberfläche des WINDOWS-Explorers kennenlernen	125
2	Dateien und Ordner im WINDOWS-Explorer verwalten	131
2.1	Dateien und Ordner erstellen	132
2.2	Dateien und Ordner umbenennen, kopieren oder verschieben	133
2.3	Verknüpfungen erstellen	135
2.4	Eigenschaften von Dateien und Ordnern anzeigen	137
2.5	Dateien und Ordner komprimieren bzw. extrahieren	140
2.6	Mit Netzlaufwerken arbeiten	142
2.7	ONEDRIVE im Datei-Explorer nutzen	143
3	Sicher mit Daten umgehen	144
3.1	Dateien speichern	145
3.2	Dateien sichern	145

III	**Mit WORD arbeiten**	151

Tipp für Tipp zum Schreibprofi 152

1	Tastenfeld kennen	153
2	Zügig Texte eingeben	155
2.1	Wichtige Tipps, um zum Schreibprofi zu werden	155
2.2	Training mit Multimedia-Typing	156
2.3	Tippübungen	157

WORD kennenlernen 171

1	Erste Schritte in WORD	172
1.1	WORD starten	172
1.2	Die WORD-Oberfläche erkunden	173

1.3	Die Backstage-Ansicht erforschen		174
2	WORD-Basics einsetzen		181
2.1	Blick auf das Dokument		181
2.2	Text erfassen und bearbeiten		183
2.3	Zwischenablage einsetzen		185
2.4	Kopf- und Fußzeile einfügen		187
3	Schlaue Dienste in WORD nutzen		189
3.1	Silbentrennung und Trennstriche verwenden		189
3.2	Suchen und Ersetzen anwenden		191
3.3	Hilfsquellen nutzen		193
3.4	AutoKorrektur anwenden		194
3.5	Dokument überprüfen		195
3.6	Laut vorlesen		197

WORD-Dokumente designen — 200

1	WORD-Formatierungsarten überblicken	201
1.1	Zeichenformatierung anwenden	201
1.2	Absatzformatierung nutzen	208
1.3	Seitenformatierung einstellen	214
2	Dokumente kreativ und übersichtlich gestalten	217
2.1	Designs auswählen	218
2.2	Formatvorlagen anwenden	219
2.3	Illustrationen einfügen und bearbeiten	222
2.4	Dokumente strukturieren: Aufzählungen und Nummerierungen	238
2.5	Rahmenlinien und Schattierungen einfügen	241
2.6	Textelemente kreativ einsetzen	244

Mit Tabulatoren und Tabellen strukturiert arbeiten — 252

1	Listen mit Tabulatoren erstellen	253
1.1	Arten von Tabstopps unterscheiden	253
1.2	Tabstopps setzen	254
2	Mit Tabellen arbeiten	259
2.1	Tabelle einfügen	260
2.2	Tabellen formatieren	262
2.3	In WORD-Tabellen rechnen	270
3	Mit Tabulatoren und Tabellen gestalten	273

IV Perfekte Schriftstücke erstellen — 279

Gültige Standards im Schriftverkehr anwenden — 280

1	Begriffe richtig abkürzen	281
2	Zeichen korrekt schreiben und einsetzen	286
2.1	Satzzeichen setzen	287
2.2	Diakritische Zeichen einfügen	288
2.3	Rechenzeichen verwenden	289
2.4	Anführungszeichen setzen	290
2.5	Klammern schreiben	291
2.6	Auslassungszeichen einsetzen	292
2.7	Wortersatzzeichen nutzen	293
2.8	Mittelstrich einsetzen	297
2.9	Schrägstrich schreiben	300
3	Korrekte Schreibweise von Ziffern und Zahlen anwenden	302

Ab die Post – Briefe und E-Mails schreiben — 307

1	Das Einmaleins der Briefgestaltung	308
1.1	Privat- und Geschäftsbriefe unterscheiden	309
1.2	Briefbestandteile im Überblick	310
1.3	Briefkopf mit Absenderangabe gestalten	313
1.4	Empfängeranschrift einfügen	314
1.5	Bezugszeichen richtig platzieren	318
1.6	Aussagekräftigen Betreff wählen	321
1.7	Anrede und Brieftext formulieren	322
1.8	Briefabschluss gestalten	323
1.9	Unternehmensinformationen in der Fußzeile einfügen	327
2	Übung macht den Meister: Musterbriefe verfassen	328
2.1	Privatbriefe gestalten	328
2.2	Geschäftsbriefe richtig formatieren	330
3	Professionelle E-Mails verfassen	334

V Aufgepasst! Referate spannend gestalten — 341

Präsentieren leicht gemacht — 342

1	Präsentationen vorbereiten	343
2	Mit POWERPOINT arbeiten	345
2.1	Die POWERPOINT-Oberfläche kennenlernen	346
2.2	Neue Folien erstellen	347
2.3	Ansichtsarten anwenden	347
2.4	Onlinevorlagen verwenden	350
2.5	Präsentation bearbeiten	351
2.6	Kopf- und Fußzeilen einfügen	351
2.7	Folien drucken	352

Erfolgreich präsentieren mit POWERPOINT — 355

1	Folien designen	356
1.1	Folienlayout ändern	356
1.2	Platzhalter einfügen und bearbeiten	356
1.3	Designs auswählen	357
1.4	Designideen verwenden	359
1.5	Folienmaster erstellen	360
2	Texte und Objekte ansprechend gestalten	361
2.1	Texte im Platzhalter formatieren	362
2.2	Objekte im Platzhalter formatieren	362
3	Folienübergänge auswählen	371

VI Online sicher agieren — 375

Mit Internetdiensten sicher arbeiten — 376

1	Internetdienste kennenlernen	377
2	Informationen im Internet beschaffen	378
2.1	Was suchen Sie?	379
2.2	Wo suchen Sie?	380
2.3	Suchergebnisse auswerten	382
2.4	Suchergebnisse sammeln	384

Soziale Netzwerke verantwortungsvoll nutzen — 387

1	Richtiges Verhalten im Internet	388
1.1	Netiquette einhalten	388
1.2	Datenschutz und Recht am eigenen Bild beachten	389
1.3	Privatsphäre schützen	389
2	Social Media überblicken	390
2.1	Social-Media-Anwendungen kennenlernen	390
2.2	Soziale Netzwerke kritisch betrachten	391

VII Themenübergreifende Fallbeispiele — 397

Stichwortverzeichnis — 398
Übungsverzeichnis — 402
Bildnachweis — 404

I Durchstarten mit MICROSOFT 365

Sie finden: Mit MICROSOFT 365 arbeiten/ Seite 8

I Durchstarten mit MICROSOFT 365

Mit MICROSOFT 365 arbeiten

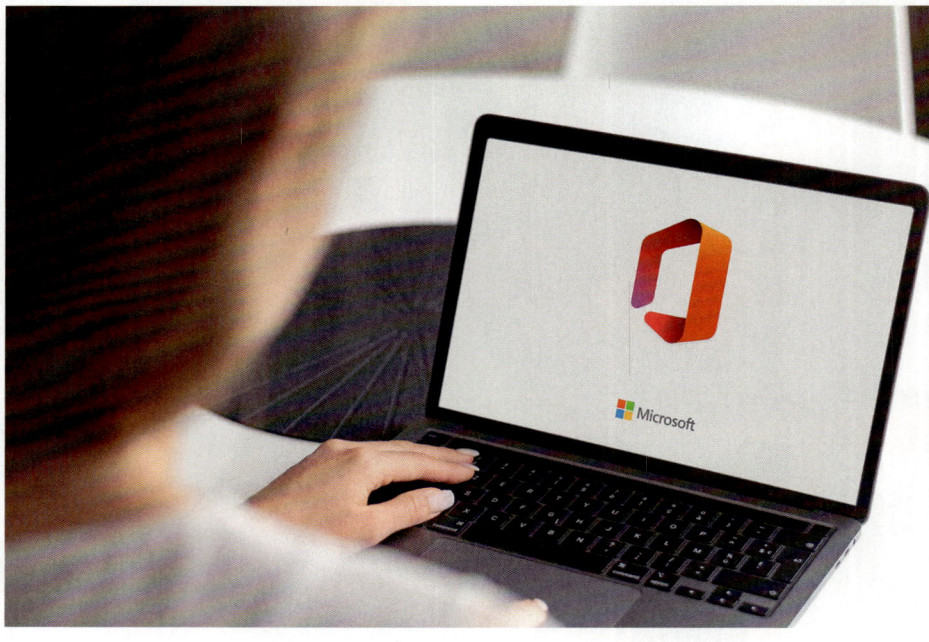

💡 Durch die Updates der Online-Programme und Apps können rasch neue Funktionen und Änderungen verfügbar sein. Deswegen sieht ein Screenshot im Buch möglicherweise geringfügig anders aus, als das Programm auf Ihrem PC.

FILM AB!

Damit Sie für das kommende Schuljahr gut gewappnet sind, finden Sie im Video unter www.trauner.at/internetrecherche hilfreiche Tipps zur Informationssuche im Internet.

Sie bereiten ein Referat gemeinsam mit einer Klassenkollegin oder einem Klassenkollegen vor? Wie gut, dass Sie über MICROSOFT ONEDRIVE FOR BUSINESS in Sekundenschnelle Unterlagen austauschen können. Ja sogar gleichzeitig an einem Dokument zu arbeiten wird so zum Kinderspiel.

Einen Termin zu finden, an dem alle Mitglieder Ihrer Lerngruppe nachmittags in der Schule bleiben können, grenzt an Zauberei? Dank MICROSOFT TEAMS müssen gar nicht alle am gleichen Ort sein. Sie können sich ganz einfach zu einem Videotelefonat verabreden oder über TEAMS chatten.

Der professionelle Umgang mit aktueller Software wird Ihnen nicht nur Ihren Schulalltag erleichtern. Die Programme, die Sie nun genauer kennenlernen, werden Sie Ihre gesamte berufliche Laufbahn begleiten.

 Meine Ziele

Nach Bearbeitung dieses Kapitels kann ich
- mich auf office.com zurechtfinden, v. a. in den Apps ONEDRIVE FOR BUSINESS, TEAMS und ONENOTE;
- die Programme und Apps von MICROSOFT 365 online auf office.com nutzen;
- das Programmpaket auf meinen privaten Rechner herunterladen und dort sowie auf dem Mobiltelefon installieren;
- Dateien auf ONEDRIVE speichern, teilen und bearbeiten;
- mithilfe von TEAMS chatten, videotelefonieren sowie Dateien bearbeiten und Aufgaben erledigen;
- auf Anweisung mit ONENOTE KLASSENNOTIZBUCH im Unterricht arbeiten.

8

Mit MICROSOFT 365 arbeiten

1 Die ersten Schritte am Computer

Chiara und Chris unterhalten sich nach dem Unterricht. „Bisher konnte ich fast alles, was ich im Alltag gebraucht habe, auf meinem Smartphone oder dem Tablet erledigen. Da ist die Bedienung schon ein bisschen anders als auf einem Notebook oder einem Computer." „Ja, so geht es mir auch", stimmt Pascal ihr zu, „Da muss man sich erst mal daran gewöhnen."

💬 Überlegen Sie, wo die Unterschiede in der Bedienung von Smartphones bzw. Tablets zu Computern und Notebooks liegen.

1.1 Computer starten und sich anmelden

Um mit einem Computer und den MICROSOFT 365-Programmen arbeiten zu können, ist es notwendig, dass ein Betriebssystem, wie z. B. WINDOWS 11 installiert ist.

Sie erlernen nun die grundlegenden Schritte, zum Start von WINDOWS.

🔗 Die grundlegenden Aufgaben des Betriebssystems werden Sie im Kapitel „Software – der unsichtbare Boss am Computer" kennenlernen.

👣 **SCHRITT FÜR SCHRITT:**
STARTEN UND ANMELDEN

❶ Computer einschalten – ein Selbsttest wird durchgeführt – der Sperrbildschirm erscheint.
❷ Klicken bzw. tippen Sie auf den Sperrbildschirm – alternativ drücken Sie eine Taste auf der Tastatur.
❸ Geben Sie auf der Anmeldeseite Ihren Benutzernamen und Ihr Kennwort ein.
❹ Der WINDOWS-Desktop erscheint.

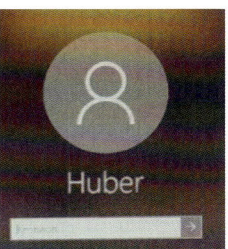

Schon gewusst?
In der Schule bekommen Sie Ihren Benutzernamen und Ihr Passwort von der Administratorin/vom Administrator zugeteilt.

1.2 Energie sparen, Herunterfahren oder Neu starten

 SCHRITT FÜR SCHRITT:
ENERGIE SPAREN, HERUNTERFAHREN ODER NEU STARTEN

❶ Klicken Sie auf die Schaltfläche Start.
❷ Klicken Sie rechts unten auf das Ein/Aus-Symbol.
❸ Wählen Sie die entsprechende Funktion aus.

Wenn ich länger nichts mit dem Touchpad oder der Tastatur mache, wechselt mein Computer automatisch in den Energiesparmodus. Dann muss ich nur über das Touchpad streichen, um ihn „aufzuwecken".

I Durchstarten mit MICROSOFT 365

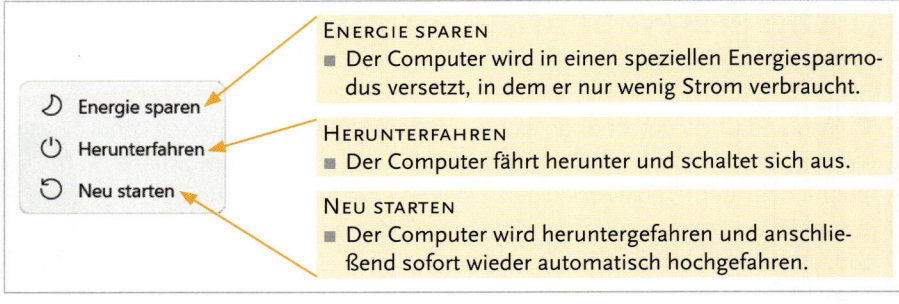

ENERGIE SPAREN
- Der Computer wird in einen speziellen Energiesparmodus versetzt, in dem er nur wenig Strom verbraucht.

HERUNTERFAHREN
- Der Computer fährt herunter und schaltet sich aus.

NEU STARTEN
- Der Computer wird heruntergefahren und anschließend sofort wieder automatisch hochgefahren.

1.3 Abmelden oder Sperren

SCHRITT FÜR SCHRITT: ABMELDEN ODER SPERREN

1. Klicken Sie auf die Schaltfläche START.
2. Klicken Sie links unten auf ihren Benutzernamen.
3. Wählen Sie die entsprechende Funktion aus.

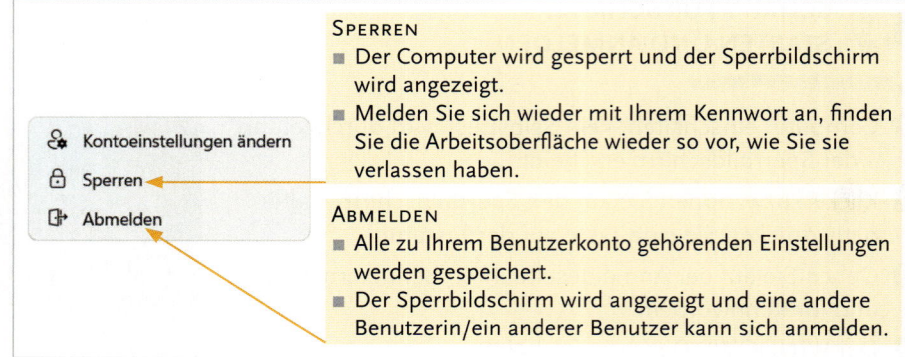

SPERREN
- Der Computer wird gesperrt und der Sperrbildschirm wird angezeigt.
- Melden Sie sich wieder mit Ihrem Kennwort an, finden Sie die Arbeitsoberfläche wieder so vor, wie Sie sie verlassen haben.

ABMELDEN
- Alle zu Ihrem Benutzerkonto gehörenden Einstellungen werden gespeichert.
- Der Sperrbildschirm wird angezeigt und eine andere Benutzerin/ein anderer Benutzer kann sich anmelden.

Computer sperren
⊞ + L (engl. to lock = sperren)

1.4 WINDOWS per Maus bzw. Touchpad oder Tastatur steuern

Die Maus bzw. das Touchpad sind neben der Tastatur bei grafischen Benutzeroberflächen die wichtigsten Eingabegeräte. WINDOWS belegt standardmäßig die linke Maustaste. Durch Betätigen der **rechten Maustaste** öffnet sich das **Kontextmenü.**

Kontextmenü = Zusammenstellungen von Befehlen, die zum angeklickten Objekt passen. Das Kontextmenü kann daher für jeden Punkt der WINDOWS-Oberfläche anders aussehen.

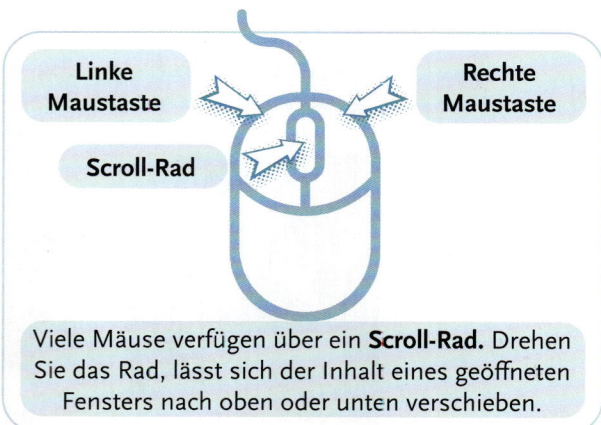

Viele Mäuse verfügen über ein **Scroll-Rad.** Drehen Sie das Rad, lässt sich der Inhalt eines geöffneten Fensters nach oben oder unten verschieben.

Linke Maustaste
- Einfacher Klick: Ein Objekt wird ausgewählt.
- Doppelklick: Ein Objekt wird ausgewählt und geöffnet.
- Klick + Strg: Wird nach dem ersten Klick Strg gedrückt, können mehrere Objekte ausgewählt werden.
- Klick + ⇧: Wird vor dem zweiten Klick die ⇧-Taste gedrückt, werden alle Objekte im Bereich zwischen erstem und zweitem Klick ausgewählt.
- Ziehen: Ausgewählte Objekte werden verschoben.
- Zeigen: Zum Objekt wird ein Pop-up-Fenster mit erläuternden Informationen oder Hinweistexten angezeigt.

Mit MICROSOFT 365 arbeiten

Wichtige Tastenkürzel in WINDOWS 11

Tastenkürzel, auch Shortcuts genannt, ermöglichen Ihnen Aktionen, für die Sie normalerweise die Maus nutzen, mithilfe der Tastatur auszuführen.

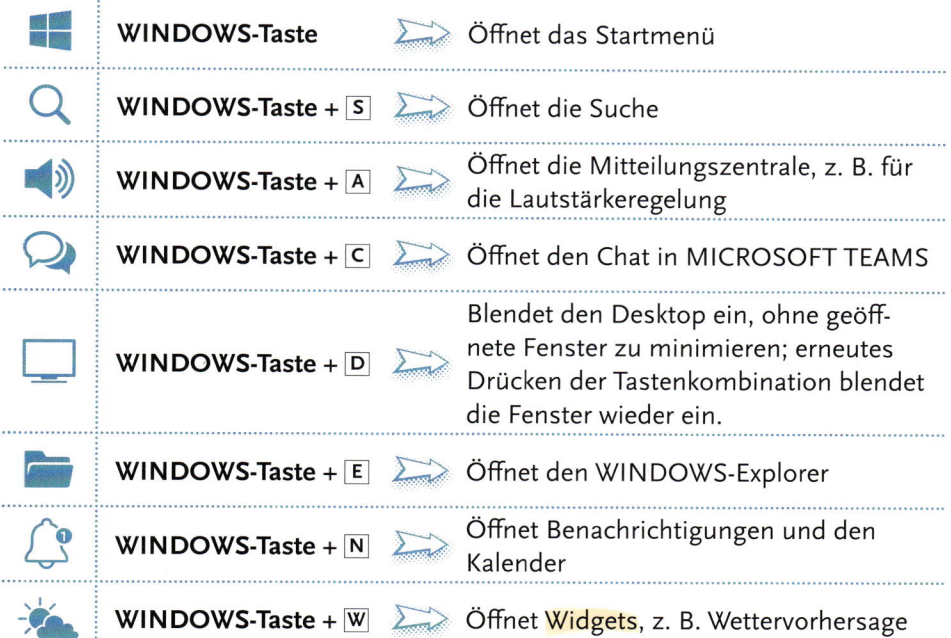

	WINDOWS-Taste	➔	Öffnet das Startmenü
	WINDOWS-Taste + S	➔	Öffnet die Suche
	WINDOWS-Taste + A	➔	Öffnet die Mitteilungszentrale, z. B. für die Lautstärkeregelung
	WINDOWS-Taste + C	➔	Öffnet den Chat in MICROSOFT TEAMS
	WINDOWS-Taste + D	➔	Blendet den Desktop ein, ohne geöffnete Fenster zu minimieren; erneutes Drücken der Tastenkombination blendet die Fenster wieder ein.
	WINDOWS-Taste + E	➔	Öffnet den WINDOWS-Explorer
	WINDOWS-Taste + N	➔	Öffnet Benachrichtigungen und den Kalender
	WINDOWS-Taste + W	➔	Öffnet Widgets, z. B. Wettervorhersage

Alle wichtigen Shortcuts für den Umgang mit WINDOWS und OFFICE finden Sie unter www.trauner.at/shortcuts.

Widgets sind kleine, in eine Webseite oder grafische Benutzeroberfläche eingebundene Programme, die nicht als eigenständige Anwendung betrieben werden.

 WorkBox – „WINDOWS per Maus bzw. Touchpad oder Tastatur steuern"

1. Suchen Sie mit der Maus an drei verschiedenen Punkten des Bildschirmes die jeweiligen Kontextmenüs und notieren Sie die angegebenen Auswahlmöglichkeiten. Vergleichen Sie in der Klasse Ihre Ergebnisse.

1

2

3

2. Kreuzen Sie die richtige(n) Aussage(n) über WINDOWS an:

In WINDOWS kann auch ohne Maus schnell und komfortabel gearbeitet werden.	
WINDOWS-fähige Programme werden von allen wichtigen Software-Herstellern angeboten.	
Die Desktop-Technik entspricht der manuellen Arbeit auf dem Schreibtisch.	
In einer Menüauswahl sind manchmal einzelne Befehle nicht aktiviert.	

11

I Durchstarten mit MICROSOFT 365

1.5 Mit Fenstern arbeiten

Mit der Tastenkombination Alt + ⇄ können Sie zwischen mehreren geöffneten Anwendungs- und Dokumentfenstern hin- und herwechseln.

Fenster sind das zentrale Element von WINDOWS – daher kommt auch der Name.

- Alle Fenster haben gemeinsame Grundelemente, die das Zurechtfinden in diversen Programmen erleichtern.
- Jede Anwendung (jedes Programm) startet mit einem Anwendungs- oder Programmfenster.
- Jedes Dokument oder jede Datei wird im Dokument- oder Dateifenster angezeigt (z. B. in MICROSOFT WORD mehrere Dokumente).

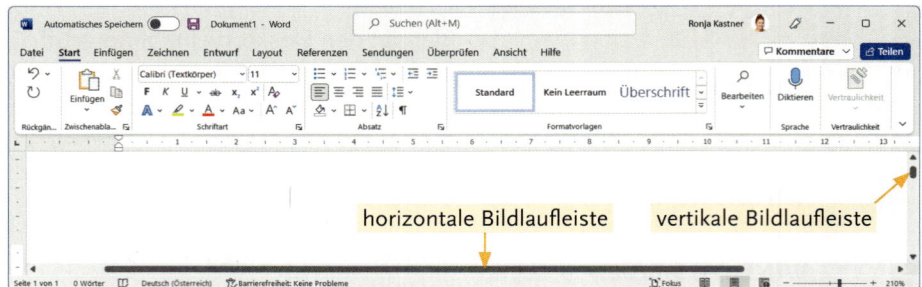

WorkBox – „Mit Fenstern arbeiten"

1. Vergleichen Sie den Screenshot des Fensters des WINDOWS-Explorers mit dem Fenster in WORD oben.

    a) Zeichnen Sie alle Elemente ein, die in beiden Fenstern vorkommen.

    b) Beschreiben Sie die Unterschiede, die Ihnen zwischen den Fenstern auffallen.

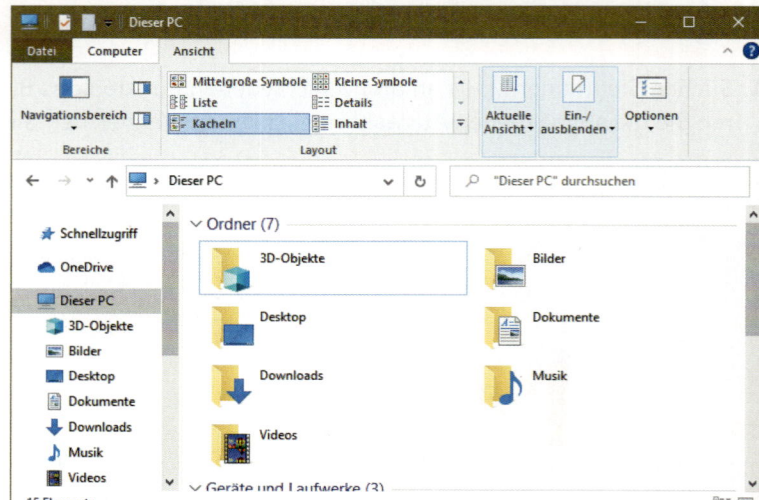

2. Mit dem Ordner **Computer** arbeiten

    a) Öffnen Sie den Ordner **Computer** und vergrößern Sie das Fenster nach Belieben.

    b) Verkleinern Sie das Fenster des Ordners **Computer** nach Belieben.

    c) Verschieben Sie das Fenster des Ordners **Computer** auf dem Bildschirm.

    d) Minimieren Sie das Fenster des Ordners **Computer** in die Taskleiste.

    e) Öffnen Sie das Fenster des Ordners **Computer** aus der Taskleiste.

    f) Maximieren Sie das Fenster.

    g) Schließen Sie das Fenster des Ordners **Computer**.

12

Mit MICROSOFT 365 arbeiten

2 MICROSOFT 365-Programme und -Apps kennenlernen

Chris und Chiara besuchen gemeinsam die Handelsakademie. Über die Schule erhalten sie kostenlos Zugang zu MICROSOFT 365. Nun wollen sie die MICROSOFT OFFICE-Programme über einen Browser im Internet nutzen, aber die Programme ebenso auf ihrem Laptop zu Hause installieren. Chiara ist es wichtig, ihre E-Mails über das Mobiltelefon abrufen zu können und Chris möchte sogar alle OFFICE-Programme zusätzlich über sein Mobiltelefon nutzen können, weil er seinen Laptop zu Hause mit seiner Schwester teilt.

FILM AB!

Sehen Sie, wie MICROSOFT 365 in Unternehmen genutzt werden kann: www.trauner.at/office-365

MICROSOFT 365 umfasst das Gesamtpaket der MICROSOFT-Programme, also das Betriebssystem WINDOWS 11 und die OFFICE 365-Programme.

Den meisten Schülerinnen/Schülern an österreichischen Bundesschulen steht **MICROSOFT 365** über den **MICROSOFT-Enrollment-for-Education-Solutions-Vertrag (MS-ACH) kostenlos** zur Verfügung. Sie erhalten von Ihrer Schule sogar eine eigene E-Mail-Adresse, die Sie im Rahmen dieser Vereinbarung nutzen können.

 Mehr Informationen dazu finden Sie unter www.trauner.at/ms-ach.

Für die Nutzung von MICROSOFT 365 stehen Ihnen zwei verschiedene Möglichkeiten zur Verfügung:

Möglichkeiten, MICROSOFT 365 zu nutzen

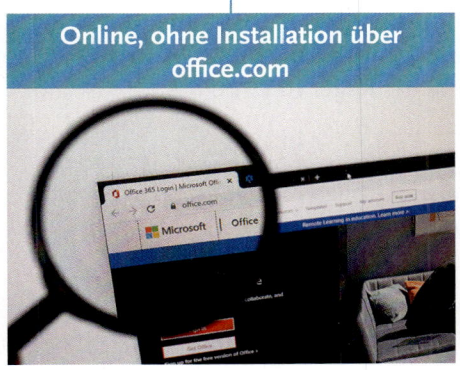

Online, ohne Installation über office.com

Offline, mit Installation auf PC, Laptop, Tablet etc.

Mit den Möglichkeiten, Software außerhalb einer Schullizenz zu erwerben, beschäftigen Sie sich im Kapitel „Software – der unsichtbare Boss am Computer".

Schon gewusst?
Sie können die Programme auf fünf Geräten aktivieren, z. B. auf Ihrem PC oder Laptop zu Hause, auf einem Tablet oder einem Smartphone.

Damit Sie auf Ihr erstes Schuljahr an der Handelsakademie perfekt vorbereitet sind, beschäftigen Sie sich in diesem Kapitel mit den wichtigsten Funktionen und Apps.

1 Durchstarten mit MICROSOFT 365

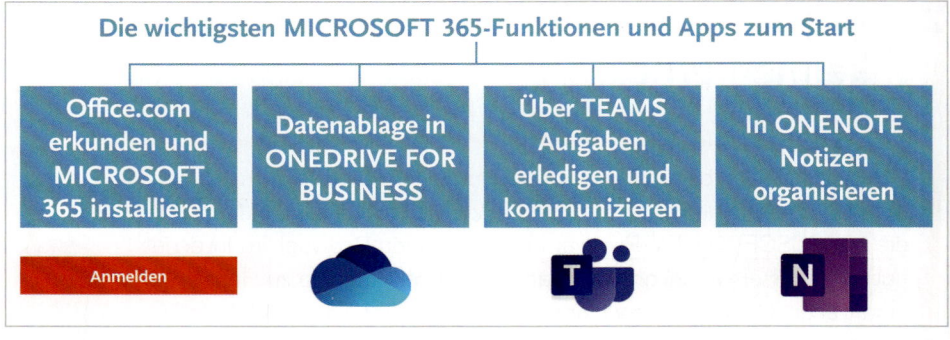

WorkBox – „MICROSOFT 365-Programme und -Apps ..."

1. Kreuzen Sie an, auf welchen Geräten Sie das OFFICE-Paket installiert haben.

Eigener PC		Mobiltelefon		Tablet	
👍	👎	👍	👎	👍	👎
○	○	○	○	○	○

2. Tauschen Sie sich in der Klasse aus, ob Sie Programme auch online nutzen. Diskutieren Sie, welche Programme bevorzugt online genutzt werden und warum.

2.1 Office.com erkunden

Um Ihr OFFICE-Konto online nutzen zu können, müssen Sie sich bei MICROSOFT 365 anmelden. Dafür benötigen Sie eine **E-Mail-Adresse** und ein **Kennwort**. Ihr Kennwort für Ihre Schullizenz erhalten Sie in der Regel von Ihrem Administrator.

💡 Statt Kennwort können Sie auch Passwort sagen.

> Ein **Kennwort** ist ein **wichtiger Schutz** vor unerwünschten Zugriffen und soll daher so sicher wie möglich sein.

🔗 Wie Sie selbst ein sicheres Passwort erstellen, erfahren Sie im Kapitel „Software – der unsichtbare Boss am Computer".

Ein verantwortungsvoller und sicherer Umgang mit Daten ist in jeder Lebenssituation wichtig – privat genauso wie in der Schule. Wenn Sie Aufgaben online erledigen, müssen Sie noch vorsichtiger sein. Wichtige Tipps und Tricks für mehr Sicherheit finden Sie bei diesem Symbol 🔒.

🧰 Passwortmanager sind Apps, in denen Sie Ihre Anmeldedaten sicher verwalten können. Ein kostenloser Anbieter ist z. B. KEEPASSXC.

🧰 Möchten Sie wissen, ob Ihr Passwort sicher ist? Testen Sie es auf https://checkdeinpasswort.de/.

🔒 **Tipps für einen sicheren Umgang mit Kennwörtern**
- Ein sicheres Kennwort besteht aus mindestens acht Zeichen sowie einem Mix aus Groß- und Kleinbuchstaben, Zahlen und Sonderzeichen.
- Geben Sie Ihren Benutzernamen und Ihr Kennwort niemals weiter.
- Schreiben Sie Kennwörter niemals auf. Falls Sie das Kennwort unbedingt notieren möchten, bewahren Sie diese Notiz an einem sicheren Ort auf oder verwenden Sie einen Passwortmanager.
- Speichern Sie Ihre Zugangsdaten niemals, wenn Sie in einem fremden WLAN eingeloggt sind oder einen PC im Internetcafé benutzen.
- Verwenden Sie auf keinen Fall ein Kennwort für mehrere Portale/Dienste.

Mit MICROSOFT 365 arbeiten

WorkBox – „Office.com erkunden"

- Nach der Schule möchten Sie Ihre Hausaufgaben am Laptop Ihres Vaters erledigen. Dabei stoßen Sie auf ein Post-it.

Erklären Sie, was Ihr Vater falsch gemacht hat.

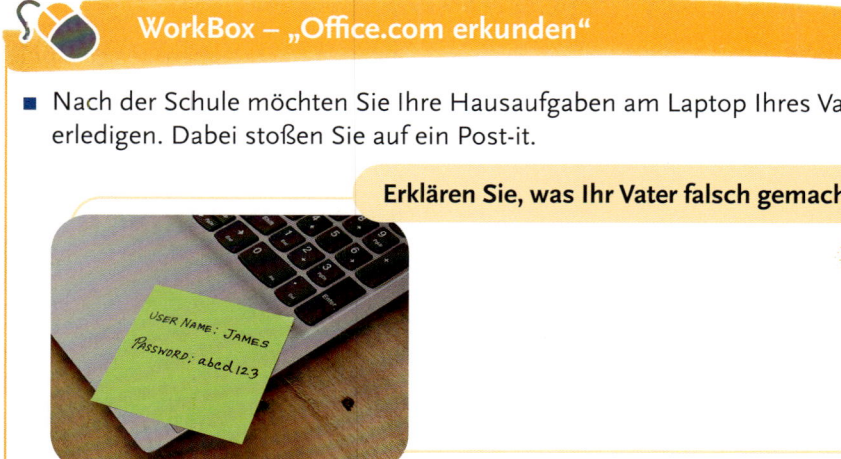

2.1.1 Auf office.com anmelden

Mit Ihren Zugangsdaten können Sie sich nun online anmelden.

**SCHRITT FÜR SCHRITT:
BEI MICROSOFT 365 ANMELDEN**

① Öffnen Sie Ihren Browser.
② Rufen Sie die Seite office.com auf und klicken Sie auf ANMELDEN.

Browser: Computerprogramm das Seiten oder Dokumente im Internet anzeigt.

💡 Sie können jeden Browser (MICROSOFT EDGE, GOOGLE CHROME, MOZILLA FIREFOX etc.) nutzen.

③ Geben Sie Ihre Schul-E-Mail-Adresse ein, klicken Sie auf WEITER und geben Sie Ihr Kennwort ein.

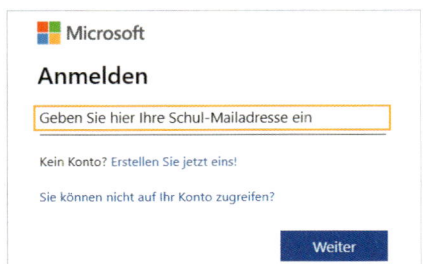

Wenn Sie Ihr Konto online aktiviert haben, können Sie Apps, die Ihnen zur Verfügung stehen, auch auf IOS oder ANDROID installieren und sich dort mit Ihrem Konto anmelden. So können Sie Ihre Dokumente auch über mobile Geräte abrufen und bearbeiten.

🔗 Wie Sie dabei vorgehen, erfahren Sie im Abschnitt „OFFICE auf Smartphones und Tablets einrichten".

Schon gewusst?
Der Funktionsumfang kann bei Programmen, die Sie online oder über ein mobiles Gerät verwenden, eingeschränkt sein. Ebenso enthalten die Anwendungen bei APPLE-Geräten aufgrund des anderen Betriebssystems nicht alle Funktionen.

15

I Durchstarten mit MICROSOFT 365

2.1.2 Ihr persönliches MICROSOFT-Konto erkunden

Nach der erfolgreichen Anmeldung gelangen Sie auf die Startseite Ihres persönlichen MICROSOFT-Kontos.

Let's do this! – „Ihr persönliches MICROSOFT-Konto erkunden"

Ausgangssituation

Chiara hat sich auf office.com angemeldet und ist auf der Startseite ihres MICROSOFT-Kontos. Die Seite ist in verschiedene Bereiche gegliedert.

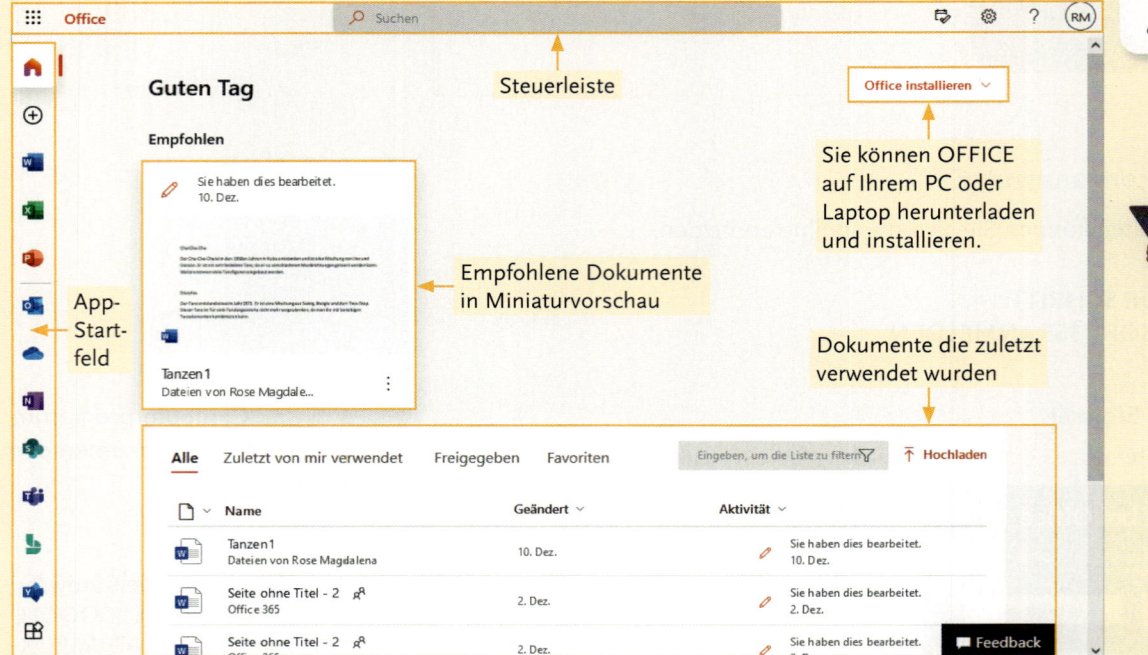

Cool, alles Wichtige finde ich gleich auf der Startseite.

JETZT SIND SIE DRAN!

- Melden Sie sich mit Ihren Zugangsdaten auf office.com an und machen Sie sich mit Ihrem Konto vertraut. Finden Sie alle Elemente des Screenshots auf Ihrer Startseite?

WorkBox – „Ihr persönliches MICROSOFT-Konto erkunden"

- Erkunden Sie office.com.
  a) Schreiben Sie alle Programme auf, die Sie im App-Startfeld finden. Unterscheiden Sie dabei zwischen Programmen, die Sie bereits kennen und Programmen, die Ihnen bisher unbekannt sind.

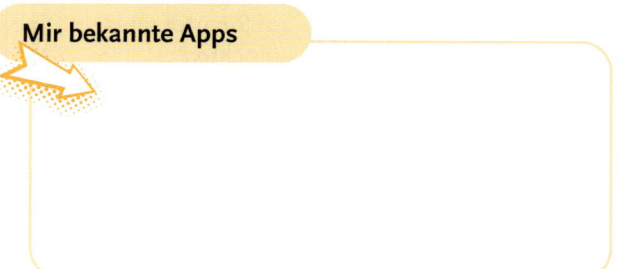

Mir bekannte Apps   **Mir unbekannte Apps**

b) Tauschen Sie sich in der Klasse über die Ihnen unbekannten Apps aus und sammeln Sie Informationen dazu.

16

Mit MICROSOFT 365 arbeiten

App-Startfeld

Über das APP-STARTFELD links können Sie rasch ein Programm oder eine App auswählen und starten.

Schon gewusst?
Anfangs werden Ihnen die wichtigsten Apps vorgeschlagen. Wenn Sie MICROSOFT 365 länger nutzen, sehen Sie jene Apps, die Sie am häufigsten verwenden.

💡 Die Auswahl an Apps kann in jeder Schule anders aussehen.

Klicken Sie auf das Symbol ALLE APPS, um eine Übersicht über alle für Sie verfügbaren Apps in alphabetischer Reihenfolge zu erhalten.

Steuerleiste

Mithilfe der Steuerleiste im oberen Bereich des Fensters gelangen Sie rasch zu den verschiedenen Apps, können Einstellungen anpassen und nach Elementen suchen.

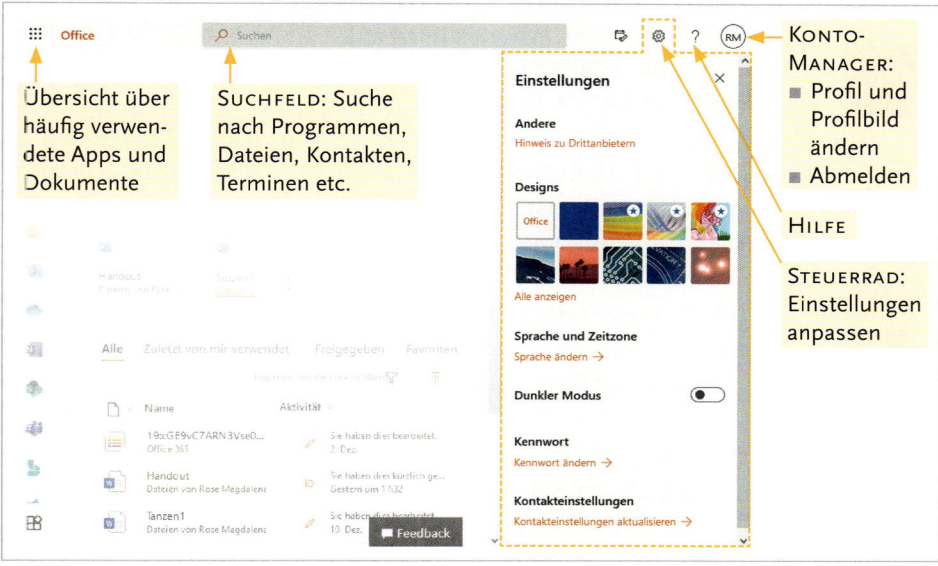

- Übersicht über häufig verwendete Apps und Dokumente
- SUCHFELD: Suche nach Programmen, Dateien, Kontakten, Terminen etc.
- KONTO-MANAGER:
  - Profil und Profilbild ändern
  - Abmelden
- HILFE
- STEUERRAD: Einstellungen anpassen

👣 SCHRITT FÜR SCHRITT: PROFILBILD ÄNDERN

1. Klicken Sie auf das kreisförmige Symbol mit Ihren Initialen rechts oben.
2. Wählen Sie MEIN OFFICE-PROFIL und klicken Sie im Anschluss auf das KAMERASYMBOL.
3. Laden Sie über NEUES FOTO HOCHLADEN ein passendes Bild hoch.

💡 Wählen Sie als Profilbild ein Porträtfoto mit einem ruhigen Hintergrund – das hinterlässt einen positiven und professionellen Eindruck.

🖱 WorkBox – „Profilbild ändern"

- Laden Sie in Ihrem MICROSOFT-Konto ein Profilbild hoch.

17

1 Durchstarten mit MICROSOFT 365

2.1.3 Programme und Apps kennenlernen

Auf office.com finden Sie alle Programme und Apps, die in Ihrer Schullizenz enthalten sind. Manche der Programme können Sie sowohl online nutzen als auch als Paket am eigenen PC, Laptop, Tablet etc. installieren. Andere Programme können Sie nur online nutzen. Je nach Programm stehen Ihnen bei der Online-Nutzung weniger Funktionen zur Verfügung als bei der am PC installierten Version.

> **Schon gewusst?**
> Für Programme, die Sie online nutzen, brauchen Sie einen Internetzugang. Für die Arbeit mit den Programmen, die Sie auf einem Endgerät installiert haben (WORD, EXCEL, POWERPOINT etc.), ist keine Internetverbindung nötig.

Hier finden Sie eine kleine Übersicht über die wichtigsten Programme des OFFICE-Pakets in alphabetischer Reihenfolge:

💡 Mit MICROSOFT 365 erhalten Sie laufend die aktuelle Programmversion.

EXCEL oder EXCEL FÜR DAS WEB
Mit dem Tabellenkalkulationsprogramm erstellen Sie Ihre Arbeitsmappen online (automatische Speicherung auf ONEDRIVE) oder lokal im installierten Programm.

🔗 Mit den Speicherkapazitäten werden Sie sich im Kapitel „IT betrifft uns alle" genauer beschäftigen.

ONEDRIVE FOR BUSINESS
Auf dem Cloud-Dienst steht Ihnen 1 TB Speicherplatz für Ihre Dateien zur Verfügung.

ONENOTE oder ONENOTE IM WEB
Mit der App können Sie Notizbücher anlegen. Alle Inhalte werden automatisch auf ONEDRIVE gespeichert.

OUTLOOK
Damit verwalten Sie Ihre E-Mails, Kontakte und Ihren Kalender.

POWERPOINT oder POWERPOINT FÜR DAS WEB
Mit dem Präsentationsprogramm erstellen Sie Ihre Präsentationen online (automatische Speicherung auf ONEDRIVE) oder im installierten Programm.

SHAREPOINT
Über die App organisieren Sie die Zusammenarbeit und teilen Informationen innerhalb Ihrer Schule.

💬 Besprechen Sie, welche der Ihnen zur Verfügung stehenden Programme Sie bereits kennen und was Sie darüber wissen.

TEAMS
Der online Arbeitsbereich ermöglicht Ihnen das gemeinsame Arbeiten an Dokumenten sowie den Austausch via Chat und Videokonferenzen. Dadurch kann der Unterricht organisiert und auch online durchgeführt werden.

WORD oder WORD ONLINE
In dem Textverarbeitungsprogramm schreiben und gestalten Sie Ihre Texte direkt im Web (automatische Speicherung auf ONEDRIVE) oder über das installierte Programm.

Mit MICROSOFT 365 arbeiten

Schon gewusst?
Wenn Sie in der App-Übersicht mit der Maus über eine App streichen, erscheint eine Kurzerklärung zur App und rechts oben ein kleines rotes (i). Mit einem Klick darauf gelangen Sie zu einer Kurzeinführung der jeweiligen App.

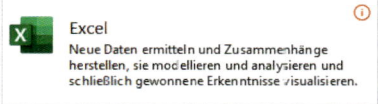

WorkBox – „Programme und Apps kennenlernen"

- Lesen Sie die Kurzerklärungen zu allen Programmen, die Sie noch nicht kennen. Überlegen Sie gemeinsam in der Klasse, welche Programme für den Schulalltag nützlich sein können.

2.2 MICROSOFT 365 installieren

Dank der passenden Smartphone-Apps können Sie die Programme von MICROSOFT 365 auch auf Ihrem Smartphone oder Tablet nutzen.

Schon gewusst?
Sie müssen für jedes Programm eine eigene App herunterladen. Nur die Programme WORD, EXCEL und POWERPOINT können Sie wahlweise einzeln oder mit der App MICROSOFT OFFICE gemeinsam herunterladen.

SCHRITT FÜR SCHRITT: MICROSOFT 365 AUF SMARTPHONES UND TABLETS EINRICHTEN

1. Öffnen Sie den jeweiligen Webstore.
2. Geben Sie ins Suchfeld die gewünschte App, z. B. ONEDRIVE oder MICROSOFT OFFICE ein oder suchen Sie nach dem Begriff MICROSOFT 365.

Tipp für einen sicheren Umgang mit App-Stores!
Achten Sie auf den Anbieter der App, um gefälschte oder schädliche Software zu vermeiden. Die originalen MICROSOFT-Apps erkennen Sie am Anbieter **MICROSOFT CORPORATION.**

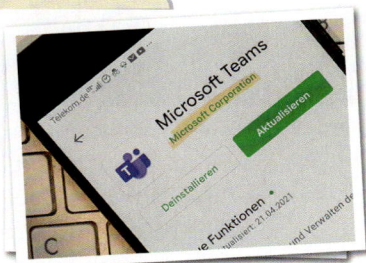

🔗 Die passenden Apps für jedes System finden Sie im jeweiligen **Webstore:**

IOS – für iPhone oder iPad
App Store: apps.apple.com

ANDROID – für Smartphone oder Tablet
GOOGLE PLAY: play.google.com

WINDOWS Phone
Hier sind die OFFICE-Apps bereits vorinstalliert und Sie müssen sich nur noch mit Ihrem Konto anmelden.

3. Sobald Sie die richtige App gefunden haben, klicken Sie auf INSTALLIEREN.
4. Melden Sie sich dann mit dem Schulkonto an, tippen Sie auf WEITER und Sie werden automatisch durch eine Abfrageroutine geführt, mit der Sie die Installation abschließen können.

Über den jeweiligen Webstore können Sie die Apps bei Bedarf auch wieder deinstallieren – also von Ihrem Gerät entfernen. Rufen Sie dafür die jeweilige App im Webstore auf und klicken Sie auf DEINSTALLIEREN.

I Durchstarten mit MICROSOFT 365

3 MICROSOFT ONEDRIVE FOR BUSINESS nutzen

Chiara und Chris arbeiten gemeinsam an einem Referat. Mithilfe von OFFICE 365 können sie problemlos gemeinsam an Dokumenten arbeiten bzw. sich gegenseitig Dateien zur Verfügung stellen. Sie nutzen die App ONEDRIVE FOR BUSINESS.

Haben Sie schon einmal gemeinsam an einem Dokument gearbeitet? Wie sind Sie dabei vorgegangen?

Mit Ihrem OFFICE-Konto steht Ihnen 1 TB Speicherplatz auf ONEDRIVE FOR BUSINESS zur Verfügung.

Cloud-Speicher sind Dienste zum Speichern von Daten über das Internet. Dadurch sind Daten auf verschiedenen Geräten abrufbar.

 ONEDRIVE FOR BUSINESS ist ein sogenannter Cloud-Speicher, auf dem man Dateien speichern, freigeben und synchronisieren kann. So kann man die dort gespeicherten Dateien mit jedem beliebigen Gerät aufrufen und bearbeiten. Online können sogar mehrere Benutzer/innen gleichzeitig an einem Dokument arbeiten.

3.1 Dokumente auf ONEDRIVE speichern und teilen

Sie können Dokumente lokal auf Ihrem Endgerät speichern oder online auf ONEDRIVE. Dokumente, die auf ONEDRIVE gespeichert sind, sind auf allen Geräten verfügbar und können für kollaboratives Arbeiten genutzt werden.

Kollaborativ = zusammenarbeitend, gemeinsam.

Dateien auf ONEDRIVE speichern

Über eine lokal installierte App	Über OFFICE IM WEB

Wenn Sie in einem Programm arbeiten, das auf Ihrem PC installiert ist, müssen Sie ONEDRIVE als Speicherort auswählen oder die Datei per Drag-and-drop in den Speicher ziehen.	Wenn Sie über ein Programm in OFFICE IM WEB oder in MICROSOFT TEAMS arbeiten, werden Ihre Dokumente automatisch online auf ONEDRIVE gespeichert.

Achten Sie darauf, Dateien regelmäßig zu sichern! Wichtige Dokumente können Sie in der Cloud und lokal auf Ihrem Computer speichern.

Drag-and-drop = sehr häufig genutzte Möglichkeit, um Dateien zu verschieben. Dafür halten Sie Strg gedrückt und ziehen die Datei mit der linken Maustaste an den gewünschten Ort.

Datei auf ONEDRIVE speichern

Dateien online zu speichern kann viele Vorteile haben, z. B. die Verfügbarkeit auf mehreren Endgeräten oder die zusätzliche Datensicherung. Sie sollten trotzdem nicht unüberlegt Daten in der Cloud speichern.

Mit MICROSOFT 365 arbeiten

Anbieter von Cloud-Diensten, wie MICROSOFT, sichern diese Dienste normalerweise gut gegen Angriffe ab. Die Gefahr von Hacking-Attacken besteht trotzdem, wodurch eigene Daten ungeschützt ins Internet gelangen können oder Dienste nicht erreichbar sind.

Hacking = Personen verschaffen sich unberechtigten Zugang zu einem Computersystem, zu persönlichen Konten oder Geräten.

🔒 Tipps für einen sicheren Umgang mit ONEDRIVE
- Öffnen Sie keine Dateien von unbekannten Nutzerinnen/Nutzern.
- Überlegen Sie sich genau, welche Daten Sie in die Cloud laden.
- Besonders vorsichtig müssen Sie bei Zugangsdaten, persönlichen Informationen, wie Gesundheits- oder Bankdaten usw. sein.

SCHRITT FÜR SCHRITT: DATEI AUF ONEDRIVE SPEICHERN

① Öffnen Sie auf office.com die OFFICE-App WORD. Wählen Sie NEUES LEERES DOKUMENT oder öffnen Sie eine bereits bestehende Datei.

② Klicken Sie auf DATEI – SPEICHERN UNTER – SPEICHERN UNTER EINE KOPIE ONLINE SPEICHERN.

③ Geben Sie dann einen Namen für das Dokument ein. Die Dateiendung ist automatisch vorgegeben.

④ Unter STANDORT wählen Sie aus, in welchem Ordner auf Ihrem ONEDRIVE die Datei gespeichert wird.

⑤ Klicken Sie auf SPEICHERN.

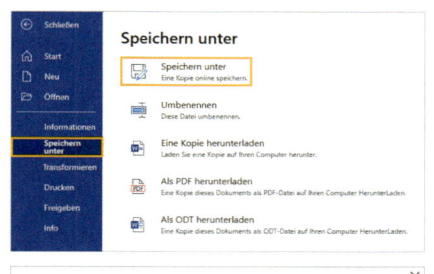

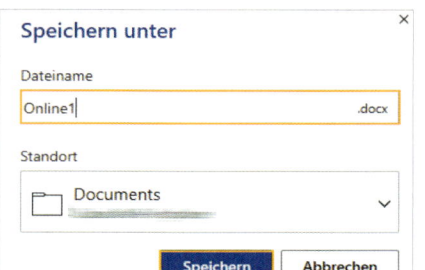

Wenn ich Dateien in der Cloud speichere, kann ich sie auf jedem Gerät abrufen.

Schon gewusst?
Automatisch wird jede Datei mit dem Namen **Dokument.docx** gespeichert. Damit gespeicherte Dokumente nicht überschrieben werden, weil sie denselben Namen haben, ist es wichtig, jeder Datei **einen aussagekräftigen Namen** zu geben.

🔗 Mit Dateimanagement werden Sie sich im Kapitel „Software – der unsichtbare Boss am Computer" noch ausführlich beschäftigen.

PROFI-TIPP

„Ich nutze MICROSOFT ONEDRIVE, um all meine Fotos, Videos, Dokumente und Präsentationen abzulegen. So habe ich sie immer bei mir, wenn ich sie brauche – egal, wo ich gerade bin, ob unterwegs am Smartphone, zu Hause oder im Büro. Ich weiß, meine Files sind sicher, können nicht verloren gehen und ich kann sie sehr leicht und jederzeit mit anderen teilen. Das finde ich äußerst praktisch."

Mag. (FH) Martina FLORIAN
– Industry Executive Education, MICROSOFT Österreich –

Files (engl., MZ) = Dateien.

21

I Durchstarten mit MICROSOFT 365

Dokumente in ONEDRIVE gemeinsam bearbeiten

Wenn Sie Dateien gemeinsam bearbeiten wollen, können Sie diese für andere Nutzer/innen freigeben.

 Geteilte Dateien haben den großen **Vorteil,** dass sie lediglich an einem Ort gespeichert sind. Dadurch kann es keine unterschiedlichen Versionen einer Datei geben.

 **SCHRITT FÜR SCHRITT:
DATEI AUF ONEDRIVE FREIGEBEN**

❶ Öffnen Sie die gewünschte Datei in WORD.

❷ Klicken Sie rechts oben auf FREIGEBEN.

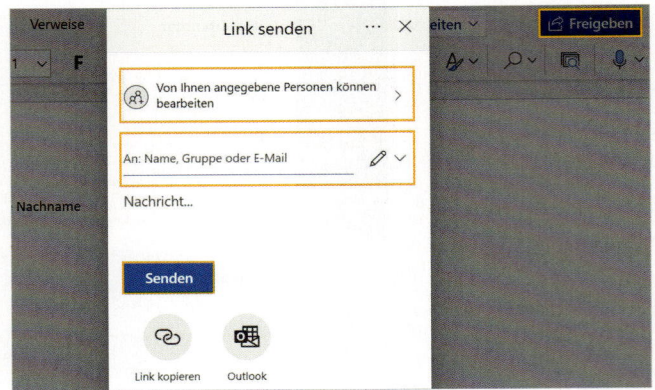

🔗 Die Oberfläche von WORD sowie alle wichtigen Fachbegriffe lernen Sie im Kapitel „Mit WORD arbeiten" kennen.

❸ Wählen Sie bei den Optionen aus, wer die Datei bearbeiten kann, z. B. VON IHNEN ANGEGEBENE PERSONEN KÖNNEN BEARBEITEN.

❹ Geben Sie die Empfänger/innen und gegebenenfalls eine Nachricht ein.

❺ Sie können den Freigabelink über LINK KOPIEREN in die Zwischenablage kopieren oder per E-Mail verschicken. Klicken Sie dafür auf den Button OUTLOOK.

Tipp!
Achten Sie bei der Zusammenarbeit in einem Dokument darauf, dass die Dokumente korrekt synchronisiert sind und werden. Werden Dateien gerade synchronisiert, wird das entsprechende Symbol 🔄 eingeblendet. Solange dieses Symbol angezeigt wird, darf die Internetverbindung nicht unterbrochen werden, damit es zu keinen Synchronisationsfehlern kommt.

Synchronisieren = zeitliches Abgleichen von Dateien. Wenn Sie z. B. Änderungen in einem geteilten Dokument vornehmen, werden diese Änderungen bei allen anderen Nutzerinnen/Nutzern automatisch durchgeführt.

Wenn ein Dokument von mehreren Benutzerinnen/Benutzern gleichzeitig bearbeitet wird, sieht man die jeweiligen Mauszeigerpositionen samt Symbol zeitgleich auf dem Bildschirm. So kann man verfolgen, wer gerade was macht.

✏️ Können Sie erkennen, wie viele Personen gerade das nebenstehende Dokument bearbeiten?

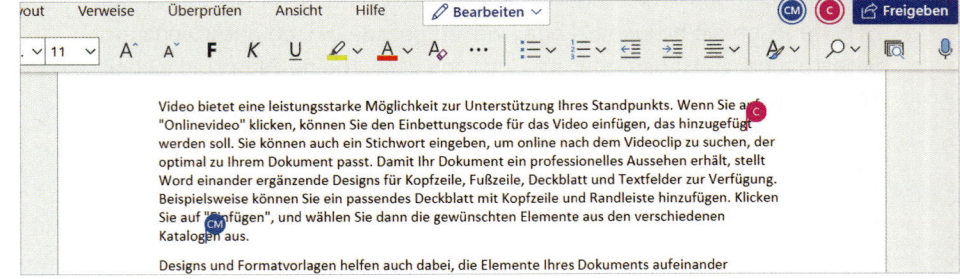

22

Mit MICROSOFT 365 arbeiten

 Let's do this! – „Dokumente auf ONEDRIVE speichern …"

Ausgangssituation

Chiara und Chris bereiten gemeinsam ein Referat vor. Nach der Schule treffen sie sich zufällig in der Stadt. Die beiden tauschen sich kurz über den aktuellen Stand aus:

> Hey Chiara! Ich kann die Datei **Handout.docx** auf ONEDRIVE nicht finden.

> Sorry, habe ich total vergessen. Ich muss nur noch auf SENDEN gehen, dann kriegst du den Link zur Datei!

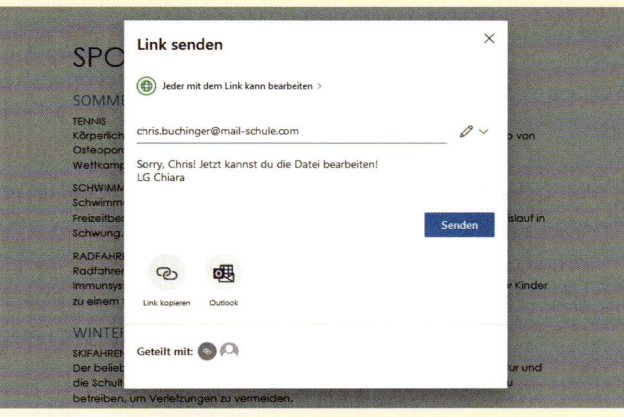

JETZT SIND SIE DRAN!

1. Chiara hat für Chris die Datei freigegeben. Chris möchte die Datei nun bearbeiten. Schauen Sie sich den Screenshot genau an. Kann Chris die Datei auch bearbeiten?

    ◯ Ja   ◯ Nein

2. Schreiben Sie in ein WORD-Dokument Ihren Namen und Ihre Hobbys. Speichern Sie die Datei unter Ihrem Namen und erstellen Sie für Ihre Sitznachbarin/Ihren Sitznachbarn einen Freigabelink (zur Ansicht, nicht zum Bearbeiten), den Sie per E-Mail schicken.

Teilen von Dateien aufheben

Sie können die Freigabe eines Dokuments jederzeit direkt in ONEDRIVE rückgängig machen. Das kann z. B. nötig sein, wenn Sie ein Dokument versehentlich für die falsche Person freigegeben haben oder wenn die Bearbeitung abgeschlossen ist.

23

I Durchstarten mit MICROSOFT 365

Ups! Jetzt habe ich die Datei der falschen Person freigegeben. Das mache ich gleich rückgängig.

SCHRITT FÜR SCHRITT: FREIGABE RÜCKGÄNGIG MACHEN

1. Klicken Sie auf ONEDRIVE online bei dem gewünschten Dokument in der Spalte FREIGABE AUF GETEILT.
2. Es öffnet sich ein Pop-up-Fenster, in dem angezeigt wird, mit wem das Dokument geteilt ist und wer welche Bearbeitungsrechte hat.
3. Wählen Sie die Person/en, mit denen das Dokument nicht mehr geteilt werden soll, aus und klicken Sie auf das X oder NICHT MEHR TEILEN neben dem Namen.
4. Bestätigen Sie die folgende Sicherheitsabfrage mit NICHT MEHR TEILEN.

WorkBox – „Teilen von Dateien aufheben"

- Sie möchten nicht mehr, dass Ihre Sitznachbarin/Ihr Sitznachbar die zuvor von Ihnen erstellte Datei **Name.docx** weiterhin zur Verfügung hat. Machen Sie die Freigabe rückgängig.

Mit mir geteilte Inhalte aufrufen

Dokumente oder Ordner, die jemand mit Ihnen geteilt hat, finden Sie in ONEDRIVE online unter dem Menüpunkt GETEILT – FÜR SIE FREIGEGEBEN.

Dokumente, die mit Ihnen geteilt wurden, können Sie lediglich aus der Ansicht mit dem Befehl AUS FREIGEGEBENER LISTE ENTFERNEN ausblenden, jedoch können Sie das Teilen nicht aufheben. Sie finden diesen Befehl im Kontextmenü bei den drei senkrechten Punkten neben dem Dokumentnamen.

WorkBox – „Mit mir geteilte Inhalte aufrufen"

- Maria hat gerade ONEDRIVE geöffnet, um zu überprüfen, welche Dateien aktuell für sie freigegeben sind.

  Helfen Sie Maria und schreiben Sie alle Dateien auf, die mit ihr geteilt wurden.

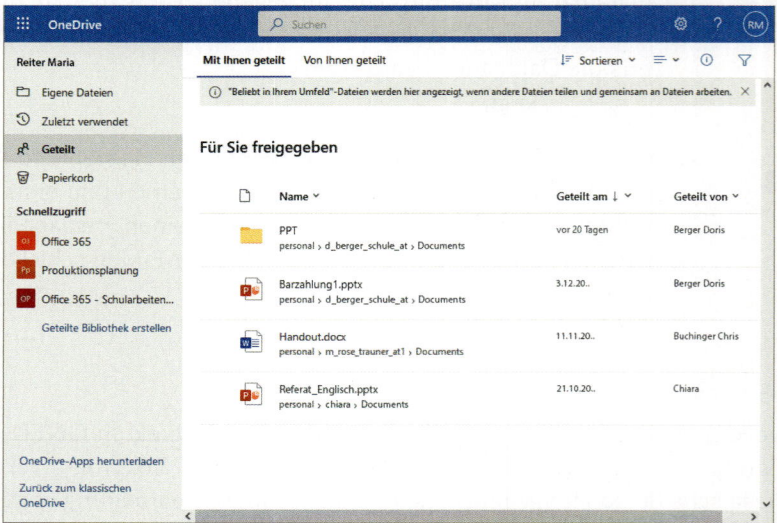

Mit MICROSOFT 365 arbeiten

3.2 ONEDRIVE FOR BUSINESS am eigenen PC installieren

Wenn Sie sowohl online als auch offline auf Ihre Daten zugreifen wollen, benötigen Sie ONEDRIVE FOR BUSINESS auch auf Ihrem PC.

Es gibt zwei verschiedene Versionen von ONEDRIVE:

FILM AB!

Schauen Sie sich zur Unterstützung das Video unter www.trauner.at/onedrive-installation an.

ONEDRIVE FOR BUSINESS
- OFFICE-365-Lizenz nötig für die Nutzung
- Erweiterter Cloud-Speicher für Unternehmen und Institutionen, z. B. Schulen
- Dateien können mit anderen Personen geteilt und gemeinsam bearbeitet werden
- Speicherplatz auf 1 TB beschränkt
- Gekennzeichnet durch eine blaue Wolke

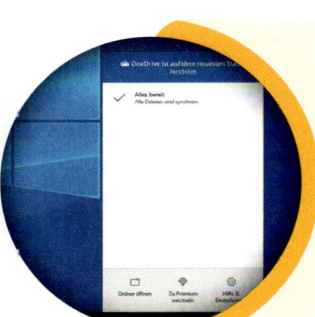

ONEDRIVE PERSONAL
- Kostenlose Version, die im Betriebssystem WINDOWS 11 enthalten ist
- Cloud-Speicher zur Privatnutzung
- Speicherplatz auf 5 GB beschränkt
- Dateien mit anderen Personen teilen ist möglich, gemeinsames Bearbeiten nicht
- Gekennzeichnet durch eine weiße Wolke und den Zusatz Personal

Wenn Sie sowohl online als auch offline auf Ihre Daten zugreifen wollen, benötigen Sie ONEDRIVE FOR BUSINESS auch auf Ihrem PC.

 SCHRITT FÜR SCHRITT:
ONEDRIVE FOR BUSINESS AM EIGENEN PC INSTALLIEREN

❶ Öffnen Sie ONEDRIVE FOR BUSINESS über Ihr MICROSOFT 365-Konto auf office.com.

❷ Laden Sie die Installationsdatei mit Klick auf ONEDRIVE-APPS HERUNTERLADEN auf Ihren PC.

Mit der App kann ich ONEDRIVE auch auf meinem Smartphone und Tablet nutzen.

❸ Starten Sie das Installationsprogramm und melden Sie sich mit Ihrer Schul-E-Mail-Adresse an.

❹ Warten Sie mit dem Ausschalten Ihres PCs auf jeden Fall, bis die Dateien synchronisiert sind.

25

I | Durchstarten mit MICROSOFT 365

4 Mit MICROSOFT TEAMS online zusammenarbeiten

🔗 Wenn Sie TEAMS interaktiv erkunden wollen, können Sie dies über die englische Demo von MICROSOFT machen:
www.trauner.at/teams-demo

An der Schule von Chiara und Chris wird TEAMS im Unterricht eingesetzt. Chiara ist bereits in sieben verschiedenen Teams angemeldet. Aus dem Teamnamen kann sie ablesen, zu welchem Gegenstand und welcher Lehrperson das Team gehört. Aber um TEAMS richtig zu nutzen, muss sie sich mit einigen Funktionen noch genauer vertraut machen.

Kollaboration = Zusammenarbeit.

❗ **MICROSOFT TEAMS** ist eine Plattform bzw. eine digitale Schnittstelle zur **Kollaboration**. TEAMS ermöglicht es, an einem Ort Unterhaltungen zu führen, Inhalte zu speichern und zu teilen. Außerdem können verschiedene Apps eingebunden werden.

Der Name TEAMS kommt davon, dass verschiedene Teams erstellt werden können. Das sind digitale „Räume", in denen sich eine Gruppe von Personen austauschen kann. TEAMS wird in Schulen, aber auch von vielen Unternehmen eingesetzt, um ortsunabhängige Zusammenarbeit, z. B. zwischen verschiedenen Standorten, zu gewährleisten.

Schon gewusst?
Im Frühling 2020 arbeiteten aufgrund der Covid-19-Pandemie plötzlich mehr Menschen denn je im Homeoffice. Programme wie TEAMS haben wesentlich dazu beigetragen, dass die Zusammenarbeit weiterhin problemlos funktionierte.

Gemeinsam erkunden wir nun die wichtigsten Funktionen von TEAMS.

Mit MICROSOFT TEAMS online zusammenarbeiten
Die TEAMS-Oberfläche erkunden	Über TEAMS kommunizieren	Dokumente und Aufgaben in TEAMS bearbeiten

······ **PROFI-TIPP** ······

„Wenn Sie bereits in der Schulzeit für die Zusammenarbeit mit Schulkolleginnen/-kollegen, z. B. bei Projektarbeiten, MICROSOFT TEAMS nutzen, sind Sie geübt und bestens vorbereitet für die professionelle Zusammenarbeit mit künftigen Arbeitskolleginnen/-kollegen. Dadurch beherrschen Sie wichtige 21st Century Skills, die Ihnen einen Wettbewerbsvorteil bringen können."

Mag. (FH) Martina FLORIAN
– Industry Executive Education, MICROSOFT Österreich –

Mit MICROSOFT 365 arbeiten

4.1 Die TEAMS-Oberfläche erkunden

TEAMS kann eingesetzt werden, um den Unterricht zu organisieren. So können Ihre Lehrkräfte z. B. für jede Klasse ein eigenes Team erstellen. Auch Sie können sich mit anderen Personen in Teams organisieren.

Sie können TEAMS nutzen, um mit Ihren Lehrkräften oder Mitschülerinnen/Mitschülern zu kommunizieren, Daten auszutauschen oder gemeinsam zu bearbeiten.

Ob Sie selbst weitere Teams erstellen können, hängt von den Einstellungen Ihrer Schule ab.

Wie Sie ein eigenes Team erstellen, erfahren Sie in der TRAUNER-DigiBox.

Die Benutzeroberfläche enthält die **Menüfelder** AKTIVITÄT, CHAT, TEAMS, AUFGABEN, KALENDER, ANRUFE und DATEIEN. Diese Menüfelder können personalisiert, also um weitere Apps und Anwendungen erweitert werden.

4.1.1 Menüfelder in TEAMS entdecken

Über die Icons im Bereich Menüfelder können Sie in TEAMS navigieren.

Icon = Symbol.

Aktivitäten
Alles, was in TEAMS passiert, wird im Bereich AKTIVITÄT zusammengefasst. Hier können Sie z. B. nachlesen:
- wann Sie mit wem etwas besprochen haben,
- wie lange das Gespräch gedauert hat,
- welche Aufgaben zugewiesen wurden, wer auf welche Beiträge reagiert hat u. v. m.

Mit den Menüfeldern AUFGABEN, ANRUFE UND DATEIEN werden Sie sich im nächsten Abschnitt beschäftigen.

Teams
Über das Menüfeld TEAMS erhalten Sie eine Übersicht über alle Teams, an denen Sie teilnehmen.

I Durchstarten mit MICROSOFT 365

Schon gewusst?
Ob Sie verschiedene Teams sehen, hängt davon ab, ob an Ihrer Schule TEAMS für den Unterricht in verschiedenen Gegenständen verwendet wird und ob Sie diesen Teams bereits hinzugefügt wurden.

Ihre Teams können mit verschiedenen Kanälen organisiert sein. Kanäle sind wie Trennblätter in Ihrer Mappe, um verschiedene Themengebiete voneinander zu trennen.

Hier gibt es geschlossene Kanäle, zu denen nicht jede/r Zugriff hat, und offene, die für alle sichtbar sind.

| Allgemein |
| Geschlossener Kanal 🔒 |
| Offener Kanal für alle sichtbar |

WorkBox – „Menüfelder in TEAMS entdecken"

- Chiara hat gerade über das Menüfeld TEAMS das Team Office 365 geöffnet.
    a) Schreiben Sie auf, wie viele Kanäle im Team Office 365 angelegt sind: _____
    b) Im Kanal Office 365 gibt es offene und geschlossene Kanäle. Ordnen Sie die Kanäle richtig zu.

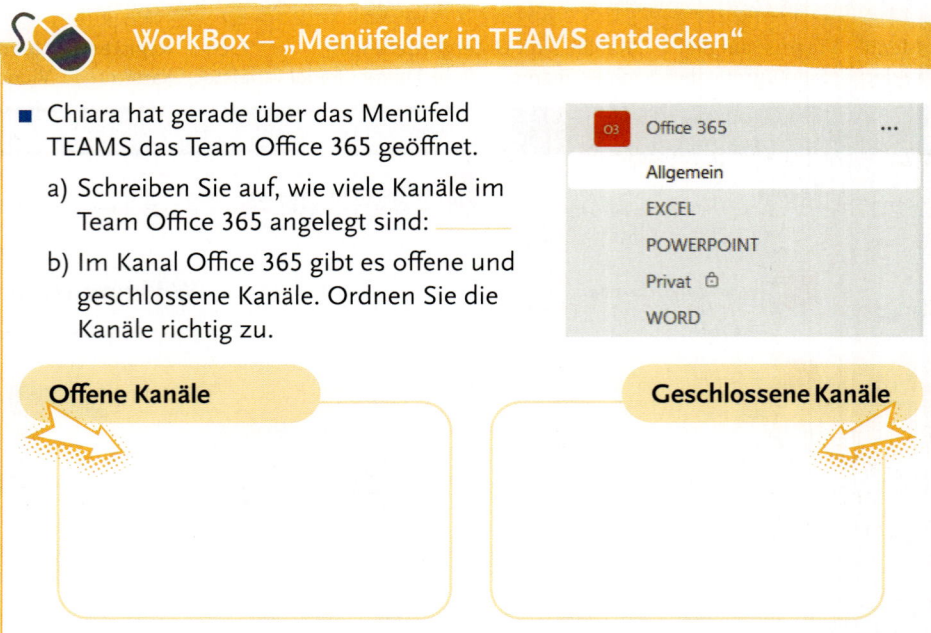

Offene Kanäle

Geschlossene Kanäle

4.1.2 Registerkarten in TEAMS

In Klassenteams sind die **Registerkarten** ALLGEMEIN, BEITRÄGE und DATEIEN fix vorhanden.

Sobald AUFGABEN im Team angelegt sind, wird die Registerkarte AUFGABEN eingeblendet. Andere Registerkarten, wie z. B. NOTEN, können von den Lehrpersonen hinzugefügt werden.

💡 Wenn ONENOTE als KLASSENNOTIZBUCH verwendet wird, ist auch diese Registerkarte vorhanden.

WorkBox – „Die TEAMS-Oberfläche erkunden"

- Öffnen Sie MICROSOFT TEAMS und machen Sie sich mit der Oberfläche vertraut.
    ▶ Welche Registerkarten können Sie sehen?

    ▶ In wie vielen Teams sind Sie aktiv?

Mit MICROSOFT 365 arbeiten

4.2 Über TEAMS kommunizieren

Mithilfe von TEAMS können Sie ganz einfach mit anderen Mitgliedern Ihrer Teams Kontakt aufnehmen. Die Kommunikation kann auf zwei verschiedene Arten erfolgen.

4.2.1 Mit anderen Personen chatten

TEAMS bietet eine Chat-Funktion an, die alle Grundfunktionen anderer Messenger-Dienste (z. B. WHATSAPP, SIGNAL) hat.

Die Chat-Funktion rufen Sie über das Menüfeld CHAT auf.

Neben dem Chat-Symbol kann ein Icon angezeigt werden. Daraus lässt sich ablesen, wie viele neue Nachrichten man noch nicht gelesen hat.

Schon gewusst?
Die Chat-Funktion von TEAMS können Sie unabhängig davon, ob ein Klassenteam eingerichtet ist, verwenden. Alle Schüler/innen und Lehrer/innen einer Schule sind automatisch als Kontakte angelegt.

SCHRITT FÜR SCHRITT: ÜBER TEAMS CHATTEN

1. Wählen Sie das Menüfeld CHAT.
2. Klicken Sie auf das Symbol NEUER CHAT.
3. Geben Sie im Adressfeld AN: Namen oder E-Mail-Adressen der Personen bzw. Gruppen, mit denen Sie chatten wollen, ein.

29

I Durchstarten mit MICROSOFT 365

❹ Im Nachrichtenfeld am Ende der Seite können Sie Ihre Nachricht an die Teilnehmer/innen des Chats eingeben. Sie können Ihre Nachricht formatieren, Emoticons oder GIFs hinzufügen, Dateien anhängen …

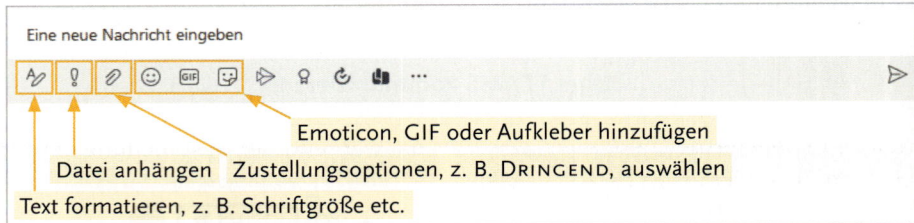

💡 Sollten weitere Funktionen für Sie im Unterricht wichtig sein, erklärt Ihnen diese Ihre Lehrkraft.

❺ Klicken Sie auf das Pfeilsymbol, um die Nachricht abzuschicken. ▷

👍 Let's do this! – „Über TEAMS chatten"

Ausgangssituation

Chris möchte mit Thomas, Ali, Chiara und Elvira chatten. Als Hausübung müssen sie eigene Netiquette-Regeln für den Umgang in TEAMS erstellen. Er richtet dazu eine Chat-Gruppe ein und schreibt seinen Kolleginnen/Kollegen, wie es ihm mit der Aufgabe geht.

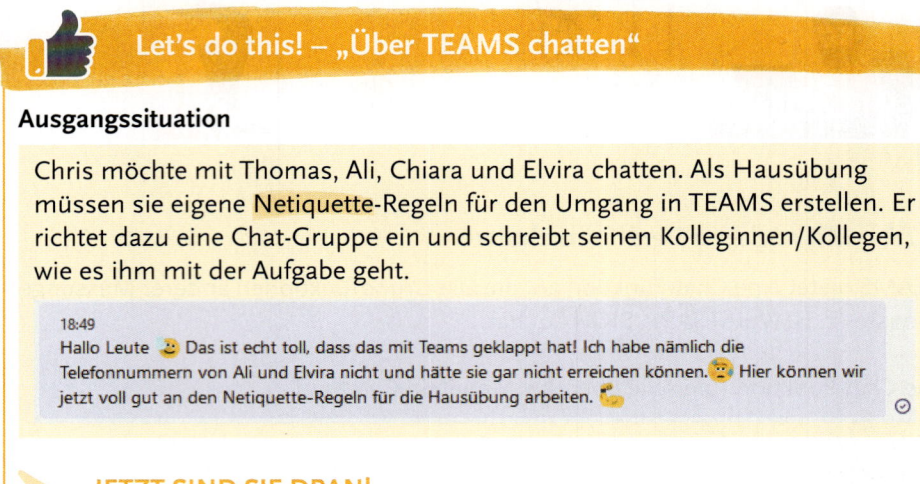

Netiquette: Zusammengesetzter Begriff aus dem englischen Begriff **net** (für Netz) und dem französischen Begriff **etiquette** (für Verhaltensregeln). Es handelt sich dabei um Verhaltensvereinbarungen bei der elektronischen Kommunikation.

▶ JETZT SIND SIE DRAN!

- Bilden Sie unter Anleitung Ihrer Lehrperson Gruppen mit ca. vier Personen aus Ihrer Klasse. Bestimmen Sie, wer die Chat-Gruppe (Diskussionsleitung) anlegen soll.
    ▸ *Diskussionsleitung:* Fügen Sie die Mitglieder Ihrer Chat-Gruppe hinzu und starten Sie den Chat mit einer Nachricht Ihrer Wahl.
    ▸ *Teilnehmer/innen:* Beteiligen Sie sich am Chat und tauschen Sie Regeln und Ideen für eine gute Unterhaltung (Netiquette) aus.
    ▸ Beenden Sie den Chat nach zehn Minuten und teilen Sie Ihre Erfahrungen mit der Klasse und Ihrer Lehrperson.

4.2.2 An TEAMS-Besprechungen teilnehmen

Chris erklärt Ali und Chiara, dass er von seinem Vater gehört hat, dass an seinem Arbeitsplatz TEAMS für Besprechungen mit ausländischen Partnerunternehmen verwendet wird. Ali erzählt, dass er oft mit Familienmitgliedern in der Türkei über FACETIME plaudert, und Chiara hat schon mit ihrer irischen Freundin über ZOOM videotelefoniert. Sie nutzt statt des eingebauten Mikrofons ihr Headset vom Smartphone. Alle drei finden, dass man bei diesen Telefonaten mit Kamera das Gefühl hat, gemeinsam in einem Raum zu sein.

💡 Tauschen Sie sich über Ihre Erfahrungen mit Videotelefonie aus. Über welche Geräte und welche Software haben Sie bereits videotelefoniert?

In TEAMS ist das Tool SKYPE FOR BUSINESS integriert. Um an einer Besprechung teilzunehmen, sind eine Kamera und ein Mikrofon nötig.

30

Mit MICROSOFT 365 arbeiten

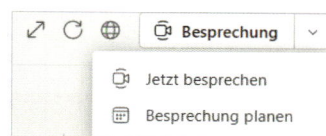

 Besprechungen können **in TEAMS** entweder direkt gestartet oder für einen späteren Zeitpunkt geplant werden. Eine geplante Besprechung wird automatisch in den jeweiligen KALENDER integriert und alle beteiligten Personen erhalten eine Einladung zur Besprechung per E-Mail.

Werden BESPRECHUNGEN in einem bestehenden TEAM angesetzt, werden sie im jeweiligen Kanal gespeichert. Alles, was im Chat während der Besprechung geschrieben wird, kann jederzeit dort nachgelesen werden.

Mithilfe von BESPRECHUNGEN kann z. B. der Unterricht in Distance-Learning-Form abgehalten werden.

BESPRECHUNGEN können aber auch unabhängig von einem TEAM im Programm TEAMS angelegt und geführt werden.

SCHRITT FÜR SCHRITT:
EINSTELLUNGEN FÜR TEAMS-BESPRECHUNG VORNEHMEN

❶ Wenn Sie an einer TEAMS-BESPRECHUNG teilnehmen, können Sie zuvor noch Einstellungen für das **Mikrofon,** die **Kamera** und den **Bildhintergrund** vornehmen. In einem kleinen Vorschaufenster sehen Sie, wie die anderen Teilnehmer/innen Sie sehen werden.

❷ Sobald Sie auf JETZT TEILNEHMEN klicken, nehmen Sie an der Besprechung teil.

Wenn Sie an der Besprechung teilnehmen, sehen Sie am oberen Bildschirmrand eine Steuerleiste mit unterschiedlichen Funktionen.

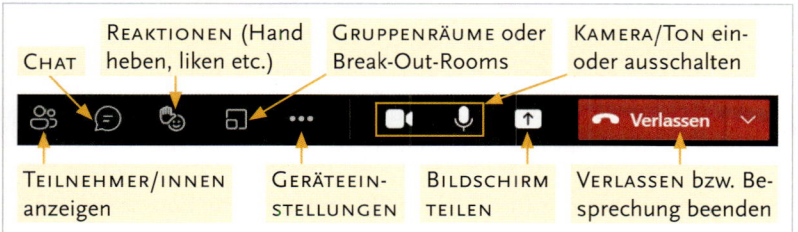

Die Funktionen auf der Steuerleiste können unter Umständen geringfügig abweichen.

Bildschirm teilen

In Besprechungen kann man auch den eigenen Bildschirm teilen und so z. B. eine POWERPOINT-Präsentation vorführen oder das Ergebnis eines Arbeitsauftrages präsentieren.

I Durchstarten mit MICROSOFT 365

Die Funktion BILDSCHIRM TEILEN finde ich mega praktisch. So können die anderen sehen, worüber ich spreche!

SCHRITT FÜR SCHRITT: BILDSCHIRM TEILEN

① Klicken Sie auf das Symbol INHALTE FREIGEBEN

② Nun können Sie auswählen, was Sie den andern Teilnehmerinnen/Teilnehmern zeigen möchten.

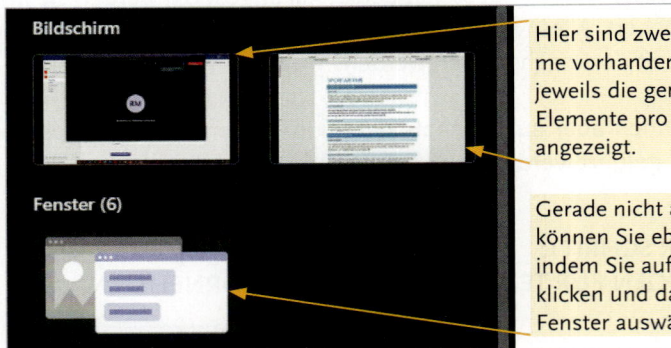

Hier sind zwei Bildschirme vorhanden. Es werden jeweils die gerade aktiven Elemente pro Bildschirm angezeigt.

Gerade nicht aktive Fenster können Sie ebenfalls teilen, indem Sie auf die Fenster klicken und das gewünschte Fenster auswählen.

Klicken Sie auf das gewünschte Fenster und es wird freigegeben.

③ Am oberen Bildschirmrand erscheint diese Einblendung:

Das freigegebene Element erkennen Sie am roten Rahmen.

④ Sie haben verschiedene Möglichkeiten, die Freigabe zu beenden:
- PRÄSENTATION BEENDEN in der Einblendung am oberen Bildschirmrand klicken.
- Auf das NICHT MEHR TEILEN-Symbol im Besprechungsfenster klicken .

🔒 **Tipp für einen sicheren Umgang mit TEAMS**

Achten Sie darauf, dass Sie nicht unabsichtlich ein Fenster freigeben, das nicht für die Augen der anderen Teilnehmer/innen bestimmt ist, z. B. private Unterlagen, Fotos etc. Um Missgeschicke zu vermeiden, schließen Sie am besten bereits vor der Besprechung alle Fenster, die Sie während der Videokonferenz nicht brauchen werden.

WorkBox – „An TEAMS-Besprechungen teilnehmen"

Ausgangssituation

Chris und Chiara haben schon einige Erfahrungen in Online-Besprechungen gesammelt und wissen, worauf sie achten müssen, wenn die Besprechung gut laufen soll. Wie sieht es mit Ihnen aus?

1. Sammeln Sie – gemeinsam mit Ihrer Lehrkraft – jene Punkte, von denen Sie annehmen, dass sie für gelungene Online-Besprechungen wichtig sind.
2. Notieren Sie die wichtigsten Punkte im Chat von TEAMS.

Mit MICROSOFT 365 arbeiten

4.3 Dokumente und Aufgaben in TEAMS bearbeiten

TEAMS bietet Ihnen auch die Möglichkeit, Dateien zu teilen bzw. gemeinsam mit anderen zu bearbeiten. Ebenso können mithilfe der Funktion AUFGABEN, Aufgaben, die Sie von Ihrer Lehrkraft bekommen, direkt ausgearbeitet werden.

4.3.1 Dateien in TEAMS erstellen und hochladen

Wenn Sie Dokumente mit Personen aus einem gemeinsamen Team teilen oder bearbeiten müssen, können Sie das direkt in TEAMS erledigen.

Sie können in TEAMS neue WORD-, EXCEL-, POWERPOINT-, ONENOTE- oder FORMS-Dateien erstellen.

**SCHRITT FÜR SCHRITT:
NEUE DATEI IN TEAMS ERSTELLEN**

① Öffnen Sie ein Team und klicken Sie auf DATEIEN.
② Wählen Sie über + NEU einen Dateityp aus.

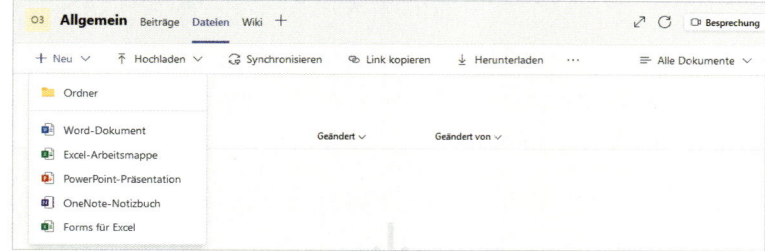

💡 Auf die gleiche Art und Weise können Sie auch Ordner erstellen.

③ Geben Sie einen Dateinamen ein und klicken Sie auf ERSTELLEN.

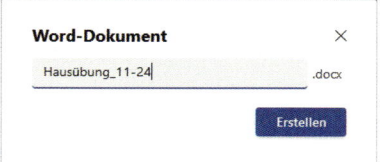

💡 Sobald die Datei in TEAMS erstellt ist, kann sie von allen Mitgliedern bearbeitet werden.

④ Die Datei wird in TEAMS erstellt und Sie können mit der Bearbeitung beginnen.

Sie können auch eine bestehende Datei zu Ihrem Team hinzufügen.

**SCHRITT FÜR SCHRITT:
DATEI IN TEAMS HOCHLADEN**

① Öffnen Sie ein Team und klicken Sie auf DATEIEN.
② Klicken Sie auf HOCHLADEN und wählen Sie aus, ob Sie DATEIEN oder ORDNER hochladen möchten.

③ Es öffnet sich ein Fenster, in dem Sie die Datei bzw. den Ordner auf Ihrem lokalen Gerät auswählen können.
④ Klicken Sie auf ÖFFNEN (Datei) oder HOCHLADEN (Ordner), um das Element Ihrem Team hinzuzufügen.

33

I Durchstarten mit MICROSOFT 365

Dateien, die in einem Team in einem offenen Kanal hochgeladen bzw. erstellt werden, sind für alle Mitglieder zugänglich. WORD-, POWERPOINT- oder EXCEL-Dokumente können mehrere Teammitglieder gleichzeitig bearbeiten. Die Änderungen werden bereits während der Arbeit zusammengefügt.

 WorkBox – „Dateien in TEAMS erstellen und hochladen"

- Üben Sie das gemeinsame Bearbeiten einer Datei in TEAMS.

  Ausgangssituation
  Chris hat schon wieder einen Geburtstag vergessen. Dieses Mal war es Chiaras 15. Geburtstag. Das ist ihm extrem peinlich und er hat sich schon tausend Mal entschuldigt. Chiara lacht: „Dann schreib dir doch endlich mal alle Geburtstage auf!"

  Damit es Ihnen nicht ergeht wie Chris, erstellen Sie gemeinsam mit Ihren Klassenkolleginnen/-kollegen eine Geburtstagsliste.

 a) Bestimmen Sie eine Person, die auf TEAMS eine neue WORD-Datei erstellt und diese unter dem Namen **Geburtstagsliste** speichert.

b) Sobald die Datei erstellt ist, können alle Mitschüler/innen ihren Geburtstag eintragen. Der Eintrag soll folgende Form haben:

 Vorname Nachname: Tag.Monat.Jahr

Hinweis: Versuchen Sie, die Geburtstage nach dem Jahresverlauf zu ordnen.

4.3.2 Aufgaben in TEAMS bearbeiten

Wenn Ihre Lehrperson Ihnen in TEAMS eine **Aufgabe** zuweist, erhalten Sie eine Benachrichtigung, bis wann diese Aufgabe erledigt sein soll und was genau zu tun ist.

Im Menüfeld AUFGABEN sehen Sie alle Aufgaben, die Sie in allen Teams zugewiesen bekommen haben, und können so keine mehr übersehen.

💡 Ob Sie eine Aufgabe direkt in TEAMS erledigen können, hängt davon ab, ob der Funktionsumfang der Online-App für die Bearbeitung der Aufgabe ausreicht.

Schon gewusst?
Aufgaben, die in WORD, EXCEL oder POWERPOINT zu bearbeiten sind, können Sie teilweise direkt in TEAMS erledigen. Für andere Aufgaben müssen Sie eventuell eine Datei hochladen.

 **SCHRITT FÜR SCHRITT:
AUFGABE ÜBER TEAMS ABGEBEN**

❶ Wenn Sie eine Aufgabe erledigt haben, können Sie diese mit Klick auf ABGEBEN zur Beurteilung einreichen.

❷ Bis zum Ende der **Abgabefrist** können Sie die Aufgabe jederzeit überarbeiten und ERNEUT ABGEBEN.

Nachdem Sie eine Aufgabe abgegeben haben, kann Ihnen die Lehrperson direkt im Dokument und/oder über ein **Feedback**-Feld Rückmeldung zu Ihrer Arbeit geben.

Mit MICROSOFT 365 arbeiten

Wenn für die Aufgabe eine bestimmte Höchstpunktezahl festgelegt wurde, kann die Lehrperson die von Ihnen erreichten **Punkte** ebenfalls eintragen.

Falls die Registerkarte Noten angezeigt wird, können Sie ablesen, wie viele Punkte Sie insgesamt für Ihre Aufgaben in diesem Team bereits erhalten haben.

5 Mit MICROSOFT ONENOTE KLASSEN-NOTIZBUCH organisiert arbeiten

Chiara hat sich das Programm ONENOTE zwar bereits einmal angeschaut, kann sich aber nicht vorstellen, wie sie das Programm im Unterricht nutzen soll. Sie ist schon gespannt, ob ihre Lehrkraft ONENOTE verwenden wird und wie das dann aussieht.

FILM AB!

Sehen Sie sich als Einführung zum Kapitel ONENOTE KLASSEN-NOTIZBUCH ein Video an:
www.trauner.at/onenote-einfuehrung

Wenn Ihre Lehrkraft ONENOTE KLASSENNOTIZBUCH nutzt, können Sie dieses in ONENOTE oder auch über TEAMS aufrufen.

 **SCHRITT FÜR SCHRITT: KLASSENNOTIZBUCH AUFRUFEN**

❶ Wählen Sie die Registerkarte Klassennotizbuch. Hier sehen Sie, ob Ihre Lehrperson ein ONENOTE KLASSENNOTIZBUCH für Sie angelegt hat.

Kein ONENOTE-Klassennotizbuch vorhanden

❷ Wenn ein KLASSENNOTIZBUCH für Sie angelegt wurde, können Sie direkt in TEAMS damit arbeiten oder es im Browser bzw. über die Desktop-App öffnen.

❸ Mit Klick auf das Navigations-Symbol 📖 können Sie die Abschnitte und Seiten des Notizbuches einblenden und durch das KLASSENNOTIZBUCH navigieren.

 Ihre Lehrperson wird Ihnen erklären, was Sie wo finden.

35

I Durchstarten mit MICROSOFT 365

Oberfläche KLASSENNOTIZBUCH

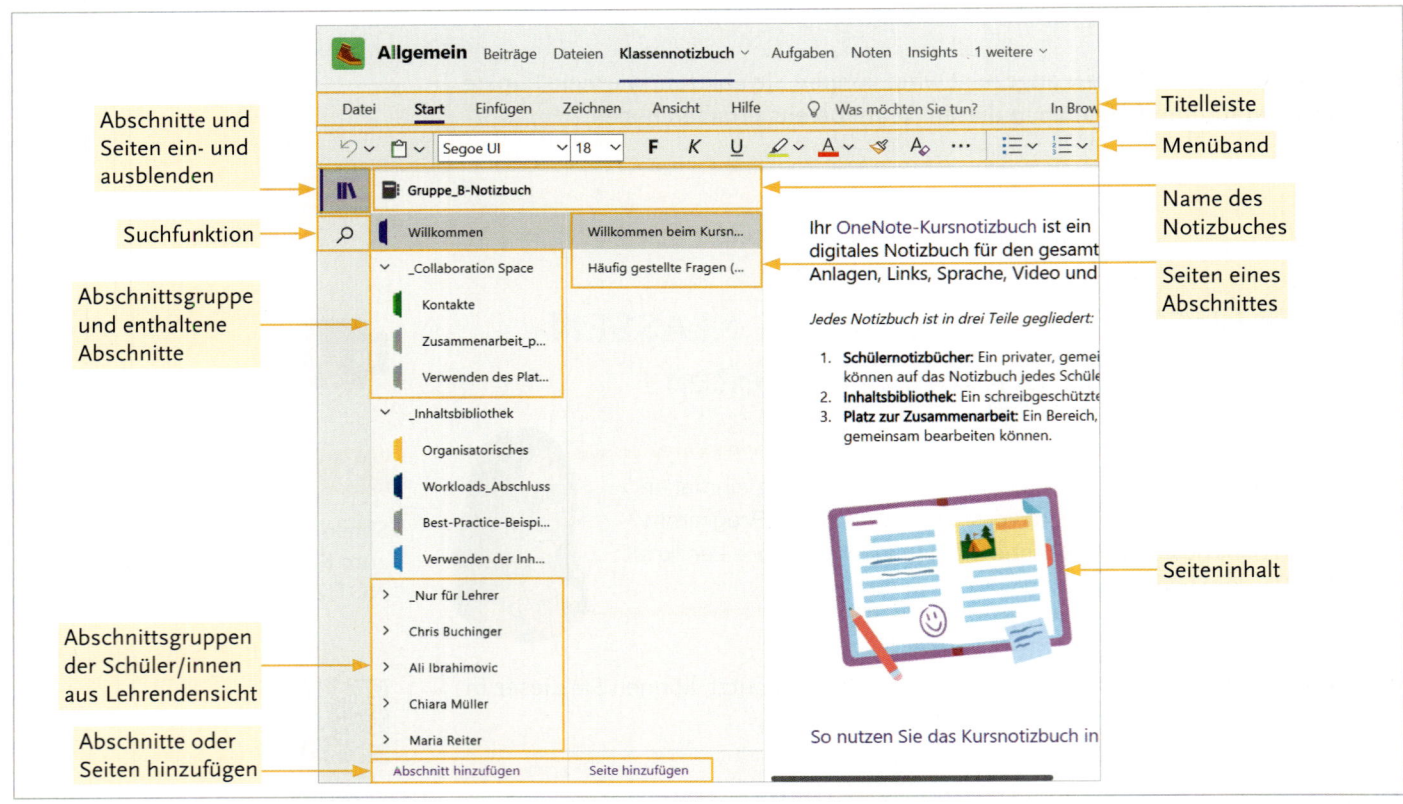

Automatisch sind die folgenden ABSCHNITTSBEREICHE angelegt:

_Collaboration Space oder Platz zur Zusammenarbeit
Hier haben alle (Schüler/innen und Lehrpersonen) dieselben Rechte und können alle Inhalte sehen und bearbeiten.

_Inhaltsbibliothek
Hier können Lehrpersonen Inhalte (Erklärungen, Dateien usw. zu den einzelnen Kapiteln des Lehrstoffes) für die Schüler/innen bereitstellen. Diese können die Inhalte lesen, jedoch nichts verändern oder bearbeiten.

💡 Ein großer Vorteil der **Inhaltsbibliothek** ist, dass der gesamte Unterrichtsstoff eines Gegenstandes für ein Schuljahr gesammelt werden kann. So kann man sich gut auf Tests oder Schularbeiten vorbereiten, aber ebenso den Stoff nachlesen, wenn man z. B. gefehlt hat.

Schüler/innen-Bereiche
Jede Schülerin/jeder Schüler im Klassenteam hat einen eigenen Abschnittsbereich mit ihrem/seinem Namen. Die Lehrkräfte sehen alle Bereiche, die Schüler/innen nur den eigenen und können daher auch nur im eigenen Bereich arbeiten.

Suchfunktion einsetzen

Die **Suchfunktion** in ONENOTE ist eine sehr gute Hilfe beim Suchen nach bestimmten Begriffen oder Inhalten innerhalb eines Notizbuches. Über sie können alle Informationen, die zu einem Thema notiert wurden oder von der Lehrperson in der Inhaltsbibliothek zur Verfügung gestellt wurden, mit einem Klick abgerufen werden.

Mit MICROSOFT 365 arbeiten

! Sie können in TEAMS in **Abschnitten oder Seiten suchen.** In der ONE-NOTE-App können Sie sogar all Ihre Notizbücher nach den gesuchten Inhalten durchforsten lassen. Als **Suchergebnisse** werden alle Seiten angezeigt, auf denen der gesuchte Begriff enthalten ist und Sie können durch einfaches Anklicken die Seiten aufrufen.

Wow! So wird das Lernen für Tests und Schularbeiten viel einfacher.

SCHRITT FÜR SCHRITT: SUCHFUNKTION EINSETZEN

1. Klicken Sie auf die SUCHLUPE und geben Sie den gesuchten Begriff ein, z. B. „Peer".
2. Legen Sie fest, ob in einem Abschnitt oder auf einer Seite gesucht werden soll.
3. Die Suchergebnisse werden angezeigt.

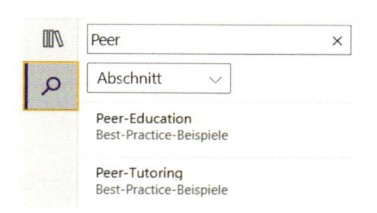

····· PROFI-TIPP ·····

„Ich bin MICROSOFT ONENOTE-Nutzerin der ersten Stunde! Mein ‚digitales Notizbuch' ist mein absolutes Lieblings-Tool, weil ich mit der Suche alles rasch wiederfinde, was ich mir jemals notiert habe. Ich sammle Gesprächsnotizen mit Kundinnen und Kunden, Skizzen und handschriftliche Notizen von Brainstormings mit Kolleginnen und Kollegen bis hin zu meinen liebsten Yoga-Videos und Kochrezepten und egal, ob Text, Bild oder Video – ich finde alles wieder und teile mein ONENOTE auch zur Zusammenarbeit mit anderen. Das ist sehr praktisch und für mich im Alltag unverzichtbar!"

Mag. (FH) Martina FLORIAN
– Industry Executive Education, MICROSOFT Österreich –

💡 Die meisten Gruppen im Menü START (ZWISCHENABLAGE, SCHRIFTART, FORMATVORLAGEN, RECHTSCHREIBUNG) kommen auch in anderen MICROSOFT Programmen vor.

Die ONENOTE-Oberfläche in TEAMS erkunden

Machen Sie sich nun mit dem Menüband näher vertraut. Viele der Befehle in den Menübändern sind selbsterklärend, einige werden nachfolgend kurz beschrieben.

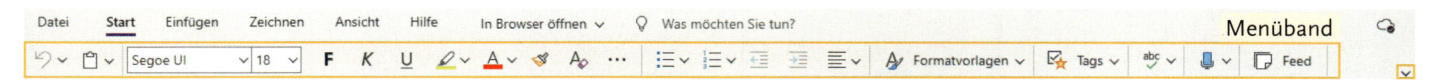

Menüband

Über die Titelleiste kann man die einzelnen Menübänder in ONENOTE ansteuern. Mit Klick auf das Pfeilsymbol rechts lassen sich die einzelnen Menübänder aus- bzw. einklappen. Einzelne Befehle sind in Befehlsgruppen zusammengefasst.

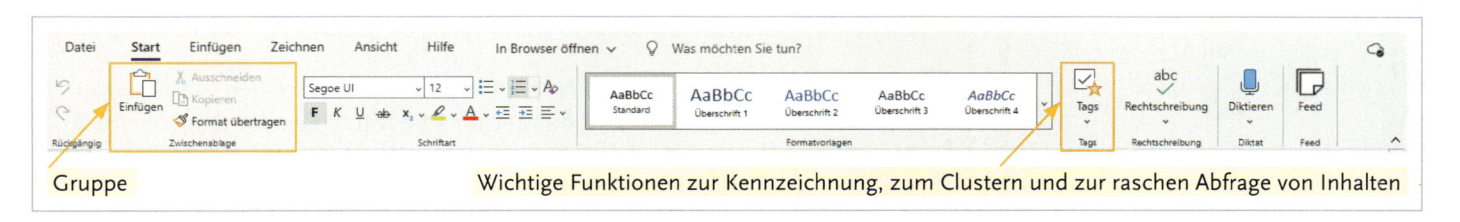

Gruppe — Wichtige Funktionen zur Kennzeichnung, zum Clustern und zur raschen Abfrage von Inhalten

I Durchstarten mit MICROSOFT 365

> **Tipp!**
> Mit dem TAG AUFGABEN können Sie noch nicht erledigte Aufgaben kennzeichnen und diese abhaken, sobald sie erledigt sind. So haben Sie eine schnelle Übersicht über jene Dinge, die noch zu erledigen sind.

Probieren Sie die verschiedenen Befehle aus!

Menüband Einfügen
Im Menüband EINFÜGEN sind die unterschiedlichsten Möglichkeiten, Inhalte aus anderen Quellen in ein Notizbuch einzufügen, zusammengefasst.

Eine Audioaufnahme starten und in das Notizbuch einfügen; das funktioniert allerdings nur dann, wenn ein Mikrofon eingebaut oder angeschlossen ist

Formeln, z. B. am Tablet, händisch einfügen; diese handgeschriebenen Formeln können im Anschluss in eine getippte Formel umgewandelt werden. Sogar Berechnungen kann man so anstellen.

Menüband Zeichnen
Das Menüband ZEICHNEN ist für die Stifteingabe gedacht.

Textteile auf Notizbuchseiten markieren

> Mit der TEXTMARKER-Funktion kennzeichne ich besonders Wichtiges, dann habe ich das immer im Blick!

Menüband Ansicht
Im Menüband ANSICHT kann die Ansicht verändert, eine Seite eingefärbt oder verschiedene Informationen des Notizbuches ein- bzw. ausgeblendet werden.

Texte vorlesen lassen; dafür ist ein Lautsprecher oder Headset nötig.

WorkBox – „Die ONENOTE-Oberfläche in TEAMS erkunden"

Ausgangssituation

Falls Sie keine KLASSENNOTIZBÜCHER zur Verfügung haben, können Sie die einzelnen Funktionen auch in der ONENOTE-App ausprobieren oder ersuchen Sie Ihre Lehrperson, ein KLASSENNOTIZBUCH für Sie anzulegen.

- Erstellen Sie ein digitales ONENOTE-Handbuch. Beschreiben Sie die Gruppen und Funktionen des Menübandes für Ihre Mitschüler/innen. Lösen Sie diese Aufgabe zu zweit oder in Kleingruppen. Ihre Lehrperson wird entscheiden, wie Sie sich aufteilen und welche Gruppe welches Menüband bzw. welche Funktionen erarbeiten soll.

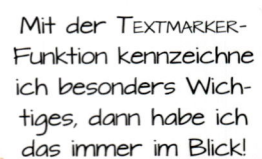

Mit MICROSOFT 365 arbeiten

- ▶ Fassen Sie Ihre Ergebnisse im _COLLABORATION SPACE im Abschnitt **Menüband** des KLASSENNOTIZBUCHES, das Ihre Lehrperson für Sie angelegt hat, zusammen.
- ▶ Legen Sie dazu jeweils eine Seite mit dem Namen des Menübandes, das Sie beschreiben wollen, an. *Hinweis: Die Seitenbezeichnung wird automatisch aus der Überschrift, die Sie in der oberen Zeile der Seite eingeben, übernommen.*
- ▶ Sie können gleichzeitig auf der Ihnen zugewiesenen Seite arbeiten und so Ihre Ergebnisse ergänzen.
- ▶ Wenn Sie fertig sind, schauen Sie sich die Seiten der anderen Gruppen an. Vielleicht finden Sie interessante Funktionen, die Sie gerne eigenständig ausprobieren möchten.

Hinweis für Lehrkräfte: Für diese Übung ist ein KLASSENNOTIZBUCH in TEAMS notwendig. Legen Sie dazu bitte im _COLLABORATION SPACE einen ABSCHNITT mit der Bezeichnung **Menüband** für Ihre Schüler/innen an.

WissensCheck – „Mit MICROSOFT 365 arbeiten"

1. Erklären Sie, was Sie im App-Startfeld auf office.com machen können.
2. Zählen Sie die nötigen Schritte auf, um Ihr Profilbild auf office.com zu ändern.
3. Definieren Sie den Begriff Cloud-Speicher. Nennen Sie verschiedene Anbieter.
4. Erklären Sie, woran man erkennt, dass ein Dokument auf ONEDRIVE von mehreren Benutzerinnen/Benutzern bearbeitet wird.
5. Beschreiben Sie das Programm TEAMS.
6. Nennen Sie die Ausrüstung, die nötig ist, um an einer TEAMS-Besprechung teilzunehmen.
7. Zählen Sie die automatisch angelegten Arbeitsbereiche eines ONENOTE KLASSENNOTIZBUCHES auf.

Ziele erreicht? – „Mit MICROSOFT 365 arbeiten"

1. Leonie ist ratlos. Sie findet sich auf office.com einfach nicht zurecht. Sie können ihr bestimmt helfen. Zeichnen Sie am folgenden Screenshot ein, wo Sie die folgenden Aktionen vornehmen können.
   a) WORD öffnen.
   b) OFFICE herunterladen und installieren.
   c) Zuletzt verwendete Dokumente öffnen.

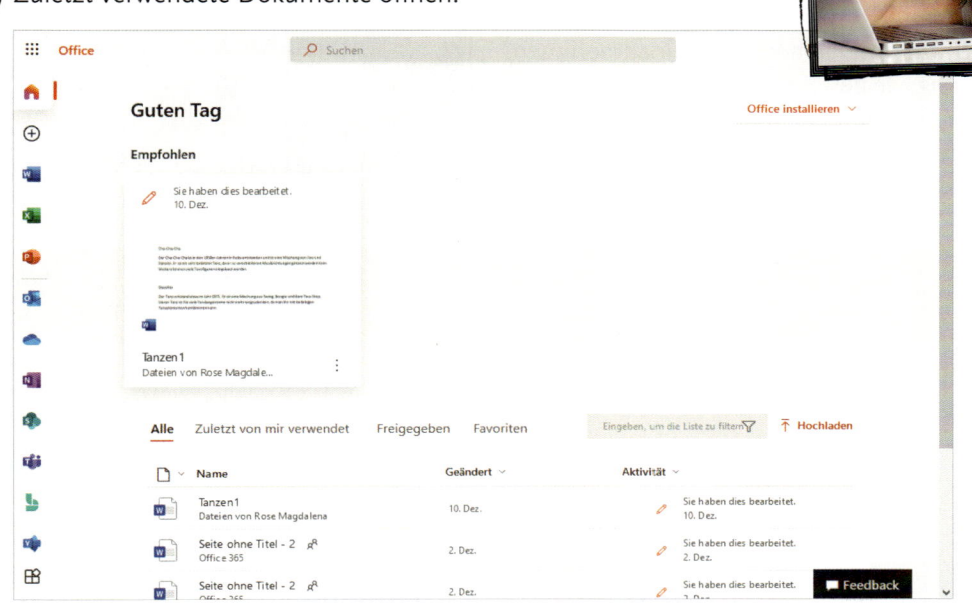

39

I Durchstarten mit MICROSOFT 365

2. Ergänzen Sie die Liste mit sieben Programmen oder Apps, die Sie mit OFFICE 365 in Ihrer Schule zur Verfügung haben, und notieren Sie stichwortartig, wofür man diese Programme verwenden kann.

Programm	Verwendung
WORD	Textverarbeitung
EXCEL	Kalkulation
POWERPOINT	Präsentation

3. Üben Sie das Erstellen, Speichern und Teilen eines Dokumentes.
   a) Erstellen Sie ein WORD-Dokument auf ONEDRIVE.
   b) Speichern Sie das Dokument unter: **Eigenschaften_Familienname.docx** (statt „Familienname" schreiben Sie bitte Ihren eigenen Namen) ab.
   c) Schreiben Sie Ihren Vor- und Familiennamen in das Dokument (wer das schon kann, kann auch ein Bild von sich hinzufügen).
   d) Teilen Sie die Datei mit zwei Mitschülerinnen/Mitschülern sowie mit Ihrer Lehrperson.
   e) Bitten Sie alle im Einladungstext darum, eine gute Eigenschaft, die sie an Ihnen wahrgenommen haben, in das Dokument zu schreiben, und machen Sie dies auch bei jenen Mitschülerinnen/Mitschülern, die Sie dazu auffordern.
   f) Wenn Sie alle Rückmeldungen haben, drucken Sie das Dokument aus.

4. Üben Sie den Umgang mit MICROSOFT TEAMS.
   a) Bilden Sie Kleingruppen von drei bis fünf Personen und verabreden Sie sich zu einer Videokonferenz in TEAMS.
   b) Das Thema der Besprechung können Sie frei wählen. Sie können z. B. über aktuelle Hausaufgaben sprechen, über Ihre Hobbys oder Ihre Haustiere etc. 
   c) Erkunden Sie bei der Besprechung die Funktionen von TEAMS und teilen Sie Ihren Bildschirm mit den anderen Teilnehmerinnen/Teilnehmern der Besprechung. Zeigen Sie dabei etwas her, das für das Thema der Besprechung relevant ist, z. B. Ihre Unterrichtsnotizen, ein Bild Ihres Haustieres etc.
   d) Schicken Sie sich während der Videokonferenz auch Nachrichten im Chat.

Einen interaktiven **Safety-Check** finden Sie in der TRAUNER-DigiBox.

Mein kleiner Bruder war am PC und hat alle Kabel ausgesteckt. Aber den Kabelsalat löse ich mit links!

Oh nein! Es gab einen Stromausfall und ich habe mein Referat nicht gespeichert! Ist jetzt alles weg?

II IT betrifft uns alle

Sie finden

So arbeitet ein Computer/
Seite 42

Hardware – die Anatomie des Computers/
Seite 52

Software – der unsichtbare Boss am Computer/
Seite 82

Das Betriebssystem WINDOWS 11 erkunden/
Seite 99

Dateien sinnvoll und sicher organisieren/
Seite 124

II IT betrifft uns alle

So arbeitet ein Computer

In (fast) allen Bereichen des Lebens werden Sie es früher oder später einmal mit Informationstechnologie und Computern zu tun bekommen. Da hilft es sehr, wenn man versteht, was ein Computer eigentlich ist und wie er funktioniert.

KOMPETENZ-ERWERB

Meine Ziele

Nach Bearbeitung dieses Kapitels kann ich
- das Funktionsprinzip eines Computers verstehen und erklären;
- das Rechenprinzip von Computern anhand von Beispielen wiedergeben;
- Einheiten für Speicherkapazitäten umrechnen;
- Hardware und Software unterscheiden.

So arbeitet ein Computer

1 Datenreise durch den Computer

Simon und Semih sitzen gemeinsam vorm Computer. Sie geben Berechnungen in EXCEL ein. Simon ist fasziniert: „Wie funktioniert das bitte? Wir geben Zahlen ein und in Sekundenschnelle ist das richtige Ergebnis da! Ich würde gerne wissen, was da im Hintergrund passiert!" „Genau wie beim Taschenrechner," meint Semih und fragt: „ist das auch ein Computer?"

Überlegen Sie gemeinsam in der Klasse, welche Geräte wie Computer funktionieren.

Computer ist ein englischer Begriff und bezeichnet eine große, schnelle Rechenmaschine. Diese verarbeitet Daten aufgrund von eingegebenen Befehlen sehr rasch und stellt die Ergebnisse zur Verfügung.

Computer = Rechner; to compute (engl.) bedeutet auf Deutsch rechnen.

FILM AB!

1.1 Datenverarbeitung ganz einfach

Sie tippen in EXCEL folgende einfache Rechnung ein: 2+3*4. Nur einen Wimpernschlag später wird Ihnen das Ergebnis dieser Rechnung auf dem Bildschirm angezeigt. Welche Stationen wurden in diesen wenigen Millisekunden in Ihrem Computer durchlaufen? Wie viele Berechnungen und Prozesse wurden durchgeführt?

Die folgende Grafik und das dazugehörige Video geben Ihnen einen Einblick in die Prozesse der Datenverarbeitung.

Sehen Sie sich unter www.trauner.at/datenreise-computer den Kurzfilm an, um zu erfahren, wie Computer oder Smartphones arbeiten, um darzustellen, was Sie gerade getippt haben.

Ablauf der Datenverarbeitung

Festwertspeicher (ROM)   **Arbeitsspeicher (RAM)**

Speicher

Eingabe
Die Rechnung wird über die Tastatur eingegeben.

Über eine Schnittstelle gelangt die Rechnung in die Eingabesteuerung.

Eingabesteuerung
Daten werden in Empfang genommen; weitere Verarbeitung wird geregelt.

Datenbus transportiert die Daten zum Prozessor.

Ausgabesteuerung

Ausgabe
Das Ergebnis wird auf dem Bildschirm ausgegeben.

Über eine Schnittstelle wird das Ergebnis der Rechnung auf den Bildschirm übertragen.

Prozessor (CPU)

Steuerwerk steuert Ein- und Ausgabebefehle, managt die Zusammenarbeit von Rechenwerk, Arbeitsspeicher sowie Datenaustausch der Ein- und Ausgabesteuerung.

Rechenwerk
Hier geschieht die eigentliche Verarbeitung. Dafür braucht das Rechenwerk Informationen des Steuerwerkes.

43

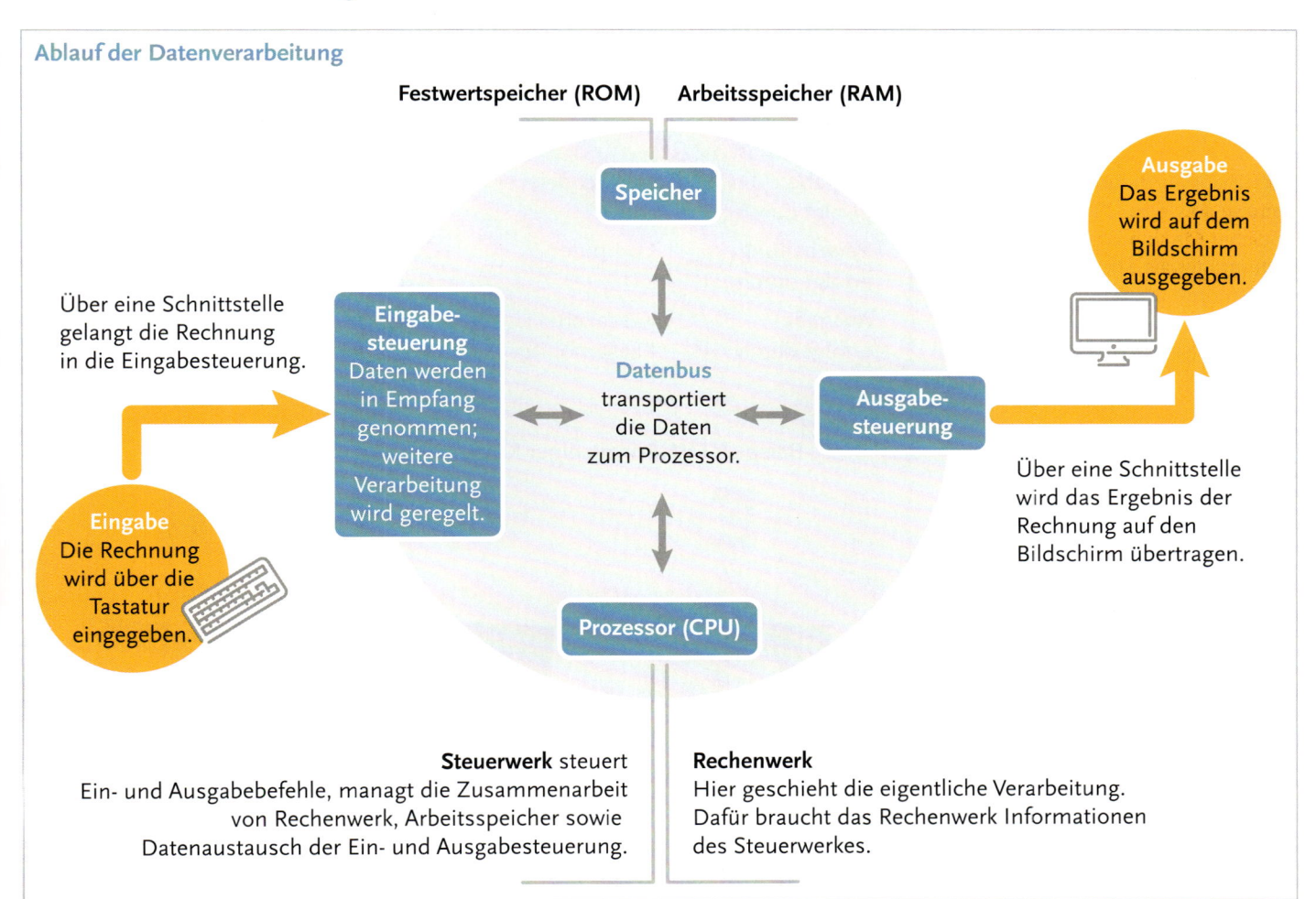

II IT betrifft uns alle

> **WorkBox – „Datenreise durch den Computer"**
>
> ■ Sie haben in EXCEL eine Berechnung eingegeben:
>
> | | A |
> |---|---|
> | 1 | =(2+4)*3 |
>
> Welchen Weg legt Ihre Eingabe bis zur Ausgabe des Ergebnisses zurück? Erklären Sie anhand des Beispieles die Datenreise durch den Computer.

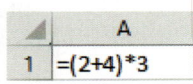

1.2 Das EVA-Arbeitsprinzip verstehen

Die Einsatzgebiete von Rechnern sind vielfältig, jedoch arbeiten alle nach dem gleichen Prinzip.

Der Prozess der Informationsverarbeitung – kurz **EVA-Prinzip** – besteht bei jedem Computer aus:

Eingabe: Die Daten werden mithilfe von Tastatur, Maus, Scanner usw. eingegeben.

Verarbeitung: Der Rechner verarbeitet die Daten, indem er sie z. B. ändert, aktualisiert oder erweitert.

Ausgabe: Die verarbeiteten Daten werden z. B. mithilfe von Druckern oder Bildschirmen ausgegeben.

💡 Zur Informationsverarbeitung sowie zur dauerhaften Speicherung von Daten werden Datenträger als Speichermöglichkeit benötigt.

EVA-Prinzip in verschiedenen Bereichen:

EVA-Prinzip	Kassa	Kreditkarte	PC
Eingabe erfolgt durch	Strichcodeleser	Scheckkartenleser und Codeeingabe	Tastatur, Maus, Scanner
Verarbeitung erfolgt durch	Computer	Computer	CPU
Ausgabe erfolgt durch	Kassazettel, Kassamonitor	Beleg	Bildschirm, Drucker

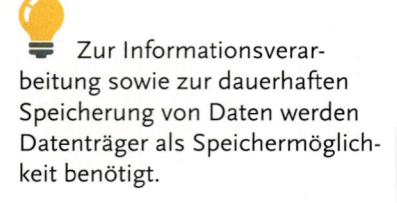

Eine interaktive Abbildung und eine Übung dazu finden Sie in der TRAUNER-DigiBox.

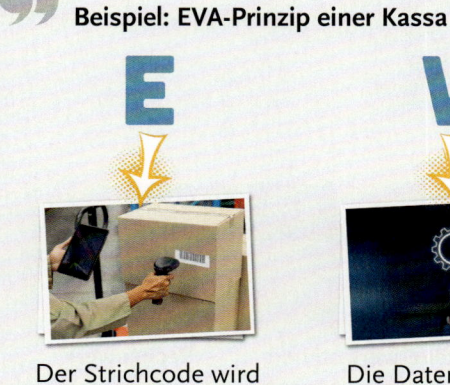

> **Beispiel: EVA-Prinzip einer Kassa**
>
> **E** Der Strichcode wird gelesen. 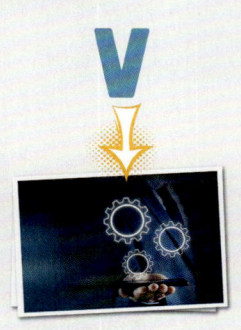
>
> **V** Die Daten werden verarbeitet. 
>
> **A** Es gibt verschiedene Ausgabemöglichkeiten, z. B. Datenausgabe als Quittung oder auf dem Bildschirm.

So arbeitet ein Computer

WorkBox – „Das EVA-Arbeitsprinzp verstehen"

■ Wenden Sie das EVA-Prinzip auf den Menschen an: Schreiben Sie zunächst zu den gelben Zahlen die jeweiligen Aktivitäten:

① _____

② _____

③ _____

④ _____

Dann ordnen Sie die gelben Ziffern an den richtigen Stellen in der linken Spalte zu. Anschließend vervollständigen Sie die Sätze, indem Sie alle Spalten durch Pfeile verbinden, sodass die Sätze richtig sind.

Eingabe erfolgt durch	Gehirn	z. B. memorieren, ordnen, rechnen …
Verarbeitung erfolgt durch	Dinge	z. B. Papier, Magnetband, Festplatte
Ausgabe erfolgt durch	Sinnesorgane	z. B. lesen, hören, riechen, tasten …
Externe Speicher sind	Sinnesorgane, Sprache, Schrift	z. B. sprechen, schreiben …

2 Das binäre Zahlensystem kennenlernen

Simon fragt Semih ganz erstaunt: „Hast du gewusst, dass ein Computer nur mit den Zahlen 0 und 1 rechnet? Wie kann er denn dann so viele verschiedene Dinge wie Musik abspielen, englische Texte übersetzen, Partyeinladungen ausdrucken und sogar Videotelefonieren? Das hat ja alles mit Zahlen ganz und gar nichts zu tun!"

💬 Sammeln Sie alle Informationen, die Sie bereits über die Funktionsprinzipien eines Computers kennen.

_____
_____
_____

Ein Computer kennt nur zwei Zustände:

ON — Strom ein = 1   OFF — Strom aus = 0

Damit Computer Daten (z. B. Zahlen, Texte, Bilder, Musik oder Videos) verarbeiten können, werden diese als eine Abfolge von 0 und 1 dargestellt. 0 kann man sich als ein nicht leuchtendes Lämpchen vorstellen und 1 als ein leuchtendes Lämpchen (oder EIN und AUS).

Für die Darstellung eines Zeichens, z. B. eines Buchstabens oder einer Ziffer, reicht 1 Bit nicht aus. Dafür bildet man aus 8 Bits ein Byte.

Bit und Byte unterscheiden

1 Bit

oder

- Ist der Lichtschalter **gedrückt** (= Stromkreis ist geschlossen), leuchtet das Lämpchen. Das entspricht dem Zustand 1 bzw. **EIN**.
- Ist der Schalter **nicht gedrückt** (= Stromkreis ist unterbrochen), leuchtet das Lämpchen nicht. Es handelt sich um den Zustand 0 bzw. **AUS**.

1 Byte

z. B.

- 8 Bits = 1 Byte = 1 Zeichen
- Stellen Sie sich dazu **8 Lämpchen** vor, die einzeln aus- oder eingeschaltet werden können und im Zustand 0 oder 1 sind.
- Testet man alle Möglichkeiten, die Lämpchen ein- und auszuschalten, kommt man auf 256 verschiedene Möglichkeiten.

> Ein **Bit** ist **die kleinste Informationseinheit** in der Informatik. Ein **Byte** ist eine Maßeinheit für eine Speichermenge. **8 Bits = 1 Byte = 1 Zeichen**

WorkBox – „Das binäre Zahlensystem kennenlernen"

- Recherchieren Sie zu Bits und Bytes und finden Sie heraus, wie man ein kleines „u" im Binärsystem schreibt. Überlegen Sie, wo Sie die Lösung hierzu finden können. (Tipp: Bauen Sie in Ihre Suche den Begriff ASCII ein.)

2.1 Bits und Bytes – Speicherkapazitäten umrechnen

Text-, Bild- oder Videodateien bestehen aber nicht nur aus einzelnen Bytes, sondern aus einem Vielfachen davon. Das ergibt eine große Menge an Daten, die ein Computer speichern muss.

Speicherkapazität = Fassungsvermögen eines Speichers; maximale Datenmenge, die gespeichert werden kann.

Überblick über die Speicherkapazitäten im Computerbereich:

Bezeichnung	Umrechnung	
Bit (b)		2^1 = 2 mögliche Zustände
Byte (B)		2^8 = 256 mögliche Zustände
Kilobyte (kB)	1 024 B	2^{10} Bytes ~ 1 000 Bytes
Megabyte (MB)	1 024 kB	2^{20} Bytes ~ 1 000 000 Bytes
Gigabyte (GB)	1 024 MB	2^{30} Bytes ~ 1 000 000 000 Bytes
Terabyte (TB)	1 024 GB	2^{40} Bytes ~ 1 000 000 000 000 Bytes
Petabyte (PB)	1 024 TB	2^{50} Bytes ~ 1 000 000 000 000 000 Bytes

So arbeitet ein Computer

> Heutige Computer haben sehr große **Speicherkapazitäten,** das heißt, sie können sehr viele Bytes speichern. Diese werden in kB, MB, GB, TB oder PB angegeben.

Beispiel: Speicherkapazitäten berechnen

3-TB-Festplatte
Eine 3-TB-Festplatte dient zur Datensicherung. Es werden auf der Festplatte vier große Ordner gespeichert, die 45 GB, 1 200 GB, 12 GB und 145 GB groß sind. Haben alle Daten auf der 3-TB-Festplatte Platz?

Lösungsweg
3 TB = 3 • 1 024 GB, also 3 072 GB. Von diesem Wert zieht man 1 402 GB (Gesamtgröße der vier Ordner) ab. Übrig bleiben noch 1 670 GB Speicherplatz.

Ergebnis
Es haben alle Daten auf der Festplatte Platz.

WorkBox – „Bits und Bytes – Speicherkapazitäten umrechnen"

1. Erklären Sie, warum es Festplatten in den Größen 256, 512 oder 1024 GB statt 120, 250, 500 oder 1000 GB zu kaufen gibt.

2. Digitalfotos werden auf einer SD-Karte gespeichert. Diese hat eine Größe von 4 GB. Speichert man ein Foto in einer mittleren Qualität, benötigt ein Foto durchschnittlich 2 MB Speicherplatz. Wie viele Fotos haben auf der Speicherkarte Platz?

2.2 Digitale und analoge Daten unterscheiden

Viele Daten (z. B. Töne oder Bilder) liegen in analoger Form vor. Damit Computer diese Daten verarbeiten können, müssen sie in eine digitale Form umgewandelt werden. Man nennt diesen Vorgang Digitalisierung.

Digitalisierung = Umwandlung analoger Daten in digitale Werte (Binärziffern).

> **Analog**
> Ein analoger Wert (z. B. auf einer analogen Uhr) kann **unbegrenzt viele Werte** annehmen.
>
> **Digital**
> Ein digitaler Wert (z. B. auf einer digitalen Uhr) umfasst immer nur **eine bestimmte Anzahl von Informationen** (in unserem Beispiel Stunden und Minuten).

In der TRAUNER-DigiBox finden Sie eine interaktive Abbildung zu digitalen und analogen Daten.

II IT betrifft uns alle

WorkBox – „Digitale und analoge Daten unterscheiden"

- Erklären Sie den Unterschied zwischen einer digitalen und einer analogen Uhr.

Digitale Uhr	Analoge Uhr

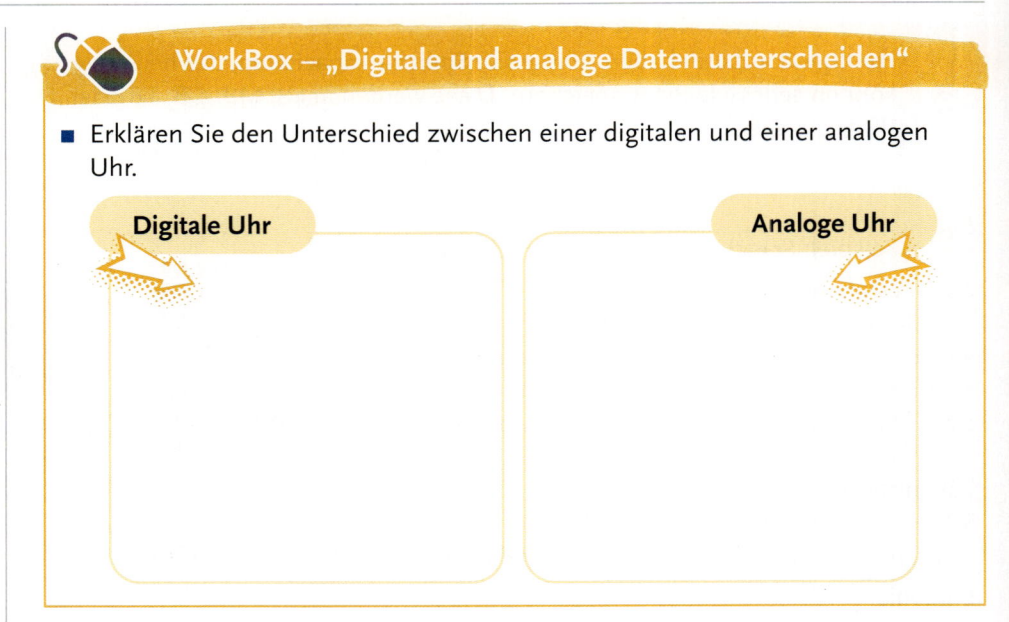

Kennen Sie den Unterschied zwischen Hard- und Software? Tauschen Sie sich mit Ihrer Sitznachbarin/Ihrem Sitznachbarn aus.

3 Hardware und Software unterscheiden

„Cool! Echt ganz schön spannend, wie Computer arbeiten", meint Semih nach dem Unterricht zu Simon. „Aber was genau ist denn eigentlich ‚der Computer'? Der Rechner, den ich einschalte? Die Programme, die darauf laufen?" Simon lacht: „Das ist doch ganz einfach! Der Computer besteht aus der Hardware und der Software."

Ein **Computersystem** besteht aus zwei unterschiedlichen Komponenten:

Komponenten von Computersystemen

Hardware	Software
Unter Hardware versteht man alle **materiellen Bestandteile** des Computers. Also alles, „was man **angreifen kann**".	Unter Software versteht man alle Bestandteile eines Computers, die „man **nicht angreifen kann**".
Beispiele Bildschirm, Arbeitsspeicher, Hauptprozessor, Tastatur, Drucker, Monitor	**Beispiele** Programme, Daten

„Anstatt zu lernen, wie ich das löse, sollte ich nicht besser die Bedienung einer Software lernen, die das lösen kann?"

So arbeitet ein Computer

> **Beispiel: Audio-CD**

Hardware	Software
Die Audio-CD kann man in die Hand nehmen.	Die Musik oder das Gesprochene auf der CD kann man nicht berühren.

! Die **Hardware** sind **alle physischen Komponenten eines EDV-Systems,** die man angreifen kann. Als **Software** bezeichnet man **Programme,** die den Computer steuern.

WorkBox – „Hardware und Software unterscheiden"

■ Ordnen Sie nachfolgende Begriffe mithilfe von Linien zu:

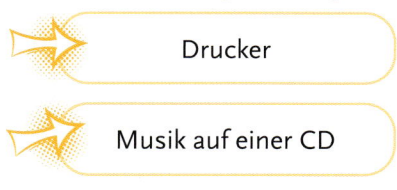

- Drucker
- Musik auf einer CD
- Bildschirm
- OFFICE-Paket 365
- Tastatur

- Hardware
- Software

WissensCheck – „So arbeitet ein Computer"

1. Nennen Sie das Prinzip, nach dem ein Computer arbeitet.
2. Erklären Sie das Binärsystem.
3. Erklären Sie, was ein Bit ist.
4. Definieren Sie, was digitalisieren bedeutet.
5. Führen Sie drei Beispiele für Hardware an.

II IT betrifft uns alle

Ziele erreicht? – „So arbeitet ein Computer"

KOMPETENZ-ERWERB ✓

1. Ordnen Sie den wichtigsten Begriffen des Kapitels die richtigen Beschreibungen zu.

- Prozess, bei dem Daten mithilfe technischer Anlagen gespeichert, bearbeitet und ausgewertet werden
- Umwandlung analoger Daten in digitale Werte (Binärziffern)
- Digitale Rechenmaschine
- Zahlensystem, das zur Darstellung von Zahlen nur zwei verschiedene Ziffern benutzt: 0 und 1.
- Maximale Datenmenge, die gespeichert werden kann
- Alle physischen Komponenten eines EDV-Systems, die man angreifen kann
- Programme, die den Computer steuern

Begriffe:
- Computer
- Speicherkapazität
- Digitalisierung
- Software
- Hardware
- Datenverarbeitung
- Binärsystem

2. Semih und Simon haben große Freude mit dem neu erworbenen Wissen und stellen sich gegenseitig auf den Prüfstand. Bestimmt können Sie mit den beiden mithalten.

Semih: „Na Simon, erklär' doch mal, was Hardware ist!"

Simon: „Das war ja leicht für den Einstieg … Nenne mir die Speicherkapazitäten von der kleinsten zur größten aufsteigend und den Umrechnungsfaktor!"

Simon: „Gemeinsam sind wir unschlagbar gut!"

Simon: „So Semih, genug geprüft, jetzt bist du dran! Berechne, wie viele Fotos mit einer Größe von 2 MB du auf deinem 16-GB USB-Stick speichern kannst."

50

3. Vervollständigen Sie den Lückentext.

Ausgangssituation
Semih ist noch immer hin und weg, weil ein PC nur mit den Zahlen 0 und 1 rechnet. Das recherchiert er noch einmal. Er findet einen spannenden Artikel auf seinem Smartphone – leider ist das Display noch immer kaputt und er tut sich schwer, einzelne Wörter lesen zu können. Helfen Sie Semih und fügen Sie in den folgenden Lückentext die richtigen Begriffe ein, damit er den Text doch noch lesen kann.

Software ■ analoge ■ Zeichen ■ Gigabyte ■ Datenträger ■ Byte ■ digitale ■ Speicherkapazität ■ Bit ■ Informationsverarbeitung ■ Hardware ■ Megabyte ■ rechnen ■ EVA-Prinzip ■ Rechner

IT einfach verstehen

Der Begriff Computer stammt vom englischen „to compute" und bedeutet auf Deutsch _____. Computer werden auch _____ genannt. Die Einsatzgebiete sind vielfältig, jedoch arbeiten sie alle nach dem gleichen Prinzip, nach dem _____. Der Prozess der _____ besteht aus der Eingabe, der Verarbeitung und der Ausgabe. Zur dauerhaften Speicherung von Daten werden _____ als Speichermöglichkeit benötigt.

Das _____ ist die kleinste Informationseinheit in der Informatik. 8 Bit bilden 1 _____ und das ist 1 _____.

Als _____ wird das maximale Fassungsvermögen eines Speichers bezeichnet. Die Abkürzung MB steht beispielsweise für _____ und GB für _____.

Damit Computer _____ Daten verarbeiten können, müssen diese in eine _____ Form umgewandelt werden.

Ein Computersystem besteht aus der Hardware und der Software. Unter _____ versteht man alles, was man angreifen kann und unter _____ alles, was man nicht angreifen kann.

Einen interaktiven **Safety-Check** finden Sie in der TRAUNER-DigiBox.

II IT betrifft uns alle

Hardware – die Anatomie des Computers

Weitere Übungen zum Kapitel finden Sie in der TRAUNER-DigiBox.

Zählen Sie gemeinsam auf, welche Hardware-Komponenten und Peripheriegeräte Sie kennen und wofür sie verwendet werden.

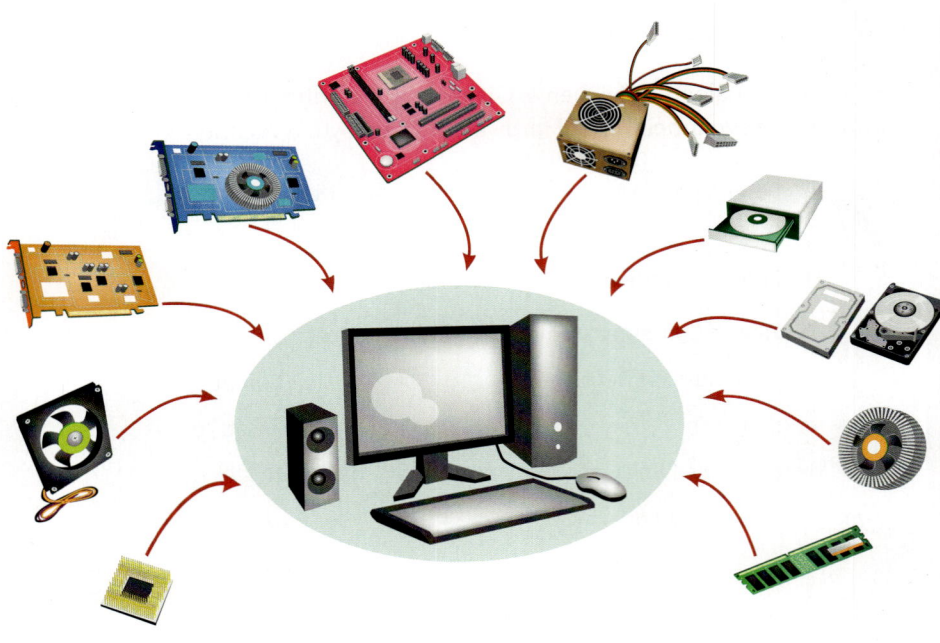

_____

_____

_____

Englischsprachige Übungen zu diesem Kapitel finden Sie in der TRAUNER-DigiBox.

Sie möchten sich einen Computer kaufen. Davor stellen Sie sich die zwei wichtigsten Fragen: Wofür genau brauche ich den Computer? Was soll er alles können? Das ist der erste Schritt, bevor Sie Ihr Geld ausgeben.

In diesem Kapitel lernen Sie alle wichtigen Teile eines Computers kennen (Hardware-Komponenten) und welche wesentlichen Geräte es zusätzlich noch gibt (Peripheriegeräte).

KOMPETENZ-ERWERB

Meine Ziele

Nach Bearbeitung dieses Kapitels kann ich

- die Hardware-Komponenten von Computern und Peripheriegeräte sachgerecht nutzen sowie deren Funktionen erläutern;
- erklären, worauf es bei einem Computerkauf ankommt;
- anhand von technischen Daten Kaufentscheidungen treffen;
- die Vor- und Nachteile unterschiedlicher Speichermedien gegenüberstellen;
- einfache technische Probleme lösen.

1 Hardware-Technik verstehen

Simon hat immer schon gerne mit elektronischen Geräten gespielt. Doch irgendwann kam dann die Frage, wie denn das alles funktioniert und warum es so einen Hype um Notebooks gibt, die so viel teurer sind als andere, die nicht so gut ausgestattet sind. Was heißt das eigentlich alles, was uns da angeboten wird?

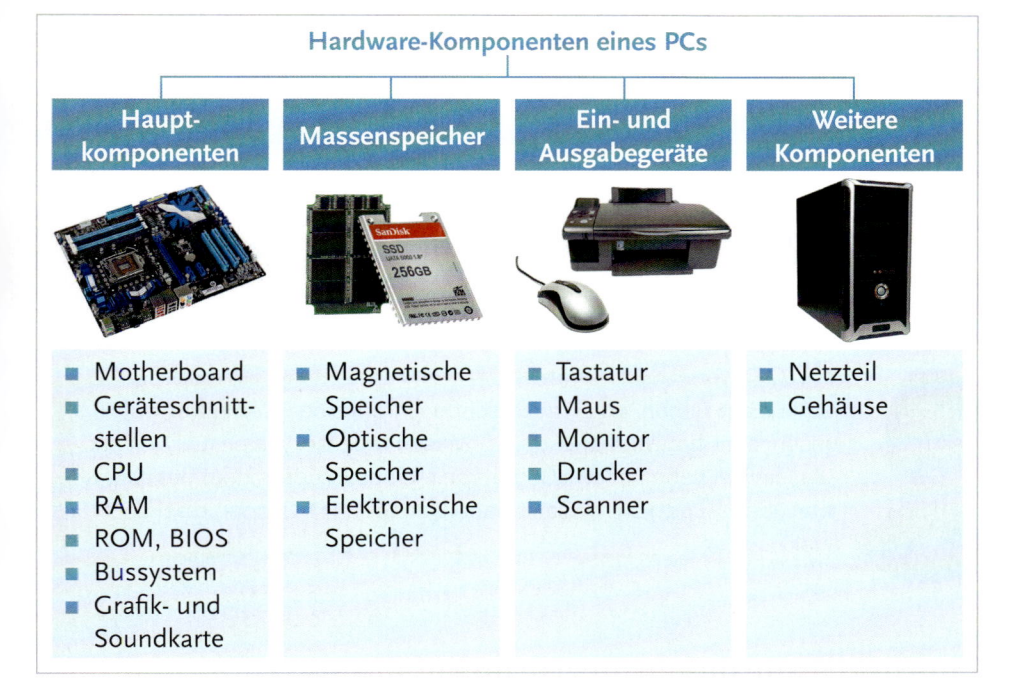

💬 Tauschen Sie sich in der Klasse aus: Haben Sie bereits selbst einen Computer oder ein Notebook ausgewählt? Wissen Sie, auf welche technischen Daten Sie beim Kauf achten müssen?

Die **Hardware-Technik** erklärt, wie Computer aus ihren Einzelteilen zusammengebaut sind, wie sie funktionieren, wie man verschiedene Rechner in einem Netzwerk zusammenschließen kann und wie man Fehler behebt.

Die Übersicht zeigt die wichtigsten **Hardware-Komponenten** eines Computers:

Komponenten = Bestandteile.

Hardware-Komponenten eines PCs

Hauptkomponenten	Massenspeicher	Ein- und Ausgabegeräte	Weitere Komponenten
■ Motherboard ■ Geräteschnittstellen ■ CPU ■ RAM ■ ROM, BIOS ■ Bussystem ■ Grafik- und Soundkarte	■ Magnetische Speicher ■ Optische Speicher ■ Elektronische Speicher	■ Tastatur ■ Maus ■ Monitor ■ Drucker ■ Scanner	■ Netzteil ■ Gehäuse

1. Die **Hauptkomponenten** eines Computers sind für die Verarbeitung von Daten und Informationen **unbedingt notwendig.**
2. Die **Massenspeicher** sind die **Speichermedien im PC,** auf denen große Mengen an Daten dauerhaft gespeichert werden.
3. Über die **Eingabegeräte** erhält der Computer Daten, über die **Ausgabegeräte** werden Daten dargestellt oder wiedergegeben.
4. **Weitere Komponenten** sind z. B. das Netzteil für die Stromversorgung oder das Gehäuse.

PROFI-TIPP

„Wenn Sie einen Computer kaufen, ist es hilfreich, über dessen Bestandteile und deren Funktionen Bescheid zu wissen. Überlegen Sie sich vorher, was Sie brauchen. So können Sie viel Zeit und Geld sparen."

– Verkäufer in einem Computerfachgeschäft –

II IT betrifft uns alle

WorkBox – „Hardware-Technik verstehen"

- In den folgenden Feldern finden sich die Namen der Hardware-Komponenten und ihre jeweiligen Funktionen. Ordnen Sie richtig zu:

Hauptkomponenten	Datenträger im PC, auf denen die Daten dauerhaft gespeichert werden
Massenspeicher	Z. B. das Netzteil für die Stromversorgung oder das Gehäuse
Ein- und Ausgabegeräte	Für die Verarbeitung von Daten und Informationen nötig
Weitere Komponenten	Darüber erhält der Computer die Daten

2 Die Hauptkomponenten eines Computers kennenlernen

Haben Sie schon einmal ein elektronisches Gerät auseinandergenommen? Überlegen Sie gemeinsam, welche verschiedenen Bestandteile es gibt.

Semih fragt Simon, ob er auch schon einmal einen Computer aufgeschraubt hat, weil er ja genau wissen möchte, wie er funktioniert. „Ja, einmal habe ich den Computer meines Bruders geöffnet. Der war überhaupt nicht erfreut, dabei schaut der PC innen total cool aus!"

2.1 CPU – Hauptprozessor

CPU = **C**entral **P**rocessing **U**nit

Die **CPU (Hauptprozessor)** wird als „**Gehirn** des Computers" bezeichnet. Hier werden **alle Daten eingelesen, verarbeitet, kontrolliert** und **ausgegeben**. Die Leistung eines Computers hängt wesentlich vom verwendeten Prozessor ab. Der Prozessor ist die zentrale Steuerung des PCs.

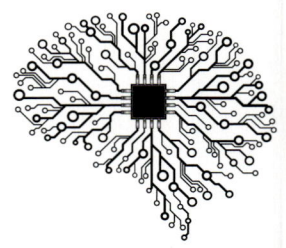

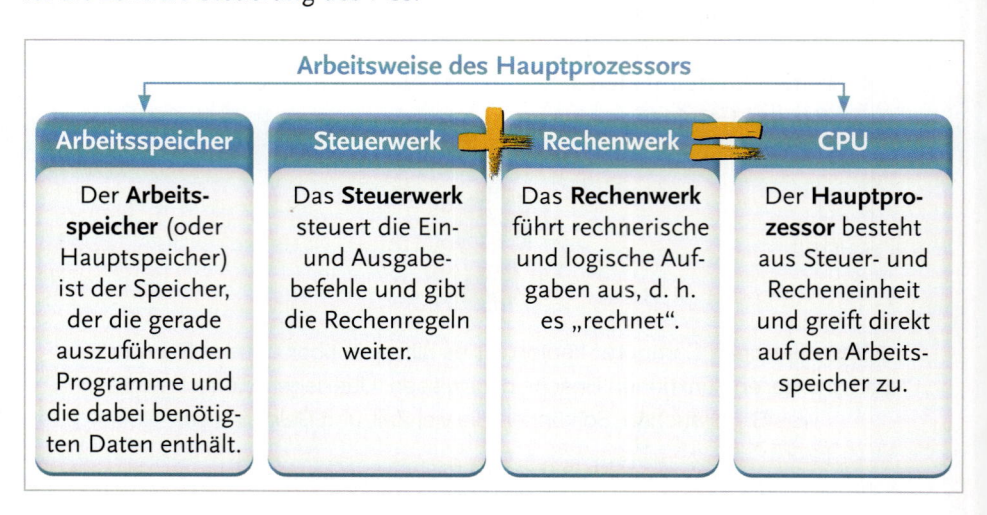

CPU – „Gehirn des Computers"

Arbeitsweise des Hauptprozessors

Arbeitsspeicher	Steuerwerk	Rechenwerk	CPU
Der **Arbeitsspeicher** (oder Hauptspeicher) ist der Speicher, der die gerade auszuführenden Programme und die dabei benötigten Daten enthält.	Das **Steuerwerk** steuert die Ein- und Ausgabebefehle und gibt die Rechenregeln weiter.	Das **Rechenwerk** führt rechnerische und logische Aufgaben aus, d. h. es „rechnet".	Der **Hauptprozessor** besteht aus Steuer- und Recheneinheit und greift direkt auf den Arbeitsspeicher zu.

💡 Die wichtigsten Prozessorhersteller sind INTEL und AMD.

54

Hardware – die Anatomie des Computers

> **Die CPU oder der Hauptprozessor ist die zentrale Steuerung,** die die **Grundfunktionen** eines Computers ausführt.

WorkBox – „CPU – Hauptprozessor"

1. Kreuzen Sie an, ob die folgenden Aussagen richtig oder falsch sind:

Aussage	Richtig	Falsch
Die Leistung eines Computers hängt wesentlich vom verwendeten Monitor ab.		
Eine CPU führt nur Additionen, Subtraktionen und Kommaverschiebungen durch.		
Das Rechenwerk führt rechnerische und logische Aufgaben aus.		
Der Arbeitsspeicher steuert die Ein- und Ausgabebefehle.		

2. Recherchieren Sie, was mit dem Begriff Cache gemeint ist.

2.2 Motherboard

Im Inneren eines Computers finden Sie eine **Platine**, auf der **alle Komponenten** des Computers montiert bzw. angeschlossen sind. Diese Hauptplatine nennt man **Motherboard** oder auch **Mainboard**.

Der Hauptprozessor und die **Hauptplatine** (Motherboard, Mainboard) sind das Herzstück des PCs.

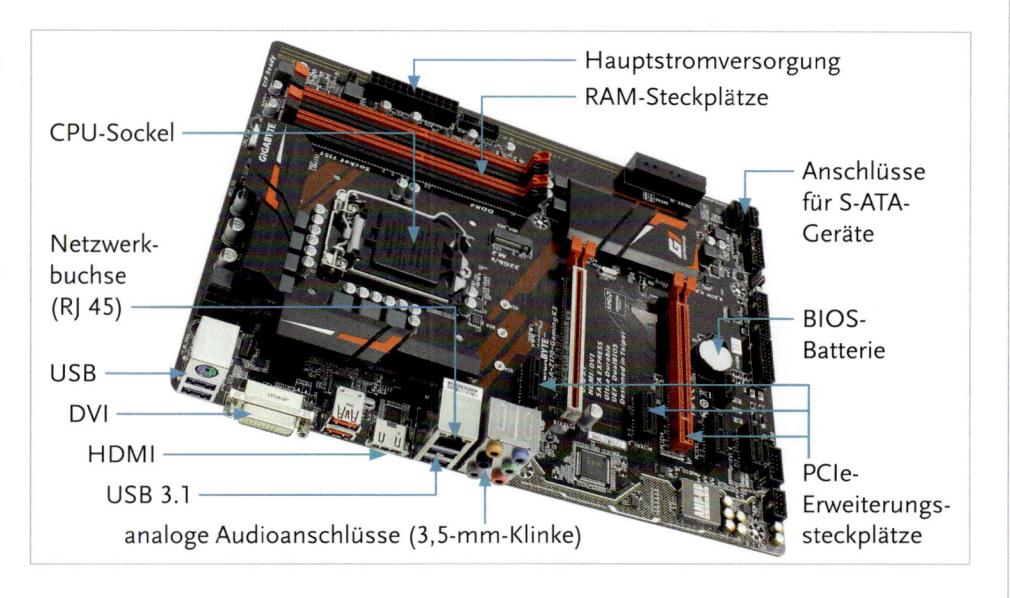

Platine = Leiterplatte, auf der elektronische Bauteile (meist durch Auflöten) befestigt und mit Leiterbahnen elektrisch verbunden sind.

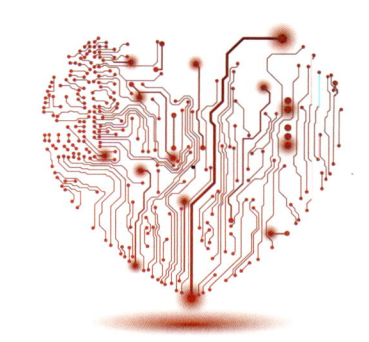

Beschriftungen der Abbildung:
- CPU-Sockel
- Netzwerkbuchse (RJ 45)
- USB
- DVI
- HDMI
- USB 3.1
- analoge Audioanschlüsse (3,5-mm-Klinke)
- Hauptstromversorgung
- RAM-Steckplätze
- Anschlüsse für S-ATA-Geräte
- BIOS-Batterie
- PCIe-Erweiterungssteckplätze

Das Motherboard (übersetzt „Mutterplatte") ist das Herz des Computers.

> Das **Motherboard** ist die **Hauptplatine** eines PCs mit allen inneren Komponenten und Anschlüssen.

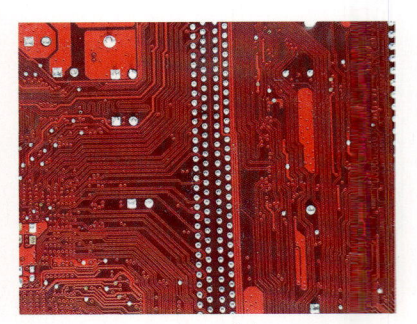

Ein Bus ist ein Bündel aus Datenleitungen, die unterschiedliche Informationen übertragen.

2.3 Bussystem

Ein **Bus** ist ein **Leitungssystem** zur **Übertragung von Daten** zwischen den Komponenten eines Computersystems. Er transportiert Informationen vom Prozessor zu anderen Komponenten des Motherboards bzw. umgekehrt und beeinflusst die Leistungsfähigkeit des Rechners.

Ein wesentliches Merkmal eines Busses ist die Anzahl der Bits, die er gleichzeitig übertragen kann – die sogenannte **Datenbusbreite** oder **Datenbandbreite.**

> **Ein Bus ist ein Leitungssystem zur Datenübertragung** zwischen den Komponenten eines Computersystems für den **Informationsaustausch.**

Schon gewusst?
Ein Bus ist vergleichbar mit einem gemeinsam genutzten Verkehrssystem mit vorgegebenen Wegen, wie z. B. einer Autobahn. Sind mehrere Spuren vorhanden, können diese auch mehrere Fahrzeuge nebeneinander zur gleichen Zeit oder leicht versetzt hintereinander benutzen.

💡 Sie wissen bereits, dass das Motherboard die Leiterplatte mit allen Komponenten und Anschlüssen eines PCs ist.

2.4 Schnittstellen

> **Schnittstellen (Interfaces)** sind Verbindungsstellen („Steckdosen"), die im PC innen liegen (interne Schnittstelle) oder nach außen (externe Schnittstelle) führen.

Schnittstellen

Interne Schnittstellen
- Sie befinden sich im Gehäuse des Computers.
- Damit werden Geräte im Inneren des Rechners miteinander verbunden. So wird z. B. die Grafikkarte angeschlossen.

Externe Schnittstellen
- Sie führen vom Innenleben des PCs nach außen zu den Peripheriegeräten.

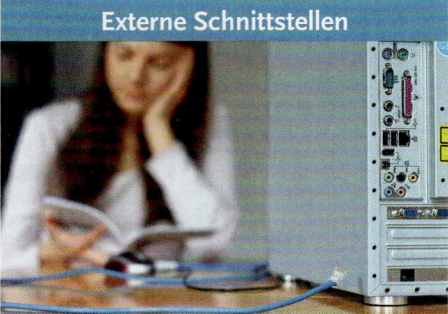

Peripheriegeräte = Geräte, die an den PC angeschlossen werden (Drucker, Maus usw.).

Hardware – die Anatomie des Computers

Lernen Sie nun die wichtigsten externen Schnittstellen genauer kennen.

Kommunikationsschnittstellen

USB-Anschluss
USB 3.0 und 4.0 als derzeitiger Standard

Beispiele
USB-Stick, Maus, Tastatur, Externe Festplatte

USB = **U**niversal **S**erial **B**us.

💡 USB-Anschlüsse an der Frontseite des Computers erleichtern den Anschluss von transportablen Geräten (z. B. Kartenleser, USB-Stick).

RJ-45-Netzwerkanschluss
Zur Anbindung des Computers an das Netzwerk (LAN)

Beispiel
Internetverbindung

Multimediaschnittstellen

DisplayPort
Digitale Schnittstelle zur Übertragung von hochauflösenden Video- und Audiosignalen

Beispiele
Monitor, Beamer

HDMI
Digitale Übertragung von Audio und Video in der Unterhaltungselektronik

Beispiele
Heimkino, Blu-ray-Player, Konsole

HDMI = **H**igh **D**efinition **M**ultimedia **I**nterface.

Schon gewusst?
Ein DisplayPort hat Vorteile für PC-User und HDMI im Bereich Heimkino, da es für DisplayPorts Adapter für VGA-Anschlüsse gibt.

VGA-Anschluss = ein mittlerweile veraltetes Steckermodell zur Verbindung von Computern mit Ausgabenberäten.

🔗 Mehr dazu erfahren Sie im Abschnitt „Einfache technische Probleme lösen".

Drahtlose Schnittstellen

WLAN
Kabelloses lokales Netzwerk für das ein Router benötigt wird

Beispiele
Internet, WLAN-Drucker

WLAN = **W**ireless **L**ocal **A**rea **N**etwork.

Bluetooth
Funkstandard für kurze Distanzen zur Übertragung von Daten, Musik, Videos und Bildern

Beispiele
Kopfhörer, Funkmaus, Freisprecheinrichtung

💡 Bluetooth ist eine wichtige Schnittstelle am Smartphone.

II IT betrifft uns alle

WorkBox – „Schnittstellen"

- Bilden Sie Kleingruppen mit vier Schülerinnen/Schülern. Jede Schülerin/Jeder Schüler recherchiert über ein Gerät (PC, Notebook, Smartphone, Tablet).
  ▶ Finden Sie ein Bild von einem Mainboard dieses Gerätes.
  ▶ Beschreiben Sie die Aufgabe des Mainboards.

  _____

  _____

  _____

  ▶ Recherchieren Sie, welche Schnittstellen vorhanden sind.

  _____

  _____

  _____

  Bereiten Sie Ihre Rechercheergebnisse in einem kollaborativen Tool grafisch auf und präsentieren Sie diese den anderen Gruppenmitgliedern.

padlet.com (Basisversion kostenlos)

2.5 RAM – Arbeitsspeicher (Random Access Memory)

Der **Arbeitsspeicher** (**R**andom **A**ccess **M**emory, kurz **RAM**) wird auch Hauptspeicher genannt. Er enthält die Programme und Daten, die zur Verarbeitung notwendig sind. Die Kapazität wird in GB (Gigabyte) angegeben.

Der RAM-Speicher ist ein flüchtiger Speicher, d. h., wenn der PC abgeschaltet wird, gehen diese Daten verloren.

Suchen Sie im Internet drei Arbeitsspeicherhersteller:

_____

_____

_____

Schon gewusst?
Die **RAM-Speichergröße** hat großen Einfluss auf die Geschwindigkeit des Computers. Man nennt dies auch die Performance des Computers. Ist zu wenig Arbeitsspeicher vorhanden, werden Daten z. B. auf die Festplatte des PCs ausgelagert und dadurch wird der PC langsam. Die Kapazität wird in GB (Gigabyte) angegeben.

RAM, der Arbeitsspeicher

2.6 ROM – Festwertspeicher (Read Only Memory)

Der **ROM**-Speicher (**R**ead **O**nly **M**emory) ist ein Lesespeicher. Er ist ein nicht flüchtiger Speicher, d. h., der Inhalt des Speichers bleibt erhalten, auch wenn er nicht mit Strom versorgt wird. Dieser Speicher kann durch einen normalen Zugriff nicht verändert oder gelöscht werden.

Der ROM-Speicher in einem PC beinhaltet das **BIOS** (**B**asic **I**nput **O**utput **S**ystem). Das BIOS wird zum Starten des PCs benötigt. Dabei prüft es alle wichtigen Teile wie Speicher, CPU und andere Hardware-Komponenten, ob sie funktionsfähig sind.

Hardware – die Anatomie des Computers

Unterschied zwischen ROM und RAM

Ein **ROM**-Baustein lässt sich mit einem Buch vergleichen, in dem Informationen dauerhaft gespeichert sind und die man beliebig oft lesen kann.

Die Daten im **RAM** sind hingegen flexibel und können jederzeit verändert werden. Schaltet man den Strom ab, sind alle Daten verloren. Man kann einen RAM mit einem Aktenschrank vergleichen, in dem die einzelnen Einträge beliebig austauschbar und veränderbar sind.

WorkBox – „RAM und ROM"

- Semih verwechselt immerzu RAM und ROM. Helfen Sie ihm und erklären Sie den Unterschied zwischen RAM und ROM anhand eines Beispieles.

RAM	ROM

Beispiel

2.7 Grafikkarte und Soundkarte

Grafikkarte

Die **Grafikkarte** ist eine Hardware-Komponente des Computers, die zur **Datenausgabe auf einem Bildschirm** benötigt wird. Grafikkarten gibt es als Steckkarte oder sie sind auf dem Motherboard integriert (Onboard-Lösung).

💡 Onboard-Lösungen (Grafikchips) sind billiger, aber nicht so leistungsfähig. Sie sind abschaltbar, sodass man auch Erweiterungssteckkarten verwenden kann, wenn man den PC aufrüsten will oder die Onboard-Variante kaputt ist.

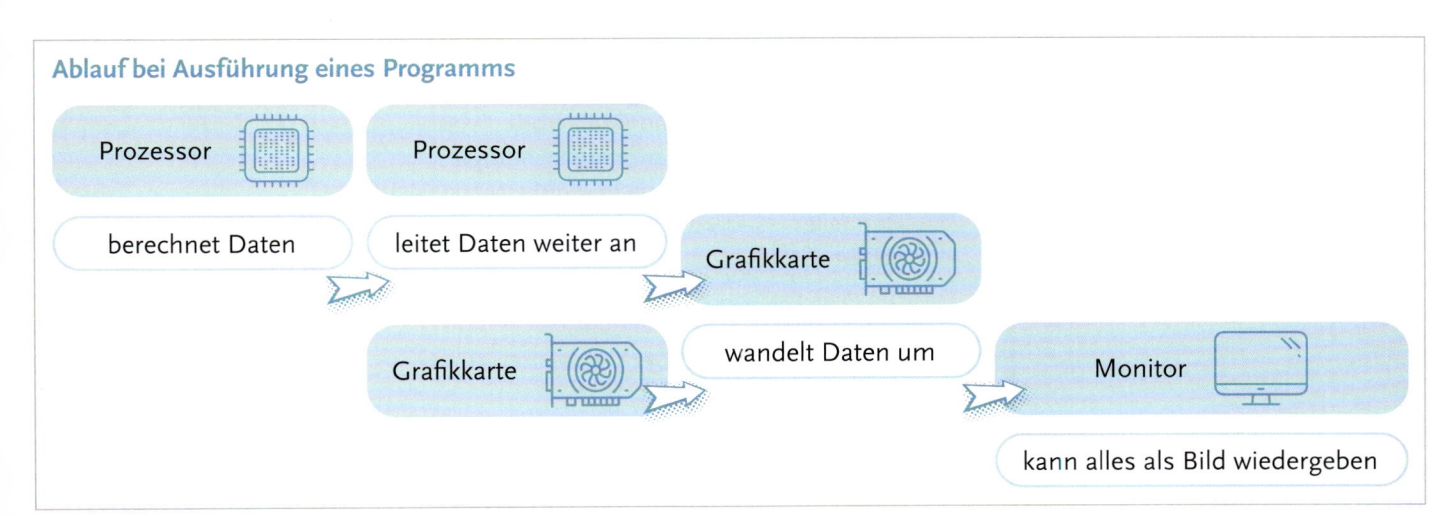

Ablauf bei Ausführung eines Programms

Prozessor → berechnet Daten

Prozessor → leitet Daten weiter an → Grafikkarte

Grafikkarte → wandelt Daten um → Monitor → kann alles als Bild wiedergeben

59

II IT betrifft uns alle

Grafikkarte

Die **Grafikkarte** bestimmt die Darstellung. Wichtig dabei sind:
- **Auflösung** (in Pixel),
- **Farbtiefe** (in Bits oder Farben) und
- **Bildwiederholrate** (in Hertz).

Der Monitor stellt nur dar, was die Grafikkarte liefert. Monitore und Grafikkarten können unterschiedliche Eigenschaften haben, müssen aber in diesen drei Punkten aufeinander abgestimmt sein.

> Eine **Grafikkarte** steuert in einem PC die **Grafikausgabe**. Die Ausgabe erfolgt über den **Monitor**.

Schon gewusst?
Die Anzahl der maximal darstellbaren Bildpunkte und die maximale Farbtiefe hängen direkt mit dem RAM der Grafikkarte zusammen. Je mehr eigenen Speicher die Karte zur Verfügung hat, desto höhere Auflösungen können dargestellt werden. Allerdings wird dabei der Rechenaufwand höher.

Soundkarte

Soundkarte

Eine **Soundkarte** ist eine **intern installierte Steckkarte.** Sie wandelt die digitalen Soundsignale des PCs in hörbare analoge Audiosignale um. Die Ausgabe erfolgt über Lautsprecher oder Kopfhörer (Onboard-Lösung: Soundchip).

> Eine **Soundkarte** wandelt in einem PC die digitalen Soundsignale des PCs in **hörbare Audiosignale** um. Die Ausgabe erfolgt über einen **Lautsprecher** oder über **Kopfhörer.**

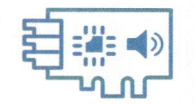

Einkaufstipps für einen Computer
- Für intensive Grafikanwendungen, wie Bildbearbeitung oder Spiele, benötigen Sie ein Gerät mit besserer Grafikkarte, höherem Arbeitsspeicher, aktuellem Prozessor und gegebenenfalls SSD-Festplatte. Nutzen Sie das Gerät nur für OFFICE-Anwendungen, zum Internetsurfen und fürs Schreiben und Beantworten von E-Mails, reicht eine geringere Leistung.
- Achten Sie beim Kauf nicht auf die Marke/den Hersteller, sondern auf die Hardware-Komponenten.

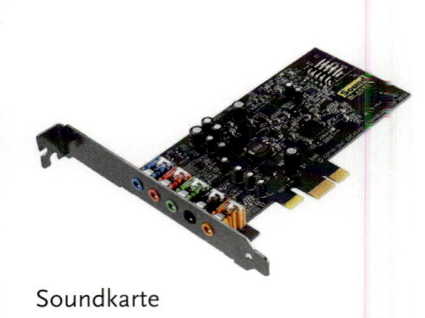

Planen Sie den Kauf eines neuen Computers gut, Details dazu werden Sie später erfahren.

Hardware – die Anatomie des Computers

WorkBox – „Die Hauptkomponenten eines Computers kennenlernen"

1. Finden Sie im folgenden Wortgitter die versteckten Hauptkomponenten eines Computers und ordnen Sie mithilfe der Zahlen 1–8 ihre Funktionen und Aufgaben in der unteren Tabelle zu.

G	R	A	F	I	K	K	A	R	T	E	A	S	D	F	H	M
Q	W	E	R	T	Z	U	I	O	P	Ü	Ö	M	N	H	T	O
S	D	R	G	U	K	C	N	B	V	C	X	Y	S	D	R	T
O	W	E	D	C	R	A	M	Y	B	X	C	F	S	W	E	H
U	B	C	A	E	R	C	P	O	U	I	A	H	R	W	E	E
N	E	A	I	G	O	H	L	D	S	A	E	U	H	I	K	R
D	E	F	G	I	H	E	N	M	S	R	U	F	G	A	T	B
K	L	O	I	H	Z	U	D	V	Y	A	W	T	R	G	H	O
A	B	S	C	H	N	I	T	T	S	T	E	L	L	E	U	A
R	V	N	I	M	L	P	R	W	T	A	D	F	G	R	B	R
T	Z	J	K	U	L	M	N	X	E	S	A	R	D	G	H	D
E	R	T	B	K	J	H	G	S	M	I	M	B	F	E	A	D
F	G	J	E	O	L	Z	X	S	F	E	S	R	Z	I	N	P
H	A	U	P	T	P	R	O	Z	E	S	S	O	R	K	Z	S

Hauptkomponenten	Funktionen und Aufgaben
	a) Interner Zwischenspeicher für zuletzt verwendete Daten und Befehle
	b) Arbeitsspeicher, der die gerade auszuführenden Programme und die dabei benötigten Daten enthält
	c) Transport der Daten
	d) Zentrale Steuerung, die die Grundfunktionen eines Computers ausführt
	e) Verbindungen zu Eingabe- und Ausgabegeräten
	f) Enthält alle internen Bauteile eines PCs inkl. der CPU
	g) Steuert in einem PC die Grafikausgabe
	h) Wandelt die digitalen Soundsignale in hörbare analoge Audiosignale um

2. Nennen Sie die Aufgaben, die das Steuerwerk übernimmt.

3. Geben Sie an, wofür man zum RAM noch Massenspeicher benötigt.

II IT betrifft uns alle

3 Massenspeicher im Überblick

💬 Überlegen Sie, was eine SSD ist und wie Semih Simons PC damit schneller machen kann.

„Wetten, dass ich deinen PC noch schneller machen kann!?", ruft Semih seinem Freund Simon zu. „Das wäre ja super, aber wie willst du das anstellen?", fragt dieser. „Na, mit einer SSD! Dann musst du nicht immer so lange warten, bis der Computer hochgefahren ist und die Programme gestartet sind", antwortet Semih stolz.

Massenspeicher sind alle Speichermedien, die große Mengen an Daten dauerhaft speichern. Sie unterscheiden sich vom Arbeitsspeicher (interner Speicher, RAM) dadurch, dass sie **nicht flüchtig** sind, d. h., die Daten bleiben nach dem Abschalten des Computers erhalten.

Man unterscheidet folgende Arten von Massenspeichern:

Magnetische Speicher
Datenspeicher, die mit **mechanisch bewegten Magnetschichten** arbeiten.
- Festplatte (HDD)
- Magnetband

Optische Speicher
Auswechselbare Datenspeicher, bei welchen ein Laser die Oberfläche abtastet.
- Discs (z. B. CD, CD-RW, DVD, BD)

Elektronische Speicher
Datenspeicher, die die Daten in oder auf Basis von elektronischen (Halbleiter-)Bauelementen speichern.
- Speicherkarte (Memory Card, z. B. SD-Card)
- USB-Stick
- SSD

SD-Card = **S**ecure **D**igital Memory Card.

SSD = **S**olid **S**tate **D**rive.

Schon gewusst?
Die gelesenen Daten werden in den Arbeitsspeicher eines angeschlossenen Rechners übertragen oder aus dem Arbeitsspeicher auf den Massenspeicher geschrieben.

🔗 Mit dem Thema Datensicherung werden Sie sich im Kapitel „Daten sicher und sinnvoll organisieren" noch ausführlich beschäftigen.

PROFI-TIPP

„Nichts ist ärgerlicher, als wichtige Daten unwiderruflich zu verlieren. Daher ist es besonders wichtig, diese regelmäßig zu sichern. Massenspeicher eignen sich hervorragend für die Datensicherung!"

– IT-Technikerin bei einem internationalen Baustoffhändler –

Hardware – die Anatomie des Computers

3.1 Magnetische Speicher nutzen

Magnetische Speicher sind alle Datenspeicher, die mit **mechanisch bewegten Magnetschichten** arbeiten. Die Datenaufzeichnung erfolgt in Spuren auf magnetisierbarem Material, das sich gegenüber einem Schreib-/Lesekopf in Bewegung befindet.

Diese magnetischen Speicher gibt es:

Festplatte (HDD)
Die Daten werden auf rotierenden Scheiben berührungslos abgespeichert bzw. gelesen.

Vorteile: große Speicherkapazität (12 TB und mehr), geringe Zugriffszeit, hohe Datensicherheit, relativ günstig im Preis

Nachteile: stoßempfindlich, langsamer als elektronische Speicher

HDD = **H**ard **D**isc **D**rive.

Magnetband
Das ist eine lange, schmale Folie aus Kunststoff, die mit magnetisierbarem Material beschichtet ist. Es gibt sie bereits seit den 1950er-Jahren. Man nutzt sie zur Datensicherung für lange Zeit (z. B. Archive).

Vorteile: große Datenmengen (mehr als 100 TB), lange Haltbarkeit, Robustheit
Nachteil: langsam

💡 Die maximalen Kapazitäten von Speichermedien ändern sich laufend.

Festplatte

Eine **Festplatte (HDD)** besteht aus einer oder mehreren übereinander angeordneten kreisrunden Scheiben, die mit magnetisierbarem Material beschichtet sind. Sie sind in einem luftdichten Gehäuse vor Staub geschützt.

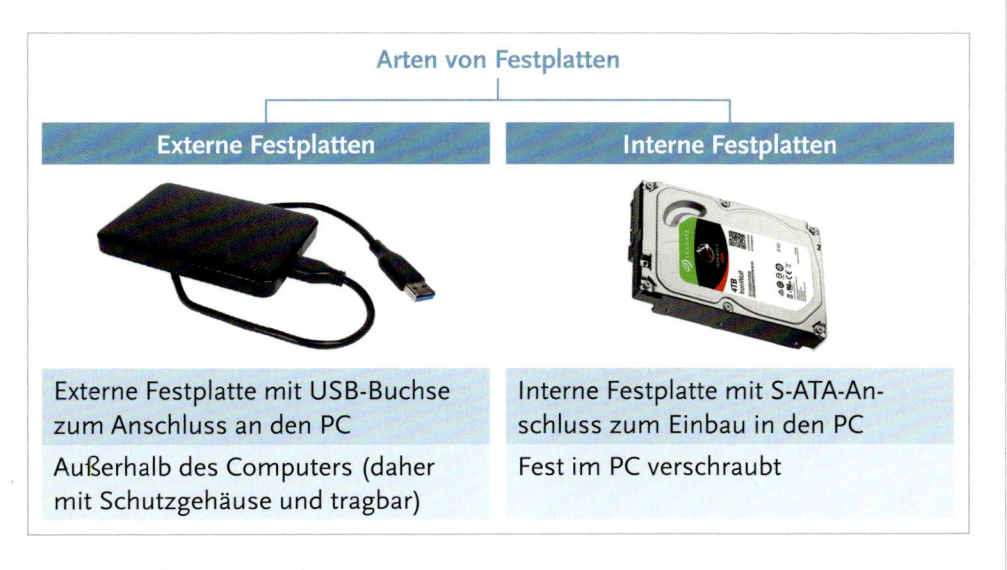

Arten von Festplatten

Externe Festplatten	Interne Festplatten
Externe Festplatte mit USB-Buchse zum Anschluss an den PC	Interne Festplatte mit S-ATA-Anschluss zum Einbau in den PC
Außerhalb des Computers (daher mit Schutzgehäuse und tragbar)	Fest im PC verschraubt

Man beurteilt eine Festplatte nach
- **Speicherkapazität** (wie viele Daten man speichern kann)
- **Rotation** (wie schnell sie sich dreht, häufig 7 200 U/min.)
- **Datentransferrate** (wie viele MB man pro Sekunde lesen bzw. schreiben kann)

U/min = Umdrehungen pro Minute.

63

II IT betrifft uns alle

> ❗ Eine **Festplatte** (bzw. HDD) ist ein **magnetischer Speicher** für digitale Informationen. Sie hat eine hohe Speicherkapazität und ist relativ schnell und sicher.

3.2 Optische Speicher verwenden

> ❗ Optische Massenspeicher arbeiten mit auswechselbaren Datenträgern, die **durch optische Abtastung eines Lasers** gelesen oder beschrieben werden, v. a. Discs.

Eine **CD (Compact Disc)** ist eine Polycarbonatscheibe mit einem Durchmesser von 12 cm, die auf einer Seite mit einer reflektierenden Schicht (z. B. aus Aluminium) bedampft ist.

CDs wurden mit der Zeit weiterentwickelt; heute gibt es folgende optische Discs:

💬 Überlegen Sie gemeinsam, ob Sie noch Discs verwenden und geben Sie an, bei welchen Gelegenheiten Sie zu Discs greifen.

Entwicklung von Discs

❶ CD Compact Disc	❷ CD-ROM CD Read Only Memory	❸ DVD Digital Versatile Disc	❹ BD Blu-ray Disc
- Seit den 1980er-Jahren - Speichermedium für Musik, löste die Schallplatte ab - Kann nicht beschrieben, nur gelesen werden - 650 MB	- Seit den 1990er-Jahren - Zur Speicherung von Daten - Einmalig beschreibbar - 700 MB	- Seit den 1990er-Jahren - Höhere Speicherkapazitäten für die Datenspeicherung und für Videos, vielfältig verwendbar - 4,7–17 GB	- Seit den 2000er-Jahren - U. a. für hochauflösende Filme, sehr hohe Datendichte - 25–100 GB

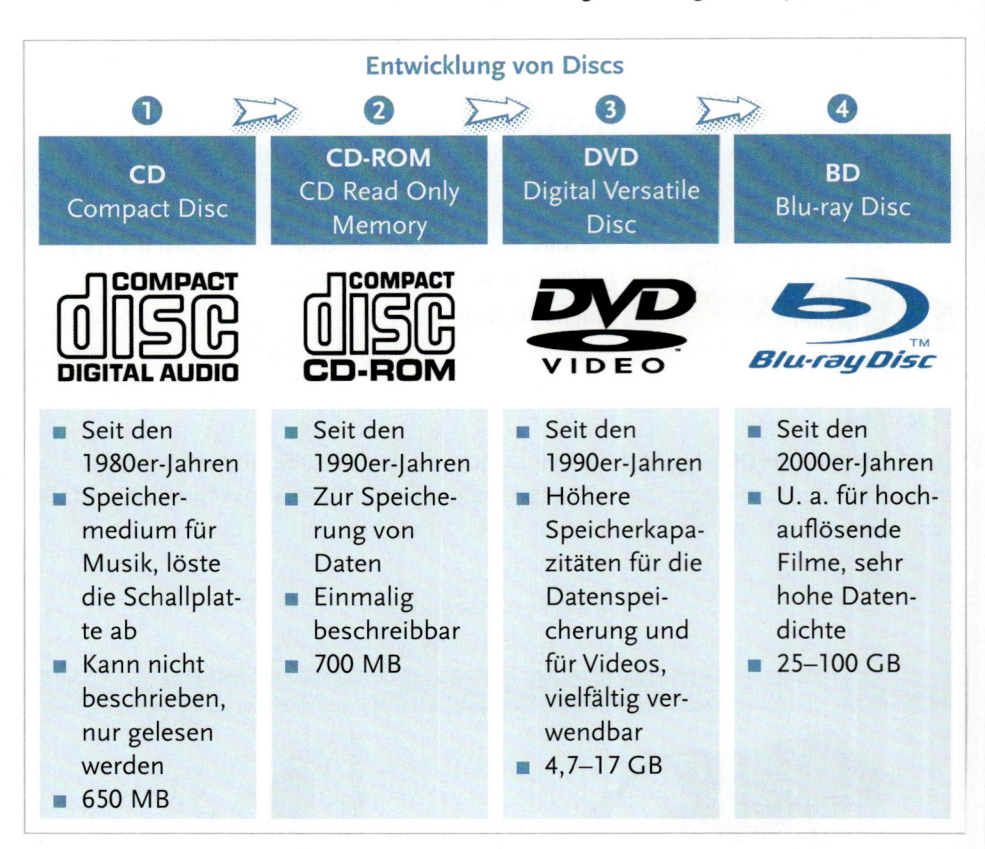

CDs, CD-ROMs und DVDs

💡 RW-Varianten gibt es für alle Discs: RW heißt, dass man die Disc mehrfach löschen und wieder beschreiben kann.

Datenübertragungsrate = digitale Datenmenge, die innerhalb einer bestimmten Zeit übertragen wird (also wie schnell Daten von einem Ort zum anderen gesendet werden, „Reisegeschwindigkeit").

Die verschiedenen Discs haben mit der Zeit immer höhere Speicherkapazitäten und schnellere Datenübertragungsraten bekommen. Trotzdem wurden sie von noch leistungsfähigeren Speichermedien abgelöst (z. B. USB-Stick).

Vorteile: billig, schnell, lange haltbar
Nachteile: nicht so große Speicherkapazitäten wie Festplatten, nicht so schnell wie HDDs oder SSDs

Hardware – die Anatomie des Computers

3.3 Elektronische Speicher nutzen

Elektronische Speicher speichern die Daten in oder auf Basis von elektronischen (Halbleiter-)Bauelementen. Sie ermöglichen eine langfristige Speicherung von unterschiedlichen Daten und sind sehr schnell (Schreib- und Lesegeschwindigkeit von bis zu 5 GB pro Sekunde). Elektronische Speicher sind sehr oft, aber nicht unbegrenzt wieder beschreibbar.

Elektronische Speichermedien sind:

Was hast du für eine Speicherkarte in deinem Handy?

Speicherkarte (Memory Card)
- Zum Aufnehmen, Wiedergeben, Speichern und Transportieren von Bildern, Audio- bzw. Videodateien, Grafiken, Texten usw.
- V. a. in Mobiltelefonen, Digitalkameras, MP3-Playern und Videokameras

Arten: SD-Card (Secure Digital Memory Card), Smart Media Card, Memory Stick, MMC (Multimedia Card), CF-Card (CompactFlash Card), XD Picture Card, …

Zählen Sie auf, welche elektronischen Speichermedien Sie regelmäßig verwenden.

USB-Stick
- Es handelt sich um die gleiche Speichertechnik wie bei Speicherkarten.
- Er wird an die USB-Schnittstelle des Computers angesteckt; es erscheint ein zusätzliches Laufwerk (Wechseldatenträger).
- **Plug-and-play** unterstützt die Installation automatisch. Vor dem Ausstecken sollte der Stick jedoch deaktiviert werden (Befehl AUSWERFEN im WINDOWS-Explorer).

Bezeichnungen: USB-Stick, USB Flash Memory Drive, Thumb Drive

Plug-and-play: Das Gerät wird an den Computer angesteckt und kann sofort verwendet werden, ohne dass eine Installation erforderlich ist.

SSD (Solid State Drive)
- Das ist ein großer elektronischer Speicher ohne bewegliche Teile.
- Vorteile: schnell, robust
- Nachteile: relativ teuer, geringere Speicherdauer und Langlebigkeit als HDD

Arten:
- **externe Speicher** (z. B. mit USB-Schnittstelle);
- **interne Massenspeicher** zum Einbau in einen PC (wie eine interne Festplatte oder als **Steckkarte).**

Schon gewusst?
Auch bei den elektronischen Speichermedien steigen die Speicherkapazitäten ständig. Kapazität und Geschwindigkeit bestimmen den Preis.

II IT betrifft uns alle

> **Elektronische Speichermedien** werden meist
> - zum schnellen Austausch von Daten (Bildern, Audio- bzw. Videodateien, Grafiken, Texten auf USB-Sticks) oder
> - zum Speichern in kleinen Geräten (z. B. Micro-SD-Card in Smartphones) verwendet.
> - Daneben gibt es noch SSDs für die Datenspeicherung am PC.

WorkBox – „Massenspeicher im Überblick"

1. Nennen Sie wichtige Massenspeicher.

2. Erklären Sie, welche Art von Speicher eine Festplatte ist und welche Arten von Festplatten es gibt.

3. Nennen Sie Geräte, in die Speicherkarten eingesetzt werden.

4. Zählen Sie auf, welche Arten von Discs Sie kennen.

5. Erklären Sie, was ein optischer Speicher ist und wie er funktioniert.

6. Schreiben Sie die gesuchten Begriffe und ihre Abkürzungen in die mittlere bzw. rechte Spalte.

Umschreibung/Erklärung	Begriff	Gesuchte Abkürzung
Datenspeicher, der mit mechanisch bewegten Magnetschichten auf rotierenden Scheiben arbeitet		
Kleines elektronisches Speichermedium für Mobiltelefone und Kameras		
Optischer Datenspeicher aus den 1980er-Jahren		
Interner elektronischer Massenspeicher des PCs		

66

Hardware – die Anatomie des Computers

4 Außenansichten unterscheiden

Simon ist nicht nur technikbegeistert, ihm gefällt es auch, wenn Geräte schön designt sind. Er bemerkt aber schnell, dass man sich Geräte nicht nach dem Aussehen kaufen soll, sondern nach dem, was sie können.

💬 Überlegen Sie in der Klasse, ob Ihnen das Design von technischen Geräten wichtig ist, z. B. auch beim Kauf eines Smartphones.

Wie schaut ein Computer eigentlich von außen aus? Welche Unterschiede gibt es da?

Außenansichten unterscheiden

Desktop-PC	Notebook	Tablet	Smartphone
Weitere Bezeichnung: Standcomputer	Weitere Bezeichnung: Laptop	Weitere Bezeichnung: Tablet-Computer	Weitere Bezeichnungen: Mobiltelefon, Handy
Feststehender PC (Tower) mit angeschlossenem Monitor sowie extra Tastatur und Maus.	Flacher, zusammenklappbarer PC, den man unterwegs nutzen kann.	Tragbarer, flacher Computer, der über einen Touchscreen bedient wird, ähnlich wie ein Smartphone.	Mobiles Telefon mit vielen Computerfunktionen.

Schon gewusst?
Ein Computer besteht noch aus weiteren wichtigen Teilen:

Weitere Komponenten

Netzteil	Gehäuse
Stand-PC-Netzteil	**Tower-Gehäuse**
Zum Betrieb der Anlage ist eine Stromversorgungseinheit (Netzteil) erforderlich. Die bei PCs üblichen Netzteile klassifiziert man nach ihrer Wattleistung.	Im PC-Gehäuse sind alle Hauptkomponenten eines Computers eingebaut.

It could be that it's not plugged in, but that would be too easy.

67

II IT betrifft uns alle

WorkBox – „Außenansichten unterscheiden"

- Überlegen Sie gemeinsam, ob Sie ein Smartphone als Computer bezeichnen würden. Zählen Sie auf, was dafür spricht und was dagegen:

„Ein Smartphone ist ein Computer!"

„Ein Smartphone ist kein Computer!"

5 Tipps für den Computerkauf

Besprechen Sie gemeinsam, wofür Sie einen Computer brauchen und welche Kriterien Ihnen bei einem Computer wichtig sind.

Simon hat sich jetzt wirklich schlau gemacht, wie ein Computer funktioniert. Schließlich hat ihn Technik immer schon interessiert. Er freut sich, dass er nun endlich auch mitreden kann, wenn sein Bruder von RAM, Terrabytes usw. spricht. Jetzt ist Simon an der Reihe, denn er darf sich einen neuen PC aussuchen, weil sein alter ausgedient hat.

Die Teile eines PCs müssen optimal aufeinander abgestimmt sein. Bei einem Kauf (z. B. eines Komplettsystems oder von zusätzlichen Teilen) ist es wichtig, auf die richtige Abstimmung zu achten. Überlegen Sie sich vor dem Kauf gut, wofür Sie das Gerät benötigen, damit Sie die richtigen Teile und Geräte kaufen!

PC, Laptop oder Tablet – das ist hier die Frage!

- **Desktop-PC, Laptop oder reicht ein Tablet?**
  Wenn man mobil sein will, ist ein Laptop oder Tablet geeignet. Aber Stand-PCs sind viel leistungsfähiger und haben das bessere Preis-Leistungs-Verhältnis, außerdem kann man sie leichter aufrüsten (stärker und schneller machen).

- **Welche Anwendungen?**
  Für intensive Grafikanwendungen (wie Video- und Bildbearbeitung oder Spiele) benötigen Sie ein Gerät mit besserer Grafikkarte, höherem Arbeitsspeicher, aktuellem leistungsfähigem Prozessor und einer SSD. Wenn Sie nur OFFICE-Anwendungen nutzen, im Internet surfen und E-Mails schreiben, können Sie ein günstiges Komplettsystem wählen.

- **Welcher Arbeitsspeicher?**
  Große Arbeitsspeicher sind nicht teuer und bringen viel Leistung (mindestens 8 oder 16 GB RAM).

Hardware – die Anatomie des Computers

■ **Welche Festplatte?**
SSDs sind schneller als HDDs (512 GB – 1 TB als eine gute Standardlösung). Zum Speichern großer Datenmengen (Videos etc.) baut man am besten zusätzlich eine große Festplatte ein.

■ **Welcher Prozessor?**
Die Leistungsfähigkeit eines Prozessors wird mit der Taktfrequenz in GHz (Gigahertz) angegeben (aktuell ca. 2,5 – 4,2 GHz).

👍 Let's do this! – „Computerkauf"

Ausgangssituation

Simon braucht einen neuen Computer oder ein neues Notebook. Sein alter Computer hat ausgedient. Ständig hängt er sich auf, wenn er an Videokonferenzen teilnehmen will. Sein Vater erlaubt ihm, sich ein neues Gerät anzuschaffen, doch er kennt sich überhaupt nicht aus und verlässt sich auf Simon. Simon ist sehr stolz darauf, dass er das Gerät aussuchen darf, denn früher wurde immer sein älterer Bruder gefragt, was angeschafft werden soll.

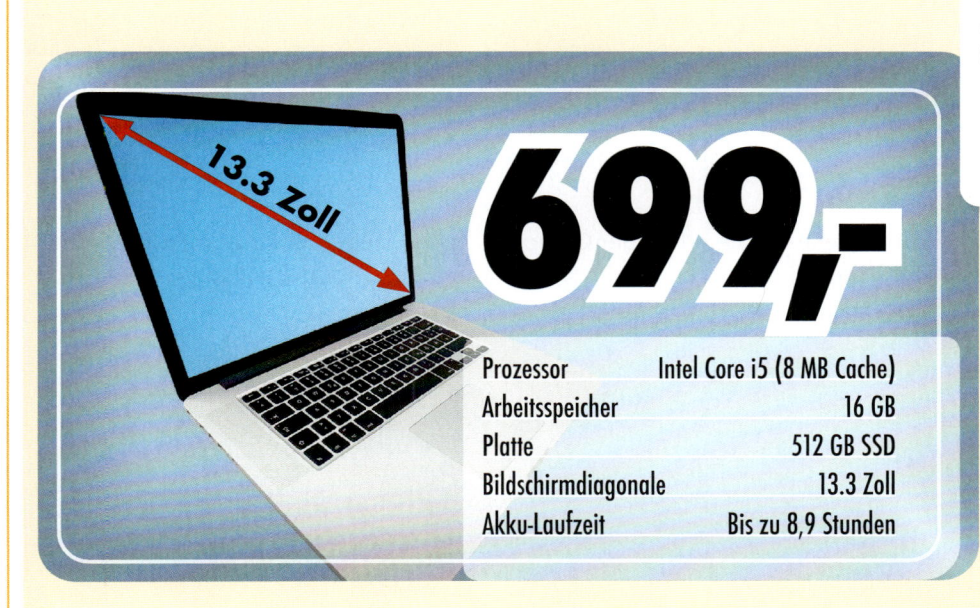

> Am besten suche ich mir ein Notebook aus, damit ich auch in der Schule damit arbeiten kann. Ich habe schon im Internet nach Angeboten gesucht und ein ganz interessantes gefunden. Jetzt muss ich überprüfen, ob das auch was taugt.

699,- — 13.3 Zoll

Prozessor	Intel Core i5 (8 MB Cache)
Arbeitsspeicher	16 GB
Platte	512 GB SSD
Bildschirmdiagonale	13.3 Zoll
Akku-Laufzeit	Bis zu 8,9 Stunden

▶ JETZT SIND SIE DRAN!

■ Finden Sie heraus, ob diese Daten dem aktuellen Standard entsprechen. Recherchieren Sie im Internet nach dem Prozessor, dem Arbeitsspeicher und der Platte und entscheiden Sie, ob Simon dieses Gerät kaufen soll. Geben Sie auch eine Begründung an!

Soll Simon dieses Notebook kaufen?   ◯ Ja   ◯ Nein

Begründung:

II IT betrifft uns alle

6 Ein- und Ausgabegeräte genauer kennenlernen

Sammeln Sie gemeinsam alle Geräte rund um den PC.

https://answergarden.ch/

Ein Memory zum Thema Peripheriegeräte finden Sie in der TRAUNER-DigiBox.

Semih sagt zu Simon: „Jetzt haben wir das Innenleben eines PCs kennengelernt. Aber da gibt es auch noch einen Bildschirm, eine Tastatur und so." Simon antwortet: „Ja, das stimmt. Lass' uns rausfinden, was es rund um den PC noch gibt."

Peripheriegeräte werden alle Geräte genannt, die zusätzlich an einen Computer angeschlossen werden können. Sie können **Eingabe-, Ausgabegeräte** oder **beides** zugleich sein. Werden Sie zur Datenspeicherung eingesetzt, bezeichnet man sie als **Speichermedien.**

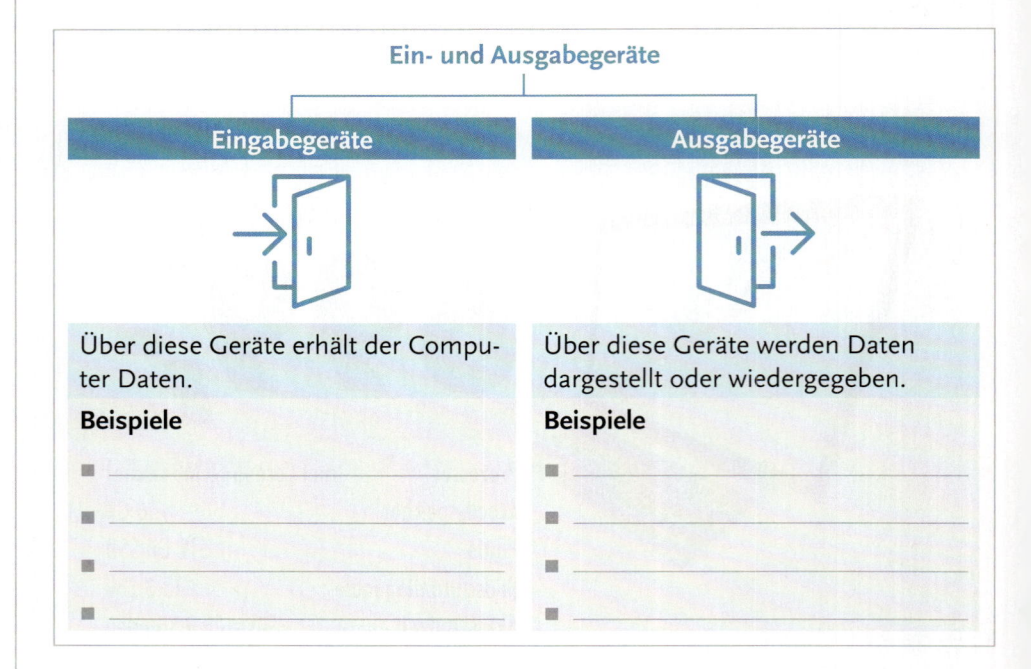

Ein- und Ausgabegeräte

Eingabegeräte	Ausgabegeräte
Über diese Geräte erhält der Computer Daten.	Über diese Geräte werden Daten dargestellt oder wiedergegeben.
Beispiele	**Beispiele**
▪ _____	▪ _____
▪ _____	▪ _____
▪ _____	▪ _____
▪ _____	▪ _____

WorkBox – „Ein- und Ausgabegeräte genauer kennenlernen"

■ Fügen Sie die Beispiele in die richtige Spalte der oben stehenden Abbildung ein:

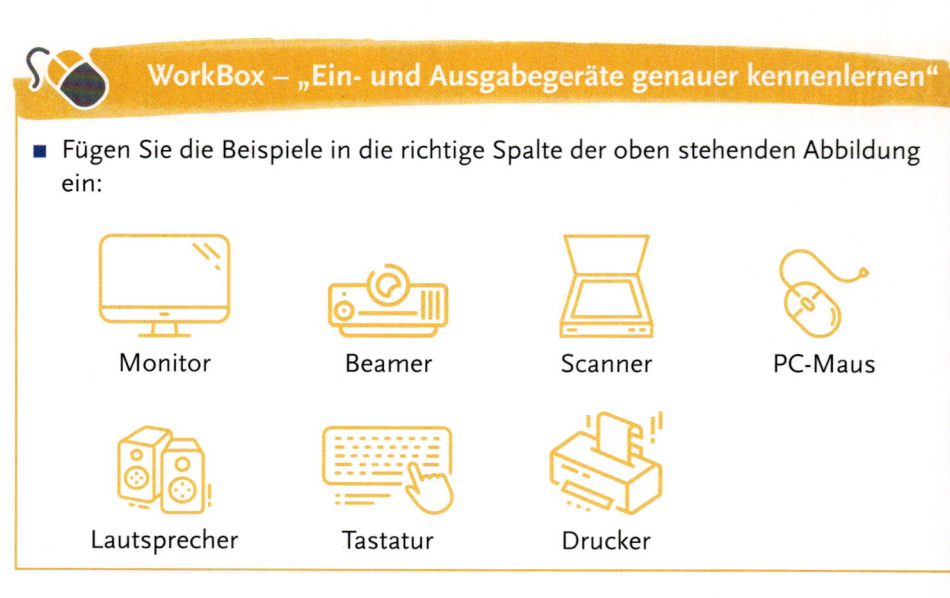

- Monitor
- Beamer
- Scanner
- PC-Maus
- Lautsprecher
- Tastatur
- Drucker

6.1 Eingabegeräte unterscheiden

Tastatur

Der am häufigsten genutzte Weg, um Daten in den Computer einzugeben, ist die Tastatur. Sie ist genormt, das heißt, die Buchstaben-, Funktions- und Sondertasten sind in jeder Sprache im Tastenfeld gleich angeordnet. Die Tastatur wird auch Keyboard genannt.

Beispiele: Arten von Tastaturen
Ergonomische Tastatur, Gamer-Tastatur ...

> Eine **Tastatur** ist ein **Eingabegerät für die Bedienung und Steuerung des PCs,** bei dem die Finger zahlreiche Tasten bedienen. Diese stehen für Buchstaben, Zahlen und bestimmte Funktionen.

💡 Das Keyboard kann durch Herausklappen von kleinen Stützen an der Unterseite leicht schräg gestellt werden.

Einkaufstipps für eine Tastatur
Es gibt kabellose Funktastaturen und klassische Tastaturen mit USB-Anschluss.

Vorteile und Nachteile

Funktastatur	Klassische Tastatur
➕ Man hat keinen Kabelsalat und freie Beweglichkeit mit der Tastatur.	➕ Der Strom wird direkt vom PC bezogen.
➖ Zum Betrieb wird immer eine Batterie oder ein Akku benötigt.	➖ Sie ist durch Kabel mit dem PC verbunden.

💡 Probieren Sie vor dem Kauf eine Tastatur unbedingt aus! Oft sagt einem das persönliche Gefühl ganz genau, ob man den Anschlag einer Tastatur und die Bauweise als angenehm empfindet.

PC-Maus

Die PC-Maus ist das **meistgenutzte Eingabegerät für grafische Benutzeroberflächen** (GUI). Sie wird mit der Hand über die Tischplatte geführt. Dadurch wird der Mauszeiger auf dem Bildschirm bewegt. Richtung und Geschwindigkeit der menschlichen Bewegungen werden auf den Bildschirm übertragen. Mit dem Scrollrad in der Mitte kann man hinauf und hinunter scrollen.

GUI = Graphical **U**ser **I**nterface; Anwendungsoberfläche eines Computerprogrammes.

Beispiele: Arten von Mäusen
Funkmaus, Bluetooth-Maus

> **Wie funktioniert eine PC-Maus?**
> Ein Bildsensor an der Unterseite der Maus fotografiert sehr oft die Auflagefläche. Eine Software berechnet aus diesen Bildern die Bewegungsrichtung der Maus.

Wenn man keine Angst vor der Maus mehr hat, dann ist dieses Ding echt cool!

II IT betrifft uns alle

Einkaufstipps für eine PC-Maus
Es gibt kabellose PC-Mäuse und klassische PC-Mäuse mit USB-Anschluss. (Sie haben dieselben Vor- und Nachteile wie die entsprechenden Tastaturen.) Ein Scroll-Rad und seitliche Tasten sind sehr sinnvoll, sie erleichtern das Arbeiten.

💡 Es gibt auch sehr gute Apps für das Smartphone, mit denen man scannen kann.

Scanner

Ein Scanner ist ein **Lesegerät** zur digitalen Datenerfassung. Er dient dazu, Bildinformationen in einen Computer einzulesen.

Dieses Formular scanne ich, damit ich es gespeichert habe.

Funktionsweise eines Scan-Vorgangs

Das zu scannende Dokument liegt im Scanner auf der Glasplatte.

Die lichtempfindlichen Sensoren fahren bei heller Beleuchtung am zu scannenden Dokument entlang und nehmen die Bildinformationen auf.

Diese Daten werden anschließend in eine digitale Form übersetzt (die Bild- und Textvorlagen werden in viele kleine Punkte gerastert) und können so im Computer weiterverarbeitet werden.

Schon gewusst?
Dies ist das gleiche technische Prinzip wie bei der Digitalkamera, beim Fax oder beim Kopierer.

Ein kurzes Tippen am Touchscreen ist wie ein Mausklick am PC.

Touchscreen

Auf **Touchscreens** (Sensorbildschirmen) können durch **Tippen, Wischen** oder **Ziehen mit den Fingern** Eingaben gemacht werden. Es gibt sie vor allem bei Smartphones und Tablets.

💡 Große Touchscreens gibt es z. B. in großen Kaufhäusern als Orientierungsplan.

Schon gewusst?
- Meist gibt es keine Einfügemarke (Cursor) wie auf dem Computer.
- Ein Touchscreen ist eigentlich ein Mittelding aus Eingabe- und Ausgabegerät.

Hardware – die Anatomie des Computers

Weitere Eingabegeräte

- **Mikrofon:** zum Telefonieren, für Videokonferenzen oder für Tonaufnahmen für Videoclips, Audioblogs und Radiosendungen
- **Headset (Kopfhörer mit Mikrofon):** Mischung aus Eingabe- und Ausgabegerät
- **Grafik-Tablett (Digitalisier-Tablett):** zur Übertragung von Zeichnungen oder von mit der Hand Geschriebenem in den Computer.
- **Joystick:** zur Bedienung von Computerspielen
- **Webcam:** kleine digitale Videokamera

Audioblog = Blog in Form von Audiodateien, auch Podcast genannt.

WorkBox – „Eingabegeräte unterscheiden"

1. Überlegen Sie, unter welchem Oberbegriff man Tastatur und Maus zusammenfassen kann. Suchen Sie in dem Irrgarten alle Geräte, die in diese Kategorie gehören.

2. Über welchen Anschluss ist die Maus Ihres Computers mit diesem verbunden? Welche andere Möglichkeit gibt es, eine Maus an einen PC anzuschließen?

3. Setzen Sie in die Lücken des Textes die folgenden Begriffe ein:

   Mikrofon ■ Eingabegeräte ■ digitalisiert ■ erfassen ■ bewegt ■ Soundkarte ■ PC-Maus ■ Tastatur ■ Steuerung ■ Markieren eines Objektes ■ Scanner ■ verarbeiten

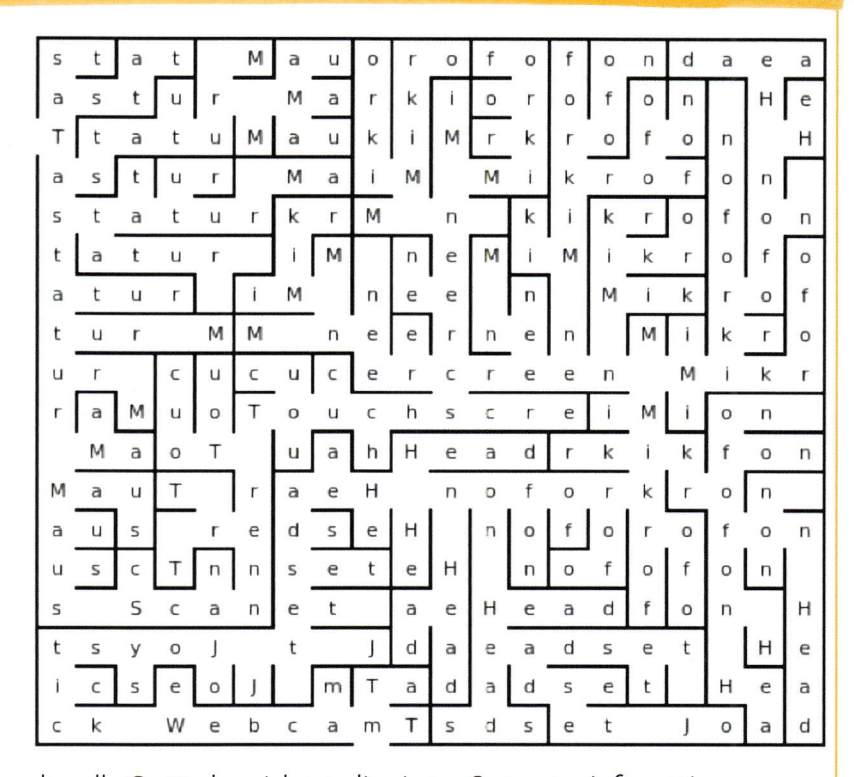

Als _____ werden alle Geräte bezeichnet, die einem Computer Informationen zuführen. Sie sind seine „Augen und Ohren", um die Welt in Form von Daten zu _____ und zu _____. Bei diesem Vorgang werden die eingegebenen Informationen _____. Die _____ wird zur textuellen bzw. numerischen Dateneingabe verwendet, aber auch zur _____ von Programmen über Funktionstasten. Die _____ liefert Bewegungsdaten, durch die ein Zeigersymbol (Cursor) auf der Benutzeroberfläche gesteuert wird. Dabei wird das Gerät über die Tischfläche _____. Das Drücken der Maustasten löst kontextabhängige Aktionen wie das _____ aus. Ein _____ dient zur Aufnahme von Audiodaten. Es wandelt Schallinformationen in elektrische Signale um, die von der _____ digitalisiert werden. Ein _____ liest verschiedene Vorlagen ein und wandelt sie in digitale Bilddaten um.

73

II IT betrifft uns alle

✏️ Sammeln Sie alle Ausgabegeräte, die Sie bereits kennen.

6.2 Ausgabegeräte unterscheiden

❗ Über die **Ausgabegeräte** werden die digitalen Daten **sichtbar dargestellt** bzw. **hörbar wiedergegeben.**

Bildschirm

Monitore (Bildschirme) dienen zur **Ausgabe von Zeichen und Bildern.** Die Bildqualität der Bildschirme hat sich in den letzten Jahren gravierend verändert. Es gibt sie in verschiedenen Paneltypen sowie in 4K UHD, UWQHD, 5K UHD usw.

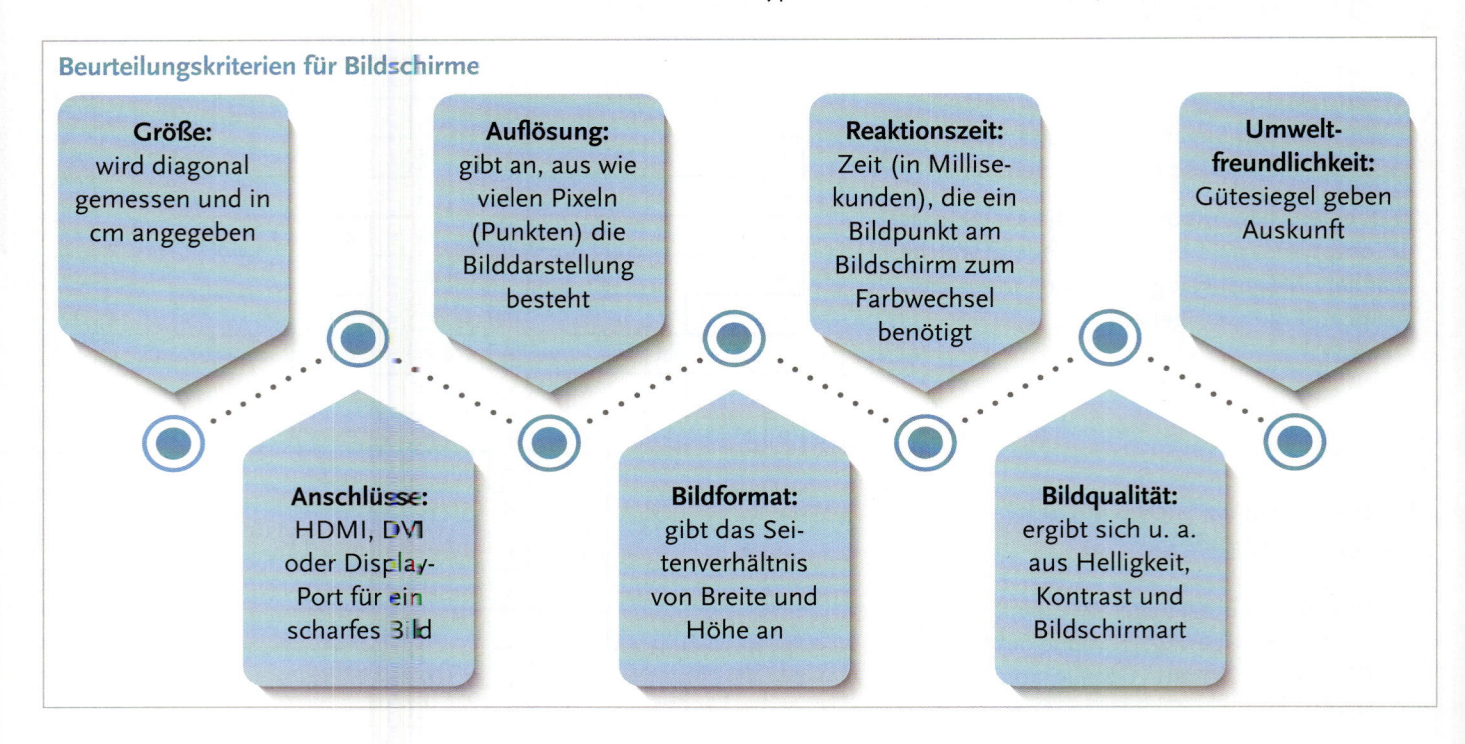

Beurteilungskriterien für Bildschirme

- **Größe:** wird diagonal gemessen und in cm angegeben
- **Auflösung:** gibt an, aus wie vielen Pixeln (Punkten) die Bilddarstellung besteht
- **Reaktionszeit:** Zeit (in Millisekunden), die ein Bildpunkt am Bildschirm zum Farbwechsel benötigt
- **Umweltfreundlichkeit:** Gütesiegel geben Auskunft
- **Anschlüsse:** HDMI, DVI oder DisplayPort für ein scharfes Bild
- **Bildformat:** gibt das Seitenverhältnis von Breite und Höhe an
- **Bildqualität:** ergibt sich u. a. aus Helligkeit, Kontrast und Bildschirmart

Einkaufstipps für einen Bildschirm
- **Full-HD-Auflösung** (1 920 x 1 080 Pixel): damit alles scharf dargestellt wird
- Guter **Kontrastwert:** für ein klares Bild auch bei schlechten Lichtverhältnissen (1:1 000)
- **Helligkeit:** mind. 250 cd/m²
- **Reaktionszeit** des Monitors (meist 1 – 5 ms): damit es keine Schlieren oder andere negative Bildeffekte gibt
- **Mechanik:** flexibel aufstellbar, leicht drehbar, höhenverstellbar und neigbar
- **Umweltfreundlichkeit ist wichtig:**

  - ENERGY STAR: Die automatische Steuerung der Intensität der Hintergrundbeleuchtung senkt den Energieverbrauch.
  - Hg Free: Umweltfreundliche Monitore ohne Quecksilber sind am Logo „Hg Free" erkennbar.
  - **Gütesiegel: TCO Certified** verleiht nachhaltigen IT-Geräten ein Qualitätssiegel.

💡 Curved Monitore haben einen leicht nach innen gewölbten Bildschirm.

🔗 TCO-Gütesiegel:
https://tcocertified.de

Hardware – die Anatomie des Computers

WorkBox – „Bildschirm"

- Vervollständigen Sie den Lückentext mit folgenden Begriffen:

Darstellung ■ Grafikkarte ■ Schnittstelle ■ mehr ■ Display ■ Bildschirmauflösung ■ Monitor ■ höher ■ Bildschirmgröße ■ Diagonale ■ Pixel

Der Computerbildschirm, auch _____ oder _____ genannt, dient der _____ der Benutzeroberfläche und der Datenausgabe. Die _____ nimmt dem Prozessor die nötigen Berechnungen für die Darstellung auf dem Bildschirm ab. Die Übertragung zwischen Bildschirm und Grafikkarte erfolgt über eine _____ mit einem entsprechenden Anschlusskabel.

Die Darstellung auf dem Monitor besteht aus einzelnen Bildpunkten, die _____ genannt werden. Die Anzeige dieser Punkte erfolgt zeilen- und spaltenweise. Die _____ gibt an, aus wie vielen Pixeln die Bilddarstellung besteht. Je mehr Pixel, also je _____ die Auflösung ist, desto _____ Details sind auf dem Bildschirm zu sehen.

Die _____ wird in Zentimeter (cm) angegeben, gemessen wird dabei die _____ .

Drucker

Ein Drucker ist ein Gerät zum Ausdrucken von digital gespeicherten Text- oder Bilddokumenten in Farbe oder Schwarz-Weiß.

> **Beispiele: Arten von Druckern**
> Tintenstrahldrucker, Laserdrucker, Multifunktionsgerät

💡 Drucker werden in der Regel mittels USB-Schnittstelle an den PC angeschlossen oder kabellos via WLAN.

Einkaufstipps für einen Drucker

Den billigsten Drucker zu kaufen ist verlockend. Leider ist dieser am Ende oft ein teures Überraschungspaket! Druckertinte oder Druckertoner nachzukaufen, ist manchmal teurer als das Gerät selbst.

Daher besser vorher überlegen:
- Wofür braucht man den Drucker?
- Für welche Druckerart entscheidet man sich?
- Wie viel kosten die benötigten Druckertinten bzw. -toner?

····· **PROFI-TIPP** ·····

„Interne Dokumente oder Korrekturexemplare können Sie im Entwurfmodus ausdrucken, das kann die Druckkosten senken!"

– IT-Technikerin bei einem internationalen Baustoffhändler –

Ein Headset (Kopfhörer mit Mikrofon) ist eine Mischung aus Ein- und Ausgabegerät.

Lautsprecher

Lautsprecher gehören zu den akustischen Ausgabegeräten. Lautsprecher sind Wandler, die elektronische Signale in mechanische Schwingungen (als Schall hörbar) umwandeln.

Es gibt Lautsprecher in allen Größen, von winzigen Kopfhörern bis hin zu meterhohen Lautsprechersäulen.

Beispiele: Arten von Lautsprechern
In-Ear-Kopfhörer, Lautsprechersäule

Einkaufstipps für einen Lautsprecher
Es gibt Lautsprecher in allen Größen, Formen und Farben.
- Surround-Lautsprecher – für das typische Kinogefühl
- Mobile Lautsprecher – für Musik vom Smartphone für unterwegs
- Klassische Stereolautsprecher – für Klangliebhaber/innen

WorkBox – „Ein- und Ausgabegeräte genauer kennenlernen"

Ausgangssituation

Simon und Semih haben jetzt ein paar Informationen zu den Eingabe- und Ausgabegeräten gelesen. Sie möchten aber noch mehr darüber wissen.

Nutzen Sie einen Zufallsgenerator, um Gruppen zu bilden
https://www.ultimatesolver.com

- Bilden Sie acht Gruppen und teilen Sie den Gruppen folgende Themen zu:
  ▸ Tastatur
  ▸ Maus
  ▸ Scanner
  ▸ Touchscreen
  ▸ Weitere Eingabegeräte
  ▸ Bildschirm
  ▸ Drucker
  ▸ Lautsprecher

a) Recherchieren Sie zu Ihrem Thema. Berücksichtigen Sie dabei u. a. folgende Punkte:
  ▸ Kaufentscheidung
  ▸ Unterschiede der einzelnen Arten
  ▸ Vor- und Nachteile diverser Arten
  ▸ Preis
  ▸ Hersteller
  ▸ Umweltfreundlichkeit

Mit POWERPOINT ONLINE können Sie gemeinsam an einer Präsentation arbeiten. Das spart Zeit!

b) Bereiten Sie die Informationen grafisch auf und erstellen Sie ein Handout für Ihre Mitschüler/innen.

c) Präsentieren Sie Ihre Ergebnisse im Klassenverband.

7 Einfache technische Probleme lösen

Simon ärgert sich gerade über seinen alten Computer. Er freut sich so sehr auf sein neues Notebook. Es musste bestellt werden, da es im Geschäft nicht lagernd war. Das Arbeiten mit dem alten Computer ist so mühsam – ständig gibt der PC keine Rückmeldung.

Ist Ihnen das auch schon einmal passiert? Tauschen Sie sich in der Klasse aus, wie Sie bei Problemen mit dem Notebook oder dem PC reagiert haben.

Keine Internetverbindung, der USB-Stick wird nicht erkannt, der Druckauftrag kann nicht ausgeführt werden – das sind typische IT-Probleme, die Sie sicherlich schon erlebt haben. Hier finden Sie eine Auflistung möglicher Probleme und Tipps zur Fehlerbehebung.

● Problem: Ihr Computer ist sehr langsam (langsamer als gewöhnlich).
  Lösung:
  - Den PC neu starten.
  - Nicht benötigte Programme im Autostart (TASK-MANAGER – AUTOSTART) deaktivieren.
  - Die Systemfestplatte bzw. SSD auf freie Speicherkapazität überprüfen. Ist die Festplatte voll, leidet die Geschwindigkeit.
  - Überprüfen Sie: Macht WINDOWS gerade ein Update?

Viele IT-Probleme lösen sich oftmals durch einen Neustart des PCs von selbst!

● Problem: Der USB-Stick wird nicht erkannt.
  Lösung:
  - Ist Ihr Gerät auf dem aktuellen Stand? Wurden alle Updates installiert?
  - Werfen Sie den USB-Stick im WINDOWS-Explorer aus, ziehen Sie ihn dann ab und stecken Sie ihn erneut an.

● Problem: Der Drucker druckt nicht.
  Lösung:
  - Wechseln Sie die Toner- oder Tintenkartusche, wenn die Farbe aus ist.
  - Kontrollieren Sie, ob der Drucker eingeschaltet ist und Sie den richtigen Drucker ausgewählt haben.
  - Überprüfen Sie, ob der Drucker offline ist.
  - Öffnen Sie das Druckermenü (SYSTEMSTEUERUNG – HARDWARE UND SOUND – GERÄTE UND DRUCKER – rechte Maustaste auf DRUCKAUFTRÄGE ANZEIGEN) und kontrollieren Sie den Druckerstatus.
  - „Steckende" Druckaufträge neu starten bzw. löschen.
  - Sie können im Menü PROBLEMBEHANDLUNG wählen. Der Assistent führt Sie Schritt für Schritt durch das Programm.

Anruf beim IT-Support:
IT-Support: „Machen Sie mal bitte alle Fenster zu."
User: „Auch das im Klo?"

● Problem: Einen Papierstau entfernen.
  Lösung:
  - Meist wird genau angezeigt, wo sich der Papierstau befindet. Folgen Sie den Anweisungen des Druckers, um den Papierstau zu entfernen.
  - Öffnen Sie bei Druckern, die den Papierstau nicht anzeigen, alle Klappen, um zu sehen, wo sich der Papierstau befindet, und ziehen Sie langsam das Papier heraus.

● Problem: Es besteht keine Internetverbindung.
  Lösung:
  - Kontrollieren Sie, ob das Netzwerkkabel am PC eingesteckt ist.
  - Kontrollieren Sie, ob die WLAN-Verbindung funktioniert.

11 IT betrifft uns alle

💡 Sie können immer auch im Internet nach einer Lösung suchen! Geben Sie das Problem in die Suchmaschine ein. Viele Fehler können Sie auf diese Weise selbst beheben.

● **Problem:** Es besteht keine WLAN-Verbindung.

Lösung:
- Kontrollieren Sie, ob das Internet funktioniert.
- Versuchen Sie, die WLAN-Funktion noch einmal zu aktivieren.
- Kontrollieren Sie, ob der Router eine Verbindung zum Internet hergestellt hat.

👍 Let's do this! – „Einfache technische Probleme lösen"

Ausgangssituation

Simon ist schon ein richtiger Profi beim Lösen von technischen Problemen. Im Freundeskreis ist er die erste Anlaufstelle. Aber auch er hat nicht auf alle Probleme sofort eine Lösung.

> Hey, man kann nicht alles wissen, aber mit der richtigen Internetrecherche komm' ich doch fast immer auf die richtige Spur!

▶ JETZT SIND SIE DRAN!

- Helfen Sie Simon, die technischen Probleme zu lösen.
  a) Suchen Sie im Internet nach Lösungen zu nachstehenden Problemstellungen. Alle Probleme sind in WINDOWS 11 aufgetreten.
  b) Dokumentieren Sie Ihre Recherche in einem WORD-Dokument.
  c) Testen Sie die Lösungswege.
  d) Speichern Sie das Dokument unter **Technische_Probleme_lösen.docx**.

PROBLEMSTELLUNG 1:

Simon möchte an einer Videokonferenz teilnehmen, doch die Webcam funktioniert nicht. Er erinnert sich, dass er irgendwann dem PC den Zugriff auf die Kamera verboten hat. Doch wo war das nur? Helfen Sie Simon, die Datenschutzeinstellung zu ändern.

PROBLEMSTELLUNG 2:

Simon kann die Druckaufträge nicht löschen. Er versucht es immer wieder – jedoch erfolglos. Helfen Sie Simon, den Druckauftrag aus der Druckerwarteschlange zu löschen.

PROBLEMSTELLUNG 3:

WINDOWS spielt keinen Sound ab. Die Bluetooth-Kopfhörer sind richtig verbunden, die Lautstärke ist voll aufgedreht. Es kommt aber leider kein Ton. Können Sie Simon helfen?

Hardware – die Anatomie des Computers

WissensCheck – „Hardware – die Anatomie des Computers"

1. Nennen Sie drei Beispiele für Hardware.
2. Zählen Sie die Aufgaben auf, die das Steuerwerk übernimmt.
3. Erläutern Sie die Notwendigkeit eines Prozessorkühlers.
4. Erklären Sie den Unterschied zwischen RAM und ROM.
5. Nennen Sie die Aufgabe des Bussystems.
6. Definieren Sie den Begriff Motherboard.
7. Zählen Sie wichtige PC-Schnittstellen auf.
8. Erklären Sie folgende Begriffe: GB, DVI, BIOS, USB, RAM.
9. Zählen Sie die Schnittstellen zur Kommunikation auf.
10. Erklären Sie den Unterschied zwischen LAN und WLAN.

KOMPETENZ-ERWERB

Ziele erreicht? – „Hardware – die Anatomie des Computers"

1. Setzen Sie in den Lückentext die folgenden Begriffe ein.

> Speichermedien ■ Umgang ■ Datensicherung ■ SSD ■ technischen ■ schneller ■ Cloud ■ Datentransport ■ Daten ■ HDD ■ klein ■ unempfindlich ■ teuer ■ Speicherplatz

Durch den _____ Fortschritt wird die Summe an digitalen _____ immer größer. Im Laufe der Zeit wurden verschiedene _____ entwickelt, die für unterschiedliche Speicherarten geeignet sind – für die Datensicherung, die Datenarchivierung oder den Datentransport. Speicherkarten und USB-Sticks werden für den _____ verwendet, weil sie mobil und _____ sind. Die Nummer eins bei der _____ ist die externe Festplatte (_____). Sie ist im Vergleich zu anderen Speichermedien relativ günstig und hat sehr viel _____. Allerdings enthält sie viele bewegliche Teile und ist daher empfindlich. Deshalb wird die _____ immer beliebter, weil sie keine beweglichen Teile hat und deshalb _____ ist. Die SSD verarbeitet Daten wesentlich _____ als herkömmliche Festplatten und erhöht die Leistung eines PCs. Dafür hat sie andere Schwächen: Sie ist relativ _____ und hat keine so lange Lebensdauer wie die HDD. Die neueste Möglichkeit, Daten zu sichern, ist in der _____. Allerdings kann dabei niemand den vertraulichen _____ mit den Daten garantieren.

2. Verbinden Sie die Begriffe in der linken Spalte mit den richtigen Erklärungen in der rechten Spalte und notieren Sie anschließend das Lösungswort:

1 Soundkarte	R	RAM; der interne elektronische Hauptspeicher eines PCs, in dem Programme und Daten während der Verarbeitung abgelegt werden
2 Hauptprozessor	S	Hardware-Teile eines PCs, die für die Verarbeitung von Daten und Informationen unbedingt notwendig sind
3 Grafikkarte	S	Leiterplatte, auf der elektronische Bauteile (meist durch Auflöten) befestigt und mit Leiterbahnen elektrisch verbunden sind
4 Schnittstellen	E	Auf dem Motherboard integriert
5 Onboard-Lösung	O	Alle Geräte, die zusätzlich an den Computer angeschlossen werden, z. B. Ein- und Ausgabegeräte, externe Speichermedien
6 Hauptkomponenten eines PCs	O	Hardware-Komponente des Computers, die zur Datenausgabe auf einem Bildschirm benötigt wird
7 Platine	Z	Verbindungsstellen („Steckdosen") zur Peripherie
8 Peripheriegeräte	P	Intern installierte Steckkarte, die digitale Soundsignale des PCs in hörbare analoge Audiosignale umwandelt
9 Arbeitsspeicher	R	CPU; zentrale Steuerung, die die Grundfunktionen eines Computers ausführt; Ort, wo alle Daten gesteuert, geregelt und kontrolliert werden

Lösungswort:

1	2	3	4	5	6	7	8	9
P	R	O	Z	E	S	S	O	R

Hardware – die Anatomie des Computers

3. Der IT-Beauftragte Ihrer Schule erhält die Anrufe von verzweifelten Lehrerinnen und Lehrern. Helfen Sie ihm und geben Sie für ihn die Antworten.

Ich habe keine Internetverbindung. Was kann ich tun?

Mein Computer braucht so lange. Viel länger als normalerweise.

Der Drucker druckt mein Dokument nicht aus!

Der USB-Stick, auf dem die Aufgaben meiner Schüler/innen sind, wird nicht erkannt.

Einen interaktiven **Safety-Check** finden Sie in der TRAUNER-DigiBox.

II IT betrifft uns alle

Software – der unsichtbare Boss am Computer

Englischsprachige Übungen zu diesem Kapitel finden Sie in der TRAUNER-DigiBox.

Zählen Sie gemeinsam auf, welche Arten von Software Sie kennen und wofür sie jeweils verwendet werden.

Dank Software passiert überhaupt etwas auf dem Computer.

Sie haben Ihr Smartphone in der Hand und nutzen viele verschiedene Apps. Diese sind die Software Ihres Handys. Wie auf jedem Computer besteht auch hier die **Software** aus dem **Betriebssystem** und den **Anwendungsprogrammen.** Sie hauchen dem Computer gewissermaßen Leben ein.

Wie Sie bereits wissen, werden als Software alle Programme eines EDV-Systems bezeichnet. Ohne sie kann die Hardware nicht verwendet werden. Gerade weil Sie Software ständig nutzen, sollen Sie gut über sie Bescheid wissen.

Das folgende Kapitel liefert Ihnen einen Überblick über die unterschiedlichen Softwarearten und ihre Einsatzgebiete.

Meine Ziele

Nach Bearbeitung dieses Kapitels kann ich

- die unterschiedlichen Software-Arten und ihre Aufgabengebiete unterscheiden;
- die Aufgaben eines Betriebssystems verstehen;
- die gängigsten Betriebssysteme unterscheiden;
- die Nutzungsrechte von Software zusammenfassen und die Bedeutung des Urheberrechtes aufzeigen;
- den Begriff Lernplattform erklären und einen Überblick über verschiedene Lernplattformen geben.

KOMPETENZ-ERWERB

Software – der unsichtbare Boss am Computer

1 Software-Arten unterscheiden

Zola ist ständig am Computer oder am Smartphone. Sie organisiert ihre Freizeit und alle Termine für die Schule online über OFFICE 365. Zola ist sehr sportlich und ehrgeizig, daher nutzt sie für den optimalen Trainingserfolg ein Online-Fitnessprogramm.

Überlegen Sie, mit welcher Software Sie am Computer arbeiten und welche Apps Sie auf dem Smartphone nutzen.

Software kann je nach ihrer Funktion in zwei Gruppen unterschieden werden.

Software-Arten

System-Software 
- Betriebssystem
- Protokoll-Software
- Firmware
- Serversoftware
- Dienstprogramme

Anwendungs-Software 
- Standard-Software
- Individual-Software
- Branchen-Software
- Internet-/Intranetdienstleistungen

Alle Programme und Apps werden in sogenannten Programmiersprachen verfasst.

1.1 System-Software kennenlernen

Die **System-Software** stellt eine Verbindung zur Hardware her. Dazu zählen alle Programme, die der Computer zur Steuerung seiner Hardware und zur Verwaltung der Software und Daten benötigt.

Mit dem Betriebssystem und der Benutzeroberfläche werden Sie sich später noch ausführlicher beschäftigen.

Betriebssystem
Es ist die Brücke zwischen Hardware und den Anforderungen der Benutzer/innen eines Computersystems. Ohne ein Betriebssystem ist die Hardware nicht nutzbar. Das Betriebssystem stellt auch die Benutzeroberfläche zur Verfügung.

Benutzeroberfläche = Schnittstelle zwischen der Benutzerin/dem Benutzer und dem eigentlichen Programm.

Protokoll-Software
Sie kontrolliert die Kommunikation zwischen technischen Geräten.

Beispiele
- **Betriebs-Software** in Kommunikationsnetzen
- **Treiber-Software** für Netzwerkkarten

83

Firmware

Als Firmware bezeichnet man Software, die fix mit der Hardware eines Gerätes verbunden ist. Sie erfüllt die Steuerungsaufgaben in technischen Geräten. Ohne die Firmware können die Geräte meist nicht genutzt werden.

> **Beispiele: Einsatzgebiete von Firmware**
> Smartphones, Smart-TVs, Digitalkameras, Navigationssysteme ...

Firmware = Software, die mit der Hardware verbunden ist; Firm leitet sich vom englischen Wort firm für fest ab.

Schon gewusst?
Der Entwicklungsprozess sowie die Testphasen aktueller technischer Geräte werden immer kürzer. So kann es passieren, dass Fehler im Betrieb oder im Zusammenspiel mit anderen Komponenten auftreten. Daher bieten viele Hersteller die Möglichkeit eines **Firmware-Updates,** mit dem die seit der Auslieferung des Gerätes bekanntgewordenen Fehler korrigiert werden.

PROFI-TIPP

„Die Kolleginnen und Kollegen sind zwar immer genervt, wenn Updates installiert werden, aber Firmware-Updates sind wichtig, damit Telefone, Drucker etc. reibungslos funktionieren. Es existieren auch herstellerunabhängige Datenbanken, die solche Firmware-Updates anbieten, z. B. für Smartphones: https://firmwareupdatefile.com."

– IT-Technikerin bei einem internationalen Baustoffhändler –

Serversoftware

In Unternehmen und teilweise auch in Privathaushalten werden einzelne Computer zu einem Netzwerk zusammengeschlossen. Dadurch kann man z. B. einen Drucker gemeinsam nutzen oder Daten einfacher austauschen.

Damit größere Netzwerke reibungslos funktionieren, ist die sogenannte **Serversoftware** nötig. Sie stellt Dienstleistungen, wie z. B. den Zugriff auf Drucker, den Versand und den Empfang von E-Mails oder die Übertragung von Dateien in Netzwerken zur Verfügung.

> **Beispiele**
> WINDOWS SERVER, NOVELL NETWARE, DEBIAN, CENTOS oder UBUNTO

Dienstprogramme

Dienstprogramme unterstützen das Betriebssystem mit zusätzlichen Funktionen.

> **Beispiele**
> - Texteditoren, z. B. WINDOWS EDITOR
> - Datenkompressionsprogramme, z. B. WINZIP, 7-ZIP

Programme zum Komprimieren, wie z. B. WINZIP, zählen zu den Dienstprogrammen.

Mehr zum Komprimieren von Dateien erfahren Sie im Kapitel „Das Betriebssystem WINDOWS 11 erkunden".

1.2 Anwendungs-Software entdecken

> Aufbauend auf der System-Software gibt es die **Anwendungs-Software**. Sie ist auf die Anforderungen der Anwenderinnen und Anwender abgestimmt.

Standard-Software

Bei **Standard-Software** handelt es sich um Programme, die für alle Anwender/innen den gleichen Funktionsumfang bieten. Sie werden für Aufgaben eingesetzt, die für alle Nutzer/innen gleich funktionieren.

Beispiele
- **OFFICE-Pakete** ermöglichen z. B. die Erstellung und Bearbeitung von Briefen, die Aufbereitung und Auswertung von Zahlenmaterial, die Verwaltung von Daten sowie die Erstellung von Präsentationsunterlagen.
- **Kommunikations-Software** sind z. B. Internetbrowser, E-Mail-Programme, Internet-Telefonie-Programme.
- **Multimedia- und Unterhaltungssoftware** sind z. B. das Bildbearbeitungsprogramm PHOTOSHOP oder Computerspiele.

Für standardisierte Aufgaben, wie z. B. die Textverarbeitung, bietet der Einsatz von Standard-Software Vorteile. Wie immer gibt es natürlich auch Nachteile, die bedacht werden müssen.

Computerspiele zählen zur Standard-Software.

Vor- und Nachteile von Standard-Software

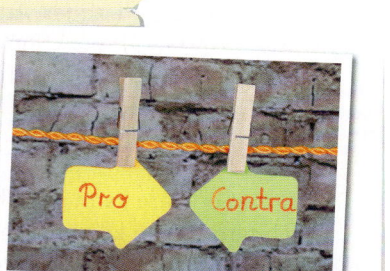

- **Kostenersparnis:** Die Kosten für die Entwicklung der Software verteilen sich auf viele verschiedene Anwender/innen. Dadurch sinken die Anschaffungskosten für alle.
- **Zeitersparnis:** Die Zeit für die Anpassung an die spezifischen Bedürfnisse der Nutzer/innen eines ausgereiften Standardprogrammes ist wesentlich geringer als die Zeit für eine Neuentwicklung.
- **Nutzung von vorhandenem Know-how:** Das Erstellen von Programmen in den Unternehmen selbst ist oft nicht möglich, da das nötige Know-how fehlt bzw. Personalengpässe auftreten könnten.
- **Zukunftssicherheit:** Anbieter von Standard-Software entwickeln ihre Produkte ständig weiter.
- **Keine oder aufwändige Anpassungsmöglichkeit:** Anpassungen an individuelle Bedürfnisse sind nicht oder nur durch zusätzlichen Zeit- und Kosteneinsatz möglich.

Individual-Software

Programme, die für einen ganz bestimmten Anwendungsfall erstellt worden sind und deren Eigenschaften spezifischen Bedingungen entsprechen, werden hingegen als **Individual-Software** bezeichnet.

Beispiele
- Menü- und Essensausgabesystem für eine Großküche
- Digitales Kundenkartensystem für einen Physiotherapeuten

Individual-Software wird für spezifische Anforderungen extra entwickelt.

Natürlich gibt es auch bei Individual-Software Faktoren, die für bzw. gegen den Einsatz sprechen.

> **Vor- und Nachteile von Individual-Software**
> - **Verfügbarkeit:** Durch den individuellen Entwicklungsprozess ist die Software nicht so schnell verfügbar.
> - **Kosten:** Die Kosten sind höher als bei der Nutzung von Standard-Software.
> - **Anpassungsmöglichkeit:** Anpassungen an veränderte Bedürfnisse oder neue technologische Anforderungen sind in der Regel umsetzbar.

Bei den Kosten muss abgewogen werden, ob der Nutzen der individuellen Software die höheren Kosten aufwiegt.

Branchen-Software

Als **Branchen-Software** bezeichnet man Anwendungen, die speziell für die Anforderungen einer bestimmten Branche, z. B. Handel oder Gastronomie, entwickelt werden.

> **Beispiele**
> - **BMD** bietet Unternehmen Software für Lohn- und Gehaltsverrechnung, Zeiterfassung, Rechnungslegung, Buchhaltung etc.
> - **APRO** stellt Kassensysteme für Gastronomiebetriebe zur Verfügung.
> - **SAP** ist einer der führenden Anbieter von Software-Lösungen zur Steuerung von Geschäftsprozessen.

> **Schon gewusst?**
> Branchen-Software kann sowohl Standard- als auch Individual-Software sein. Unternehmen können standardmäßige Branchen-Software speziell anpassen oder Software ganz individuell entwickeln lassen.

Browser = Programm, mit dem Websites angezeigt werden; z. B. MOZILLA FIREFOX, MICROSOFT EDGE, GOOGLE CHROME.

Internet-/Intranetdienstleistungen

Das sind Software-Lösungen, die für einen bestimmten Anwendungsfall geschrieben bzw. entwickelt wurden und auf Internettechnologien basieren. Die Datenhaltung erfolgt zentral auf einem Webserver und die Nutzung erfolgt durch einen Browser.

> **Beispiele**
> - **Intranetlösungen** für die Unternehmensverwaltung, z. B. zur Bereitstellung von Geräte-Manuals, Vorlagen für den Schriftverkehr etc.
> - **Lernplattformen** in Unternehmen und Bildungseinrichtungen, z. B. MOODLE, LMS, DIGI4SCHOOL, TRAUNER-DigiBox
> - **Onlinetools** für Unternehmen, wie z. B. Onlineshop

Den Webshop für mein Modelabel habe ich individuell nach meinen Bedürfnissen programmieren lassen. Für alle weiteren Aufgaben reicht mir Standard-Software.

> **Schon gewusst?**
> Die verschiedenen Software-Arten lassen sich nicht immer klar voneinander abgrenzen. So kann z. B. eine Internetdienstleistung gleichzeitig auch eine Individual-Software sein.

WorkBox – „Software-Arten unterscheiden"

1. Lesen Sie die Aussagen über Software. Kreuzen Sie an, was richtig und was falsch ist.

	Richtig	Falsch
Das Betriebssystem gehört zur Software.	○	○
Ohne Software kann die Hardware nicht genutzt werden.	○	○
Die System-Software sind alle Programme, die auf die Anforderungen der Anwender/innen zugeschnitten sind.	○	○
WORD und EXCEL sind Beispiele für System-Software.	○	○

2. Ordnen Sie die Begriffe den passenden Erklärungen zu.

- Betriebssystem
- Protokoll-Software
- Firmware
- Serversoftware
- Dienstprogramme
- Standard-Software
- Branchen-Software
- Internet-/Intranetdienstleistungen
- Lernplattformen

Erklärungen:
- Werden für einen bestimmten Anwendungsfall geschrieben und basieren auf Internettechologien.
- Kontrolliert die Kommunikation zwischen den Geräten
- Brücke zwischen Hardware und den Anforderungen der Benutzer/innen eines Computers
- Bearbeitet Probleme, die ausschließlich in einer bestimmten Branche auftreten
- Dienen zur Bereitstellung von Inhalten und der Organisation von Lernvorgängen
- Programme, die einen klar definierten Anwendungsbereich abdecken, z. B. OFFICE-Pakete
- Unterstützt das Betriebssystem
- Erfüllt die Steuerungsaufgaben in technischen Geräten
- Stellt Dienstleistungen, wie z. B. den Zugriff auf Drucker, zur Verfügung

3. Ordnen Sie folgende Software-Arten der System- oder Anwendungs-Software zu.

	System-Software	Anwendungs-Software
LIBREOFFICE		
WINDOWS 11		
ANDROID		
SAP		
WINZIP		
GOOGLE CHROME		

II IT betrifft uns alle

✏️ Finden Sie heraus, welches Betriebssystem Ihnen privat bzw. in der Schule zur Verfügung steht.

💡 Im Englischen heißt Betriebssystem Operating System, kurz OS.

2 Betriebssysteme kennenlernen

> Zola hat zum Geburtstag ein neues Notebook bekommen. Es sieht echt cool aus, aber es ist noch kein Betriebssystem vorinstalliert. Zolas große Schwester ist ein Fan von LINUX, das kennt Zola überhaupt nicht. Zola überlegt: „In der Schule haben wir auf allen Geräten WINDOWS. Damit kenne ich mich schon ganz gut aus. Was gibt es denn sonst noch an Betriebssystemen? Und was sind die Vor- und Nachteile?"

Jeder Computer benötigt, um arbeiten zu können, ein **Betriebssystem.** Es tut üblicherweise unbemerkt von der Benutzerin/vom Benutzer seinen Dienst. Es besteht aus dem Kern sowie verschiedenen Programmen, die z. B. die Gerätetreiber laden oder die Absicherung gegen Angriffe von außen sicherstellen.

❗ Das **Betriebssystem**
- stellt die Verbindung zwischen der Hardware und der Anwendungs-Software her;
- stellt die Benutzeroberfläche zur Verfügung. Diese ist die Schnittstelle zwischen den Benutzern und den eigentlichen Programmen.

Arten von Benutzeroberflächen

GUI = **G**raphical **U**ser **I**nterface.

CLI = **C**ommand **L**ine **I**nterface.

Grafische Benutzeroberfläche (GUI)	Zeichenorientierte Benutzeroberfläche (CLI)
Die Bedienung des Computers erfolgt mithilfe von Klicks auf Symbole oder Schaltflächen.	Die Bedienung des Computers erfolgt durch die Eingabe von Befehlen über die Tastatur.

💡 Nicht nur auf dem PC gibt es ein Betriebssystem, sondern auch auf dem Smartphone, Tablet, Smart-TV und vielen anderen technischen Geräten.

2.1 Die Aufgaben des Betriebssystems verstehen

Das Betriebssystem übernimmt viele verschiedene wichtige Aufgaben.

Hardware-Verwaltung
- Angeschlossene Geräte verwalten und betreiben
- Peripheriegeräte überprüfen – evtl. Fehler anzeigen

Software-Verwaltung
- Anwendungs-Software installieren
- Programme laden, ausführen, unterbrechen und beenden

Software – der unsichtbare Boss am Computer

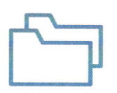

Dateiverwaltung
- Dateien verwalten z. B. im WINDOWS-Datei-Explorer

Rechteverwaltung
- Zugriffsrechte der Nutzer/innen verwalten

WorkBox – „Die Aufgaben des Betriebssystems verstehen"

- Ordnen Sie den folgenden Situationen die richtige Aufgabe des Betriebssystems zu.

Situation	Software-Verwaltung	Rechte-verwaltung	Hardware-Verwaltung	Datei-verwaltung
Sie nutzen Ihren Laptop gemeinsam mit Ihren Eltern und Ihren Geschwistern. Jede/r von Ihnen hat ein eigenes Benutzerkonto.	○	○	○	○
Wie ärgerlich! Sie wollten gerade Ihre Hausübung ausdrucken, aber der Computer meldet, dass der Drucker nicht erkannt wird.	○	○	○	○
Alle Dateien, die Sie privat und für die Schule brauchen, organisieren Sie in Ordnern im WINDOWS-Explorer.	○	○	○	○
Als Sie gerade am Computer arbeiten, kommt eine Fehlermeldung. Das ausgeführte Programm muss beendet werden.	○	○	○	○

2.2 Verschiedene Betriebssysteme im Vergleich

Im Bereich der PCs und Notebooks beherrscht seit Jahrzehnten das Unternehmen MICROSOFT mit seinen Betriebssystemen den Markt. Auf mobilen Geräten sind die Betriebssysteme ANDROID und IOS verbreitet.

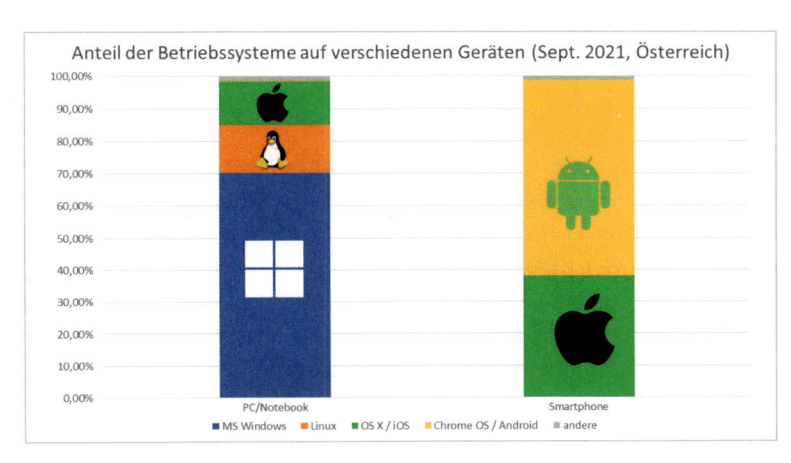

Tauschen Sie sich aus, welches Betriebssystem Sie auf Ihren eigenen Geräten, z. B. Computer oder Notebook, nutzen.

Anteil der Betriebssysteme auf verschiedenen Geräten (Sept. 2021, Österreich)

CHROME OS wurde für Netbooks entwickelt. Als Desktop-Betriebssystem spielt es aber praktisch keine Rolle.

89

Neben WINDOWS zählen APPLE und LINUX zu den wichtigsten Betriebssystemen für Desktop-Computer und Notebooks.

Bill Gates und Paul Allen

MICROSOFT WINDOWS
Das Unternehmen MICROSOFT wurde 1975 von Bill Gates und Paul Allen gegründet. Das erste von MICROSOFT entwickelte Betriebssystem war MS DOS, das ein großer Erfolg wurde. Aufgrund des sich abzeichnenden Trends zu grafischen Benutzeroberflächen entwickelte MICROSOFT Mitte der 1980er-Jahre WINDOWS, das heute in verschiedenen Versionen auf ca. einer Milliarde PCs und Notebooks installiert ist.

Steve Jobs und Steve Wozniak

APPLE MAC OS und IOS
APPLE wurde 1976 von Steve Jobs, Steve Wozniak und Ronald Wayne gegründet. Das Unternehmen entwickelte mit MAC OS das erste kommerzielle Betriebssystem mit grafischer Benutzeroberfläche (GUI). APPLE entwickelt nicht nur Software, sondern auch Hardware. Das Hauptaugenmerk wird auf die einfache Bedienung der Geräte gelegt.

Linus Torvalds

LINUX
LINUX wurde 1991 vom finnischen Programmierer Linus Torvalds veröffentlicht. Dieses Betriebssystem untersteht einer Lizenz für freie Software. Somit ist es möglich, LINUX kostenlos zu verteilen, einzusetzen und zu erweitern. Zusammenstellungen des Betriebssystems mit ausgewählten Hilfs- und Anwendungsprogrammen (Distributionen) sind zum freien Download im Internet erhältlich.

Schon gewusst?
Die Lizenzbedingungen von APPLE erlauben es nicht, das Betriebssystem MAC OS auf einem WINDOWS-Gerät zu installieren.

Auf mobilen Geräten werden normalerweise folgende Betriebssysteme genutzt:

IOS	ANDROID (mit einem LINUX-Kern)
Mobile Endgeräte von APPLE, wie das iPhone und iPad, werden seit 2007 mit dem Betriebssystem iOS ausgeliefert. Es handelt sich dabei um ein aus dem MAC OS abgeleitetes Betriebssystem, das für die Nutzung auf mobilen Endgeräten optimiert ist.	ANDROID ist seit 2008 auf der Mehrzahl der mobilen Endgeräte installiert. Zum Konzept von ANDROID gehörte von Anfang an die Nutzung von GPS-Daten und der Zugriff auf Beschleunigungssensoren – dadurch ergaben sich neue Möglichkeiten bei der Gestaltung von Apps.

💡 ANDROID wurde vom ALPHABET-Konzern entwickelt. Zu diesem Konzern gehört z. B. auch die Suchmaschine GOOGLE.

Software – der unsichtbare Boss am Computer

WorkBox – „Verschiedene Betriebssysteme im Vergleich"

1. Finden Sie heraus, welche Betriebssysteme Sie und Ihre Mitschüler/innen auf Ihren mobilen Endgeräten, z. B. Smartphone und Tablet, nutzen.
   a) Machen Sie in der Klasse eine Umfrage, wie viele Smartphones und Tablets Sie und Ihre Mitschüler/innen gemeinsam besitzen und welche Betriebssysteme darauf installiert sind.
   b) Gestalten Sie eine übersichtliche Aufstellung, um zu zeigen, welches Betriebssystem in Ihrer Klasse am weitesten verbreitet ist.

2. Zola überlegt noch immer, welches Betriebssystem für sie am besten passt.

Ich habe kein APPLE-Notebook. Kann ich dann das Betriebssystem von APPLE überhaupt installieren?

3 Software kaufen

Zola steht total auf Computerspiele. Zum Geburtstag hat sie sich ein neues Spiel gewünscht, aber leider nicht bekommen – zu teuer haben ihre Eltern gesagt. Zola ist traurig, aber ihr Freund Timo hat eine Idee: „Ich kenn' da eine Seite, da kannst du dir das Spiel einfach so runterladen – das kostet dich gar nichts." Zola ist unsicher: „Das ist doch illegal, oder? Da lass' ich lieber die Finger davon."

Besprechen Sie in der Klasse, ob Timos Vorschlag erlaubt ist. Welche Erfahrungen haben Sie mit dem Kauf oder Download von Software gemacht?

Sie wissen bereits, dass unterschiedliche Software für die Nutzung eines Computers nötig ist. Diese Programme können nicht beliebig und ohne Regeln verwendet werden. Für die Nutzung gelten unterschiedliche Regeln, je nach
- **Lizenzierung** und
- Verfügbarkeit des Quellcodes.

Lizenzierung = Vergabe eines Nutzungsrechtes, z. B. an Softwareprogrammen, Musikstücken, Bildern etc.

> Für jedes verwendete Programm muss die Anwenderin/der Anwender die **Berechtigung zur Nutzung** besitzen. Diese Lizenz (Berechtigung) muss gekauft werden.

Die Verwendung von nicht lizenzierter Software ist nach dem Gesetz zum Schutz des **Urheberrechtes** strafbar! Auch die Weitergabe dieser Software ist strafbar.

Mit dem Urheberrecht werden Sie sich im im zweiten Jahrgang sowie im fünften Jahrgang im Unterrichtsgegenstand „Wirtschaftsinformatik" ausführlich beschäftigen.

Schon gewusst?
Das Urheberrechtsgesetz (UrhG 2003) schützt persönliche geistige Schöpfungen der Entwickler/innen.

II IT betrifft uns alle

Im Hinblick auf die Nutzungsrechte können folgende Software-Arten unterschieden werden:

💡 Sollte Ihnen der Begriff **proprietäre Software** unterkommen, bedeutet das nichts anderes als kommerzielle Software.

Kommerzielle Software
Mit einer Software-Lizenz erhält eine Person oder ein Unternehmen das Recht, ein Software-Programm einzusetzen.

Beispiele
OFFICE 365, WINDOWS 11, ADOBE PHOTOSHOP

Nicht kommerzielle Software
Diese Programme dürfen unter bestimmten Einschränkungen kostenfrei genutzt werden.
- **Public-Domain-Software** wird vom Software-Eigentümer, das ist in der Regel der Entwickler, kostenlos zur Verfügung gestellt. Er verzichtet auf sein Urheberrecht, garantiert jedoch nicht die Korrektheit, Sicherheit und Stabilität des Programmes.
- **Freeware** kann und darf auf beliebig vielen Rechnern installiert sowie beliebig oft weitergegeben werden, ohne das Urheberrecht zu verletzen.
- **Donationware** ist eine Freeware, bei der die Bezahlung der Benutzerin/dem Benutzer freigestellt ist.
- **Shareware** ist eine oft eingeschränkt nutzbare Version, die für eine bestimmte Zeit kostenlos genutzt werden kann. Erst nach Bezahlung ist sie unbeschränkt nutzbar.

Open Source kommt aus dem Englischen und bedeutet übersetzt offene Quelle.

Open Source
Open-Source-Software kann meistens kostenlos genutzt werden. Darüber hinaus ist der Quellcode öffentlich und kann von den Userinnen/Usern verändert werden.

Beispiele
LINUX, OPEN OFFICE, LIBRE OFFICE, STAROFFICE und GIMP

💡 Beim Kauf eines Gerätes ist häufig schon Software vorinstalliert, z. B. das Betriebssystem. Mit dem Kauf erwerben Sie auch die Software-Lizenz. Darüber hinausgehende Software kann im Handel, z. B. bei MEDIA MARKT, AMAZON oder direkt beim Anbieter erworben werden.

WorkBox – „Software kaufen"

- Nennen Sie verschiedene Arten von nicht kommerzieller Software und recherchieren Sie jeweils ein Beispiel dafür.

Software	Beispiel
	➡
	➡
	➡
	➡

4 Lernplattformen nutzen

An Zolas Schule wird im Unterricht oft mit MICROSOFT 365 gearbeitet. Zola kennt sich damit schon sehr gut aus. Zu Schulbeginn hat Zolas Klassenvorstand erklärt, dass in vielen Unterrichtsgegenständen begleitend zum Unterricht auch die Lernplattform MOODLE verwendet wird. „MOODLE?!", Zola ist ratlos. „Davon habe ich ja noch nie gehört. Was soll denn das sein?"

> Können Sie Zola weiterhelfen? Besprechen Sie in der Klasse, ob und welche Erfahrungen Sie bereits mit MOODLE oder anderen Lernplattformen gemacht haben.

Lernplattformen sind eine Art Anwendungs-Software, mit der Sie vermutlich während Ihrer Ausbildung und vielleicht auch im Berufsleben immer wieder zu tun haben werden.

> Eine Lernplattform dient zur **Bereitstellung von Inhalten** und zur **Organisation von Lernvorgängen** zwischen Lehrenden und Lernenden. Im Vordergrund stehen dabei die Kommunikation sowie die Dokumentation des Lernprozesses und des Kompetenzerwerbes.

Besonders Bildungseinrichtungen, wie Schulen oder Universitäten, nutzen Lernplattformen. Aber auch viele Unternehmen bieten Ihren Mitarbeiterinnen/Mitarbeitern Schulungen und Weiterbildungen über Lernplattformen an.

Mit webbasierten Lernplattformen werden Weiterbildungsmaßnahmen vereinfacht. In diesem Zusammenhang spricht man auch von **eLearning**. Wenn Präsenzphasen und Online-Phasen kombiniert werden, spricht man von **Blended Learning**.

Präsenzphasen = Zeiten, in denen die Lernenden gemeinsam in einer Klasse unterrichtet werden.

Blended Learning = Lernform, bei der Präsenzphasen und Online-Phasen kombiniert werden.

Schon gewusst?
Lernplattformen können sowohl für reine eLearning-Angebote ohne Präsenzphasen als auch für Blended Learning verwendet werden.

4.1 Die Funktionen von Lernplattformen entdecken

Die zentralen Funktionen von Lernplattformen sind meist gleich, unabhängig vom Anbieter. Die wichtigsten Funktionen lernen Sie nun kennen.

Kommunikation
Lernplattformen bieten Lehrenden und Lernenden die Möglichkeit, sich auszutauschen. Dadurch können Lehrende direktes Feedback zu den individuellen Lernfortschritten geben. Auf vielen Lernplattformen haben die Lernenden die Möglichkeit, sich auch untereinander auszutauschen. Je nach Plattform erfolgt die Kommunikation z. B. in Form von Chats, Videotelefonie, Diskussionsforen oder E-Mails.

II IT betrifft uns alle

💡 **Lernplattformen** ermöglichen den Lernenden die schrittweise Erarbeitung von Themen im eigenen Lerntempo.

Wissensmanagement ist ein zusammenfassender Begriff für alle strategischen bzw. operativen Tätigkeiten und Managementaufgaben, die auf den bestmöglichen Umgang mit Wissen abzielen.

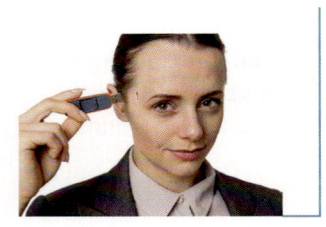

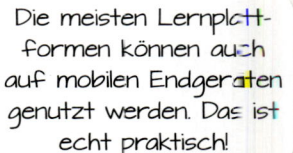

Organisation und Dokumentation des Lernprozesses
Über Lernplattformen können fertig aufbereitete Inhalte zur Verfügung gestellt werden, z. B. in Form von Kursen, Präsentationen, Videos, Lernpaketen etc. Meist ist es auch möglich, erledigte Aufgaben direkt über die Lernplattform abzugeben. Dadurch werden der Lernprozess und der Kompetenzerwerb sichtbar.

Autorenwerkzeug
Lernplattformen können auch als Autorenwerkzeuge verwendet werden. Dabei werden Inhalte durch die Lehrenden bzw. die Lernenden direkt in der Lernplattform aufbereitet.

Wissensmanagement
Die Verwendung von Lernplattformen zum **Wissensmanagement** ist besonders für Betriebe von Interesse. Lernplattformen können dazu beitragen, das Wissen der Mitarbeiter/innen zu sichern und dauerhaft abrufbar zu machen.

4.2 Lernplattformen kennenlernen

Es gibt viele verschiedene Anbieter von Lernplattformen. Im Schulalltag werden Ihnen vermutlich vor allem DIGI4SCHOOL, die TRAUNER-DigiBox, LMS und MOODLE begegnen. Deshalb lernen Sie diese nun etwas genauer kennen.

> **Schon gewusst?**
> MICROSOFT TEAMS und ONENOTE-Klassennotizbücher bieten gemeinsam mit anderen OFFICE 365-Anwendungen ebenfalls typische Funktionen von Lernplattformen. Diese haben Sie bereits im Kapitel „Durchstarten mit MICROSOFT 365" kennengelernt.

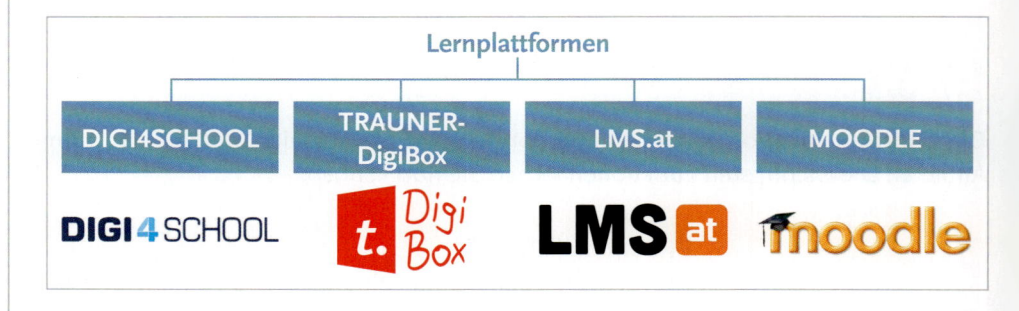

Lernplattformen
- DIGI4SCHOOL
- TRAUNER-DigiBox
- LMS.at
- MOODLE

Die meisten Lernplattformen können auch auf mobilen Endgeräten genutzt werden. Das ist echt praktisch!

DIGI4SCHOOL und TRAUNER-DigiBox
Über DIGI4SCHOOL können Sie E-Books zu Ihren Schulbüchern aufrufen und in Ihrem digitalen Bücherregal verwalten. Zusätzlich bietet die Plattform Lehrenden die Möglichkeit, über das sogenannte digitale Klassenzimmer den Schülerinnen und Schülern Aufgaben zuzuweisen, Ergebnisse abzurufen und Feedback zu geben.

Software – der unsichtbare Boss am Computer

Schon gewusst?
Wenn Sie Ihre TRAUNER-Schulbücher nutzen, werden Sie automatisch von DIGI4SCHOOL auf die Lehr- und Lernplattform TRAUNER-DigiBox (www.trauner-digibox.com) weitergleitet.

Funktion „Digitales Klassenzimmer" in der TRAUNER-DigiBox bzw. auf DIGI4-SCHOOL
- Lehrkräfte können eigene Klassen anlegen.
- Über das digitale Klassenzimmer können Benachrichtigungen über anstehende Übungen, Abgabefristen oder aktuelle Themen verschickt werden.
- Es besteht die Möglichkeit, Übungspakete aus vorgefertigten Quizmodulen, passend zu den Buchkapiteln zusammenzustellen. Zusätzlich können auch offene Aufgaben zur Verfügung gestellt werden. Diese können entweder aus vorhandenen Inhalten ausgewählt oder selbst erstellt werden.
- Die Übungen werden automatisch ausgewertet und die Übungsergebnisse dokumentiert.

LMS.at
Das österreichische Projekt LMS.at ist ein Werkzeug für verschiedene Unterrichtsszenarien, vor allem für Blended Learning. Es unterstützt als Informations- und Dokumentationsplattform auf vielerlei Art und Weise das Unterrichtsgeschehen.

Eigenverantwortliches Lernen und Selbstevaluation werden durch das Sichtbarmachen des Lernprozesses gefördert. Eine große Anzahl von Anwendungen kann mit einer einheitlichen Anmeldung genutzt werden.

In den Kursen können die Lehrkräfte verschiedenste Lernmaterialien zur Verfügung stellen. Es können aber auch Tests zusammengestellt werden und die verschiedenen Formen der Mitarbeit in einer Beurteilung zusammengefasst werden.

LMS steht für Lernen Mit Sinn.

Evaluation = Bewertung.

MOODLE
Die weltweit größte Lernplattform MOODLE ist ein Open-Source-Produkt, das von ca. 100 Millionen Anwenderinnen/Anwendern genutzt wird.

MOODLE = Modular Object Oriented Dynamic Learning Environment.

Opensource steht für Software, die kostenfrei zur Verfügung steht und quelloffen vorliegt. Das bedeutet, dass sie von jeder/jedem weiterentwickelt werden kann.

Schon gewusst?
Viele Schulen in Österreich nutzen eduvidual.at. Diese vom Bundesministerium für Bildung, Wissenschaft und Forschung unterstützte Plattform stellt Bundesschulen kostenfreie MOODLE-Kursbereiche zur Verfügung.

In MOODLE werden in virtuellen Kursräumen Arbeitsmaterialien und Lernaktivitäten bereitgestellt.

Die Kurse selbst bestehen aus verschiedenen Elementen, wie z. B. Aufgaben, Kommunikations-Tools, Formen der Rückmeldung, aber auch Tests und Spielen.

Ihre Lehrkraft kann Ihnen auch Arbeitsmaterialien zum Download zur Verfügung stellen oder Links auf andere interessante Websites, wie z. B. zu YOUTUBE-Videos, in den Kurs einbauen.

II IT betrifft uns alle

In der TRAUNER-DigiBox finden Sie eine Übersicht über wichtige Funktionen in MOODLE.

Schon gewusst?
In vielen Schulen erhalten die Schülerinnen und Schüler einen Benutzernamen, mit dem sie sich mittels Passwortes in MOODLE einloggen können. Oft werden dafür auch bestehende MICROSOFT OFFICE 365-Konten verwendet.

WorkBox – „Lernplattformen nutzen"

- Zola hat mittlerweile Erfahrungen mit Lernplattformen gesammelt. Ordnen Sie Zolas Aktivitäten der entsprechenden Funktion einer Lernplattform zu.

  - In MOODLE kann Zola nachvollziehen, wann sie welche Aufgaben erledigt hat.

  - Zola arbeitet gemeinsam mit ihrem Klassenkollegen Semih an einem Referat. Da Semih etwas weiter weg wohnt, verabreden sie sich zu Videotelefonaten über TEAMS.

  - Für den Geografieunterricht hat Zolas Professorin verschiedene Kurse und Lernpakete online gestellt. Woche für Woche arbeiten sich Zola und ihre Mitschüler/innen durch die Lerninhalte.

  - Im Unterrichtsgegenstand Betriebswirtschaft hat jede Schülerin/jeder Schüler ein Thema zugewiesen bekommen, das sie/er für die gesamte Klasse aufbereiten muss. Zola bereitet die Unterlagen zu den Phasen des Kaufens und Verkaufens direkt in MOODLE auf.

  Kommunikation

  Autorenwerkzeug

  Dokumentation

  Organisation

WissensCheck – „Software – der unsichtbare Boss am Computer"

1. Erklären Sie den Begriff Software.
2. Nennen Sie wichtige Aufgaben des Betriebssystems.
3. Führen Sie die Aufgaben von Firmware an und nennen Sie Bereiche, in denen Firmware eingesetzt wird.
4. Beschreiben Sie, welche Dienstleistungen Serversoftware in Netzwerken zur Verfügung stellt.
5. Zählen Sie die Bereiche auf, in die Anwendungs-Software untergliedert werden kann.
6. Erklären Sie den Unterschied zwischen Standard- und Individual-Software.
7. Nennen Sie die Vorteile beim Einsatz von Standard-Software.
8. Erklären Sie den Unterschied zwischen Public-Domain-Software-, Freeware- und Shareware-Programmen.
9. Erklären Sie den Begriff GUI.

Software – der unsichtbare Boss am Computer

Ziele erreicht? – „Software – der unsichtbare Boss am Computer"

1. Zola ist noch immer unsicher, welches Betriebssystem sie auf ihrem neuen Notebook installieren soll. Helfen Sie ihr! Erklären Sie Zola, welche die drei gängigen Betriebssysteme sind und beschreiben Sie diese kurz.

Betriebssystem:

Betriebssystem:

Betriebssystem:

2. Nach dem Unterricht besucht Zola ihren Onkel. Der wundert sich über ein E-Mail seines Arbeitgebers und möchte von Zola wissen, ob sie sich mit Lernplattformen auskennt.

✉ INFOMAIL

Von: martha.mischkulnig@unternehmen.at

An: Mitarbeiter_ALLE

Liebe Mitarbeiterinnen und Mitarbeiter!

Ab 1. April werden alle Schulungen und Weiterbildungsmaßnahmen ausschließlich über unsere neue betriebsinterne Lernplattform abgewickelt.

Bereits am 1. April, 10:30 Uhr, starten wir mit einer Einführung in die Nutzung der Lernplattform unser Schulungsangebot.

Mit Ihren üblichen Anmeldedaten können Sie sich ab sofort auf www.unternehmen.at/fortbildung anmelden. Nach der ersten Anmeldung müssen Sie diese über einen Link bestätigen. Bitte melden Sie sich bis spätestens 31. März an, damit Sie an der ersten Schulung zur Nutzung der neuen Lernplattform teilnehmen können.

Beste Grüße
Martha Mischkulnig
Geschäftsführerin

a) Erklären Sie, was man unter einer Lernplattform versteht.

b) Zählen Sie die zentralen Funktionen von Lernplattformen auf.

c) Die Lernplattform wurde speziell für das Unternehmen, in dem Zolas Onkel tätig ist, weiterentwickelt. Erklären Sie, um welche Art(en) von Software es sich dabei handelt.

d) Das Unternehmen hat für die Entwicklung der Lernplattform einen Programmierer beauftragt und hat umfangreiche Nutzungsrechte erworben. Das Urheberrecht liegt jedoch beim Programmierer. Fassen Sie in eigenen Worten zusammen, welche Bedeutung das Urheberrecht bei Software hat.

e) Entscheiden Sie, ob die folgenden Aussagen richtig oder falsch sind.

	Richtig	Falsch
Das Unternehmen kann Änderungen am Quellcode der Lernplattform vornehmen.	○	○
Der Quellcode darf nur bei Open-Source-Software ohne Zustimmung verändert werden.	○	○
Kommerzielle Software darf an andere Nutzer/innen weitergegeben werden.	○	○

Einen interaktiven **Safety-Check** finden Sie in der TRAUNER-DigiBox.

Das Betriebssystem WINDOWS 11 erkunden

Das Betriebssystem haucht Ihrem Gerät quasi Leben ein – ohne Betriebssystem können Sie weder mit Ihrem Smartphone noch mit Ihrem Computer oder Notebook etwas anfangen.

Deshalb ist es wichtig, dass Sie sicher mit dem Betriebssystem umgehen können. Das meistgenutzte Betriebssystem ist WINDOWS von MICROSOFT, daher werden Sie nun WINDOWS 11 genauer kennenlernen.

Meine Ziele

Nach Bearbeitung dieses Kapitels kann ich
- die Elemente des Betriebssystems WINDOWS 11 richtig benennen;
- die Funktionen des Betriebssystems WINDOWS 11 erklären;
- das Betriebssystem WINDOWS 11 sachgerecht nutzen;
- einfache Probleme mit der WINDOWS-Hilfe lösen;
- Drucker installieren, als Standarddrucker definieren und Druckaufträge verwalten;
- sichere Kennwörter erstellen;
- Hotspots sicherheitsbewusst nutzen.

KOMPETENZ-ERWERB

II IT betrifft uns alle

1 Die Benutzeroberfläche kennenlernen

Tauschen Sie sich in der Klasse aus, mit welchen Betriebssystemen Sie bereits Kontakt hatten.

Pascal hat bisher immer den Computer seines Vaters genutzt. Zum Start an der Handelsakademie hat er ein eigenes Notebook bekommen. Auf dem Gerät war WINDOWS 11 bereits vorinstalliert. Nach wenigen Minuten bemerkt Pascal: „Die Benutzeroberfläche sieht schon ein bisschen anders aus, aber ich bin sicher, ich kann mich schnell zurechtfinden!"

Über WINDOWS-Taste + D kann ich den Desktop einblenden, ohne die geöffneten Fenster zu minimieren.

1.1 Den Desktop erkunden

Der **Desktop** (Schreibtischoberfläche) ist die Bedienoberfläche von WINDOWS. Von hier aus können verschiedene Apps und Programme geöffnet werden.

Auf dem Desktop finden Sie alle wichtigen Elemente, um WINDOWS 11 zu bedienen.

Elemente des Desktops

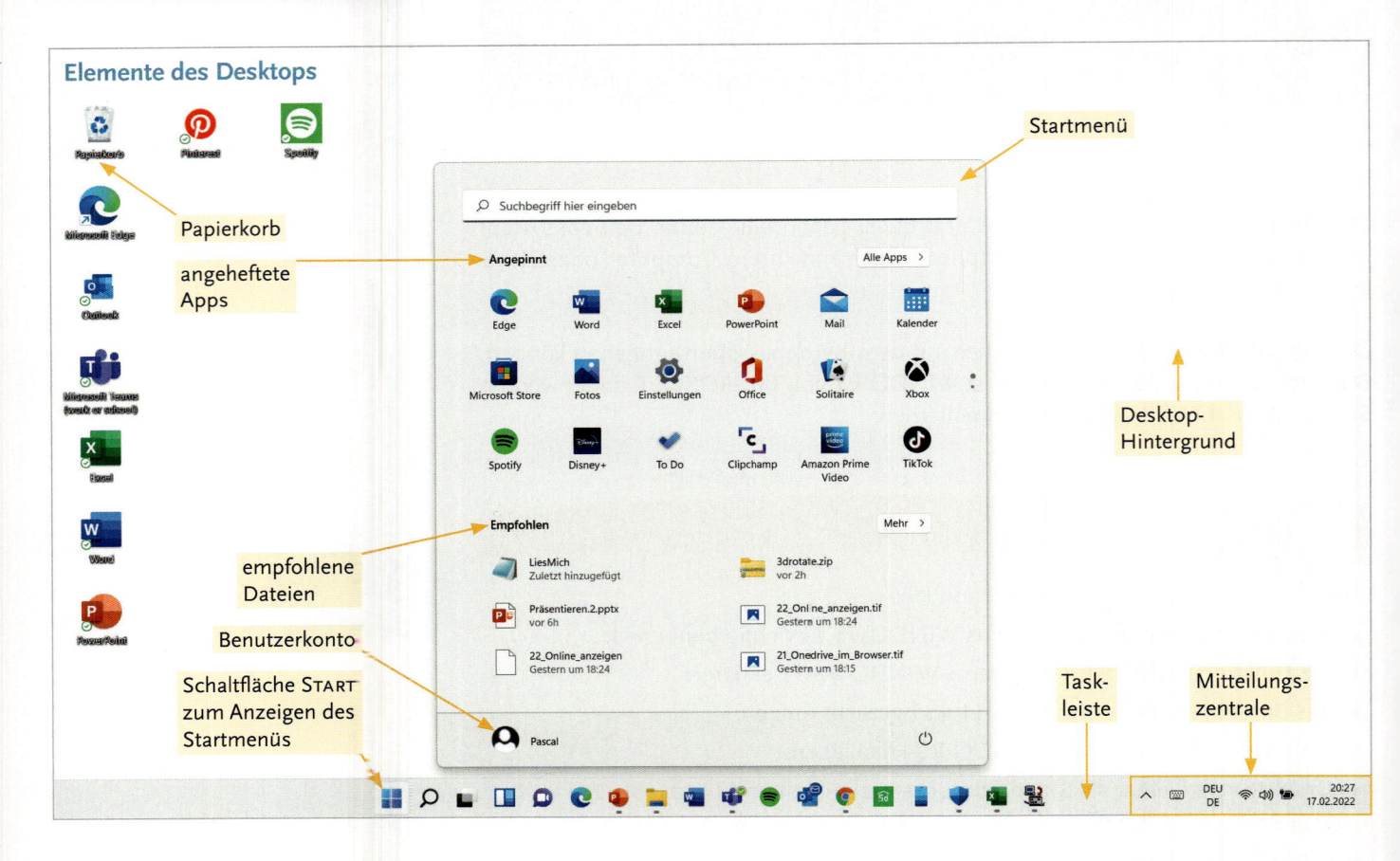

- Papierkorb
- angeheftete Apps
- empfohlene Dateien
- Benutzerkonto
- Schaltfläche START zum Anzeigen des Startmenüs
- Startmenü
- Desktop-Hintergrund
- Taskleiste
- Mitteilungszentrale

Schon gewusst?
Die Dateien und Programme in den Bereichen ANGEPINNT und EMPFOHLEN unterscheiden sich je nach Nutzer/in.

Das Betriebssystem WINDOWS 11 erkunden

1.2 Mit der Taskleiste arbeiten

Die **Taskleiste** befindet sich am unteren Ende des Desktops. Ihre Hauptaufgabe ist es, Programme zu starten, zwischen geöffneten und minimierten Fenstern zu wechseln und in der Mitteilungszentrale wichtige Systemfunktionen anzuzeigen und Einstellungen vorzunehmen.

Task = engl. für Aufgabe, Tätigkeit.

Objekte auf der Taskleiste

Mit der Schaltfläche START können z. B. Apps gestartet werden.

Beim Anklicken der SUCHLUPE wird ein **Suchfeld** geöffnet, in das Sie Ihre Suchanfragen eingeben können.

Standardmäßig sind an der Taskleiste die Symbole TASKANSICHT, WIDGETS, CHAT und MICROSOFT EDGE **angeheftet.** Es ist sinnvoll, häufig verwendete Apps an die Taskleiste anzuheften.

In der Taskleiste werden auch die zurzeit **geöffneten Programme** angezeigt. Diese sind durch Unterstreichung hervorgehoben.

In der Taskleiste sehen Sie alle geöffneten Apps. Per Mausklick können Sie zwischen den einzelnen Anwendungen wechseln.

Im rechten Bereich der Taskleiste finden Sie die MITTEILUNGSZENTRALE. Hier finden Sie z. B. Uhrzeit, Datum, Status der Netzwerkverbindung, externe Datenträger, Lautstärke etc.

Rechts außen befindet sich die Schaltfläche DESKTOP ANZEIGEN.

Schon gewusst?
Je nach Ihren Bedürfnissen können Sie selbst entscheiden, welche Programme Sie an der Taskleiste anheften.

SCHRITT FÜR SCHRITT: PROGRAMME AN DER TASKLEISTE ANHEFTEN BZW. LÖSCHEN

1. Öffnen Sie das gewünschte Programm, z. B. WORD.
2. Klicken Sie mit der rechten Maustaste auf das Programm-Icon in der Taskleiste und wählen Sie den Befehl MEHR OPTIONEN – AN DIE TASKLEISTE ANHEFTEN.
3. Um ein Programm wieder aus der Taskleiste zu löschen, klicken Sie ebenfalls mit der rechten Maustaste auf das Programm-Icon und wählen Sie VON TASKLEISTE LÖSCHEN.

II IT betrifft uns alle

PROFI-TIPP

„Ein wesentlicher Hauptteil meiner Aufgaben ist die Bearbeitung der Korrespondenz – sowohl per Post als auch per E-Mail. Um hier schnell und effizient arbeiten zu können, habe ich die Programme OUTLOOK und WORD an meiner Taskleiste angeheftet."

– Assistent der Geschäftsführung in einer großen Rechtsanwaltskanzlei –

WorkBox – „Mit der Taskleiste arbeiten"

- Passen Sie die Taskleiste an Ihre Bedürfnisse an.
   a) Überlegen Sie, welche Programme Sie regelmäßig nutzen. Heften Sie diese an der Taskleiste an.
   b) Vergleichen Sie in der Klasse, wie Ihre Taskleisten nun aussehen. Welches Programm wurde am häufigsten verankert?

1.3 Das Startmenü entdecken

Die **Schaltfläche Start** ist ein zentrales Element für Benutzerinnen und Benutzer. Hier können Sie Programme/Apps starten und Einstellungen des Computers ändern.

Das Startmenü kann mit der Schaltfläche START ▦ in der Taskleiste oder mit der WINDOWS-Taste geöffnet werden.

Das Startmenü

- WINDOWS-SUCHE
- ANGEPINNT: Fixieren Sie hier Programme, die Sie häufig benötigen, wie an der Taskleiste
- Dateien und Anwendungen, die aufgrund Ihrer Aktivitäten für Sie empfohlen werden
- Zugriff auf Ihr Benutzerkonto
- EIN/AUS-Button:
  - ENERGIE SPAREN
  - HERUNTERFAHREN
  - NEU STARTEN

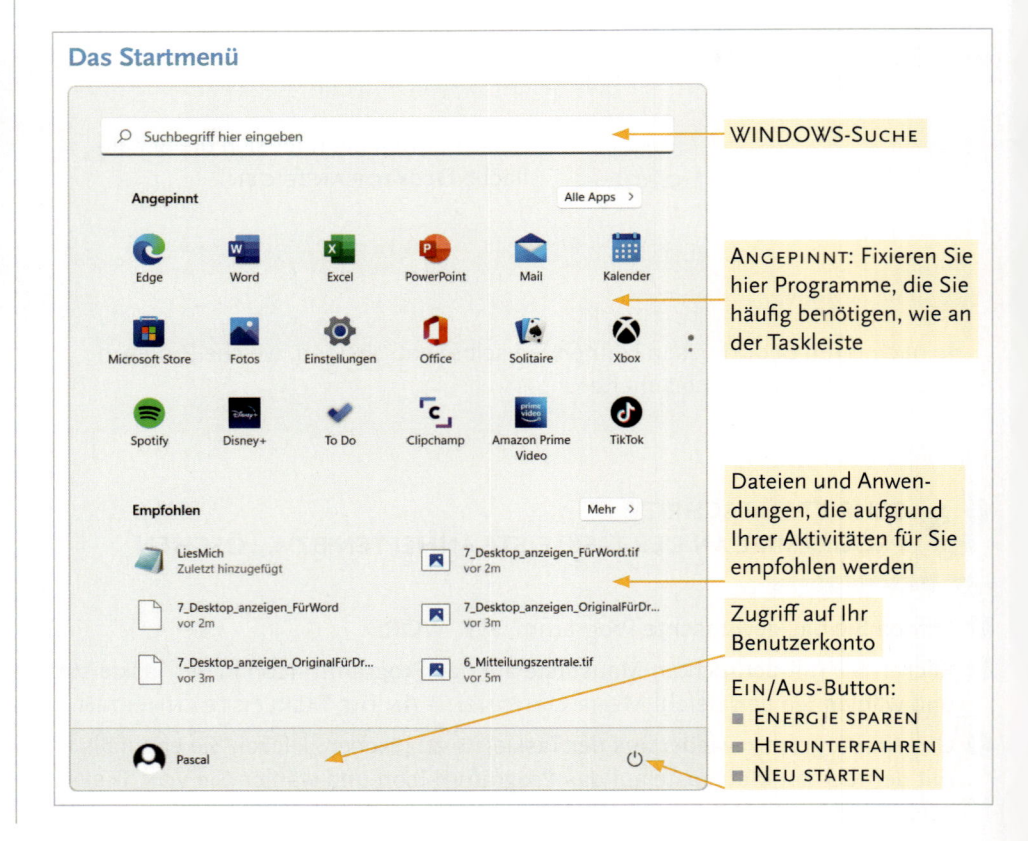

Das Betriebssystem WINDOWS 11 erkunden

WorkBox – „Das Startmenü entdecken"

- Machen Sie sich mit dem Startmenü vertraut.
    a) Starten Sie das Programm EXCEL über das STARTMENÜ – ALLE APPS – MICROSOFT OFFICE – EXCEL.
    b) Schließen Sie das Programm.
    c) Klicken Sie mit der rechten Maustaste auf Ihren Benutzernamen im Startmenü. Wählen Sie KONTOEINSTELLUNGEN ÄNDERN. Besprechen Sie mit Ihren Kolleginnen/Kollegen und Ihrer Lehrkraft die Bereiche IHR KONTO und ANMELDEOPTIONEN.
    d) Ändern Sie Ihr Profilbild.
    e) Schließen Sie die Kontoeinstellungen.

1.4 Die WINDOWS-Suche nutzen

Im oberen Bereich des Startmenüs befindet sich das SUCHFELD, über das Sie eine Suchanfrage starten können.

Die Liste der Suchergebnisse umfasst:
- Dateien
- Funktionen
- Installierte Apps und Anwendungen
- Verfügbare Apps und Anwendungen im App-Store

Mit der Tastenkombination WINDOWS-Taste + S kann ich die WINDOWS-Suche schnell aufrufen.

Schon gewusst?
Zum Starten einer App oder Datei ist die Suche eine bequeme und schnelle Alternative zum Startmenü.

💡 Der Cursor befindet sich automatisch im Suchfeld, sobald das Startmenü geöffnet wird.

SCHRITT FÜR SCHRITT: PROGRAMM MIT DER WINDOWS-SUCHE ÖFFNEN

1. Klicken Sie auf die SUCHLUPE.
2. Tippen Sie einige Zeichen des gesuchten Programmes ein, z. B. Pow.
3. Öffnen Sie das gewünschte Programm, z. B. POWERPOINT.

WorkBox – „Die WINDOWS-Suche nutzen"

- Nutzen Sie die WINDOWS-Suche.
    a) Geben Sie in der Suchleiste die ersten zwei Buchstaben eines Browsers ein und öffnen Sie diesen über die Suche.
    b) Vergleichen Sie mit Ihren Mitschülerinnen/Mitschülern, welche Anwendungen in der Suche vorgeschlagen werden.
    c) Schließen Sie alle Programme wieder.
    d) Öffnen Sie das Programm WORD mithilfe der WINDOWS-Suche.

II IT betrifft uns alle

Die Tastenkombination WINDOWS-Taste + A öffnet die Mitteilungszentrale. Diese wird auch als Taskleistenecke oder Infobereich bezeichnet.

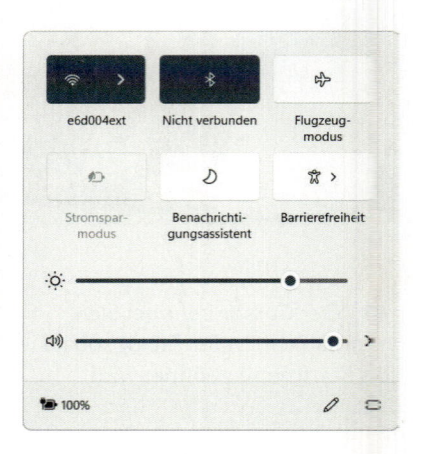

1.5 Die Mitteilungszentrale verwenden

> Die **Mitteilungszentrale** bietet Ihnen einen Überblick über wichtige Informationen zu Ihrem Gerät sowie einen schnellen Zugriff auf häufige Einstellungen.

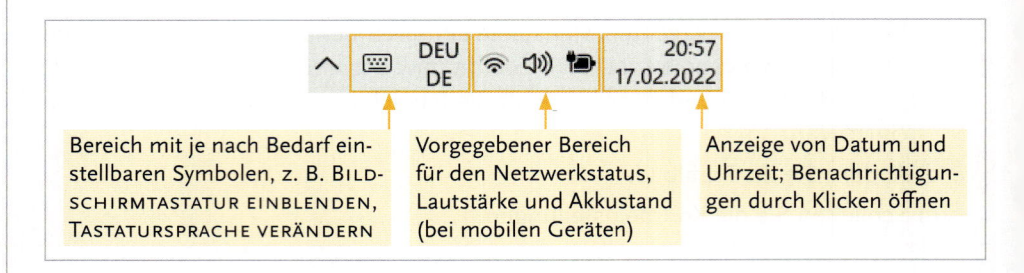

Bereich mit je nach Bedarf einstellbaren Symbolen, z. B. Bildschirmtastatur einblenden, Tastatursprache verändern

Vorgegebener Bereich für den Netzwerkstatus, Lautstärke und Akkustand (bei mobilen Geräten)

Anzeige von Datum und Uhrzeit; Benachrichtigungen durch Klicken öffnen

Schon gewusst?
Damit die Mitteilungszentrale übersichtlich bleibt, werden Informationen zusammengefasst. Über das Symbol ∧ Ausgeblendete Symbole einblenden können Sie alle Symbole einblenden.

Ein Klick auf eines der Symbole 🛜 🔊 🔋 öffnet die jeweiligen Schnelleinstellungen. Dieser Bereich kann personalisiert werden und bietet z. B. Einstellungsmöglichkeiten hinsichtlich Stromsparmodus, Bluetooth, Flugzeugmodus u. v. m. Auch die Lautstärke und Helligkeit können hier geregelt werden.

WorkBox – „Die Mitteilungszentrale verwenden"

- Machen Sie sich mit der Mitteilungszentrale vertraut.
  a) Verändern Sie die Bildschirmhelligkeit. Versuchen Sie, die für Sie passende Einstellung zu finden.
  b) Sie möchten nicht gestört werden. Stellen Sie daher die Lautstärke auf Null.
  c) Finden Sie heraus, welche Tastatursprache eingestellt ist.

  d) Öffnen Sie die Benachrichtigungen und überprüfen Sie, ob es aktuell Informationen für Sie gibt.

1.6 Mit dem Papierkorb arbeiten

Ähnlich wie in einem Büro landet ein weggeworfenes Dokument (eine gelöschte Datei) zuerst im Papierkorb. Dort bleibt es so lange, bis Sie den Papierkorb entleeren. Bis zu diesem Zeitpunkt können Sie es auch wieder aus dem Papierkorb herausholen.

Je nach getätigter Einstellung, kann der Papierkorb auch automatisch geleert werden, z. B. sobald man sich vom PC abmeldet.

Datei löschen

- Markieren Sie im WINDOWS-Explorer eine Datei (oder einen Ordner)
- Drücken Sie die Entf –Taste
- Oder rechte Maustaste – LÖSCHEN (Die Datei befindet sich danach automatisch im Papierkorb.)

💡 Eine Datei kann nicht gelöscht werden, wenn sie noch geöffnet ist.

Schon gewusst?
Am PAPIERKORB-Icon am Desktop erkennen Sie, ob sich Dateien im PAPIERKORB befinden oder nicht. Mit einem Doppelklick auf das Symbol können Sie den PAPIERKORB öffnen.

Papierkorb ohne Inhalt — Papierkorb mit Inhalt

💡 Mit der Tastenkombination ⇧ + Entf werden markierte Dateien und Ordner sofort gelöscht. Das heißt sie werden nicht in den PAPIERKORB verschoben. Diese Vorgehensweise kann sinnvoll sein, wenn die Datei eine hohe Speicherkapazität aufweist oder Sie sich sicher sind, dass Sie die Datei nicht mehr benötigen.

Dateien und Ordner wiederherstellen

Im PAPIERKORB können versehentlich gelöschte Dateien wiederhergestellt werden.

Alle Elemente wiederherstellen — Alle in den PAPIERKORB verschobenen Dateien werden aus dem PAPIERKORB „gerettet" und wieder an den Originalspeicherort geschoben.

Ausgewählte Elemente wiederherstellen — Ausgewählte Dateien werden aus dem PAPIERKORB „gerettet" und an den Originalspeicherort geschoben.

Papierkorb leeren — Alle Dateien, die sich im PAPIERKORB befinden, werden endgültig gelöscht. So kann Speicherplatz gespart werden.

❗ Dateien, die **von externen Speichermedien** (z. B. USB-Stick) oder Netzlaufwerken gelöscht werden, werden sofort **unwiderruflich** vernichtet.

WorkBox – „Mit dem Papierkorb arbeiten"

- Üben Sie den Umgang mit dem Papierkorb.
  a) Löschen Sie mindestens zehn Dateien von Ihrem Laufwerk, bei denen Sie sicher sind, dass sie nicht mehr gebraucht werden.
  b) Öffnen Sie den PAPIERKORB.
  c) Markieren Sie zwei Dateien, die Sie endgültig entfernen wollen.
  d) Markieren Sie mind. drei Dateien, die Sie wiederherstellen möchten.
  e) Überprüfen Sie die restlichen Dateien und leeren Sie bei Bedarf den gesamten PAPIERKORB.
  f) Überprüfen Sie die Maximalgröße des PAPIERKORBES.
  g) Lassen Sie sich jeden Löschvorgang bestätigen.
  h) Schließen Sie das Fenster für den PAPIERKORB.

Hinweis: Sie können auch die Dateien aus der TRAUNER-Digi-Box herunterladen und löschen.

II IT betrifft uns alle

1.7 Den WINDOWS-Task-Manager einsetzen

Der **Task-Manager** zeigt die aktuell am Computer ausgeführten Programme, Prozesse und Dienste sowie die Auslastung von Prozessor und Arbeitsspeicher an. Zusätzlich sehen Sie im Task-Manager auch andere Systeminformationen.

SCHRITT FÜR SCHRITT: DEN WINDOWS-TASK-MANAGER ÖFFNEN

Mit der Tastenkombination Strg + Alt + Entf kann ich den Task-Manager super schnell aufrufen.

❶ Rechtsklick auf das STARTMENÜ in der Taskleiste – im Kontextmenü TASK-MANAGER auswählen oder Tastenkombination Strg + Alt + Entf und Befehl TASK-MANAGER auswählen

❷ Eine Übersicht der aktuell geöffneten Apps wird sichtbar. Der Task-Manager ist in Registerkarten unterteilt, die unterschiedliche Funktionen haben.

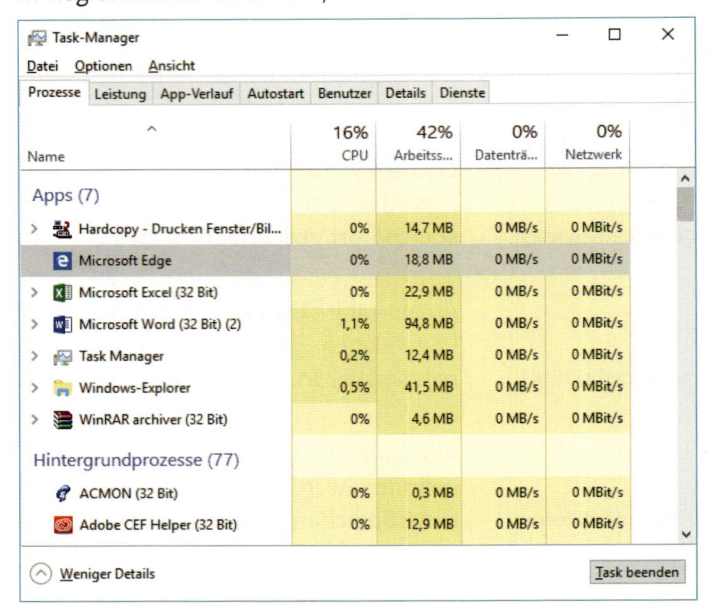

Name	16% CPU	42% Arbeitss...	0% Datenträ...	0% Netzwerk
Apps (7)				
Hardcopy - Drucken Fenster/Bil...	0%	14,7 MB	0 MB/s	0 MBit/s
Microsoft Edge	0%	18,8 MB	0 MB/s	0 MBit/s
Microsoft Excel (32 Bit)	0%	22,9 MB	0 MB/s	0 MBit/s
Microsoft Word (32 Bit) (2)	1,1%	94,8 MB	0 MB/s	0 MBit/s
Task Manager	0,2%	12,4 MB	0 MB/s	0 MBit/s
Windows-Explorer	0,5%	41,5 MB	0 MB/s	0 MBit/s
WinRAR archiver (32 Bit)	0%	4,6 MB	0 MB/s	0 MBit/s
Hintergrundprozesse (77)				
ACMON (32 Bit)	0%	0,3 MB	0 MB/s	0 MBit/s
Adobe CEF Helper (32 Bit)	0%	12,9 MB	0 MB/s	0 MBit/s

❸ Um weitere Funktionen anzeigen zu lassen, klicken Sie auf die Schaltfläche MEHR DETAILS.

Die wichtigsten Registerkarten im Task-Manager sind:

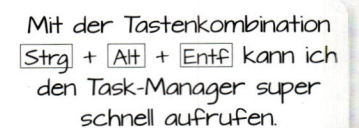

Wichtige Registerkarten im Task-Manager

Prozesse	Leistung	App-Verlauf	Autostart
Sie gibt einen Überblick über die Apps, Anwendungen und Prozesse, die im Hintergrund laufen. Zu jeder App bzw. zu jedem Prozess sehen Sie, welche Kapazitäten in welchem Maß beansprucht werden.	Sie zeigt Ihnen allgemeine Informationen grafisch aufbereitet, z. B. zur CPU-Auslastung und zum Arbeitsspeicher.	Sie bietet Ihnen diverse Angaben zu den installierten Apps, z. B. welche Datenmenge von einer App übers Internet versandt wurde.	Hier bestimmen Sie, welche Anwendungen beim Starten von WINDOWS automatisch mitgestartet werden.

Das Betriebssystem WINDOWS 11 erkunden

Sollte ein Programm nicht mehr reagieren bzw. abgestürzt sein, können Sie dieses über den Task-Manager beenden:

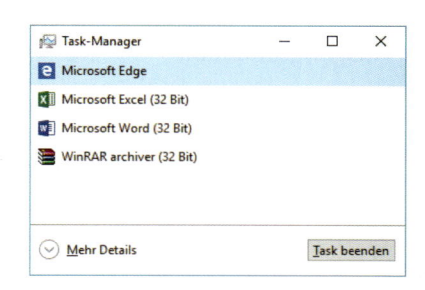

SCHRITT FÜR SCHRITT:
PROGRAMM ÜBER DEN TASK-MANAGER BEENDEN

1. Task-Manager starten
2. Abgestürztes Programm auswählen
3. Schaltfläche TASK BEENDEN

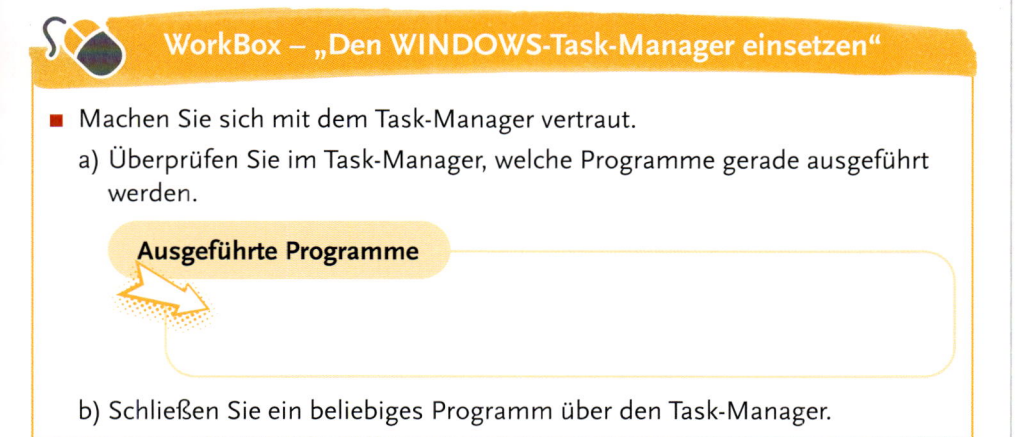

WorkBox – „Den WINDOWS-Task-Manager einsetzen"

- Machen Sie sich mit dem Task-Manager vertraut.
  a) Überprüfen Sie im Task-Manager, welche Programme gerade ausgeführt werden.

    Ausgeführte Programme

  b) Schließen Sie ein beliebiges Programm über den Task-Manager.

1.8 Probleme mit der WINDOWS-Hilfe lösen

Die WINDWOS-Hilfe unterstützt Sie bei Problemen mit und Fragen zu WINDOWS.

SCHRITT FÜR SCHRITT:
WINDOWS-HILFE AUFRUFEN

1. Minimieren Sie alle geöffneten Fenster, z. B. über WINDOWS-Taste + D.
2. Drücken Sie die F1-Taste.
3. Ein Browserfenster öffnet sich.
4. Geben Sie nun Ihr Problem in der Suchleiste ein, z. B. Wireless Maus lässt sich nicht verbinden.

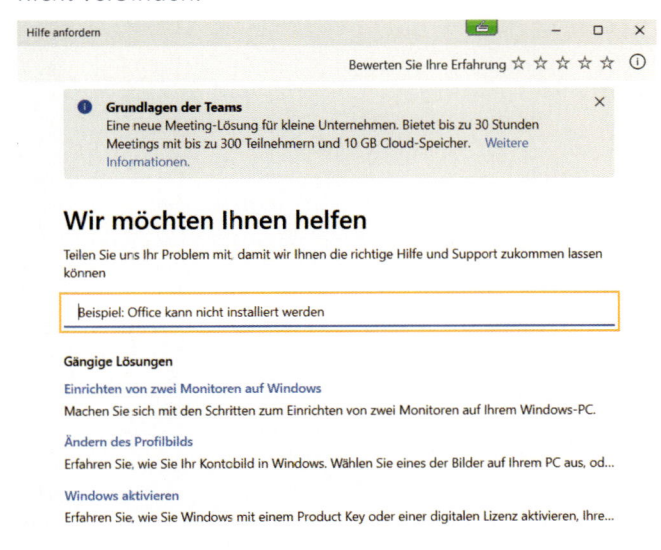

💡 Die WINDOWS-Hilfe öffnen Sie mit der F1-Taste.

💡 Alternativ können Sie auf der Website support.microsoft.com Hilfe bekommen. Öffnen Sie die Website und geben Sie Ihr Problem in der Suchleiste ein.

107

II IT betrifft uns alle

Let's do this! – „Probleme mit der WINDOWS-Hilfe lösen"

Ausgangssituation

Pascal hat seine Hausaufgaben fertig und möchte sich jetzt die neue Single seiner Lieblingsband anhören.

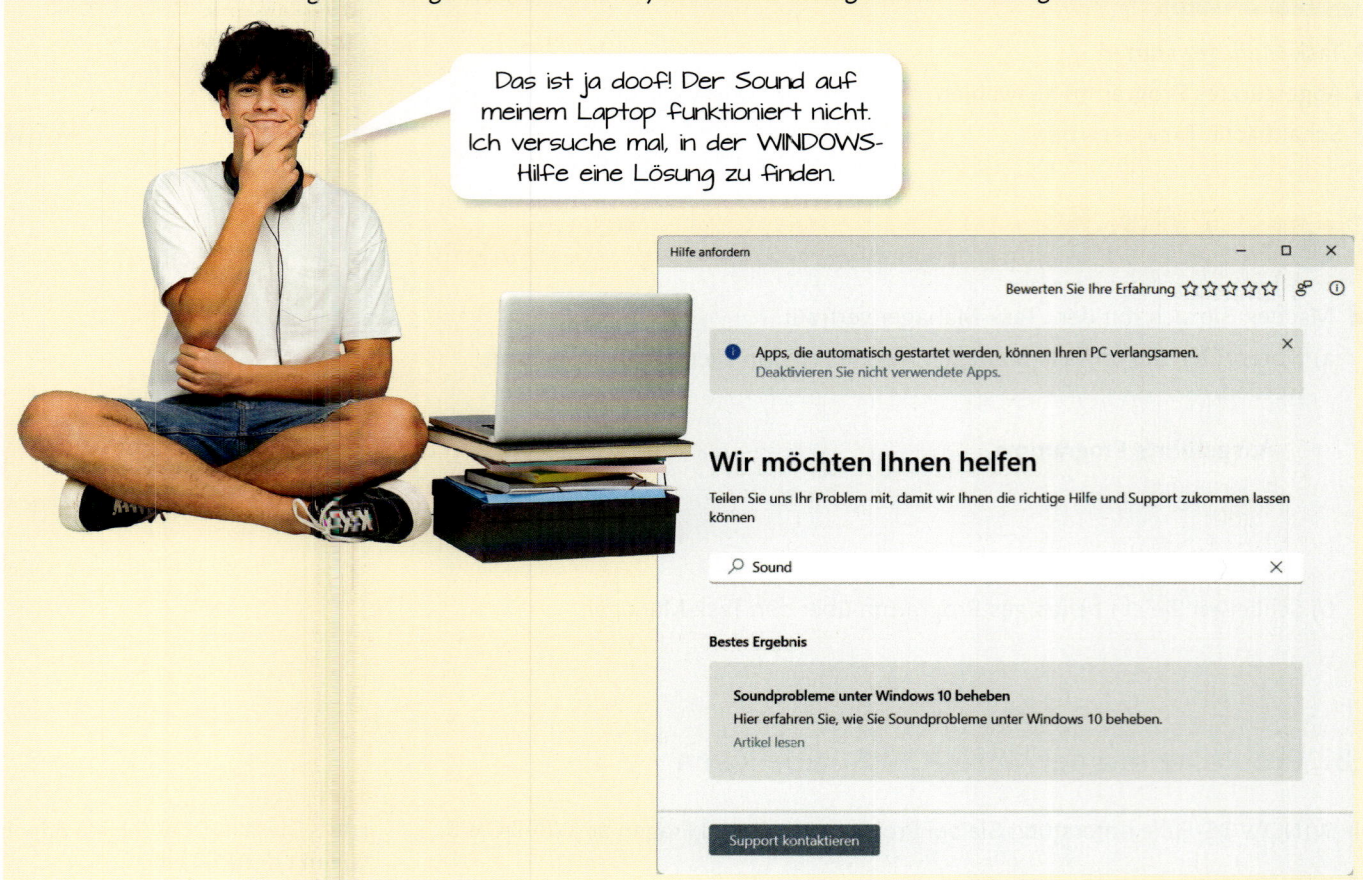

> Das ist ja doof! Der Sound auf meinem Laptop funktioniert nicht. Ich versuche mal, in der WINDOWS-Hilfe eine Lösung zu finden.

Hilfe anfordern

Bewerten Sie Ihre Erfahrung ☆☆☆☆☆

Apps, die automatisch gestartet werden, können Ihren PC verlangsamen. Deaktivieren Sie nicht verwendete Apps.

Wir möchten Ihnen helfen

Teilen Sie uns Ihr Problem mit, damit wir Ihnen die richtige Hilfe und Support zukommen lassen können

🔍 Sound ✕

Bestes Ergebnis

Soundprobleme unter Windows 10 beheben
Hier erfahren Sie, wie Sie Soundprobleme unter Windows 10 beheben.
Artikel lesen

Support kontaktieren

JETZT SIND SIE DRAN!

- Pascal hat sein Sound-Problem gelöst. Versuchen Sie nun selbst, Lösungsansätze für gängige Probleme mit WINDOWS zu finden, z. B. Drucker wird nicht erkannt.

  Geben Sie an, nach welchem Problem Sie gesucht haben.

  ....

  Nennen Sie die Suchbegriffe, die Sie eingegeben haben.

  ....

  Haben Sie Lösungsvorschläge für Ihr Problem gefunden?
  ○ Ja ○ Nein

Das Betriebssystem WINDOWS 11 erkunden

2 Die WINDOWS-Einstellungen im Überblick

Genervt erzählt Ronja, dass ihr kleiner Bruder ständig an ihr Notebook geht. „Ganz klar, du brauchst ein Passwort", rät ihr Pascal. „Stimmt, aber wie und wo richte ich denn ein Passwort für mein Konto ein?"

Besprechen Sie gemeinsam, wo und wofür Sie ein Passwort brauchen. Wer von Ihnen sichert den Computer oder das Smartphone mit einem Passwort?

> Nahezu alle Funktionen, die das Verhalten oder Aussehen Ihres Systems beeinflussen, können Sie über die **Einstellungen** verändern.

Sie können:
- WINDOWS an Ihre persönlichen Vorlieben anpassen
- Soft- und Hardware installieren bzw. deinstallieren
- Sicherheitseinstellungen vornehmen

Die Einstellungen rufen Sie auf unter:
- STARTMENÜ – EINSTELLUNGEN
- Oder TASKLEISTE – INFO-CENTER – ALLE EINSTELLUNGEN
- Oder Tastenkombination ⊞ + i

Parallel zu den EINSTELLUNGEN existiert in WINDOWS 11 auch noch die aus früheren Versionen bekannte Systemsteuerung. In der Systemsteuerung sollten Änderungen nur mit guten WINDOWS-Kenntnissen vorgenommen werden. Aus den Einstellungen heraus gelangen Sie meist über Links zur Systemsteuerung.

Schon gewusst?
In Unternehmen und Schulen können die EINSTELLUNGEN (oder Teile davon) oft nur von der Administratorin/vom Administrator geändert werden.

Art der Einstellung	Hier finden Sie folgende Einstellungen
System	Bildschirm, Lautstärke, Ruhezustand, Speicherplatz usw.
Bluetooth und Geräte	Drucker und Scanner, Maus und Touchpad, Bluetooth-Geräte usw.
Netzwerk und Internet	WLAN, Flugzeugmodus, Datennutzung usw.
Personalisierung	Hintergrund, Sperrbildschirm, Design, Startmenü usw.
Apps	Installierte Apps, Autostart für Apps usw.
Konten	Anmeldeoptionen, weitere Benutzer/innen usw.
Zeit und Sprache	Datum und Uhrzeit, Region und Sprache usw.
Spielen	Spielmodus usw.
Barrierefreiheit	Bildschirmlupe, Sprachausgabe, Tastatur usw.
Datenschutz und Sicherheit	Antiviren-Software, Netzwerkschutz, Mein Gerät suchen usw.
Windows Update	Updateverlauf, Updates aussetzen usw.

109

II IT betrifft uns alle

Schon gewusst?
Updates werden in WINDOWS 11 in der Regel automatisch durchgeführt. Sie müssen nur den Anweisungen des Gerätes, z. B. zum Neustart folgen. In den WINDOWS-EINSTELLUNGEN können Sie unter WINDOWS UPDATE überprüfen, welche Updates bereits installiert wurden.

WorkBox – „Die WINDOWS-Einstellungen im Überblick"

- Lösen Sie nachstehende Aufgaben, indem Sie die fett geschriebenen Wörter in die WINDOWS-Suche eingeben. Überprüfen Sie, in welchen Einstellungen Sie die jeweiligen Befehle finden. Machen Sie sich Notizen zu weiteren Funktionen, die Sie in der jeweiligen Einstellung finden.

1. Einstellung:

a) Ändern Sie den **Desktop-Hintergrund.**
b) Erzeugen Sie für den **Startbildschirm** eine Diashow.

2. Einstellung:

a) Ändern Sie Ihr Kontokennwort.
b) Ändern Sie das Kontobild Ihres **Benutzerprofils.**

3. Einstellung:

a) Suchen Sie nach den PC-Infos und schauen Sie, wie viel RAM Ihr Gerät hat. Welche Informationen werden bei den PC-Infos noch angezeigt?
b) Wie viel Speicherplatz ist auf der Festplatte (C:) belegt? Wählen Sie (C:) aus, um zu sehen, was dort Speicherplatz belegt.

4. Einstellung:

a) Aktivieren Sie die Einstellung **Automatisch an Sommerzeit** anpassen.
b) Fügen Sie eine zusätzliche Uhr mit einer anderen Zeitzone hinzu.

5. Einstellung:

a) Ändern Sie die **Mauszeigergröße.**
b) Aktivieren Sie die **Bildschirmlupe.**

2.1 Software und Apps installieren und deinstallieren

Wenn Sie Ihren Computer neu aufsetzen, sind einige Programme bzw. Apps, die Sie vielleicht brauchen, noch nicht installiert.

💡 Ein Teil der Apps aus dem MICROSOFT Store ist kostenpflichtig!

Sobald Sie den Kauf bestätigt haben, kann dieser nicht mehr abgebrochen werden und die Installation beginnt.

❗ Sie können **Software** aus dem MICROSOFT Store, vom Datenträger oder aus dem Internet **installieren.**

110

Das Betriebssystem WINDOWS 11 erkunden

Software aus dem MICROSOFT Store

In der Taskleiste finden Sie das Symbol für den MICROSOFT Store – ein Online-Verkaufsportal. Hier können Sie diverse Apps auswählen und auf Ihrem PC oder Laptop installieren.

Sobald ein Update für eine App verfügbar ist, wird es im Hintergrund automatisch gestartet. Im MICROSOFT Store können Sie den Update-Verlauf kontrollieren.

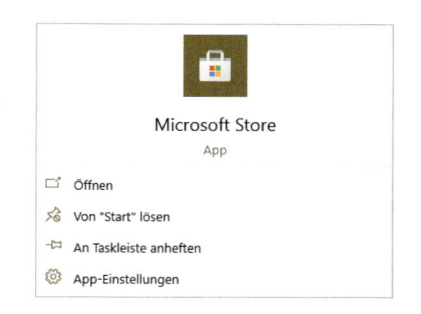

Update = regelmäßige Aktualisierung von Apps.

SCHRITT FÜR SCHRITT: MICROSOFT STORE

1. MICROSOFT Store öffnen
2. Klick auf das Profilbild
3. DOWNLOADS UND UPDATES

Software aus dem Internet herunterladen

Wenn kein Datenträger zur Verfügung gestellt wird, können Sie die gewünschte Software aus dem Internet herunterladen.

SCHRITT FÜR SCHRITT: SOFTWARE AUS DEM INTERNET HERUNTERLADEN

1. Laden Sie die Software herunter, z. B. über die Website des Anbieters.
2. Klicken Sie auf die Schaltfläche AUSFÜHREN im Browser.

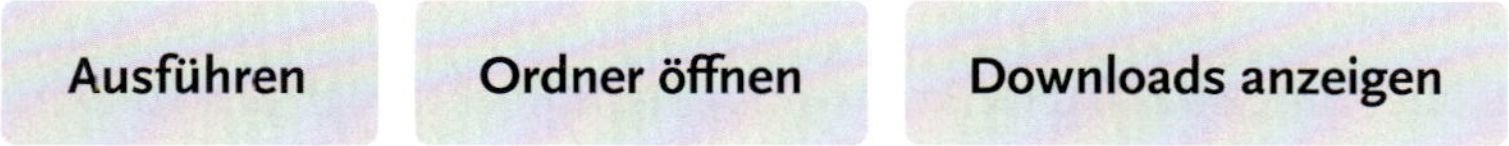

| Ausführen | Ordner öffnen | Downloads anzeigen |

3. Der Installationsassistent wird gestartet.

🔒 Installieren Sie nur Software aus zuverlässigen Quellen, da Sie sonst ganz schnell mit .exe-, .msi-, .com- oder .bat-Dateien Schad-Software auf Ihr Computersystem holen!

Software von Datenträgern

Wenn Sie Software auf einer CD, einer DVD oder einem USB-Stick erhalten, können Sie sie folgendermaßen installieren:

💡 Zur Installation von Programmen sind Administratorenrechte erforderlich!

SCHRITT FÜR SCHRITT: SOFTWARE VON DATENTRÄGERN INSTALLIEREN

1. Legen Sie den Datenträger in das Laufwerk oder stecken Sie den USB-Stick ein und klicken Sie auf AUSFÜHREN – der Installationsassistent startet.
2. Evtl. muss ein Produkt-Key (Lizenz) eingegeben werden.
3. Bestätigen Sie die Lizenzbestimmungen.
4. Wählen Sie den Speicherort und den Installationsumfang.

Der Installationsassistent führt Sie durch die einzelnen Schritte der Installation.

Meist können Sie zwischen STANDARDINSTALLATION und BENUTZERDEFINIERTER INSTALLATION wählen. Die Standardinstallation ist die empfohlene Vorgehensweise, meist ist sie ausreichend.

💡 Wenn der Installationsassistent nicht automatisch startet, können Sie im WINDOWS-Explorer auf die passende .exe-Datei doppelklicken.

II IT betrifft uns alle

App = Applikation; Abkürzung für das englische Wort application. Es handelt sich um eine Anwendungs-Software, die eine Aufgabe für die Nutzer/innen erfüllen soll.

Auch auf Ihrem Smartphone oder Tablet können Sie Apps deinstallieren.

💡 Für Apps wird kein Installations- bzw. Deinstallationsprogramm benötigt. Bei anderen Software-Arten schon, daher unterscheidet sich auch der Deinstallationsprozess.

Software und Apps deinstallieren

Um eine Software oder eine App von Ihrem PC zu entfernen, muss sie deinstalliert werden.

❗ Wenn Sie nur die Verknüpfung am Desktop oder den Ordner der Software bzw. der App **löschen,** wird diese **nicht ordnungsgemäß von Ihrem Rechner entfernt.**

SCHRITT FÜR SCHRITT: APPS DEINSTALLIEREN

❶ Schaltfläche START – Rechtsklick auf die App, die Sie deinstallieren möchten

❷ Klick auf DEINSTALLIEREN

SCHRITT FÜR SCHRITT: SOFTWARE DEINSTALLIEREN

❶ Wählen Sie über die Schaltfläche START mit einem Rechtsklick die Software, die Sie deinstallieren möchten, aus. Klicken Sie auf DEINSTALLIEREN oder öffnen Sie die SYSTEMSTEUERUNG und wählen Sie unter PROGRAMME – PROGRAMM DEINSTALLIEREN aus.

❷ Die SYSTEMSTEUERUNG öffnet sich – markieren Sie die gewünschte Software.

❸ Klicken Sie auf die Schaltfläche DEINSTALLIEREN.

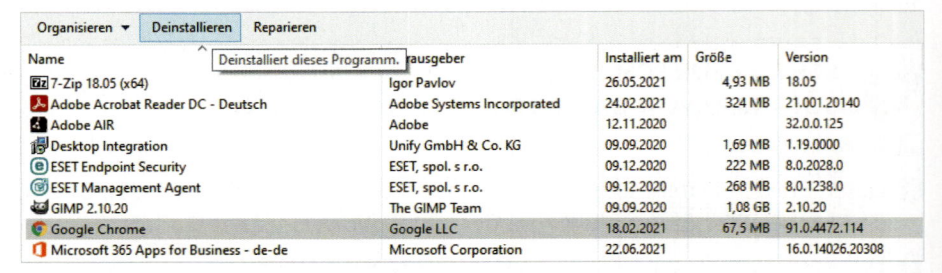

❹ Bevor die Software endgültig deinstalliert wird, öffnet sich ein Meldungsfenster und fragt, ob Sie die Software wirklich deinstallieren möchten. Wenn Sie sich sicher sind, bestätigen Sie mit JA.

112

Das Betriebssystem WINDOWS 11 erkunden

WorkBox – „Software und Apps installieren und deinstallieren"

- Üben Sie das Installieren von Software.
   a) Öffnen Sie den MICROSOFT Store. Suchen Sie eine kostenlose App, die Sie beim Lernen von Englischvokabeln unterstützt.
   b) Installieren Sie eine passende kostenlose App.
   c) Ziehen Sie das Icon für diese App aus dem Startmenü in den Kachelbereich.

💡 Auf Ihrem Schul-PC haben Sie unter Umständen nicht die Berechtigung zum Installieren und Deinstallieren von Software. Nutzen Sie ein privates Gerät.

2.2 Drucker installieren und einrichten

In fast jedem Beruf muss man regelmäßig Dokumente ausdrucken. Die meisten aktuellen Drucker besitzen die Fähigkeit, sich per Plug-and-play selbst im System zu registrieren und zu installieren. Sobald Sie den Drucker über USB mit dem Computer verbunden haben, erkennt der Rechner den neuen Drucker und beginnt selbstständig mit der Installation. Häufig werden dabei passende Gerätetreiber aus dem Internet heruntergeladen.

Plug-and-play („einstecken und abspielen" oder „anschließen und loslegen") = neue Geräte anschließen, ohne einen Gerätetreiber installieren oder Einstellungen vornehmen zu müssen.

Gerätetreiber = häufig nur **Treiber** genannt; Software, die angeschlossene Geräte steuert.

Schon gewusst?
Sollte der Drucker nicht automatisch erkannt werden, verwenden Sie für die Treiberinstallation die mit dem Drucker mitgelieferte CD oder suchen Sie online nach einem passenden Treiber.

Um alle Funktionen eines Gerätes nutzen zu können, muss man meist die Software vom Hersteller installieren.

Standarddrucker festlegen

❗ Wenn es z. B. im Netzwerk mehrere Drucker gibt, kann ein **Standarddrucker** festgelegt werden. An diesen Drucker werden dann **automatisch alle Druckaufträge geschickt.**

Als Standarddrucker wird in WINDOWS 11 automatisch der zuletzt benutzte ausgewählt. Möchten Sie einen Drucker dauerhaft als Standarddrucker definieren, deaktivieren Sie die Option WINDOWS VERWALTET STANDARDDRUCKER.

👣 SCHRITT FÜR SCHRITT: STANDARDDRUCKER FESTLEGEN

1. EINSTELLUNGEN – BLUETOOTH & GERÄTE
2. DRUCKER-VOREINSTELLUNGEN
3. OPTION WINDOWS VERWALTET STANDARDDRUCKER – Button auf AUS
4. Gewünschten Drucker auswählen
5. Schaltfläche ALS STANDARD aktivieren

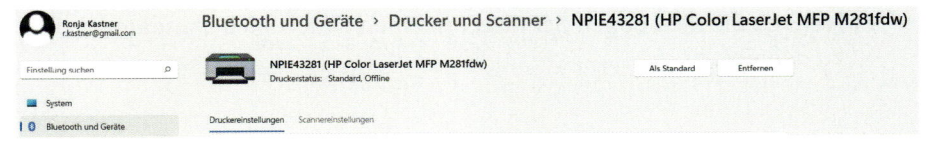

113

Druckaufträge verwalten

Wenn es Probleme mit dem Druck gibt, können Sie versuchen, diese in der DRUCKERWARTESCHLAGE zu lösen:

SCHRITT FÜR SCHRITT: DRUCKAUFTRÄGE VERWALTEN

1. EINSTELLUNGEN – BLUETOOTH & GERÄTE
2. DRUCKER AUSWÄHLEN
3. DRUCKERWARTESCHLANGE ÖFFNEN
4. DRUCKAUFTRAG AUSWÄHLEN – MENÜ DOKUMENT – ANHALTEN, NEU STARTEN ODER ABBRECHEN

WorkBox – „Drucker installieren und einrichten"

1. Welche Aussagen stimmen? Kreuzen Sie an, was richtig bzw. falsch ist.

	Richtig	Falsch
Die meisten Drucker können sich per Plug-and-play selbst im System installieren.	○	○
Bei Problemen mit dem Druck löst man diese in der Taskleiste.	○	○
Plug-and-play bedeutet, dass die Musik über die Lautsprecher ausgegeben wird.	○	○
Das Menü DRUCKAUFTRÄGE ANZEIGEN kann bei Druckproblemen helfen.	○	○

2. Üben Sie den Umgang mit den Druckereinstellungen.
a) Geben Sie den Namen des Standarddruckers an.

b) Suchen Sie in der WINDOWS-Hilfe Informationen über den MICROSOFT XPS DOCUMENT WRITER und erklären Sie ihn.

c) Nennen Sie die nötigen Schritte, um einen Drucker als Standarddrucker zu definieren.

2.3 Netzwerk und Internet – WLAN nutzen

> Notebooks und Tablets werden meist über **WLAN** mit dem Internet verbunden. WINDOWS 11 erkennt automatisch die verfügbaren Netzwerke in Ihrer Umgebung.

WLAN = **W**ireless **L**ocal **A**rea **Net**work; also ein kabelloses, lokales Netzwerk. Es ermöglicht z. B. den Internetzugang an öffentlichen Plätzen.

Um sich mit einem Netzwerk zu verbinden, gehen Sie folgendermaßen vor:

SCHRITT FÜR SCHRITT: WLAN-VERBINDUNG HERSTELLEN

1. Klick auf das WLAN-Symbol in der Taskleiste (Infobereich)
2. INFOBEREICH öffnet sich – Klick auf den Pfeil neben dem WLAN-Symbol
3. verfügbare Funknetzwerke werden angezeigt – gewünschtes Netzwerk auswählen – VERBINDEN

Über Hotspots ins WLAN einsteigen

An manchen öffentlichen Orten finden Sie **Hotspots.** Diese sind sehr praktisch für Personen, die auch im öffentlichen Raum (meist gratis) auf das Internet zugreifen wollen.

> **Hotspots** sind öffentliche drahtlose **Internetzugriffspunkte,** also frei zugängliche WLAN-Netzwerke. Sie werden u. a. in Lokalen, Krankenhäusern, Flughäfen, Zügen etc. angeboten.

Risiken von WLAN-Hotspots

Es gibt verschiedene Möglichkeiten, wie Angreifer/innen Ihnen über frei zugängliche WLAN-Netzwerke schaden können. Die beiden wichtigsten sind:

MAN-IN-THE-MIDDLE-ANGRIFFE
- Die Angreiferin/der Angreifer „stellt" sich zwischen Kommunikationspartner/innen und
  - gibt vor, die der jeweils andere zu sein,
  - versucht, das Gegenüber zur Preisgabe von Informationen zu verleiten.
- Ziel: Informationen, wie z. B. eingegebene Web-Adressen, Benutzernamen und Kennwörter, zu erhalten.

INSTALLATION VON SCHADPROGRAMMEN
Je nach Art des installierten Schadprogramms können Angreifer/innen unterschiedlichste Aktionen auf dem betroffenen PC durchführen:
- Passwörter ausspähen
- Rechner für den unbemerkten Versand von Spam-Nachrichten einrichten
- Festplatte unleserlich und erst nach Erpressung eines Geldbetrages wieder lesbar machen u. v. m.

II IT betrifft uns alle

Maßnahmen gegen Angfriff über WLAN-Hotspots

Maßnahmen gegen Angriffe über WLAN-Hotspots
- Sicherheitsbewusst verhalten
- Virtuelle private Netzwerke nutzen
- Sichere Verbindungen verwenden
- Dateifreigabe deaktivieren
- WLAN ausschalten

🔒 Achten Sie nicht nur im WLAN auf einen sicherheitsbewussten Umgang mit Ihren Kennwörtern und Daten.

Sicherheitsbewusst verhalten

Denken Sie immer daran, dass Sie sich in einer unsicheren Umgebung befinden und passen Sie Ihr Verhalten an.
- Besuchen Sie keine Websites, bei denen Sie nicht wollen, dass jemand davon erfährt.
- Nehmen Sie keine Transaktionen vor – d. h., kaufen Sie nichts in Onlineshops.
- Nutzen Sie keinesfalls Ihren Online-Banking-Zugang.
- Vermeiden Sie die Weitergabe von Informationen, die gegen Sie verwendet werden könnten.

Sichere Verbindungen verwenden

Verwenden Sie, wo es möglich ist, die Verschlüsselung über sichere Verbindungen. Lässt sich eine Transaktion in einem öffentlichen WLAN nicht vermeiden, kontrollieren Sie, ob es sich um eine sichere Verbindung handelt. Das erkennen Sie in der Adressleiste Ihres Browsers:
- Die Adresse der Website beginnt mit https://.
- Die meisten Browser kennzeichnen gesicherte Seiten mit einem Schloss 🔒 neben der Adressleiste.

Dateifreigabe deaktivieren

Über die Dateifreigabe können andere Nutzerinnen und Nutzer im Netzwerk auf Daten zugreifen, die Sie freigegeben haben. Im WLAN haben Sie jedoch keine Kontrolle darüber, wer sich noch im Netzwerk befindet.
Sorgen Sie daher dafür, dass Ihr Rechner im Netzwerk nicht gefunden wird und damit die Dateifreigabe gesperrt ist.
- EINSTELLUNGEN – NETZWERK UND INTERNET – WLAN
- WLAN-Verbindung anklicken
- DIESER PC SOLL GEFUNDEN WERDEN – Schalter auf Aus schieben

WLAN
🔵 Ein

klaus
Verbunden, gesichert ←

Dieser PC soll gefunden werden
Lassen Sie zu, dass Ihr PC von anderen PCs und Geräten in diesem Netzwerk gefunden werden kann. Es wird empfohlen, diese Option für private Netzwerke zuhause oder am Arbeitsplatz zu aktivieren, für öffentliche Netzwerke jedoch zu deaktivieren, um Ihre Inhalte zu schützen.
🔵 Ein ←

116

Das Betriebssystem WINDOWS 11 erkunden

WLAN ausschalten
Sobald Sie keine aufrechte Internetverbindung mehr benötigen, sollen Sie das WLAN an Ihrem Gerät ausschalten. In WINDOWS 11 können Sie entweder nur das WLAN deaktivieren oder Sie aktivieren den Flugzeugmodus, der alle Funkverbindungen – also auch Bluetooth – beendet.

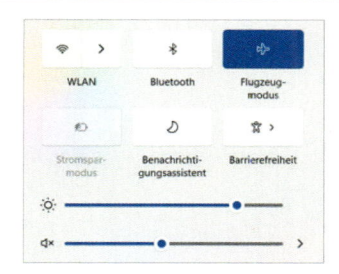

WorkBox – „Netzwerk und Internet – WLAN nutzen"

1. Beschäftigen Sie sich mit den Gefahren, die im Internet lauern.
   a) Suchen Sie online nach Berichten über aktuelle Schad-Software und deren Auswirkungen.
   b) Beschreiben Sie die Möglichkeiten, wie man in dem jeweiligen Fall den Angriff hätte vermeiden können.
2. Erklären Sie, was ein Hotspot ist.
3. Erläutern Sie, auf welche Gefahren man bei der Nutzung von Hotspots achten muss und was man dagegen tun kann.

2.4 Konten – persönliche Einstellungen ändern

Ihre **persönlichen Kontoeinstellungen,** wie z. B. Ihr Profilbild, Ihr Kennwort oder die Art der Anmeldung, können Sie über EINSTELLUNGEN – KONTEN ändern.

Kennwort ändern

SCHRITT FÜR SCHRITT: KENNWORT ÄNDERN

1. EINSTELLUNGEN – KONTEN – ANMELDEOPTIONEN
2. KENNWORT – ÄNDERN

3. Folgen Sie den Anweisungen von WINDOWS

Wählen Sie immer ein sicheres Kennwort.

117

II IT betrifft uns alle

Sicherer mit Kennwörtern umgehen

🔒 **Beachten Sie folgende Regeln zum sicheren Umgang mit Kennwörtern**

- Geben Sie Ihren Benutzernamen und Ihr Kennwort niemals weiter.
- Schreiben Sie Kennwörter niemals auf und kleben Sie die Notiz auf Ihren PC, Laptop etc. Falls Sie das Kennwort unbedingt notieren möchten, bewahren Sie diese Notiz an einem sicheren Ort auf oder verwenden Sie einen **Passwortmanager**.
- Wählen Sie keine offensichtlichen Kennwörter (Geburtsdatum, Spitznamen, Sozialversicherungsnummer …).
- Vermeiden Sie fortlaufende Buchstaben- und Ziffernreihen wie „abcdef" oder „1234".
- Das Kennwort soll auch nicht aus Wörtern bestehen, die in einem Wörterbuch vorkommen. Sogar Wortkombinationen oder rückwärtsgeschriebene Wörter sind leicht zu knacken.
- Speichern Sie Ihre Zugangsdaten niemals, wenn Sie in einem fremden WLAN eingeloggt sind oder einen fremden PC benutzen.
- Verwenden Sie auf keinen Fall ein Kennwort für mehrere Portale/Dienste.
- Ändern Sie Ihre Kennwörter in regelmäßigen Abständen – z. B. alle sechs Monate.

Passwortmanager = App, die viele verschiedene Kennwörter verschlüsselt auf deinem Endgerät speichert. Damit muss man sich nur ein zentrales Passwort merken.

Wer kann sich schon alle Kennwörter merken?

PROFI-TIPP

„Alle vier Monate müssen bei uns im Unternehmen die Kennwörter geändert werden. Viele Kolleginnen und Kollegen ändern nur eine Zahl ihres Kennwortes, z. B. von DbP@!vJ18 zu DbP@!vJ19. Das schwächt jedoch die Sicherheit des Kennwortes ab. Für Hacker wird es so einfacher, die Kennwörter herauszufinden."

– IT-Technikerin bei einem internationalen Baustoffhändler –

Tipps zur Erstellung sicherer Kennwörter

- Das sichere Kennwort ist lang und beinhaltet Groß- und Kleinbuchstaben, Zahlen, Sonderzeichen und Satzzeichen.
- Je länger das Kennwort ist, desto sicherer ist es. Verwenden Sie daher mindestens acht Zeichen.

💡 Eine weitere Möglichkeit wäre, von jedem Wort die ersten zwei oder den letzten Buchstaben zu verwenden. Wenn ein Zeichen mehr als einmal vorkommt erleichtert das die Entschlüsselung.

Mit der Drei-Stufen-Methode können Sie ganz einfach ein langes Kennwort aus einer Kombination von verschiedenen Zeichen erstellen, das Sie sich auch merken können!

Überlegen Sie sich einen Satz, der Sie betrifft. In drei Stufen bilden Sie dann daraus ein langes, sicheres Kennwort, indem Sie die Anfangsbuchstaben der Wörter nehmen und dann einzelne Buchstaben ersetzen. Das funktioniert so:

🔒 Da man ein Kennwort nicht für mehrere Portale nutzen soll, ist es sinnvoll, den Satz für jede Anmeldung passend abzuändern.

💬 **Beispiel: Sicheres Kennwort mit der Drei-Stufen-Methode erstellen**

Satz: **I**ch logge **m**ich **j**eden **T**ag **m**it **e**inem **s**icheren **K**ennwort **e**in.

Stufe 1: Anfangsbuchstaben der einzelnen Wörter:	IlmjTmesKe.
Stufe 2: Zahlwörter durch Ziffern ersetzen:	IlmjTm1sKe.
Stufe 3: Einzelne Buchstaben deines Kennworts durch **Sonderzeichen** ersetzen:	!lmjT+1$K€.

Das Betriebssystem WINDOWS 11 erkunden

> Ein **sicheres Kennwort** ist lang und beinhaltet Groß- und Kleinbuchstaben, Zahlen, Sonderzeichen und Satzzeichen.

Let's do this! – „Sicheres Kennwort erstellen"

Ausgangssituation

Ronja hat ihr Notebook mit einem Kennwort geschützt, wie Pascal das vorgeschlagen hat. Leider hat ihr kleiner Bruder das Kennwort sofort herausgefunden. Das findet Pascal komisch. Deshalb fragt er nach, welches Kennwort Ronja gewählt hat. Ronjas Kennwort war „Ronja0309".

Ronja: Ach, wie peinlich. Aber jetzt such' ich mir einfach einen guten Satz aus dem Buch, das ich lese, und mach daraus mein Kennwort.

Pascal: Oh Mann! Da brauchst du dich echt nicht wundern. Bei so einem einfachen Kennwort aus deinem Namen und Geburtstag kann das leicht passieren. Nutz' doch die Drei-Stufen-Methode und überleg' dir ein besseres!

JETZT SIND SIE DRAN!

- Überlegen Sie sich ein sicheres Kennwort für einen Account Ihrer Wahl, z. B. Ihren E-Mail-Account, einen Social-Media-Zugang etc. Prüfen Sie das Kennwort unter checkdeinpasswort.de.

WorkBox – „Konten – persönliche Einstellungen ändern"

1. Pascal benötigt für die Anmeldung bei seiner neuen Projektmanagement-Software ein Kennwort. Erstellen Sie für ihn mit der Drei-Stufen-Methode ein neues sicheres Kennwort:

   Pascals Satz: _____

   Stufe 1 – Anfangsbuchstaben: _____

   Stufe 2 – Zahlwörter durch Ziffern ersetzt: _____

   Stufe 3 – Einzelne Buchstaben ersetzt: _____

2. Überlegen Sie sich Ihr eigenes Kennwort. Ändern Sie es, wenn möglich, in den Kontoeinstellungen.
   a) Überlegen Sie sich ein sicheres Kennwort nach der Drei-Stufen-Methode.
   b) Klicken Sie mit der rechten Maustaste auf Ihren Benutzernamen im Startmenü. Wählen Sie KONTOEINSTELLUNGEN ÄNDERN.
   b) Ändern Sie Ihr Kennwort in den Kontoeinstellungen.
   c) Schließen Sie die Kontoeinstellungen.

2.5 Sicher unterwegs dank der WINDOWS-Sicherheit

Seit WINDOWS 11 sind die unterschiedlichen Sicherheitsfunktionen in einem eigenen Bereich zusammengefasst.

Viren- & Bedrohungsschutz
Dieser schützt vor Computerviren und anderen Bedrohungen wie Ransomware.

Kontoschutz
Dieser bietet Sicherheit für das MICROSOFT-Konto und die Anmeldedaten.

Firewall- & Netzwerkschutz
Er gibt an, wer und was auf die verbundenen Netzwerke zugreifen darf.

App- und Browsersteuerung
Dieser Bereich bietet einen App-Schutz und Online-Sicherheit, z. B. über den zuverlässigkeitsbasierten Schutz, bei dem potenziell unerwünschte Apps blockiert werden.

Gerätesicherheit
Der Bereich zeigt Informationen zum Status der Gerätesicherheit, z. B. der Kernisolierung oder zum eingebauten Sicherheitschip. Hardware, die mit WINDOWS 11 kompatibel ist, besitzt einen Sicherheitschip, das sogenannte Trusted Plattform Module (TPM). Dadurch soll eine softwareseitige Manipulation durch Dritte nicht mehr möglich sein.

Geräteleistung und Integrität
Hier werden Berichte zur Integrität des Gerätes zur Verfügung gestellt.

Familienoptionen
Dahinter verbergen sich v. a. Jugendschutz-Einstellungen wie einstellbare Computerzeiten oder Aktivitätsberichte zu den Online-Aktivitäten von Kindern.

Schutzverlauf
Dieser Bereich zeigt die neuesten Schutzaktionen und Empfehlungen der WINDOWS-Sicherheit an.

Ransomware = Schadprogramme, die den Computer sperren bzw. Daten verschlüsseln. Für die Freigabe wird Lösegeld gefordert.

Kernisolierung: Bietet zusätzlichen Schutz vor Malware und anderen Angriffen.

💡 Der Sicherheitschip ist ein Grund, warum auf älteren Geräten WINDOWS 11 normalerweise nicht installiert werden kann.

Integrität = Unversehrtheit von Daten und korrekte Funktionsweise von Systemen.

Firewall = Sicherungssystem, das vor unerwünschten Zugriffen schützt. Bildlich gesprochen steht eine Wand zwischen dem Computer und dem Internet.

Schon gewusst?
Wichtige Funktionen wie Virenschutz und Firewall sind bei WINDOWS 11 bereits beim ersten Start aktiv. Software von Drittanbietern ist nicht mehr notwendig, kann aber installiert werden, um die eingebauten Dienste teilweise zu ersetzen.

Das Betriebssystem WINDOWS 11 erkunden

WissensCheck – „Das Betriebssystem WINDOWS 11 erkunden"

1. Nennen Sie die Eingabegeräte, die bei Verwendung einer grafischen Benutzeroberfläche unbedingt erforderlich sind.
2. Erklären Sie, was man unter einem Kontextmenü versteht.
3. Nennen Sie die Bereiche des Startmenüs.
4. Zählen Sie auf, welche Informationen der Infobereich bietet.
5. Geben Sie an, wie lange gelöschte Dateien im Papierkorb verbleiben.
6. Zählen Sie die Informationen auf, die Sie in der Mitteilungszentrale erhalten.
7. Erklären Sie den Begriff Firewall.
8. Nennen Sie Maßnahmen, um sich gegen Angriffe in WLAN-Hotspots zu schützen.
9. Zählen Sie auf, welche Menüpunkte Sie in den WINDOWS-Einstellungen finden.
10. Erklären Sie, was man unter Plug-and-play versteht.
11. Erklären Sie den Begriff Shortcuts.

Ziele erreicht? – „Das Betriebssystem WINDOWS 11 erkunden"

1. Benennen Sie die einzelnen Elemente der Taskleiste. Markieren Sie alle geöffneten Programme.

2. Beantworten Sie ausgehend von der Abbildung folgende Fragen:

   a) Was bedeutet DEU im Infobereich? _____

   b) Enthält der Papierkorb Dokumente? ◯ Ja   ◯ Nein

   c) Welche Programme werden auf dem abgebildeten Bildschirm gerade ausgeführt?
   _____

   d) Mit welchem Programm wird momentan gearbeitet? _____

   e) Geben Sie die Uhrzeit an. _____

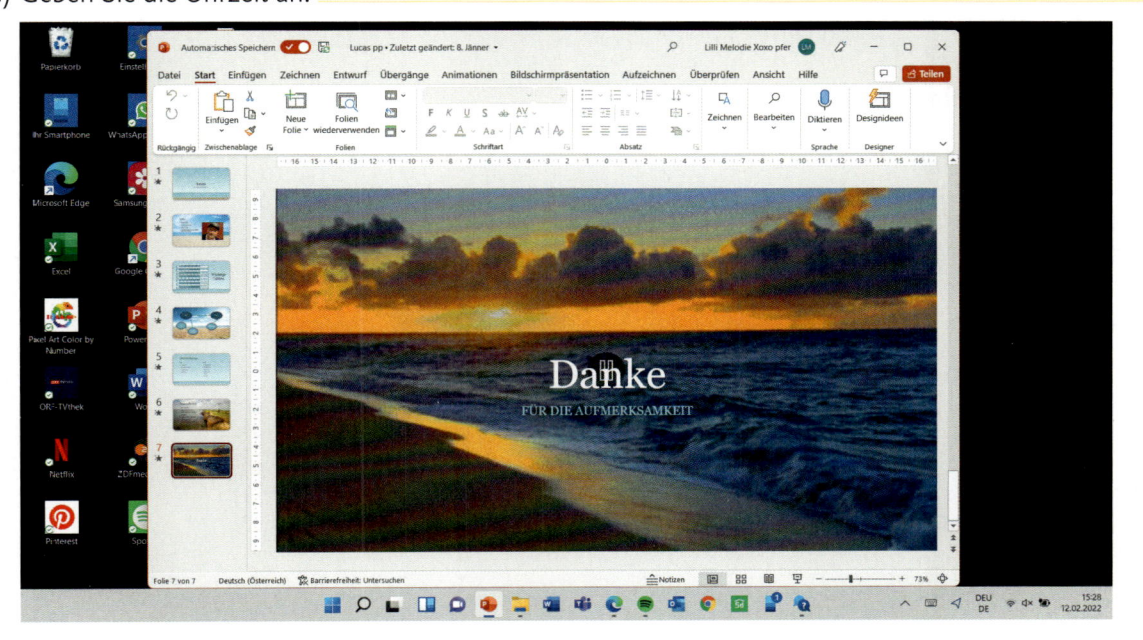

II IT betrifft uns alle

3. Ordnen Sie die folgenden Shortcuts den richtigen Erklärungen zu.

WINDOWS-Taste + S	Computer wird gesperrt
WINDOWS-Taste + L	Task-Manager wird aufgerufen
WINDOWS-Taste + C	WINDOWS-Suche
⇧ + Entf	Desktop wird eingeblendet
WINDOWS-Taste + A	WINDOWS-Einstellungen werden geöffnet
Strg + Alt + Entf	Dateien werden sofort gelöscht
WINDOWS-Taste + I	Chat in MICROSOFT TEAMS wird geöffnet
WINDOWS-Taste + D	Mitteilungszentrale wird geöffnet

4. Wem ist das noch nicht passiert? Man arbeitet vor sich hin und auf einmal hängt sich ein Programm auf. So geht es auch Tim gerade. WORD reagiert nicht mehr. Helfen Sie Tim, erklären Sie ihm, wie er vorgehen muss.

Na toll! Jetzt geht gar nichts mehr! Was soll ich jetzt machen?

5. Achten Sie auf den sicherheitsbewussten Umgang mit Kennwörtern.
   a) Beurteilen Sie die folgenden Situationen. Handelt es sich um sichere Kennwörter bzw. gehen die Personen sicherheitsbewusst mit diesen um? Begründen Sie Ihre Entscheidung und geben Sie gegebenenfalls auch Tipps, wie man es besser machen könnte.

Ausgangssituation	Kennwort	Sicher	Unsicher	Begründung/Tipp
Anna hat ein tolles Passwort gefunden. Da sie es aber immer wieder vergisst, schreibt sie es auf einem Post-it auf und klebt es auf ihren Monitor.	d1P!L@m			
Cem richtet sich eine neue E-Mail-Adresse ein. Beim Passwort überlegt er nicht lange. Er verwendet immer dasselbe.	Cem2001			
Thien hat ein Passwort nach der Drei-Stufen-Methode erstellt.	1@i>gfB+O			
Sarah erklärt ihrer Mutter, dass sie bei ihrem Passwort Groß- und Kleinschreibung mischen soll.	bLuMe123			

122

Das Betriebssystem WINDOWS 11 erkunden

b) Sie besuchen Günther Berger an seinem Arbeitsplatz, da Sie mit ihm die Feier für seinen 50. Geburtstag am 15. März planen. Günther Berger erzählt Ihnen, dass er aus Sicherheitsgründen ein neues Kennwort benötigt. Schauen Sie sich am Arbeitsplatz von Herrn Berger um und helfen Sie ihm, ein sicheres Kennwort zu finden.

Erklären Sie Herrn Berger die Kriterien, die ein sicheres Kennwort erfüllen soll.

_____

_____

Überlegen Sie, welche Begriffe Herr Berger nicht für sein Passwort verwenden soll.

_____

_____

Erstellen Sie für Herrn Berger ein neues Kennwort.

_____

_____

6. Welche Aussagen stimmen? Kreuzen Sie an, was richtig bzw. falsch ist.

	Richtig	Falsch
Bei Hotspots handelt es sich um öffentliche Internetzugriffspunkte, die immer kostenpflichtig sind.	○	○
Um einen Drucker zu installieren, ist es notwendig, den passenden Treiber aus dem Internet herunterzuladen.	○	○
Über die WINDOWS-Suche ist es möglich, die EINSTELLUNGEN zu öffnen.	○	○
Über Schad-Software kann die Festplatte unleserlich und erst nach Erpressung eines Geldbetrages wieder lesbar gemacht werden.	○	○
Über ein virtuelles privates Netzwerk kann die Dateifreigabe deaktiviert werden.	○	○
Eine Firewall muss unbedingt installiert werden.	○	○

Einen interaktiven **Safety-Check** finden Sie in der TRAUNER-DigiBox.

Dateien sinnvoll und sicher organisieren

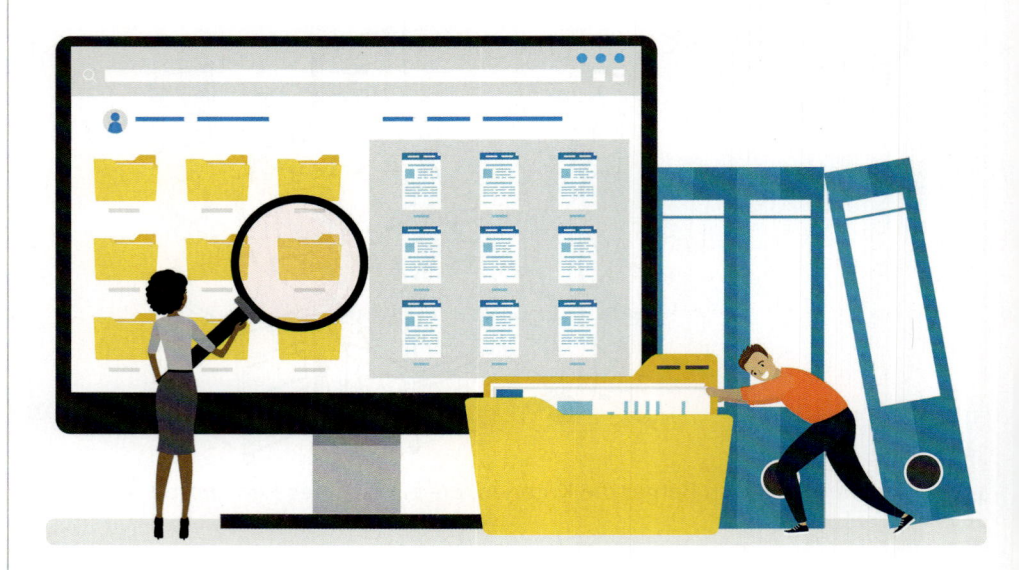

Kennen Sie das? Sie arbeiten seit zwei Wochen mit einer Klassenkollegin/einem Klassenkollegen an einem Referat und haben mittlerweile gefühlt 100 Versionen der POWERPOINT-Datei gespeichert – sowohl auf Ihrem Rechner als auch in ONE-DRIVE: **Referat-Version1.pptx, Referat_10-08.pptx, Referat-bearbeitet-Markus.pptx** etc. Kein Wunder, dass Sie den Überblick verlieren.

Mit aussagekräftigen Dateinamen und einem gut organisierten Ablagesystem für Ihre Dateien wird Ihnen das nicht mehr passieren. Deshalb lernen Sie nun, wie Sie Ihre Dateien sinnvoll organisieren können.

Aber auch mit der Sicherung Ihrer Dateien werden Sie sich beschäftigen. Denn das beste Ablagesystem der Welt bringt Ihnen nichts, wenn Sie Ihre Daten z. B. durch einen Hardwarefehler verlieren.

Meine Ziele

Nach Bearbeitung dieses Kapitels kann ich
- die Elemente der Oberfläche des WINDOWS-Explorers beschreiben;
- mit dem WINDOWS-Explorer arbeiten;
- ein übersichtliches Ablagesystem gestalten;
- Dateieigenschaften verändern;
- Dateien anhand ihrer Dateierweiterung erkennen;
- Möglichkeiten der Datensicherung erklären und anwenden.

Dateien sinnvoll und sicher organisieren

1 Die Oberfläche des WINDOWS-Explorers kennenlernen

Ronja ist seit kurzem Jugendreferentin in ihrem Musikverein, Pascal ist ihr Stellvertreter. Die beiden sind ziemlich aufgeregt und freuen sich auf die neue Aufgabe. Sie werden viel mit dem Computer arbeiten müssen. „Am besten wir starten damit, die wichtigsten Dateien im Explorer zusammenzusuchen", schlägt Ronja vor.

Haben Sie schon einmal mit dem WINDOWS-Explorer gearbeitet? Tauschen Sie sich in der Klasse über Ihre Erfahrungen aus.

Der **WINDOWS-Explorer** dient zur Verwaltung und Organisation Ihrer Ordner und Dateien. Sie können hier eine Ablagestruktur mit Ordnern aufbauen sowie Dateien suchen, kopieren, verschieben und löschen.

WINDOWS-Explorer starten
- STARTMENÜ – EXPLORER
- Oder WINDOWS-Taste + E
- Oder auf die Schaltfläche WINDOWS-Explorer in der Taskleiste klicken

WINDOWS-Explorer-Oberfläche erkunden

Bevor Sie mit dem Verwalten Ihrer Dateien beginnen, machen Sie sich mit der Oberfläche des WINDOWS-Explorers vertraut.

Alles easy! Die Explorer-Oberfläche ist ziemlich übersichtlich – da finde ich mich sicher schnell zurecht. Die wichtigsten Ordner hat unser Vorgänger bereits am Schnellzugriff angeheftet.

Let's do this! – „Die Oberfläche des WINDOWS-Explorers kennenlernen"

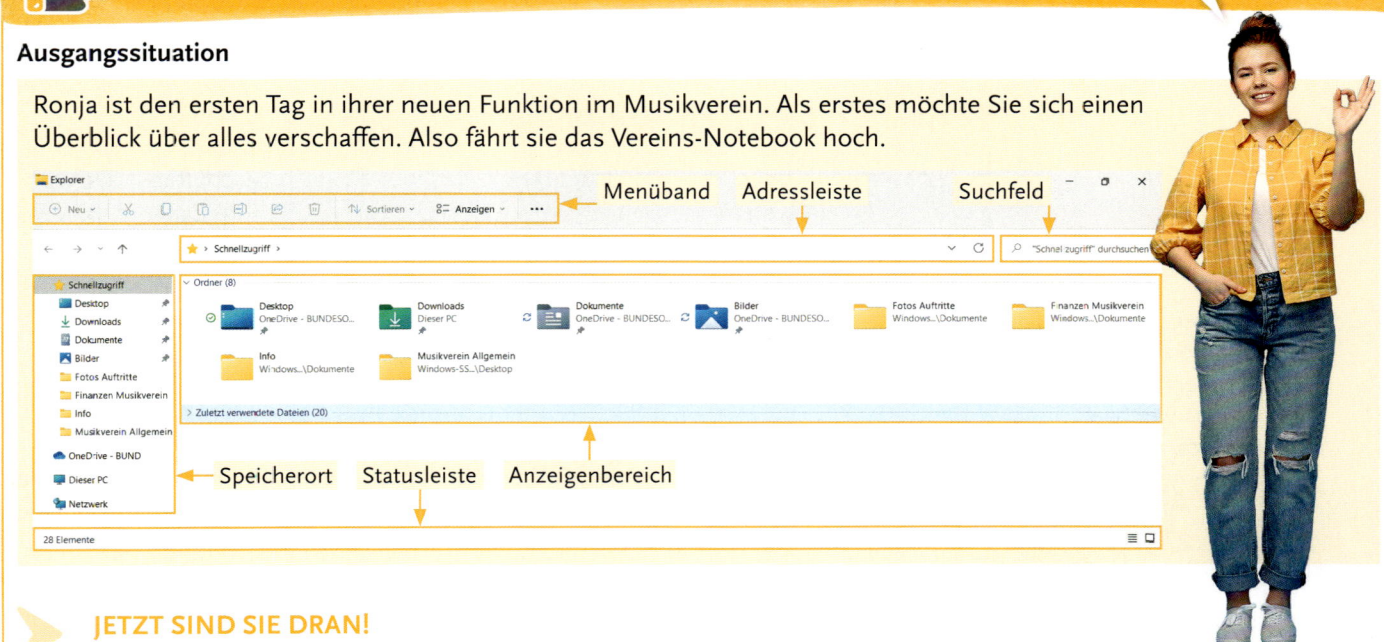

Ausgangssituation

Ronja ist den ersten Tag in ihrer neuen Funktion im Musikverein. Als erstes möchte Sie sich einen Überblick über alles verschaffen. Also fährt sie das Vereins-Notebook hoch.

(Screenshot mit Beschriftungen: Menüband, Adressleiste, Suchfeld, Speicherort, Statusleiste, Anzeigenbereich)

JETZT SIND SIE DRAN!

- Ronja hat sich mit der Oberfläche des WINDOWS-Explorers vertraut gemacht. Erkunden Sie nun ebenfalls die Oberfläche.
    a) Öffnen Sie den WINDOWS-Explorer.
    b) Sie sehen im Screenshot, welche Ordner Ronja im Schnellzugriff hat. Geben Sie an, welche Ordner bei Ihnen im Schnellzugriff angezeigt werden. Finden Sie Übereinstimmungen?

125

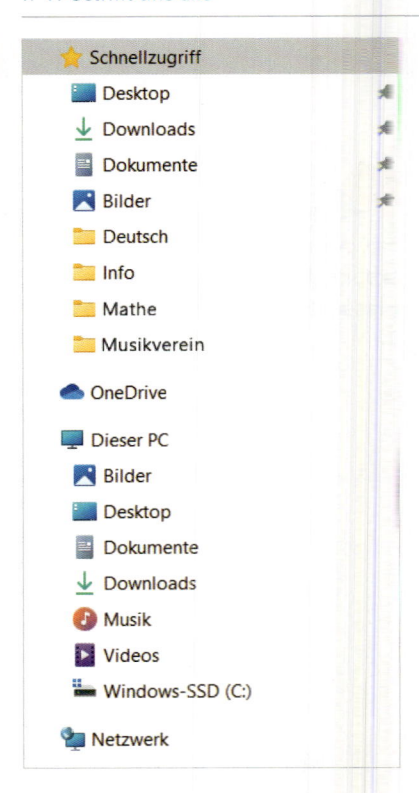

II IT betrifft uns alle

```
⭐ Schnellzugriff
  🖥 Desktop
  ⬇ Downloads
  📄 Dokumente
  🖼 Bilder
  📁 Deutsch
  📁 Info
  📁 Mathe
  📁 Musikverein
☁ OneDrive
💻 Dieser PC
  🖼 Bilder
  🖥 Desktop
  📄 Dokumente
  ⬇ Downloads
  🎵 Musik
  ▶ Videos
  💾 Windows-SSD (C:)
🖧 Netzwerk
```

Speicherorte unterscheiden

Schnellzugriff
Dieser Bereich zeigt die häufig verwendeten Ordner und enthält standardmäßig die Ordner **Dokumente, Bilder, Downloads** sowie den Desktop.

OneDrive
OneDrive ist ein kostenloser Speicher in der Cloud, der zur Verfügung steht, sobald Sie ein MICROSOFT-Konto eingerichtet haben.

Dieser PC
Hier werden die Standardordner und alle Laufwerke zusammengefasst, die sich am PC befinden.

Netzwerk
Über das Netzwerk haben Sie auf freigegebene Laufwerke, z. B. Ihrer Schule, Zugriff.

WorkBox – „Die Oberfläche des WINDOWS-Explorers ..."

- Erkunden Sie den Datei-Explorer.
  a) Öffnen Sie den Datei-Explorer.
  b) Navigieren Sie zum Schnellzugriff. Vergleichen Sie mit Ihrer Sitznachbarin bzw. Ihrem Sitznachbarn die Elemente im Schnellzugriff.
  c) Schließen Sie den Datei-Explorer.
  d) Welche Möglichkeit zum Öffnen des Datei-Explorers bevorzugen Sie?

  _____

  _____

Im Explorer navigieren

Alle Ordner sind in einem **hierarchischen Ordnungssystem (Verzeichnisbaum)** gegliedert. Diese Ordner enthalten die Dateien und werden als gelbe Symbole dargestellt.

- Mittels Doppelklick auf einen Ordner öffnet man diesen, der Inhalt wird sichtbar.
- Mit einem Klick auf das Pfeilsymbol neben dem gewünschten Ordner bzw. Speicherort werden die Unterordner dieses Objektes angezeigt.

Liste ZULETZT VERWENDETE SPEICHERORTE — VORHERIGE SPEICHERORTE

← → ↑ Dieser PC › Desktop ⌄ ↻

ZURÜCK VORWÄRTS HOCH NACH ... Übergeordneter Speicherort AKTUALISIEREN

Auch über die Adressleiste ist es möglich, zu Ordnern und Dateien zu wechseln.

126

Dateien sinnvoll und sicher organisieren

Im Suchfeld suchen

Im Suchfeld können Sie schnell nach bestimmten Dateien suchen.

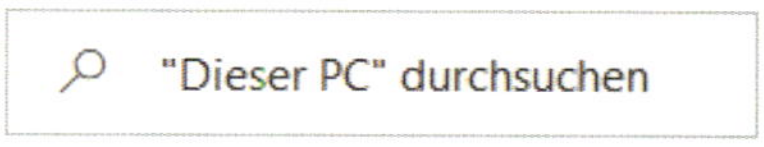

🔍 "Dieser PC" durchsuchen

👣 SCHRITT FÜR SCHRITT: ÜBER DAS SUCHFELD SUCHEN

1. Bevor Sie eine Suche starten, markieren Sie das Verzeichnis, in dem Sie suchen wollen.
2. Geben Sie in das Suchfeld den gewünschten Suchbegriff ein. Die Suche beginnt bereits mit der Eingabe des ersten Buchstabens.
3. Der Explorer durchsucht das gerade ausgewählte Verzeichnis.
4. Alle gefundenen Ergebnisse werden im Inhaltsbereich eingeblendet. Der Suchbegriff wird dabei gelb hervorgehoben.

💡 WINDOWS 11 orientiert sich bei der Suche nicht nur am Datei- und Ordnernamen, es berücksichtigt auch Dateiinhalte und E-Mails.

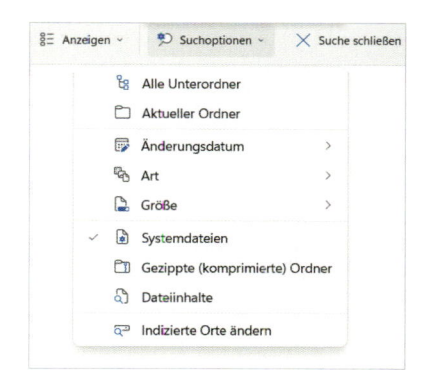

> Suchergebnisse in "Dokumente"			*drucker*
🖼️ tintenstrahldrucker	Typ: PNG-Datei	Abmessungen: 476 x 412	Größe: 95,1 KB
🖼️ laserdrucker	Typ: PNG-Datei	Abmessungen: 379 x 346	Größe: 78,1 KB

Anzeigen ˅ | Suchoptionen ˅ | ✕ Suche schließen
- Alle Unterordner
- Aktueller Ordner
- Änderungsdatum ›
- Art ›
- Größe ›
- ✓ Systemdateien
- Gezippte (komprimierte) Ordner
- Dateiinhalte
- Indizierte Orte ändern

Schon gewusst?

Liefert die Suche zu viele Ergebnisse, können Sie diese weiter filtern, also das **Suchergebnis einschränken:**
- Klicken Sie auf MENÜ – SUCHOPTIONEN.
- Wählen Sie Art, Größe oder andere Option.

Die Suchergebnisse können auch mit sogenannten Platzhaltern eingeschränkt werden:
- Der Stern (*) ersetzt eine beliebige Anzahl von Zeichen.
- Ein Fragezeichen (?) ersetzt genau ein Zeichen: M?ier z. B. sucht Maier und Meier.

💬 Beispiel: Suche einschränken

Sie wissen, dass der Dateiname der gesuchten Datei den Begriff „WINDOWS" enthält und es sich um ein WORD-Dokument handelt.

Der Suchbegriff könnte daher folgendermaßen eingegeben werden:
windows*.docx

So wird nach allen WORD-Dateien gesucht, die im Dateinamen den Begriff „WINDOWS" enthalten.

Suchergebnisse können eingeschränkt werden.

🖱️ WorkBox – „Im Suchfeld suchen"

- Üben Sie den Umgang mit dem Explorer. Dafür benötigen Sie die Datei **Mail_X.zip**.

  a) Navigieren Sie zum Ordner **Mail_X** und suchen Sie nach der Datei **Kostenverteilung.xlsx.**

  Notieren Sie den Pfad: _____

  b) Suchen Sie im Ordner **Mail_X/Projekte** alle jpg-Bilddateien.

  Notieren Sie die Anzahl der gefundenen Bilder: _____

🔗 Um diese Aufgabenstellung bearbeiten zu können, müssen Sie die Datei **Mail_X.zip** auf Ihrem Laufwerk entpacken. Eine Anleitung zum Extrahieren von Zip-Dateien erhalten Sie später im Kapitel. Ihre Lehrkraft wird Ihnen den Ordner zur Verfügung stellen.

c) Suchen Sie im Ordner **Mail_X** alle Dateien, die eine Größe zwischen 10 und 100 kB haben.

   Notieren Sie die Anzahl der gefundenen Dateien: _____

d) Suchen Sie im Ordner **Mail_X** alle POWERPOINT-Dateien.

   Notieren Sie die Anzahl der gefundenen Dateien: _____

e) Suchen Sie im Ordner **Mail_X/Sonstiges** nach allen EXCEL-Dateien, die mit dem Buchstaben R beginnen. Suchen Sie nur im Ordner **Sonstiges**.

   Notieren Sie die Anzahl der gefundenen Dateien: _____

f) Suchen Sie auf Ihrem **Schullaufwerk** oder Ihrem **Datenträger** alle Dateien, die in den vergangenen sieben Tagen erstellt wurden.

   Notieren Sie die Anzahl der gefundenen Dateien: _____

g) Schließen Sie den Datei-Explorer.

Ansichtsarten ausprobieren

Der Datei-Explorer bietet Ihnen viele verschiedene Ansichtsarten, mit denen man die Größe und die Anordnung der Symbole verändern kann.

Die Ansichtsart kann bei Bedarf geändert werden:
- MENÜ – ANZEIGEN
- Oder Kontextmenü im Inhaltsbereich – ANSICHT

Empfehlung zur Verwendung einzelner Ansichtsarten

Je nach Bedarf kann die passende Ansichtsart ausgewählt werden

Extragroße Symbole, Große Symbole, Mittelgroße Symbole
Diese drei Ansichten eignen sich in erster Linie für Bilder. Statt einem Symbol wird eine Vorschau des Bildes angezeigt.

Kleine Symbole, Liste
Diese beiden Ansichten eignen sich dafür, eine Liste der gespeicherten Ordner und Dateien anzuzeigen.

Details, Kacheln, Inhalt
Diese Ansichten liefern nützliche Details wie Dateityp, Speichergröße oder letztes Änderungsdatum. Diese drei Ansichten eignen sich v. a. dazu, Dateien leichter zu finden.

Schon gewusst?
Bei KOMPAKTE ANSICHT wird der Abstand zwischen den Elementen verkleinert.

Vorschau und Details abrufen

Zusätzliche Informationen zum Inhalt einer Datei liefern die beiden Funktionen VORSCHAU und DETAILS.

Dateien sinnvoll und sicher organisieren

Vorschau
Eine Vorschau auf den Inhalt der markierten Datei wird angezeigt.

> Das Vorschaufenster und den Detailbereich kann man rasch ein- und ausblenden: MENÜ - ANZEIGEN - EINBLENDEN - VORSCHAUFENSTER oder DETAILBEREICH.

Details
Detailinformationen zur markierten Datei werden angezeigt. Handelt es sich bei der Datei um ein Foto, werden z. B. auch Informationen zum Kameramodell angezeigt.

Aufnahmedatum:	04.07.2020 11:42
Markierungen:	Markierung hinzufügen
Bewertung:	Nicht bewertet
Abmessungen:	4608 x 2592
Größe:	4,16 MB
Titel:	Titel hinzufügen
Autoren:	Autor hinzufügen
Kommentare:	Kommentare hinzufügen
Kamerahersteller:	samsung
Kameramodell:	SM-A520F
Betreff:	Betreff angeben
Blendenzahl:	F/1.9
Belichtungszeit:	1/1337 Sek.
ISO-Filmempfindlichke...:	ISO-40
Lichtwert:	0 Schritt(e)

> In der Ansicht DETAILS erhalten Sie Informationen zur Größe, zum Erstellungsdatum etc.

Dateien und Ordner sortieren

! In der Regel sind Ordner und Dateien in **alphabetischer Reihenfolge nach dem Namen** aufgelistet – Ordner und Dateien bilden je eine Gruppe.

Ändern des Sortierkriteriums
- MENÜ – SORTIEREN
- Oder im Kontextmenü im Inhaltsbereich – SORTIEREN NACH wählen

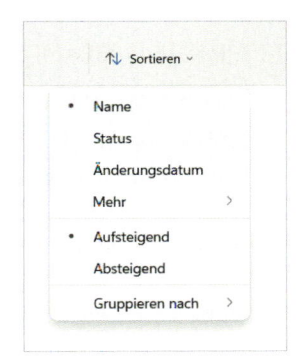

Schnelles Sortieren
Eine zusätzliche Art des Sortierens bietet die Detailansicht.

SCHRITT FÜR SCHRITT: SCHNELLES SORTIEREN

1. MENÜ – ANZEIGEN – DETAILS
2. Klick auf die Spaltenüberschrift.
3. Die Sortierung kann man am Pfeil und an der Pfeilrichtung erkennen.

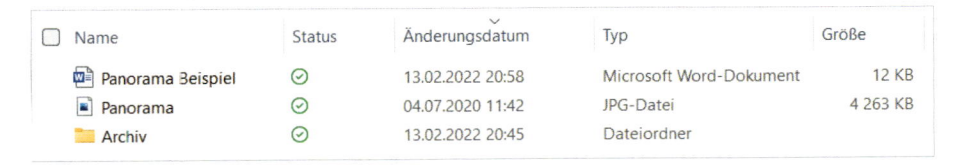

Name	Status	Änderungsdatum	Typ	Größe
Panorama Beispiel	⊘	13.02.2022 20:58	Microsoft Word-Dokument	12 KB
Panorama	⊘	04.07.2020 11:42	JPG-Datei	4 263 KB
Archiv	⊘	13.02.2022 20:45	Dateiordner	

> Beim Pfeil nach unten ⌄ wird absteigend sortiert, beim Pfeil nach oben ⌃ aufsteigend.

II IT betrifft uns alle

Let's do this! – „Ansichten und Sortieren"

Ausgangssituation

Ronja und Pascal wollen eine Collage mit verschiedenen Fotos von Auftritten des Musikvereins im letzten Jahr erstellen. Am Vereinscomputer finden die beiden viele Ordner mit verschiedenen Fotos. Die Ordner und die Dateien sind aber leider ziemlich chaotisch benannt.

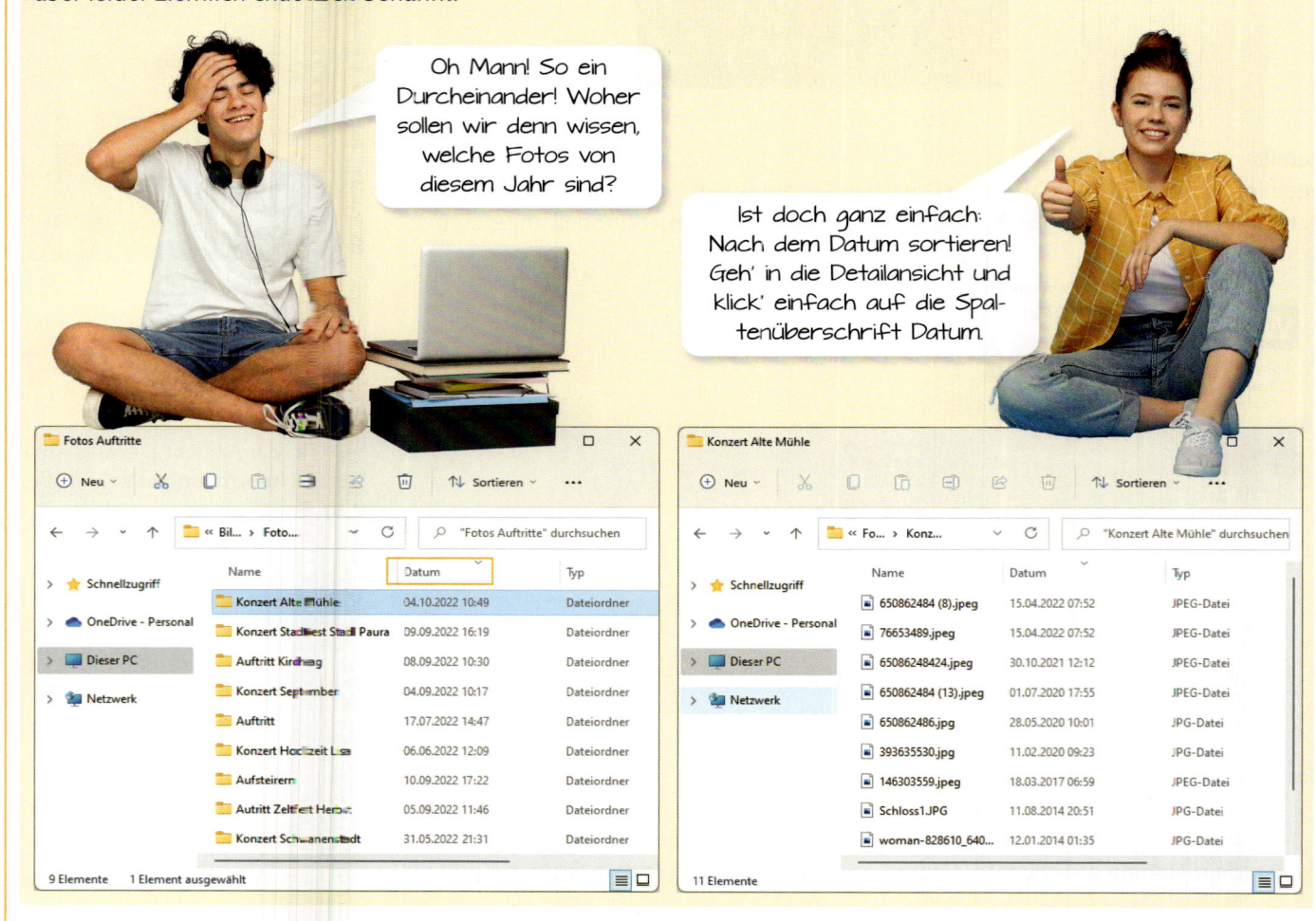

> Oh Mann! So ein Durcheinander! Woher sollen wir denn wissen, welche Fotos von diesem Jahr sind?

> Ist doch ganz einfach: Nach dem Datum sortieren! Geh' in die Detailansicht und klick' einfach auf die Spaltenüberschrift Datum.

Fotos Auftritte

Name	Datum	Typ
Konzert Alte Mühle	04.10.2022 10:49	Dateiordner
Konzert Stadtfest Stadl Paura	09.09.2022 16:19	Dateiordner
Auftritt Kirchtag	08.09.2022 10:30	Dateiordner
Konzert September	04.09.2022 10:17	Dateiordner
Auftritt	17.07.2022 14:47	Dateiordner
Konzert Hochzeit Lisa	06.06.2022 12:09	Dateiordner
Aufsteirern	10.09.2022 17:22	Dateiordner
Autritt Zeltfest Herbst	05.09.2022 11:46	Dateiordner
Konzert Schwanenstadt	31.05.2022 21:31	Dateiordner

9 Elemente 1 Element ausgewählt

Konzert Alte Mühle

Name	Datum	Typ
650862484 (8).jpeg	15.04.2022 07:52	JPEG-Datei
76653489.jpeg	15.04.2022 07:52	JPEG-Datei
65086248424.jpeg	30.10.2021 12:12	JPEG-Datei
650862484 (13).jpeg	01.07.2020 17:55	JPEG-Datei
650862486.jpg	28.05.2020 10:01	JPG-Datei
393635530.jpg	11.02.2020 09:23	JPG-Datei
146303559.jpeg	18.03.2017 06:59	JPEG-Datei
Schloss1.JPG	11.08.2014 20:51	JPG-Datei
woman-828610_640...	12.01.2014 01:35	JPG-Datei

11 Elemente

> **JETZT SIND SIE DRAN!**

- Ronja und Pascal haben es geschafft, die Ordner chronologisch zu sortieren.

  a) Geben Sie an, ob die Ordner auf- oder absteigend nach dem Datum sortiert sind. Erklären Sie, woran Sie das erkennen, ohne die einzelnen Datumsangaben durchzugehen.

  b) Öffnen Sie den Explorer. Navigieren Sie zu einem Ordner, in dem Sie z. B. Fotos gespeichert haben. Probieren Sie die verschiedene Ansichtsarten aus. Ronja und Pascal suchen Fotos für die Collage aus. Überlegen Sie, welche Ansichtsart die beiden dafür einstellen könnten. Begründen Sie Ihre Wahl.

  c) Stellen Sie im Explorer ein, dass eine Vorschau der markierten Datei angezeigt wird.

  d) Testen Sie die unterschiedlichen Möglichkeiten, um Dateien und Ordner zu sortieren. Welche ist für Sie die einfachste Art zu sortieren?

Dateien sinnvoll und sicher organisieren

WorkBox – „Die Oberfläche des WINDOWS-Explorers ..."

- Erkunden Sie den WINDOWS-Explorer.
  a) Öffnen Sie den Datei-Explorer.
  b) Navigieren Sie in den Ordner **Mail_X/Projekte/Projekt Hirner/Protokolle**.
  c) Sortieren Sie den Inhalt des Ordners nach dem Änderungsdatum. Geben Sie den Dateinamen und das Erstellungsdatum der Datei an, die an erster Stelle steht.

  d) Navigieren Sie in den Ordner **Mail_X/Sonstiges.**
  e) Sortieren Sie den Inhalt nach dem Erstelldatum. Geben Sie den Dateinamen und das Erstellungsdatum der Datei an, die an erster Stelle steht.

Für die Bearbeitung dieser WorkBox benötigen Sie die Datei **Mail_X.zip** aus der WorkBox „Im Suchfeld suchen".

2 Dateien und Ordner im WINDOWS-Explorer verwalten

Pascal findet sich im Ablagesystem am Vereinsrechner gar nicht zurecht. Der Vorgänger der beiden hat nur eine Notiz hinterlassen, dass er alle Dokumente des letzten Jahres in verschiedenen Ordnern gespeichert hat. Seine letzten Worte waren: „Ihr werdet schon finden, was ihr braucht, nur keine Sorge!" „Von wegen keine Sorge", murmelt Pascal verärgert.

Überlegen Sie, warum in der Situation von Ronja und Pascal gutes Dateimanagement wichtig ist. Worauf achten Sie beim Benennen von Ordnern und Dateien?

Im WINDOWS-Explorer legen Sie sich ein **Ablagesystem** aus verschiedenen **Ordnern** und **Unterordnern** an, um Ihre **Dateien** sinnvoll zu organisieren. Dieses System bezeichnet man als **Verzeichnisstruktur** oder **Verzeichnisbaum**. Es soll übersichtlich und sinnvoll aufgebaut sein.

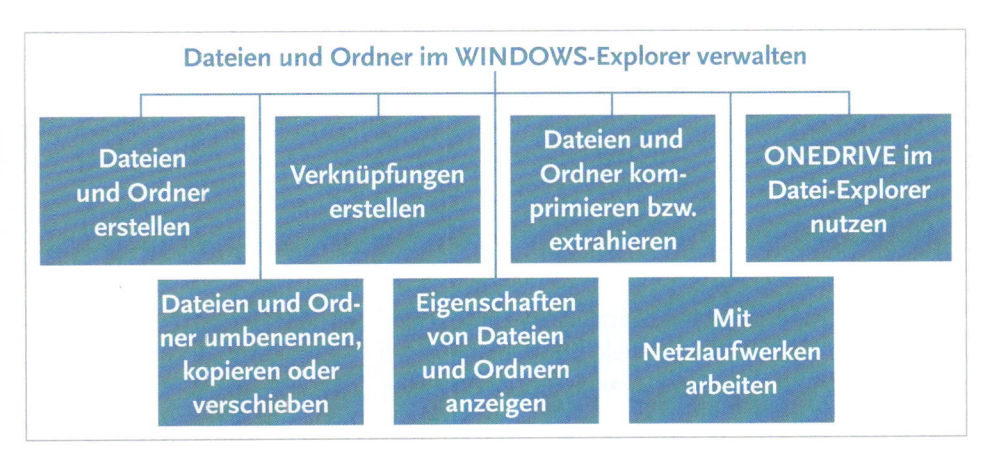

Dateien und Ordner im WINDOWS-Explorer verwalten
- Dateien und Ordner erstellen
- Verknüpfungen erstellen
- Dateien und Ordner komprimieren bzw. extrahieren
- ONEDRIVE im Datei-Explorer nutzen
- Dateien und Ordner umbenennen, kopieren oder verschieben
- Eigenschaften von Dateien und Ordnern anzeigen
- Mit Netzlaufwerken arbeiten

Ein sinnvolles Ablagesystem spart viel Zeit.

II IT betrifft uns alle

Dateipfad = Weg, der zurückgelegt wird, wenn man vom Ausgangsordner in der Verzeichnisstruktur tiefer hinuntersteigt.

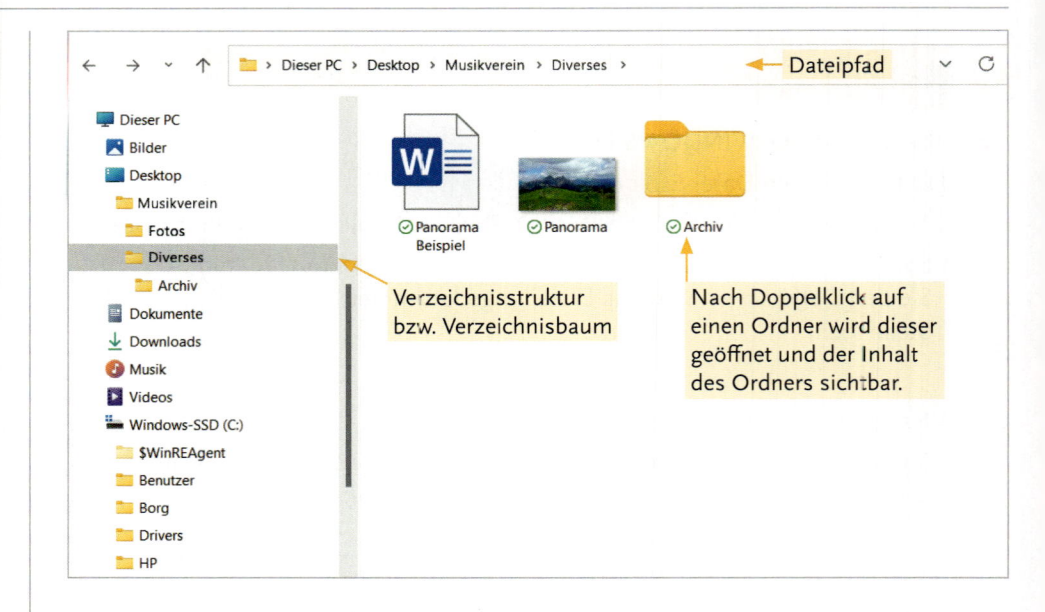

› Dieser PC › Desktop › Musikverein › Diverses › ← Dateipfad

- Dieser PC
- Bilder
- Desktop
  - Musikverein
    - Fotos
    - Diverses
      - Archiv
- Dokumente
- Downloads
- Musik
- Videos
- Windows-SSD (C:)
  - $WinREAgent
  - Benutzer
  - Borg
  - Drivers
  - HP

Panorama Beispiel, Panorama, Archiv

Verzeichnisstruktur bzw. Verzeichnisbaum

Nach Doppelklick auf einen Ordner wird dieser geöffnet und der Inhalt des Ordners sichtbar.

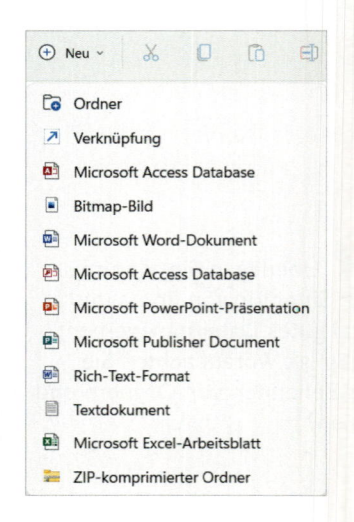

2.1 Dateien und Ordner erstellen

Daten, die auf einem Computer erstellt, bearbeitet und gespeichert werden, bezeichnet man als **Dateien**. Um gespeicherte Dateien übersichtlich zu verwalten, können Sie wie in einem Büro **Ordner** anlegen. Achten Sie darauf, zusammengehörende Dateien in einem Ordner zu speichern.

Einen neuen Ordner erstellen:
- TITELLEISTE – NEU – ORDNER
- Oder mit dem Kontextmenü im INHALTSBEREICH – NEU – ORDNER
- Oder ⇧ + Strg + N

Eine neue Datei erstellen:
- Titelleiste – NEU – DATEITYP
- Oder mit dem Kontextmenü im Inhaltsbereich – NEU – DATEITYP auswählen

Für ein gutes Ablagesystem sind aussagekräftige Dateinamen wichtig.

Neu:
- Ordner
- Verknüpfung
- Microsoft Access Database
- Bitmap-Bild
- Microsoft Word-Dokument
- Microsoft Access Database
- Microsoft PowerPoint-Präsentation
- Microsoft Publisher Document
- Rich-Text-Format
- Textdokument
- Microsoft Excel-Arbeitsblatt
- ZIP-komprimierter Ordner

💡 Die Groß- und Kleinschreibung wird von WINDOWS 11 unterstützt. Trotzdem erfolgt intern keine Unterscheidung. D. h. der Dateiname **Hausübung_13** ist identisch mit dem Dateinamen **HAUSÜBUNG_13**.

Richtlinien für Datei- und Ordnernamen
- Die maximale Länge von Dateinamen inklusive des Dateipfades darf 255 Zeichen nicht überschreiten.
- Folgende Zeichen dürfen in Dateinamen nicht verwendet werden: \ / : * ? " < > |
- Ein Dateiname darf Groß- und Kleinbuchstaben sowie Leerzeichen und Zahlen enthalten.
- Verwenden Sie keine Leerzeichen zur Trennung von Namensteilen. Besser eignet sich für Trennungen z. B. der Unterstrich.
- Ein Datei- bzw. Ordnername muss eindeutig sein, darf also am selben Speicherort nur einmal vorkommen.

Dateien sinnvoll und sicher organisieren

WorkBox – „Dateien und Ordner erstellen"

1. Üben Sie das benennen von Dateien und Ordnern.
   a) Kreuzen Sie an, ob der gewählte Datei- bzw. Ordnername erlaubt ist.
   b) Machen Sie, wenn nötig, einen Vorschlag für einen korrekten Datei- bzw. Ordnernamen.

Ausgangssituation	Erlaubt?	Nicht erlaubt?	Korrekturvorschlag
Pascal speichert die Fotos des Weihnachtskonzertes in den Ordner **Fotos_Weihnachtskonzert_2023.**	○	○	
Pascal hat in einem Ordner alle Unterlagen für ein Referat gespeichert. In dem Ordner gibt es bereits eine Datei mit dem Namen **Logo.** Es handelt sich um das MICROSOFT-Logo. Er möchte nun das APPLE-Logo ebenfalls unter dem Namen **Logo** abspeichern.	○	○	
Ronja möchte alle ihre Hausübungen in einem Ordner abspeichern. Als Ordnernamen wählt sie **Hausübungen!.**	○	○	
Ronja will ihre Deutschhausübung unter dem Namen **HÜ Deutsch** abspeichern.	○	○	

2. Trainieren Sie das Erstellen von Ordnern.
Erstellen Sie auf Ihrem Laufwerk oder auf einem Datenträger passende Ordner für die folgenden Themen bzw. Inhalte. Geben Sie jeweils den von Ihnen gewählten Ordnernamen an. Achten Sie darauf, sinnvolle Ordnernamen zu vergeben.

- Fotos von Ihrem Sommerurlaub im letzten Jahr auf Sylt:

- Ihre Hausaufgaben im Gegenstand Officemanagement und angewandte Informatik:

- Videos vom Schulausflug nach Prag im Oktober dieses Jahres:

- Audiodateien des aktuellen Albums Ihrer Lieblingsband:

2.2 Dateien und Ordner umbenennen, kopieren oder verschieben

> Beim **Verschieben (Ausschneiden)** wird die Datei bzw. der Ordner an einen neuen Ort verschoben. Beim **Kopieren** wird eine Kopie der ausgewählten Datei bzw. des ausgewählten Ordners erstellt.

Dateien und Ordner können Sie über das Menü, das Kontextmenü oder mithilfe von Shortcuts bearbeiten.

💡 Dateien, die geöffnet sind, können nicht umbenannt, verschoben oder kopiert werden! Das gilt auch für Ordner, wenn eine darin enthaltene Datei geöffnet ist.

Umbenennen
- Kontextmenü – UMBENENNEN
- Oder Klick auf das Symbol UMBENENNEN im Menü

133

Wenn die Dateien nicht an zwei Orten benötigt werden, spart das AUSSCHNEIDEN und EINFÜGEN Speicherplatz.

Kopieren
- Strg + C
- Oder Kontextmenü – KOPIEREN
- Oder Symbol KOPIEREN im Menü Screenshot

Verschieben (Ausschneiden)
- Strg + X
- Oder Kontextmenü – AUSSCHNEIDEN
- Oder Symbol AUSSCHNEIDEN im Menü

Einfügen
- Strg + V
- Oder Kontextmenü – EINFÜGEN
- Oder Symbol EINFÜGEN im Menü

Dateien und Ordner mittels Drag-and-drop verschieben bzw. kopieren

Sie können Dateien und Ordner auch mittels Drag-and-drop verschieben bzw. kopieren. Ziehen Sie dafür das Element mit **gedrückter linker Maustaste** an das gewünschte Ziel.

Beachten Sie dabei genau, welcher Hinweis beim Mauszeiger angezeigt wird! Je nachdem, wo das Ziel ist, werden unterschiedliche Aktionen ausgeführt. Ist das Ziel z. B. auf der Festplatte, gilt die Funktion **Verschieben.** Ist das Ziel auf einer anderen Festplatte, gilt die Funktion **Kopieren.**

Schon gewusst?
Halten Sie während des Ziehens die Strg-Taste gedrückt, wird immer **kopiert**.
Halten Sie während des Ziehens die ⇧-Taste gedrückt, wird immer **verschoben**.

···· **PROFI-TIPP** ····

„Verschieben Sie nie Programmordner oder Programme! Das kann dazu führen, dass Programme nicht mehr geöffnet werden können."

– IT-Technikerin bei einem internationalen Baustoffhändler –

Fehlermeldungen beim Verschieben oder Kopieren

Wenn Sie eine Datei kopieren oder verschieben möchten und es gibt am Zielort bereits eine Datei mit dem gleichen Speichernamen, zeigt WINDOWS Ihnen die Fehlermeldung DATEI ERSETZEN ODER ÜBERSPRINGEN an.

Dateien sinnvoll und sicher organisieren

[Screenshot: Dialog "Dateien ersetzen oder überspringen"]

Ein Element wird von Trauner Verlag nach temporäre Arbeits... verschoben
Im Ziel ist bereits eine Datei mit dem Namen "Panorama.jpg" vorhanden.

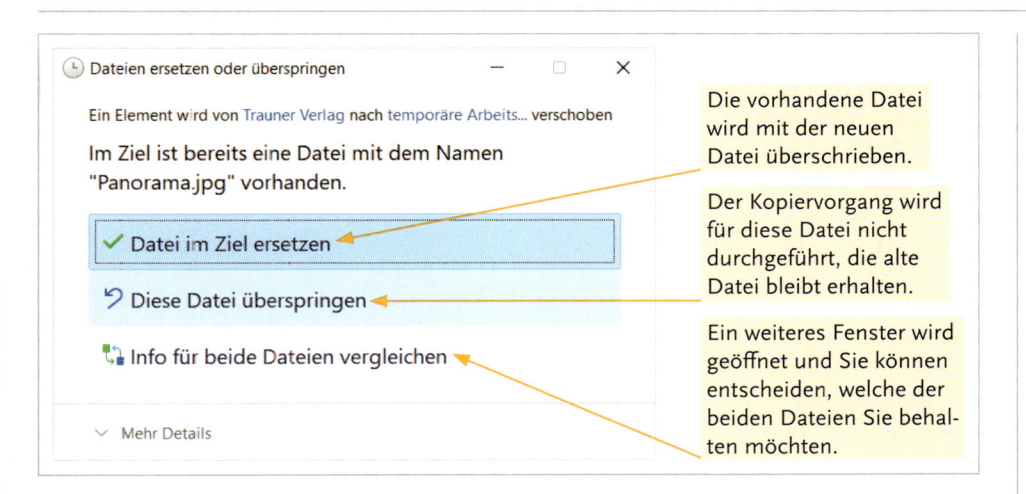

- ✓ Datei im Ziel ersetzen → Die vorhandene Datei wird mit der neuen Datei überschrieben.
- Diese Datei überspringen → Der Kopiervorgang wird für diese Datei nicht durchgeführt, die alte Datei bleibt erhalten.
- Info für beide Dateien vergleichen → Ein weiteres Fenster wird geöffnet und Sie können entscheiden, welche der beiden Dateien Sie behalten möchten.
- Mehr Details

Weitere Fehlermeldungen beim Verschieben oder Kopieren von Dateien und Ordnern:
- Die Meldung QUELL- UND ZIELDATEI SIND IDENTISCH erhalten Sie, wenn Sie versucht haben, ein Element dorthin zu verschieben, wo es sich bereits befindet.
- Die Meldung DATEI WIRD VERWENDET erhalten Sie, wenn die betroffene Datei geöffnet ist.

💡 Wenn beim Kopieren oder Verschieben etwas schiefgeht, zeigt WINDOWS eine Fehlermeldung an.

WorkBox – „Dateien und Ordner umbenennen, kopieren oder verschieben"

- Üben Sie die Verwaltung von Dateien und Ordnern im WINDOWS-Explorer.
  a) Erstellen Sie einen Ordner und nennen Sie ihn **Schule**. Speichern Sie diesen auf Ihrem Datenträger (z. B. USB-Stick, Home-Ordner) ab. Erstellen Sie zwei neue Textdateien und speichern Sie sie in diesem Ordner ab: **Schulübung E** und **Hausübung D**.
  b) Benennen Sie die Textdatei **Schulübung E** in **Schulübung Englisch** und die Textdatei **Hausübung D** in **Hausübung Deutsch** um.
  c) Markieren Sie auf Ihrem Datenträger mehrere Dateien und Ordner.
  d) Markieren Sie auf Ihrem Datenträger alle Objekte.
  e) Legen Sie im Ordner **Schule** die Ordner **Schulübung, Hausübung, Englisch** und **Deutsch** an.
  f) Verschieben Sie die Textdatei **Schulübung Englisch** in den Ordner **Englisch** und die Textdatei **Hausübung Deutsch** in den Ordner **Deutsch.**
  g) Verschieben Sie den Ordner **Englisch** in den Ordner **Schulübung** und den Ordner **Deutsch** in den Ordner **Hausübung.**
  h) Legen Sie im Ordner **Schule** den Ordner **Sicherung** an.
  i) Kopieren Sie die Textdatei **Schulübung Englisch** und die Textdatei **Hausübung Deutsch** in den Ordner **Sicherung.**

2.3 Verknüpfungen erstellen

Eine **Verknüpfung** ist ein Verweis auf eine Datei oder einen Ordner. Dateien und Ordner können z. B. über eine Verknüpfung auf dem Desktop geöffnet werden, ohne dass der genaue Speicherort bekannt ist.

💡 Verknüpfungen können Ihnen viel Zeit ersparen.

Sie haben verschiedene Möglichkeiten, eine Verknüpfung zu erstellen.

135

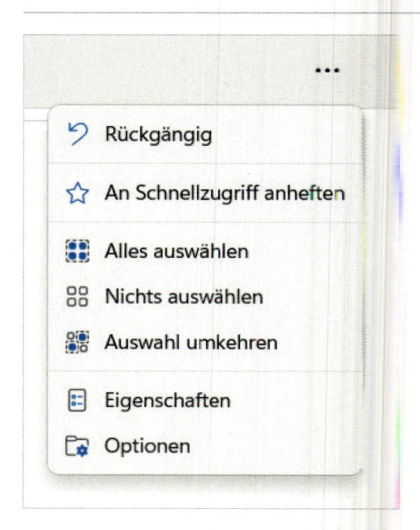

II IT betrifft uns alle

Verknüpfungen im Schnellzugriff anheften

Dem Schnellzugriff können nur Laufwerke oder Ordner hinzugefügt werden.
- Ordner auswählen
- MENÜ – WEITERE INFOS ... – AN SCHNELLZUGRIFF ANHEFTEN
- Oder Kontextmenü – AN SCHNELLZUGRIFF ANHEFTEN

Verknüpfungen für den Desktop erstellen

Verknüpfungen am Desktop können Ordner, Laufwerke oder Dateien sein.
- Datei bzw. Ordner auswählen
- Kontextmenü – WEITERE OPTIONEN ANZEIGEN – SENDEN AN – DESKTOP (VERKNÜPFUNG ERSTELLEN)

Verknüpfungen im Startmenü erstellen

Dem Startmenü können Laufwerke, Ordner oder ausführbare Programme hinzugefügt werden.
- Laufwerk, Ordner oder Programm auswählen
- Kontextmenü – AN START ANHEFTEN

✎ Finden Sie heraus, welche Programme bei Ihnen am Startmenü angepinnt sind.

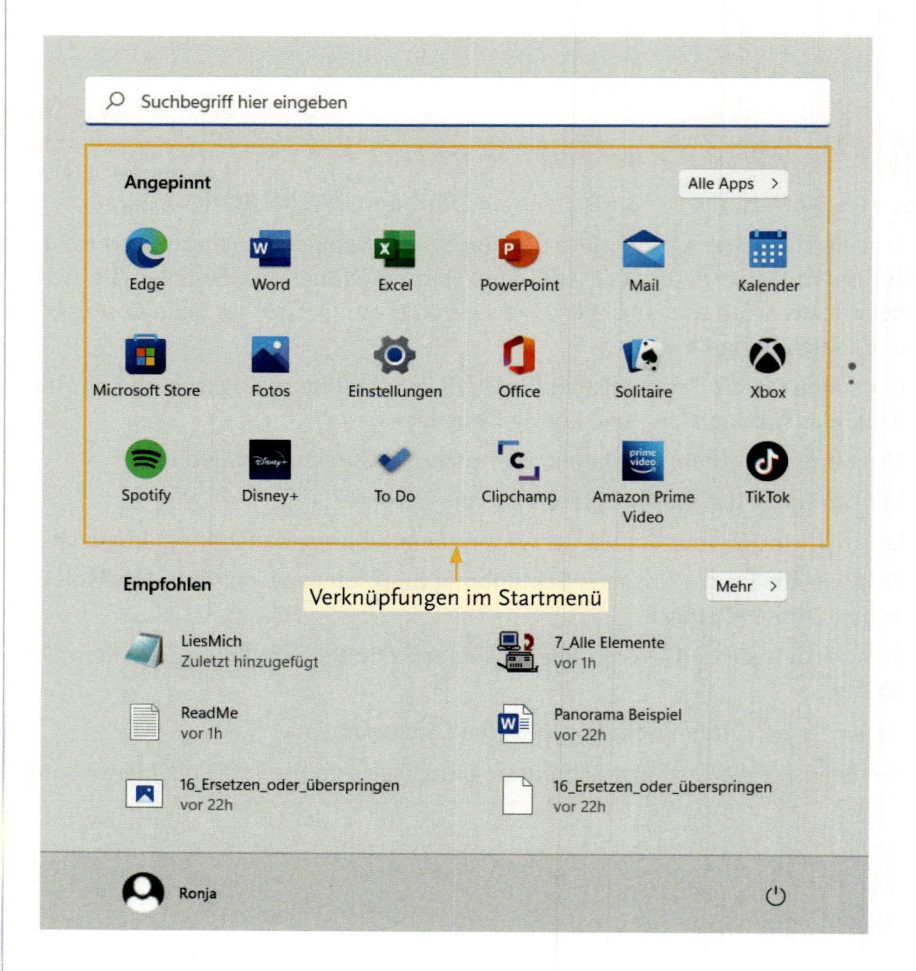

Schon gewusst?

Eine Verknüpfung enthält lediglich den Link zu einer Originaldatei. Beim Erstellen einer Verknüpfung wird das Original weder verschoben noch kopiert. Werden Verknüpfungen gelöscht, bleibt die Originaldatei erhalten.

Dateien sinnvoll und sicher organisieren

WorkBox – „Verknüpfungen erstellen"

- Üben Sie das Erstellen von Verknüpfungen.
  a) Öffnen Sie den Datei-Explorer.
  b) Navigieren Sie auf Ihr Schullaufwerk und heften Sie einen beliebigen Ordner an Ihren Schnellzugriff an.
  c) Navigieren Sie zu einer beliebigen Datei auf Ihrem Schullaufwerk. Erstellen Sie eine Verknüpfung für den Desktop.
  d) Überlegen Sie, welchen Ordner Sie oft benötigen. Heften Sie diesen im Startmenü an.
  e) Lösen Sie all jene Apps vom Startmenü, die Sie selten oder nie benötigen.
  f) Lösen Sie den Ordner vom Schnellzugriff, den Sie bei Punkt b) angeheftet haben.
  g) Löschen Sie die Verknüpfung vom Desktop, die Sie bei Punkt c) erstellt haben.
  h) Schließen Sie den Datei-Explorer.

2.4 Eigenschaften von Dateien und Ordnern anzeigen

Sie können sich problemlos weitere Informationen zu Ihren Dateien und Ordnern, wie z. B. die Größe, anzeigen lassen.

- Datei/Ordner auswählen
- Kontextmenü – EIGENSCHAFTEN

In dieser Dialogbox erhalten Sie zusätzliche Informationen zu einem Ordner bzw. zu einer Datei.

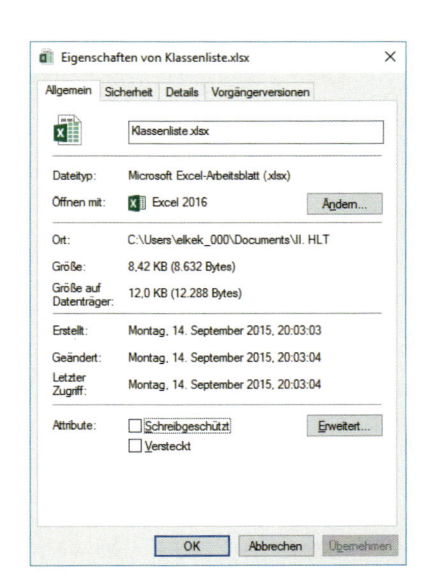

In den Eigenschaften kann ich nachsehen, wann eine Datei bzw. ein Ordner erstellt wurde, wie groß sie bzw. er ist etc.

Register ALLGEMEIN
- Größe und Dateityp
- Datum der Erstellung (Dateien und Ordner) bzw. letzten Änderung (Dateien)
- Bei Dateien der Dateityp und das zugeordnete Programm (ÖFFNEN MIT:)

Register DETAILS
- Bei Dateien wird z. B. auch die Erstellerin/der Ersteller (AUTOREN) angezeigt.
- ATTRIBUTE: Hier können Dateien versteckt oder schreibgeschützt werden

Schon gewusst?
Der Schreibschutz schützt **nicht gegen das Löschen,** sondern lediglich gegen das Ändern der Inhalte der Datei.

II IT betrifft uns alle

Dateiformat = Erweiterung aus mehreren Zeichen, die an den Dateinamen angehängt wird. Sie ist durch einen Punkt vom Dateinamen getrennt ist.

Dateiformate unterscheiden

Es gibt unterschiedliche Dateiformate. Diese werden beim Speichern automatisch vom Programm vergeben. Ein WORD-Dokument hat z. B. die Dateinamenerweiterung .docx. Das sieht dann so aus:

Beispieldokument.docx
⬇ ⬇
Dateiname   Dateinamenerweiterung mit Infos zum Dateiformat

Häufig kommen folgende Dateiformate vor:

💡 Manche Programme lassen mehrere Dateiformate beim Speichern zu. Ein Textverarbeitungsprogramm kann eine Textdatei z. B. als .docx, .txt, .pdf speichern.

Dateisymbol	Dateiformat	Dateinamen-erweiterung
W	MICROSOFT **WORD**-Dokument	.docx
	Reine **Textdatei** im ASCII-Code, keine Formatierung	.txt
W	**RichTextFormat,** formatierte Textdatei	.rtf
PDF	**PDF,** übergreifendes Dateiformat für Texte und Grafiken, v. a. zur problemlosen Weitergabe digitaler Dokumente	.pdf
X	MICROSOFT **EXCEL**-Arbeitsblatt	.xlsx
P	**POWERPOINT**-Präsentation	.pptx
	MP3, komprimierte Ton-/Musikdatei	.mp3
	JPEG, komprimierte Fotodatei, z. B. im Webdesign	.jpg oder .jpeg
	MPEG, Videodatei	.mpg oder .mpeg
	ZIP-Archiv, komprimierte Datei und/oder komprimierter Ordner	.zip
TIFF	**TIFF,** hochwertiges Grafikformat für professionellen Druck, kann ohne Verlust komprimiert werden	.tif
GIF	**GIF,** Bildformat vor allem für Webgrafiken, verlustfreie Kompression und Animationen möglich	.gif
PNG	**PNG,** Bildformat für Grafiken und Webbilder, kann verlustfrei komprimiert werden, Animationen sind nicht möglich	.png

Kompression = Die Menge der digitalen Daten wird reduziert, dabei sinkt der benötigte Speicherplatz.

138

Dateien sinnvoll und sicher organisieren

> Das **Dateiformat** bzw. der **Dateityp** gibt an, welches Programm verwendet wird. Sie werden gekennzeichnet durch die Dateiendung (**Dateinamenerweiterung**).

Dateinamenerweiterung einblenden
- MENÜ – ANZEIGEN – EINBLENDEN
- Kontrollkästchen DATEINAMENERWEITERUNG aktivieren

PROFI-TIPP

„Achten Sie bei eingeblendeten Dateinamenerweiterungen darauf, dass beim Umbenennen der Datei die Dateinamenerweiterung nicht geändert wird. Der Dateityp wird in diesem Fall vom Betriebssystem nicht mehr erkannt und die Datei kann nicht geöffnet werden."

– IT-Technikerin bei einem internationalen Baustoffhändler –

Wie kann ich den Dateityp erkennen?

Let's do this! – „Dateinamenerweiterungen einblenden"

Ausgangssituation

Für die Unterstützer/innen des Musikvereins wird von einer externen Grafikerin ein Folder gestaltet. Ronja und Pascal haben dafür schon besonders schöne Fotos der letzten Auftritte herausgesucht. Da bekommt Ronja ein E-Mail von der Grafikerin: Sie erinnert Ronja, dass alle Bilder den Dateityp *.tif haben sollen.

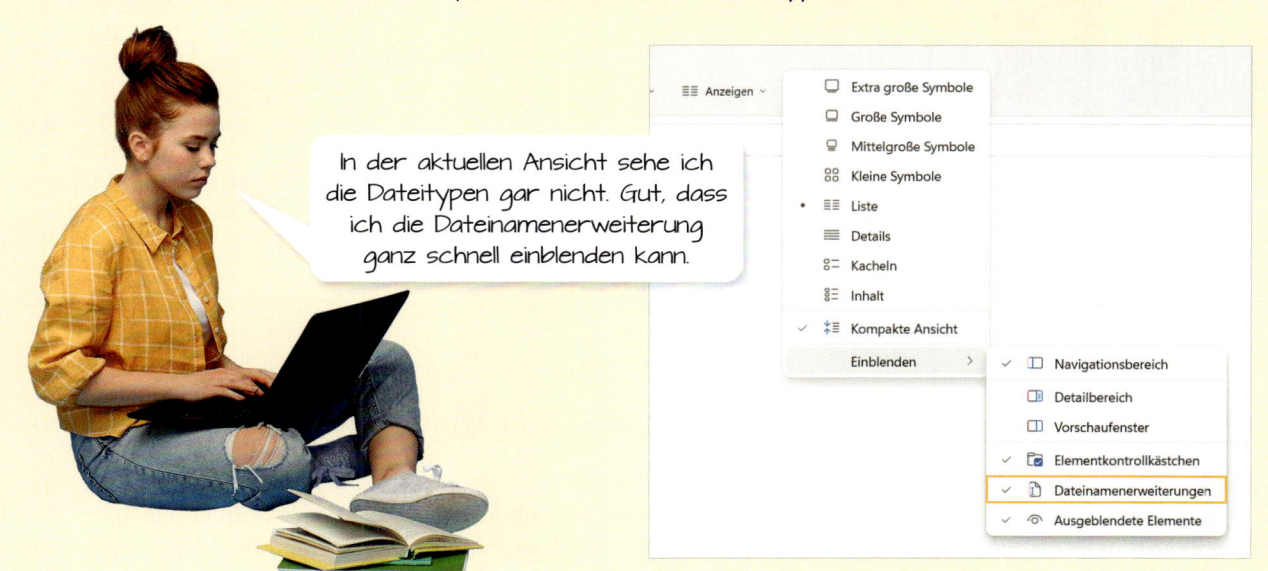

In der aktuellen Ansicht sehe ich die Dateitypen gar nicht. Gut, dass ich die Dateinamenerweiterung ganz schnell einblenden kann.

JETZT SIND SIE DRAN!

- Blenden Sie im Datei-Explorer die Dateitypen bei allen Dateien ein. Sortieren Sie anschließend die Dateien in einem beliebigen Ordner nach dem Dateityp.

II IT betrifft uns alle

WorkBox – „Eigenschaften von Dateien und Ordnern ..."

1. Vergeben Sie nachvollziehbare Namen für Ihre Dateien. Führen Sie auch die entsprechende Dateinamenerweiterung an.

   a) Kassaausgangsliste für den Monat Dezember in EXCEL:

   b) Mahnbrief an den Kunden Bernsteiner in WORD:

   c) Einladung zum Firmenjubiläum in WORD:

   d) Portraitfoto von Ihnen, das professionell gedruckt werden soll:

   e) POWERPOINT-Präsentation zum Thema Kaufvertrag:

   f) Tonaufnahme des Weihnachtskonzertes 2022 vom Musikverein:

2. Ordnen Sie die folgenden Dateien dem jeweils passenden Ordner zu:

   - Baum.tif
   - Walzer.mp3
   - Wien.mpg
   - Danke.docx
   - Handout.pdf
   - Logo.jpg
   - Referat.pptx

   Im Ordner **Dokumente**

   Im Ordner **Bilder**

   Im Ordner **Musik oder Video**

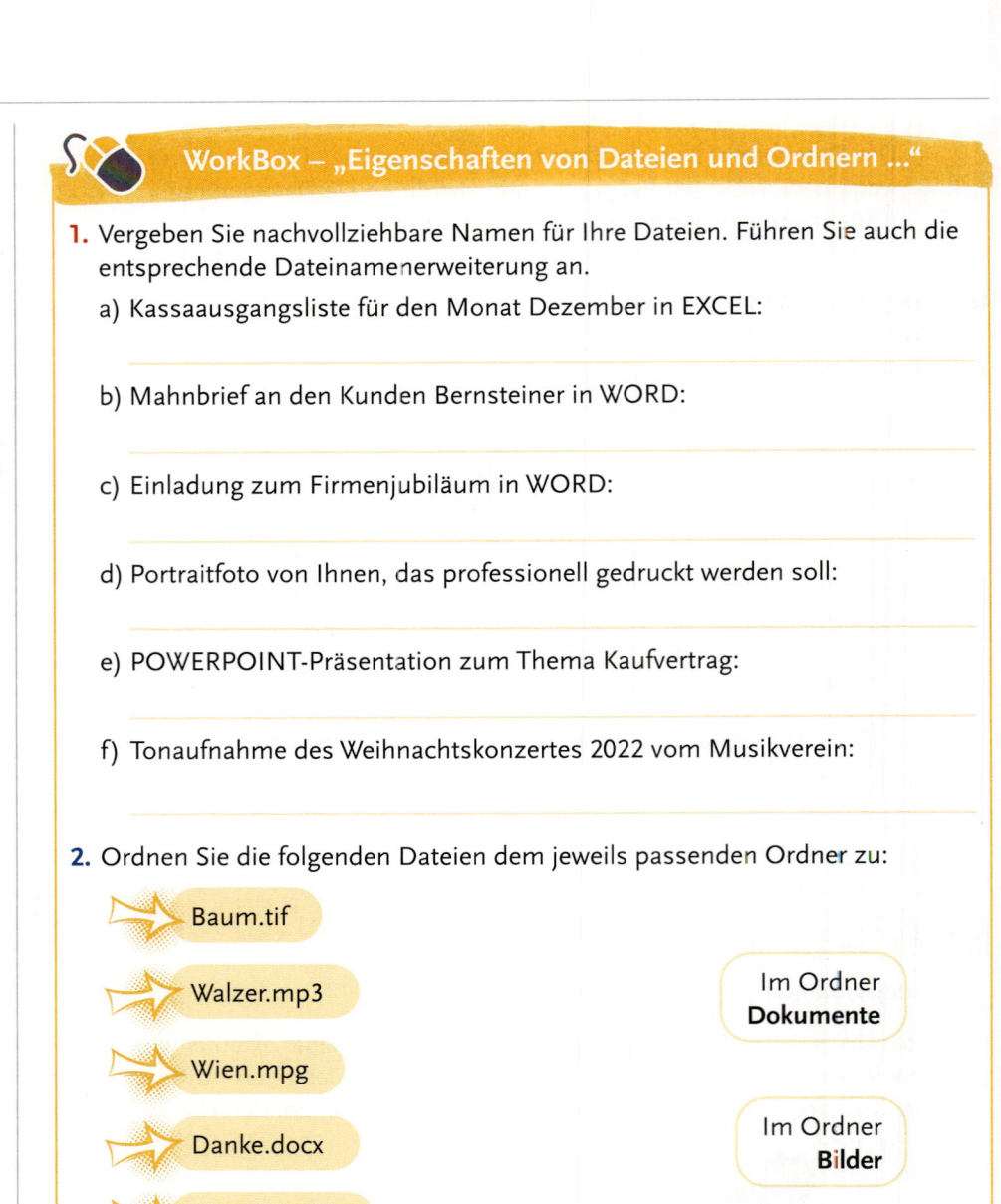

2.5 Dateien und Ordner komprimieren bzw. extrahieren

Gängige ZIP-Programme sind z. B. WINRAR, WINZIP, 7-ZIP etc. Die Funktion, eine Datei zu komprimieren, ist auch in WINDOWS 11 ohne Zusatz-Software verfügbar.

Unter **Komprimieren** versteht man das Verkleinern von Dateien mithilfe von Programmen, sogenannten **ZIP-Programmen.** Dabei werden Informationen in Dateien zusammengefasst und in kürzerer Form dargestellt. So benötigen Sie z. B. beim Versenden per E-Mail weniger Speicherplatz.

Vorteile von ZIP-Dateien

- ZIP-Dateien benötigen weniger Speicherplatz. Beim Komprimieren werden die Dateilücken eines Programmes geschlossen und die Datei wird verdichtet.
- Mehrere Dateien oder ganze Ordner können in einer einigen ZIP-Datei zusammengefasst werden.

Dateien sinnvoll und sicher organisieren

Dateien und Ordner komprimieren

SCHRITT FÜR SCHRITT: DATEIEN ODER ORDNER KOMPRIMIEREN

1. Markieren Sie die gewünschten Dateien bzw. Ordner.
2. Klicken Sie im Kontextmenü auf IN ZIP-DATEI KOMPRIMIEREN.

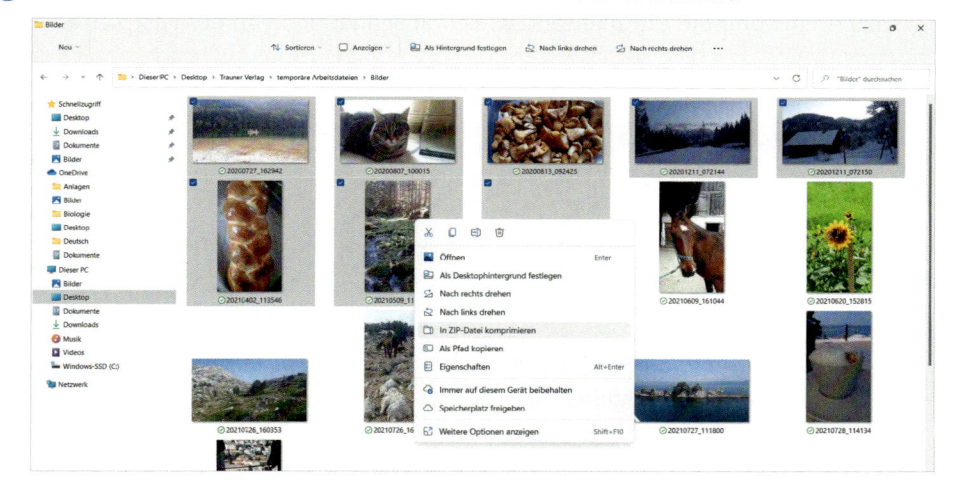

💡 Bei Texten, Bildern, Musiksequenzen und Videos können hohe Komprimierungsraten erzielt werden.

3. Die komprimierte Archivdatei kann auf ein anderes Speichermedium kopiert werden oder als E-Mail-Anhang versendet werden.

Schon gewusst?
Eine ZIP-Datei erkennen Sie einerseits natürlich an der Dateinamenerweiterung. Andererseits aber auch am Symbol.

Dateien und Ordner extrahieren

❗ Bevor Sie eine archivierte (gezippte, komprimierte) Datei nutzen können, muss diese wieder **extrahiert, also entpackt** werden. Sie erhalten die Dateien bzw. Ordner nach diesem Vorgang wieder in voller Größe.

SCHRITT FÜR SCHRITT: DATEIEN ODER ORDNER EXTRAHIEREN

1. Gewünschte Archivdatei markieren
2. Kontextmenü – ALLE EXTRAHIEREN
3. Zielordner auswählen: DURCHSUCHEN – EXTRAHIEREN

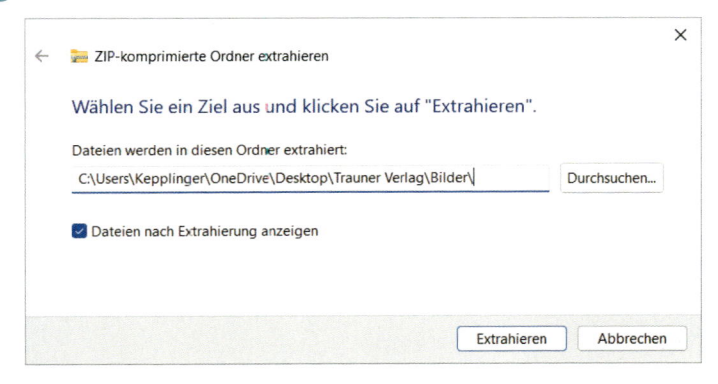

Bevor ich mit gezippten Dateien arbeiten kann, muss ich sie entpacken!

WorkBox – „Dateien und Ordner komprimieren bzw. ..."

- Üben Sie das Komprimieren und Extrahieren von Ordnern.
Komprimieren Sie im ZIP-Programm einen Ordner mit Musik-, Bild- und/ oder Videodateien in ein Archiv, z. B. **Übung.zip.** Prüfen Sie die Komprimierungsrate und extrahieren Sie die Daten in einen leeren Ordner. Löschen Sie das Archiv und die extrahierten Dateien anschließend von der Festplatte.

2.6 Mit Netzlaufwerken arbeiten

In einem Netzwerk können neben Peripheriegeräten, wie z. B. einem Drucker, auch Netzlaufwerke vorhanden sein.

> **Netzlaufwerke** dienen zum **zentralen Speichern** und zum **Austausch** von Dateien. Die Dateien befinden sich auf einem zentralen Server. Die Freigabe und Nutzung der Laufwerke wird durch die Systemadministratorin/den Systemadministrator geregelt.

Bereits verfügbare Netzlaufwerke finden Sie im Navigationsbereich des Datei-Explorers unter DIESER PC.

Schon gewusst?
Netzlaufwerke verfügen – wie jedes Laufwerk – über einen **Laufwerksbuchstaben** und **einen Namen.** Das Speichern und das Öffnen von Dateien sowie das Anlegen von Ordnern auf einem Netzlaufwerk unterscheiden sich nicht vom Umgang mit der lokalen Festplatte.

WorkBox – „Mit Netzlaufwerken arbeiten"

- Finden Sie heraus, welche Netzlaufwerke Ihnen zur Verfügung stehen:

Ihr PC/Laptop zu Hause

In der Schule

Netzlaufwerk verbinden und trennen

Einen freigegebenen Netzwerkordner können Sie als Netzlaufwerk verbinden. Das ist sinnvoll, wenn Sie den Ordner öfter benötigen. Das Netzlaufwerk kann jederzeit wieder getrennt werden.

Dateien sinnvoll und sicher organisieren

SCHRITT FÜR SCHRITT: NETZLAUFWERK VERBINDEN/TRENNEN

1. Datei-Explorer öffnen (⊞ + E)
2. DIESER PC – Kontextmenü öffnen – NETZLAUFWERK VERBINDEN

Netzlaufwerk bei jedem WINDOWS-Start automatisch herstellen
Das Häkchen bei VERBINDUNG BEI ANMELDUNG WIEDERHERSTELLEN setzen.

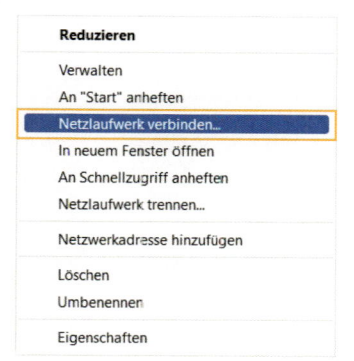

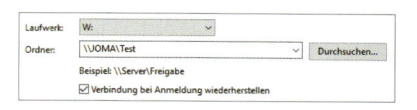

3. Laufwerksbuchstaben des Netzlaufwerkes im Dialogfenster auswählen – DURCHSUCHEN
4. Alle erkannten Geräte im Netzwerk werden angezeigt
5. PC auswählen, um freigegebene Ordner zu sehen – Ordner auswählen – OK – FERTIGSTELLEN

Netzlaufwerk trennen
1. Netzlaufwerk auswählen – Kontextmenü
2. TRENNEN

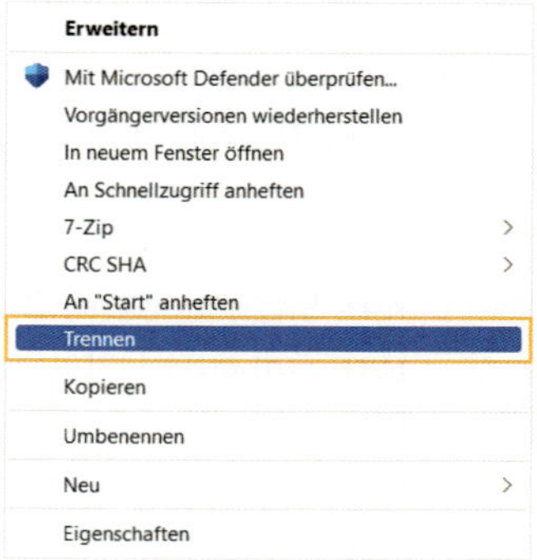

SCHRITT FÜR SCHRITT: ORDNER FREIGEBEN

1. Datei-Explorer öffnen (⊞ + E)
2. Ordner auswählen – Kontextmenü – WEITERE OPTIONEN ANZEIGEN – ZUGRIFF GEWÄHREN AUF – BESTIMMTE PERSONEN
3. Benutzer auswählen, für die der Ordner freigegeben wird – FREIGABE

Durch Netzlaufwerke können wir in der Schule ganz schnell Dateien austauschen.

2.7 ONEDRIVE im Datei-Explorer nutzen

ONEDRIVE ist in den Datei-Explorer von WINDOWS 11 eingegliedert und wird wie jedes andere Laufwerk behandelt.

Mit der Nutzung von ONEDRIVE haben Sie sich bereits im Kapitel „Durchstarten mit MICROSOFT 365" ausführlich beschäftigt.

SCHRITT FÜR SCHRITT: ONEDRIVE AUS DEM DATEI-EXPLORER ÖFFNEN

1. Datei-Explorer öffnen – Laufwerk ONEDRIVE

II IT betrifft uns alle

❷ Ordner auswählen – Kontextmenü OneDrive – Online anzeigen

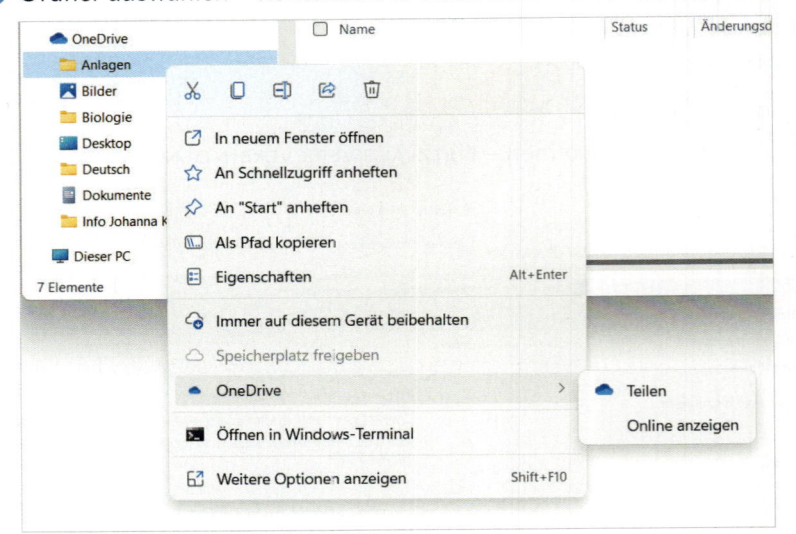

WorkBox – „ONEDRIVE im Datei-Explorer nutzen"

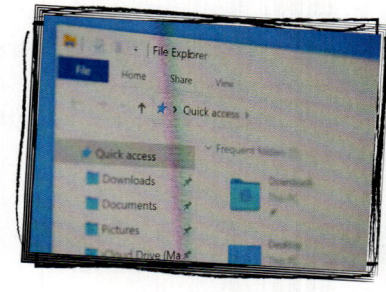

- Öffnen Sie ONEDRIVE im Explorer.
  a) Überprüfen Sie, welche ONEDRIVE-Ordner im Explorer angezeigt werden.
  b) Teilen Sie einen Ordner oder eine Datei Ihrer Wahl mit Ihrer Sitznachbarin/Ihrem Sitznachbarn. Diese/Dieser wiederum soll eine Datei oder einen Ordner mit Ihnen teilen.
  c) Öffnen Sie ONEDRIVE auch im Browser. Können Sie die geteilte Datei sowohl im Browser als auch im Explorer sehen?

3 Sicher mit Daten umgehen

Haben Sie schon einmal aufgrund eines Hardware-Fehlers, z. B. kaputter USB-Stick, Daten verloren? Tauschen Sie sich in der Klasse aus, ob und wie Sie Ihre Daten sichern.

Ronja und Pascal haben sich langsam, aber sicher einen Überblick über die Ablagestruktur am vereinseigenen Rechner verschafft. Dabei haben sie auch ordentlich aufgeräumt. Pascal ist jedoch etwas aufgefallen: „Hast du gemerkt, dass die ganzen Dateien überhaupt nicht gesichert sind? Es gibt keine Sicherungskopien oder Back-ups!"

Ein sicherer und verantwortungsvoller Umgang mit Ihren Daten ist wichtig. Dazu gehört einerseits ein übersichtliches Ablagesystem und andererseits auch das regelmäßige Speichern und Sichern Ihrer Dateien.

Dateien sinnvoll und sicher organisieren

3.1 Dateien speichern

Während Sie an einer Datei arbeiten, sollen Sie **regelmäßig speichern.** Wenn die Datei bei einem Programmabsturz unerwartet geschlossen wird, kann der letzte Speicherstand wiederhergestellt werden.

> Sie können Ihre Dateien z. B. in einem Ordner auf dem **Festplattenlaufwerk,** einem **Netzwerkspeicherort,** der **Cloud,** dem **Desktop,** einem **USB-Stick** oder einer **SSD** speichern.

Sie wissen bereits, dass aussagekräftige Dateinamen für ein gutes Ablagesystem entscheidend sind. Achten Sie daher bereits beim Erstellen einer Datei auf einen sinnvollen Dateinamen.

Mit der Tastenkombination Strg + S kann ich jederzeit zwischenspeichern.

AutoSpeichern

Wenn Sie vertieft an einer Aufgabe arbeiten, z. B. an einem Referat, kann es schnell passieren, dass Sie vor lauter Konzentration vergessen zu speichern. Hier unterstützt MICROSOFT Sie mit der Funktion AUTOMATISCHES SPEICHERN.

> **Automatisches Speichern** ist ein Feature, das in EXCEL, WORD und POWERPOINT für MICROSOFT 365-Abonnenten verfügbar ist und die Datei, die Sie gerade bearbeiten, alle paar Sekunden speichert.

💡 AUTOMATISCHES SPEICHERN ist in MICROSOFT 365 standardmäßig aktiviert, wenn eine Datei auf ONEDRIVE, ONEDRIVE FOR BUSINESS oder in SHAREPOINT ONLINE gespeichert ist.

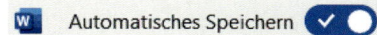

W Automatisches Speichern ✓ ○

WorkBox – „Dateien speichern"

- Öffnen Sie nacheinander die Programme EXCEL, WORD und POWERPOINT. Überprüfen Sie jeweils, ob die Option AUTOMATISCHES SPEICHERN aktiviert ist.

Tipp!
Die Programme können Sie über das Startmenü oder über die WINDOWS-Suche öffnen.

3.2 Dateien sichern

Immer wieder gibt es größere Computerprobleme, wenn z. B. Hardware-Teile kaputt gehen oder ein Computervirus Schaden anrichtet. Dann kann es zum Verlust sämtlicher Daten kommen. Deshalb soll man all seine Daten **regelmäßig sichern.** Das nennt man **Back-up.** Ein Back-up ist nicht nur wichtig, sondern Pflicht! Das gilt sowohl privat als auch beruflich.

> Ein **Back-up** bezeichnet die **regelmäßige Datensicherung.** Dabei erstellen Sie (nach der 3-2-1-Regel) **Sicherungskopien** aller wichtigen Daten an einem sicheren Ort. Dann können Sie all Ihre Daten bei Datenverlust rasch **wiederherstellen.**

3-2-1-Regel: 3 Kopien auf 2 Datenträgern, davon 1 außer Haus.

145

Die **Datensicherung** können Sie mit einer **Feuerversicherung** vergleichen. Wenn das Wohnhaus einmal abgebrannt ist, ist es zu spät, eine Feuerversicherung abzuschließen. Deshalb sollen Sie vor einem Problem eine Datensicherung anlegen.

Denn sind Ihre Daten erst einmal verloren, ist es dafür zu spät.

💡 Sollte das Firmengelände durch einen Brand oder eine Überschwemmung beschädigt werden, muss man mit dem Verlust des gesamten Inventars rechnen. Auch Sicherungsmedien, die am Arbeitsort gelagert sind, werden zerstört oder unbrauchbar.

Die Sicherung der Daten kann
- auf einer zweiten lokalen Magnetplatte,
- auf Wechselmedien (z. B. externen Festplatten, Magnetbändern, optischen Speichermedien) oder
- in der Cloud erfolgen.

Die wichtigsten Kriterien für die Auswahl von Sicherungsmedien sind
- die Speicherkapazität,
- die Datenübertragungsrate von der Festplatte auf das Back-up-Medium und
- die Kosten.

Den Wiederanlauf zum Herstellen von verlorenen Daten (nach einer Rücksicherung) nennt man **Emergency-Restart.**

Die Datensicherung kann nach zwei Konzepten – die sich nicht ausschließen, sondern ergänzen – durchgeführt werden.

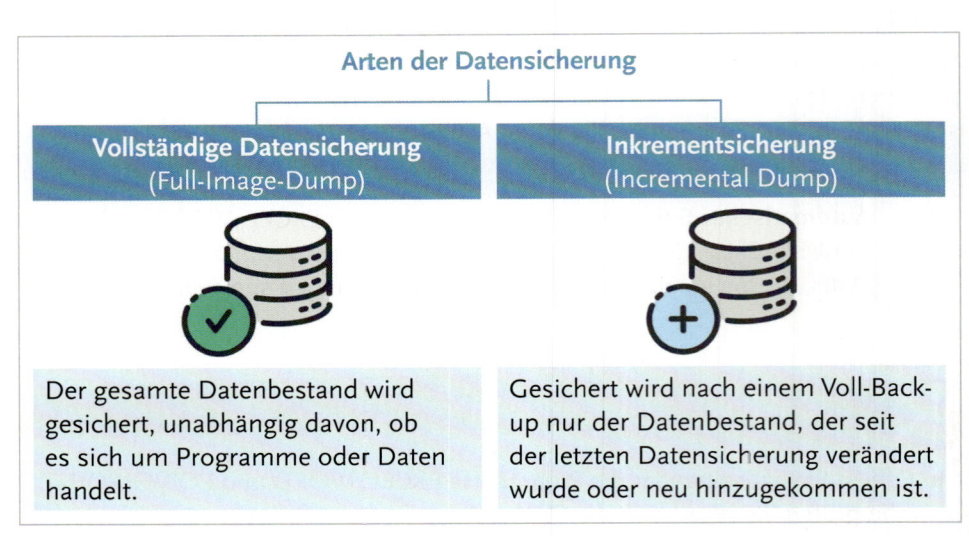

Arten der Datensicherung

Vollständige Datensicherung (Full-Image-Dump)
Der gesamte Datenbestand wird gesichert, unabhängig davon, ob es sich um Programme oder Daten handelt.

Inkrementsicherung (Incremental Dump)
Gesichert wird nach einem Voll-Back-up nur der Datenbestand, der seit der letzten Datensicherung verändert wurde oder neu hinzugekommen ist.

Die Inkrementsicherung hat gegenüber der vollständigen Datensicherung den Vorteil, dass sie wesentlich schneller erfolgt, da nur die veränderten Daten gesichert werden.

> **Beispiel: Datensicherung in einem Unternehmen der Getränkeindustrie**
>
> Ein Unternehmen der Getränkeindustrie hat Anwendungsprogramme in folgenden Bereichen im Einsatz: 
> - Lohn- und Gehaltsverrechnung
> - Fakturierung
> - Auftragserfassung
> - Lagerbestandsführung
>
> Am Montag werden mit Ausnahme der Lohn- und Gehaltsverrechnung alle Anwendungsprogramme benutzt. Die veränderten Daten (Auftragsdaten, Fakturierungsdaten und Lagerdaten) werden mithilfe der Inkrementsicherung gesichert. Die Daten der Lohn- und Gehaltsverrechnung werden nicht gesichert, da diese Daten nicht verändert wurden. Am Freitag werden mit der vollständigen Datensicherung alle Daten – auch die nicht veränderten – gesichert. Dies hat den Vorteil, dass einmal pro Periode (z. B. pro Woche) alle Daten vollständig gesichert werden.

Dateien sinnvoll und sicher organisieren

Mit dem Generationsprinzip wird die Datensicherheit umgesetzt. Es wird zwischen dem **Vater-Sohn-Prinzip** und dem **Großvater-Vater-Sohn-Prinzip** unterschieden.

Vater-Sohn-Prinzip
Bei diesem Back-up-Prinzip wird zuerst eine Vollsicherung angelegt. Danach werden täglich die Daten durch eine Inkrementsicherung gesichert. Die tägliche Sicherung ist die Sohn-Sicherung. Bei einer Fünf-Tage-Woche werden die Sicherungen z. B. von Montag bis Donnerstag erstellt. Am Freitag erfolgt dann eine wöchentliche Sicherung, die Vater-Sicherung. Die Vater-Sicherung wird an einem anderen Speicherort abgelegt. In der zweiten, dritten und vierten Woche werden die Sohn-Sicherungen tagesaktuell überschrieben. Die Vater-Sicherung wird wieder separat gespeichert.

Großvater-Vater-Sohn-Prinzip
Wurden Daten einen Monat lang nach dem Vater-Sohn-Prinzip gesichert, kommt am Monatsende der Großvater ins Spiel. Die monatliche Sicherung ist die sogenannte Großvater-Sicherung. Sie wird wieder an einem separaten Speicherort abgelegt. In den darauffolgenden Monaten werden jeweils die Tages- und Wochensicherungen wieder mit den Daten der aktuellen Tage und Wochen überschrieben.

💡 Werden Sohn-Daten beschädigt oder gelöscht, können sie durch die Vater-Sicherung wiederhergestellt werden. Ebenso können Vater-Daten bei Bedarf durch die Großvater-Sicherungen zurückgeholt werden.

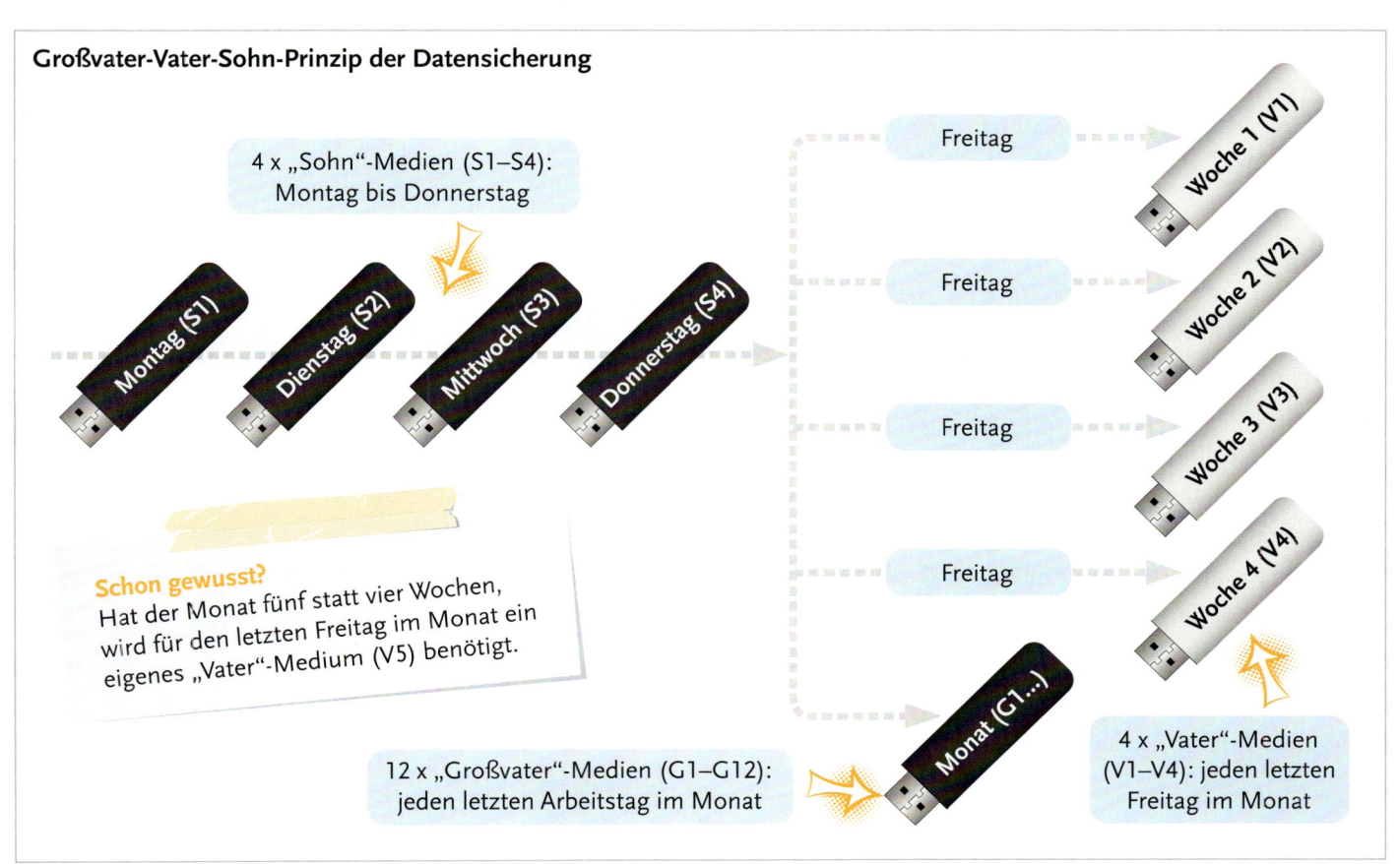

Die folgende Abbildung verschafft Ihnen einen noch besseren Überblick über die Funktionsweise des Großvater-Vater-Sohn-Prinzips.

Großvater-Vater-Sohn-Prinzip der Datensicherung

4 x „Sohn"-Medien (S1–S4): Montag bis Donnerstag

Montag (S1) – Dienstag (S2) – Mittwoch (S3) – Donnerstag (S4)

Freitag → Woche 1 (V1)
Freitag → Woche 2 (V2)
Freitag → Woche 3 (V3)
Freitag → Woche 4 (V4)

Monat (G1...)

Schon gewusst? Hat der Monat fünf statt vier Wochen, wird für den letzten Freitag im Monat ein eigenes „Vater"-Medium (V5) benötigt.

12 x „Großvater"-Medien (G1–G12): jeden letzten Arbeitstag im Monat

4 x „Vater"-Medien (V1–V4): jeden letzten Freitag im Monat

II IT betrifft uns alle

In der TRAUNER-DigiBox finden Sie eine Schritt-für-Schritt-Anleitung zur Datensicherung mit der WINDOWS-Sicherungs-Software.

Schon gewusst?
Wenn nur einzelne Dateien gesichert werden sollen, ist es ausreichend, diese einfach auf einen Datenträger oder in die Cloud zu kopieren. Ein **Back-up-Programm** wird benötigt, wenn eine **umfangreiche Datensicherung,** z. B. der gesamten Daten inkl. des Betriebssystems, durchgeführt wird. Back-ups einzelner Computer können mit der Sicherungs-Software von WINDOWS durchgeführt werden.

WorkBox – „Dateien sichern"

- Ordnen Sie folgende Erklärungen den richtigen Begriffen zu.

  - Tägliche Datensicherung im Generationsprinzip
  - Regelmäßige Datensicherung
  - Gesamter Datenbestand wird gesichert, unabhängig davon, ob es sich um Programme oder Daten handelt
  - Monatliche Datensicherung im Generationsprinzip
  - Datenbestand, der seit der letzten Datensicherung verändert wurde oder neu hinzugekommen ist, wird (nach einem Voll-Back-up) gesichert

  - Großvater-Sicherung
  - Inkrementsicherung
  - Sohn-Sicherung
  - Back-up
  - Vollständige Datensicherung

WissensCheck – „Dateien sinnvoll und sicher organisieren"

1. Geben Sie den Shortcut an, mit dem der WINDOWS-Explorer geöffnet werden kann.
2. Zählen Sie die verschiedenen Speicherorte unter WINDOWS auf.
3. Nennen Sie die Möglichkeiten, um Suchergebnisse im WINDOWS-Explorer einzuschränken.
4. Beschreiben Sie, was unter einem Dateipfad verstanden wird.
5. Geben Sie an, was komprimieren und extrahieren von Dateien bedeutet.
6. Erklären Sie den Begriff Emergency-Restart.
7. Nennen Sie die zwei verschiedenen Konzepte zur Datensicherung.
8. Erklären Sie die 3-2-1-Regel bei der Datensicherung.

Dateien sinnvoll und sicher organisieren

Ziele erreicht? – „Dateien sinnvoll und sicher organisieren"

KOMPETENZ-ERWERB ✓

1. Erstellen Sie eine übersichtliche Ordnerstruktur.

Ausgangssituation
Der Schüler Sebastian Müller hat zum Geburtstag einen neuen Laptop bekommen. Sebastian möchte seine Unterlagen für die Schule am Computer verwalten und überlegt sich eine für ihn passende Ordnerstruktur.

a) Erstellen Sie Sebastians Ordnerstruktur auf Ihrem Laufwerk oder Ihrem Datenträger.
- Im Ordner **Projekte** legt er folgende Unterordner an: **Upcycling** und **Gesunde Schule**. Der Ordner **Gesunde Schule** enthält zusätzlich die Ordner **Rezepte, Info-Materialien, Recherche** und **Abgabe**.
- Im Ordner **Hausübung** legt er folgende Unterordner an: **Deutsch, Englisch, Maths, AIM, Sonstiges**.
- Der Ordner **Spiele** enthält keine Unterordner.
- Im Ordner **Musik** legt er folgende Unterordner an: **Playlist_Mutter, Playlist_Vater**.

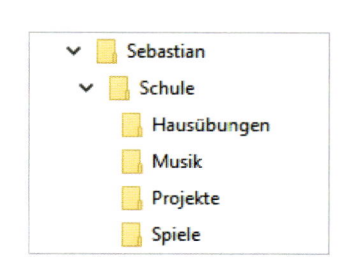

```
∨ 📁 Sebastian
   ∨ 📁 Schule
         📁 Hausübungen
         📁 Musik
         📁 Projekte
         📁 Spiele
```

b) Sebastian ist mit seiner Ordnerstruktur nicht ganz zufrieden. Er nimmt folgende Änderungen vor.
- Sebastian löscht den Ordner **Recherche**.
- Er benennt den Ordner **Maths** in **Mathematik** um.
- Er kopiert die Ordner **Info-Materialien** und **Abgabe** und fügt sie im Ordner **Upcycling** ein.
- Er legt im Ordner **Sebastian** einen neuen Ordner **Privat** an. Er verschiebt in diesen Ordner die Ordner **Musik** und **Spiele**.
- Gibt es etwas, das Sie an Sebastians Stelle noch an den Ordnernamen etc. ändern würden?

_____
_____
_____

c) Nach einigen Monaten haben sich in Sebastians Ordner eine Vielzahl an Ordnern und Dateien angesammelt. Er hat den Überblick verloren.
- Extrahieren Sie das Archiv **Sebastian_Müller.zip** auf Ihr Laufwerk oder Ihren Datenträger.
- Sebastian sucht eine Datei, in der das Wort Einladung vorkommt. Wie lautet der Pfad? Vergeben Sie für diese Datei einen sinnvollen Dateinamen.

_____

- Geben Sie an, wie viele WORD-Dateien Sebastian schon angelegt hat.

_____

- Nennen Sie den Dateityp der Datei **london_345**.

_____

- Finden Sie heraus, wie lange das MP3-File **Unmistakable** dauert.

_____

- Geben Sie an, wie viel Speicherplatz der gesamte Ordner **Sebastian_Müller** benötigt.

_____

- Sebastian sucht nach einer EXCEL-Datei, deren Dateinamen ein „y" enthält. Beschreiben Sie, wie Sie dabei vorgehen.

_____
_____

149

II IT betrifft uns alle

d) Sebastian möchte schneller auf häufig genutzte Dateien und Ordner zugreifen können.
- Sebastian erstellt für die Datei **Einnahmen.xlsx** aus dem Ordner **Sebastian_Müller/Privat** eine Verknüpfung am Desktop.
- Um die Datei **Einnahmen.xlsx** zu schützen, aktiviert Sebastian zusätzlich den Schreibschutz.
- Den Ordner **Hausübung** heftet er an den Schnellzugriff an.

2. Sie verfügen über einen Computer, der mit einer Festplatte ausgerüstet ist. Sie sichern Ihre Daten nach dem Großvater-Vater-Sohn-Prinzip auf Magnetbändern. Die Datensicherung wird von Ihnen täglich nach Arbeitsende durchgeführt. Stellen Sie den Vorgang grafisch dar.

3. Dank Ronja und Pascal werden die Daten des Musikvereins nun regelmäßig gesichert – nach dem Vater-Sohn-Prinzip. Weil so viel in der Schule zu tun war, war Pascal einen Monat lang nicht mehr im Musikverein. Unterstützen Sie Pascal und beantworten Sie seine Frage.

> Oh nein! Ich bin echt doof. Scheinbar habe ich vor einem Monat die Datei mit den Anmeldungen zum Wintermusiklager gelöscht. Können wir sie mit den regelmäßigen Sicherungskopien wiederherstellen?

Einen interaktiven **Safety-Check** finden Sie in der TRAUNER-DigiBox.

> Durch den richtigen Einsatz der Funktionen in WORD spare ich echt viel Zeit!

Time To Upgrade

> Bin ich froh, dass ich mich in WORD so gut auskenne. Dank Tabellen habe ich einen viel besseren Überblick!

III Mit WORD arbeiten

Sie finden

Tipp für Tipp zum Schreibprofi/
Seite 152

WORD kennenlernen/
Seite 171

WORD-Dokumente designen/
Seite 200

Mit Tabulator und Tabelle strukturiert arbeiten/
Seite 252

III Mit WORD arbeiten

Tipp für Tipp zum Schreibprofi

Der Verkäufer im Elektronikgeschäft hat ewig gebraucht, um meinen Auftrag zu erfassen. Der hat nur mit zwei Fingern getippt. Mega nervig und unprofessionell.

🔗 Nutzen Sie für die Erarbeitung des Tastenfeldes das Tastaturlernprogramm Multimedia-Typing
www.mm-typing.at

Computer sind in vielen Bereichen nicht mehr wegzudenken. Die Entwicklung von Programmen und Apps, die uns das Arbeiten erleichtern, schreitet rasch voran. Schnell und fehlerfrei tippen zu können, ist dabei stets die Grundvoraussetzung.

Wenn Sie richtig gut tippen können – also ohne dabei auf die Tastatur zu sehen, sind Sie mit Hausübungen, Präsentationen und allen anderen Arbeiten, die Sie am Computer erledigen, viel schneller fertig und haben mehr Zeit für andere Dinge.

In diesem Kapitel lernen Sie den effizienten Umgang mit der PC-Tastatur.

KOMPETENZ-ERWERB

🎯 Meine Ziele

Nach Bearbeitung dieses Kapitels kann ich
- das Tastenfeld am Computer erklären und
- Texte zügig und fehlerfrei eingeben.

1 Tastenfeld kennen

Ophelia hat zum Schulbeginn ein neues Notebook bekommen. Davor hat sie immer am Computer ihrer Mutter gearbeitet. Sie stellt fest, dass die Tastatur am Notebook anders aussieht als die von ihrer Mutter. Was hat es damit auf sich?

💬 Besprechen Sie gemeinsam, welche Arten von Tastaturen es gibt und welche Einheiten wo vorhanden sind.

Sehen Sie sich die Tastatur genauer an. Die verschiedenen Tasten sind zu Einheiten zusammengefasst.

❗ Eine PC-Standardtastatur ist in folgende Blöcke unterteilt:
- Hauptblock mit Buchstaben, Ziffern, Leertaste und Umschalttasten
- Cursor-Block mit Richtungstasten und Sondertasten
- Numerischer Tastenblock mit Zifferntasten und Rechensymbolen
- Zwölf Funktionstasten mit Esc-Taste ganz oben

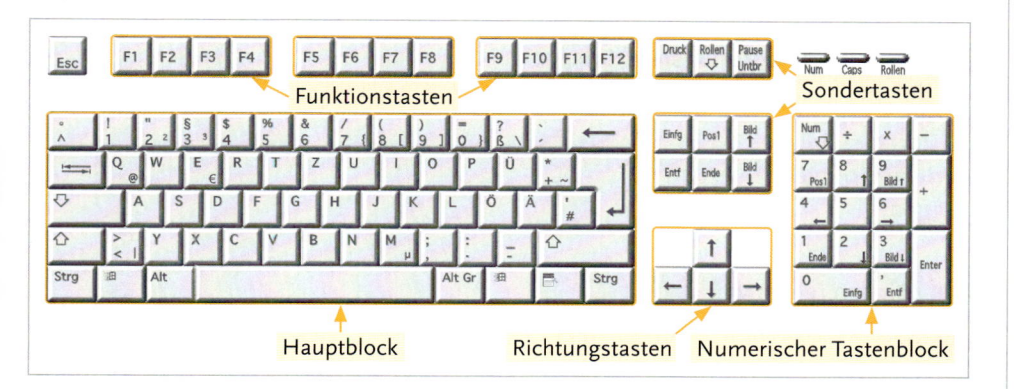

Funktionstasten — Sondertasten — Hauptblock — Richtungstasten — Numerischer Tastenblock

💡 Bei Notebook-Tastaturen sind die Funktionstasten meist auf anderen Tasten integriert. Um die jeweilige Funktion nutzen zu können, muss die FN-Taste aktiviert werden.

Die **Einfügemarke (Cursor, Positionsanzeiger)** ist ein blinkender senkrechter Strich, der die aktuelle Schreibposition im Text anzeigt. Er sieht meist so aus: |

Dies sind die wichtigsten Tasten der PC-Tastatur und ihre Funktionen:

Eingabetaste (Return- bzw. Enter-Taste) – für Zeilenumbrüche und Eingabebestätigungen

Umschalttaste (Shift-Taste) – für die Zweitbelegung von Tasten (z. B. Großschreibung)

Escape-Taste (Esc) – zum Abbrechen; für die Rückkehr zur vorherigen Bildschirmmaske, ohne eine Eingabe zu machen

Alternativetaste (Alt) – in Kombination mit anderen Tasten verschiedener Funktionen oder Befehle zum Ausführen (Alt + F4 schließt z. B. ein Dokument)

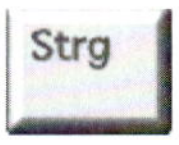

Steuerungstaste (Strg oder Ctrl = Control-Taste) – ebenfalls für Tastenkombinationen (z. B. Strg + C kopiert einen markierten Text in den Zwischenspeicher)

III Mit WORD arbeiten

Alternative Grafiktaste (`Alt Gr`) – für die Drittbelegung einer Taste, (z. B. €-Zeichen beim Drücken der Taste `E`)

Löschentaste (Backspace-Taste) – löscht das Zeichen links von der Einfügemarke (Cursor)

Entfernentaste (`Entf`) – löscht das Zeichen rechts von der Einfügemarke bzw. einen markierten Textteil

Richtungstasten – bewegen die Einfügemarke in verschiedene Richtungen

Funktionstasten `F1` bis `F12` – für unterschiedlichste Funktionen

WorkBox – „Tastenfeld kennen"

■ Welche Einsatzmöglichkeiten passen zu welchem Bereich? Verbinden Sie die Kästchen mit den richtigen Tasten.

❶ **Alternativetaste** – in Kombination mit anderen Tasten können verschiedene Funktionen oder Befehle ausgeführt werden

❷ **Richtungstasten** – bewegen die Einfügemarke in verschiedene Richtungen

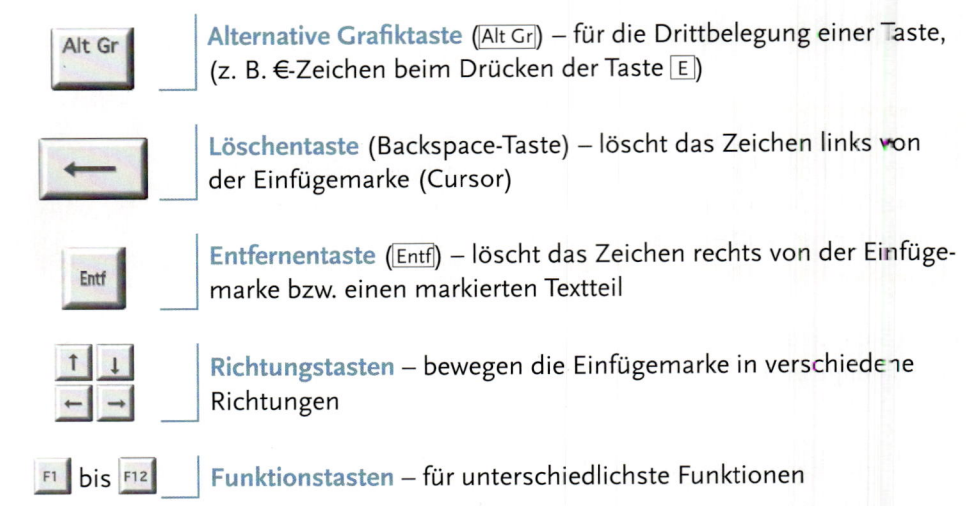

❸ **Entfernentaste** – löscht das Zeichen rechts von der Einfügemarke bzw. einen markierten Textteil

❹ **Funktionstasten** – für unterschiedlichste Funktionen

❺ **Steuerungstaste** – für Tastenkombinationen

❻ **Escape-Taste** – zum Abbrechen

❼ **Löschentaste** – löscht das Zeichen links von der Einfügemarke

❽ **Alternative Grafiktaste** – für die Drittbelegung einer Taste

❾ **Eingabetaste** – für Zeilenumbrüche und Eingabebestätigungen

❿ **Umschalttaste** – für die Zweitbelegung von Tasten

Tasten (rechte Spalte): F1 bis F12, ↵ (Eingabe), Alt Gr, Entf, Esc, ⇧ (Shift), Strg, ↑↓←→, ← (Backspace), Alt

154

2 Zügig Texte eingeben

Ophelia möchte ihren Kindergartenfreund Vinzent überraschen und seine selbst geschriebenen Songtexte in WORD eingeben. Sie bemerkt, dass sie Zeit spart und weniger Fehler macht, wenn sie sich das Zehnfingersystem aneignet.

💬 Besprechen Sie gemeinsam, ob Sie mit dem Adlersuchsystem tippen oder mit dem Zehnfingersystem. Welche Vorteile hat letzteres?

2.1 Wichtige Tipps, um zum Schreibprofi zu werden

Wenn Sie einfach und auf spielerische Weise das Zehnfingersystem lernen möchten, steht Ihnen das innovative Tastaturlernprogramm **Multimedia-Typing** zur Verfügung. Sie können aber auch die folgenden in diesem Buch erhaltenen **Tippübungen** nutzen. Beim **Tippen** helfen auf jeden Fall die folgenden Vorschläge!

Tipps!
1. Achten Sie auf die richtige Sitzposition.
2. Versuchen Sie, die Texte blind abzuschreiben.
3. Schreiben Sie in gleichmäßigem Tempo.
4. Machen Sie regelmäßig Entspannungsübungen.
5. Machen Sie **zwischendurch Pausen.** Stehen Sie auf und gehen Sie ein paar Schritte.

FILM AB!

In folgendem Video sehen Sie, wie Sie Entspannungsübungen richtig machen: www.trauner.at/schreibprofiwerden

Die richtige Sitzposition einstellen

Falsches Sitzen vor dem Computer führt meist zu Nacken- und Rückenschmerzen sowie zu Verspannungen. Weiters wird das Ermüden durch die richtige Sitzhaltung vermieden bzw. gemindert.

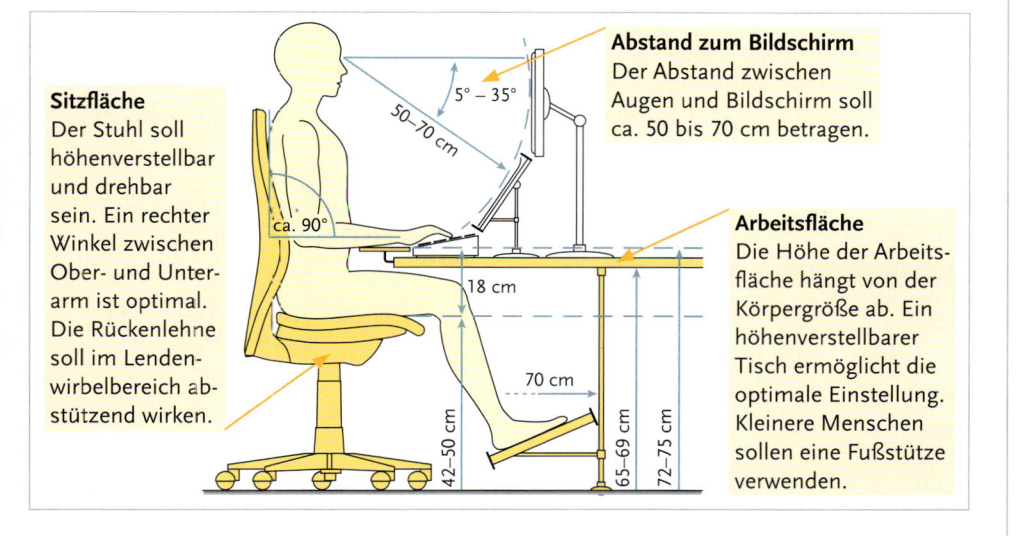

Sitzfläche
Der Stuhl soll höhenverstellbar und drehbar sein. Ein rechter Winkel zwischen Ober- und Unterarm ist optimal. Die Rückenlehne soll im Lendenwirbelbereich abstützend wirken.

Abstand zum Bildschirm
Der Abstand zwischen Augen und Bildschirm soll ca. 50 bis 70 cm betragen.

Arbeitsfläche
Die Höhe der Arbeitsfläche hängt von der Körpergröße ab. Ein höhenverstellbarer Tisch ermöglicht die optimale Einstellung. Kleinere Menschen sollen eine Fußstütze verwenden.

(5° – 35°, 50–70 cm, ca. 90°, 18 cm, 70 cm, 42–50 cm, 65–69 cm, 72–75 cm)

Falsches Sitzen kann schnell zu Schmerzen führen.

Schon gewusst?
Achten Sie auf die richtige Sitzposition, bevor Sie zu arbeiten beginnen. Kontrollieren Sie auch während des Arbeitens, ob die ideale Sitzposition noch eingehalten wird. Wenn nicht, korrigieren Sie sie.

III Mit WORD arbeiten

Tipp für Tipp zum Schreibprofi

2.2 Training mit Multimedia-Typing

Trainieren Sie das Zehnfingersystem mit dem **Tastaturlernprogramm Multimedia-Typing** ganz einfach und ohne Installation. Sie benötigen nur einen Internetzugang sowie einen aktuellen Browser.

Starten Sie Multimedia-Typing unter www.mm-typing.at und loggen Sie sich mit Ihrem Code ein.

Aha!
- Ab **Bestellung eines Klassensatzes** dieses Buches erhalten Sie für ein Schuljahr einen **kostenlosen Zugang zur Vollversion.** Dadurch nutzen Sie unentgeltlich die zahlreichen Vorteile der Schüler/innen-Verwaltung.
- Zusätzlich genießen die Schüler/innen mit dem Code **MMT** weiterhin den dauerhaft **kostenlosen, nicht personalisierten Zugang zur Basis-Version.** Diese bietet den vollen Übungsumfang, jedoch ohne Speichermöglichkeit.

Tippen Sie los! Ihr Plus zum Schulbuch

So fordern Sie die kostenlose Vollversion für Ihre Klasse(n) an:
- Die Mitarbeiter/innen unseres Buchservices stehen Ihnen gerne zur Verfügung: buchservice@trauner.at, Tel.: +43 732 77 82 41-0.
- Geben Sie die Anzahl der Schüler/innen pro Lehrer/in, Ihre Schulkennzahl sowie evtl. Ihren Schulbuchhändler bekannt.
- Sie erhalten Ihren Zugangscode zur Schüler/innen-Verwaltung und können Ihre Schüler/innen selbst eintragen.
- Weitere Informationen sowie detaillierte Anleitungen zum Programm und zur Verwaltung finden Sie unter www.mm-typing.at.

Ihre Vorteile in der Vollversion

IMMER VERFÜGBAR
Übungsstatus und Ergebnisse werden online gespeichert und sind immer verfügbar – unabhängig davon, auf welchem PC trainiert wird.

ALLES IM BLICK
Lehrkräfte können online in der Verwaltung erkennen, wann welche Übung absolviert wurde und welche Fehler gemacht wurden.

SO INDIVIDUELL, WIE SIE WOLLEN
Lehrkräfte können schnell und einfach eigene Texte und Übungen über Multimedia-Typing zur Verfügung stellen.

STICKER SAMMELN ALS ÜBUNGSANREIZ!
Für jede positiv absolvierte Übung kann ein Bild in das persönliche Bilderalbum geklebt werden – für mehr Motivation beim Üben.

STELLEN SIE SICH VOR …
Eine Geschichte aus der Lebenswelt der Schüler/innen verstärkt spielerisch die audiovisuelle Verknüpfung von Bild, Farbe und Ton.

Lernen mit allen Sinnen

Mit Bild, Text und Ton auf spielerische Weise das Zehnfingersystem erlernen

Immer verfügbar!

Zusatzinfo für Lehrerinnen und Lehrer

2.3 Tippübungen

Unterstützend zum Tastaturlernprogramm Multimedia-Typing können Sie die Griffe auch mit den im Buch enthaltenen Griffübungen in einem WORD-Dokument erarbeiten. Verwenden Sie dafür
- die **Standardränder** und die **Standardschriftart Calibri,**
- die **Schriftgröße 12 Punkt.**

💡 Um eine **Leerzeile einzufügen**, müssen Sie die Eingabetaste mit dem rechten kleinen Finger drücken.

2.3.1 Grundreihe a s d f j k l ö

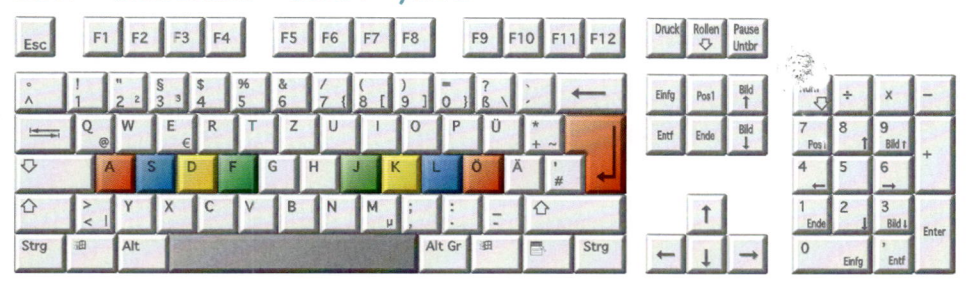

💡 Hat ein Wort in einer Zeile nicht mehr Platz, wird das ganze Wort automatisch in die nächste Zeile verschoben.

Linke Hand
- 🔴 a kleiner Finger
- 🔵 s Ringfinger
- 🟡 d Mittelfinger
- 🟢 f Zeigefinger
- ⚪ Daumen — Leertaste

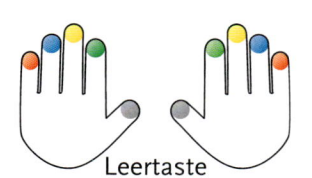

Rechte Hand
- 🟢 j Zeigefinger
- 🟡 k Mittelfinger
- 🔵 l Ringfinger
- 🔴 ö kleiner Finger
- ⚪ Daumen

Schon gewusst?
Wenn Sie die Finger auf die Tasten asdf jklö legen, so nennt man das „Grundstellung". Welche Taste Sie auch antippen, der Finger wandert nach dem Tippen wieder in die Grundstellung zurück. Zum einfachen Wiederfinden sind die Tasten „f" und „j" mit einer Einkerbung oder Erhöhung versehen. Probieren Sie das aus!

WorkBox – „Grundreihe a s d f j k l ö"

1. Trainieren Sie Wörter mit den Buchstaben a s d f j k l ö

1. ja öd ja öd ja öd ja öd ja öd ja öd ja öd öl da öl da öl da öl da öl da öl da öl da öl da
2. las das lad aas lös fad all las das lad aas lös fad all las das lad aas lös fad all las das lad fad lös
3. fall lass falk kalk fass saal faak kaff fall lass falk kalk fass saal faak kaff lass kalk fall lass falk
4. falls kalkfass skala kassa alaska jaffa kajak dallas ölfass jaffaöl falls skala alaska dallas kassa
5. ölfass jaffa falls kajak alaska kalkfass falls kassa falls kajak kalkfass jaffaöl alaska kassa skala

2. Üben Sie die Griffe a s d f j k l ö

6. kalk ja fass skala fad alaska öl kaff saal kajak falls aas lös kassa jaffa ölfass das öl öd saal fad
7. kalk falls skala kalkfass kajak fall lös lad alaska das all ölfass dallas da lass kajak falls dallas öl
8. kaff alaska ölfass kalkfass skala aas lös als dallas kajak jaffa fass kalk ölfass kajak saal kaff fass
9. alaska aas lös falls kalk fass dallas jaffa kaff alaska jaffaöl ölfass saalkassa kalkfass falls skala
10. kajak kaff aas dallas aal skala lös fass las falls kajak falls dallas ölfass kalk kassa das saal lad öl

III Mit WORD arbeiten

💡 Das **Satzzeichen** wird direkt an den letzten Buchstaben angeschlossen. Danach folgt ein Leerzeichen. Also: **Vor** dem Satzzeichen wird **kein Leerzeichen**, nach dem Satzzeichen wird **ein Leerzeichen** gesetzt.

💡 **Wussten Sie, dass**
... **Eifel** der Name eines Mittelgebirges ist,
... **Ede** eine Stadt in Afrika ist?

2.3.2 Griffe e i ,

Linke Hand
e Mittelfinger

Rechte Hand
i Mittelfinger
, Mittelfinger

WorkBox – „Griffe e i ,"

■ Trainieren Sie die Griffe e i ,

1 das fell, die feldlilie, die diele, die feile, das kleid, die idee, die eile, das öl, das eis, diese feile,
2 das lied, sei leise, des eides, das fell, das seil, die idee, die diele, das dieselöl, die feldlilie, die
3 seife, das lied, die seide, das kleid, die diele, das ei, die diele, das kleid, die feldlilie, die feile,
4 diese diele, diese feile, dieses kleid, dieses seil, diese idee, diese feile, dieses kleid, diese falle,
5 diese seife, dieses lied, diese seide, diese lilie, dieses ei, diese seife, dieses eis, diese eile, dies

2.3.3 Griffe g h

💡 Um einen **falschen Buchstaben sofort korrigieren** zu können, tippen Sie mit dem rechten kleinen Finger auf die Korrekturtaste, auch Rück- oder Backspace-Taste genannt.

Linke Hand
g Zeigefinger

Rechte Hand
h Zeigefinger
← kleiner Finger

WorkBox – „Griffe g h"

■ Üben Sie die Griffe g h

1 die gala, sei leise, die halle, das öl, das glas, die seide, die hefe, das kleid, das gel, die lilie, die
2 haie, das segel, das led, die halle, das fell, die lage, die idee, die haie, die höhle, die fliege,
3 die lilie, die halle, das segel, die fliege, das gehege, das gel, die geisel, die gelse, die höhle,
4 die halle, das gas, die gasse, die höhle, die galle, die hefe, das geld, die haie, die klage, die
5 haie, die flagge, die gasse, die sage, die höhle, das gehege, die gelse, die halle, die fliege,

158

2.3.4 Großschreibung

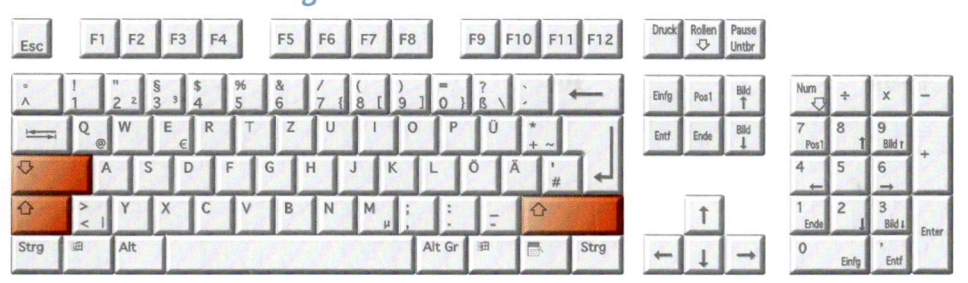

Großschreibung:
- Umschalttaste ⇧ gedrückt halten und den gewünschten Buchstaben antippen
- Umschalttaste loslassen

Für **dauerhaftes Großschreiben** drücken Sie die **Feststelltaste.** ⇩

💡 Wenn Sie einen Buchstaben mit der **rechten Hand** groß schreiben möchten, betätigen Sie die linke Umschalttaste.
Möchten Sie einen Buchstaben mit der **linken Hand** schreiben, drücken Sie die rechte Umschalttaste.

WorkBox – „Großschreibung"

- Trainieren Sie die Griffe Großschreibung.

  1 die Idee, das Glas, das Kleefeld, die Gelse, die Klage, die Haie, das Segel, die Gasse, die Sage,
  2 die Klassik, das Gehege, die Skala, das Kleid, die Hefe, die Fassade, die Höhe, die Feile, das
  3 Siegel, die Diele, das Glas, die Feldlilie, die Hölle, die Klage, das Dieselöl, das Kleid, die Gelse,
  4 die Hefe, die Fassade, die Höhle, das Leid, die Klasse, die Alge, die Löffel, die Gasse, das Fass,
  5 das Segel, die Eile, die Klasse, die Skala, die Feile, das Lied, die Hölle, das Siegel, das Gehege,

2.3.5 Griffe r u 5 8

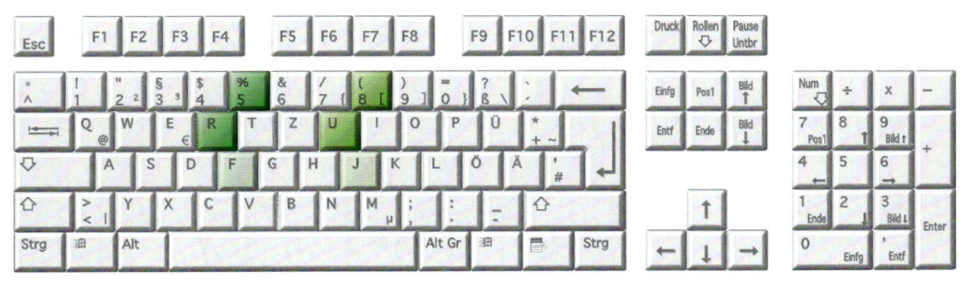

Linke Hand
- r Zeigefinger
- 5 Zeigefinger

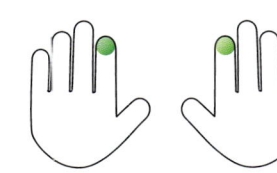

Rechte Hand
- u Zeigefinger
- 8 Zeigefinger

> Hello, technical support? Which one is the "any key"?

WorkBox – „Griffe r u 5 8"

- Üben Sie die Griffe r u 5 8

  1 auf der Lauer, 858 Lieder, das helle Feuer, 58 Kurse, der ruhige Fahrer, 8 Rufe, eile hierher,
  2 fahre geradeaus, 85 Seile, Rudi fuhr Fahrrad, 5 Lager, er fiel heraus, Klaus fuhr auf der Gasse,
  3 das grelle Kaufhaus, 55 Griffe, das helle Regal, der kluge Geier, die freie Rede, der graue Uhu,
  4 das riesige Feld, heuer fuhr Gerda, das sehr ruhige Segel, das urige Haus, dieses rissige Leder,
  5 88 Felder, sie fuhr herauf, 5 Fahrer, das grelle Kleid, 85 Kurse, die riesige Uhr, 885 Ausrufe

III Mit WORD arbeiten

2.3.6 Griffe t z 6 7

Machen Sie immer wieder zwischendurch eine Entspannungsübung, z. B. die Augenübung.

Linke Hand
- t Zeigefinger
- 6 Zeigefinger

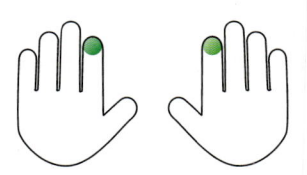

Rechte Hand
- z Zeigefinger
- 7 Zeigefinger

WorkBox – „Griffe t z 6 7"

- Üben Sie die Griffe t z 6 7

1 die klare Zusage, die kalte Luft, die Ratte lief heraus, sehr geehrter Herr Ratz, das starke
2 Herz, die ruhige Zugfahrt, Adele hatte es eilig, der geizige Lehrer, das fertige Referat, ihre
3 Taktik ist sehr klug, das teure Kleid ist da, Zita stört die steile Zufahrt, die zarte Seite,
4 7 Tester, 67 Hefte, 667 Zeiger, 76 Teile, 677 Harze, 6 Gesetze, 76 Teller, 67 Leiter, 776 Ziele,
5 68 Kurse, 86 Gesetze, 87 Teller, 56 Löffel, 75 Fahrer, 78 Seile, 65 Tests, 68 Lehrer, 7 Referate,

2.3.7 Griffe b n .

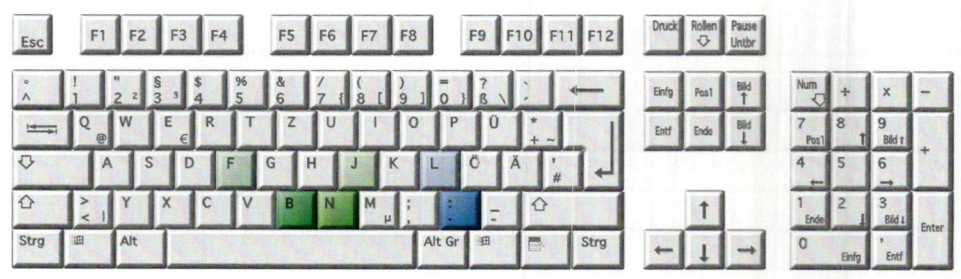

Automatisches Großschreiben nach dem Satzpunkt ausschalten
- DATEI – OPTIONEN
- DOKUMENTPRÜFUNG – AUTOKORREKTUR-OPTIONEN...
- AUTOKORREKTUR – JEDEN SATZ MIT EINEM GROSSBUCHSTABEN BEGINNEN deaktivieren

Linke Hand
- b Zeigefinger

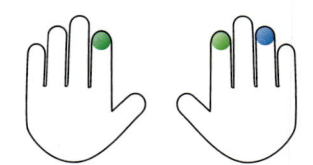

Rechte Hand
- n Zeigefinger
- . Ringfinger

WorkBox – „Griffe b n ."

- Üben Sie die Griffe b n .

1 Bert stöbert bei seiner Tante in der Lade. Das Band ist lang. Das Bild ist bunt. Nala arbeitet
2 die einzelnen Aufgaben genau aus. Jetzt beginnt die ruhige Zeit. Das Bild ist fertig. Lena geht
3 gerne einkaufen. Der Kursbeitrag ist zu bezahlen. Benedikt isst im Restaurant. Anna und Hari
4 sind bis Dienstag auf Urlaub in Graz. Sie kann den niedrigeren Rabatt anbieten. Er feiert bald
5 seinen Geburtstag. Bettina liebt beige Nelken. Den Betrag erhöhen. Eine Burg bauen lassen.

Tipp für Tipp zum Schreibprofi

2.3.8 Griffe v m

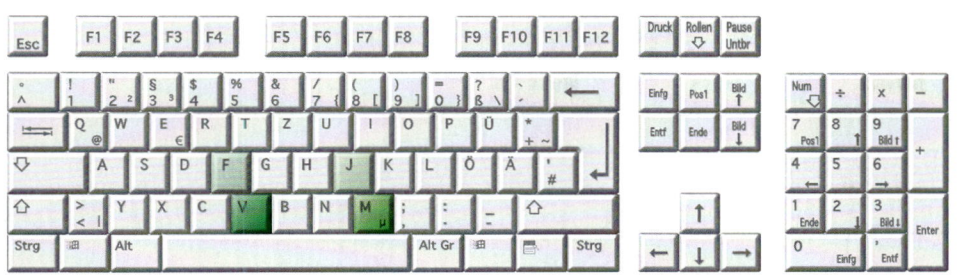

Linke Hand
v Zeigefinger

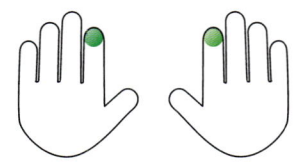

Rechte Hand
m Zeigefinger

WorkBox – „Griffe v m"

- Üben Sie die Griffe v m

1 Valentina mag das kalte Klima in Finnland. Die Eisenbahn ist langsamer als das Flugzeug. Um
2 die Muskeln zu dehnen, muss man viel trainieren. Vinzenz lebt in Velden. Eva sagt Mimi ihre
3 Meinung. Viele Kinder tragen Markenkleidung. Das Vereinsleben in St. Veit nimmt rasant zu.
4 Vanessa kann ihr Lernniveau steigern. Die Familie kauft eine Villa. Manuel verlangt viel Geld.

2.3.9 Griffe c ; 4 9

Linke Hand
c Mittelfinger
4 Mittelfinger

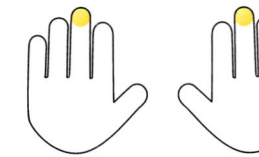

Rechte Hand
; Mittelfinger
(⇧-Taste links + Mittelfinger rechts)
9 Mittelfinger

💡 Denken Sie daran: **Vor** dem Satzzeichen wird **kein Leerzeichen, nach** dem Satzzeichen wird **ein Leerzeichen** gesetzt.

WorkBox – „Griffe c ; 4 9"

- Üben Sie die Griffe c ; 4 9

1 4 Tische; 9 Rechnungen; 79 Techniker; 9 969 Menschen; 97 Schafe; 45 Schlecker; 98 Zecken;
2 48 Taschen; 64 Schieberegler; 94 Ecken; 59 Fackeln; 9 Löcher; 79 Flaschen; 4 649 Scherben;
3 In der Ecke liegt Staub. Schade, dass ich nicht mitmachen kann. Österreich ist ein schönes
4 Land. Der Sachbearbeiter der Firma Schlick stellte diese Rechnung aus. Clara schrieb Chiara
5 eine Nachricht. Das 4. Schreiben ist nichtig. Christian fliegt am Dienstag zum 9. Mal nach
6 China. Diese 4 Maschinen arbeiten nicht richtig. Wir haben 4 Nachfragen nach dem neuen
7 Artikel. Der 9. Vertrag ist nicht unterschrieben. Ich habe diese 49 Aufgaben erledigt.

III Mit WORD arbeiten

2.3.10 Griffe w o 3 0

Linke Hand
- w Ringfinger
- 3 Ringfinger

Rechte Hand
- o Ringfinger
- 0 Ringfinger

Machen Sie immer wieder zwischendurch eine Entspannungsübung, z. B. die Nackenübung.

WorkBox – „Griffe w o 3 0"

- Üben Sie die Griffe w o 3 0

1 Willi wohnt in Wels. Die Wohnung wird aufgelöst. Leon steht Wache. Wilhelm will es wissen.
2 Die Schwierigkeiten konnten noch gelöst werden. Die freiwillige Feuerwehr konnte 3 Fahrer
3 nach wenigen Minuten aus dem Auto bergen. Die 30 Wanderungen wurden abgesagt.
4 Die Wassermelone wird frisch aufgeschnitten. Der Ober serviert 3 Honigmelonen. Wolfgang
5 kauft 3 Ordner. Die 3 Witwen gehen ins Kino. 30 Winzer stehen zur Wahl. Die 30 Wallfahrer
6 wohnen in einer Jugendherberge. Ottilie zeigt Wohlwollen. Das Medikament ist wirkungslos.

2.3.11 Griffe q p ! 1 2

Linke Hand
- q kleiner Finger
- 1 kleiner Finger
- 2 kleiner Finger
- ! kleiner Finger

Rechte Hand
- p kleiner Finger

(⇧-Taste rechts und kleiner Finger links)

WorkBox – „Griffe q p ! 1 2"

- Üben Sie die Griffe q p ! 1 2

1 176 Quellen! 21 Quittungen! 45 Requisiten! 201 Querverweise! 1 Puppenhaus! 39 Plaketten!
2 Perfekt! Hurra! Super! Bravo! Schön! Toll! Willkommen! Dankeschön! Adieu! Patrick kann
3 die 21 Pakete in der Poststelle abholen. Die 12 Aquarien wurden gestern geputzt. Der Plan
4 ist noch in Bearbeitung. 2 Computer wurden repariert. Jacqueline bekam zu Pfingsten 2
5 Puppen. Putze deine Schuhe picobello! Schmecke die Suppe ab! Quere den Weg! Campen ist
6 super! Die Aquarellmalerin verkaufte 1 Bild an Herrn Quatember. Die 2 Quirl sind kaputt.

Tipp für Tipp zum Schreibprofi

2.3.12 Griffe x :

Linke Hand
x Ringfinger

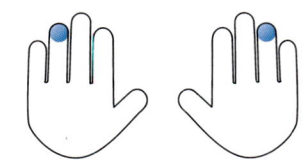

Rechte Hand
: Ringfinger
(⇧-Taste links und Ringfinger rechts)

WorkBox – „Griffe x :"

■ Üben Sie die Griffe x :
1 Deine laxe Einstellung möchte ich nicht haben. Das Exportunternehmen hat den Auftrag
2 erteilt. Die Textilfabrik wurde verkauft. Die flexible Kreditrate wird nicht gerne angeboten.
3 Alexandra hat einen Fixplatz an der Fachhochschule. Das Kruzifix wird nicht abgenommen.
4 Die Politische Expositur Bad Aussee wurde aufgelassen. Felix hat eine Luxusreise gebucht.
5 Alexandra kaufte die Extraausgabe der Zeitschrift im Fachhandel. Die Exkursion wird
6 abgesagt. Bei einer Explosion sollte man in Deckung gehen. Der Text muss neu formuliert

2.3.13 Griffe y –

Linke Hand
y kleiner Finger

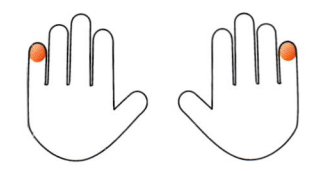

Rechte Hand
- kleiner Finger

💡 Wird ein **Bindestrich** mit einem Leerzeichen davor und danach **gesetzt,** wandelt WORD den kurzen Bindestrich automatisch in einen langen Bindestrich um.

👆 **Kurzen Bindestrich durch langen Bindestrich ersetzen**
■ Datei – Optionen
■ Dokumentprüfung – Autokorrektur-Optionen...
■ Autoformat während der Eingabe – Bindestriche (--) durch Geviertstrich (–) aktivieren

WorkBox – „Griffe y –"

■ Üben Sie die Griffe y –
1 Das Schloss Persenbeug steht in der niederösterreichischen Gemeinde Persenbeug-
2 Gottsdorf. Anna-Sophie bekam zum Geburtstag von ihrer Oma ein Xylofon. Joseph Haydn ist
3 ein deutsch-österreichischer Komponist. Yan wechselte den Handytarif. Das Kurhotel Bad
4 Wimsbach-Neydharting ist sehr beliebt. Das Eishockeyspiel wurde verschoben. Tausende
5 Bayernfans kamen zum Entscheidungsspiel. Den heurigen Urlaub haben wir auf einer Yacht
6 verbracht. Das Ergebnis wird nun analysiert. Kleine Buben verkleiden sich gerne als Cowboys.

III Mit WORD arbeiten

2.3.14 Griffe ä ü ß ?

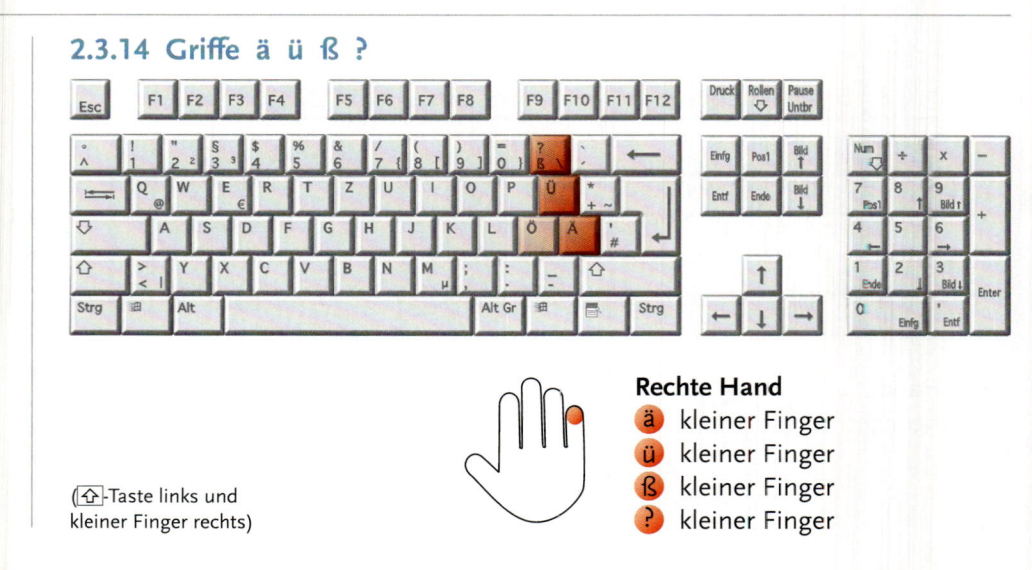

Rechte Hand
- ä kleiner Finger
- ü kleiner Finger
- ß kleiner Finger
- ? kleiner Finger

(⇧-Taste links und kleiner Finger rechts)

WorkBox – „Griffe ä ü ß ?"

- Üben Sie die Griffe ä ü ß ?

1 Die Schülerinnen und Schüler hören dem Märchenerzähler gespannt zu. Die Mutter bekam
2 einen großen Blumenstrauß. Das Mädchen kaufte eine grüne Gießkanne. Jürgen wäre lieber
3 zu Hause geblieben. Überall scheint die Sonne. Äußere dich höflich! Den Käfig gründlich
4 säubern lassen. Günther ertappte die Räuber. Das Maß wurde gänzlich überschritten.
5 Wer hat diese Lüge erzählt? Lässt du mich vorgehen? Wo werdet ihr nächtigen? Wäre dir das
6 Hemd mit den langen Ärmeln lieber? Wieso bist du so spät noch draußen? Wann eröffnet

Verwenden Sie für die Erarbeitung der Akzent- und Sonderzeichen die **Standardränder** und die **Standardschriftart Calibri.** Stellen Sie die Schriftgröße auf **14 Punkt** ein.

2.3.15 Alt Gr-Taste, Akzent- und Sonderzeichen

Möchten Sie Tasten, die auf der Tastatur an dritter Stelle angegeben sind, auf dem Bildschirm darstellen, so drücken Sie die Alt Gr-Taste. Anstelle der Alt Gr-Taste können Sie auch die Tasten Strg + Alt gemeinsam drücken.

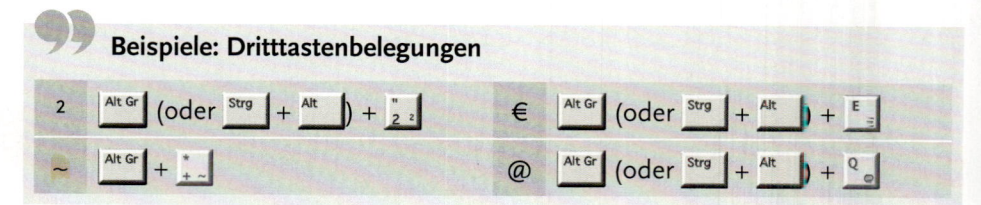

Beispiele: Dritttastenbelegungen

² AltGr (oder Strg + Alt) + ²   € AltGr (oder Strg + Alt) + E

~ AltGr + *   @ AltGr (oder Strg + Alt) + Q

💡 ´-Taste drücken und anschließend den gewünschten Buchstaben tippen.

Tilde (~) = in manchen Sprachen Teil des Buchstabens. Sie findet auch in Mathematik und Informatik Anwendung.

💡 Das Akzentzeichen erscheint erst mit dem Buchstaben.

Akzentzeichen
Akzentzeichen benötigen Sie, um Buchstaben mit Akzentzeichen rasch einzufügen.

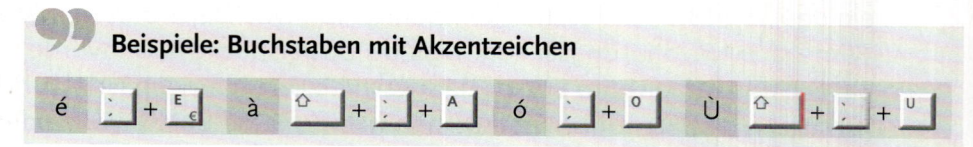

Beispiele: Buchstaben mit Akzentzeichen

é ´ + E   à ⇧ + ´ + A   ó ´ + O   Ù ⇧ + ´ + U

164

WorkBox – „Alt Gr-Taste, Akzent- und Sonderzeichen"

■ Schreiben Sie die Satzübungen.

1 Der Backslash wird für Pfadangaben verwendet: C:\Benutzer\Sarah. Mengen werden in
2 geschwungenen Klammern geschrieben: M = {3, 6, 9, ...}. Eckige Klammern nennt man auch
3 square brackets. Sie werden verwendet, wenn innerhalb einer Klammer noch etwas
4 eingeklammert wird oder in Termen. Beispiel: [(a + b)² + (a + c)²] + (n² + 1).
5 Hochgestellte Zahlen werden mit den Tasten 2 und 3 dargestellt. Beispiele dafür sind 100 m²,
6 98 cm³. Das At-Zeichen, auch Klammeraffe genannt, wird für E-Mail-Adressen verwendet:
7 ali@gmx.at. Das Euro-Zeichen kann vor oder nach dem Betrag stehen: Beispiel: € 300,00.
8 Der Betrag von 1.200,00 € wird morgen überwiesen. Die Tilde ist Bestandteil einiger
9 Sprachen. Geöffnete Dateien weisen sie zu Beginn des Dateinamens auf: ~schuluebung.docx.
10 Beispiele für Akzentzeichen: karatè [ital.] Karate; cápa [ung.] Hai; canción [span.] Lied; hôtel
11 [franz.] Hotel; Jasné! [slk.] Alles klar!

2.3.16 Training der Ziffern

WorkBox – „Training der Ziffern"

1. Trainieren Sie die Ziffern 4 5 6 7 8.

1 Fahren Sie auf der Autobahn A8 Richtung Passau. 48 Mio. Euro wurden für die Sanierung
2 bestehender Gebäude benötigt. Am 6. Juni findet die 5. Sponsion statt. 566 Personen
3 nahmen am 75. Kongress teil. 5 Häuser wurden versteigert. Das Höchstgebot liegt bei
4 455.777 €. Er wurde mit 45 Dienstjahren geehrt. Bitte liefern Sie die 55 Torten in die
5 Judenburger Straße 87, 8756 St. Georgen. Wir haben heuer 45 876 kg Trauben entsaftet.
6 Die Restzahlung in Höhe von 655 € ist bei Zustellung zu bezahlen. 6 Jugendliche haben die
7 Möglichkeit, beim Wettbewerb am 4. Jänner teilzunehmen. Beim Unfall waren 4 Personen
8 beteiligt. 87 Kartons wurden für den Umzug benötigt. 84 Schülerinnen und 76 Schüler
9 besuchen die 4. Klasse Volksschule. Das Büro wird mit 4 Schreibtischen, 8 Drehstühlen und
10 6 Kästen neu ausgestattet. Der Betrag in Höhe von 7.845 € wurde am 8. Juli überwiesen.
11 4 Monteure werden mit 7. April neu eingestellt. Der nächste Ort ist 5 km entfernt. Bitte
12 wählen Sie die Durchwahl 87. Ihre Steuernummer lautet: 4578-76. Der Räuber erbeutete
13 Schmuck im Wert von mehr als 5 Mio. Euro. Wähle 4 Zutaten aus! Die Linien 4, 45 und 78
14 fahren zum Bahnhof. 6 Mitarbeiter sind auf Urlaub. Das ist heuer bereits die 5. Radarstrafe.

2. Üben Sie die Ziffern 1 2 3 9 0.

15 Sie erreichen ihn unter der Telefonnummer 01 29 31 02. Die Rechnung wurde am 1. Juni
16 2013 ausgestellt. Der Betrag in Höhe von 199,00 EUR wurde noch immer nicht überwiesen.
17 Mehr als 100 Mitarbeiter wurden gekündigt. Das Unternehmen feiert im nächsten Jahr sein
18 300-jähriges Bestandsjubiläum. Neueröffnung am 2. Mai. Kannst du mir die 2 Lieder auf den
19 PC kopieren? Besuche uns am 1. Juli um 19 Uhr. 1 t sind 1 000 kg. Wir wohnen im 2. Stock.
20 Die Miete beträgt 399,00 €. Der Fernseher kostet 1.233,00 € inkl. 20 % USt. Das Aquarium
21 fasst 300 l. Das Stück Fleisch wiegt 1,3 kg. Die Wohnwand hat eine Länge von 320 cm. Die 22
22 Stk. Freischwinger wurden gestern geliefert. Die Badewanne wiegt 33 kg. 1 Klappstuhl fehlt.
23 10 000 Kopien wurden angefertigt. Die Reparatur dauert ca. 2 Stunden. Kaufe die Mineral-
24 farben mit den Nummern 1090 und 3201. Die Bestellnummer lautet 129-2210119-0.
25 An der Feier nahmen ca. 200 Gäste teil. Für das Geschenk hat jeder 30,00 EUR bezahlt. Bitte
26 bestelle 1 300 Stk. Flyer. Familie Huber zog in die Steingasse 29. Auf der Autobahn gilt die
27 Höchstgeschwindigkeit 130 km/h. Abfahrt ist auf Gleis 9. Der EDV-Raum wurde mit 13 neuen
28 Computern ausgestattet. Fahre mit der Linie 1 zum Hafen. Derzeit sind 39 Kinder gemeldet.

III Mit WORD arbeiten

💡 Den Nummernblock aktivieren und deaktivieren Sie mit der **NumLock-Taste.** Bei aktivem Nummernblock leuchtet ein Licht auf der Tastatur.

💡 Setzen Sie Tabstopps mit der ⇄-Taste zwischen den einzelnen Kolonnen, um zu gewährleisten, dass sie untereinander stehen. Für einen Zeilenwechsel betätigen Sie die Eingabetaste auf dem Ziffernblock mit dem rechten kleinen Finger.

2.3.17 Der numerische Tastenblock

Der numerische Tastenblock befindet sich rechts auf der Computertastatur. Bei Notebooks ist er meist in das Tastenfeld integriert und durch eine Funktionstaste zu aktivieren.

Die richtige Bedienung des Ziffernblockes spart viel Zeit beim Eingeben von Zahlen.

Legen Sie die rechte Hand in die Grundstellung, d. h., auf die Ziffern 4, 5 und 6. Wie auch beim Zehnfingersystem gilt hier die Regel: Die Finger wandern nach dem Betätigen der Taste zurück in die Grundstellung.

Tipp!
Verwenden Sie für die Erarbeitung des numerischen Tastenblocks die **Standardränder** und die **Standardschriftart Calibri.** Stellen Sie die **Schriftgröße** auf **14 Punkt** ein.

WorkBox – „Der numerische Tastenblock"

1. Griffübungen Grundreihe 4 5 6

4	456	4654	45456
44	465	4546	64556
444	454	4564	54665
4444	464	6445	45654
5	545	5456	54546
55	656	5654	46654
555	544	6546	56455
5555	655	5465	65545
6	654	6565	65456
66	645	6654	64546
666	664	5645	46566
6666	465	6466	56454

2. Griffübungen 7 1

7	747	4756	57467
77	577	7647	57674
777	675	5746	76745
7777	765	5764	47647
1	141	1441	14561
11	145	1541	16514
111	417	7514	74161
1111	165	7146	71614

3. Griffübungen 8 2

8	858	8558	85658
88	867	8418	84617
888	815	8176	74658
8888	418	6581	78518
2	252	2562	25641
22	246	2145	74522
222	652	8521	24672
2222	216	2874	46521

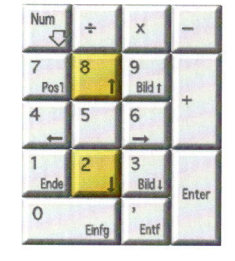

4. Griffübungen 9 3

9	969	9654	96142
99	925	9751	65984
999	981	8974	94569
9999	298	6498	74598
3	363	3652	34521
33	312	3587	31567
333	453	5432	65723
3333	413	6325	85231

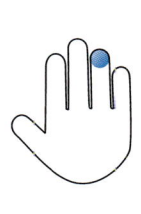

5. Griffübungen 0

0	065	5201	32012
00	652	7450	63507
000	813	5707	45038
0000	864	0785	65076

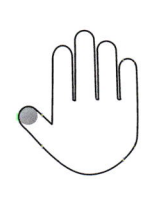

6. Griffübungen

47461	532145	65231	985413
98501	651376	03179	462897
50179	845320	47632	875901
65321	985601	46730	498302
67031	657013	54389	511035
97503	178031	85734	642387
32987	012694	74532	745201
14591	746801	36701	746019
74106	654970	329705	640973
31097	706491	439702	465812
98013	463207	980137	740365
39701	647019	348703	647901

Tipp für Tipp zum Schreibprofi

III Mit WORD arbeiten

Ziele erreicht? – „Tipp für Tipp zum Schreibprofi"

KOMPETENZ-ERWERB

Ausgangssituation

Ophelia und Vinzent tippen schon richtig schnell und machen kaum Fehler. Versuchen Sie auch, in zehn Minuten so viele Zeichen wie möglich mit möglichst wenigen Fehlern zu erreichen. Zehn-Minuten-Abschriften steigern die Schreibfertigkeit, fördern die Konzentration und sind leicht überprüfbar.

SCHRITT FÜR SCHRITT ARBEITSANWEISUNG

1. Schreiben Sie sich mithilfe der Vorübungen warm.
2. Entspannen Sie sich vor der Abschrift (Gymnastik)!
3. Blicken Sie nur auf die Vorlage – konzentrieren Sie sich!
4. Sofort bemerkte Fehler dürfen mit der Löschentaste korrigiert werden.
5. Aktivieren Sie die automatische Silbentrennung und schreiben Sie den Text fortlaufend ab.
6. Verwenden Sie die Schnellformatvorlage Standard und schalten Sie nur bei den entsprechenden Absätzen.

SCHRITT FÜR SCHRITT AUSWERTUNG

1. Ermitteln Sie die Anzahl der geschriebenen Zeichen.
2. Kontrollieren Sie Ihre Abschrift auf Fehler und notieren Sie diese. Mehrere Fehler in einem Wort und Zwischenraumfehler gelten als ein Fehler.
3. Errechnen Sie die Fehlerquote mit folgender Formel:

$$\frac{\text{Fehler} \cdot 100}{\text{Anschläge (= Anzahl der geschriebenen Zeichen)}}$$

BEURTEILUNG

Vergleichen Sie die errechnete Prozentzahl mit der nachstehenden Tabelle und geben Sie sich selbst eine Note.

Fehlerquote	Note
– 0,125 %	Sehr gut
– 0,250 %	Gut
– 0,375 %	Befriedigend
– 0,500 %	Genügend

Nebenstehender Beurteilungsschlüssel ist ein Richtwert für Anfänger/innen. In der Praxis können andere, strengere Schlüssel zur Anwendung kommen.

Dank der Übungen im Tastaturlernprogramm Multimedia-Typing bin ich perfekt vorbereitet.

💡 Je mehr Anschläge Sie erreichen – also je schneller Sie schreiben, desto mehr Fehler dürfen Sie sich erlauben, um trotzdem einen positiven Prozentsatz zu erreichen.

Ein vorbereitendes Trainingsprogramm und Vorübungen zu den Abschriften finden Sie in der TRAUNER-DigiBox, weitere Abschriften im Tastaturlernprogramm Multimedia-Typing unter www.mm-typing.at.

MMT Tipp für Tipp zum Schreibprofi

168

1. Erfassen Sie den Text in der Schriftart Calibri, Schriftgröße 14 Punkt.
a) Speichern Sie ein neues WORD-Dokument unter **Haare_färben1.docx**.

Ob Blond, Braun oder Rot – Haarfarben haben eine besondere Bedeutung. Blond gilt immer noch als besonders weiblich, Frauen mit dieser Haarfarbe wirken weicher und strahlend. Übrigens sind Naturblonde und Blondinen in Deutschland selten. Lediglich acht Prozent aller deutschen Frauen und sechs Prozent aller deutschen Männer kommen blond zur Welt. Trotzdem besagen Umfragen, dass mehr als sechzig Prozent aller deutschen Männer Blondinen bevorzugen.

Rote Haare dagegen gelten immer noch als verrucht, feurig und erotisch. Dunkle bzw. schwarze Haare wirken ehrlich, kompetent, aber auch rassig und melancholisch. Wenn man von Natur aus nicht die gewünschte Haarfarbe hat oder ein anderer Typ sein will, kann man die Haare färben. Rund achtzig verschiedene Farbtöne stehen hierbei zur Auswahl.

Alle haben jedoch eines gemeinsam – sie wirken chemisch, das heißt, die färbenden Substanzen dringen in das Haar ein und verändern es. Und diese Chemikalien lösen nicht selten Allergien aus.

Achtung vor chemischen Färbemitteln! Die Zeitschrift Öko-Test hat sich mehrfach damit beschäftigt, wie schädlich die Färbeprodukte tatsächlich sind. Fast alle Produkte hatten allergieauslösende Substanzen, nur wenige der getesteten Produkte sind wirklich empfehlenswert. Alle Färbemittel, die eine permanente Farbänderung bewirken, enthalten zudem gesundheitlich bedenkliche Chemikalien.

Wenn Sie Ihr Haar schonend tönen wollen, lohnt sich vor dem Kauf ein Blick ins Packungsinnere. Viele Hersteller nennen ihre chemischen Färbemittel Intensivtönungen. Man erkennt diese Mogelpackungen an den zwei Komponenten, die man zusammenmischen muss. Echte Tönungen muss man nie mischen.

Für Naturfarben gilt grundsätzlich, wer anfällig ist für Allergien, sollte zur Pflanzenhaarfarbe greifen. Blätter des Hennastrauches werden zum Beispiel mit Nussschalen, Mahagoni oder Rosenblättern vermischt. Die Nachteile dieser Methode: Graues und weißes Haar schimmert durch und dunkles Haar kann dadurch kaum heller werden. Außerdem waschen sich die natürlichen Haarfarben ohne chemische Zusätze schneller wieder aus. So muss die Farbe alle sechs Wochen erneuert werden.

Quelle: http://www.br-online.de/ratgeber/gesundheit

b) Denken Sie daran, zu speichern!

2. Erfassen Sie den Text über faire Kleidung.
  a) Speichern Sie ein neues WORD-Dokument unter **Kleidung1.docx**.
  b) Wählen Sie die Schriftart Franklin Gothic Book, Schriftgröße 11 Punkt. Aktivieren Sie die automatische Silbentrennung.

Geregelte Arbeitszeiten, Rechtssicherheit, Vermeidung von Kinderarbeit und keine Diskri-	94
minierung aufgrund von Religion, Rasse oder Herkunft sind die Basis einer fairen Produktion	189
und sollten auch im konventionellen Bereich die Regel sein. Global betrachtet ist dies leider	286
noch lange nicht der Fall, weshalb es umso wichtiger ist, gezielt faire Kleidung zu kaufen und	383
dabei auf einige Dinge zu achten.	418
Es gibt eine Vielzahl von Siegeln, Zertifikaten und Initiativen, die für eine vermeintlich faire	520
Produktion stehen und vorgeben, ein unter ethischen Gesichtspunkten einwandfreies Pro-	608
dukt zu garantieren. Bei genauerer Betrachtung verbergen sich dahinter allerdings oftmals	700
lediglich halbherzige Absichtserklärungen und angebliche Selbstkontrollen der Industrie. Eine	798
unabhängige Kontrollinstanz, die die Produktion nach eigenen Kriterien überprüft und ent-	889
sprechend bewertet, gibt es meist nicht.	929
Insbesondere in Regionen, in denen in Textilfabriken oftmals fragwürdige und unzureichende	1023
Zustände herrschen, müssen international gültige Standards die faire und gleichbleibende	1114
Qualität der Produktion sicherstellen. Es gibt in nahezu allen Ländern gute Fabriken, die mit	1213
modernsten Maschinen in hellen, sauberen und gut belüfteten Räumen zu fairen Bedingun-	1301
gen und nach westlichen Standards produzieren. Die gezielte Förderung dieser Firmen durch	1395
langfristige und partnerschaftliche Geschäftsbeziehungen ist mit Sicherheit einem generellen	1490
Boykott ganzer Länder vorzuziehen.	1526
Wir befinden uns im Fast-Fashion-Zeitalter und der Ladenpreis ist ein entscheidendes Krite-	1622
rium beim Kauf von Kleidung. Es ist aus vielerlei Gründen utopisch, zu glauben, dass eine	1716
groß angelegte Rückkehr von Produktionsstätten in westliche Länder die großen Probleme der	1811
globalen Bekleidungsindustrie lösen und man das Kaufverhalten ganzer Gesellschaften ver-	1901
ändern könne. Sogenannte Entwicklungsländer sind Teil der Lösung bzw. eines Prozesses, der	1997
zu einer generellen Verbesserung der Arbeitsumstände bei der Herstellung von Kleidung führt.	2093
Oftmals sind bereits ein für den Arbeiter sicheres und nicht gesundheitsschädliches Arbeits-	2187
umfeld sowie die Vermeidung kritischer Chemikalien und ungesunder Substanzen auch für	2276
die Umwelt von großem Vorteil. Dennoch kann die Verwendung von nachhaltigen und ökologi-	2367
schen Stoffen sowie ein streng reglementierter, weit über die gesetzlichen Vorgaben hinaus-	2459
gehender Einsatz von ungiftigen Farben und Hilfsstoffen weitere Verbesserungen für die Natur	2557
und die Trinkwasserqualität in der Umgebung von Baumwollfeldern und Textilfabriken bringen.	2652
Die Ökobilanz von Biobaumwolle ist deutlich besser als die von konventioneller Baumwolle.	2745
Beim Anbau von Biobaumwolle kommen keine synthetischen Pflanzenschutzmittel und auch	2834
keine Kunstdünger zum Einsatz. Durch diesen Verzicht entsteht zudem eine dickere Humus-	2925
schicht, die deutlich besser Wasser speichert als es auf einem konventionell bewirtschafteten	3020
Baumwollfeld der Fall ist.	3048
Außer Biobaumwolle gibt es weitere nachhaltige Fasern, die bessere Ökobilanzen als konven-	3141
tionelle Baumwolle oder Polyester aufweisen. Hierzu zählen recycelte Materialien sowie zum	3236
Beispiel Hanf und Leinen.	3264

Quelle: https://www.grundstoff.net/fair-trade-definition

  c) Denken Sie daran, zu speichern!

WORD kennenlernen

Im Textverarbeitungsprogramm WORD können Sie Texte schreiben und gestalten. Konnte man früher auf einer Schreibmaschine nur in einer Schriftart, Schriftgröße und Schriftfarbe schreiben, hat man heute in WORD alle denkbar möglichen Designs zur Verfügung. So werden Ihre Dokumente im Handumdrehen ansprechend und vielfältig!

Um das Programm gut und effizient nutzen zu können, müssen Sie die einzelnen Funktionen kennen und beherrschen. So sparen Sie Zeit und eventuellen Ärger und können sich anderen Dingen widmen.

Meine Ziele

Nach Bearbeitung dieses Kapitels kann ich
- die Elemente auf der Oberfläche von WORD benennen;
- Funktionen in der Backstage-Ansicht von WORD nutzen;
- mit der Rechtschreibprüfung und der AutoKorrektur umgehen;
- die Silbentrennung aktivieren;
- Wörter suchen und ersetzen;
- Hilfsquellen nutzen;
- die Grundfunktionen von WORD anwenden;
- Kopf- und Fußzeilen erstellen.

KOMPETENZ-ERWERB

III Mit WORD arbeiten

💬 Überlegen Sie gemeinsam, warum es notwendig ist, ein Textverarbeitungsprogramm wie WORD benutzen zu können.

💡 Der Funktionsumfang von WORD ist auf APPLE-Geräten eingeschränkt.

🔗 Details zu OFFICE 365 finden Sie im Kapitel „Durchstarten mit MICROSOFT 365".

💬 Öffnen Sie WORD. Probieren Sie alle drei Möglichkeiten aus. Tauschen Sie sich in der Klasse aus, welchen Weg Sie bevorzugen und warum.

1 Erste Schritte in WORD

Ophelia würde sich am liebsten sofort nach der Schule mit ihren Freundinnen/Freunden treffen, um Musik zu machen. Aber davor muss sie ihre Hausaufgaben machen und lernen. Ophelia kann sehr schnell tippen, daher möchte sie möglichst viele ihrer Hausaufgaben auf dem Computer erledigen, um so Zeit zu sparen. Dafür muss sie die OFFICE-Programme, wie zum Beispiel WORD, beherrschen.

WORD von MICROSOFT ist das meistverwendete Textverarbeitungsprogramm der Welt. Es gibt aber auch einige kostenlose Alternativen dazu.

WORD
Es ist im MICROSOFT OFFICE-Paket enthalten. Die Software können Sie für WINDOWS- und APPLE-Computer verwenden.

LIBRE OFFICE WRITER
Er kann als Open-Source-Produkt kostenlos genutzt werden. Die Funktionen sind gegenüber WORD stark eingeschränkt.

OPEN OFFICE WRITER
Es ist im Vergleich das weniger moderne Programm. Die Unterschiede liegen in den Funktionen und im Aussehen.

GOOGLE DOCS
Das kostenlose Online-Textverarbeitungsprogramm bietet auch die Möglichkeit zum kollaborativen Arbeiten.

APPLE PAGES
Das Programm ist im MACAPP Store erhältlich und kann nur auf dem Betriebssystem von APPLE installiert werden.

Schon gewusst?
MICROSOFT OFFICE-Konto
Um alle Funktionen dieses Programmes nutzen zu können, müssen Sie sich bei OFFICE 365 anmelden. Durch Ihre Anmeldung können Sie Ihre OFFICE-Dateien online speichern und von jedem Computer darauf zugreifen. In der Schule melden Sie sich mit Ihrem Benutzernamen und Ihrem Kennwort an.

1.1 WORD starten

Öffnen Sie WORD, indem Sie eine der folgenden Möglichkeiten wählen:
- START – ALLE APPS – WORD
- Oder: Klicken Sie auf eine Verknüpfung zu WORD in der Taskleiste oder am Desktop.
- Oder: Geben Sie WORD in das Suchfeld in der Taskleiste ein.

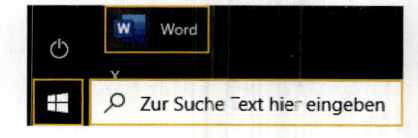

WORD kennenlernen

> Schriftstücke, die in WORD erstellt werden, werden **Dokument** genannt. Die Dateiendung lautet **.docx.** Alle Buchstaben, Ziffern, Schrift- und Sonderzeichen heißen **Zeichen.**

Ein interaktives Spiel zum Thema finden Sie in der TRAUNER-DigiBox.

Sie lernen nun die Fachbegriffe rund um das Programm WORD kennen. Warum Sie das brauchen? Sie werden beispielsweise auch in der WORD-Hilfe verwendet, wenn Sie etwas suchen.

Schon gewusst?
Viele der Fachbegriffe werden Ihnen auch in anderen OFFICE-Programmen, wie POWERPOINT oder EXCEL, begegnen.

1.2 Die WORD-Oberfläche erkunden

Nach dem Starten von WORD sehen Sie ein leeres Dokument. Je nachdem, welche Einstellungen Sie bereits getroffen haben, werden diese übernommen und beim nächsten Öffnen wieder angezeigt.

Je nach Bildschirmgröße und Update kann die Oberfläche von WORD immer ein wenig anders aussehen!

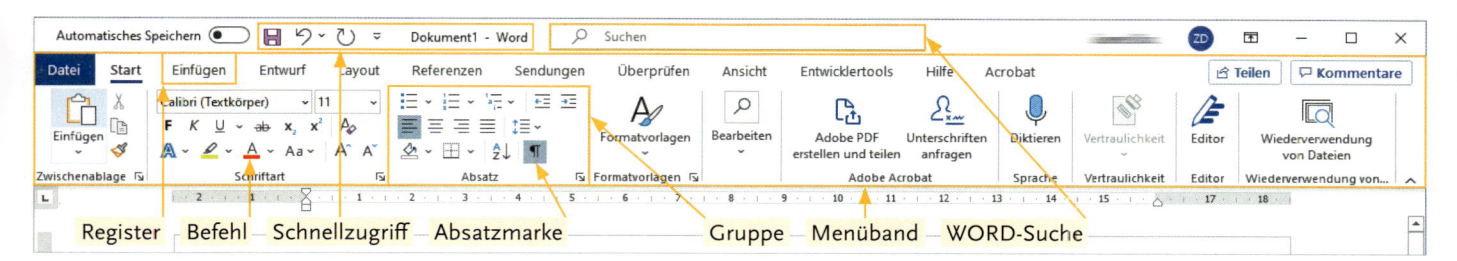

Register — Befehl — Schnellzugriff — Absatzmarke — Gruppe — Menüband — WORD-Suche

> Die **WORD-Oberfläche** ist der Bereich, in dem Sie Ihre Dokumente schreiben. Die **Backstage-Ansicht** ist der Bereich, in dem Sie Aufgaben *mit* (aber nicht *in*) den Dateien ausführen (z. B. Dateiverwaltung und Optionen).

Mit der Backstage-Ansicht beschäftigen Sie sich später noch genauer.

Menüband

Das Menüband ist eine Befehlsleiste zum raschen Finden diverser Befehle. Es besteht aus Registern, die sich in Gruppen unterteilen. Manche Register werden nur angezeigt, wenn bestimmte Objekte im Dokument markiert sind. Sie können das Menüband auch automatisch ausblenden.

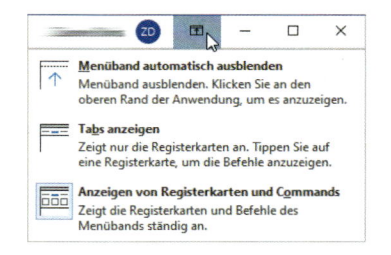

Klicken Sie auf die Schaltfläche ⌃, um das **Menüband einzublenden.**

Eine interaktive Übung finden Sie in der TRAUNER-DigiBox.

Dialogfelder

Manche Gruppen weisen rechts unten einen kleinen Pfeil ⌐ auf. Mit einem Klick darauf gelangen Sie in das Dialogfeld. Hier können Sie weitere Einstellungen festlegen, die diese Gruppe betreffen.

In einigen Dialogfeldern finden Sie mehrere Registerkarten. In diesen sind die Funktionen, wie bei Karteikarten, thematisch geordnet.

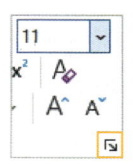

173

III Mit WORD arbeiten

WorkBox – „Die WORD-Oberfläche erkunden"

1. Beschriften Sie die Grafik mit den richtigen Begriffen:

Absatzmarke ■ Register ■ Schnellzugriff ■ Befehl ■ Gruppe ■ WORD-Suche ■ Menüband

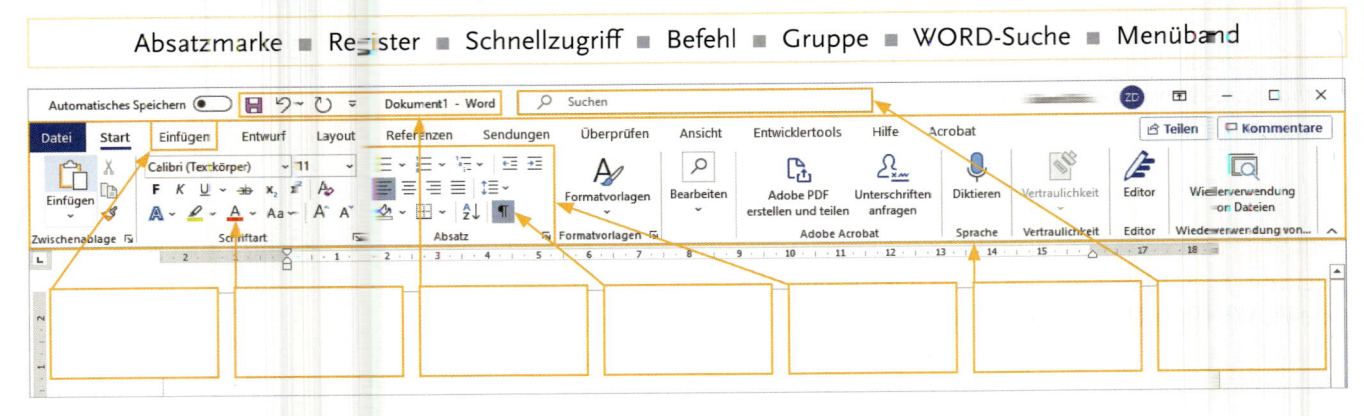

2. Öffnen Sie das Programm WORD und erforschen Sie das Menüband.

   a) Schauen Sie sich zu zweit das Menüband an. Wo finden Sie die Gruppe SCHRIFTART und die Gruppe ABSATZ? Nennen Sie Befehle aus diesen Gruppen.

   b) Suchen Sie das Register ANSICHT. Wo finden Sie hier die Gruppe Ansichten?

   c) Klappen Sie das Register LAYOUT auf. Welche Gruppen finden Sie hier?

1.3 Die Backstage-Ansicht erforschen

Klicken Sie auf die Schaltfläche Datei, um Ihre Dokumente zu verwalten (SPEICHERN, DRUCKEN …) und um Optionen (SPRACHE, AUTOKORREKTUR …) festzulegen.

Verlassen Sie die Backstage-Ansicht durch Klicken auf ⬅ oder Drücken der Esc-Taste.

In der Backstage-Ansicht werden viele zentrale Aktionen für die Arbeit an einem Dokument durchgeführt. Die wichtigsten Elemente werden wir nun gemeinsam erforschen.

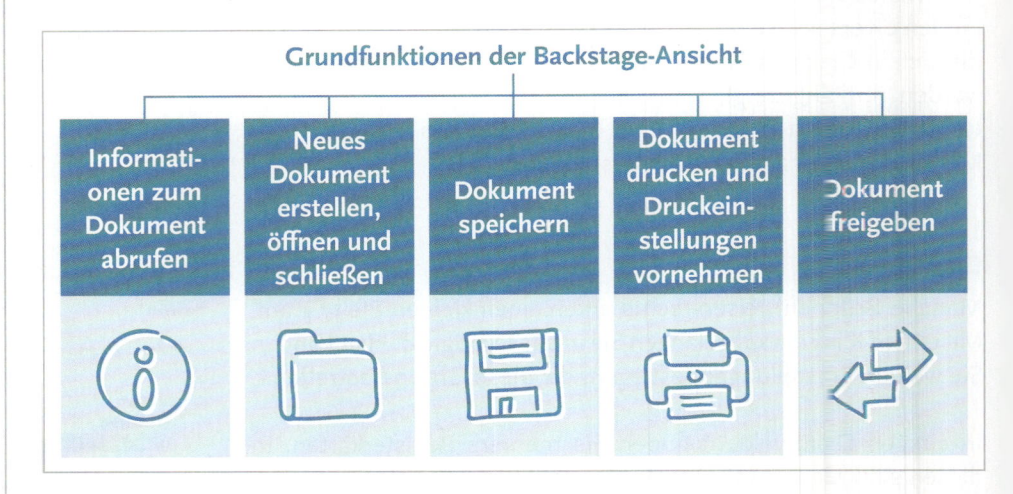

Die Backstage-Ansicht in WORD ist wie der Bereich hinter der Bühne im Theater.

Grundfunktionen der Backstage-Ansicht

| Informationen zum Dokument abrufen | Neues Dokument erstellen, öffnen und schließen | Dokument speichern | Dokument drucken und Druckeinstellungen vornehmen | Dokument freigeben |

174

WORD kennenlernen

Informationen zum Dokument abrufen

Hier finden Sie Informationen zum Dokument, beispielsweise wann und von wem es erstellt, gedruckt und geändert wurde.

- DATEI – INFORMATIONEN

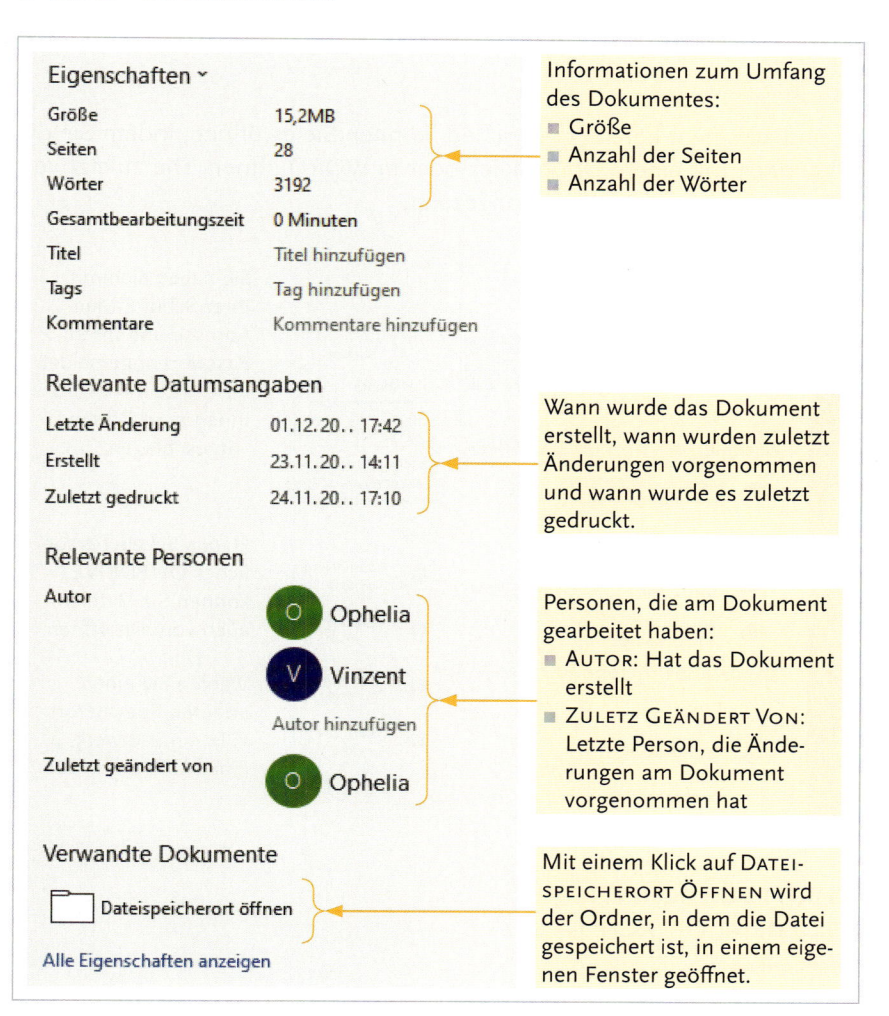

Eigenschaften

Größe	15,2MB
Seiten	28
Wörter	3192
Gesamtbearbeitungszeit	0 Minuten
Titel	Titel hinzufügen
Tags	Tag hinzufügen
Kommentare	Kommentare hinzufügen

Informationen zum Umfang des Dokumentes:
- Größe
- Anzahl der Seiten
- Anzahl der Wörter

Relevante Datumsangaben

Letzte Änderung	01.12.20.. 17:42
Erstellt	23.11.20.. 14:11
Zuletzt gedruckt	24.11.20.. 17:10

Wann wurde das Dokument erstellt, wann wurden zuletzt Änderungen vorgenommen und wann wurde es zuletzt gedruckt.

Relevante Personen

Autor: Ophelia, Vinzent, Autor hinzufügen
Zuletzt geändert von: Ophelia

Personen, die am Dokument gearbeitet haben:
- AUTOR: Hat das Dokument erstellt
- ZULETZT GEÄNDERT VON: Letzte Person, die Änderungen am Dokument vorgenommen hat

Verwandte Dokumente

Dateispeicherort öffnen

Alle Eigenschaften anzeigen

Mit einem Klick auf DATEISPEICHERORT ÖFFNEN wird der Ordner, in dem die Datei gespeichert ist, in einem eigenen Fenster geöffnet.

Informationen

Wichtige Informationen zum Dokument finde ich in der Backstage-Ansicht.

WorkBox – „Informationen zum Dokument abrufen"

- Finden Sie sich im Bereich INFORMATIONEN der Backstage-Ansicht zurecht. Schauen Sie sich den oben stehenden Screenshot genau an.

  a) Geben Sie an, wann das Dokument zuletzt gedruckt wurde.

  b) Sehen Sie nach, wie viele Personen bereits an dem Dokument gearbeitet haben.

  c) Nennen Sie den Seitenumfang des Dokumentes.

III Mit WORD arbeiten

Neues Dokument: Strg + N

Öffnen

ONEDRIVE haben Sie bereits im Kapitel „Durchstarten mit MICROSOFT 365" kennengelernt.

Neues Dokument erstellen

Nach dem Starten von WORD können Sie so ein neues Dokument erstellen:

- DATEI – NEU
- Klick auf LEERES DOKUMENT oder eine VORLAGE auswählen

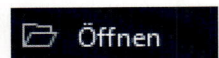

Dokument öffnen

Haben Sie ein Dokument bereits gespeichert, können Sie es öffnen, indem Sie die Datei im EXPLORER mit einem Doppelklick oder in WORD öffnen. Die zuletzt verwendeten Dokumente werden ebenso angezeigt.

Sie haben sich mit Ihrer Schul-E-Mail-Adresse und Ihrem Passwort angemeldet. Ihr ONEDRIVE wird Ihnen zum Öffnen vorgeschlagen.

Haben Sie ein persönliches ONEDRIVE, können Sie Dateien auch von hier öffnen.

Wählen Sie einen anderen Speicherort, z. B. ein Laufwerk, einen USB-Stick, aus.

SCHRITT FÜR SCHRITT: DOKUMENT ÖFFNEN

1. Um ein neues WORD-Dokument zu öffnen, wählen Sie DATEI – ÖFFNEN.
2. Navigieren Sie zum Speicherordner, in dem das Dokument gespeichert ist (z. B. ONEDRIVE, USB-Stick) und öffnen Sie diesen oder wählen Sie aus ZULETZT VERWENDET aus.
3. Im Speicherordner öffnen Sie die Datei mit einem Doppelklick.

Dokument schließen

- DATEI – SCHLIESSEN

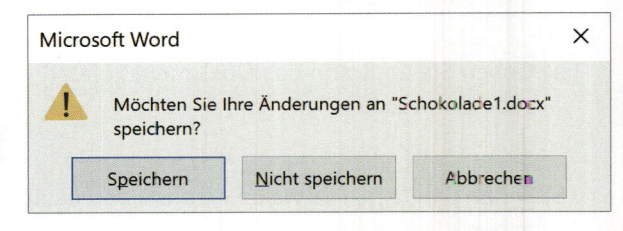

Datei schließen: Alt + F4

Das Dokument wird geschlossen. Haben Sie die Datei noch nicht gespeichert, werden Sie aufgefordert, sie zu speichern. Wurde die Datei bereits einmal gespeichert und wurden anschließend Änderungen vorgenommen, werden Sie gefragt, ob Sie die Änderungen in diesem Dokument speichern möchten.

Dokument speichern

Damit Ihre Textdatei nicht verloren geht, müssen Sie sie speichern. Am besten speichern Sie Ihre Datei gleich einmal zu Beginn ab. Sicher ist sicher!

Speichern: Strg + S

WORD kennenlernen

SCHRITT FÜR SCHRITT: DOKUMENT SPEICHERN

1. Klicken Sie auf DATEI – SPEICHERN UNTER (oder auf 💾 SPEICHERN).
2. Wählen Sie den Speicherort.
3. Vergeben Sie einen passenden Dateinamen.
4. Klicken Sie auf SPEICHERN.

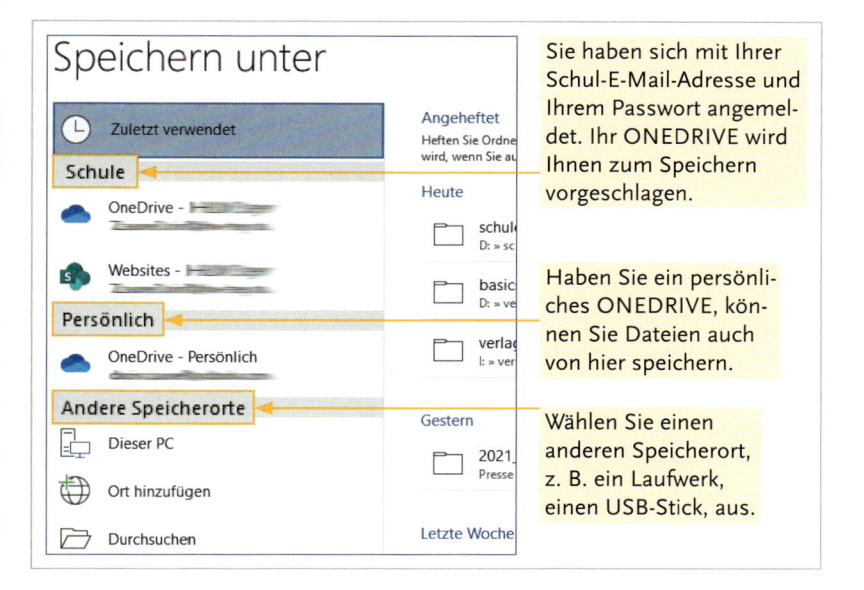

Sie haben sich mit Ihrer Schul-E-Mail-Adresse und Ihrem Passwort angemeldet. Ihr ONEDRIVE wird Ihnen zum Speichern vorgeschlagen.

Haben Sie ein persönliches ONEDRIVE, können Sie Dateien auch von hier speichern.

Wählen Sie einen anderen Speicherort, z. B. ein Laufwerk, einen USB-Stick, aus.

Speichern unter

💡 Dateien, die Sie in **ONEDRIVE** speichern, können Sie von jedem mit dem Internet verbundenen Gerät abrufen, verändern und wieder speichern. Dokumente in Webspeicherordnern werden automatisch gespeichert.

Automatisches Speichern ⚪

Nochmals speichern

Haben Sie das Dokument bereits gespeichert, sollten Sie es öfter zwischenspeichern. Durch Drücken auf SPEICHERN 💾 oder DATEI – SPEICHERN wird die vorherige Version durch die aktuelle Version ersetzt. Es kommt kein Dialogfeld mehr zum Auswählen des Speicherortes, da dies bereits beim ersten Speichern erfolgt ist.

Dokument speichern: Strg + S

❗ Es ist wichtig, **zwischendurch** immer wieder zu **speichern.** Bei einem Programmfehler oder einem Stromausfall kann so der letzte Speicherstand wiederhergestellt werden.

🔗 Mit dem sicheren Umgang mit Daten haben Sie sich bereits im Kapitel „Software – der unsichtbare Boss am Computer" beschäftigt.

WorkBox – „Dokument erstellen, speichern und öffnen"

■ Üben Sie das Öffnen und Speichern eines Dokumentes.
  a) Erstellen Sie ein neues WORD-Dokument und speichern Sie es unter dem Nachnamen Ihrer Sitznachbarin/Ihres Sitznachbarn, z. B. **Bergthaler.docx.**
  b) Schreiben Sie in das Dokument den Namen Ihrer Sitznachbarin/Ihres Sitznachbarn.
  c) Öffnen Sie die Backstage-Ansicht: Welche Speicherorte schlägt Ihnen WORD vor?

  _____

  _____

  d) Schreiben Sie am Ende des Dokumentes Ihren Vor- und Nachnamen.
  e) Schließen Sie das Dokument und denken Sie daran, zu speichern.

Speicherort festlegen

WORD schlägt beim Speichern automatisch einen Ordner vor. Diesen Ordner können Sie ändern.

SCHRITT FÜR SCHRITT: SPEICHERORT FESTLEGEN

1. Klicken Sie auf DATEI – OPTIONEN – SPEICHERN.
2. Klicken Sie beim Eintrag LOKALER STANDARDSPEICHERORT FÜR DATEI auf DURCHSUCHEN.
3. Wählen Sie den gewünschten Speicherordner aus.
4. Bestätigen Sie mit OK.

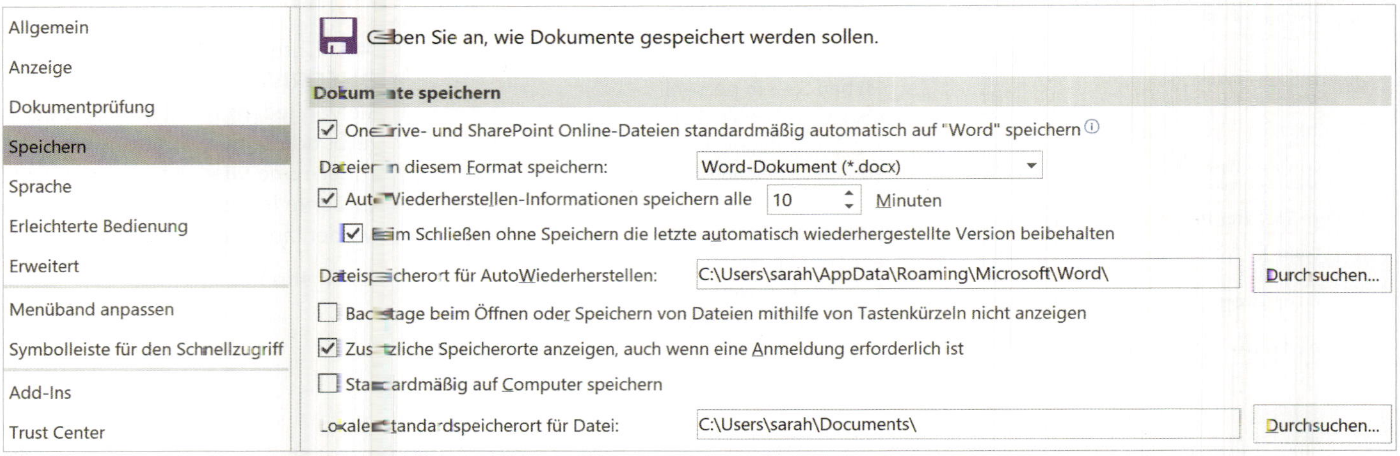

Als ADOBE-PDF speichern

Sie können Ihr Dokument rasch als PDF speichern. Die Datei muss vorher jedoch bereits als WORD-Dokument gespeichert worden sein.

- DATEI – SPEICHERN UNTER
- Speicherort auswählen
- Dateinamen vergeben
- Im Drop-down-Menü den Dateityp PDF (*.PDF) auswählen
- SPEICHERN

PDF steht für **P**ortable **D**ocument **F**ormat. PDF-Dokumente sehen immer gleich aus, egal, in welchem Programm sie erstellt wurden, welches Betriebssystem installiert ist etc. Im Gegensatz dazu können sich z. B. je nach verwendeter Version Formatierungen in WORD verschieben.

PROFI-TIPP

„Je nachdem, welche Textverarbeitungssoftware bzw. welche Version von WORD jemand hat, können Formatierungen anders aussehen. Deshalb verschicke ich Schriftstücke per E-Mail immer im **PDF-Format**. So bleiben die Formatierungen garantiert erhalten und die Dokumente kommen perfekt formatiert bei den Kundinnen und Kunden an."

– Assistent der Geschäftsführung in einer großen Rechtsanwaltskanzlei –

WORD kennenlernen

Let's do this! – „Die Backstage-Ansicht erforschen"

Ausgangssituation

Ophelia und ihr Freund Vinzent sind gerade unterwegs zur Bandprobe, als Ophelia eine Nachricht bekommt. Vanessa, eine Klassenkollegin der beiden hat eine Frage zu einer Mitschrift aus dem Deutschunterricht, die ein Klassenkollege auf TEAMS geteilt hat.

> Vanessa möchte wissen, wer die Mitschrift zur letzten Deutschstunde erstellt hat. Sie will außerdem, dass ich ihr die Datei als PDF schicke.

JETZT SIND SIE DRAN!

- Öffnen Sie die Datei **Deutsch_11-24.docx**.

  a) Finden Sie heraus, wer die Autorin/der Autor der Datei ist.

  b) Speichern Sie die Datei dann als PDF ab. Erklären Sie, wie Sie dabei vorgegangen sind.

  c) Überlegen Sie gemeinsam in der Klasse, warum Vanessa Ophelia gebeten hat, die Mitschrift im PDF-Format zu schicken. Nennen Sie mögliche Gründe.

Dokument drucken

In der Backstage-Ansicht sehen Sie die Druckvorschau Ihrer Datei. Sie können den Drucker auswählen sowie weitere Einstellungen, beispielsweise die Anzahl der Exemplare, beidseitigen Druck, Seiten pro Blatt etc. definieren.

- DATEI – DRUCKEN

Drucken: Strg + P

Tipp!

Bevor Sie ein Dokument ausdrucken, stellen Sie sich folgende Fragen:
- Habe ich es auf Tippfehler kontrolliert, um ein nochmaliges Ausdrucken zu vermeiden?
- Sind alle Einstellungen richtig getroffen, bevor ich auf DRUCKEN klicke?
- Wie viel Text befindet sich auf der nächsten Seite? Vielleicht hat er auf der vorhergehenden Platz?

III Mit WORD arbeiten

Über dem Kopierer entdecken Sie ein Plakat. „Think Before You Print" steht darauf. Diskutieren Sie, welche Botschaft damit vermittelt werden soll.

Umbruch nennt man die Art und Weise, wie Text von einer Zeile in die nächste bzw. von einer Seite auf die nächste weiterläuft.

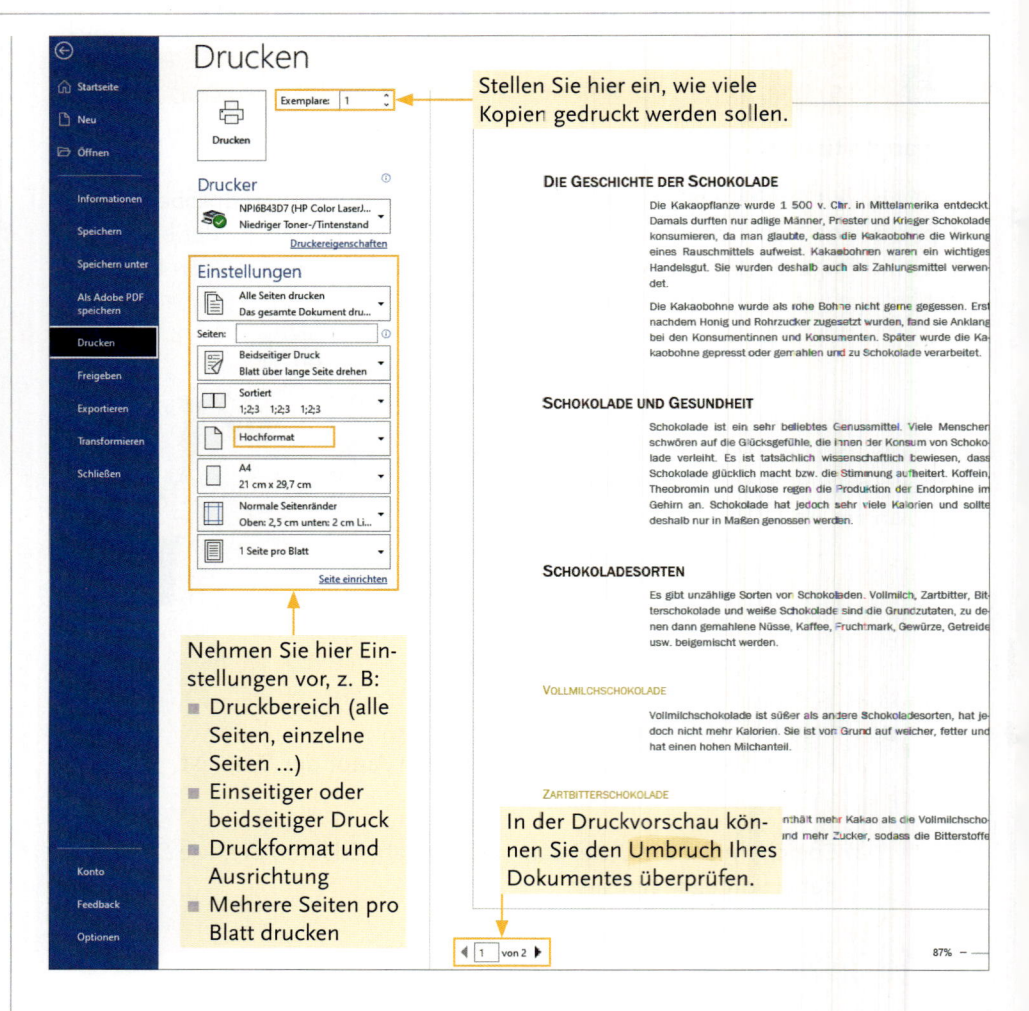

Stellen Sie hier ein, wie viele Kopien gedruckt werden sollen.

Nehmen Sie hier Einstellungen vor, z. B:
- Druckbereich (alle Seiten, einzelne Seiten …)
- Einseitiger oder beidseitiger Druck
- Druckformat und Ausrichtung
- Mehrere Seiten pro Blatt drucken

In der Druckvorschau können Sie den Umbruch Ihres Dokumentes überprüfen.

Druckoptionen festlegen

Weitere Einstellungen für den Druck können Sie in den Optionen festlegen, indem Sie die Kontrollkästchen aktivieren oder deaktivieren.

- DATEI – OPTIONEN – ERWEITERT
- In den Kategorien DRUCKEN und/oder BEIM DRUCKEN DIESES DOKUMENTS Einstellungen vornehmen
- OK

Dokument freigeben

- DATEI – FREIGEBEN

Mit dieser Funktion können Sie das Dokument für Personen freigeben, per E-Mail versenden, online vorführen, im Blog veröffentlichen oder in der Cloud speichern.

Statt FREIGEBEN können Sie auch auf die Schaltfläche TEILEN klicken.

WORD kennenlernen

WorkBox – „Die Backstage-Ansicht erforschen"

1. Erkunden Sie WORD.

   Bilden Sie Zweiergruppen. Beantworten Sie folgende Fragen richtig. Wer am schnellsten fertig ist und alles richtig hat, hat gewonnen. Auf los geht's los!
   a) Öffnen Sie das Programm WORD.
   b) Nennen Sie das Register, in dem Sie die Gruppe ILLUSTRATIONEN finden.

   c) Zählen Sie die drei Registerkarten im DIALOGFELD SEITE einrichten auf.

   d) Beim beidseitigen Drucken kann man zwischen zwei Möglichkeiten auswählen. Nennen Sie diese.

   e) Sagen Sie „Stopp", sobald Sie fertig sind und vergleichen Sie die Antworten.

2. Teilen Sie ein Dokument.
   a) Öffnen Sie ein neues Dokument und speichern Sie es unter **Teilen.docx.**
   b) Geben Sie das Dokument für Ihre Sitznachbarin/Ihren Sitznachbarn frei.
   c) Überprüfen Sie, ob das Freigeben funktioniert hat.

2 WORD-Basics einsetzen

Vinzent spielt nicht nur gut Gitarre, er textet auch gerne. Ophelia hat begonnen, seine handschriftlichen Texte in WORD abzuschreiben. Das ist gar nicht so einfach. Vinzent hat Zeilen durchgestrichen, Wörter verschoben und ausgebessert.

Haben Sie schon einmal einen Text in WORD erfasst? Hatten Sie im Nachhinein Korrekturen? Wie sind Sie dabei vorgegangen?

Manche grundlegenden WORD-Funktionen werden Sie besonders oft brauchen. Die wichtigsten WORD-Basics lernen Sie nun genauer kennen.

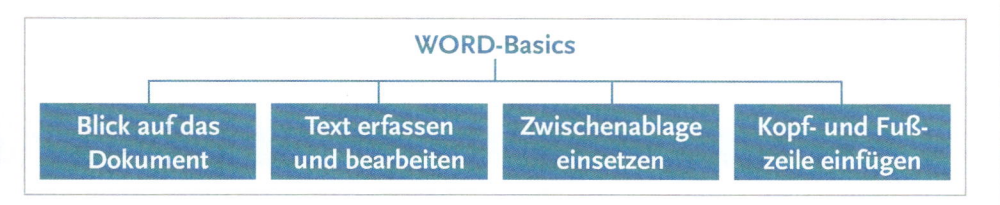

WORD-Basics
- Blick auf das Dokument
- Text erfassen und bearbeiten
- Zwischenablage einsetzen
- Kopf- und Fußzeile einfügen

Mal sehen, wie mein WORD-Dokument aussieht.

2.1 Blick auf das Dokument

Sie lernen nun die wichtigsten Funktionen im Register ANSICHT kennen.

Ansichtsarten

Sie können Ihr WORD-Dokument in verschiedenen Ansichten anzeigen lassen.

■ ANSICHT – ANSICHTEN

III Mit WORD arbeiten

Ihr Dokument wird so angezeigt:

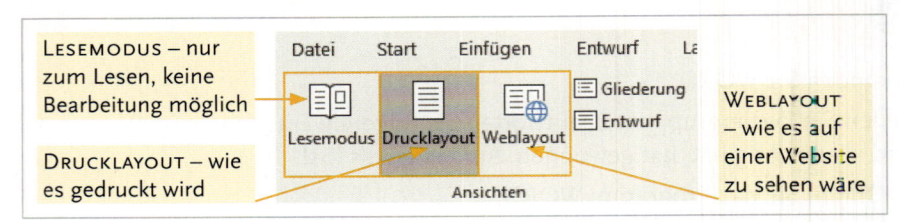

- **LESEMODUS** – nur zum Lesen, keine Bearbeitung möglich
- **DRUCKLAYOUT** – wie es gedruckt wird
- **WEBLAYOUT** – wie es auf einer Website zu sehen wäre

> In der **Drucklayout-Ansicht** sehen Sie das Dokument so, wie es ausgedruckt wird. Diese Ansicht eignet sich am besten zum Erstellen und Bearbeiten von Dokumenten.

Lineal

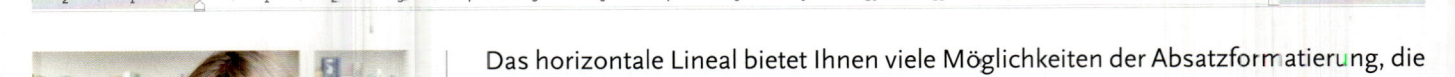

Das horizontale Lineal bietet Ihnen viele Möglichkeiten der Absatzformatierung, die Sie später noch kennenlernen werden.

- ANSICHT – ANZEIGEN – LINEAL

Zoom

Den Zoom finden Sie im Register ANSICHT in der Gruppe ZOOM oder in der Statusleiste rechts unten. Er ermöglicht Ihnen das Vergrößern und Verkleinern des Dokumentes. Schieben Sie den Schieberegler oder klicken Sie auf die PLUS- bzw. MINUS-Tasten.

Die Bildschirme werden immer größer daher sollte man auch den Zoom höher einstellen. So sieht man alles groß und gut und schont zugleich die Augen!

Navigieren = ansteuern, sich hinbewegen.

Bildlauf

Sie können auf verschiedene Weisen rasch durch Ihr Dokument navigieren:

- Mit dem Scrollrad auf der Maus.
- Mit den Pfeiltasten auf der Tastatur: Die Pfeiltasten bewegen die Einfügemarke zeichenweise nach links oder rechts bzw. eine Zeile nach oben oder unten. Die Einfügemarke wird dort positioniert, wo Sie hinnavigieren. 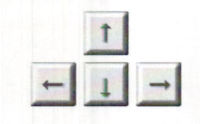
- Die Bildlaufleiste ermöglicht rasches Navigieren im Dokument. Die Einfügemarke bleibt, wo sie ist.
- Mit folgenden Sondertasten kommen Sie schneller an bestimmte Positionen in Ihrem Dokument:

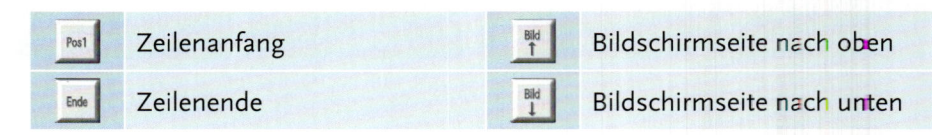

| Pos1 | Zeilenanfang | Bild ↑ | Bildschirmseite nach oben |
| Ende | Zeilenende | Bild ↓ | Bildschirmseite nach unten |

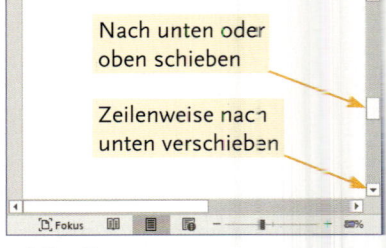

- Nach unten oder oben schieben
- Zeilenweise nach unten verschieben

Bildlaufleiste

WorkBox – „Blick auf das Dokument"

- Bildlauf üben und Ansichten ansehen.
    a) Öffnen Sie das Dokument **Bildlauf_u.docx.**
    b) Sehen Sie sich dieses Dokument in verschiedenen Ansichten an.
    c) Üben Sie die Funktionen des Bildlaufes. Scrollen Sie mithilfe der Sondertasten hinauf und hinunter.

WORD kennenlernen

2.2 Text erfassen und bearbeiten

Nun geht es so richtig los. Sie starten mit der Texterfassung in WORD.

```
Text erfassen und bearbeiten
├── Text erfassen
├── Markieren
├── Korrigieren
└── Text einfügen
```

Text erfassen

Wenn Sie einen fortlaufenden Text erfassen, verschiebt WORD automatisch ein Wort in die nächste Zeile, wenn es in dieser Zeile keinen Platz mehr hat. Genauso funktioniert es auch am Ende einer Seite. Um die Zeile bewusst zu wechseln, drücken Sie auf die Eingabetaste.

Bei der Arbeit an einem Dokument müssen Sie die erfassten Texte immer wieder bearbeiten, korrigieren, bzw. neue Textteile einfügen.

✏️ Schreiben Sie in einem leeren WORD-Dokument z. B. alle Obst- und Gemüsesorten auf, die Sie kennen. Sie kennen bestimmt mehr, als in einer Zeile Platz haben.

Markieren

Bevor Sie Texte, Tabellen, Grafiken usw. bearbeiten können, müssen Sie sie markieren. Dafür gehen Sie so vor:

- Um einen **zusammenhängenden Text** zu markieren, stellen Sie die Einfügemarke an die Anfangsposition (mit Pfeiltasten oder mit der Maus).
- ⇧-Taste drücken und Einfügemarke an die Endposition setzen.
- Möchten Sie einen **nicht zusammenhängenden Text** markieren, halten Sie die Strg-Taste gedrückt und markieren Sie die einzelnen Textteile.

Damit Sie immer schnell und punktgenau die richtigen Textteile markieren, können Sie auch die folgenden Möglichkeiten nutzen:

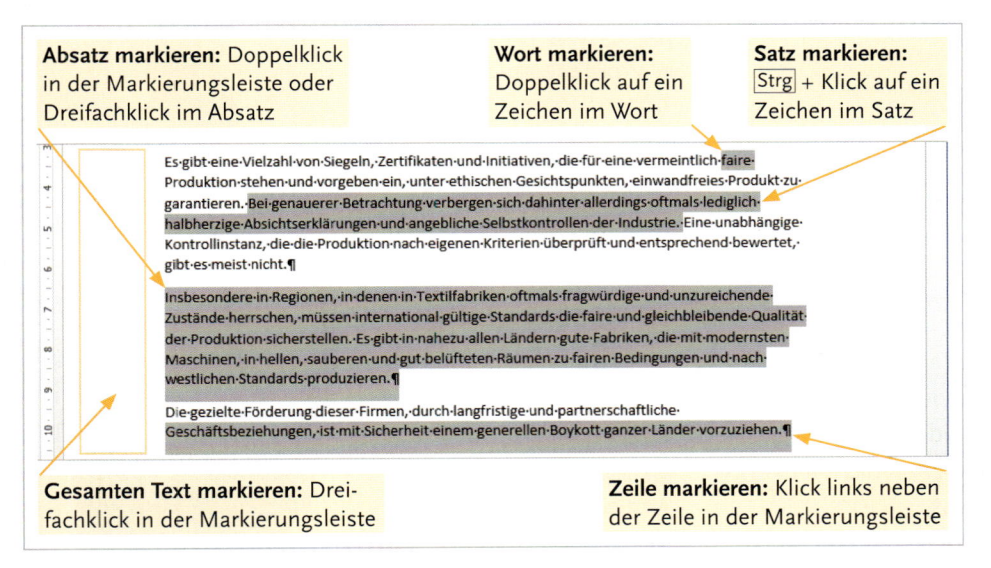

✏️ Recherchieren Sie die Bedeutung der folgenden Zeilenumbrüche und erklären Sie, wie Sie diese erstellen können.

- Harter Zeilenumbruch

_____
_____
_____

- Weicher Zeilenumbruch

_____
_____
_____

Absatz markieren: Doppelklick in der Markierungsleiste oder Dreifachklick im Absatz

Wort markieren: Doppelklick auf ein Zeichen im Wort

Satz markieren: Strg + Klick auf ein Zeichen im Satz

Gesamten Text markieren: Dreifachklick in der Markierungsleiste

Zeile markieren: Klick links neben der Zeile in der Markierungsleiste

👆 **Gesamten Text markieren:** Strg + A

Korrigieren ⌫ Entf

Wenn Sie beim Schreiben einen Fehler machen, korrigieren Sie so:

- Mit der Sofortkorrektur- oder ⌫-Taste: Diese drücken Sie mit dem kleinen Finger der rechten Hand. Das Zeichen links neben der Einfügemarke wird gelöscht.
- Mit der Entf-Taste: So wird das Zeichen rechts neben der Einfügemarke gelöscht.

183

III Mit WORD arbeiten

Sie können größere Textteile ganz schnell so löschen:

- Text markieren und die `Entf`-Taste oder die `←`-Taste drücken.

Text einfügen

Wollen Sie einen Textteil in einen vorhandenen Text einfügen, stellen Sie die Einfügemarke an die gewünschte Position und schreiben den fehlenden Text. Der bereits vorhandene Text wird nach rechts verschoben.

Schon gewusst?
Wenn Sie einen Text in einen bereits vorhandenen Text einfügen und der Text rechts daneben beim Tippen gelöscht wird, dann ist der ÜBERSCHREIBEN-MODUS aktiviert. Mit Klick auf die `Einfg`-Taste wird dieser Modus wieder deaktiviert.

Let's do this! – „Markieren, Korrigieren und Text einfügen"

Ausgangssituation

Kaum hat Ophelia den Liedtext abgetippt, meldet sich Vinzent bei ihr. Er hat weiter am Text gearbeitet und hat Korrekturwünsche, die die beiden im WORD-Dokument umsetzen wollen. Ophelia ist ein bisschen genervt. Das hätte Vinzent aber echt früher einfallen können.

> Halb so schlimm! Ich mache das schnell. Da muss ich nur die Wörter und Satzteile markieren, damit ich sie ändern und verschieben kann. Schau, ich bin schon fast fertig! Und mit den Korrekturen klingt der Song gleich viel besser!

Harten Zeilenumbruch einfügen   Markieren, löschen und Text einfügen

Es·sind·immer·die·gleichen·Fragen·und·ich·schlafe·wieder·einmal·nicht·ein.·¶
Ich·weiß,·dass·ich·gar·nichts·weiß.·¶   Markieren und löschen
Finde·ich·Liebe,·finde·ich·Frieden.·¶
Ich·kann·das·Hier·und·das·Jetzt·eh·nicht·lenken,¶   Markieren und neues Wort eingeben
also·denke·ich·in·Momenten.¶

JETZT SIND SIE DRAN!

- Ophelia und Vinzent haben es bereits geschafft: Sie haben Vinzents Korrekturen richtig in das WORD-Dokument eingearbeitet. Das können Sie bestimmt auch!

  Öffnen Sie das Dokument **Refrain_u.docx**. Korrigieren Sie den Text so wie Vinzent ihn haben will. Speichern Sie das Dokument unter **Refrain1.docx**.

WORD kennenlernen

WorkBox – „Markieren, korrigieren und Text einfügen"

- Bearbeiten Sie einen Text.
  a) Öffnen Sie das Dokument **Tanzen_u.docx** und speichern Sie es unter **Tanzen1.docx.**
  b) Üben Sie die unterschiedlichen Markierungsarten.
  c) Schreiben Sie am Ende des Textes ein fehlerhaftes Wort und korrigieren Sie den Fehler mit der ←-Taste.
  d) Korrigieren Sie folgende Wörter: „Amerika" ➢ „Kuba" , „Foxtrott" ➢ „Discofox"
  e) Löschen Sie den letzten Absatz. Fügen Sie vor dem ersten Absatz die Überschrift „Verschiedene Tanzarten" ein.
  f) Denken Sie daran, zu speichern!

2.3 Zwischenablage einsetzen   Zwischenablage ▾

Die **Zwischenablage** ist ein Zwischenspeicher für das kurzzeitige Speichern und Übertragen von Daten auf einem Computer. Das funktioniert auch zwischen unterschiedlichen Programmen.

Man geht so vor: Bild oder Text markieren – kopieren – neue Textstelle suchen (auch in anderer Anwendung möglich) – Einfügen

Man sagt auch Copy-and-paste dazu, wenn du etwas kopierst und an anderer Stelle wieder einfügst.

Der kopierte Teil bleibt so lange in der Zwischenablage, bis ein anderer kopiert bzw. ausgeschnitten wird oder bis das Dokument geschlossen wird. Sie brauchen folgenden Befehle:

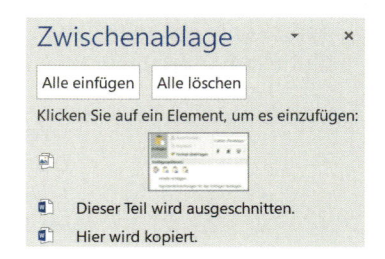

Ausschneiden Strg + X
- Textteil markieren
- Kontextmenü – AUSSCHNEIDEN
- Oder START – ZWISCHENABLAGE – AUSSCHNEIDEN

Kopieren Strg + C
- Textteil markieren
- Kontextmenü – KOPIEREN
- Oder START – ZWISCHENABLAGE – KOPIEREN
- Oder Strg + ziehen mit der linken Maustaste **(= Drag-and-drop)**

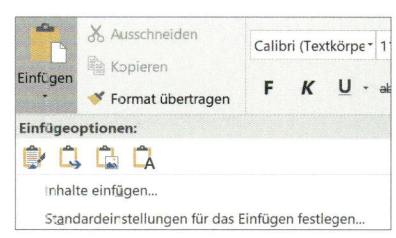

Einfügen Strg + V
- An die gewünschte Position stellen
- Kontextmenü – EINFÜGEN und Einfügeoption auswählen
- Oder START – ZWISCHENABLAGE – EINFÜGEN

Beim Einfügen von Texten können Sie verschiedene Formatierungen auswählen.

Verschieben

Textteile von einer Position an eine andere zu verschieben, funktioniert am einfachsten mittels **Drag-and-drop.**
- Textteil markieren
- Strg + linke Maustaste drücken
- Textteil an die gewünschte Stelle ziehen.

III Mit WORD arbeiten

Rückgängigmachen – Wiederherstellen

Es kann passieren, dass Textstellen **unabsichtlich gelöscht** oder Textteile **falsch formatiert** werden. Getätigte Schritte können wieder rückgängig gemacht werden.
- ↶ in der Schnellzugriffsleiste
- Oder Strg + Z

Haben Sie zu viele Schritte rückgängig gemacht, können Sie sie wiederherstellen.
- ↷ in der Schnellzugriffsleiste
- Oder Strg + Y

Oh Mann! Jetzt haben wir zuviel gelöscht. Ich mach das schnell rückgängig.

Schon gewusst?
Die **Zwischenablage** ist ein sehr wichtiges Tool, um Texte (oder Bilder) schnell von einer Textstelle zu einer anderen oder von einem Programm in ein anderes zu kopieren oder zu verschieben.

👍 Let's do this! – „Zwischenablage einsetzen"

Ausgangssituation

Die Änderungen gefallen den beiden schon ziemlich gut. Ophelia probiert den neuen Text gleich aus. Ganz zufrieden sind sie jedoch noch immer nicht. Ophelia hat noch ein paar Änderungsvorschläge.

„immer" habe ich ausgeschnitten und nach „die" wieder eingefügt. Und die vierte Zeile habe ich einfach nach oben verschoben.

```
Es sind immer die gleichen Fragen.¶
Und ich schlafe wieder mal nicht ein.¶
Ich weiß, dass ich gar nichts weiß. ¶
Find ich Liebe, find ich Frieden.¶
Ich kann das Gestern und das Morgen eh nicht lenken, ¶
also denk ich in Momenten.¶
```

▶ JETZT SIND SIE DRAN!

- Die Änderungen von Ophelia sind schnell umgesetzt. Probieren Sie es auch.
    a) Öffnen Sie das Dokument **Refrain1.docx** und speichern Sie es unter **Refrain2.docx.**
    b) Korrigieren Sie den Text so wie Ophelia ihn haben will.
    c) Machen Sie die Änderungen rückgängig.
    d) Die Änderungen haben Ihnen doch besser gefallen. Stellen Sie sie wieder her.
    e) Denken Sie daran, das Dokument zu speichern.

WORD kennenlernen

WorkBox – „Zwischenablage einsetzen"

- Trainieren Sie die Nutzung der Zwischenablage.
  a) Öffnen Sie das Dokument **Tanzarten_u.docx** und speichern Sie es unter **Tanzarten2.docx**.
  b) Vertauschen Sie die beiden Tanzarten inklusive Textkörper.
  c) Öffnen Sie das Dokument **Tanzarten1.docx** und kopieren Sie den Text.
  d) Fügen Sie den kopierten Text im Dokument **Tanzarten2.docx** an erster Stelle ein.
  e) Denken Sie daran, das Dokument zu speichern.

2.4 Kopf- und Fußzeile einfügen

Der obere bzw. untere Bereich außerhalb des Schreibraumes wird Kopf- bzw. Fußzeile genannt. Sie können Texte eingeben oder vorgegebene Bausteine wie Seitenzahlen, Datum/Uhrzeit, Dateiname usw. einfügen. Sobald Sie die Kopf- bzw. Fußzeile geöffnet haben, erscheint das Register KOPF- UND FUSSZEILE im Menüband. Hier können Sie weitere Einstellungen vornehmen.

💡 Kopf- und Fußzeilen werden nur in der Drucklayout-Ansicht angezeigt.

Kopf- und Fußzeilen werden **automatisch auf jeder Seite** im Dokument eingefügt.

SCHRITT FÜR SCHRITT: KOPF- ODER FUSSZEILE BEARBEITEN

1. Öffnen Sie die Kopf- oder Fußzeile (Doppelklick auf den gewünschten Bereich).
2. Im Menüband erscheint das Register KOPF- UND FUSSZEILE. Hier nehmen Sie alle weiteren Einstellungen vor (z. B. SEITENZAHL, DATUM UND UHRZEIT, DOKUMENTINFORMATIONEN).
3. Mit der Esc-Taste oder mit einem Doppelklick in den Schreibbereich verlassen Sie die Kopf- bzw. Fußzeile.

Schon gewusst?
In die Kopf- bzw. Fußzeile gelangen Sie auch über das Menü EINFÜGEN – KOPF- UND FUSSZEILE.

III Mit WORD arbeiten

Super, jetzt habe ich auf jeder Seite meines Dokumentes die Seitenzahl!

Cursor = Mauszeiger.

Seitenzahlen einfügen

Bei Dokumenten mit mehreren Seiten sollten Sie Seitenzahlen einfügen, damit Sie die Übersicht behalten. Meist stehen sie in der Kopf- oder Fußzeile. Sie können die Seitenzahlen individuell formatieren; dafür stehen viele Möglichkeiten zur Verfügung.

SCHRITT FÜR SCHRITT: SEITENZAHLEN EINFÜGEN

1. Öffnen Sie die Kopf- oder Fußzeile.
2. Wählen Sie Kopf- und Fusszeile – Seitenzahl.
3. Mit der Option Aktuelle Position wird die Seitenzahl dort eingefügt, wo Ihr **Cursor** steht.
4. Wählen Sie die Seitenzahl aus.

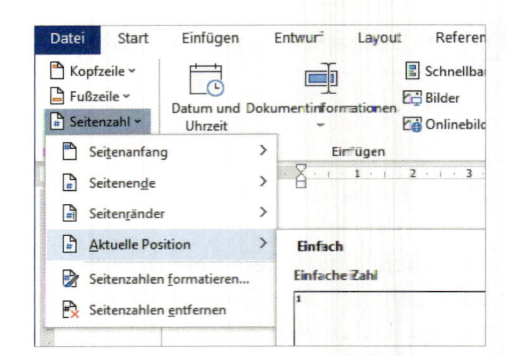

> ❗ Die **automatisch eingefügte Seitenzahl** ist beim Anklicken grau hinterlegt. Dies zeigt an, dass automatisch weiternummeriert wird.

👍 Let's do this! – „Kopf- und Fußzeile einfügen"

Ausgangssituation

Ophelia ist richtig begeistert! Gemeinsam mit Vinzent hat sie nun alle Korrekturen eingearbeitet. Voller Stolz schauen sie sich den digitalisierten Text auf ihrem Smartphone an.

Echt cool! Aber der Text geht jetzt über mehrere Seiten. Wenn wir den ausdrucken, kommen die Seiten schnell durcheinander.

Kein Problem, wir fügen einfach eine automatische Seitenzahl ein. Das ist ganz easy - ich zeig's dir gleich!

▶ JETZT SIND SIE DRAN!

- Ophelia hat Vinzent gezeigt, wie man die Seitenzahl in die Fußzeile einfügt. Probieren Sie es auch.
    a) Öffnen Sie das Dokument **Lyrics_u.docx** und speichern Sie es unter **Lyrics1.docx.**
    b) Fügen Sie in der Fußzeile die automatische Seitenzahl ein.

3 Schlaue Dienste in WORD nutzen

Vinzent und Ophelia haben endlich den ganzen Songtext in WORD erfasst und alle Korrekturen eingearbeitet. Mit dem Ergebnis sind die beiden total zufrieden. Aber warum sind manche Wörter rot unterwellt?

💬 Wissen Sie, was es bedeutet, wenn in einem WORD-Dokument Wörter unterwellt sind? Tauschen Sie sich in der Klasse darüber aus.

WORD bietet viele **Features**, die Ihnen das Arbeiten erleichtern, wodurch Sie schneller vorankommen.

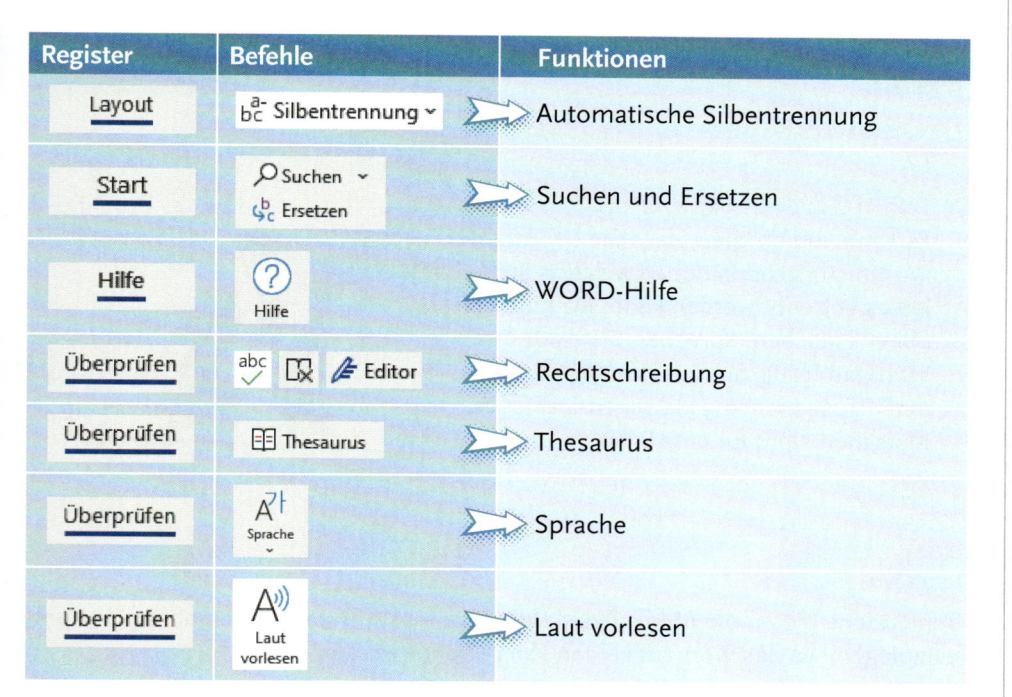

Features = Funktionen.

Register	Befehle	Funktionen
Layout	Silbentrennung	Automatische Silbentrennung
Start	Suchen, Ersetzen	Suchen und Ersetzen
Hilfe	Hilfe	WORD-Hilfe
Überprüfen	Editor	Rechtschreibung
Überprüfen	Thesaurus	Thesaurus
Überprüfen	Sprache	Sprache
Überprüfen	Laut vorlesen	Laut vorlesen

3.1 Silbentrennung und Trennstriche verwenden

Hat ein Wort in einer Zeile nicht mehr Platz, wird es automatisch in die nächste Zeile verschoben. Durch Aktivieren der automatischen Silbentrennung werden die unterschiedlichen Zeilenlängen ausgeglichen. Die Wörter werden bei den Silben automatisch oder manuell getrennt.

Automatische Silbentrennung

Die Silben werden automatisch am Ende der Zeile getrennt.

- LAYOUT – SEITE EINRICHTEN – SILBENTRENNUNG – AUTOMATISCH

Manuelle Silbentrennung

Sie können die Silben auch manuell trennen, um eine bessere Lesbarkeit zu erzielen. WORD fügt an der getrennten Stelle das Zeichen ¬ ein. Dieses Zeichen ist lediglich auf dem Bildschirm sichtbar. Auf dem Ausdruck erscheint ein Trennstrich.

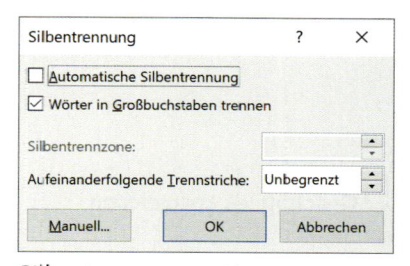

Silbentrennungsoptionen

III Mit WORD arbeiten

💡 Der schwarze, senkrechte Balken zeigt an, wie weit das Wort in die Zeile passt.

Manuelle Silbentrennung durchführen

- Textteil, in dem die manuelle Silbentrennung durchgeführt werden soll, markieren
- LAYOUT – SEITE EINRICHTEN – SILBENTRENNUNG – MANUELL
- Angezeigte Trennstellen mit JA bestätigen oder Mauszeiger an die zu trennende Stelle stellen und mit JA bestätigen

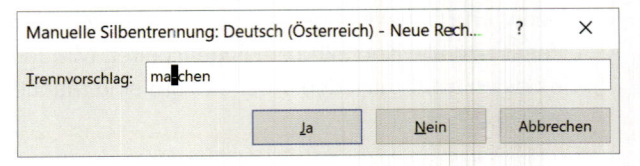

Silbentrennung deaktivieren

Die Silbentrennung kann auch wieder deaktiviert werden:

- LAYOUT – SEITE EINRICHTEN – SILBENTRENNUNG – KEINE

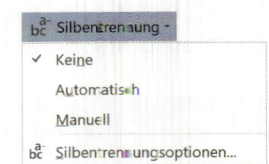

Tipp!
Es kann vorkommen, dass Sie bei einem Wort nicht sicher sind, an welchen Stellen es getrennt werden kann. Da hilft das Silbenklatschen. Sprechen Sie dafür das Wort ganz langsam aus. Immer wenn Sie eine Pause machen, klatschen Sie. Jedes Klatschen steht für eine Silbe.

Trennstriche

Trennstriche bieten die Möglichkeit, Wörter an bestimmten Stellen abzuteilen und festzulegen, wo das Wort auf keinen Fall getrennt werden darf.

👆 **Bedingten Trennstrich erzeugen**
`Strg` + `-`

Bedingter Trennstrich

Möchten Sie ein Wort bewusst teilen, ist der bedingte Trennstrich zu setzen. Der Vorteil: Ändert sich der Text und das Wort steht nicht mehr am Ende einer Zeile, wird das Trennzeichen ¬ zwar angezeigt, jedoch nicht ausgedruckt.

👆 **Geschützten Trennstrich erzeugen**
`Strg` + `⇧` + `-`

Geschützter Trennstrich

Wörter, die mit einem geschützten Trennstrich geschrieben werden, werden von WORD nicht geteilt.

> **Beispiele**
> E-Mail, i-Punkt, Fugen-s, O-Ring, U-Bahn

Geschütztes Leerzeichen

👆 **Geschütztes Leerzeichen erzeugen**
`Strg` + `⇧` + `Leertaste`

Wenn Wörter zusammengehören und verhindert werden soll, dass WORD einen Zeilenumbruch vornimmt, können Sie ein geschütztes Leerzeichen setzen. Damit wird die Trennung verhindert.

> **Beispiele**
> 100°000 Personen, 25°Euro, h°&°m

190

WORD kennenlernen

WorkBox – „Silbentrennung, Leerzeichen und Trennstriche"

- Ophelia erstellt ein Handout für ihre Mitschüler/innen. Dabei kann sie das über Trennstriche, Leerzeichen und Silbentrennung Gelernte gleich umsetzen.
    a) Öffnen Sie das Dokument **Musikgenuss_u.docx** und speichern Sie es unter **Musikgenuss1.docx**.
    b) Aktivieren Sie die automatische Silbentrennung.
    c) Setzen Sie zwischen den Zahlen und den Maßangaben geschützte Leerzeichen.
    d) Setzen Sie einen geschützten Trennstrich bei den „30-Jährigen" und „70-Jährigen".
    e) Denken Sie daran, zu speichern.

3.2 Suchen und Ersetzen anwenden

Wenn Sie in einem mehrseitigen Dokument Wörter suchen und ersetzen wollen, können Sie dies von WORD automatisch durchführen lassen.

SCHRITT FÜR SCHRITT: WÖRTER SUCHEN

1. Öffnen Sie die Suche über START – BEARBEITEN – SUCHEN.
2. Der Aufgabenbereich NAVIGATION erscheint links auf dem Bildschirm.

WORD-Suche aufrufen: Strg + F

3. Geben Sie den Suchbegriff ein.
4. Der Suchbegriff wird im gesamten Text gelb hinterlegt und Textpassagen mit dem Suchbegriff werden im Aufgabenbereich angezeigt.
5. Klicken Sie auf die gesuchte Textpassage im Aufgabenbereich.
6. Der gesuchte Text wird nun angezeigt und kann bearbeitet werden.

Die erweiterte Suche bietet zusätzliche Möglichkeiten. Sie ist ideal, um die Suchergebnisse zu verfeinern.

- START – BEARBEITEN – SUCHEN
- Klick auf den Listenpfeil
- ERWEITERTE SUCHE...
- ERWEITERN

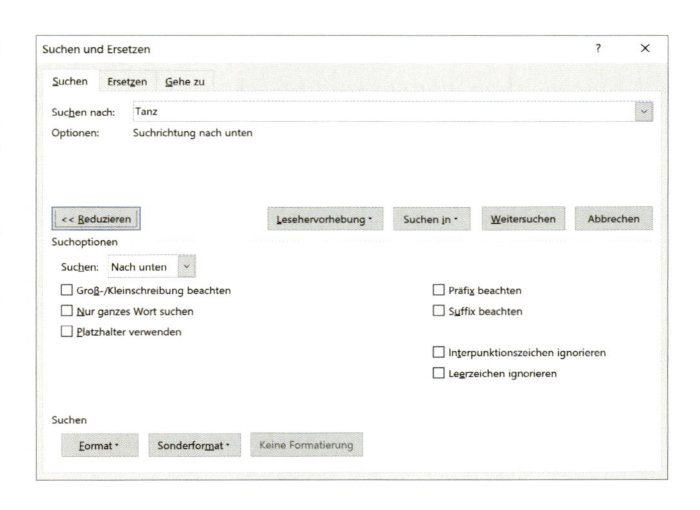

Wo steht denn das?

191

III Mit WORD arbeiten

Achtung bei der Funktion ALLE ERSETZEN! Es kann leicht passieren, dass WORD Wörter ersetzt, die man nicht ersetzt haben möchte.

auch

Hauch

pfauchen

rauchen

SCHRITT FÜR SCHRITT: WÖRTER ERSETZEN

1. Wählen Sie START – BEARBEITEN – ERSETZEN.
2. Geben Sie den Suchbegriff und den Ersatzbegriff ein.

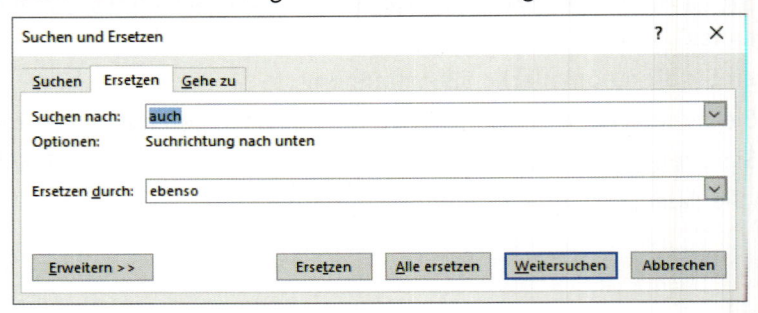

Suchen und Ersetzen
- Suchen nach: auch
- Optionen: Suchrichtung nach unten
- Ersetzen durch: ebenso

3. Klicken Sie auf WEITERSUCHEN.
4. Das erste gefundene Wort wird grau hinterlegt angezeigt.
5. - Klicken Sie auf ERSETZEN, wenn das Wort ersetzt werden soll.
   - Klicken Sie WEITERSUCHEN, wenn das Wort nicht ersetzt werden soll.
   - Klicken Sie ALLE ERSETZEN, wenn alle Wörter im Text ohne Rückfrage ersetzt werden sollen.
6. Nachdem WORD den Suchvorgang beendet hat, erscheint ein Dialogfeld mit der Information, wie viele Wörter ersetzt wurden

Beispiel
Sie möchten das Wort „auch" durch das Wort „ebenso" ersetzen. Achtung: Das Wort „auch" steckt ebenso in den Wörtern „Hauch", „pfauchen", „rauchen" ... Die Wörter, in denen das Wort „auch" steckt, nicht ersetzen!

Mit der **Funktion Suchen und Ersetzen** können Sie schnell ein häufig verwendetes Wort austauschen.

Suchen   Ersetzen

WorkBox – „Suchen und Ersetzen anwenden"

- Üben Sie das Suchen und Ersetzen von Wörtern.
   a) Öffnen Sie das Dokument **Musikgenuss1.docx** und speichern Sie es unter **Musikgenuss2.docx.**
   b) In welchen Wörtern kommt „ich" vor?
      ich ⇒ _____
   c) Notieren Sie, wie oft das Wort „Musik" vorkommt.
      Musik ⇒ _____
   d) Ersetzen Sie das Wort „bedenklich" durch „kritisch".
   e) Denken Sie daran, zu speichern.

3.3 Hilfsquellen nutzen

Sie haben bereits einige Funktionen in WORD kennengelernt. Aber auch richtige OFFICE-Profis stoßen manchmal an ihre Grenzen, daher bietet MICROSOFT verschiedene Hilfsquellen an. Mit deren Hilfe können Sie Probleme schnell lösen.

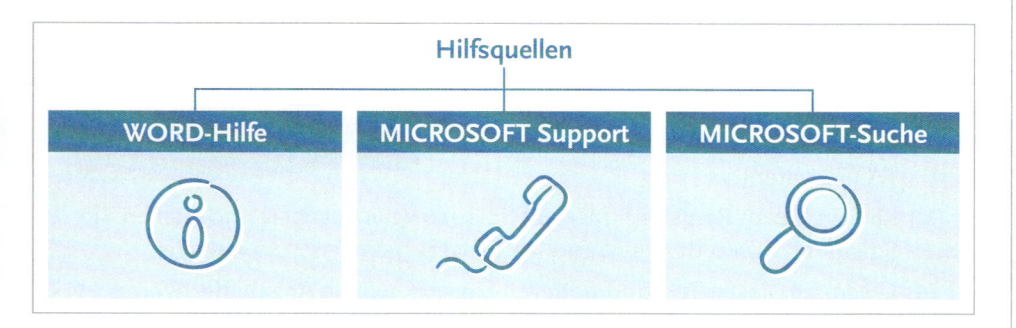

Hilfsquellen
- WORD-Hilfe
- MICROSOFT Support
- MICROSOFT-Suche

Die **WORD-Hilfe** können Sie auch mit der **Funktionstaste** F1 öffnen.

Eine interaktive Übung zum Kapitel finden Sie in der TRAUNER-DigiBox.

WORD-Hilfe

Im Register HILFE finden Sie Hilfestellung bei Problemen mit Funktionen und Anleitungen zur Bedienung des Programmes.

- Geben Sie im Suchfeld den Suchbegriff ein
- SUCHEN
- Wählen Sie ein Thema aus

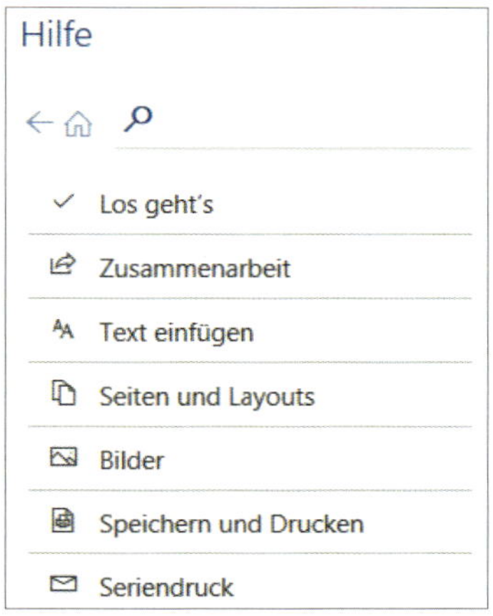

MICROSOFT Support

Der MICROSOFT Support bietet Ihnen für alle MICROSOFT-Produkte (WINDOWS, OFFICE ...) online Hilfe an. Sie können

- einen Suchtext eingeben,
- in der MICROSOFT-Community kostenlos einen Diskussionsbeitrag anlegen, um Ihre Frage zu stellen,
- das Produkt auswählen, zu dem Sie Hilfe benötigen.

https://support.microsoft.com

MICROSOFT-Suche

Mit der MICROSOFT-Suche in der WORD-Titelleiste können Sie nach Befehlen suchen und diese sofort über das Menü ausführen.

**SCHRITT FÜR SCHRITT:
KOPFZEILE MIT DER MICROSOFT-SUCHE EINFÜGEN**

1. Klicken Sie in das SUCHEN-FELD und schreiben Sie das Wort „Kopfzeile".
2. Wählen Sie EINE KOPFZEILE HINZUFÜGEN aus.
3. Wählen Sie die gewünschte Kopfzeile aus.

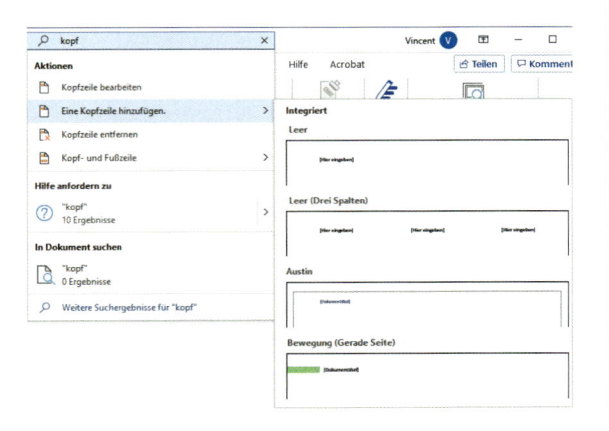

III Mit WORD arbeiten

WorkBox – „Hilfsquellen nutzen"

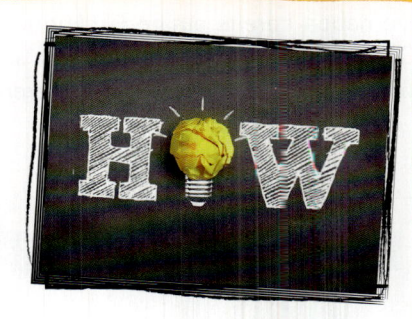

- Nutzen Sie die WORD-Hilfe.
  a) Recherchieren Sie in der WORD-Hilfe über „Rechtschreibung".
  b) Fassen Sie mit Ihrer Banknachbarin/ Ihrem Banknachbarn kurz zusammen, was in der Hilfe über „Rechtschreib- und Grammatikprüfung und mehr in WORD" steht.
  c) Klicken Sie im Register HILFE auf SCHULUNG ANZEIGEN und wählen Sie SCHREIBEN UND BEARBEITEN – ANZEIGEN DER WORTANZAHL aus.
  d) Lesen Sie diesen Text und notieren Sie sich, wo die Anzahl der Wörter Ihres Dokumentes angezeigt wird.

3.4 AutoKorrektur anwenden

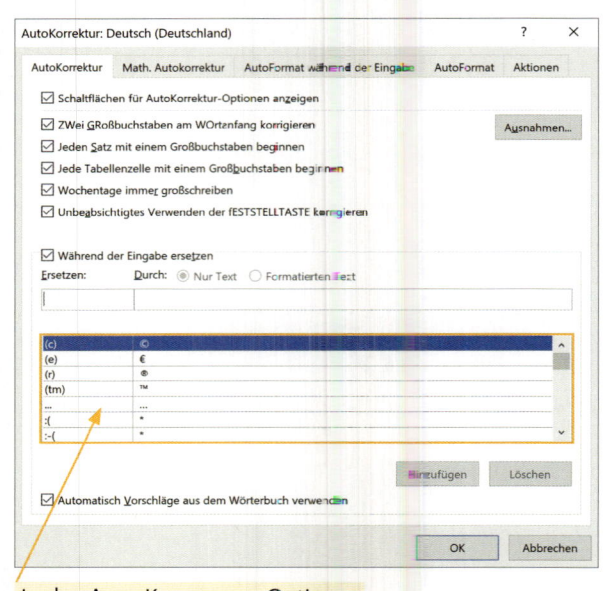

Die AUTOKORREKTUR ist standardmäßig aktiviert, kann jedoch individuell angepasst werden. Standardmäßig werden folgende Aktionen automatisch korrigiert:

- Typische Tippfehler, z. B. wird „dsa" automatisch auf „das" ausgebessert
- Zwei aufeinanderfolgende GRoßbuchstaben am WOrtanfang
- Nach einem Satzpunkt wird automatisch großgeschrieben
- Wochentage werden immer großgeschrieben
- Unbeabsichtigtes Drücken der fESTSTELLTASTE wird korrigiert
- In jeder Tabellenzelle wird der erste Buchstabe automatisch großgeschrieben

Diese und weitere Einstellungen können Sie in den AUTOKORREKTUR-Optionen vornehmen:

- DATEI – OPTIONEN – DOKUMENTPRÜFUNG – AUTOKORREKTUR-OPTIONEN...

In den AUTOKORREKTUR-Optionen sehen Sie alle Wörter, die automatisch korrigiert werden. Diese Liste können Sie erweitern oder Korrekturen löschen.

Schon gewusst?
Ändert WORD eine Aktion automatisch, können Sie diesen Schritt sofort rückgängig machen, indem Sie auf RÜCKGÄNGIG klicken. Sie können auch die Tastenkombination Strg + Z nutzen.

WorkBox – „AutoKorrektur anwenden"

- AutoKorrektur kennenlernen.
  a) Öffnen Sie die AutoKorrektur-Optionen.
  b) Sehen Sie sich die Korrekturoptionen an und überlegen Sie mit Ihrer Sitznachbarin/Ihrem Sitznachbarn, welche dieser Funktionen Sie bereits schon einmal in WORD „erlebt" haben und besprechen Sie diese

WORD kennenlernen

3.5 Dokument überprüfen

Beim Schreiben von Texten passieren Ihnen vermutlich hin und wieder Fehler, z. B. weil Sie sich vertippen. Manchmal merken Sie auch beim Durchlesen, dass sie ein Wort sehr oft verwendet haben.

WORD hilft Ihnen beim Schreiben! Das Programm kann automatisch **Fehler entdecken und ausbessern** – und zwar Rechtschreib- und Grammatikfehler. Diese Funktionen heißen AUTOKORREKTUR, RECHTSCHREIB- und GRAMMATIKPRÜFUNG.

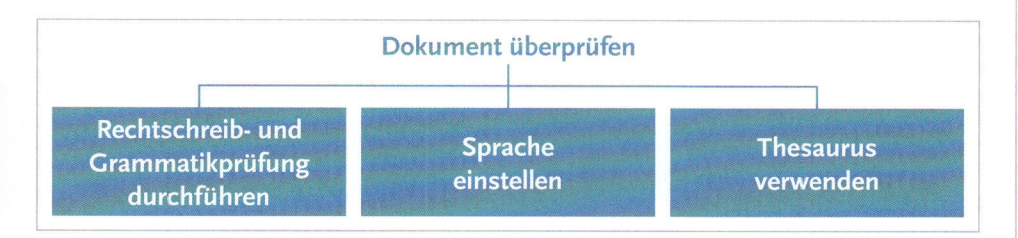

Dokument überprüfen
- Rechtschreib- und Grammatikprüfung durchführen
- Sprache einstellen
- Thesaurus verwenden

Rechtschreib- und Grammatikprüfung durchführen

Eine automatische Rechtschreib- und Grammatikprüfung läuft im Hintergrund, während Sie den Text eingeben. Die Fehler werden so markiert:

Rechtschreibfeher ➢ **Rote Wellenlinie** ➢ Rechtschreibfehler

Grammatikfehler ➢ **Blaue Unterstreichung** ➢ Grammatikfehler

Wenn Sie eine Rechtschreib- und Grammatikprüfung für das gesamte Dokument durchführen möchten, gehen Sie folgendermaßen vor:

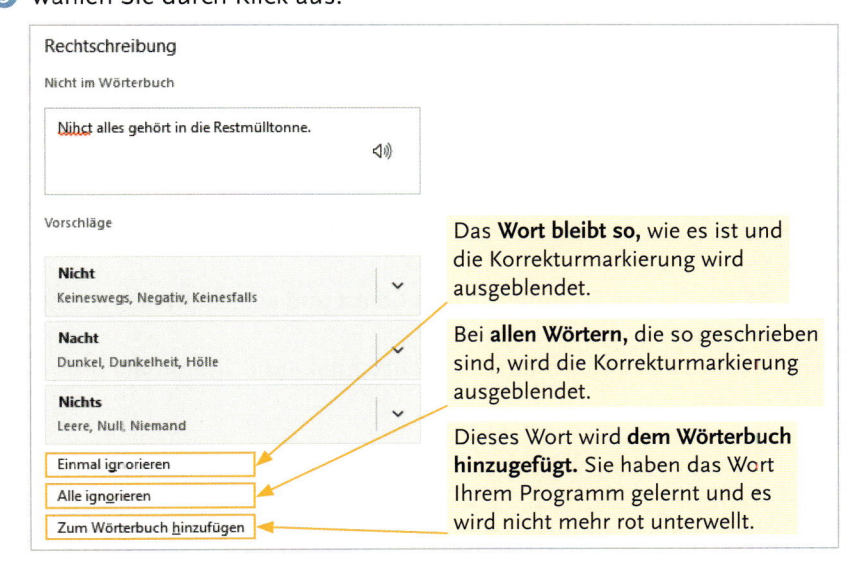

💡 Wenn Sie in der Statusleiste dieses Icon 📝 sehen, wurden Fehler gefunden. Durch einen Klick darauf werden Ihnen diese Fehler im Editor angezeigt.

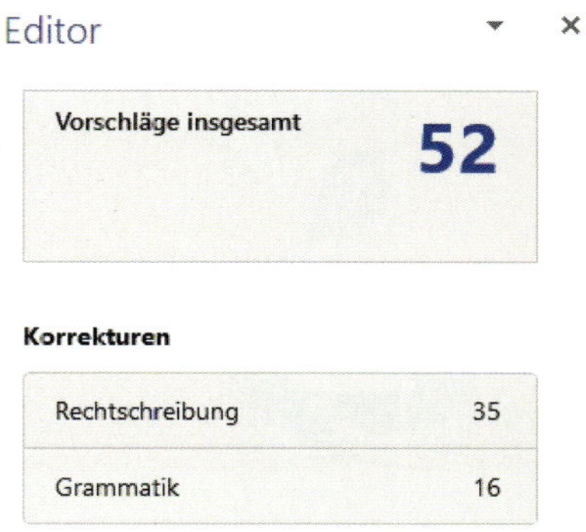

Editor

SCHRITT FÜR SCHRITT:
RECHTSCHREIB- UND GRAMMATIKPRÜFUNG DURCHFÜHREN

① Klicken Sie auf ÜBERPRÜFEN – RECHTSCHREIBUNG – EDITOR.
② Der Editor für die Rechtschreib- und Grammatikprüfung wird geöffnet – WORD gibt Ihnen Korrekturvorschläge vor.
③ Wählen Sie durch Klick aus.

Editor

Vorschläge insgesamt **52**

Korrekturen
Rechtschreibung	35
Grammatik	16

Rechtschreibung

Nicht im Wörterbuch

Nihct alles gehört in die Restmülltonne.

Vorschläge

Nicht — Keineswegs, Negativ, Keinesfalls
Nacht — Dunkel, Dunkelheit, Hölle
Nichts — Leere, Null, Niemand

- Einmal ignorieren → Das **Wort bleibt so,** wie es ist und die Korrekturmarkierung wird ausgeblendet.
- Alle ignorieren → Bei **allen Wörtern,** die so geschrieben sind, wird die Korrekturmarkierung ausgeblendet.
- Zum Wörterbuch hinzufügen → Dieses Wort wird **dem Wörterbuch hinzugefügt.** Sie haben das Wort Ihrem Programm gelernt und es wird nicht mehr rot unterwellt.

WORD findet leider nicht immer alle Fehler!

195

III Mit WORD arbeiten

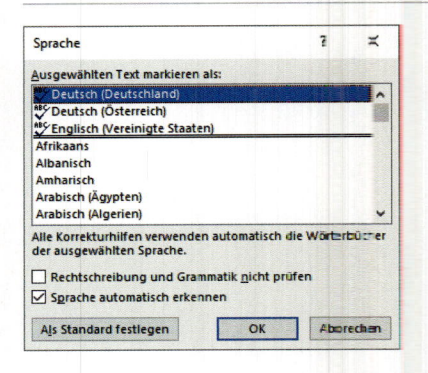

Synonym = andere Bezeichnung für ein Wort.

Sprache einstellen

WORD erkennt beim Eingeben des Textes automatisch die Sprache. Diese wird dann eingestellt und das Wörterbuch in der ausgewählten Sprache verwendet.

Erkennt WORD die Sprache nicht automatisch, können Sie sie manuell festlegen:

- Textteil markieren
- ÜBERPRÜFEN – SPRACHE – SPRACHE – SPRACHE FÜR DIE KORREKTURHILFEN FESTLEGEN...

Thesaurus verwenden

Der Thesaurus ist ein Synonym-Lexikon. Hier finden Sie Vorschläge, welche Wörter man durch andere ersetzen kann, um Wortwiederholungen zu vermeiden.

- Kontextmenü auf das Wort – SYNONYME
- Synonym auswählen

> **!** Ein **Synonym** ist ein bedeutungsähnliches oder bedeutungsgleiches Wort. Zum Beispiel: diverse, unterschiedliche

Der Thesaurus ist mega! Keine Wortwiederholungen mehr!

Let's do this! – „Dokument überprüfen"

Ausgangssituation

Die unterwellten Wörter nerven Vinzent und Ophelia ein bisschen.

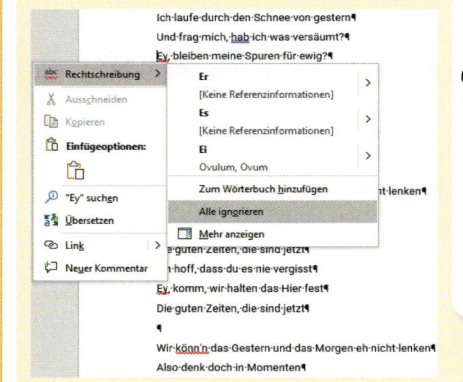

Kein Wunder, dass WORD „Ey" und „hab" als falsch markiert. Das ist ja Umgangssprache. Wenn wir ALLE IGNORIEREN auswählen, wird das nicht mehr als Fehler angezeigt.

JETZT SIND SIE DRAN!

- Überprüfen Sie ein Dokument mithilfe der Rechtschreib- und Grammatikprüfung.
  a) Öffnen Sie das Dokument **Lyrics1.docx** und speichern Sie es unter **Lyrics2.docx.**
  b) Führen Sie die automatische Rechtschreib- und Grammatikprüfung durch.
    ▶ Korrigieren Sie die Fehler.
    ▶ Ignorieren Sie Wörter, die WORD als falsch unterwellt, die aber umgangssprachlich im Song gewollt sind, z. B. Ey.
  c) Überlegen Sie gemeinsam in der Klasse, warum Vinzent und Ophelia „hab" nicht dem Wörterbuch hinzufügen sollen.

WORD kennenlernen

Beispiel

Jana schreibt einen Brief und berichtet von ihrem Hund. Damit sie nicht immer das gleiche Wort verwendet, markiert sie den Begriff „Hund" und klickt auf THESAURUS. Dieser bietet nun verschiedene Begriffe an:

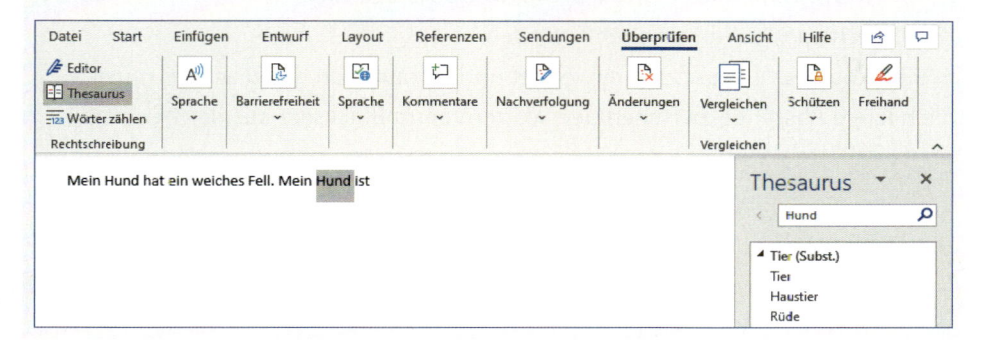

WorkBox – „Thesaurus verwenden"

- Versuchen Sie selbst, welche Vorschläge es im Thesaurus für Hund gibt.

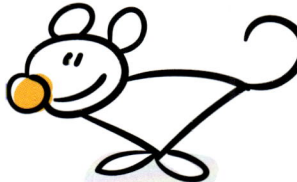

3.6 Laut vorlesen

Mit der Funktion LAUT VORLESEN können Sie sich Texte in der Sprache des Betriebssystems vorlesen lassen. Beim Aktivieren der Funktion erscheinen Steuerungselemente am rechten Rand zum STARTEN und ANHALTEN, für WEITER und ZURÜCK. In den Einstellungen legen Sie die Lesegeschwindigkeit fest und wählen die Stimme aus.

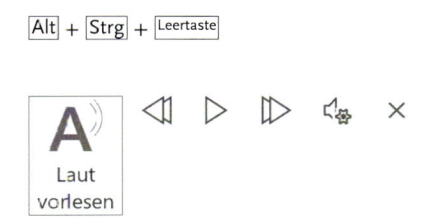

- Mauszeiger an die Stelle stellen, von der vorgelesen werden soll
- ÜBERPRÜFEN – SPRACHE – LAUT VORLESEN

Alt + Strg + Leertaste

WorkBox – „Dokument überprüfen" und „Laut vorlesen"

- Überprüfen Sie ein Dokument.
   a) Öffnen Sie das Dokument **Lyrics2.docx** und speichern Sie es unter **Lyrics3.docx**.
   b) Aktivieren Sie die automatische Silbentrennung.
   c) Lassen Sie sich einen Absatz laut vorlesen.
   d) Die Worte „Liebe", „Frieden" und „Momente" kommen sehr häufig vor. Finden Sie mithilfe des Thesaurus passende Synonyme.

   Liebe

   Frieden

   Momente

   e) Denken Sie daran, zu speichern.

197

III Mit WORD arbeiten

WissensCheck – „WORD kennenlernen"

1. Geben Sie an, wie man Schriftstücke nennt, die in WORD erstellt werden.
2. Erklären Sie die Unterschiede zwischen der WORD-Oberfläche und der WORD-Backstage-Ansicht.
3. Erklären Sie die Funktion des kleinen Pfeils rechts unten in manchen Gruppen.
4. Geben Sie an, was passiert, wenn man die Aktion ALLE ERSETZEN verwendet und worauf man dabei achten muss.
5. Beschreiben Sie, wie man unterschiedlich lange Abstände zwischen den Wörtern beim Blocksatz ausgleichen kann.

Ziele erreicht? – „WORD kennenlernen"

KOMPETENZ-ERWERB

1. Im Laufe des Kapitels haben Sie einige Shortcuts für wichtige WORD-Funktionen kennengelernt. Ordnen Sie diese den richtigen Funktionen zu.

STRG + X	Drucken
STRG + V	Aktion rückgängig machen
STRG + Y	Gesamten Text markieren
STRG + S	Neues Dokument
STRG + C	Einfügen
STRG + P	Ausschneiden
STRG + F	Kopieren
STRG + Z	Speichern
STRG + A	Nach Wörtern suchen
STRG + N	Rückgängig gemachte Schritte wiederherstellen

2. Nutzen Sie die WORD-Hilfe.
    a) Öffnen Sie ein neues WORD-Dokument und speichern Sie es unter **Hilfetext1.docx.**
    b) Öffnen Sie die WORD-Hilfe.
        - Geben Sie den Suchbegriff „AutoKorrektur" ein.
        - Öffnen Sie einen passenden Link.
        - Kopieren Sie den Hilfetext und fügen Sie ihn in das Dokument ein.
    c) Denken Sie daran, zu speichern.

WORD kennenlernen

3. Trainieren Sie die WORD-Basics.

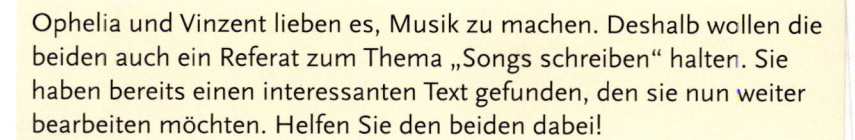

Ophelia und Vinzent lieben es, Musik zu machen. Deshalb wollen die beiden auch ein Referat zum Thema „Songs schreiben" halten. Sie haben bereits einen interessanten Text gefunden, den sie nun weiter bearbeiten möchten. Helfen Sie den beiden dabei!

a) Öffnen Sie das Dokument **Songwriting_u.docx** und speichern Sie es unter **Songwriting1.docx**.

b) Ophelia und Vinzent haben auf einem Ausdruck bereits einige Korrekturen und Bearbeitungswünsche notiert. Setzen Sie diese um und denken Sie daran, die Datei danach zu speichern!

Was ist Songwriting?

geschützte Trennstriche ↑   ↑ *geschütztes Leerzeichen*

Eine Befragung bei 14-19-Jährigen ergab, dass 71,2 % der Befragten mehrmals in der Woche in ihrer Freizeit Musik hören. Warum nicht einmal versuchen, selbst einen Song zu schreiben?

Songwriting ist Kreation. Songwriting ist Inspiration und Intuition, vermischt mit einer gehörigen Portion handwerklichen Könnens.

Um einen Song zu komponieren, bedarf es mehr als nur einige Akkorde zusammenzuwürfeln und eine beliebige Melodie mit austauschbarem Text darüber zu singen.

Manchmal überkommt einen die Inspiration und dann muss man sich keine Fragen stellen und sich keine Gedanken zu Arrangement, Publikum oder der gewollten Aussagen machen. Wenn ein Song aus einer Laune heraus entsteht, sind diese Punkte – bewusst oder unbewusst – bereits geklärt.

Es gibt keine Regeln beim Songwriting – das muss immer wieder betont werden.

Kaum einer wird es je bestreiten: Die besten Songs aller Zeiten wurden über Liebe geschrieben. Häufig sagen sich Songwriter, dass gerade die Liebe ein Thema ist, das sich wie ausgelutscht anfühlt. Doch ist das ein tragbares Argument? Solltest Du deine Songs deswegen nicht über Liebe schreiben?

Ganz im Gegenteil – Liebe ist ein Thema, das jeden Menschen (ohne Ausnahme) bewegt. Zu irgendeinem Zeitpunkt im Leben ist jeder einmal verliebt, verlassen, verletzt oder gekränkt. Das kann aufgrund eines anderen Menschen sein, es kann die Liebe zu einem Tier beschreiben oder zu einem Hobby. Jeder hat etwas, das er liebt.

Love Songs funktionieren immer!

Quelle: klangkost.net, 2021-07-28

→ *in die Fußzeile*

Befragung ⇒ ersetzen durch Untersuchung!

Silbentrennung!

Super! Wir brauchen die Datei auch noch als PDF, dann können wir sie per E-Mail verschicken. Ein Ausdruck für jeden von uns wäre auch praktisch, oder?

c) Speichern Sie das Dokument zusätzlich als PDF und drucken Sie es zweimal aus.

Einen interaktiven **Safety-Check** finden Sie in der TRAUNER-DigiBox.

WORD-Dokumente designen

WORD ist ein essenzielles Programm im Bereich **Kommunikation und Organisation.** In Unternehmen wird dieses Programm im tagtäglichen Geschäft verwendet. Es kann für die unterschiedlichsten Schriftstücke wie z. B. Einladungen, Zertifikate, Firmenpost, Rechnungen etc. eingesetzt werden.

Dabei bietet WORD viele Möglichkeiten, wie Dokumente ansprechend und individuell gestaltet werden können. Mit dem richtigen Know-how können Sie einfach und schnell das Aussehen eines Dokumentes verändern.

Meine Ziele

Nach Bearbeitung dieses Kapitels kann ich
- die Funktionen der Zeichen-, Absatz- und Seitenformatierung anwenden;
- Seiten in WORD gestalten und einrichten;
- Designs und Formatvorlagen in Dokumenten anwenden;
- Illustrationen, wie Bilder, Formen, Piktogramme etc., in Dokumente einfügen und formatieren;
- WORD-Dateien durch Aufzählungszeichen und Nummerierungen strukturieren;
- Rahmenlinien, Schmucklinien und Schattierungen anwenden;
- Texte mit Textfeldern, WordArt, Symbolen und Initialen kreativ gestalten;
- Texte selbstständig formatieren und designen.

1 WORD-Formatierungsarten überblicken

„Echt super, dass wir jetzt die Songtexte in WORD erfasst haben. Aber so richtig gut schaut das noch nicht aus. Und ich tu' mir beim Spielen teilweise auch ganz schön schwer, die einzelnen Strophen zu unterscheiden", meint Vinzent nach der Schule zu Ophelia. Aber Vinzent hat bereits eine Idee: „In WORD können wir den Text ja auch mit unterschiedlichen Formatierungsarten gestalten!" Ophelia ist begeistert: „Gute Idee! Wir können verschiedene Farben, Schriftarten, Abstände probieren!"

💬 Tauschen Sie sich in der Klasse über Ihre Erfahrungen mit dem Formatieren von Dokumenten aus. Überlegen Sie, welche Elemente formatiert werden könnten, z. B. Schrift in verschiedenen Größen und Farben.

In WORD haben Sie viele verschiedene Möglichkeiten, das Aussehen Ihres Dokumentes zu gestalten. Mit einer **ansprechenden** Formatierung können Sie die **Aufmerksamkeit** der Leserin/des Lesers stark beeinflussen. Außerdem schaut ein klug formatierter Text gut aus.

Formatierung = Gestaltung und Aussehen eines Textes (z. B. Schriftart, -größe, -farbe etc.).

Der gesamte Text, Textteile, Überschriften etc. können hervorgehoben, Bilder eingefügt und bearbeitet werden. Durch die entsprechende Anordnung von Texten in einem Dokument können Sie in WORD das Layout verändern.

Layout = Gestaltung und Anordnung der einzelnen Elemente (Text, Bilder etc.).

WORD unterscheidet drei Formatierungsarten:

WORD-Formatierungsarten im Überblick

Zeichenformatierung	Absatzformatierung	Seitenformatierung
Gestaltung von einzelnen Zeichen bzw. Textteilen mit z. B. Schriftart, -größe oder -farbe, Texteffekten, Unterstreichungen etc.	Formatierung von einzelnen Absätzen wie z. B. links- oder rechtsbündig, Zeilen- bzw. Absatzabstand, Einzüge etc.	Gestaltung einer Seite wie z. B. Seitengröße (A4 oder A5), Ausrichtung (Hoch- oder Querformat) etc.

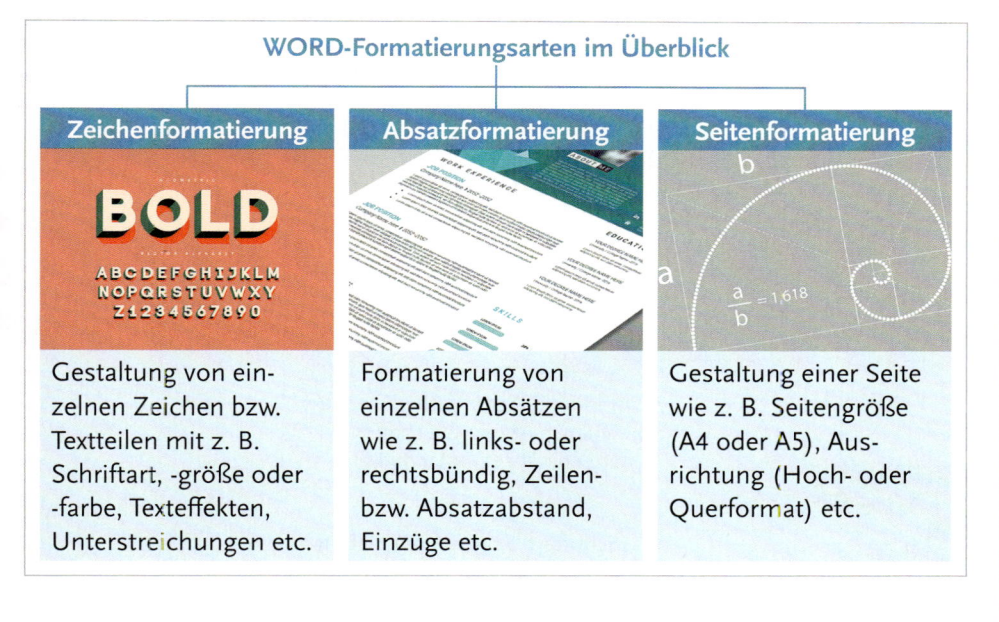

1.1 Zeichenformatierung anwenden

❗ Alle Buchstaben, Ziffern, Schrift- und Sonderzeichen werden **Zeichen** genannt und können in WORD auch formatiert werden. Alle Formatierungsmöglichkeiten finden Sie in der Gruppe SCHRIFTART im Register START.

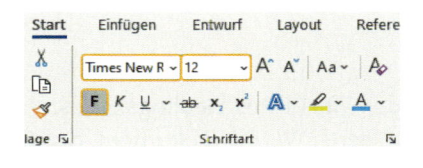

Mit den Zeichenformatierungen kann ich die Eigenschaften des Geschriebenen ändern (Schriftart, Schriftfarbe, Schriftgröße etc.).

Für jede Zeichenformatierung gilt, dass vorher der zu formatierende Textteil markiert werden muss.

III Mit WORD arbeiten

Let's do this! – „Zeichenformatierung anwenden"

Ausgangssituation

Vinzent und Ophelia haben bereits ihren Songtext in WORD erfasst und alle Korrekturen eingearbeitet. Aber die Formatierung finden beide langweilig. Da kann man in WORD sicher noch mehr machen! Ophelia und Vinzent haben verschiedene Möglichkeiten der Zeichenformatierung ausprobiert. Ophelia hat WORD auch auf ihrem Smartphone. Die beiden schauen sich die verschiedenen Formatierungen noch mal an.

> Klar – weniger ist manchmal mehr. Und manche Formatierungen sind besser zu lesen als andere. Was gefällt dir am besten?

> Cool, was alles möglich ist. Aber ein bisschen viel ist das schon, oder?

DIE GUTEN ZEITEN ← Schriftart: Berlin Sans FB Demi; Schriftgröße: 28 Punkt; Schriftfarbe/Texteffekt: Grün, Akzent 6, Leuchteffekt

Ich denke viel zu oft an Morgen
Wo will ich hin und wer will ich sein?
Ist meine Zukunft schon geschrieben?
Treff ich dich oder bleib ich doch allein?

← Schriftart: Malgun Gothic; Schriftgröße: 11 Punkt; Schriftfarbe: Blau, Akzent 1

Es sind die immer gleichen Fragen
Ich schlafe wieder mal nicht ein
Find ich Liebe, find ich Frieden
Was ich weiß, dass ich gar nichts weiß
Ich kann das Gestern und das Morgen eh nicht lenken
Also denk ich in Momenten

← Schriftart: Californian FB; Schriftgröße: 13 Punkt; Schriftfarbe: Grau, Akzent 3

Die guten Zeiten, die sind jetzt
Ich hoff, dass du es nie vergisst
Ey, komm, wir halten das Hier fest
Die guten Zeiten, die sind jetzt

← Schriftart: Papyrus; Schriftgröße: 14 Punkt; Schriftfarbe/Texteffekt: Orange, Akzent 2, Schatten: außen, Offset: unten links

Ich laufe durch den Schnee von gestern
Und frag mich, hab ich was versäumt?
Ey, bleiben meine Spuren für ewig?
Doch da ist nichts, was ich bereu

← Schriftart: Segoe Script; Schriftgröße: 13 Punkt; Texthervorhebungsfarbe: verschiedene Farben

Es sind die immer gleichen Fragen
Ich schlafe wieder mal nicht ein
Hab ich Liebe, hab ich Frieden
Was ich weiß, dass ich gar nichts weiß
Ich kann das Gestern und das Morgen eh nicht lenken
Also denk ich in Momenten

← Schriftart: MV Boli; Schriftgröße: 12 Punkt; Schriftfarbe: Blau, Akzent 1

> **JETZT SIND SIE DRAN!**
>
> ■ Suchen Sie im Internet nach dem Text Ihres Lieblingsliedes.
>   a) Kopieren Sie den Text in ein leeres WORD-Dokument, das Sie unter **Songtext.docx** speichern.
>   b) Formatieren Sie den Text mit unterschiedlichen Zeichenformatierungen, die Sie bereits kennen.
>   c) Tauschen Sie sich in der Klasse darüber aus, welche Formatierung Ihnen am besten gefällt.

WORD-Dokumente designen

Schon gewusst?
Mit der **Live-Vorschau** haben Sie in den OFFICE-Programmen die Möglichkeit, sich die Wirkung der einzelnen Formatierungen bereits anzeigen zu lassen, wenn Sie mit der Maus auf den jeweiligen Befehl zeigen.

💡 Die Live-Vorschau funktioniert nicht bei allen Formatierungen.

Schriftart ändern `Times New R ˅`

Mit der Wahl der Schriftart können Sie bestimmen, ob die Schrift wie *eine Handschrift* aussieht, wie in der Zeitung gedruckt oder ganz klassisch.

Schriftarten werden in der Typografie in sogenannten **Schriftfamilien** zusammengefasst. Es gibt zwei wichtige Schriftfamilien, die Sie kennen sollen:

Typografie = Lehre von der Form (Gestalt) von Schriftzeichen und der Umsetzung in Druckwerken; Ziel ist es, Texte ansprechend und lesefreundlich zu gestalten.

Serifenschriften A o Serife	Bei Serifen handelt es sich um An- und Abstriche bzw. Anfangs- und Endstriche von Buchstaben. Sie werden auch Antiquaschriften genannt. Sie eignen sich für Fließtexte, da sie eine optische Führungslinie darstellen und das Auge von Wort zu Wort führen.
Serifenlose Schriften A o	Sie werden auch als Groteskschriften bezeichnet und für Überschriften und auf Bildschirmen, z. B. in der App-Entwicklung, bevorzugt. Sie eignen sich auch für Wegweiser und Beschilderungen.

💡 Bestimmte serifenlose Schriften wurden speziell für die Verwendung in Fließtexten entwickelt, z. B. Arial.

Die Schriftfamilien können in einem Dokument auch gemischt werden. Dabei ist es wichtig, dass nicht zu viele verschiedene Schriftarten verwendet werden.

Schon gewusst?
Die wichtigsten Unterscheidungsmerkmale von Schriften sind:

Hauptstrich — Ano — Achsstellung bei Rundungen
Haarstrich — — Serife

👣 SCHRITT FÜR SCHRITT: SCHRIFTART ÄNDERN

① Klicken Sie auf START – SCHRIFTART – Listenfeld SCHRIFTART.
② Die Schriftarten werden aufgelistet.
③ Durch Klick auf die SCHRIFTART wird diese ausgewählt.

Schriftgröße anpassen

Dabei wird die Größe der Schrift verändert.

❗ Die **Schriftgröße** wird in der Maßeinheit Punkt angegeben. Ein Punkt entspricht ca. 0,35 mm.

💡 Die Schriftgröße kann auch direkt durch Klick auf die Symbole SCHRIFTGRAD VERGRÖSSERN bzw. VERKLEINERN verändert werden.

`12 ˅  A˄  A˅`

III Mit WORD arbeiten

SCHRITT FÜR SCHRITT: SCHRIFTGRÖSSE ANPASSEN

① Klicken Sie auf START – SCHRIFTART – Listenfeld SCHRIFTGRAD.
② Nun können Sie den Schriftgrad wählen oder direkt in das Listenfeld eingeben.

Groß-/Kleinschreibung verwenden Aa

Teile eines Textes oder der gesamte Text können automatisch in Groß- oder Kleinbuchstaben geändert werden. VERSALIEN (= GROSSBUCHSTABEN) eignen sich v. a. für Überschriften. Längere Texte in Versalien sind schwer lesbar.

- Klicken Sie auf START – SCHRIFTART – GROSS-/KLEINSCHREIBUNG.

PROFI-TIPP

„Wenn Sie Großbuchstaben verwenden, dann erweitern Sie den Abstand zwischen den einzelnen Zeichen um z. B. 1,5 Punkt. Damit wird der Text lesefreundlicher gestaltet."

– Grafikdesignerin in einem Zeitungsverlag –

Fett, kursiv, Unterstreichung und durchgestrichen F K U ab

Mit diesen Formatierungen werden v. a. **einzelne Wörter** in einem Dokument hervorgehoben. Wichtige Informationen im Text sollen dabei besonders auffallen und die Orientierung im Text wird erleichtert. Unterstrichene Textteile sollen vermieden werden, sie erschweren das Lesen des Textes. Falscher Text kann auch mit einer Linie ~~mitten durch das Wort~~ durchgestrichen werden.

- START – SCHRIFTART
- Formatierung auswählen

Tief- und hochgestellt x_2 x^2

Mit dieser Formatierungsmöglichkeit werden z. B. Buchstaben verkleinert und unter bzw. über die Textbasislinie gestellt.

- START – SCHRIFTART
- TIEFGESTELLT bzw. HOCHGESTELLT auswählen

> **Beispiele: Tief- und hochgestellte Zeichen**
> - Chemische Formeln wie H_2O, H_2SO_4 ...
> - Mathematische Formeln wie $a^2 + b^2 = c^2$
> - Maßangaben wie 58 m², 100 m³
> - Hinweise auf Fuß- oder Endnoten

Texteffekte und Typografie A

Zusätzliche **Effekte** wie Konturen, Schatten, Spiegelungen und Leuchteffekte können für den markierten Text angewendet werden.

💡 Den Abstand zwischen den Zeichen können Sie im Dialogfeld SCHRIFTART einstellen.

Im Listenfeld UNTERSTREICHEN U kannst du verschiedene Linienarten und die Unterstreichungsfarbe einstellen.

👆 Tiefgestellt: Strg + #
Hochgestellt: Strg + +

💡 Setzen Sie Texteffekte eher sparsam ein: Weniger ist mehr!

204

WORD-Dokumente designen

SCHRITT FÜR SCHRITT: TEXTEFFEKTE UND TYPOGRAFIE AUSWÄHLEN

❶ Klicken Sie auf START – SCHRIFTART – TEXTEFFEKTE UND TYPOGRAFIE.

❷ Vorgegebenen Texteffekt auswählen

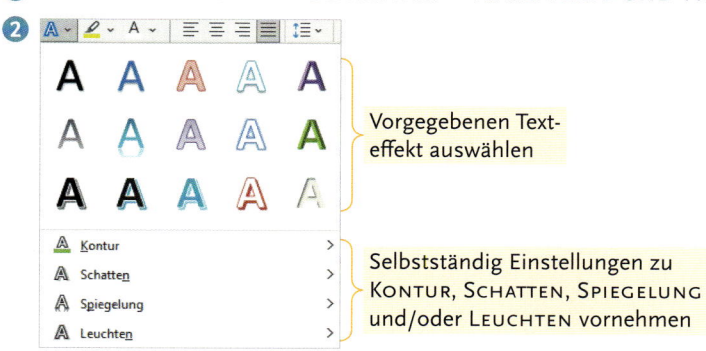

Selbstständig Einstellungen zu KONTUR, SCHATTEN, SPIEGELUNG und/oder LEUCHTEN vornehmen

Texthervorhebungsfarbe anwenden

Besonders wichtige Informationen und Textteile können wie mit einem Leuchtstift **hervorgehoben** werden. Dafür können Sie im Listenfeld die gewünschte Farbe auswählen.

- START – SCHRIFTART – TEXTHERVORHEBUNGSFARBE

Schon gewusst?
Für die Texthervorhebungsfarbe muss vorher **kein Textteil markiert werden.** Der Mauszeiger erscheint als Markierstift, mit dem Textteile markiert werden können. Zum Beenden drücken Sie die Esc-Taste.

Die Texthervorhebungsfarbe kann wie ein Textmarker eingesetzt werden.

Schriftfarbe ändern

Die **Schriftfarbe** verändert die Farbe des markierten Textes. Unterschiedliche Schriftfarben sollen nur gezielt eingesetzt werden.

Es wird immer die zuletzt ausgewählte Schriftfarbe verwendet oder Sie wählen im Listenfeld die gewünschte Farbe aus. Je nachdem, welches Design Sie ausgewählt haben, stehen Ihnen die passenden Designfarben zu Verfügung. Die Standardfarben bleiben immer gleich.

- START – SCHRIFTART – SCHRIFTFARBE

Wie Sie Designs anwenden können, lernen Sie im Abschnitt „Designs auswählen".

Minisymbolleiste

Wenn Sie einen Textteil markieren, erscheint direkt oberhalb die **Minisymbolleiste** mit den wichtigsten bzw. häufig verwendeten Formatierungsmöglichkeiten.

Alle Formatierungen löschen

Mit diesem Befehl wird die gesamte Formatierung des markierten Textteiles gelöscht, es bleibt nur der Text stehen.

- START – SCHRIFTART – ALLE FORMATIERUNGEN LÖSCHEN

Alle Formatierungen löschen
Strg + Leertaste

Die Texthervorhebungsfarbe wird dabei nicht gelöscht.

205

III Mit WORD arbeiten

Format übertragen 🖌 Format übertragen

Sie können Formatierungen kopieren und auf andere Textteile übertragen.

👣 SCHRITT FÜR SCHRITT: FORMAT ÜBERTRAGEN

💡 Mit der Funktion FORMAT ÜBERTRAGEN können Sie viel Zeit sparen.

1. Markieren Sie den Textteil, dessen Formatierung übernommen werden soll.
2. Klicken Sie auf START – ZWISCHENABLAGE – FORMAT ÜBERTRAGEN.
   Oder wählen Sie in der Minisymbolleiste den Befehl FORMAT ÜBERTRAGEN aus.
3. Der Mauszeiger erscheint in Form eines Pinsels.
4. Danach markieren Sie den Textteil, der die gleiche Formatierung erhalten soll.

Tipp!
Wenn Sie ein Format auf mehrere Textteile übertragen möchten, machen Sie einen Doppelklick auf 🖌 Format übertragen. Zum Beenden drücken Sie die Esc-Taste bzw. nochmals auf 🖌 Format übertragen.

Dialogfeld Schriftart

Im Dialogfeld SCHRIFTART finden Sie noch weitere Formatierungsmöglichkeiten und erweiterte Einstellungen.

- START – Dialogfeld SCHRIFTART
  oder Kontextmenü SCHRIFTART

💬 Im Dialogfeld SCHRIFTART kann man echt viele erweiterte Einstellungen vornehmen.

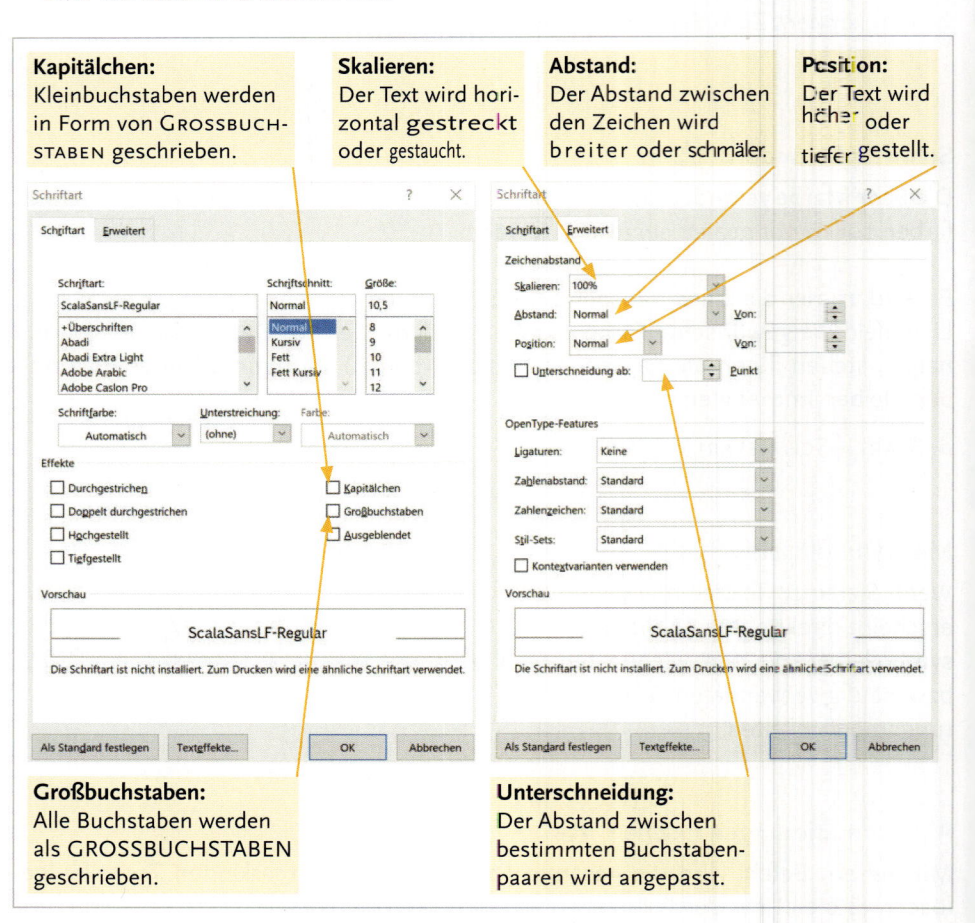

Kapitälchen:
Kleinbuchstaben werden in Form von GROSSBUCHSTABEN geschrieben.

Skalieren:
Der Text wird horizontal gestreckt oder gestaucht.

Abstand:
Der Abstand zwischen den Zeichen wird breiter oder schmäler.

Position:
Der Text wird höher oder tiefer gestellt.

Großbuchstaben:
Alle Buchstaben werden als GROSSBUCHSTABEN geschrieben.

Unterschneidung:
Der Abstand zwischen bestimmten Buchstabenpaaren wird angepasst.

206

WORD-Dokumente designen

WorkBox – „Zeichenformatierung anwenden"

1. Trainieren Sie die Zeichenformatierung anhand Ihres Lieblingsliedes.
   a) Öffnen Sie das Dokument **Liedtext_u.docx** und speichern Sie es unter **Liedtext1.docx**.
   b) Löschen Sie alle Formatierungen, die Sie bereits vorgenommen wurden.
   c) Sie haben in diesem Kapitel viele neue Zeichenformatierungsmöglichkeiten kennengelernt. Wenden Sie für jeden Absatz eine andere Formatierung an.
   d) Denken Sie daran, zu speichern!
   e) Vergleichen Sie Ihre Dateien mit Ihren Mitschülerinnen und Mitschülern. Welche Variante gefällt Ihnen besser und warum?

2. Öffnen Sie das Dokument **Wasserfälle_u.docx** und speichern Sie die Datei unter **Wasserfälle1.docx**. Führen Sie folgende Aufgaben und Formatierungen durch:
   - Gestalten Sie die Haupt- und Unterüberschrift nach Ihren Vorstellungen. Wenden Sie dafür unterschiedliche Formatierungsmöglichkeiten an.
   - Textkörper: Schriftart: Malgun Gothic; Schriftgröße: 12 Punkt; Aktivieren Sie die automatische Silbentrennung
   - Überschrift „Südamerika: Iguazú-Fälle:" Schriftart: Berlin Sans FB; Schriftschnitt: fett; Schriftgröße: 14 Punkt; Effekt: Großbuchstaben; Laufweite: breit 1,5 Punkt, Schatten: innen – oben rechts
   - Übertragen Sie die Formatierung auf alle weiteren Überschriften.
   - Heben Sie das Wort „Wasserfälle" mit einer türkisen Texthervorhebungsfarbe hervor.
   - Die jeweiligen Länder, wo sich die Wasserfälle befinden, gestalten Sie kursiv und mit einem gelben Leuchteffekt.
   - Die Höhen der Wasserfälle unterstreichen Sie mit einer gewellten Linie (Unterstreichung) in einer Farbe Ihrer Wahl.

Fünf Wasserfälle

Wow, diese Wasserfälle sind echt beeindruckend!

SÜDAMERIKA: IGUAZÚ-FÄLLE

Die Iguazú-Fälle liegen direkt an der Grenze zwischen *Argentinien* und *Brasilien*. Die Ländergrenze verläuft dabei durch die Wasserfälle, die sich über eine Länge von rund drei Kilometern und einer Höhe von bis zu 82 m erstrecken. In der Gischt, also dem aufschäumenden Wasser und dessen Dampf, ist bei schönem Wetter ein wundervoller Regenbogen zu sehen.

Neuseeland: Bowen Falls

Die Bowen Falls zählen neben den Stirling Falls zu den größten Wasserfällen *Neuseelands*. Sie liegen im Milford Sound, einer berühmten langgestreckten Bucht im Südwesten der Südinsel. Die Wasserfälle sind in eine märchenhafte Landschaft eingebettet und haben eine Höhe von bis zu 161 m.

Europa: Krimmler Wasserfälle

Die größten Wasserfälle Europas liegen in *Österreich!* Die Krimmler Wasserfälle im Salzburger Pinzgau donnern über drei Stufen verteilt insgesamt fast 400 m in die Tiefe. Die höchste Fallhöhe ist ca. 140 m.

Afrika: Victoria-Fälle

Die von einem Europäer entdeckten Victoria Falls sind die größten Wasserfälle der Welt und liegen in *Sambia*. Sie sind unglaubliche 1708 m breit und 108 m hoch. Das ist die größte zusammenhängende Wasserfallfläche auf der Erde.

Nordamerika: Niagrafälle

Die Niagarafälle liegen an der Grenze zwischen *USA* und *Kanada*. Sie bestehen eigentlich aus drei Wasserfällen. Der größte ist in Kanada und heißt Horseshoe Falls. An ihm fällt das Wasser 52 m in die Tiefe.

Lösungsvorschlag

Weitere Übungsbeispiele finden Sie in der TRAUNER-DigiBox.

III Mit WORD arbeiten

1.2 Absatzformatierung nutzen

Ein **neuer Absatz** beginnt mit Betätigen der Eingabetaste (= Enter-Taste). Die Absatzmarke wird dabei kopiert und die Absatzformatierungen bleiben gespeichert.

💡 Der manuelle Zeilenumbruch wird auch weicher Zeilenumbruch genannt.

Tipp!
Mit einem **manuellen Zeilenumbruch** wird eine neue Zeile begonnen, ohne dass dabei ein neuer Absatz eingefügt wird. Ein manueller Zeilenumbruch wird mit der Tastenkombination ⇧ + ⏎ eingefügt. Angezeigt wird der Zeilenumbruch mit der Zeilenwechselmarke ↵.

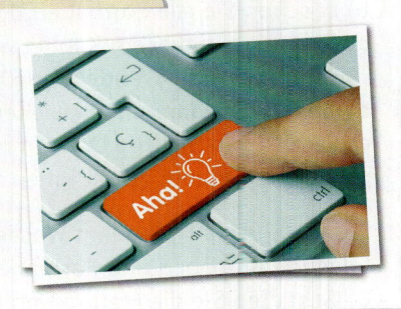

Zu den Absatzformatierungen zählen nicht nur die Ausrichtungen wie z. B. links- oder rechtsbündig. Bei einer Absatzformatierung können Sie auch die horizontalen und vertikalen Abstände ändern, Sondereinzüge und Zeilenabstände festlegen.

Für jede Absatzformatierung gilt:
Wird **ein Absatz** formatiert, muss die Einfügemarke im Absatz positioniert werden. Wollen Sie **mehrere Absätze** formatieren, müssen Sie diese vorher markieren!

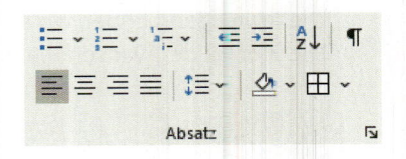

Alle Formatierungsmöglichkeiten finden Sie im Register START – Gruppe ABSATZ.

Mit dem Shortcut Strg + ⇧ + * kann ich die nichtdruckbaren Zeichen schnell ein- und ausblenden.

Nichtdruckbare Zeichen anzeigen

Die **nichtdruckbaren Zeichen** können ein- und ausgeblendet werden. Es ist empfehlenswert, diese Zeichen einzublenden, da neben dem eingegebenen Text auch die Leerzeichen, Absatzmarken, Zeilenumbrüche, Tabstopps etc. mit unterschiedlichen Symbolen dargestellt werden. Dadurch wird das Formatieren von Zeichen vereinfacht.

Mit START – ABSATZ – ALLE ANZEIGEN ¶ können Sie die nichtdruckbaren Zeichen aktivieren oder deaktivieren.

🔗 Mit Tabulatoren und Tabellen werden Sie sich im Kapitel „Mit Tabulatoren und Tabellen strukturiert arbeiten" noch eingehend beschäftigen.

Artikelnr.¤	Artikel¤	Einzelpreis·in·EUR¤	¤
52369-41¤	LAMY·Füllhalter·stahl¤	21,90¤	¤
41278-53¤	PARKER·Rollerball¤	32,50¤	¤
78549-31¤	LAMY·Nachfüller¤	6,50¤	¤

¶ → Leerzeichen, Tabellenelementende

Bitte·beachten·Sie·die·Staffelpreise:¶ → Absatzmarke

0—·50·Stück: → kein·Rabatt↵ → Tabulator
51—·100·Stück: → 0,5·%·Rabatt·auf·den·Einzelpreis↵ → Zeilenumbruch
100—·500·Stück: → 1,0·%·Rabatt·auf·den·Einzelpreis↵
ab·500·Stück: → 1,3·%·Rabatt·auf·den·Einzelpreis¶

208

WORD-Dokumente designen

> **Beispiel: Fehler mit nichtdruckbaren Zeichen schneller erkennen**
> Beim Erfassen von Texten kann es schnell passieren, dass Sie zwischen zwei Wörtern mehr als einen Leerschritt machen. Mithilfe der nichtdruckbaren Zeichen können Sie das rasch erkennen und korrigieren.

Die·Ökobilanz·von·Bio-Baumwolle·ist·deutlich·besser·als·die·von·konventioneller·Baumwolle.·Beim·Anbau·von·Bio-Baumwolle·kommen·keine·synthetischen·Pflanzenschutzmittel·und·auch·keine·Kunstdünger·zum·Einsatz.·Durch·diesen·Verzicht·entsteht·zudem·eine·dickere·Humusschicht,·die·deutlich·besser·Wasser·speichert·als·es·auf·einem·konventionell·bewirtschafteten·Baumwollfeld·der·Fall·ist.¶

✏️ Markieren Sie im nebenstehenden Screenshot alle nichtdruckbaren Zeichen mit einem Leuchtstift.

Absätze ausrichten

Jeder Absatz kann unterschiedlich ausgerichtet werden. Es gibt vier Arten der Absatzausrichtung: linksbündig, zentriert, rechtsbündig und Blocksatz.

- START – ABSATZ – AUSRICHTUNG auswählen oder Kontextmenü ABSATZEINSTELLUNGEN

Absatzausrichtung		
≡	Linksbündig Strg + L	Ausrichten des Textes von links
≡	Zentriert Strg + E	Ausrichten des Textes von der Mitte
≡	Rechtsbündig Strg + R	Ausrichten des Textes von rechts
≡	Blocksatz Strg + B	Der Text wird im Blocksatz ausgerichtet. Die Leerräume zwischen den Wörtern werden vergrößert, damit die Zeilenränder an beiden Seitenrändern ausgerichtet sind. Die letzte Zeile des Absatzes wird linksbündig ausgerichtet.

Schon gewusst?
Die automatische Silbentrennung verschönert den Blocksatz!
Der Blocksatz vergrößert automatisch die Leerräume zwischen den einzelnen Wörtern. Wenn Sie die automatische Silbentrennung aktivieren, werden manche Wörter bei den Silben getrennt und damit kürzer – dadurch können Sie die unterschiedlichen Zeilenlängen ausgleichen.

Oh, mein Text hat Löcher! Was kann ich dagegen machen?

> **Beispiel: Blocksatz mit und ohne Silbentrennung**

Es·gibt·eine·Vielzahl·von·Siegeln,·Zertifikaten·und·Initiativen,·die·für·eine·vermeintlich·faire·Produktion·stehen·und·vorgeben,·ein·unter·ethischen·Gesichtspunkten·einwandfreies·Produkt·zu·garantieren.·Bei·genauerer·Betrachtung·verbergen·sich·dahinter·allerdings·oftmals·lediglich·halbherzige·Absichtserklärungen·und·angebliche·Selbstkontrollen·der·Industrie.·Eine·unabhängige·Kontrollinstanz,·die·die·Produktion·nach·eigenen·Kriterien·überprüft·und·entsprechend·bewertet,·gibt·es·meist·nicht.¶

Es·gibt·eine·Vielzahl·von·Siegeln,·Zertifikaten·und·Initiativen,·die·für·eine·vermeintlich·faire·Produktion·stehen·und·vorgeben,·ein·unter·ethischen·Gesichtspunkten·einwandfreies·Produkt·zu·garantieren.·Bei·genauerer·Betrachtung·verbergen·sich·dahinter·allerdings·oftmals·lediglich·halbherzige·Absichtserklärungen·und·angebliche·Selbstkontrollen·der·Industrie.·Eine·unabhängige·Kontrollinstanz,·die·die·Produktion·nach·eigenen·Kriterien·überprüft·und·entsprechend·bewertet,·gibt·es·meist·nicht.¶

III Mit WORD arbeiten

Let's do this! – „Absätze ausrichten"

Ausgangssituation

Vinzent und Ophelia haben bereits jeden Absatz mit unterschiedlichen Farben, Schriftarten etc. formatiert.

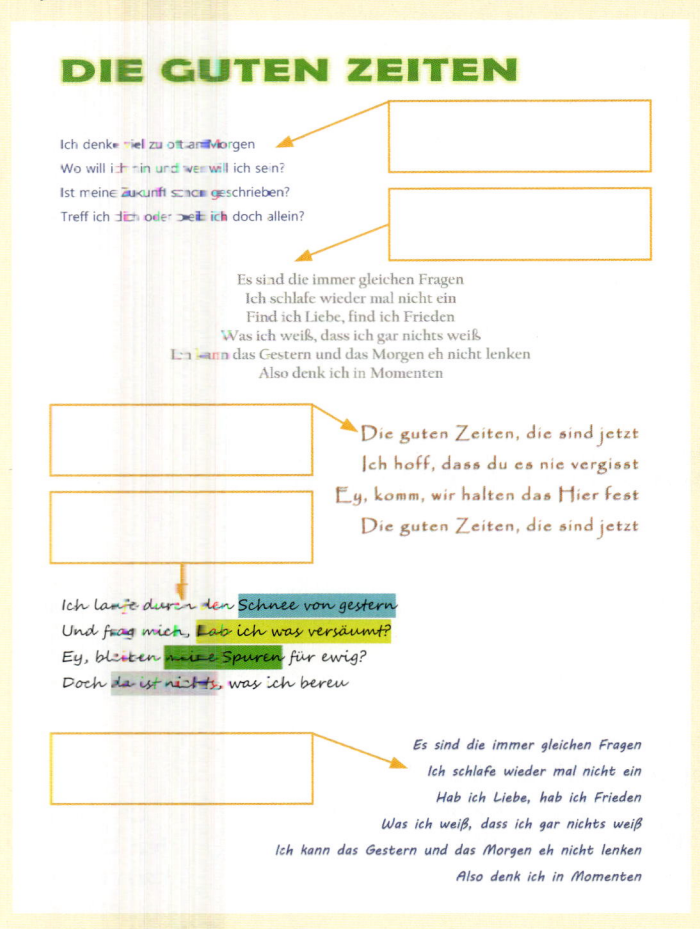

DIE GUTEN ZEITEN

Ich denke viel zu oft am Morgen
Wo will ich hin und wer will ich sein?
Ist meine Zukunft schon geschrieben?
Treff ich dich oder bleib ich doch allein?

Es sind die immer gleichen Fragen
Ich schlafe wieder mal nicht ein
Find ich Liebe, find ich Frieden
Was ich weiß, dass ich gar nichts weiß
Ich kann das Gestern und das Morgen eh nicht lenken
Also denk ich in Momenten

Die guten Zeiten, die sind jetzt
Ich hoff, dass du es nie vergisst
Ey, komm, wir halten das Hier fest
Die guten Zeiten, die sind jetzt

Ich laufe durch den Schnee von gestern
Und frag mich, hab ich was versäumt?
Ey, bleiben meine Spuren für ewig?
Doch da ist nichts, was ich bereu

Es sind die immer gleichen Fragen
Ich schlafe wieder mal nicht ein
Hab ich Liebe, hab ich Frieden
Was ich weiß, dass ich gar nichts weiß
Ich kann das Gestern und das Morgen eh nicht lenken
Also denk ich in Momenten

> Damit ich beim Gitarrespielen die einzelnen Strophen noch besser erkennen kann, könnte ich jede Strophe anders ausrichten!

JETZT SIND SIE DRAN!

- Öffnen Sie das Dokument **Songtext.docx** und speichern Sie es unter **Songtext1.docx**.
  a) Überlegen Sie, welche Absatzformatierungen Vincent in seinem Songtext eingesetzt hat.
  b) Probieren Sie in Ihrem Dokument unterschiedliche Absatzausrichtungen aus.

Zeilen- und Absatzabstände ändern

Sie können den Abstand zwischen den Zeilen und den Abstand vor und nach den Absätzen verändern. Die Einstellungen dazu nehmen Sie im Listenfeld ZEILEN- UND ABSATZABSTAND in der Gruppe ABSATZ vor.

WORD-Dokumente designen

Zeilenabstand	Absatzabstand
Der Abstand zwischen den Zeilen kann individuell geändert werden.	Der Abstand **vor** und **nach** den Absätzen kann eingestellt werden.
■ START – ABSATZ – ZEILEN- UND ABSATZABSTAND ■ Zeilenabstand oder ZEILENABSTANDSOPTIONEN… wählen	■ START – ABSATZ – ZEILEN- UND ABSATZABSTAND ■ ABSTAND VOR ABSATZ HINZUFÜGEN bzw. ABSTAND NACH ABSATZ HINZUFÜGEN oder ZEILENABSTANDSOPTIONEN… – Absatzabstände vor und/oder nach festlegen

Mithilfe von Shortcuts kann ich den Zeilenabstand schnell verändern:
■ Einfacher Zeilenabstand: Strg + 1
■ 1,5-facher Zeilenabstand: Strg + 5
■ Doppelter Zeilenabstand: Strg + 2

Schon gewusst?
Standardmäßig fügt WORD den Zeilenabstand MEHRFACH VON 1,08 und einen ABSTAND NACH von 8 Punkt ein.

PROFI-TIPP

„Der Zeilen- bzw. Absatzabstand in einem Text entscheidet, wie gedrängt oder luftig er wirkt. Sind die Zeilen bei einem längeren Text zu nah aneinandergequetscht, leidet die Lesbarkeit. Dafür nimmt der Text weniger Raum ein und spart so unter Umständen Druckseiten ein. Es gilt also, die goldene Mitte zu finden."

– Grafikdesignerin in einem Zeitungsverlag –

Let's do this! – „Zeilen- und Absatzabstände ändern"

Ausgangssituation

Vinzent schreibt sich am Ausdruck immer die Akkorde fürs Gitarrespielen über die Textzeilen. Ophelia kann beim Spielen aber Vinzents kleine Schrift nicht gut lesen.

Ich denke viel zu oft an Morgen
  Zeilenabstand 2 cm
Wo will ich hin und wer will ich sein?

Ist meine Zukunft schon geschrieben?

Treff ich dich oder bleib ich doch allein?

Mann, noch kleiner hättest du nicht schreiben können. Stell' doch einfach einen größeren Zeilenabstand im Dokument ein und druck es neu aus. Dann kann man das auch lesen.

JETZT SIND SIE DRAN!

■ Öffnen Sie das Dokument **Songtext1.docx** und speichern Sie es unter **Songtext2.docx**. Probieren Sie verschiedene Zeilen- und Absatzabstände aus.

III Mit WORD arbeiten

Einzug = Leerraum zu Beginn oder am Ende der Zeile bzw. eines Absatzes.

Standardmäßig werden die Einzüge in WORD um 1,25 cm eingerückt bzw. nach außen gerückt.

Absatzeinzüge

Absätze können mit **Absatzeinzügen** verlängert oder verkürzt bzw. breiter oder schmäler gemacht werden.

- Klicken Sie auf START – Dialogfeld ABSATZEINSTELLUNGEN oder im Kontextmenü auf ABSATZ.

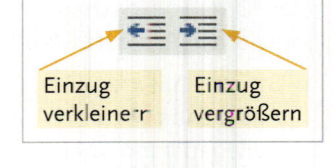

Einzug verkleinern / Einzug vergrößern

Über das Lineal können Sie individuelle Einzüge festlegen. Mit gedrückter Alt-Taste kann im Lineal auf Millimeter genau verschoben werden.

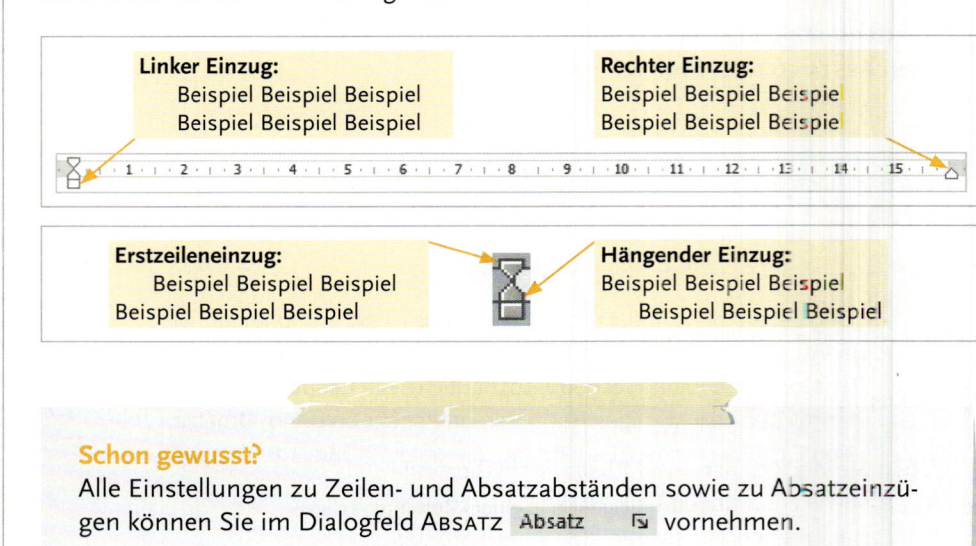

Linker Einzug:
Beispiel Beispiel Beispiel
Beispiel Beispiel Beispiel

Rechter Einzug:
Beispiel Beispiel Beispiel
Beispiel Beispiel Beispiel

Erstzeileneinzug:
Beispiel Beispiel Beispiel
Beispiel Beispiel Beispiel

Hängender Einzug:
Beispiel Beispiel Beispiel
Beispiel Beispiel Beispiel

Eine interaktive Übung dazu finden Sie in der TRAUNER-DigiBox.

Schon gewusst?
Alle Einstellungen zu Zeilen- und Absatzabständen sowie zu Absatzeinzügen können Sie im Dialogfeld ABSATZ Absatz vornehmen.

WorkBox – „Absatzformatierung nutzen"

1. Wenden Sie verschiedene Absatzformatierungen an.
    a) Öffnen Sie das Dokument **Wasserfälle1.docx** und speichern Sie es unter **Wasserfälle2.docx**.
    b) Führen Sie folgende Aufgaben und Formatierungen durch:
        - Haupt- und Unterüberschrift: Ausrichtung zentriert; kein Zeilen- und Absatzabstand zwischen den beiden Überschriften, Absatzabstand Unterüberschrift: nach 12 Punkt
        - Textkörper Südamerika: Ausrichtung: rechtsbündig; Zeilenabstand: 1,5
        - Textkörper Neuseeland: Einzug: hängend um 1,5 cm; Absatzabstand: vor und nach 12 Punkt
        - Textkörper Europa: Einzug: links und rechts um 2 cm; Zeilenabstand: einfach; Ausrichtung: Blocksatz
        - Textkörper Afrika: Erstzeileneinzug: um 1,3 cm; Zeilenabstand: vor 12 Punkt und nach 24 Punkt; Zeilenabstand: mehrfach um 1,9
        - Textkörper Nordamerika: Einzug: links 1,25 cm; Zeilenabstand: genau 13 Punkt
    c) Denken Sie daran, zu speichern.

2. Führen Sie Zeichen- und Absatzformatierungen durch.
   a) Öffnen Sie das Dokument **Kürbis_u.docx** und speichern Sie es unter **Kürbis1.docx**.
   b) Führen Sie folgende Aufgaben und Formatierungen durch:
      - Automatische Silbentrennung aktivieren
      - Überschrift: Schriftart: Cooper Black; Schriftgröße: 20 Punkt; Schriftschnitt: fett; Schriftfarbe: Orange Absatzabstand nach 0 Punkt; Ausrichtung: zentriert
      - 1. Absatz: Schriftart: Corbel; Schriftgröße: 10 Punkt; Schriftschnitt: kursiv; Ausrichtung: zentriert; Abstand: vor 0 Punkt, nach 18 Punkt
      - Zwischenüberschriften: Schriftart: Cooper Black; Schriftgröße: 12 Punkt; Schriftfarbe: Orange
      - Restlicher Textkörper: Schriftart: Corbel; Schriftgröße: 11 Punkt; Ausrichtung: Blocksatz; Einzüge, Zeilen- und Absatzabstände: je Absatz unterschiedlich;
      - Quelle: Schriftart: Calibri; Schriftgröße: 8 Punkt; Schriftfarbe: Schwarz, Text 1, heller 35 %; Absatzabstand: nach 8 Punkt; Zeilenabstand: Mehrfach von 1,08
   c) Denken Sie daran, zu speichern!

3. Üben Sie die Zeichen- und Absatzformatierung.
   a) Öffnen Sie ein neues Dokument und schreiben Sie nachstehenden Text ab. Speichern Sie das Dokument unter **Flamingos1.docx**.
   b) Testen Sie selbstständig unterschiedliche Zeichen- und Absatzformatierungen. Probieren Sie die verschiedenen Gestaltungsvarianten aus und achten Sie darauf, dass der Text auf einer Seite bleibt!
   c) Denken Sie daran, zu speichern!
   d) Vergleichen Sie die Varianten Ihrer Mitschüler/innen. Welche Lösung gefällt Ihnen am besten und warum?

Lösungsvorschlag

Ein weiteres Übungsbeispiel finden Sie in der TRAUNER-DigiBox.

WORD-Dokumente designen

Kürbis – kalorienarm und gesund

Kürbisse galten lange Zeit als typisches Arme-Leute-Essen, ein Image, das sich mittlerweile allerdings grundlegend geändert hat. Kürbisse haben längst Einzug in die Haute Cuisine gehalten und sind vor allem im Herbst nicht mehr vom Speiseplan wegzudenken.

Der Kürbis – die größte Beere der Welt

Auch wenn es überrascht, bei Kürbissen handelt es sich – botanisch gesehen – um Beerenfrüchte. Von Beeren sprechen Botaniker/innen dann, wenn die Kerne der Früchte frei im Fruchtfleisch liegen, wie dies beispielsweise auch bei Ribiseln der Fall ist. Unglaublich, aber wahr: Die größten Kürbisexemplare bringen es tatsächlich auf über 600 kg – somit ist es keine Übertreibung, wenn Kürbisse als größte Beeren der Welt bezeichnet werden.

Schmackhaft, gesund und kalorienarm

Die Sorten des Speisekürbis bestechen zunächst durch die vielfältigen Aromen – die Geschmackspalette reicht von fruchtig-herb über dezent-süßlich bis zu zart-nussig. Das Fruchtfleisch enthält kaum Kohlenhydrate, ist aber reich an wertvollen Vitaminen und Mineralstoffen und wegen seines hohen Wassergehalts ausgesprochen kalorienarm. Gegartes Kürbisfleisch ist leicht verdaulich, ballaststoffreich und daher sehr gut als Schon- und Reduktionskost geeignet.

Kürbiskernöl

Neben dem Fruchtfleisch liefern auch die Kerne und das daraus gewonnene Öl einen wertvollen Ernährungsbeitrag. Kürbiskernöl wird von Kennern nicht nur wegen seines vollmundigen, nussigen Geschmacks, sondern auch aufgrund seines hohen Gehalts an ungesättigten Fettsäuren zum Verfeinern von Salaten verwendet. Das zumeist aus der Steiermark stammende „schwarze Gold" wird stets kalt verwendet, um die enthaltenen Nährstoffe nicht durch Hitze zu zerstören.

Essbar oder giftig?

Kürbisse zählen zu den ältesten Kulturpflanzen der Welt, weit über 500 verschiedene Kürbissorten sind bekannt, doch nicht alle Arten sind genießbar. Grundsätzlich wird zwischen Zier- und Speisekürbissen unterschieden. Wie der Name bereits vermuten lässt, ist nur der Speisekürbis zum Verzehr geeignet, Zierkürbisse und bitter schmeckende Wildfrüchte dürfen nicht verwendet werden.

Quelle: www.gesund.co.at

Die geselligen Flamingos

Die langbeinigen Vögel mit dem rosa Gefieder sind nicht gerne allein.

Art

Flamingos sind Vögel und es werden meist sechs Arten unterschieden. Sie sind sehr gesellig und schließen sich zu großen ==Kolonien mit bis zu 1 Million Tieren== zusammen.

Aussehen

Typisch für Flamingoarten sind ihr ==rosa Gefieder,== ihre langen Beine und der lange Hals sowie ihr ==geknickter Schnabel.==

Lebensraum

Flamingos leben in ==Amerika, Europa, Afrika und Südwestasien.== In Europa fühlt sich nur der Rosaflamingo zuhause. Er lebt z. B. in Spanien, Portugal und Südfrankreich. Die Tiere halten sich meist an schlammigen Seeufern, Flussmündungen und Lagunen auf.

Ernährung

Flamingos sind tag- und nachtaktiv und können sowohl tagsüber als auch nachts nach Nahrung suchen. Sie ernähren sich von ==Plankton,== das sind kleine Organismen im Wasser, sowie von ==Fischen== und kleinen ==Krebsen.==

Alter und Größe

In freier Wildbahn werden die Tiere ca. ==20 bis 30 Jahre== alt. Vereinzelt werden sie auch bis zu 50 Jahre alt. In Zoos können Flamingos über 80 Jahre alt werden. Vom Schnabel bis zu den Zehen werden sie bis zu ==190 cm groß.==

Besonderheit

Mit ihrem geknickten Schnabel können sie Wasser und Schlamm sieben und die Nahrung daraus aufnehmen. Sie können außerdem ==lange auf einem Bein stehen== und schlafen auch so.

III Mit WORD arbeiten

1.3 Seitenformatierung einstellen

Nun haben Sie bereits einzelne Zeichen und Absätze formatiert. Sie können auch Formatierungen vornehmen, die die gesamte Seite betreffen.

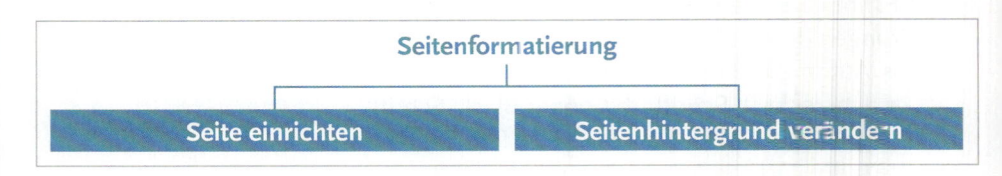

Seitenformatierung
- Seite einrichten
- Seitenhintergrund verändern

Was hat denn einrichten mit WORD zu tun?

1.3.1 Seite einrichten

Beim Wort „einrichten" denken Sie vermutlich an Ihr Zimmer und Möbel. In WORD hat es natürlich eine andere Bedeutung. Wenn Sie die Seite einrichten, legen Sie die **Seitenränder,** die **Ausrichtung** (also Hoch- oder Querformat), das **Papierformat,** z. B. A4, u. v. m. fest.

Alle **Einstellungen zum Einrichten** der Seite finden Sie im Register Layout in der Gruppe Seite einrichten.

Seite einrichten
- Seitenränder
- Ausrichtung
- Format

Seitenränder

Als Seitenrand wird der Abstand zwischen dem Rand des Textes und dem Papierrand bezeichnet. Standardmäßig ist der untere Seitenrand mit 2 cm und alle anderen Ränder mit 2,5 cm festgelegt.

Sie können die Seitenränder verändern unter:
- Layout – Seite einrichten – Seitenränder
- Vordefinierte oder Benutzerdefinierte Seitenränder auswählen

Ausrichtung

Für die Seitenausrichtung gibt es zwei Möglichkeiten:

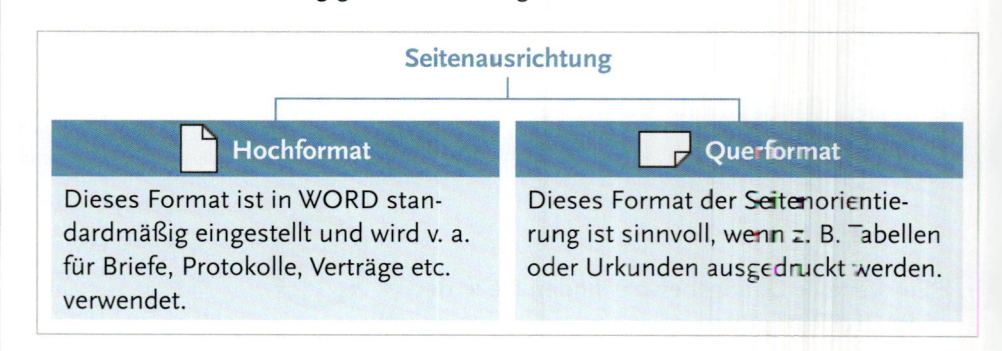

Seitenausrichtung

Hochformat	Querformat
Dieses Format ist in WORD standardmäßig eingestellt und wird v. a. für Briefe, Protokolle, Verträge etc. verwendet.	Dieses Format der Seitenorientierung ist sinnvoll, wenn z. B. Tabellen oder Urkunden ausgedruckt werden.

Die Seitenausrichtung muss passend zum Inhalt gewählt werden!

214

WORD-Dokumente designen

Die Ausrichtung ändern Sie unter:
- LAYOUT – SEITE EINRICHTEN – AUSRICHTUNG
- HOCH- oder QUERFORMAT auswählen

Format

Das Papierformat für das gesamte Dokument oder für Abschnitte kann in verschiedene Formate wie A5, A4, Postkarte etc. geändert werden. Dafür gehen Sie folgendermaßen vor:
- LAYOUT – SEITE EINRICHTEN – FORMAT
- Vordefiniertes Papierformat oder WEITERE PAPIERFORMATE wählen

> Kennen Sie noch andere DIN-Formate außer dem DIN A4-Format? Notieren Sie hier Ihre Überlegungen:

Schon gewusst?
Die Papierformate hängen vom verwendeten Drucker ab. Die meisten Drucker in privaten Haushalten können max. im A4-Format drucken.

Dialogfeld Seite einrichten

In diesem Dialogfeld können Sie die Seitenränder, das Papierformat und das Layout der Seite individuell einstellen.

Der Bundsteg fügt einen zusätzlichen Rand hinzu, damit bei der Bindung kein Text verdeckt wird.

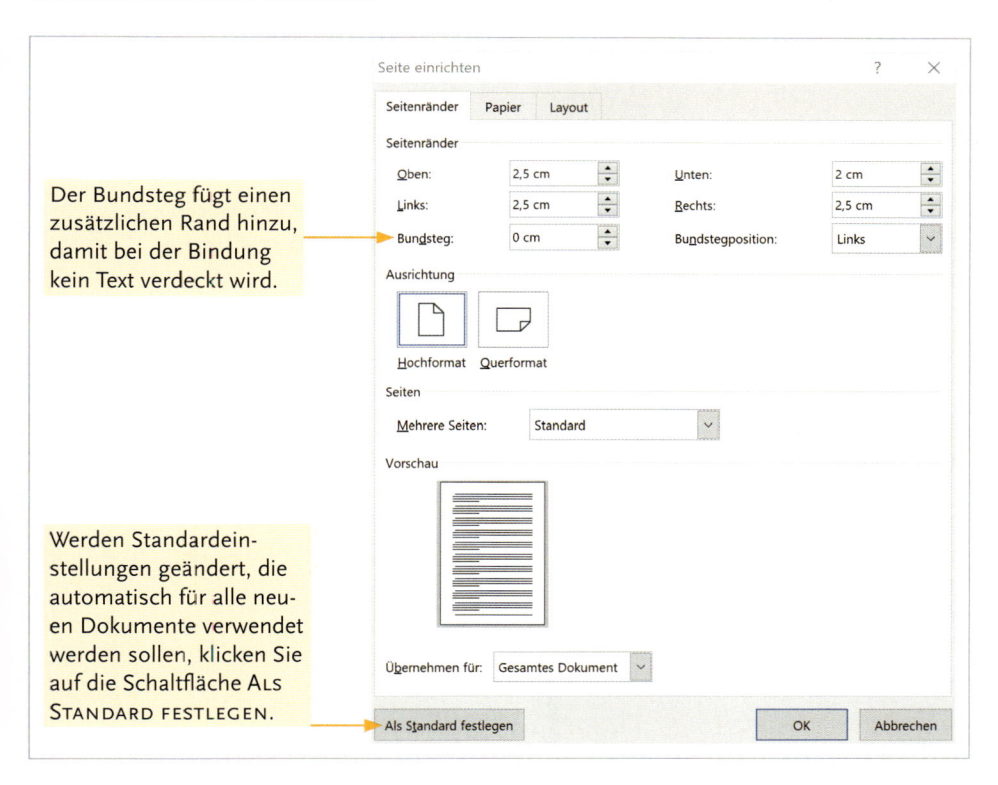

Werden Standardeinstellungen geändert, die automatisch für alle neuen Dokumente verwendet werden sollen, klicken Sie auf die Schaltfläche ALS STANDARD FESTLEGEN.

> Sie können sich im Dokument **Textbegrenzungen** als gepunktete Linien anzeigen lassen. Diese werden nicht mitgedruckt. Klicken Sie dazu auf DATEI – OPTIONEN – ERWEITERT – DOKUMENTINHALT ANZEIGEN – TEXTBEGRENZUNGEN ANZEIGEN.

1.3.2 Seitenhintergrund verändern

Seitenhintergründe werden verwendet, um Texte dekorativer und interessanter zu gestalten. Dafür gibt es in WORD die Möglichkeit, Wasserzeichen, Seitenfarbe oder Seitenränder einzufügen.

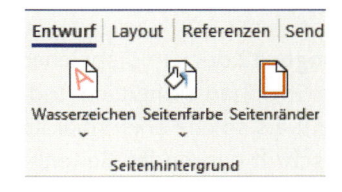

- ENTWURF – SEITENHINTERGRUND

> Bei der Seitengestaltung gilt wie schon bei den Texteffekten: Weniger ist mehr. Effekte sollen sparsam eingesetzt werden!

215

III Mit WORD arbeiten

Möglichkeiten, Seitenhintergründe zu gestalten

Wasserzeichen
Bilder oder Texte können im Dokument als Wasserzeichen eingefügt werden. Wasserzeichen werden in WORD nur in der Ansicht DRUCKLAYOUT dargestellt.

Seitenfarbe
Seitenfarben werden verwendet, wenn ganze Seiten oder Dokumente mit Farben, Struktur, Mustern oder Farbverläufen hinterlegt werden sollen. Die Seitenfarben haben keine Auswirkung auf den Ausdruck, sie dient nur zur Bildschirmpräsentation.

Seitenränder
Jede einzelne Seite in einem Dokument oder das gesamte Dokument kann mit einem Rahmen versehen werden. Sollen nur einzelne Seiten einen Seitenrand bekommen, müssen Abschnittswechsel im Dokument eingefügt werden.

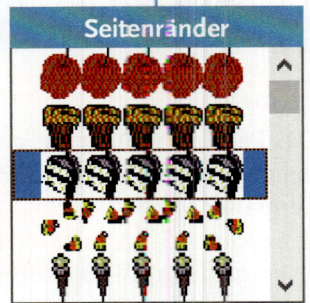

Let's do this – „Seitenformatierung einstellen"

Ausgangssituation

Vinzent ist stolz auf den Songtext und möchte die ausgedruckten Seiten einrahmen und an die Wand hängen. Ophelia ist von der Idee begeistert, aber ein paar Anmerkungen hat sie noch.

> Wenn du den Text aufhängen willst, müssen wir aber noch an der Formatierung arbeiten. Das muss schon was hermachen! Wir müssen die Strophen einheitlich formatieren und ein bisschen Farbe und ein paar Effekte können auch nicht schaden.

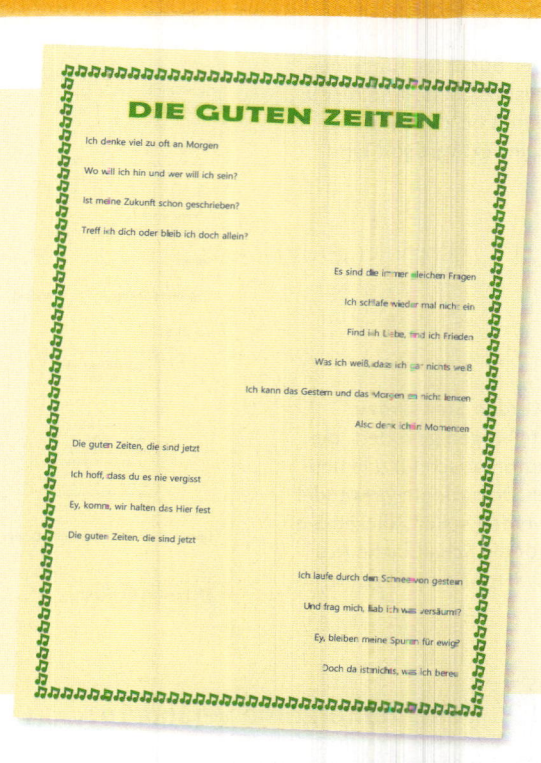

JETZT SIND SIE DRAN!

- Öffnen Sie das Dokument **Songtext2.docx** und speichern Sie es unter **Songtext3.docx.**
  a) Gestalten Sie die einzelnen Strophen einheitlich und richten Sie die Absätze abwechselnd aus, sodass die Strophen gut als solche erkennbar sind.
  b) Wählen Sie einen zur Überschrift passenden Seitenhintergrund und gestalten Sie einen Seitenrand mit passendem Effekt.

WORD-Dokumente designen

WorkBox – „Seitenformatierung einstellen"

- Üben Sie die Seitenformatierung.
  a) Öffnen Sie das Dokument **Edelsteine_u.docx** und speichern Sie es unter **Edelsteine2.docx**.
  b) Ändern Sie die Ausrichtung auf Querformat. Wählen Sie das Format A4.
  c) Stellen Sie folgende Seitenränder ein: oben und unten: 2 cm; links 3 cm; rechts: 2,5 cm
  d) Gestalten Sie für das gesamte Dokumente einen Seitenrand:
     - Farbe des Rahmens: Orange, Akzent 2, dunkler 25 %
     - Abstand vom Seitenrand zum Text: je 30 Punkt
  e) Fügen Sie als Wasserzeichen über die gesamte Seite das Bild **Edelsteine1.jpg** ein.
  f) Denken Sie daran, zu speichern!

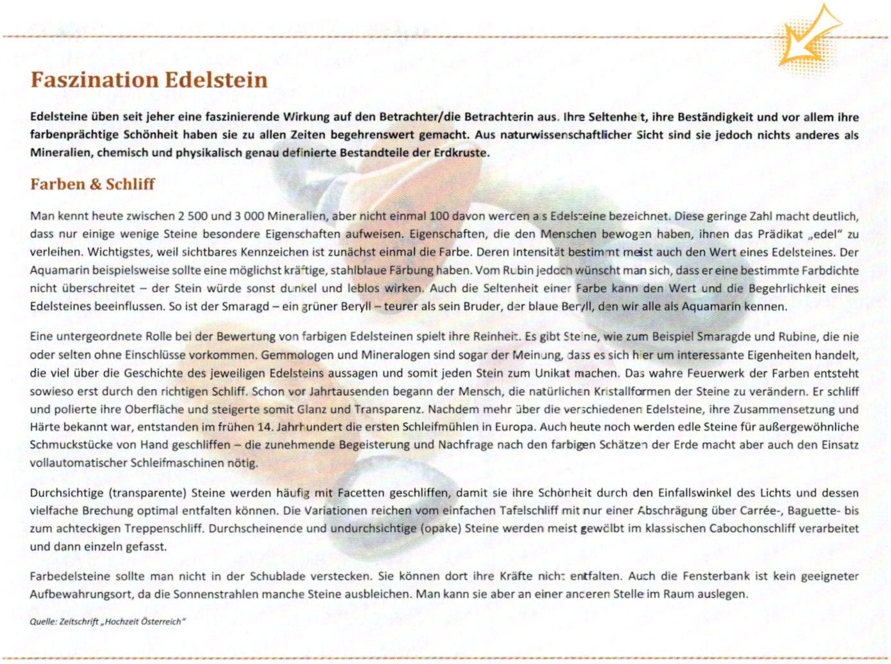

Faszination Edelstein

Edelsteine üben seit jeher eine faszinierende Wirkung auf den Betrachter/die Betrachterin aus. Ihre Seltenheit, ihre Beständigkeit und vor allem ihre farbenprächtige Schönheit haben sie zu allen Zeiten begehrenswert gemacht. Aus naturwissenschaftlicher Sicht sind sie jedoch nichts anderes als Mineralien, chemisch und physikalisch genau definierte Bestandteile der Erdkruste.

Farben & Schliff

Man kennt heute zwischen 2 500 und 3 000 Mineralien, aber nicht einmal 100 davon werden als Edelsteine bezeichnet. Diese geringe Zahl macht deutlich, dass nur einige wenige Steine besondere Eigenschaften aufweisen. Eigenschaften, die den Menschen bewogen haben, ihnen das Prädikat „edel" zu verleihen. Wichtigstes, weil sichtbares Kennzeichen ist zunächst einmal die Farbe. Deren Intensität bestimmt meist auch den Wert eines Edelsteines. Der Aquamarin beispielsweise sollte eine möglichst kräftige, stahlblaue Färbung haben. Vom Rubin jedoch wünscht man sich, dass er eine bestimmte Farbdichte nicht überschreitet – der Stein würde sonst dunkel und leblos wirken. Auch die Seltenheit einer Farbe kann den Wert und die Begehrlichkeit eines Edelsteines beeinflussen. So ist der Smaragd – ein grüner Beryll – teurer als sein Bruder, der blaue Beryll, den wir alle als Aquamarin kennen.

Eine untergeordnete Rolle bei der Bewertung von farbigen Edelsteinen spielt ihre Reinheit. Es gibt Steine, wie zum Beispiel Smaragde und Rubine, die nie oder selten ohne Einschlüsse vorkommen. Gemmologen und Mineralogen sind sogar der Meinung, dass es sich hier um interessante Eigenheiten handelt, die viel über die Geschichte des jeweiligen Edelsteins aussagen und somit jeden Stein zum Unikat machen. Das wahre Feuerwerk der Farben entsteht sowieso erst durch den richtigen Schliff. Schon vor Jahrtausenden begann der Mensch, die natürlichen Kristallformen der Steine zu verändern. Er schliff und polierte ihre Oberfläche und steigerte somit Glanz und Transparenz. Nachdem mehr über die verschiedenen Edelsteine, ihre Zusammensetzung und Härte bekannt war, entstanden im frühen 14. Jahrhundert die ersten Schleifmühlen in Europa. Auch heute noch werden edle Steine für außergewöhnliche Schmuckstücke von Hand geschliffen – die zunehmende Begeisterung und Nachfrage nach den farbigen Schätzen der Erde macht aber auch den Einsatz vollautomatischer Schleifmaschinen nötig.

Durchsichtige (transparente) Steine werden häufig mit Facetten geschliffen, damit sie ihre Schönheit durch den Einfallswinkel des Lichts und dessen vielfache Brechung optimal entfalten können. Die Variationen reichen vom einfachen Tafelschliff mit nur einer Abschrägung über Carrée-, Baguette- bis zum achteckigen Treppenschliff. Durchscheinende und undurchsichtige (opake) Steine werden meist gewölbt im klassischen Cabochonschliff verarbeitet und dann einzeln gefasst.

Farbedelsteine sollte man nicht in der Schublade verstecken. Sie können dort ihre Kräfte nicht entfalten. Auch die Fensterbank ist kein geeigneter Aufbewahrungsort, da die Sonnenstrahlen manche Steine ausbleichen. Man kann sie aber an einer anderen Stelle im Raum auslegen.

Quelle: Zeitschrift „Hochzeit Österreich"

2 Dokumente kreativ und übersichtlich gestalten

„Den Songtext haben wir jetzt echt cool formatiert. Für unser Referat über Musik wird das aber nicht reichen. Da müssen wir auch Bilder einfügen, Aufzählungszeichen verwenden etc." Vinzent stimmt Ophelia zu: „Natürlich, aber das können wir auch alles schnell mit WORD gestalten!"

Besprechen Sie, wer von Ihnen schon Erfahrungen hat, WORD-Dokumente so zu gestalten, dass sie ansprechend aussehen und nicht wie total langweilige Textwüsten.

Für die kreative und übersichtliche Gestaltung von WORD-Dokumenten stehen Ihnen verschiedene Formatierungsmöglichkeiten zur Verfügung.

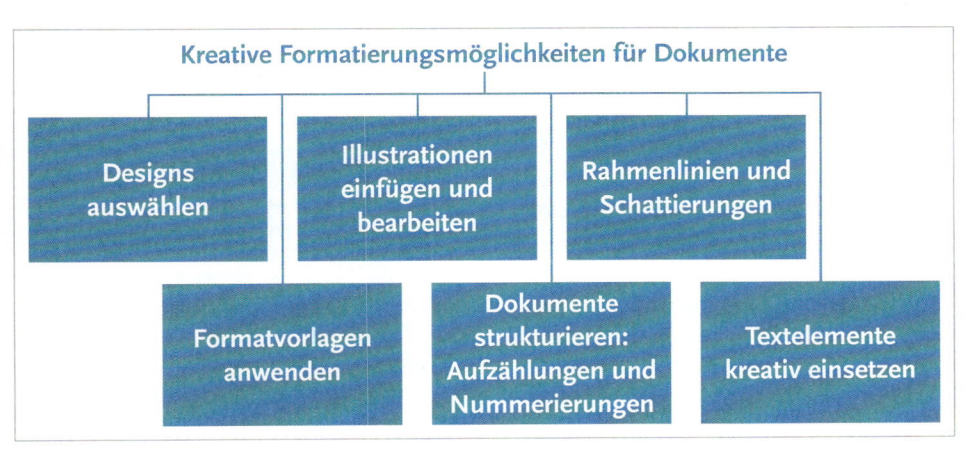

Kreative Formatierungsmöglichkeiten für Dokumente
- Designs auswählen
- Illustrationen einfügen und bearbeiten
- Rahmenlinien und Schattierungen
- Formatvorlagen anwenden
- Dokumente strukturieren: Aufzählungen und Nummerierungen
- Textelemente kreativ einsetzen

III Mit WORD arbeiten

2.1 Designs auswählen

> **Designs** sind von MICROSOFT OFFICE vorgefertigte Vorlagen, in denen Schriftart, -größe, -farbe und -schnitt bereits aufeinander abgestimmt sind. Designs bieten Ihnen einen vollständigen Entwurf für Ihr Dokument. Sie wählen lediglich ein Design aus und können so rasch Ihre Texte formatieren.

💡 Beim Öffnen eines neuen Dokumentes ist das **Standarddesign Office-Theme** eingestellt.

Designs sind Teil der Dokumentformatierung in WORD. Sie erleichtern die Koordination von Farben, Schriftarten und Grafikformatierungseffekten in den Programmen WORD, EXCEL und POWERPOINT.

Elemente zur Gestaltung des Designs

Designfarben

Office
■■■■■■■■■■ Office

Sie bestehen aus vier Text- und Hintergrundfarben, sechs Akzentfarben in unterschiedlicher Intensität und zwei Hyperlinkfarben.

Designschriftarten

Office
Aa Calibri Light
    Calibri

Sie bestehen aus einer Schriftart für Überschriften und einer Schriftart für den Textkörper.

Designeffekte

Office
Office Office 20... Subtle K... Verbunde...

Die Effekte sind Gruppen aus Schatten, Spiegelungen, Linien und Fülleffekten. Die Änderungen wirken sich auf Formen und SmartArt-Objekte aus.

👣 SCHRITT FÜR SCHRITT: DESIGN AUSWÄHLEN

❶ Klicken Sie auf ENTWURF – DOKUMENTFORMATIERUNG.
❷ Wählen Sie DESIGNS, FARBEN, SCHRIFTARTEN oder EFFEKTE aus.

Schon gewusst?
Wenn Sie ein Design auswählen, ändern sich automatisch die Farben, Schriftarten und Effekte. Designs können Sie auch nachträglich festlegen oder ändern.

WorkBox – „Designs auswählen"

- Weisen Sie ein Dokumentdesign zu.
  a) Öffnen Sie das Dokument **Westküste_u.docx** und speichern Sie es unter **Westküste1.docx.** Das Standarddesign Office ist eingestellt, die Überschriften sowie der Text wurden klar strukturiert.
  b) Weisen Sie das Design Integral, die Farbe Blau und die Schriftart Corbel zu. Sie werden rasch feststellen, dass sich trotz dieser Änderungen die Farben noch nicht ändern.
  c) Denken Sie daran, zu speichern!

WORD-Dokumente designen

2.2 Formatvorlagen anwenden

Formatvorlagen ermöglichen ein rasches Formatieren des Textes mit wenigen Klicks und mit einem einheitlichen Erscheinungsbild als Ergebnis.

> **WORD-Formatvorlagen** sind bereits vorgegebene Textformatierungen. Mit Formatvorlagen können Sie einzelnen Textkörpern (Überschriften, Absätzen, Zeichen etc.) rasch bestimmte Formatierungen (Zeichen- und Absatzformatierungen etc.) zuweisen.

💡 Wenn Sie Formatvorlagen anwenden, können Sie auch im Nachhinein ganz einfach und schnell das Layout des gesamten Dokumentes verändern.

Die Formatvorlagen lassen sich ganz einfach an Ihre Wünsche anpassen und sind die Voraussetzung für viele weitere Formatierungsmöglichkeiten in WORD, z. B. automatisches Erstellen eines Inhaltsverzeichnisses etc.

Tipp!
Achten Sie in Ihrem Dokument bereits von Anfang an auf eine klare Struktur. Dadurch wird das Arbeiten mit Formatvorlagen wesentlich leichter. Stellen Sie sich schon beim Erfassen des Textes folgende Fragen:
- Welcher Textabschnitt ist eine Überschrift?
- Welcher Textabschnitt ist normaler Fließtext?
- Welcher Textabschnitt ist eine Liste, eine Tabelle o. Ä.?

Formatvorlagen sind genial! Die Arbeit in WORD wird viel einfacher, wenn man es einmal verstanden hat!

Formatvorlagen anwenden

Hier finden Sie eine Übersicht über die wichtigsten Formatvorlagen in WORD.

Name der Formatvorlage	Verwendung der Formatvorlage
Standard	Fließtext im Dokument
Titel	Titel des Dokumentes (kommt meist nur einmal vor)
Überschrift 1	Wichtige Überschriften
Überschrift 2	Unterüberschriften
Fett, Intensive Hervorhebung etc.	Zum Hervorheben einzelner Wörter oder Phrasen

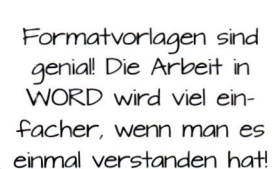

SCHRITT FÜR SCHRITT: SCHNELLFORMATVORLAGEN ANWENDEN UND LÖSCHEN

1. Markieren Sie einen Text.
2. Zeigen Sie unter START – FORMATVORLAGEN – WEITERE mit der Maus auf eine Formatvorlage. Sie sehen in der Vorschau, wie Ihr Text aussieht, wenn Sie diese Formatvorlage auswählen.

Standard-Formatvorlagen im Standarddesign OFFICE

💡 Möchten Sie eine andere Formatvorlage verwenden, markieren Sie den Text und wählen die gewünschte Formatvorlage aus.

219

❸ Klicken Sie auf die gewünschte Formatvorlage, um sie anzuwenden.

❹ Um die Formatierung mit der Schnellformatvorlage rückgängig zu machen, wählen Sie START – FORMATVORLAGEN – WEITERE – FORMATIERUNG LÖSCHEN. Die Formatierung der gewählten Textstelle wird auf die Formatvorlage STANDARD zurückgesetzt.

Let's do this! – „Designs und Formatvorlagen anwenden"

Ausgangssituation

Vinzent und Ophelia haben für ihr Referat zu verschiedenen Gitarrenarten recherchiert. Nun möchten sie die Informationen schön und übersichtlich aufbereiten. In einer kurzen Arbeitspause überlegen die beiden, wie sie das machen können.

> Gut, dass wir gleich bei der Recherche den Text übersichtlich gegliedert haben. Dadurch ist es ganz einfach, die passenden Formatvorlagen zuzuweisen.

> Das Design Integral gefällt mir gut. Das verwenden wir! Aber wir sollten das noch an unsere Vorstellungen anpassen, z. B. Schriftgrößen, Abstände vor und nach den Überschriften etc.

JETZT SIND SIE DRAN!

- Machen Sie sich mit Designs und Formatvorlagen vertraut.
  a) Sehen Sie sich das Dokument von Ophelia und Vinzent genau an.
     Geben Sie an, wie die beiden den Text strukturiert haben (Titel, Überschriften etc.).

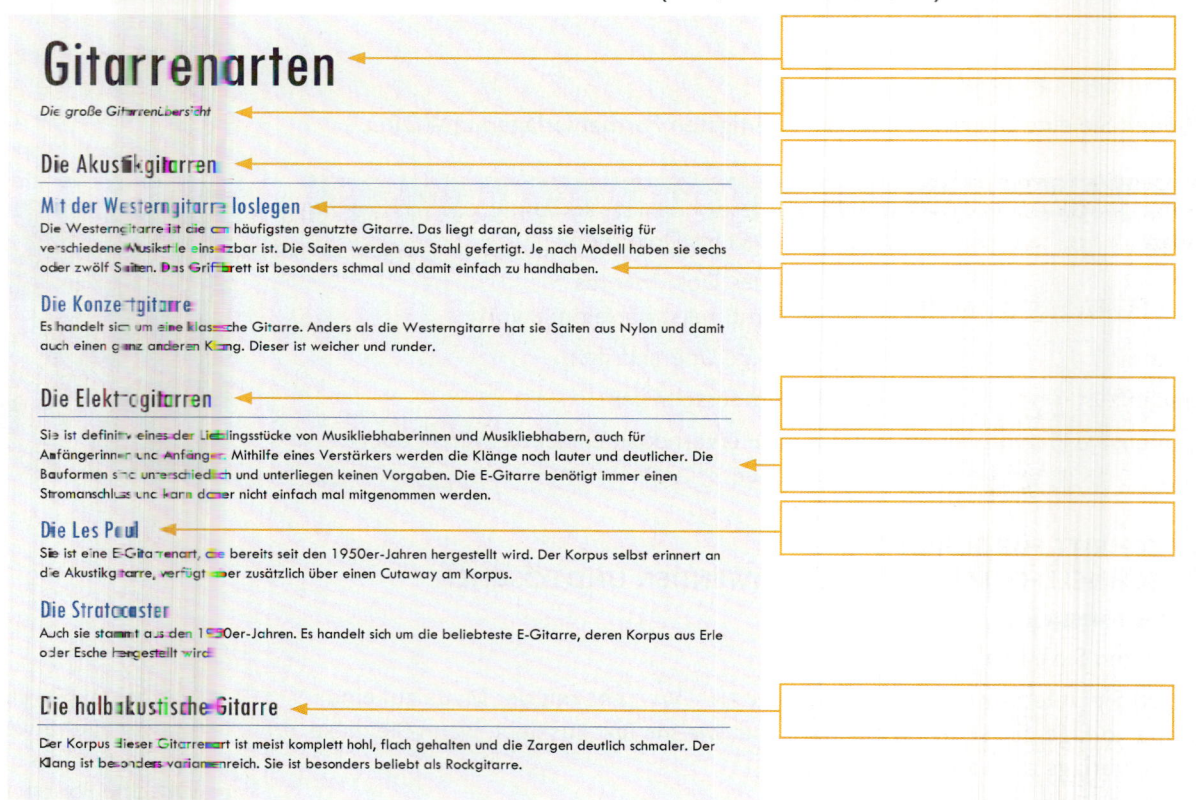

Gitarrenarten

Die große Gitarrenübersicht

Die Akustikgitarren

Mit der Westerngitarre loslegen
Die Westerngitarre ist die am häufigsten genutzte Gitarre. Das liegt daran, dass sie vielseitig für verschiedene Musikstile einsetzbar ist. Die Saiten werden aus Stahl gefertigt. Je nach Modell haben sie sechs oder zwölf Saiten. Das Griffbrett ist besonders schmal und damit einfach zu handhaben.

Die Konzertgitarre
Es handelt sich um eine klassische Gitarre. Anders als die Westerngitarre hat sie Saiten aus Nylon und damit auch einen ganz anderen Klang. Dieser ist weicher und runder.

Die Elektrogitarren

Sie ist definitiv eines der Lieblingsstücke von Musikliebhaberinnen und Musikliebhabern, auch für Anfängerinnen und Anfänger. Mithilfe eines Verstärkers werden die Klänge noch lauter und deutlicher. Die Bauformen sind unterschiedlich und unterliegen keinen Vorgaben. Die E-Gitarre benötigt immer einen Stromanschluss und kann daher nicht einfach mal mitgenommen werden.

Die Les Paul
Sie ist eine E-Gitarrenart, die bereits seit den 1950er-Jahren hergestellt wird. Der Korpus selbst erinnert an die Akustikgitarre, verfügt aber zusätzlich über einen Cutaway am Korpus.

Die Stratocaster
Auch sie stammt aus den 1950er-Jahren. Es handelt sich um die beliebteste E-Gitarre, deren Korpus aus Erle oder Esche hergestellt wird.

Die halbakustische Gitarre
Der Korpus dieser Gitarrenart ist meist komplett hohl, flach gehalten und die Zargen deutlich schmaler. Der Klang ist besonders variantenreich. Sie ist besonders beliebt als Rockgitarre.

b) Öffnen Sie das Dokument **Gitarrenarten_u.docx** und speichern Sie es unter **Gitarrenarten1.docx**.
   - Wählen Sie ein Design, das Ihnen gefällt.
   - Weisen Sie der Textteilen passende Formatvorlagen zu.
   - Ändern Sie nach Ihrem Geschmack das Design und die Schriftarten.

c) Tauschen Sie sich in der Klasse über Ihre Ergebnisse aus. Welches Dokument gefällt Ihnen am besten?

WORD-Dokumente designen

Formatvorlagensatz auswählen

Wenn Sie Ihr Dokument mit Formatvorlagen strukturiert haben, können Sie auch einen Formatvorlagensatz anwenden. Mit dieser Option können Sie das Dokument mit einem Klick optisch komplett verändern.

- ENTWURF – DOKUMENTFORMATIERUNG
- Formatvorlagensatz auswählen

Formatvorlagensatz: LINIEN (MODISCH)

Formatvorlagensatz: SCHATTIERT

Absatzabstand bearbeiten

Der in den Schnellformatvorlagen integrierte Absatzabstand kann in ENTWURF – DOKUMENTFORMATIERUNG – ABSATZABSTAND mit vordefinierten oder benutzerdefinierten Abständen geändert werden.

💡 Mit den Absatzabständen können Sie den Text auf der Seite gut verteilen.

WorkBox – „Formatvorlagen anwenden"

1. Weisen Sie Formatvorlagen zu.
    a) Öffnen Sie das Dokument **Westküste1.docx** und speichern Sie es unter **Westküste2.docx.**
    b) Weisen Sie den Überschriften Formatvorlagen zu, ähnlich wie im Lösungsvorschlag.

    Lösungsvorschlag

    c) Denken Sie daran, zu speichern.

2. Üben Sie den Einsatz von Designs und Formatvorlagen.
    a) Öffnen Sie das Dokument **Sportarten_u.docx** und speichern Sie es unter **Sportarten1.docx.** Das Standarddesign Office ist eingestellt, die Überschriften sowie der Text wurden klar strukturiert.
    b) Weisen Sie das Design Fetzen und die Farben Grüngelb zu.
    c) Verwenden Sie folgende Schnellformatvorlagen für die Textstellen:
        - Titel: Sportarten
        - Überschrift 1: Sommersportarten und Wintersportarten
        - Überschrift 2: Tennis, Schwimmen, Radfahren, Skifahren, Schlittschuhlaufen, Langlaufen
    d) Weisen Sie den Formatvorlagensatz Schattiert zu.
    e) Denken Sie daran, zu speichern!

III Mit WORD arbeiten

3. Gestalten Sie ein ansprechendes Informationsblatt mit Designs und Formatvorlagen.
   a) Öffnen Sie das Dokument **Olivenöl_u.docx** und speichern Sie es unter **Olivenöl1.docx.**
   b) Lesen Sie sich den Text durch und strukturieren Sie den Text in Textkörper und Überschriften (Titel, Hauptüberschriften, Unterüberschriften etc.).
   c) Weisen Sie dem Text Schnellformatvorlagen Ihrer Wahl zu.
   d) Wählen Sie ein passendes Design, geeignete Farben und Schriftarten.
   e) Erstellen Sie eine individuelle Fußzeile oder wählen Sie eine vordefinierte Fußzeile aus.
   f) Legen Sie einen passenden Formatvorlagensatz fest.
   g) Denken Sie daran, zu speichern!

Lösungsvorschlag

Ein weiteres Übungsbeispiel finden Sie in der TRAUNER-DigiBox.

O wie Olivenöl

Das intensiv schmeckende Öl wird aus der Olivenfrucht und ihrem Kern gewonnen.

Oliven sind Baumfrüchte
Oliven wachsen auf Bäumen, von denen viele bereits sehr alt sind. Jeder Olivenbaum trägt durchschnittlich 20 kg Oliven/Jahr. Daraus kann man etwa 3-4 Liter Öl gewinnen. In Europa stammt das Olivenöl meist aus Italien, Griechenland oder Spanien. Wenn die Oliven ihre Farbe von Grün zu violetten Tönen verändern, werden sie geerntet. Das erfolgt oft mit der Hand, traditionell durch das Herabschlagen mit langen Stöcken.

Wie wird das Öl gewonnen?
Je früher die Früchte nach der Ernte verarbeitet werden, umso höher ist die Qualität des Öls. Die Oliven werden gewaschen und zusammen mit dem Kern zerkleinert. Durch Auspressen oder starkes Schleudern in einer Maschine wird aus der Masse das Öl herausgetrennt.

Olivenöl eignet sich auch zum Erhitzen
Es hält Temperaturen bis zu 220 °C stand. Meist es aber teurer als andere Öle und daher schade zum Kochen. Am besten eignet es sich für die kalte Küche, z. B. in einem Salat. Es schmeckt herrlich fruchtig bis leicht bitter.

Olivenöl-Bezeichnungen

Extra nativ
Nativ bedeutet naturbelassen. Extra nativ werden Öle mit höchster Qualität genannt, weil nur makellose Früchte verwendet werden und das Öl durch Kaltpressung gewonnen wird.

Kaltgepresst
Um naturbelassenes Olivenöl zu gewinnen, werden die Oliven in der Ölmühle kaltgepresst. Das bedeutet, dass sie bei der Verarbeitung nicht über 27 °C erhitzt werden.

Raffiniert
Die Oliven werden bei der Gewinnung des Öls erhitzt. Dadurch kann mehr Öl aus der Frucht gewonnen werden und es ist länger haltbar. Durch das Erhitzen hat das raffinierte Öl weniger Geschmack als das native und so ist es ideal zum Braten, Backen und Frittieren.

Wenn Sie ein Dokument mit Bildern per E-Mail versenden oder optimal ausdrucken wollen, speichern Sie es vorher im PDF-Format.

Details zum Urheberrecht lernen Sie im zweiten Jahrgang.

2.3 Illustrationen einfügen und bearbeiten

Durch das Einfügen von Bildern und Grafiken verändern Sie das Aussehen des Dokumentes. Bilder und Grafiken wecken Interesse bei den Leserinnen und Lesern. Außerdem wirken die Dokumente dadurch professioneller und die Texte werden aussagekräftiger.

> **Illustrationen** sind Bildbeigaben zu einem Text, die das Geschriebene erklären und/oder verschönern. Es gibt in WORD die Möglichkeit, **Bilder, Formen, Piktogramme, 3D-Modelle, SmartArt, Diagramme und Screenshots** einzufügen.

2.3.1 Bilder einfügen

Bilder in WORD-Dokumenten sorgen für Auflockerung. Sie können Bilder einfügen über
- das Register EINFÜGEN – Gruppe ILLUSTRATIONEN – BILDER oder
- aus der Zwischenablage (z. B. von Websites).

PROFI-TIPP

„Bei der Verwendung von Bildern müssen Sie immer das Urheberrecht beachten. Am besten nutzen Sie Bilder, die Sie selbst gemacht haben oder für deren Nutzung Sie die Erlaubnis der Urheberin/des Urhebers haben. Geben Sie auf jeden Fall immer die Quelle an, woher Sie das Bild haben."

– Grafikdesignerin in einem Zeitungsverlag –

WORD-Dokumente designen

Beim Einfügen von Bildern über das Register EINFÜGEN können Sie aus drei verschiedenen Quellen wählen.

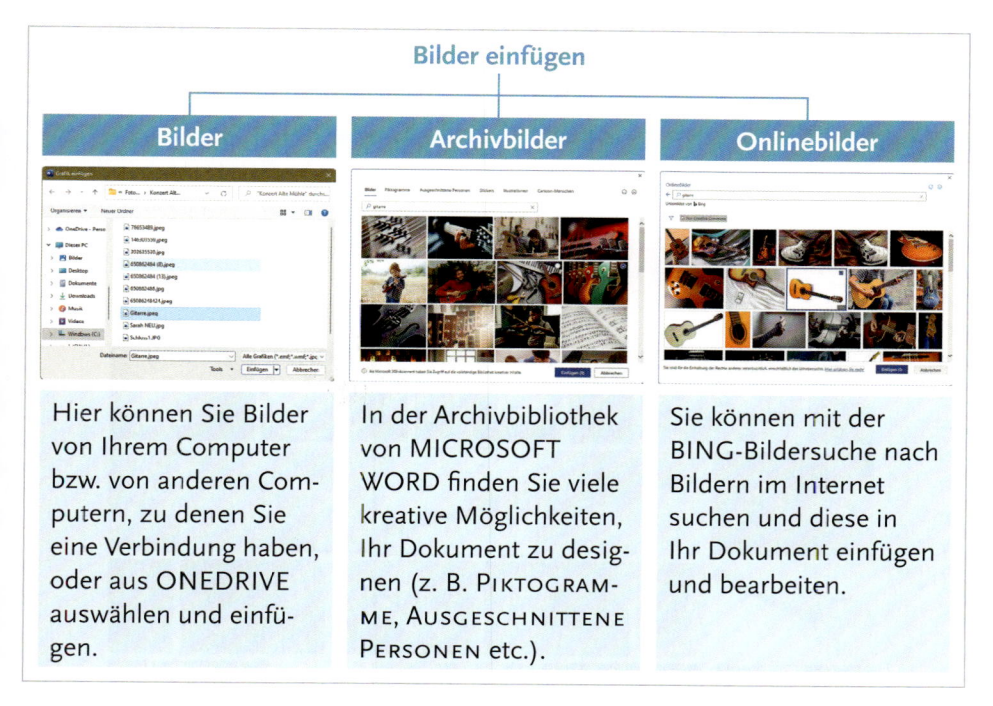

Bilder einfügen

Bilder	Archivbilder	Onlinebilder
Hier können Sie Bilder von Ihrem Computer bzw. von anderen Computern, zu denen Sie eine Verbindung haben, oder aus ONEDRIVE auswählen und einfügen.	In der Archivbibliothek von MICROSOFT WORD finden Sie viele kreative Möglichkeiten, Ihr Dokument zu designen (z. B. PIKTOGRAMME, AUSGESCHNITTENE PERSONEN etc.).	Sie können mit der BING-Bildersuche nach Bildern im Internet suchen und diese in Ihr Dokument einfügen und bearbeiten.

Nutzen Sie, wann immer es möglich ist, Bilder mit einer Creativ-Commons-Lizenz.

SCHRITT FÜR SCHRITT: BILDER VON IHREM GERÄT EINFÜGEN

❶ Positionieren Sie die Einfügemarke an der gewünschten Stelle im Dokument.
❷ Klicken Sie auf EINFÜGEN – ILLUSTRATIONEN – BILDER – VON DIESEM GERÄT...
❸ Navigieren Sie zum Speicherort des gewünschten Bildes. Mit einem Klick auf das Bild wählen Sie es aus.
❹ Klicken Sie auf EINFÜGEN, um das Bild in Ihr Dokument einzufügen. Weitere Optionen zum Einfügen des Bildes stehen Ihnen im Drop-down-Menü zur Verfügung.

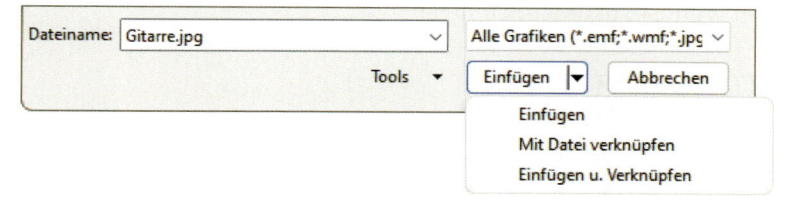

- EINFÜGEN: Die Grafik wird in das Dokument eingebettet. Die Dateigröße wird erhöht und eine spätere Änderung in einem Bildbearbeitungsprogramm der Grafik wird im Dokument nicht wirksam.
- MIT DATEI VERKNÜPFEN: Die Grafik wird nur mit einer Verknüpfung gespeichert. Dadurch wird eine spätere Änderung der Grafik auch im Dokument verändert.
- EINFÜGEN UND VERKNÜPFEN: Die Grafik wird verknüpft und im Dokument gespeichert. Die Dateigröße wird erhöht und die Änderungen der Grafik sind auch im Dokument sichtbar.

Außerdem können Sie Bilder über die Zwischenablage (z. B. von Websites) im Dokument einfügen.

Creative Commons (CC) ist eine gemeinnützige Organisation. Sie veröffentlicht Standardlizenzverträge, mit denen eine Urheberin/ein Urheber auf einfache Weise Nutzungsrechte an Bildern einräumen kann. Einige CC-Lizenzen schränken die Nutzung stark ein. Andere ermöglichen der Urheberin/dem Urheber, so weit wie möglich auf das Urheberrecht zu verzichten bzw. die Nutzung kostenfrei zur Verfügung zu stellen oder zu gestatten, die Inhalte zu verändern und weiter zu verarbeiten.

Standardmäßig werden Bilder von WORD in das Dokument eingebettet. Wenn Sie eine Grafik verknüpfen, müssen Sie diese beim Versenden des Dokumentes ebenfalls mitschicken.

III Mit WORD arbeiten

Let's do this! – „Bilder einfügen"

Ausgangssituation

Ophelia und Vinzent sind noch immer nicht ganz zufrieden mit der Übersicht über die verschiedenen Gitarrenarten. Irgendetwas fehlt noch. Vinzent hat bereits eine Idee: Bilder!

Super, ich schau dann zu Hause gleich, ob ich passende Online- oder Archivbilder finde! Wichtig ist, dass wir Nur Creative Commons auswählen. Dann müssen wir uns keine Sorgen wegen dem Urheberrecht machen.

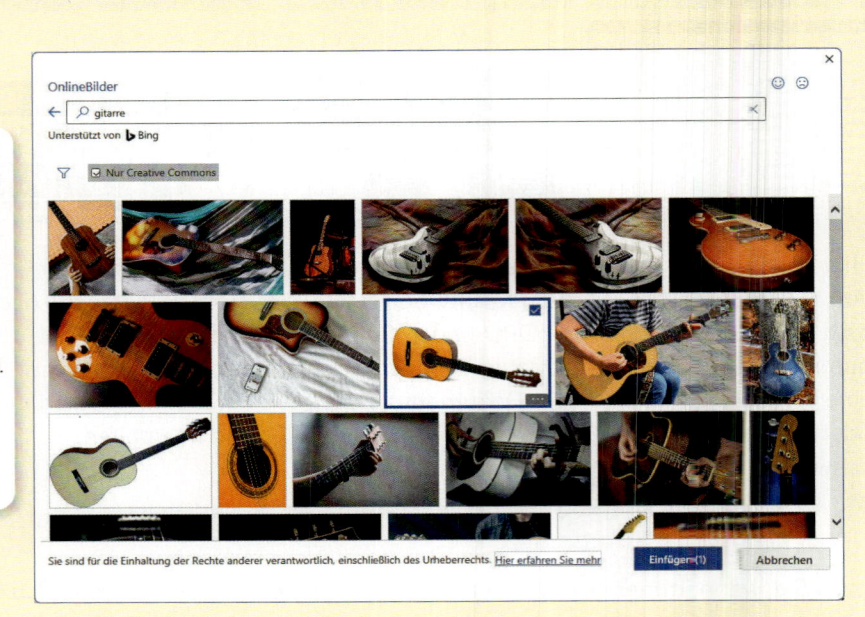

JETZT SIND SIE DRAN!

- Suchen Sie in den Archiv- und Onlinebildern nach passenden Bildern für das Dokument **Gitarrenarten1.docx**. Fügen Sie diese in das Dokument ein und speichern Sie es unter **Gitarrenarten2.docx**.

2.3.2 Formen einfügen und gestalten

Sie können grafische Formen wie Linien, Pfeile, Sterne, Kreise, Rechtecke, Sprechblasen etc. in ein WORD-Dokument einfügen.

SCHRITT FÜR SCHRITT: FORMEN EINFÜGEN

1. Klicken Sie auf EINFÜGEN – ILLUSTRATION – FORMEN.
2. Wählen Sie eine Form im Katalog aus.
3. Ziehen Sie mit gedrückter linker Maustaste die Form im Dokument auf.
4. Formen können wie Textfelder und WordArts über das Register FORMFORMAT verändert werden.

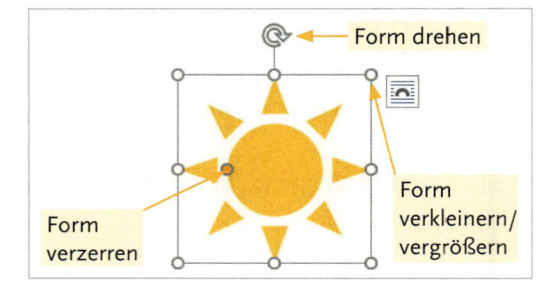

💡 Die Form kann später noch an den Anfasspunkten in die gewünschte Form gezogen bzw. an die gewünschte Position verschoben werden.

Form drehen
Form verzerren
Form verkleinern/vergrößern

224

WORD-Dokumente designen

Schon gewusst?
Mit einem Kontextklick auf die Form können Sie durch die Funktion Text hinzufügen der gewählten Form einen Text hinzufügen. Mit gedrückter ⇧-Taste beim Aufziehen einer Form wird eine Ellipse zu einem Kreis bzw. ein Rechteck zu einem Quadrat.

WorkBox – „Formen einfügen und gestalten"

- Gestalten Sie verschiedene Formen mit Text.
  a) Öffnen Sie ein neues Dokument und speichern Sie es unter **Formen1.docx**.
  b) Gestalten Sie Formen ähnlich wie im Lösungsvorschlag.
  c) Ergänzen Sie die Formen mit dem passenden Text.
  d) Formatieren Sie den Text und die Formen.
  e) Fügen Sie noch weitere Formen hinzu.

Lösungsvorschlag

2.3.3 Piktogramme und weitere Elemente einfügen

In unserem Alltag begegnen uns überall Piktogramme. Smileys (Emojis), Gefahrensymbole, Straßenschilder etc. zählen zu den Piktogrammen. In WORD können Sie Piktogramme einfügen und Ihr Dokument visuell mit Symbolen aufwerten.

- Einfügen – Illustrationen – Piktogramme
- Piktogramm je nach Kategorie auswählen – Einfügen

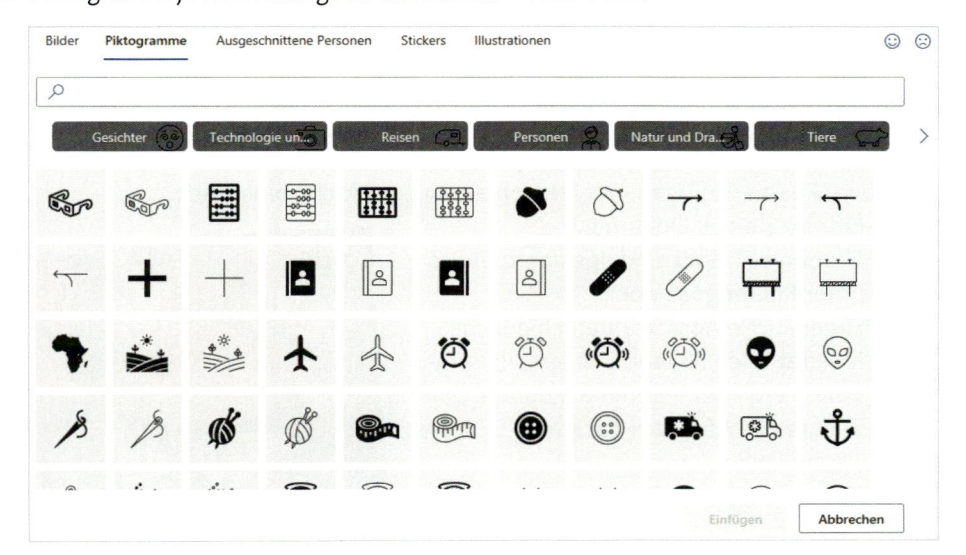

Piktogramme sind Bilder bzw. Symbole, die durch eine vereinfachte grafische Darstellung Informationen vermitteln.

Piktogramme können wie Bilder formatiert werden.

Besprechen Sie in der Klasse, welche Piktogramme Ihnen im Alltag am häufigsten auffallen und wo.

Archivbibliothek kennenlernen

Die Archivbibliothek kennen Sie bereits vom Einfügen von Bildern. Hier bietet Ihnen WORD aber neben Bildern und Piktogrammen noch weitere Optionen, wie Sie Ihre Dokumente aufpeppen können.

💡 Ausgeschnittene Personen und Stickers können wie Bilder über das Register BILDFORMAT formatiert werden. Cartoon-Menschen und Illustrationen bearbeiten Sie über das Register GRAFIKFORMAT.

Archivbibliothek

Register Ausgeschnittene Personen	Register Stickers	Register Illustrationen	Register Cartoon-Menschen
WORD stellt freigestellte Fotos von Personen in unterschiedlichen Situationen mit verschiedenen Gestiken und unterschiedlicher Mimik zur Verfügung.	Sie können in den Registern STICKERS und ILLUSTRATIONEN aus verschiedenen Kategorien viele Grafiken auswählen und in Ihr Dokument einfügen.		Wählen Sie aus einer Vielzahl von gezeichneten Gesichtern und Menschen bzw. Ausschnitten von Menschen.

Um die Archivbibliothek aufzurufen, haben Sie zwei verschiedene Möglichkeiten:
- EINFÜGEN – ILLUSTRATIONEN – PIKTOGRAMME
- EINFÜGEN – BILDER – ARCHIVBILDER

WorkBox – „Piktogramme und weitere Elemente einfügen"

1. Piktogramme finden Sie an zahlreichen Orten auf der ganzer Welt. Doch was bedeuten sie?
   a) Öffnen Sie das Dokument **Piktogramme_u.docx** und speichern Sie es unter **Piktogramme1.docx.**
   b) Finden Sie passende Piktogramme zu den Begriffen bzw. die Bedeutungen der Piktogramme.
   c) Denken Sie daran, zu speichern und vergleichen Sie mit Ihrer Lehrkraft bzw. Ihren Mitschülerinnen und Mitschülern Ihre Ergebnisse.

2. Üben Sie das Einfügen von Elementen aus der Archivbibliothek.
   a) Öffnen Sie das Dokument **Flamingos1.docx** und speichern Sie es unter **Flamingos2.docx.**
   b) Fügen Sie je Absatz unterschiedliche Illustrationen (Bilder, Stickers, Illustrationen etc.) ein. Achten Sie darauf, zum Thema des Absatzes passende Bilder auszuwählen.
   c) Speichern Sie die Datei.

WORD-Dokumente designen

2.3.4 3D-Modelle einfügen

Sie können von Ihrem Computer oder aus den Archiv-3D-Modellen 3D-Bilder einfügen und aus verschiedenen Blickwinkeln anzeigen lassen.

- EINFÜGEN – ILLUSTRATIONEN – 3D-MODELLE

Blickwinkel verändern

✎ Es können auch animierte 3D-Bilder eingefügt werden. Probieren Sie es in einem leeren Dokument aus!

2.3.5 Bilder anpassen im Register Bildformat

Das **Register Bildformat** wird automatisch beim Einfügen bzw. Markieren (Anklicken) eines Bildes eingeblendet. Auf dieser Registerkarte können Sie die eingefügten Illustrationen formatieren.

PROFI-TIPP

„Kleine Änderungen und Korrekturen an Bildern können Sie auch in WORD vornehmen. Aber für professionelle Änderungen brauchen Sie ein Bildbearbeitungsprogramm wie z. B. PHOTOSHOP oder GIMP."

– Grafikdesignerin in einem Zeitungsverlag –

Bilder freistellen

Mit dieser Funktion werden unerwünschte Bereiche des Bildes entfernt. Wenn die Kontraste gut sind, können Sie den Auswahlvorschlag anpassen und die Auswahl mit ÄNDERUNGEN BEIBEHALTEN bestätigen.

👣 SCHRITT FÜR SCHRITT: BILDER FREISTELLEN

1. Markieren Sie das gewünschte Bild.
2. Klicken Sie auf BILDFORMAT – ANPASSEN – FREISTELLEN.
3. WORD schlägt eine Auswahl zum Freistellen vor. Der pink gefärbte Bereich wird entfernt.
4. Wenn der von WORD vorgeschlagene Bereich nicht passt, können Sie über ZU BEHALTENDE BEREICHE MARKIEREN oder ZU ENTFERNENDE BEREICHE MARKIEREN die Auswahl selbst verfeinern.

Objekte mit klaren Kanten, die sich deutlich vom Hintergrund abheben, lassen sich besonders gut freistellen.

5. Sobald Sie zufrieden sind, klicken Sie auf ÄNDERUNGEN BEIBEHALTEN.

III Mit WORD arbeiten

> **WorkBox – „Bilder freistellen"**
>
> ■ Üben Sie das Freistellen von Bildern.
> a) Öffnen Sie ein neues WORD-Dokument und speichern Sie es unter **Freistellen.docx**.
> b) Fügen Sie ein Bild Ihrer Wahl in das Dokument ein. Sie können ein Bild von Ihrem Gerät oder eines aus den Archiv- und Onlinebildern wählen.
> c) Stellen Sie ein Element des Bildes frei.
> d) Denken Sie daran, zu speichern!

Das Bild ist zu dunkel – gut, dass ich das in WORD schnell korrigieren kann.

Bildkorrekturen vornehmen

Mit dieser Funktion können die Helligkeit, der Kontrast oder die Schärfe des Bildes erhöht werden.

SCHRITT FÜR SCHRITT: BILDKORREKTUREN VORNEHMEN

1. Markieren Sie das gewünschte Bild.
2. Klicken Sie auf BILDFORMAT – ANPASSEN.
3. Wählen Sie die gewünschte Korrekturmöglichkeit aus:
   - KORREKTUREN
   - FARBE
   - KÜNSTLERISCHE EFFEKTE
   - TRANSPARENZ
4. Im jeweiligen Drop-down-Menü können Sie entweder aus vorgegebenen Bearbeitungsvorschlägen auswählen oder mit weiteren Optionen händisch Bearbeitungen vornehmen.

Bilder korrigieren

Korrekturen	Farbe	Künstlerische Effekte	Transparenz
Schärfen/Weichzeichnen; Helligkeit/Kontrast	Farbsättigung; Farbton; Neu einfärben		
Mit dieser Funktion können Sie die Helligkeit, den Kontrast und/oder die Schärfe des Bildes erhöhen.	Die Farbe bzw. die Farbsättigung des Bildes kann geändert und an das Design angepasst werden.	Mit den künstlerischen Effekten können Sie die Bilder z. B. ähnlich einer Skizze, Silhouette etc. gestalten.	Sie können die **Transparenz** des Bildes so anpassen, dass evtl. dahinter liegende Elemente ganz oder teilweise sichtbar werden.

Transparenz = Durchsichtigkeit von Bildelementen.

228

WORD-Dokumente designen

WorkBox – „Bildkorrekturen vornehmen"

■ Probieren Sie verschiedene Bildkorrekturen aus.
a) Öffnen Sie ein neues WORD-Dokument und speichern Sie es unter **Bildkorrekturen.docx**.
b) Fügen Sie ein Bild Ihrer Wahl in das Dokument ein. Sie können ein Bild von Ihrem Gerät oder eines aus den Archiv- und Onlinebildern wählen.
c) Experimentieren Sie mit verschiedenen künstlerischen Effekten. Bei Bedarf können Sie auch weitere Korrekturen, wie z. B. Helligkeit/Kontrast, Farbe oder Transparenz, vornehmen.
d) Denken Sie daran, zu speichern!

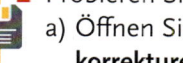

Illustrationen anpassen

In der Gruppe ANPASSEN stehen Ihnen noch drei weitere Optionen für die Bearbeitung Ihrer Bilder zur Verfügung.

Bild komprimieren
Die Dateigröße des Bildes wird verringert.

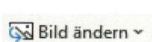

Bild ändern
Es wird ein anderes Bild an dieser Stelle eingefügt, jedoch bleiben die Bildgröße und die Position erhalten.

Bild zurücksetzen
Am Bild vorgenommene Formatierungen werden verworfen/gelöscht.

> Die Option ZUGESCHNITTENE BILDBEREICHE LÖSCHEN trägt beim Komprimieren stark zur Verringerung der Dateigröße bei. Diese Option sollen Sie nur wählen, wenn Sie sicher sind, dass Sie diese Bereiche nicht mehr benötigen.

WorkBox – „Bilder einfügen und anpassen"

■ Fügen Sie Bilder in ein Dokument ein und passen Sie diese an.
a) Öffnen Sie das Dokument **Seenland_u.docx** und speichern Sie es unter **Seenland3.docx**.
b) Führen Sie folgende Formatierungen durch:
  ■ Wählen Sie für das Dokument das Design Tropfen aus.
  ■ Aktivieren Sie die automatische Silbentrennung.
  ■ Formatieren Sie die Überschriften mit Schnellformatvorlagen.
c) Fügen Sie das Bild **Seenland1.jpg** beim Attersee und das Bild **Seenland2.jpg** beim Wörthersee ein. Platzieren Sie die Bilder jeweils unter dem Absatz.
d) Die Bilder sind leider vertauscht. **Seenland1.jpg** gehört zum Wörthersee und **Seenland2.jpg** zum Attersee. Tauschen Sie die Bilder über die Funktion BILD ÄNDERN aus. Führen Sie folgende Formatierungen durch:
  ■ Bild **Seenland1.jpg**: Färben Sie das Bild mit der Voreinstellung Sepia ein.
  ■ Bild **Seenland2.jpg**: Korrigieren Sie die Helligkeit des Bildes auf +20 % und den Kontrast auf −20 %. Wenden Sie einen künstlerischen Effekt Ihrer Wahl an.
e) Denken Sie daran, zu speichern!

229

III Mit WORD arbeiten

Bildformatvorlagen anwenden

Illustrationen können mit verschiedenen vorgefertigten Bildformatvorlagen angepasst werden.

SCHRITT FÜR SCHRITT: BILDFORMATVORLAGEN ANWENDEN

❶ Markieren Sie das gewünschte Bild.

❷ Klicken Sie auf BILDFORMAT – BILDFORMATVORLAGEN.

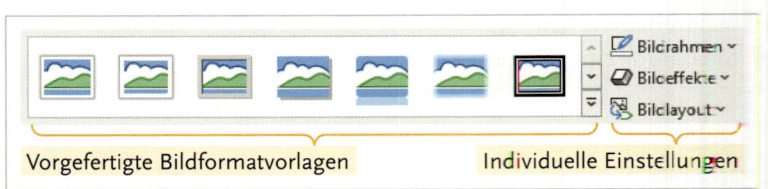

Vorgefertigte Bildformatvorlagen — Individuelle Einstellungen

❸ Wählen Sie vorgefertigte Bildformatvorlagen durch Anklicken aus oder nehmen Sie individuelle Einstellungen vor:

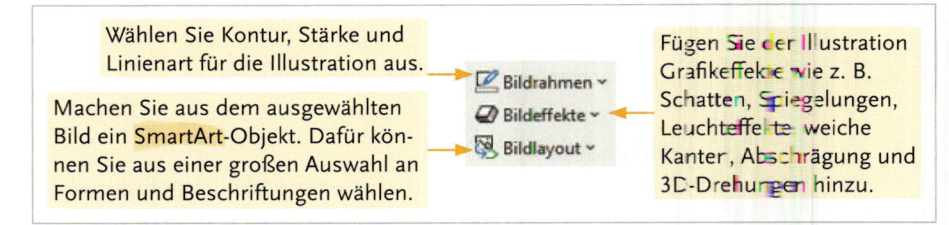

Wählen Sie Kontur, Stärke und Linienart für die Illustration aus. → **Bildrahmen**

Machen Sie aus dem ausgewählten Bild ein SmartArt-Objekt. Dafür können Sie aus einer großen Auswahl an Formen und Beschriftungen wählen. → **Bildlayout**

Bildeffekte ← Fügen Sie der Illustration Grafikeffekte wie z. B. Schatten, Spiegelungen, Leuchteffekte, weiche Kanten, Abschrägung und 3D-Drehungen hinzu.

> Durch Bildformatvorlagen kann ich Illustrationen ganz leicht verändern.

SmartArt-Objekte = damit lassen sich Informationen und Ideen visuell darstellen.

Tipp!
Zahlreiche Formatierungsvarianten, Füllungen, Bildkorrekturen, 3D-Einstellungen etc. können Sie im Dialogfeld GRAFIK FORMATIEREN für die Illustrationen individuell festlegen.
- Klicken Sie auf das Symbol ⌐ in der Gruppe BILDFORMATVORLAGEN oder markieren Sie das Bild – rechte Maustaste – GRAFIK FORMATIEREN.

WorkBox – „Bildformatvorlagen anwenden"

- Üben Sie den Einsatz von Bildformatvorlagen.
  a) Öffnen Sie die Datei **Seenland3.docx** und speichern Sie das Dokument unter **Seenland4.docx**.
  b) Gestalten Sie die Bilder nach folgenden Angaben: Wenden Sie auf die beiden eingefügten Bilder unterschiedliche Bildformatvorlagen an. Zusätzlich können Sie verschiedene Bildeffekte bzw. -rahmen probieren.

Lösungsvorschlag

Seenland Österreich
Wörthersee
Der größte See Kärntens und einer der wärmsten Alpenseen Österreichs ist der Wörthersee. Der Wörthersee ist 19,39 km² groß und erstreckt sich in Ost-West-Richtung über 16,5 km. Der tiefste Punkt des Wörthersees liegt bei rund 85 m.

Attersee
Ein im oberösterreichischen Salzkammergut liegender See ist der Attersee. Er ist der größte zur Gänze liegende See in Österreich, mit einer Länge von fast 19 km. Er ist der drittgrößte See Österreichs, mit einer Tiefe von fast 170 m. Der Attersee ist ein beliebter See für Taucher und Segler.

WORD-Dokumente designen

2.3.6 Barrierefreiheit anwenden

Mit der Funktion **Barrierefreiheit** können Sie eine Textbeschreibung Ihrer Illustrationen für die Bildschirmlesegeräte eingeben. Durch den ALTERNATIVTEXT können allen Nutzerinnen und Nutzern, denen es nicht möglich ist, das Bild bzw. den Bildschirm zu sehen, die wichtigsten Aussagen von Bildern, Grafiken und Illustrationen vermittelt werden.

Bildschirmlesegeräte ermöglichen es, dass sich Personen z. B. mit Sehbehinderung Dokumente vorlesen lassen können.

SCHRITT FÜR SCHRITT: ALTERNATIVTEXT FÜR BARRIEREFREIHEIT EINGEBEN

1. Markieren Sie das gewünschte Bild.
2. Klicken Sie auf BILDFORMAT – BARRIEREFREIHEIT – ALTERNATIVTEXT.
3. Geben Sie den Alternativtext in das Textfeld ein.

Tipp!
Empfohlen werden ein bis zwei kurze Sätze, in denen Sie beschreiben, was auf dem Bild zu sehen ist. Überlegen Sie, wie Sie Ihre eingefügte Illustration jemandem beschreiben würden, der blind oder sehbehindert ist. Welche relevanten Informationen benötigen diese Personen, um Ihr Dokument zu verstehen?

4. Klicken Sie auf BESCHREIBUNG FÜR MICH GENERIEREN.

Let's do this! – „Barrierefreiheit anwenden"

Ausgangssituation

Passende Bilder haben Ophelia und Vinzent schon hinzugefügt. Da fällt Vinzent etwas ein …

Jeremy hat doch nur 35 % Sehvermögen. Er nutzt doch immer ein Bildschirmlesegerät. Wenn wir für die anderen in der Klasse die Datei zur Verfügung stellen, kann er die Bilder ja gar nicht sehen!

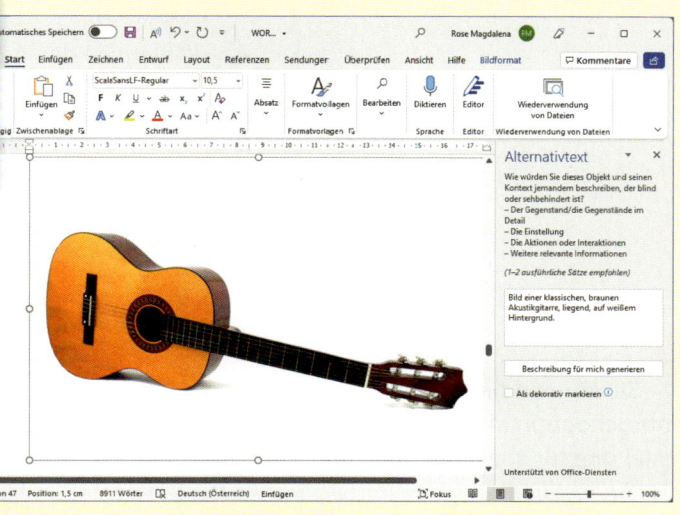

Stimmt, aber mit der Funktion BARRIEREFREIHEIT in WORD können wir einen ALTERNATIVTEXT eingeben. So kann er sich eine Beschreibung des Bildes vorlesen lassen.

JETZT SIND SIE DRAN!

- Sie haben bereits Bilder in Ihr Dokument eingefügt. Öffnen Sie die Datei **Gitarrenarten2.docx** und speichern Sie sie unter **Gitarrenarten3.docx.** Fügen Sie Ihren Bildern nun passende Alternativtexte hinzu.

231

2.3.7 Illustrationen anordnen

Illustrationen werden genau an der Position der Einfügemarke positioniert. Durch die Befehle AUSSCHNEIDEN und EINFÜGEN bzw. DRAG-AND-DROP können sie an eine andere Position verschoben werden. Wollen Sie Illustrationen individueller anordnen, haben Sie in der Gruppe ANORDNEN noch mehr Möglichkeiten.

Position

Mit dieser Funktion wird festgelegt, wo sich die Illustration auf der Seite des Dokumentes (rechtsbündig, mittig, oben, unten etc.) befinden soll. Der Text fließt dabei automatisch rund um die Illustration und bleibt gut lesbar.

- Markieren Sie das Bild.
- Klicken Sie auf BILDFORMAT – ANORDNEN – POSITION – MIT TEXTUMBRUCH und wählen Sie die passende Position aus.

💡 Standardmäßig werden Illustrationen von WORD mit der Umbruchart MIT TEXT IN ZEILE eingefügt.

Textumbruch/Layoutoptionen

Der Textumbruch bestimmt, wie der Text die Illustration umfließen soll.

SCHRITT FÜR SCHRITT: TEXTUMBRUCH EINSTELLEN

1. Markieren Sie das gewünschte Bild.
2. Klicken Sie auf BILDFORMAT – ANORDNEN oder auf das Icon LAYOUTOPTIONEN (erscheint rechts oben neben der Illustration) oder machen Sie einen Rechtsklick auf das Bild und klicken dann auf TEXTUMBRUCH.
3. Wählen Sie den gewünschten Textumbruch aus.

LAYOUTOPTIONEN bzw. TEXTUMBRUCH für die Illustration auswählen

Sie können aus verschiedenen Möglichkeiten wählen:

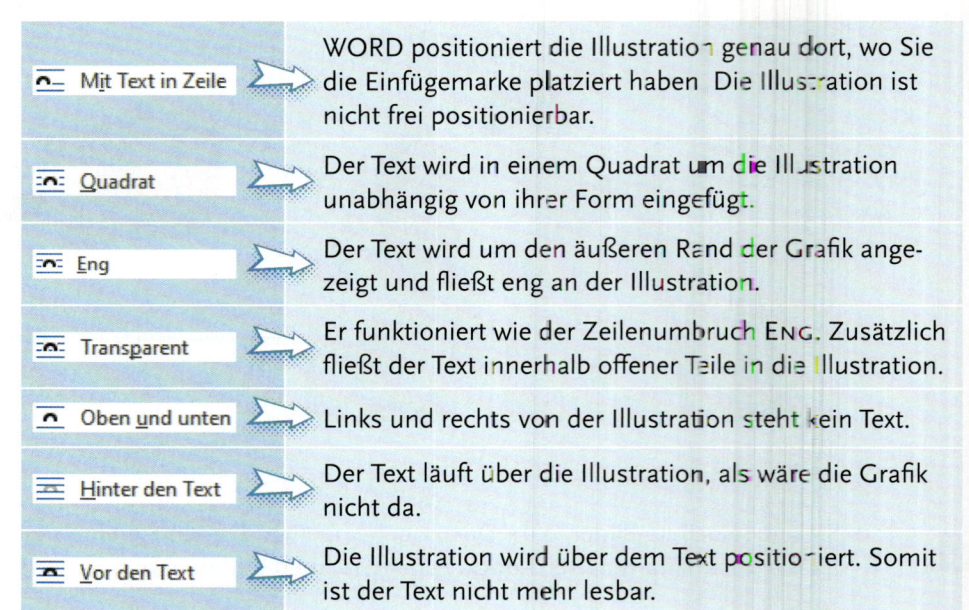

Mit Text in Zeile	WORD positioniert die Illustration genau dort, wo Sie die Einfügemarke platziert haben. Die Illustration ist nicht frei positionierbar.
Quadrat	Der Text wird in einem Quadrat um die Illustration unabhängig von ihrer Form eingefügt.
Eng	Der Text wird um den äußeren Rand der Grafik angezeigt und fließt eng an der Illustration.
Transparent	Er funktioniert wie der Zeilenumbruch ENG. Zusätzlich fließt der Text innerhalb offener Teile in die Illustration.
Oben und unten	Links und rechts von der Illustration steht kein Text.
Hinter den Text	Der Text läuft über die Illustration, als wäre die Grafik nicht da.
Vor den Text	Die Illustration wird über dem Text positioniert. Somit ist der Text nicht mehr lesbar.

💡 Sie können die aktuelle Umbruchoption als Standardeinstellung für alle neuen Illustrationen festlegen.

WORD-Dokumente designen

Let's do this! – „Illustrationen anordnen"

Ausgangssituation

Ophelia ist noch immer nicht so wirklich zufrieden damit, wie ihr Dokument aussieht.

Die Bilder finde ich cool! Das macht echt einen Unterschied! Aber die Platzierung einfach in der Zeile gefällt mir gar nicht. Das müssen wir dringend ändern!

TEXTUMBRUCH: MIT TEXT IN ZEILE

TEXTUMBRUCH: ENG

JETZT SIND SIE DRAN!

- Öffnen Sie die Datei **Gitarrenarten3.docx** und speichern Sie sie unter **Gitarrenarten4.docx.** Platzieren Sie Ihre Bilder ansprechend im Text.

    Hinweis: Sie können auch die gleichen Bilder wie Ophelia und Vinzent verwenden: **Gitarrenarten_alle.jpg, Gitarrenarten_akustisch.jpg, Gitarrenarten_elektro.jpg** und **Gitarrenarten_halbakustisch.jpg.**

Illustrationen in den Vorder- bzw. Hintergrund schieben

Wenn Sie mehrere Illustrationen eingefügt haben, kann es sein, dass diese sich überlappen. Sie können die einzelnen Bilder dann in den Vorder- bzw. Hintergrund schieben. So legen Sie fest, welche Teile der Bilder sichtbar sein sollen.

- BILDFORMAT – ANORDNEN
- EBENE NACH VORNE bzw. EBENE NACH HINTEN

💡 Diese Funktion ist z. B. beim Erstellen von Collagen nützlich.

Illustrationen ausrichten

Mit dieser Funktion können Sie die Platzierung der Illustrationen auf der Seite ändern. Sie dient zum Ausrichten an den Seitenrändern bzw. an der Blattkante.

Tipp!
Wenn die Option zum Ausrichten nicht verfügbar ist, ist möglicherweise nur eine einzelne Illustration ausgewählt. Wählen Sie mit der Strg-Taste noch zusätzliche Elemente aus.

III Mit WORD arbeiten

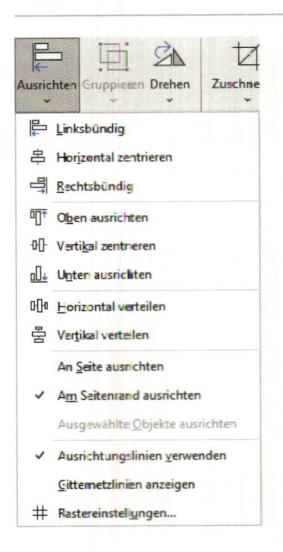

Ausrichten – Mehrere Illustrationen werden an den Seitenrändern ausgerichtet (links- oder rechtsbündig, mittig etc.) und auf der Seite verteilt.

Position – Sie bestimmen, wo sich die Illustration auf der Seite des Dokumentes befinden soll.

Textumbruch – Sie bestimmen, wie der Text um die Illustration herum- oder durchfließen soll.

Illustrationen drehen bzw. spiegeln

Sie können eine Illustration bei Bedarf spiegeln und drehen.

- BILDFORMAT – ANORDNEN – DREHEN
- Gewünschte Drehung bzw. Spiegelung auswählen bzw. über das Symbol manuell drehen

Illustrationen drehen bzw. spiegeln

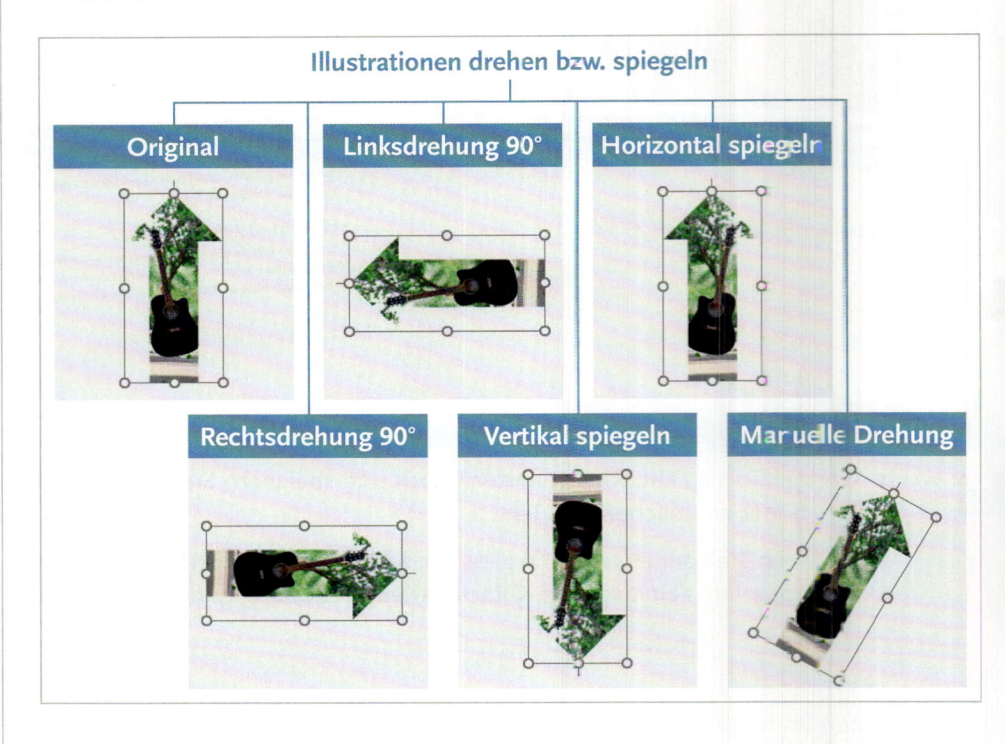

Original | Linksdrehung 90° | Horizontal spiegeln

Rechtsdrehung 90° | Vertikal spiegeln | Manuelle Drehung

Illustration verankern

Eine Illustration ist mit dem Absatz verbunden, in dem sich die Einfügemarke beim Einfügevorgang befunden hat. Die Illustration verschiebt sich automatisch mit, wenn dieser Absatz verschoben wird.

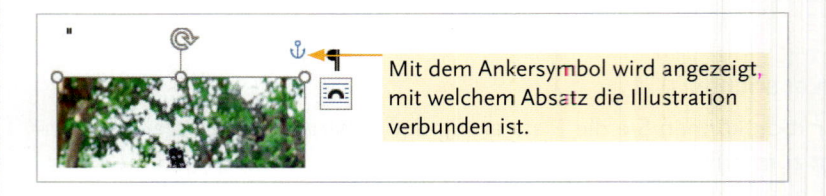

Mit dem Ankersymbol wird angezeigt, mit welchem Absatz die Illustration verbunden ist.

Warum springt mein Bild an irgendwelche Stellen in meinem Dokument?

Schon gewusst?
Für Bilder mit dem Textumbruch MIT TEXT IN ZEILE wird kein Anker angezeigt.

WORD-Dokumente designen

SCHRITT FÜR SCHRITT: ILLUSTRATION VERANKERN

1. Markieren Sie das gewünschte Bild.
2. Klicken Sie auf BILDFORMAT – ANORDNEN – POSITION.
3. Klicken Sie auf WEITERE LAYOUTOPTIONEN... – VERANKERN.

Tipp!
Da Anker nur als visuelle Hilfsmittel dienen, um die relative Position der Illustrationen darzustellen, können sie nicht entfernt werden. Die gewünschte Flexibilität erhalten Sie durch Ausprobieren verschiedener Textumbruchoptionen.

WorkBox – „Illustrationen anordnen"

- Positionieren Sie Bilder an passenden Stellen.

a) Öffnen Sie das Dokument **Seenland4.docx** und speichern Sie es unter **Seenland5.docx**.

b) Gestalten Sie die Bilder nach folgenden Angaben:
- Bild **Seenland1.jpg:**
  Position: Oben-rechts-Position mit quadratischem Textfluss.
- Bild **Seenland2.jpg:**
  Zeilenumbruch: Transparent, Position laut Lösung

Seenland Österreich

Wörthersee
Der größte See Kärntens und einer der wärmsten Alpenseen Österreichs ist der Wörthersee. Der Wörthersee ist 19,39 km² groß und erstreckt sich in Ost-West-Richtung über 16,5 km. Der tiefste Punkt des Wörthersees liegt bei rund 85 m.

Attersee
Ein im oberösterreichischen Salzkammergut liegender See ist der Attersee. Er ist der größte zur Gänze liegende See in Österreich, mit einer Länge von fast 19 km. Er ist der drittiefste See Österreichs, mit einer Tiefe von fast 170 m. Der Attersee ist ein beliebter See für Taucher und Segler.

c) Ändern Sie die Bildgröße passend und drehen Sie die Bilder.

d) Ergänzen Sie Ihr Übungsblatt mit Ihrem Lieblingssee in Österreich. Recherchieren Sie im Internet über den See. Suchen Sie nach einem passenden Bild und fügen Sie es in die Datei ein. Formatieren Sie anschließend das Bild nach Ihren Vorstellungen.

e) Verankern Sie die Bilder.

f) Denken Sie daran, zu speichern!

III Mit WORD arbeiten

2.3.8 Größe von Illustrationen ändern

Sie können eine Illustration auf eine bestimmte Größe oder auf eine bestimmte Form zuschneiden.

- Klicken Sie auf BILDFORMAT – GRÖSSE.

Illustration drehen

Illustration stauchen bzw. dehnen

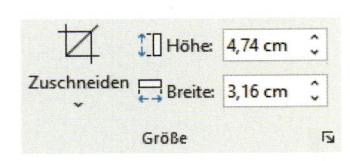

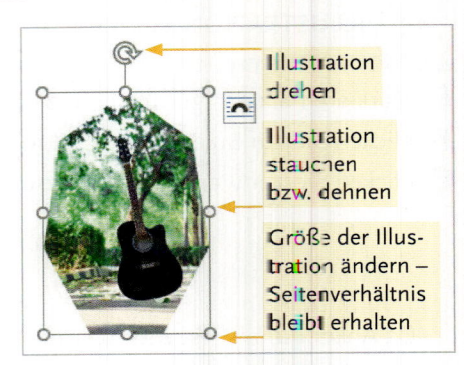

Größe der Illustration ändern – Seitenverhältnis bleibt erhalten

Zuschneiden

Manchmal benötigen Sie nur einen Ausschnitt eines Bildes. Sie können ein Bild oder eine Grafik auf eine bestimmte Größe oder Form zuschneiden.

Der graue Bereich wird weggeschnitten.

SCHRITT FÜR SCHRITT: ILLUSTRATION ZUSCHNEIDEN

1. Markieren Sie das gewünschte Bild.
2. Klicken Sie auf BILDFORMAT – GRÖSSE.
3. An den schwarzen Linien können Sie den Bildausschnitt passend zurechtziehen.

   Alternativ können Sie ein Bild auch auf eine bestimmte Form zuschneiden: BILDFORMAT – GRÖSSE – AUF FORM ZUSCHNEIDEN – Form durch Anklicken auswählen.

Dialogfeld Layout

Sie können präzise Änderungen hinsichtlich Größe, Drehung und Skalierung vornehmen.

- Klicken Sie auf BILDFORMAT – GRÖSSE – Dialogfeld ERWEITERTES LAYOUT.
- Öffnen Sie die Registerkarte GRÖSSE.

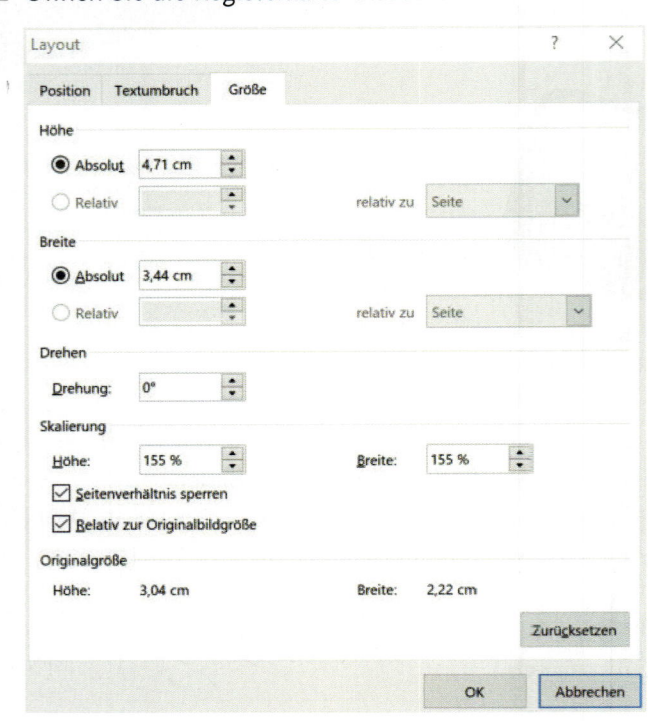

Im Dialogfeld LAYOUT kann man das Bild millimetergenau bearbeiten. Das geht total einfach!

236

WORD-Dokumente designen

WorkBox – „Illustrationen einfügen und bearbeiten"

1. Gestalten Sie ein Informationsblatt über Sportarten mit Onlinebildern.

   a) Öffnen Sie ein neues Dokument und speichern Sie es unter **Sport1.docx**.

   b) Schreiben Sie den nebenstehenden Text ab. Aktivieren Sie die automatische Silbentrennung und gestalten Sie das Dokument in der Designfarbe Violett II:
   - Gesamter Text: Schriftart: Century Gothic; Schriftgröße: 11 Punkt
   - Hauptüberschrift: Schriftgröße: 18 Punkt; Schriftschnitt: fett; Effekt: Großbuchstaben; Ausrichtung: rechtsbündig; Zeichenabstand: breit um 3 Punkt; Schriftfarbe: Lila, Akzent 2, heller 60 %
   - Teilüberschriften: Schriftgröße: 14 Punkt; Schriftschnitt: fett; Effekt: Großbuchstaben; Zeichenabstand: breit um 3 Punkt; Schriftfarbe: Lila, Akzent 2, dunkler 50 %

   c) Fügen Sie passende Onlinebilder ein.
   - Ändern Sie die Höhe aller Grafiken auf 2,5 cm.
   - Verwenden Sie einen passenden Zeilenumbruch.

   d) Ergänzen Sie im Dokument Ihre Lieblingssportart mit einer kurzen Erklärung und einem Onlinebild.

SPORTARTEN

BASEBALL

Baseball ist eine Ball- und Mannschaftssportart mit amerikanischen Wurzeln. Ziel des Spiels ist es, mehr Punkte (Runs) als der Gegner zu erzielen. Nach neun Durchgängen (Innings) ist das Spiel beendet. Baseball zählt zu den traditionsreichsten Sportarten Amerikas. Heute wird Baseball auch in zahlreichen anderen Ländern gespielt, z. B. in Deutschland, Österreich und der Schweiz.

FUSSBALL

Fußball ist eine Ballsportart, bei der zwei Mannschaften gegeneinander antreten. Ziel des Spiels ist es, mehr Tore als der Gegner zu erzielen. In der zweiten Hälfte des 19. Jahrhunderts ist Fußball in Großbritannien entstanden. In den 1880er- und 1890er-Jahren hat sich die Sportart in Kontinentaleuropa und anderen Kontinenten ausgebreitet und gilt heute als weltweit beliebteste Mannschaftssportart.

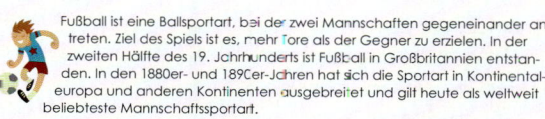

FORMEL 1

Die Formel 1 ist die Königsklasse des Automobilsports. Seit der Saison 1950 wird in der Formel 1 jährlich eine Weltmeisterschaft ausgetragen. Sie besteht aus 20 Einzelrennen, die jeweils als Grand Prix bezeichnet werden. Einzelne Rennen werden anhand eines Punktesystems gewertet.

GOLF

Golf ist eine Ballsportart mit jahrhundertealter Tradition. Das Ziel dieser Sportart ist, mit möglichst wenigen Schlägen den Ball in ein Loch zu spielen. Dabei kommen verschiedene Golfschläger zum Einsatz. Eine Golfrunde besteht in der Regel aus neun oder 18 Spielbahnen, die nacheinander auf einem Golfplatz absolviert werden. Golf wird bei uns vorwiegend als elitärer und teurer Zeitvertreib angesehen.

FECHTEN

In erster Linie ist Fechten eine Kampfsportart. Fechten wird heute auch als Sportfechten bezeichnet. Gefochten wird mit Florett, Degen und Säbel. Die offizielle Wettkampfsprache ist Französisch. Neben Boxen und Ringen gehört Fechten zu den ersten Wettbewerben der Menschheit. Bereits in der Antike gab es eine Art sportlichen Fechtens.

25 min

2. Gestalten Sie ein Dokument mit verschiedenen Illustrationen.

   a) Öffnen Sie das Dokument **Flamingos2.docx** und speichern Sie es unter **Flamingos3.docx**.

   b) Formatieren Sie die Bilder und Illustrationen mit verschiedenen Einstellungen. Platzieren Sie diese an passenden Stellen.

   c) Speichern Sie die Datei.

Lösungsvorschlag

Die geselligen Flamingos

Die langbeinigen Vögel mit dem rosa Gefieder sind nicht gerne allein.

Art

Flamingos sind Vögel und es werden meist sechs Arten unterschieden. Sie sind sehr gesellig und schließen sich zu großen **Kolonien mit bis zu 1 Million Tieren** zusammen.

Aussehen

Typisch für Flamingoarten sind ihr **rosa Gefieder**, ihre langen Beine und der lange Hals sowie ihr **geknickter Schnabel**.

Lebensraum

Flamingos leben in **Amerika, Europa, Afrika und Südwestasien**. In Europa fühlt sich nur der Rosaflamingo zuhause. Er lebt z. B. in Spanien, Portugal und Südfrankreich. Die Tiere halten sich meist an schlammigen Seeufern, Flussmündungen und Lagunen auf.

Ernährung

Flamingos sind tag- und nachtaktiv und können sowohl tagsüber als auch nachts nach Nahrung suchen. Sie ernähren sich von **Plankton**, das sind kleine Organismen im Wasser, sowie von **Fischen** und kleinen **Krebsen**.

Alter und Größe

In freier Wildbahn werden die Tiere ca. **20 bis 30 Jahre** alt. Vereinzelt werden sie auch bis zu 50 Jahre alt. In Zoos können Flamingos über 80 Jahre alt werden. Vom Schnabel bis zu den Zehen werden sie bis **190 cm groß**.

Besonderheit

Mit ihrem geknickten Schnabel können sie Wasser und Schlamm sieben und die Nahrung daraus aufnehmen. Sie können außerdem **lange auf einem Bein stehen** und schlafen auch so.

3. Peppen Sie ein WORD-Dokument mit Bildern auf.

   a) Öffnen Sie das Dokument **Wasserfälle2.docx** und speichern Sie die Datei unter **Wasserfälle3.docx**.

   b) Suchen Sie im Internet nach Bildern von den Wasserfällen. Platzieren und formatieren Sie diese passend.

   Tipp!
   Suchen Sie Bilder, die unter der CC-Lizenz veröffentlicht wurden. Z. B. die Bilder auf wikipedia.at können häufig, teilweise unter Angabe der Urheberin/des Urhebers, kostenlos genutzt werden.

   c) Speichern Sie die Datei.

15 min

237

III Mit WORD arbeiten

2.4 Dokumente strukturieren: Aufzählungen und Nummerierungen

Listen und Aufstellungen bringen Struktur und Übersicht in Dokumente. Dafür nutzen Sie Aufzählungszeichen bzw. Nummerierungen. Jede einzelne Position wird dabei mit einem Aufzählungszeichen oder einer Nummerierung versehen.

> Bei **Aufzählungslisten** beginnt jeder Absatz mit einem Aufzählungszeichen. Bei **nummerierten Listen** beginnt jeder Absatz mit einer Zahl oder einem Buchstaben. Wenn man einen Absatz hinzufügt oder entfernt, wird die Nummerierung automatisch aktualisiert.

Sie müssen den Text, der ein Aufzählungszeichen oder eine Nummerierung erhalten soll, immer erst markieren.

Ich muss den Text markieren, damit ich ihn mit Aufzählungszeichen oder als Nummerierung formatieren kann.

SCHRITT FÜR SCHRITT: AUFZÄHLUNGSZEICHEN EINFÜGEN

1. Schreiben Sie den Text und gliedern Sie ihn in Absätze.
2. Markieren Sie die Zeilen, die ein Aufzählungszeichen erhalten sollen.
3. Klicken Sie auf START – ABSATZ – AUFZÄHLUNGSZEICHEN.
4. Wählen Sie auf AUFZÄHLUNGSZEICHEN aus oder klicken Sie auf NEUES AUFZÄHLUNGSZEICHEN DEFINIEREN…

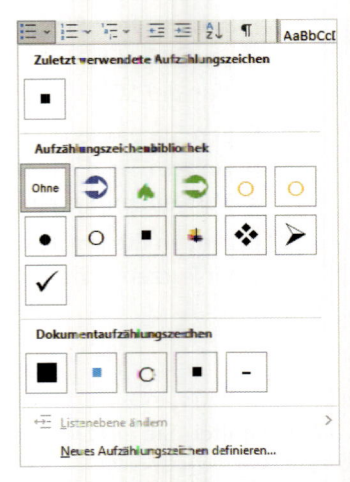

SCHRITT FÜR SCHRITT: NUMMERIERUNG EINFÜGEN

1. Schreiben Sie den Text und gliedern Sie ihn in Absätze.
2. Markieren Sie die Zeilen, die eine Nummerierung erhalten sollen.
3. Klicken Sie auf START – ABSATZ – NUMMERIERUNG.
4. Wählen Sie ein NUMMERIERUNGSFORMAT aus oder klicken Sie auf NEUES ZAHLENFORMAT DEFINIEREN…

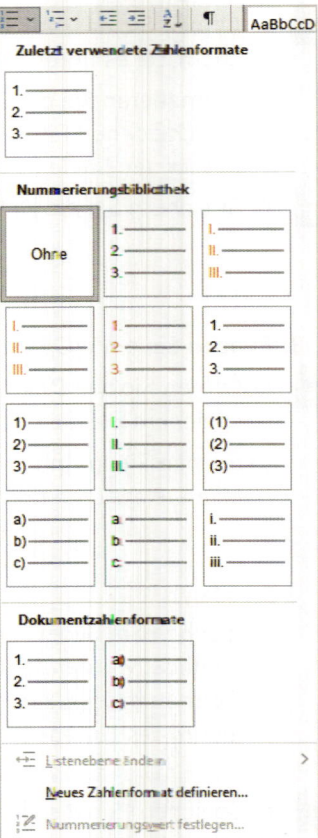

Schon gewusst?
Der markierte Text wird von WORD mit den ausgewählten Aufzählungszeichen oder der Nummerierung formatiert. Dabei werden die Absätze eingerückt und ein hängender Einzug wird automatisch erstellt.

💡 Vor und nach Aufzählungen bzw. Nummerierungen müssen die gleichen Abstände wie beim Absatz eingehalten werden.

238

WORD-Dokumente designen

Let's do this! – „Dokumente strukturieren: Aufzählungen und Nummerierungen"

Ausgangssituation

Ophelia und Vinzent lieben Musik. Teil ihres Referates ist auch die Musikgeschichte. Deshalb stellen sie auch die zehn bedeutendsten klassischen Komponisten vor.

Schau mal, ich habe schon eine Liste recherchiert ...

Cool, aber das müssen wir noch schöner aufbereiten! Wenn wir die als Top Ten präsentieren wollen, brauchen wir eine Nummerierung!

TOP 10 DER KLASSISCHEN KOMPONISTEN

Klassische Musik ist ein wichtiger Teil der Musikwelt und erfreut sich bis heute großer Beliebtheit. Viele klassische Komponisten gehören zu den besten Musikern aller Zeiten – hier die Top 10:

Johann Sebastian Bach (1685–1750)
Wolfgang Amadeus Mozart (1756–1791)
Ludwig van Beethoven (1770–1827)
Pjotr Iljitsch Tschaikowski (1840–1893)
Frédéric Chopin (1810–1849)
Antonio Vivaldi (1678–1741)
Franz Schubert (1797–1828)
Sergei Rachmaninow (1873–1943)
Johannes Brahms (1833–1897)
Claude Debussy (1862–1918)

TOP 10 DER KLASSISCHEN KOMPONISTEN

Klassische Musik ist ein wichtiger Teil der Musikwelt und erfreut sich bis heute großer Beliebtheit. Viele klassische Komponisten gehören zu den besten Musikern aller Zeiten – hier die Top 10:

1. Johann Sebastian Bach (1685–1750)
2. Wolfgang Amadeus Mozart (1756–1791)
3. Ludwig van Beethoven (1770–1827)
4. Pjotr Iljitsch Tschaikowski (1840–1893)
5. Frédéric Chopin (1810–1849)
6. Antonio Vivaldi (1678–1741)
7. Franz Schubert (1797–1828)
8. Sergei Rachmaninow (1873–1943)
9. Johannes Brahms (1833–1897)
10. Claude Debussy (1862–1918)

JETZT SIND SIE DRAN!

- Öffnen Sie die Datei **Komponisten_u.docx** und speichern Sie sie unter **Komponisten1.docx**.
  a) Probieren Sie verschiedene Varianten der Nummerierung aus. Speichern Sie Ihren Favoriten.
  b) Besprechen Sie in der Klasse, welche Variante Ihnen am besten gefällt.

Sobald Sie einen Text mit Aufzählungszeichen oder als Nummerierung formatiert haben, können Sie diese bearbeiten.

Aufzählungszeichen/Nummerierung ...

... fortsetzen
- Am Ende der Liste Einfügemarke platzieren und ⏎-Taste drücken
- Automatisches Einfügen der nächsten Zahl/des nächsten Zeichen

... entfernen
- Absätze markieren
- START – ABSATZ – LISTENFELD NUMMERIERUNG/ AUFZÄHLUNGSZEICHEN – OHNE

Zeilenschaltung innerhalb einer Nummerierung/Aufzählung
⇧ + ⏎

239

III Mit WORD arbeiten

... ändern
- Absätze markieren
- START – ABSATZ – LISTENFELD NUMMERIERUNG/ AUFZÄHLUNGSZEICHEN – Format wählen

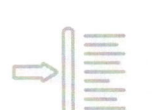

... einrücken
- Absätze markieren
- Einzug vergrößern: ⇥
  oder Einzug verkleinern: ⇧ + ⇥
  oder START – ABSATZ – EINZUG VERKLEINERN/VERGRÖSSERN

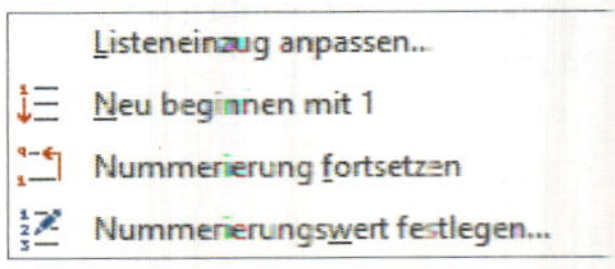

... neu beginnen bzw. fortsetzen
- Kontextmenü – NUMMERIERUNG FORTSETZEN
  oder Kontextmenü – NEU BEGINNEN MIT 1
  oder Kontextmenü – NUMMERIERUNGSWERT FESTLEGEN

... mit mehr als neun Nummerierungspunkten
- Absätze markieren
- START – ABSATZ – LISTENFELD NUMMERIERUNG/AUFZÄH-LUNGSZEICHEN – NEUES ZAHLENFORMAT DEFINIEREN
- AUSRICHTUNG – RECHTS wählen

... genau positionieren
- Absätze markieren
- Kontextmenü – LISTENEINZUG ANPASSEN
- Aufzählungszeichen bzw. Nummernposition sowie Texteinzug wählen

💡 Wie in der Mathematik, sollen auch bei einer Nummerierung die Einer, Zehner etc. untereinander stehen.

WorkBox – Dokumente strukturieren: Aufzählungen und Nummerierungen

1. Strukturieren Sie einen Text durch Aufzählungszeichen.
   a) Öffnen Sie das Dokument **Pflanzenkraft_u.docx** und speichern Sie es unter **Pflanzenkraft1.docx**.
   b) Formatieren Sie die Überschriften mit passenden Formatvorlagen.
   c) Gestalten Sie die Gewürze (je nach Thema) mit unterschiedlichen Aufzählungszeichen Ihrer Wahl.
   d) Ändern Sie das Design. Wählen Sie eine Dokumentvorlage und Farbe Ihrer Wahl.
   e) Fügen Sie dem Dokument eine passende Illustration hinzu.
   f) Denken Sie daran, zu speichern!

Lösungsvorschlag

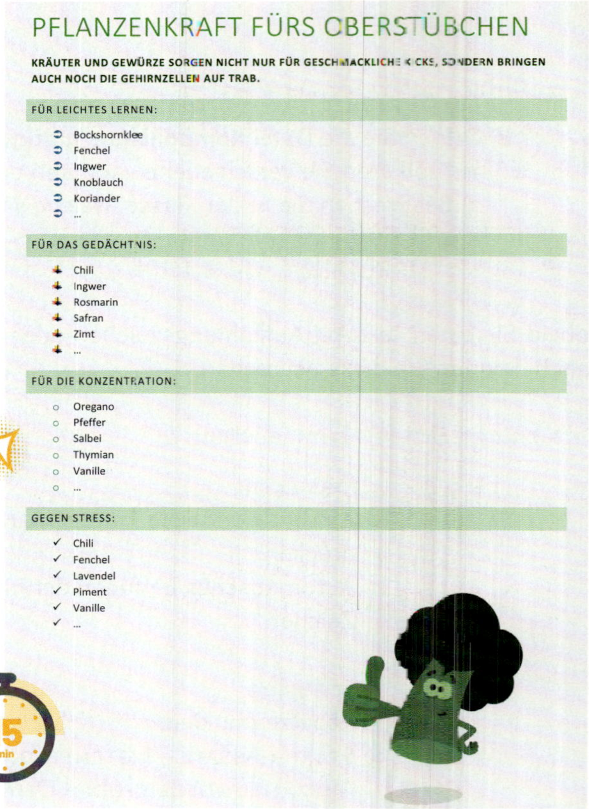

PFLANZENKRAFT FÜRS OBERSTÜBCHEN
KRÄUTER UND GEWÜRZE SORGEN NICHT NUR FÜR GESCHMACKLICHE KICKS, SONDERN BRINGEN AUCH NOCH DIE GEHIRNZELLEN AUF TRAB.

FÜR LEICHTES LERNEN:
- Bockshornklee
- Fenchel
- Ingwer
- Knoblauch
- Koriander
- ...

FÜR DAS GEDÄCHTNIS:
- Chili
- Ingwer
- Rosmarin
- Safran
- Zimt
- ...

FÜR DIE KONZENTRATION:
- Oregano
- Pfeffer
- Salbei
- Thymian
- Vanille
- ...

GEGEN STRESS:
- Chili
- Fenchel
- Lavendel
- Piment
- Vanille
- ...

Tipp!
Um die Farben der Aufzählungszeichen bzw. einer Nummerierung zu ändern, müssen Sie ein NEUES AUFZÄHLUNGSZEICHEN bzw. ein NEUES ZAHLENFORMAT definieren.

⏱ 15 min

Weitere Übungsbeispiele finden Sie in der TRAUNER-DigiBox.

WORD-Dokumente designen

2.5 Rahmenlinien und Schattierungen einfügen

Wichtige Informationen bzw. Textstellen können in WORD durch Rahmenlinien und Schattierungen besonders hervorgehoben werden. Wie bei den meisten Formatierungen muss der Text dafür zuerst markiert werden.

> **Rahmenlinien** und **Schattierungen** können Sie verwenden, um Texte besonders hervorzuheben. Sie können sie auf Zeichen, Absätze, Tabellen, Grafiken oder das gesamte Dokument anwenden. Eine Schattierung ist die farbige Füllung eines Rahmens.

💡 Der markierte Text wird standardmäßig mit einer ½-Punkt-Rahmenlinie versehen.

Rahmenlinie auswählen und entfernen

SCHRITT FÜR SCHRITT: RAHMENLINIEN AUSWÄHLEN

① Markieren Sie den Textteil, der mit einer Rahmenlinie gestaltet wird.
② Klicken Sie auf START – ABSATZ – Listenpfeil von RAHMEN.
③ Wählen Sie eine Rahmenlinie aus.

Wenn Sie mit der Formatierung nicht zufrieden sind, können Sie die Rahmenlinie jederzeit wieder entfernen.

SCHRITT FÜR SCHRITT: RAHMENLINIEN ENTFERNEN

① Markieren Sie den Textteil, der mit einer Rahmenlinie gestaltet wurde.
② Klicken Sie auf START – ABSATZ – Listenpfeil von RAHMEN.
③ Wählen Sie KEIN RAHMEN aus.

Rahmenlinien

Schattierung auswählen und entfernen

Sie haben auch die Möglichkeit, Wörter, Sätze, Absätze etc. mit einer Schattierung ohne Rahmenlinie zu hinterlegen.

SCHRITT FÜR SCHRITT: SCHATTIERUNGEN AUSWÄHLEN

① Markieren Sie den Textteil.
② Klicken Sie auf START – ABSATZ – SCHATTIERUNG.
③ Wählen Sie eine DESIGNFARBE oder WEITERE FARBEN aus.

Auch eine Schattierung kann mit wenigen Schritten wieder entfernt werden.

SCHRITT FÜR SCHRITT: SCHATTIERUNGEN ENTFERNEN

① Markieren Sie den Textteil.
② Klicken Sie auf START – ABSATZ – SCHATTIERUNG.
③ Wählen Sie KEINE FARBE aus.

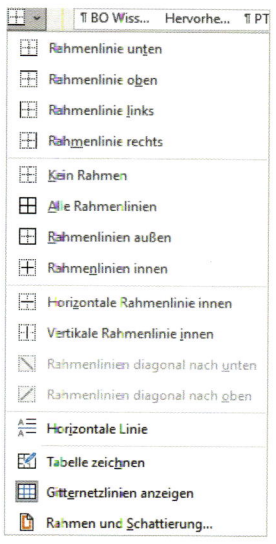

Schattierungen

III Mit WORD arbeiten

> **Tipps!**
> Beachten Sie bei der Gestaltung mit Rahmenlinien folgende Tipps:
> - Verwenden Sie einfache und dünne Linien.
> - Überladen Sie das Dokument nicht: Weniger ist mehr!
> - Bleiben Sie in einem Dokument bei einer Linienform und -farbe.
> - Verwenden Sie Absatzeinzüge.
> - Verwenden Sie Einzüge, wenn der Rahmen und/oder die Schattierung nicht über den gesamten Textbereich gehen soll.

Wie immer bei der Gestaltung in WORD gilt auch bei Rahmen: Weniger ist mehr!

Dialogfeld Rahmen und Schattierung

Um individuelle Rahmenlinien und Schattierungen zu gestalten und unterschiedliche Rahmenoptionen auszuwählen, öffnen Sie das Dialogfeld RAHMEN UND SCHATTIERUNG.

SCHRITT FÜR SCHRITT: DIALOGFELD ÖFFNEN

1. Markieren Sie den Textteil.
2. Klicken Sie auf START – ABSATZ – RAHMEN.
3. Wählen Sie den Befehl RAHMEN UND SCHATTIERUNG... aus.
4. Wählen Sie die Einstellung, Formatvorlage (Linienart), Farbe und Breite aus.

Registerkarte Rahmen

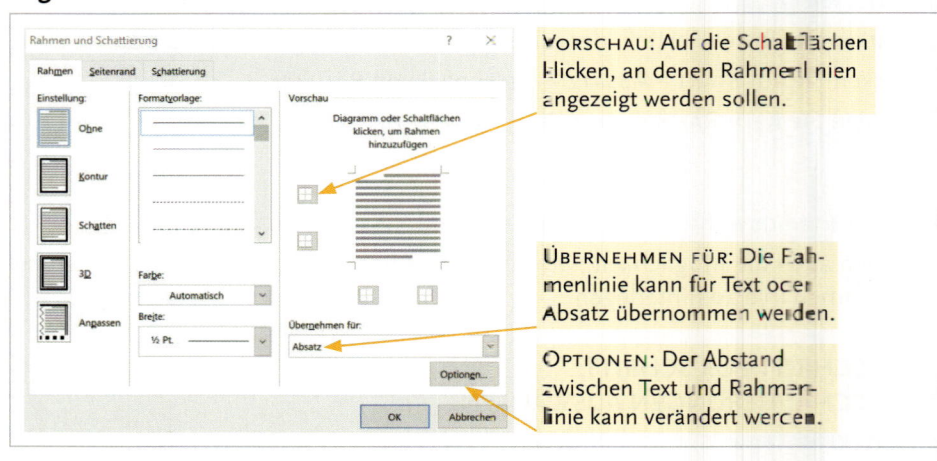

VORSCHAU: Auf die Schaltflächen klicken, an denen Rahmenlinien angezeigt werden sollen.

ÜBERNEHMEN FÜR: Die Rahmenlinie kann für Text oder Absatz übernommen werden.

OPTIONEN: Der Abstand zwischen Text und Rahmenlinie kann verändert werden.

💡 Das Dialogfeld ist in drei Registerkarten unterteilt. Die Registerkarte SEITENRAND kennen Sie bereits von der Seitenformatierung. Die anderen beiden lernen Sie nun kennen.

Registerkarte Schattierung

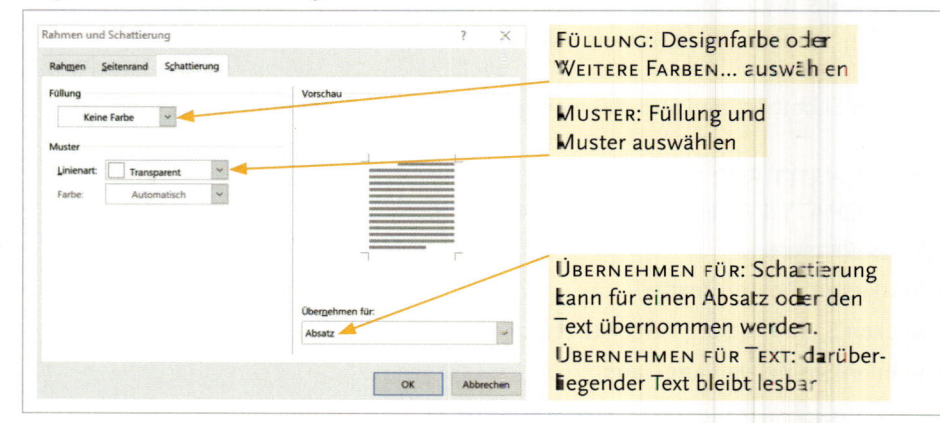

FÜLLUNG: Designfarbe oder WEITERE FARBEN... auswählen

MUSTER: Füllung und Muster auswählen

ÜBERNEHMEN FÜR: Schattierung kann für einen Absatz oder den Text übernommen werden.
ÜBERNEHMEN FÜR TEXT: darüberliegender Text bleibt lesbar

WORD-Dokumente designen

Horizontale Linien

Horizontale Linien sind wie „Schmucklinien", sie werden wie eine Grafik im Dokument eingefügt.

- START – ABSATZ – RAHMEN – HORIZONTALE LINIEN

Ein Doppelklick auf die eingefügte horizontale Linie öffnet das Dialogfeld HORIZONTALE LINIE FORMATIEREN. Sie können die Breite, Höhe, Farbe und Ausrichtung der Linie verändern.

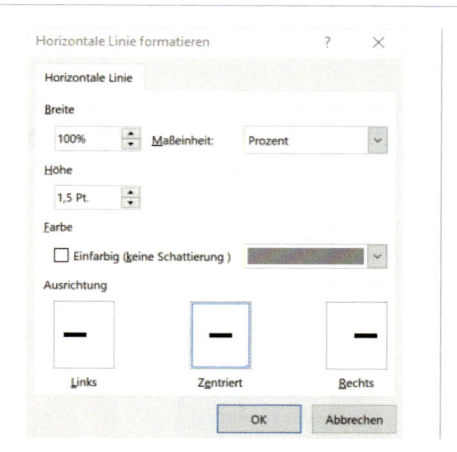

WorkBox – „Rahmenlinien und Schattierungen einfügen"

1. Wenden Sie Rahmenlinien und Schattierungen in einem Dokument an.
   a) Öffnen Sie das Dokument **Musikepochen_u.docx** und speichern Sie es unter **Musikepoche1.docx.**
   b) Führen Sie die Anweisungen im Dokument durch.
   c) Speichern Sie die Datei.

2. Formatieren Sie ein Rezept mit Rahmenlinien und Schattierungen.
   a) Öffnen Sie das Dokument **Kaiserschmarrn_u.docx** und speichern Sie die Datei unter **Kaiserschmarrn1.docx.**
   b) Gestalten Sie die Zubereitung eines Kaiserschmarrns mit Rahmenlinien, Schattierungen, horizontalen Linien Ihrer Wahl.
   c) Sie können die Datei mit einem Bild ergänzen.
   d) Vergleichen Sie die unterschiedlichen Lösungsvarianten Ihrer Mitschüler/innen.
   e) Speichern Sie die Datei.

Lösungsvorschlag

Besprechen Sie mit Ihrer Lehrkraft, warum Rahmenlinien bei diesem Beispiel evtl. nicht so einfach funktionieren.

KAISERSCHMARRN MIT ZWETSCHKENRÖSTER UND APFELMUS

Zutaten für 4 Personen:
- 130 g Mehl
- 250 g Milch
- 4 Eier
- 50 g Zucker
- Vanille, Salz, Rosinen
- Zwetschkenröster, Apfelmus

Zum Karamellisieren:
- 2 EL Zucker
- 2 EL Butter

Zubereitung:
1. Mehl, Milch, Eigelb und Vanille glatt rühren.
2. Schnee aus Eiklar, Zucker und Salz aufschlagen.
3. Den Teig 1 cm hoch (evtl. in zwei Portionen backen in heiße Butter oder Öl gießen und darüber die Rosinen verteilen.
4. Zugedeckt anbacken, wenden und offen fertig backen.
5. In beliebig große Stücke zerteilen und zur Seite stellen.
6. Zucker in der Pfanne karamellisieren (nicht zu dunkel) – Butter beigeben und gut unterrühren.
7. Den Kaiserschmarrn hinzufügen und mit dem Karamell durchmischen.
8. Portionieren, mit Staubzucker leicht anzuckern und mit Zwetschkenröster und/oder Apfelmus servieren.

243

III Mit WORD arbeiten

2.6 Textelemente kreativ einsetzen

Sie haben viele Möglichkeiten kennengelernt, mithilfe von Bildern, Illustrationen, Piktogrammen etc. WORD-Dokumente aufzulockern. Aber auch Textelemente können Sie in WORD kreativ gestalten.

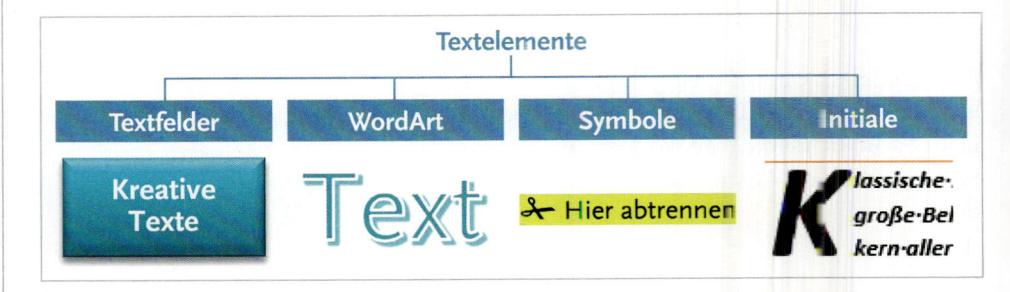

> Text kann auch total kreativ gestaltet werden, z. B. mit Textfeldern.

2.6.1 Textfelder einfügen

Wollen Sie die Anordnung eines Textes variabel gestalten, ist es sehr hilfreich, Textfelder zu verwenden. Diese können Sie an jeder beliebigen Position in einem Dokument einfügen, verschieben und nach Ihren Vorstellungen gestalten

Standardmäßig wird jedes Textfeld mit der Umbruchart VOR DEN TEXT eingefügt und kann dadurch einfach im Dokument positioniert werden.

Integriertes Textfeld

Integrierte Textfelder sind hinsichtlich Größe und Design voreingestellt, Sie müssen nur noch den Text austauschen. Diese Varianten zeigen meist Kopfzeilen bzw. Marginalspalten.

> **Marginalspalten** werden auch als Randspalten bezeichnet. Es werden oft Bildlegenden oder Worterklärungen aufgezeigt.

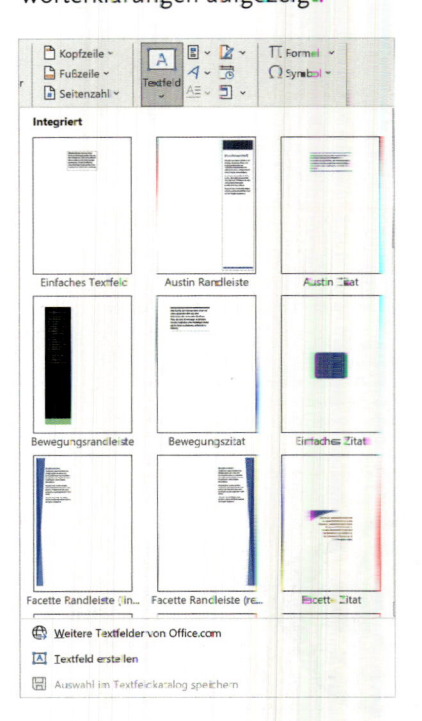

SCHRITT FÜR SCHRITT: INTEGRIERTES TEXTFELD EINFÜGEN

1. Klicken Sie auf EINFÜGEN – TEXT – TEXTFELD – Listenfeld INTEGRIERT.
2. Wählen Sie ein Textfeld im Katalog aus.
3. Das Textfeld positioniert sich im Dokument automatisch in der Größe und in dem Design wie in der Vorschau.
4. Ersetzen Sie den Beispieltext durch einen individuellen Text.

Benutzerdefiniertes Textfeld

Benutzerdefinierte Textfelder werden verwendet, wenn ein Text individuell an einer frei gewählten Position stehen soll.

SCHRITT FÜR SCHRITT: BENUTZERDEFINIERTES TEXTFELD EINFÜGEN

1. Klicken Sie auf EINFÜGEN – TEXT – TEXTFELD – TEXTFELD ERSTELLEN.
2. Ziehen Sie das Textfeld in der gewünschter Größe mit der gedrückten linken Maustaste auf. Ein benutzerdefiniertes Textfeld wird mit einer einfachen schwarzen Rahmenlinie eingefügt.
3. Geben Sie den Text ein und formatieren Sie ihn.

WORD-Dokumente designen

Textfelder formatieren

Sie können den Text und das Formformat des Textfeldes bearbeiten.

Text

Die Ausrichtung von Texten in Textfeldern kann vertikal um 90° bzw. 270° gedreht werden. Des Weiteren kann die Ausrichtung eines Textes im Textfeld geändert werden.

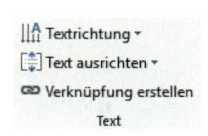

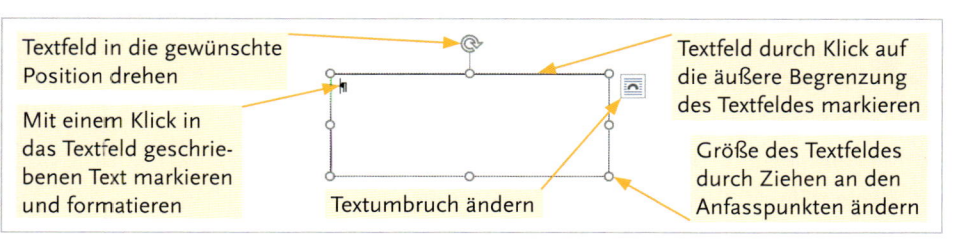

- Textfeld in die gewünschte Position drehen
- Mit einem Klick in das Textfeld geschriebenen Text markieren und formatieren
- Textumbruch ändern
- Textfeld durch Klick auf die äußere Begrenzung des Textfeldes markieren
- Größe des Textfeldes durch Ziehen an den Anfasspunkten ändern

Eine interaktive Abbildung finden Sie in der TRAUNER-DigiBox.

Formformat

Im Register FORMFORMAT können Sie das Textfeld beliebig verändern.

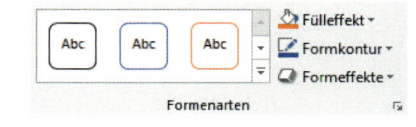

Das Textfeld kann mit einer vordefinierten Designfüllung oder Fülleffekten, wie z. B. mit einer Volltonfarbe, einem Farbverlauf, einem Bild oder einer Textur gefüllt werden.

Zusätzlich können Sie die Formkontur (Linienart, Farbe und Breite) ändern und Formeffekte (Schatten, Leuchteffekte, Spiegelungen und 3D-Drehungen) hinzufügen.

Schon gewusst?

- Beim Einfügen eines Textfeldes wird automatisch das kontextbezogene Register FORMFORMAT angezeigt. Es bietet viele Gestaltungsmöglichkeiten.

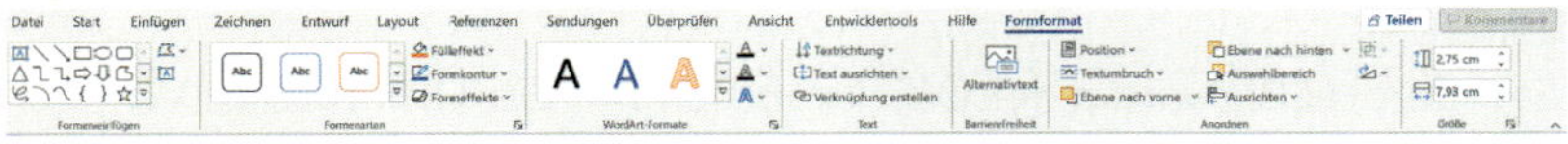

- Standardmäßig wird jedes Textfeld mit der Umbruchart VOR DEN TEXT eingefügt und kann dadurch einfach im Dokument platziert werden.

WorkBox – „Textfelder einfügen"

- Nutzen Sie benutzerdefinierte Textfelder.
  a) Öffnen Sie die Datei **Sinne_u.docx** und speichern Sie sie unter **Sinne1.docx.**
  b) Gestalten Sie das Dokument im Querformat.
  c) Fügen Sie benutzerdefinierte Textfelder ein und verschieben Sie den vorhandenen Text in die einzelnen Textfelder.
  d) Formatieren Sie die Textfelder unterschiedlich (Farbverlauf, Kontur, Fülleffekte, Bilder etc.) und platzieren Sie die Textfelder passend im Dokument.
  e) Denken Sie daran, zu speichern!

2.6.2 WordArt gestalten

Für dekorative Texte mit Spezialeffekten können Sie in einem Dokument WordArt verwenden.

> Mit **WordArt** können Sie schattierten, schiefen, gedrehten oder dreidimensionalen Text erstellen.

SCHRITT FÜR SCHRITT: WORDART EINFÜGEN

1. Klicken Sie auf EINFÜGEN – TEXT – WORDART.
2. Wählen Sie ein WordArt-Format im Katalog aus.
3. Der Objektrahmen mit WordArt-Platzhalter wird eingefügt.

   Hier steht Ihr Text.

4. Geben Sie den Text ein.
5. WordArt-Formate können geändert oder zusätzlich formatiert werden. Der Text kann mit einer Volltonfarbe, einem Fülleffekt, einem Bild oder einer Textur gefüllt werden. Die Textkontur kann angepasst und ein Texteffekt hinzugefügt werden.

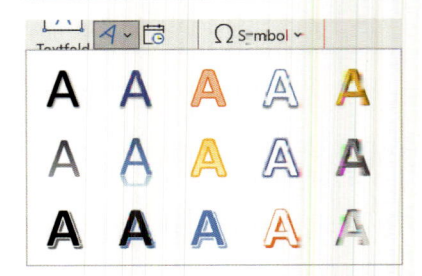

Texteffekte sind z. B. Schatten, Spiegelungen, Leuchteffekte, Abschrägungen, 3D-Drehungen und Transformieren (verschiedene Verzerrungsmöglichkeiten).

Schon gewusst?
- Beim Einfügen eines WordArts wird automatisch das kontextbezogene Register FORMFORMAT angezeigt. Es bietet viele Gestaltungsmöglichkeiten.
- Standardmäßig wird jeder Objektrahmen mit der Umbruchart VOR DEN TEXT eingefügt und kann dadurch einfach im Dokument platziert werden.

WorkBox – „WordArt gestalten"

- Üben Sie, WordArt zu gestalten.
  a) Gestalten Sie in einem neuem Dokument folgende Texte mit WordArt.
  b) Speichern Sie das Dokument unter **WordArt1.docx**.
  c) Fügen Sie noch eigene WordArt hinzu.
  d) Denken Sie daran, zu speichern!

Advent
Wir sind immer für Sie da!
HAUPTVERSAMMLUNG

WORD-Dokumente designen

2.6.3 Symbole einfügen

Auch Symbole, die nicht auf der Tastatur zu finden sind, können in ein Dokument eingefügt werden. Einige Schriftarten haben eine große Anzahl von Symbolen für verschiedenste Verwendungsmöglichkeiten.

> **Beispiel: Gestaltung von Kontaktdaten mit Symbolen**
> Dr. Markus Katzenberger
> Wiener Straße 127/9
> 4020 Linz
> ☎ 0664 510 51 01
> ✉ markus.katzenberger@e-mail.at

SCHRITT FÜR SCHRITT: SYMBOLE EINFÜGEN

1. Platzieren Sie den Cursor.
2. Klicken Sie auf Einfügen – Symbole – Symbol – Weitere Symbole.
3. Wählen Sie eine Schriftart aus.
4. Markieren Sie ein Symbol und klicken Sie auf Einfügen – Schliessen.

Symbole können wie jeder andere Text in beliebiger Größe und Farbe formatiert werden.

Schon gewusst?
Schriftarten wie Symbole, Webdings oder Wingdings enthalten viele spezielle Symbole. Andere Schriftarten enthalten nur wenige Symbole.

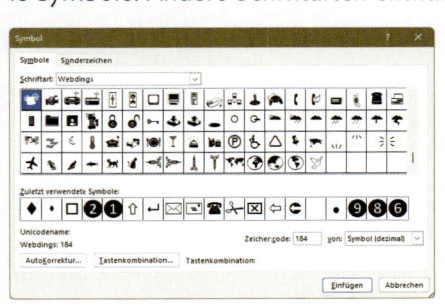

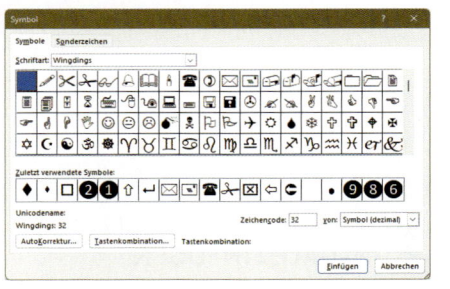

WorkBox – „Symbole einfügen"

- Üben Sie das einfügen von Symbolen.
  a) Öffnen Sie ein neues Dokument, schreiben Sie untenstehenden Text ab und fügen Sie die passenden Symbole (Schriftart: Wingdings und Webdings) ein.

  Hardware:
  ⌨ Tastatur
  🖱 Maus
  💻 Computer
  💿 CD/DVD

  Urlaub:
  🏖 Strand
  🏝 Insel
  ⛺ Zelten
  🏙 Stadt
  🚢 Kreuzfahrt

  b) Speichern Sie das Dokument unter **Symbole1.docx**.

III Mit WORD arbeiten

Initiale in einem mittelalterlichen Buch.

2.6.4 Initiale einfügen

> Eine **Initiale** ist ein vergrößerter Anfangsbuchstabe zu Beginn eines Absatzes bzw. am Wortanfang. Dadurch können Textanfänge hervorgehoben werden.

Let's do this! – „Initiale einfügen"

Ausgangssituation

Ophelia und Vinzent wollen ihr Handout zu den Gitarrenarten einzigartig gestalten.

> Es gibt doch in Zeitungen und auch in Romanen die vergrößerten Buchstaben am Anfang eines Absatzes. Weißt du, was ich meine?

> Ja, ich weiß schon, was du meinst, das sind Initialen. Die können wir sicher in WORD einfügen und für unser Handout verwenden. Gute Idee!

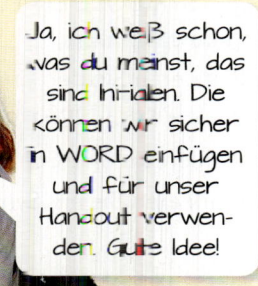

JETZT SIND SIE DRAN!

- Überlegen Sie, wo Sie bereits Initialen gesehen haben und besprechen Sie gemeinsam, wo diese angewendet werden können.

SCHRITT FÜR SCHRITT: INITIALE EINFÜGEN

1. Schreiben Sie den Text und platzieren Sie die Einfügemarke im Absatz.
2. Klicken Sie auf Einfügen – Text – Eine Initiale hinzufügen.
3. Wählen Sie Im Text oder Im Rand oder weitere Einstellungen – Initialoptionen aus.
4. Wählen Sie Position, Schriftart, Grösse und Abstand zum Text aus und klicken Sie auf OK.

💡 Sie können das ganze Wort zu Beginn eines Textes als Initiale festlegen, indem Sie es vorher markieren!

PROFI-TIPP

„Initialen sind eine Möglichkeit, Text zu strukturieren bzw. einer Seite ein besonderes Schmuckstück hinzuzufügen. Setzen Sie Initialen nicht zur Gliederung längerer Texte ein, dafür ist es viel zu auffällig. Initialen sollen sparsam eingesetzt werden. Allgemein gilt: Je größer die Initiale gestaltet wird, desto seltener sollen Sie sie verwenden."

– Grafikdesignerin in einem Zeitungsverlag –

WORD-Dokumente designen

WorkBox – „Initiale einfügen"

1. Gestalten Sie ein Informationsblatt über das Salzkammergut mit Initialen.
   a) Öffnen Sie das Dokument **Salzkammergut_u.docx** und speichern Sie es unter **Salzkammergut1.docx**.
   b) Gestalten Sie das Dokument nach folgenden Anweisungen:
      - Gesamter Text: Schriftart: Tahoma; Ausrichtung: Blocksatz; Designfarbe: Grün
      - Überschrift: Schriftgröße: 16 Punkt; Schriftfarbe: Gelbgrün; Absatzabstand: nach 6 Punkt
      - Quelle: intensive Hervorhebung
   c) Wenden Sie in den vier Absätzen unterschiedliche Initialen an. Verändern Sie die Initialhöhe und -farbe, die Schriftart und den Abstand zum Text.
   d) Denken Sie daran, zu speichern!

Im Salzkammergut kann man gut Rad fahren

Die Devise im Salzkammergut ist radeln und genießen. Nicht nur der Sport steht im Vordergrund, sondern die Bewegung auf dem Fahrrad. Der Salzkammergut-Radweg ist 345 km lang. Entlang der Route folgt ein See auf den anderen. Welcher der bezauberndste ist und die beeindruckendste Bergkulisse aufweisen kann, muss jeder für sich entscheiden. Einer der ebenso berühmten wie malerischen Salzkammergutorte folgt auf den nächsten und jeder davon punktet mit seinem unvergesslichen Charme.

Bad Goisern liegt am Nordende des Hallstätter Sees, der dunklen Perle des Salzkammergutes. Hier ist es der Duft des Brotes, der zum Absteigen und Verweilen einlädt.

Hallstatt ist ein Ort mit einer jahrtausendelangen Geschichte. Das weiße Gold wird bis auf den heutigen Tag aus dem ältesten Salzbergwerk der Welt gefördert. Salz ist nicht gleich Salz, aus diesem kostbaren Schatz der Natur kann viel herausgeholt werden. Von einer raffinierten Gewürzmischung bis zum Badezusatz.

Der Wolfgangsee ist ein beliebter Ausgangspunkt für eine Runde durch das Salzkammergut. Der Lebkuchen aus St. Wolfgang gilt als jene Wegzehrung, die bereits Pilger längst vergangener Zeiten schätzten. Der Lebkuchen hat lange Tradition im Wallfahrtsort am Wolfgangsee.

Quelle: Genussland Oberösterreich

2. Üben Sie den Einsatz von Initialen an einem Märchen.
   a) Öffnen Sie das Dokument **Froschkönig_u.docx** und speichern Sie es unter **Froschkönig1.docx**.
   b) Weisen Sie der Überschrift und der Angabe zum Märchen eine Formatvorlage zu.
   c) Verwenden Sie bei den einzelnen Absätzen unterschiedliche Varianten von Initialen.
   d) Wählen Sie ein Design, Farben sowie Schriftarten Ihrer Wahl aus.
   e) Denken Sie daran, zu speichern!

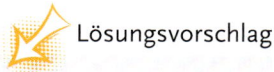

Lösungsvorschlag

249

III Mit WORD arbeiten

Ziele erreicht? – „WORD-Dokumente designen"

1. Absatz- und Zeichenformate, Rahmenlinien und Schattierungen anwenden.

a) Öffnen Sie das Dokument **Holz_u.docx** und speichern Sie es unter **Holz2.docx.** Gestalten Sie es nach folgenden Anweisungen:
- Automatische Silbentrennung aktivieren
- Designfarbe: Gelborange
- Gesamter Text: Schriftart: Candara; Ausrichtung: Blocksatz
- Hauptüberschrift: Schriftgröße: 16 Punkt; Schriftschnitt: fett; Effekt: Großbuchstaben; Zeichenabstand: breit um 2 Punkt; Schattierung: Braun, Akzent 3, heller 40 %
- 1. Absatz: Formatvorlage: Schwache Hervorhebung
- Teilüberschriften: Schriftgröße: 12 Punkt; Schriftschnitt: fett; Rahmenlinie: oben und unten; Rahmenfarbe: Braun, Akzent 3, dunkler 25 %; Rahmenbreite: 2,25 Punkt; Rahmenabstand zum Text: oben und unten 3 Punkt
- Textkörper: Schriftgröße: 10 Punkt; Einzug hängend um 0,5 cm; Absatzabstand: nach 12 Punkt

b) Gestalten Sie folgende Fußzeile:
- Fügen Sie das Bild **Holz1.jpg** mit einer Bildbreite von 10 cm in der linken unteren Ecke ein.
- Verschieben Sie die Kontaktdaten in ein Textfeld in die Fußzeile mit der Absatzausrichtung rechtsbündig. Formatieren Sie die Kontaktdaten in 9 Punkt und die erste Zeile zusätzlich fett.

Lösungsvorschlag

WARUM HOLZ DIE SINNE BEFLÜGELT

Die Architektur des „Laien" ist eine der Wahrnehmung, nicht eine der Interpretation. Architektur ist eine ganz sinnliche Erfahrung. Bauten werden gesehen, gehört, begriffen, gerochen und geschmeckt. Holz – richtig behandelt – greift sich samtig und warm an, schafft lebendige und vieldeutige Bilder und kann den Geruchssinn erfreuen. Alle Sinne sind fürs Holz gewonnen! Holz ist nicht gleich Holz – Beobachtungen von Walter Zschokke:

Nussholz verkörpert Luxus

Noch zu Beginn der Renaissance deckte Filippo Brunelleschi den Speisesaal im Findelhaus zu Florenz mit massiven Nussholzbalken. Im Grundton von warmem Dunkelbraun, changiert das edle Material von rot bis oliv. Elegant profilierte Gesimse und reich geschnitzte Füllungen entstehen aus dem festen und feinporigen Holz. Die Maserung belebt furnierte Flächen und veredelt gar die Armaturenbretter luxuriöser Autos. Hochwertig gestaltet zeugt es von Adel und Wohlstand, schlecht verarbeitet verrät es den Parvenü.

Tannenholz vermittelt Schlichtheit

Die Tanne, die uns Jahr für Jahr als Weihnachtsbaum erfreut, lieferte einst die mächtigen Masten für pfeilschnelle Hochseesegler. Kenner und Liebhaber des bodenverbessernden Tiefwurzlers wissen auch heute um die langen, astfreien Bretter von fahlgelber Farbe. Daraus gefertigte Tische und Bänke vermitteln noble Schlichtheit. Die seidige, der Hand schmeichelnde Oberfläche speichert die Spuren des jahrzehntelangen Gebrauchs.

Kirschholz inkarniert die Liebe

Nicht nur die knackigen Früchte des Kirschbaums sind rot, auch die unverwechselbare Rinde durchziehen feine braunrote Strähnen. Und das kleinporige, dichte Holz geht von Goldbraun, vereinzelt sogar grünlich durchzogen, in einen rötlichen Ton über. Im Lauf von Jahrzehnten nachgedunkelt, erreicht es oft die Farbe alten Weins. Warm und sinnlich ansprechender Farbklang, gerader Wuchs und leichte Bearbeitbarkeit kennzeichnen den beliebten Werkstoff für elegante Sessel, Tische und Kommoden.

Eichenholz symbolisiert Dauer

Die Eiche, deren Holz hinhaltenden Widerstand leistet gegen Feuer und Wasser, wächst gut und gern zwei Jahrhunderte heran bis zur Schlagreife. Wie kein anderes Holz verkörpert es Geduld, Voraussicht und Dauerhaftigkeit. Nicht von ungefähr halten sich die besten Entwürfe für Stuhl und Tisch aus diesem Holz über lange Zeiträume. Dem unerschütterlichen Garant für Sicherheit in Vergangenheit und Zukunft verdankt selbst alter Cognac goldbraune Farbe und unverwechselbaren Geschmack.

proHolz Austria
Arbeitsgemeinschaft der
österreichischen Holzwirtschaft
1011 Wien, Uraniastraße 4
www.proholz.at

WORD-Dokumente designen

2. Gestalten Sie ein individuelles Informationsblatt.

a) Öffnen Sie das Dokument **Wellness_u.docx** und speichern Sie es unter **Wellness1.docx**. Gestalten Sie folgendes Informationsblatt mit Schnellformatvorlagen, Dokumentdesign sowie Absatz- und Zeichenformatierung. Zusätzlich können Sie horizontale Linien, Schattierungen und/oder Grafiken einsetzen. Achten Sie dabei auf eine klare Struktur des Dokumentes!

b) Besprechen Sie mit Ihren Klassenkolleginnen/Klassenkollegen und Ihrer Lehrkraft das Layout Ihres Ergebnisses. Erklären Sie, warum Sie welche Gestaltungselemente verwendet haben. Welche Variante gefällt Ihnen am besten?

Lösungsvorschlag

Wellness und Beauty

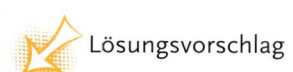

Gesichtsmassage und Gesichtslymphdrainage

Ein Wundermittel bei Müdigkeit und Stress. Sanfte, streichende Bewegungen sorgen für Entspannung pur und ein jugendlich-frisches Aussehen.

Ganzkörpermassage

Arme und Beine sind meist das Stiefkind der Massagen, da sich in kurzen Behandlungen oft nur der Rücken ausgeht. In 50 Minuten kann der Masseur seine Therapie auch auf Arme und Beine erweitern, da hier ebenfalls sehr große Muskelgruppen liegen, die bei chronischen Verspannungen zu Gelenksproblemen und Schmerzen führen können. Nehmen Sie sich Zeit für Wellness rundum.

Akupunktmeridianmassage

Diese Form der Massage wird mit einem Metallstäbchen durchgeführt und soll ein energetisches Gleichgewicht herstellen. Wo Energie harmonisch fließt, kann Wohlbefinden auf allen Ebenen stattfinden.

Fußreflexzonenmassage

Der ganze Körper spiegelt sich in den Reflexzonen des Fußes wider. Durch gezielte Stimulation einzelner Punkte soll eine bestimmte Wirkung auf Körperteile und Organe erzielt werden. Begleitet von den Klängen ihrer Lieblingsmusik, breitet sich ein wunderbares Gefühl der Entspannung aus.

Unterwasserdruckstrahlmassage

Hierbei handelt es sich um eine Ganzkörpermassage. Mit spürbarem Druck wird der Körper unter Wasser mit einem Wasserstrahl massiert. Diese Massage fördert die Durchblutung, hilft Schlacken abzubauen und erhöht das allgemeine Wohlbefinden.

Hot Stone

Diese Form der Massage kommt aus Amerika und wird mit erhitzten Basaltsteinen durchgeführt, die die Wärme besonders gut speichern. Der ganze Körper wird zuerst eingeölt und dann mit den erwärmten Steinen massiert, was zu einer besseren Durchblutung und damit auch zu einer besonders tiefen Entspannung führt.

Lomi Lomi

Diese hawaiianische Massageform ist einzigartig und sehr beliebt, da sie besonders sanft und angenehm ist. Der Masseur arbeitet mit viel Öl und dem Einsatz seiner Unterarme. Die Griffe sind sehr großflächig und werden an der Körperoberseite, aber auch an der Auflagefläche angewandt.

Quelle: www.ybbstaler-solebad.at

3. Entwerfen Sie selbst einen Flyer.

a) Sie sind Mitarbeiter/in in einem Unternehmen. Ihre Chefin/Ihr Chef bittet Sie, einen Werbeflyer für eine Rundwanderung zu gestalten. Sie/Er macht Ihnen dafür folgende Vorgaben:
- Speichern Sie den Flyer unter **Rundwanderung1.docx.**
- Das Seitenformat ist zu ändern, Design- und Schnellformatvorlagen sollen verwendet werden, passende Dokumentformatierung und Absatzabstände sind anzuwenden.
- Der Flyer soll mit einem passenden Rahmen, Wasserzeichen und/oder Onlinebildern versehen werden.

b) Sie bekommen für den Flyer von Ihrer Chefin/Ihrem Chef den Text in der Datei **Rundwanderung_u.docx.** Gestalten Sie die Textpassagen und strukturieren Sie den Text mittels Absätzen, Aufzählungen etc. so, dass er als Werbeaussendung genutzt werden kann.

Einen interaktiven **Safety-Check** finden Sie in der TRAUNER-DigiBox.

Mit Tabulatoren und Tabellen strukturiert arbeiten

„Ordnung ist das halbe Leben!" Haben Sie dieses Sprichwort schon einmal gehört? Tabulatoren und Tabellen können Ihnen helfen, Ordnung in WORD-Dokumenten zu schaffen.

Börsenkurse, Sportergebnisse, Statistiken, Kinoprogramm, Wetterdaten etc. – ein Blick in die Tageszeitung genügt, um mit umfassenden Informationen konfrontiert zu werden. Wichtig für eine gute Lesbarkeit, Aussagekraft und eine unkomplizierte Weiterverarbeitung ist eine gut strukturierte Zusammenstellung und ansprechende Präsentation der Inhalte. Wie Sie das in Ihren Dokumenten schaffen, erfahren Sie in diesem Kapitel.

Meine Ziele

Nach Bearbeitung dieses Kapitels kann ich
- die Arten von Tabstopps unterscheiden;
- Tabellenelemente unterscheiden und Gestaltungsregeln aufzählen;
- Tabstopps im Lineal und Dialogfeld setzen;
- Tabellen erstellen, ausfüllen und formatieren;
- Texte, Aufstellungen und Gliederungen mit Stichwörtern mit Tabstopps und Tabellen gestalten;
- mit der Formelfunktion in Tabellen rechnen.

KOMPETENZ-ERWERB

Mit Tabulatoren und Tabellen strukturiert arbeiten

1 Listen mit Tabulatoren erstellen

Kathi ist zuverlässig, genau und strukturiert. Deshalb ist sie die perfekte Klassenmanagerin. Sie kümmert sich z. B. darum, dass ihre Mitschüler/innen Formulare, Geldbeträge etc. rechtzeitig und vollständig abgeben. Um den Überblick zu behalten, erstellt sie verschiedene Listen und gestaltet diese übersichtlich und optisch ansprechend mit Tabulatoren oder Tabellen in einem WORD-Dokument.

Überlegen Sie, wofür Listen in Ihrem Alltag nützlich sein könnten. Mussten Sie schon einmal eine Liste erstellen? Tauschen Sie sich aus.

Tabstopps zählen zu den Absatzformatierungen und dienen dazu, Texte oder Zahlen an Fluchtlinien ausgerichtet in Kolonnen nebeneinander anzuordnen (z. B. für Listen, Aufstellungen, Rechnungen etc.). Wenn Sie auf die Tabulaturtaste ⇄ drücken, springt die Einfügemarke bis zur nächsten Tabstoppposition.

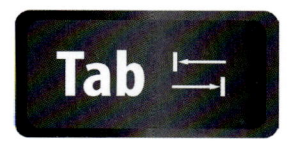

Tabulatortaste = Taste für das Weiterrücken der Einfügemarke auf vorher eingestellte Stellen.

Tabstoppposition = vorgegebene Position, die innerhalb eines Absatzes immer gleich ist.

Wenn Sie keine eigenen Tabstopps setzen, springt die Einfügemarke an eine von WORD vorgegebene **Standard-Tabstopp-Position.** Diese ist alle 1,25 cm nach rechts. So müssen Sie für manche Abstände zweimal die Tabulatortaste drücken.

Schon gewusst?
Das Tabstoppzeichen im Text ist ein Pfeil nach rechts →. Damit Sie das Tabstoppzeichen sehen können, müssen Sie die nichtdruckbaren Zeichen einblenden: Klicken Sie in der Gruppe Absatz – Alle anzeigen (¶) oder wählen Sie die Tastenkombination Strg + ⇧ + *.

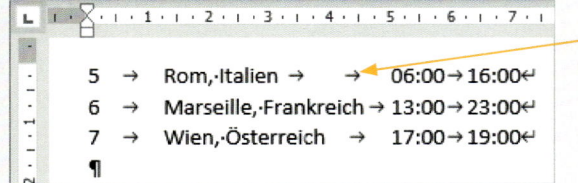

Beispiel: Texteingabe mit der ⇄-Taste

```
5 →  Rom,·Italien →    →    06:00→16:00↵
6 →  Marseille,·Frankreich → 13:00→23:00↵
7 →  Wien,·Österreich  →    17:00→19:00↵
¶
```
Tabstoppzeichen

Eine interaktive Übung finden Sie in der TRAUNER-DigiBox.

1.1 Arten von Tabstopps unterscheiden

Damit Texte immer perfekt untereinander angeordnet sind, bietet WORD verschiedene Arten von Tabstopps.

Drücken Sie die ⇄-Taste am Zeilenanfang. Im Nachhinein entsteht ein linker Einzug.

linksbündig	L	Richtet den Text **linksbündig** an der von Ihnen gesetzten Tabstoppposition aus	Dezimalwert	Für das **stellenwertrichtige Ausrichten** von Zahlen an der Tabstoppposition
rechtsbündig	⅃	Richtet den Text **rechtsbündig** an der von Ihnen gesetzten Tabstoppposition aus	vertikale Linie	**Erzeugt** eine vertikale Linie an der von Ihnen gesetzten Tabstoppposition
zentriert	⊥	Richtet den Text **zentriert** an der von Ihnen gesetzten Tabstoppposition aus	Standardtabstopp	Gilt so lange, bis Sie eigene Tabstopps gesetzt haben

253

Schon gewusst?
Sie können die AutoKorrektur permanent deaktivieren:
DATEI – OPTIONEN – DOKUMENTPRÜFUNG – AUTOKORREKTUR-OPTIONEN... – AUTOFORMAT WÄHREND DER EINGABE – LINKEN UND ERSTZEILENEINZUG MIT TABSTOPPS UND RÜCKTASTE FESTLEGEN **deaktivieren**.

Anhand des nachstehenden Beispieles, bei dem bei 7,5 cm jeweils ein Tabstopp gesetzt ist, können Sie die Auswirkung der verschiedenen Arten von Tabstopps erkennen:

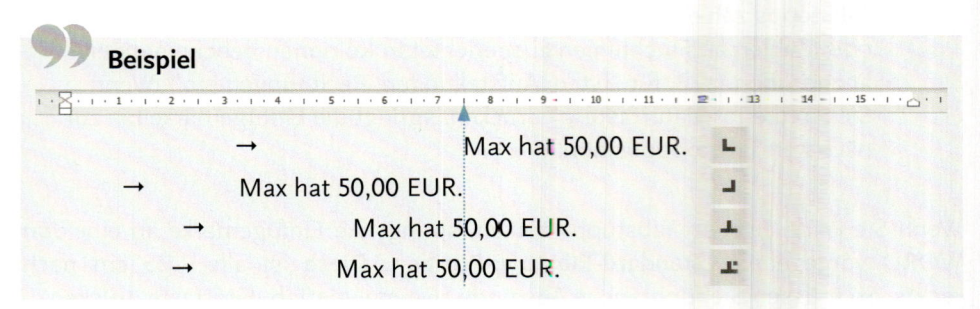

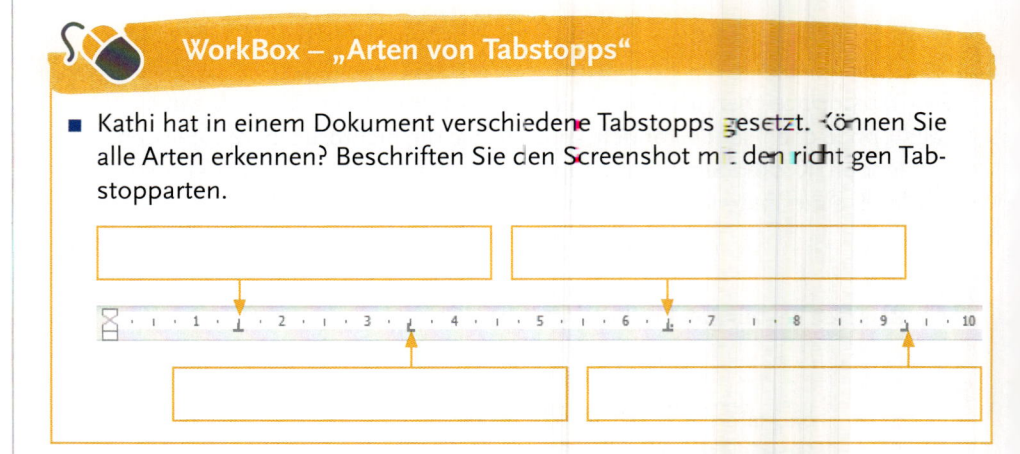

Beispiel

→ Max hat 50,00 EUR.
→ Max hat 50,00 EUR.
→ Max hat 50,00 EUR.
→ Max hat 50,00 EUR.

WorkBox – „Arten von Tabstopps"

- Kathi hat in einem Dokument verschiedene Tabstopps gesetzt. Können Sie alle Arten erkennen? Beschriften Sie den Screenshot mit den richtigen Tabstopparten.

1.2 Tabstopps setzen

Um einen Text mithilfe von Tabstopps an definierten Positionen untereinander anzuordnen, drücken Sie an den gewünschten Stellen die ⇄-Taste. Anschließend markieren Sie vor dem Setzen der Tabstopps alle Absätze, die damit formatiert werden sollen.

Lineal einblenden:
ANSICHT – ANZEIGEN – LINEAL

Tipp!
Wenn Sie den Text nicht mit Absatzmarken, sondern mit Zeilenumbrüchen (⇧ + ⏎-Taste) erfassen, werden die gesetzten Tabstopps für den gesamten Absatz übernommen.

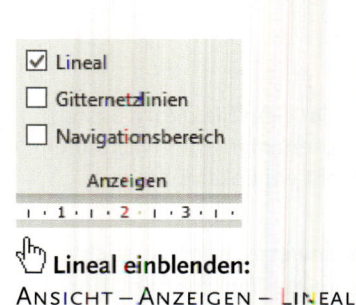

Mit Tabulatoren und Tabellen strukturiert arbeiten

Es gibt zwei Möglichkeiten, eigene Tabstoppositionen festzulegen:

SCHRITT FÜR SCHRITT: TABSTOPPS SETZEN

	Im horizontalen Zeilenlineal	Im Dialogfeld
①	Schreiben und markieren Sie den Text. Setzen Sie beim Erfassen des Textes gleich die Standardtabulatoren.	
②	Wählen Sie durch Klick auf die Schaltfläche zum Ändern der TABSTOPPAUSRICHTUNG den passenden Tabstopp.  Tabstoppzeichen	Das Dialogfeld TABSTOPPS öffnen Sie wie folgt: START – ABSATZ – Listenpfeil ABSATZEINSTELLUNGEN – TABSTOPPS...
③	Durch Klicken in das Lineal legen Sie den Tabstopp an der gewünschten Position fest. 	Die gewünschten Optionen bei TABSTOPP-POSITION, AUSRICHTUNG und FÜLLZEICHEN wählen und durch FESTLEGEN bestätigen.
④	Das Tabstoppsymbol erscheint im Lineal. Der Text wird daran ausgerichtet.	
⑤	Den Vorgang bei Bedarf wiederholen.	

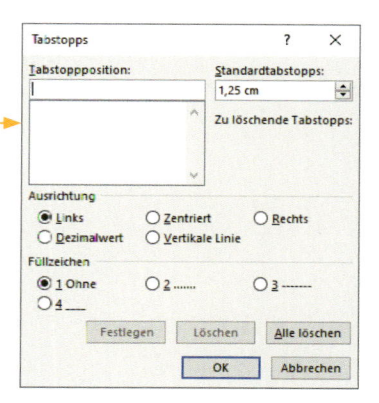

💡 Zum Anzeigen der Maßangaben drücken Sie beim Setzen der Tabstopps die Alt-Taste.

Let's do this! – „Tabstopps setzen"

Ausgangssituation

Kathi hat schon aus der Unterstufe viel Erfahrung als Klassenmanagerin. Seit sie in der Handelsakademie ist, ist sie aber noch viel organisierter. Ihr Freund Valentin besucht die Parallelklasse. Er hat Kathi um Hilfe gebeten, weil seine Listen nie so schön aussehen wie ihre.

Siehst du: Geldbeträge kannst du mit dem Dezimaltabulator perfekt ausrichten. Dann wirkt das gleich viel ordentlicher!

Stimmt. Sieht klasse aus!

Einzahlungen September

Aufreiter Fabian	1ak	90,00 EUR
Brenner Lisa	1ak	115,00 EUR
Cakmak Elyas	1ak	90,00 EUR

Zahlen linksbündig

Einzahlungen September

Aufreiter Fabian	1ak	90,00 EUR
Brenner Lisa	1ak	115,00 EUR
Cakmak Elyas	1ak	90,00 EUR

Zahlen mit Dezimaltabulator

JETZT SIND SIE DRAN!

- Erfassen Sie in einer WORD-Datei Ihre Ausgaben der letzten Woche(n). Erstellen Sie dafür eine übersichtliche Liste mit passenden Tabulatoren. Folgende Informationen soll die Liste enthalten:
    ▸ Datum der Ausgabe
    ▸ Zwecke der Ausgabe
    ▸ Betrag mit Währung

    Speichern Sie dafür ein neues WORD-Dokument unter **Ausgabenliste.docx**.

Eine interaktive Abbildung finden Sie in der TRAUNER-DigiBox.

Listen mit vertikalen Linien und Füllzeichen ansprechend gestalten

Gerade lange Listen können schnell langweilig werden – egal, wie ordentlich sie ausgerichtet sind. Dazu kann man bei mehreren Einträgen schnell der Überblick verlieren, in welcher Zeile man sich befindet. Das können Sie mit **vertikalen Linien** oder **Füllzeichen** schnell **verbessern**.

Vertikale Linie

Der VERTIKALE LINIE-Tabstopp ist kein Tabstopp im klassischen Sinn, sondern er erzeugt an der eingefügten Position lediglich eine vertikale Linie, durch die Informationen einer Aufstellung optisch getrennt werden können.
Diese Linie kann nicht formatiert werden. Das Drücken der ⏎-Taste ist nicht nötig!

> **Beispiel: Vertikale Linie zur optischen Trennung einzelner Einträge**
>
> **Einzahlungen September**
>
> | Aufreiter Fabian | 1ak | 90,00 EUR |
> | Brenner Lisa | 1ak | 115,00 EUR |
> | Cakmak Elyas | 1ak | 90,00 EUR |

Füllzeichen

Füllzeichen stellen eine **optische Verbindung** zwischen zwei Tabstopppositionen her. Sie unterstützen die Leserin/den Leser dabei, innerhalb der Zeilen nicht zu verrutschen, wenn große Abstände zwischen den einzelnen Kolonnen vorhanden sind.

> **Beispiel: Füllzeichen zur besseren Lesbarkeit**
>
> **Ausgaben September**
>
> Kopierkarten.......2 Stück _____ 90,00 EUR
> Wandertag ....Reisebuch_____ 1.200,00 EUR
> Exkursion............Eintritt _____ 250,00 EUR

Mit den Füllzeichen wird der Zwischenraum links vom jeweiligen Tabstopp aufgefüllt!

WorkBox – „Listen mit vertikalen Linien und Füllzeichen ansprechend gestalten"

- Erstellen Sie eine Klassenliste mit Tabulatoren.
  - a) Speichern Sie eine neue WORD-Datei unter **Klassenliste1.docx**.
  - b) Schreiben Sie als Überschrift „Klassenliste" und formatieren Sie diese mit der Formatvorlage Überschrift 1.
  - c) Setzen Sie unter der Überschrift linksbündige Tabstopps mit Füllzeichen Ihrer Wahl bei 3 cm, 5,5 cm, 8,5 cm und 12 cm.
  - d) Als Teilüberschriften für Ihre Klassenliste erfassen Sie folgende Angaben mit der ⏎-Taste in der Schriftart Calibri, Schriftgröße 11 Punkt, Schriftschnitt fett: Nachname, Vorname, Geburtstag, Telefonnummer, E-Mail-Adresse.
  - e) Erfassen Sie für die Klassenliste die Daten Ihrer Mitschüler/innen.
  - f) Denken Sie daran, die fertige Klassenliste zu speichern.
  - g) Probieren Sie verschiedene Formatvorlagen, Designfarben und Dokumentformatierungen bzw. Schriftarten aus. Speichern Sie das Ergebnis, das Ihnen am besten gefällt unter **Klassenliste2.docx**.

KLASSENLISTE				
Nachname	Vorname	Geburtstag	Telefonnummer	E-Mail-Adresse
Aufreiter	Fabian	27.08.20..	0664 781 81 80	fabs2708@aon.at
Brenner	Lisa	30.07.20..	0699 776 61 82	lisa.b@liwest.net
Cakmak	Elyas	16.05.20..	0660 88 56 57 58	elycak@gmx.at

Der Lösungsvorschlag wurde mit Dokumentformatierung Schattiert in der Designfarbe Blaugrün und mit Füllzeichen gestaltet.

Tabstopps ändern und löschen

Gesetzte Tabstopps können Sie jederzeit wieder ändern bzw. löschen. Dafür müssen Sie den Text markieren.

Jetzt habe ich einen Tabstopp zu viel gesetzt. Wie lösche ich den?

Schon gewusst?
Beim Markieren von mehreren Absätzen mit unterschiedlicher Formatierung müssen Sie aufpassen:
- Sind in den markierten Absätzen verschiedene Tabstopps gesetzt, werden im Lineal die gesetzten Tabstopps hellgrau angezeigt.
- Wenn die markierten Absätze sowohl mit als auch ohne gesetzte Tabstopps formatiert sind, werden im Lineal keine Tabstopps angezeigt.

SCHRITT FÜR SCHRITT: TABSTOPPS ÄNDERN BZW. LÖSCHEN

1. Markieren Sie den Text.
2. **Ändern** – Zum Ändern ziehen Sie das Tabstoppsymbol im Lineal an die gewünschte Stelle.
3. **Löschen** – Zum Löschen ziehen Sie das Tabstoppsymbol aus dem Lineal in das Dokument.

Alle Tabstopps können auf einmal gelöscht werden: START – ABSATZ – TABSTOPPS ... – ALLE LÖSCHEN.

WorkBox – „Listen mit vertikalen Linien und Füllzeichen ansprechend gestalten"

1. Erstellen Sie eine Aufstellung mit Tabulatoren und Schattierungen.
   a) Erstellen Sie ein neues Dokument und speichern Sie es unter **Öffnungszeiten1.docx**.
   b) Schreiben Sie die Öffnungszeiten aus der Lösungsabbildung mit der ⇄-Taste in der Schriftart Century Gothic, Schriftgröße 11 Punkt ab oder öffnen Sie das Dokument **Öffnungszeiten_u.docx**.
   c) Entfernen Sie die Abstände nach allen Zeilen.
   d) Setzen Sie in der Zeile mit den Tabellenüberschriften passende Zentriertabstopps.
   e) Setzen Sie in den Zeilen „Montag" bis „Freitag" passende rechtsbündige Tabstopps.
   f) Setzen Sie in der Zeile „Samstag" passende Zentriertabstopps und für die Verkaufsöffnungszeit den gleichen rechtsbündigen Tabstopp wie in den Zeilen davor.
   g) Die Überschriften formatieren Sie fett und in der Schriftgröße 12 Punkt. Weisen Sie als Schattierung eine passende dunkle Akzentfarbe zu.
   h) Markieren Sie abwechselnd die unterhalb liegenden Zeilen und weisen Sie die gleiche Schattierung wie der Überschrift bzw. eine passende hellere Akzentfarbe als Schattierung zu. Bei Bedarf ändern Sie die Schriftfarbe auf eine passende hellere Akzentfarbe.
   i) Weisen Sie allen schattierten Zeilen einen passenden rechten Einzug zu.

III Mit WORD arbeiten

j) Kopieren Sie den Text mit der Überschrift und fügen Sie ihn darunter mehrmals ein. Formatieren Sie die Aufstellung nach eigener Wahl mit anderen Tabstopps, z. B. mit/ohne Füllzeichen, Rahmenlinien, Schattierungen. Ändern Sie die Designfarben passend.

Öffnungszeiten	Lager	Produktion	Verkauf
Montag	7:30–16:30 Uhr	9:00–18:00 Uhr	13:00–14:00 Uhr
Dienstag	7:30–16:30 Uhr	9:00–18:00 Uhr	13:00–14:00 Uhr
Mittwoch	7:30–16:30 Uhr	9:00–18:00 Uhr	13:00–14:00 Uhr
Donnerstag	7:30–16:30 Uhr	9:00–18:00 Uhr	13:00–14:00 Uhr
Freitag	7:30–13:30 Uhr	9:00–14:00 Uhr	13:00–14:00 Uhr
Samstag	geschlossen	geschlossen	9:00–12:00 Uhr

Der Lösungsvorschlag wurde in der Designfarbe Slipstream erstellt.

2. Formatieren Sie ein Turnierprogramm mit Piktogramm und Tabulatoren mit Füllzeichen.
   a) Erstellen Sie ein neues Dokument, speichern Sie es unter **Turnier1.docx** und schreiben Sie den Text mit Tabulatoren.
   b) Entfernen Sie die Absatzabstände. Ändern Sie den Zeilenabstand auf 1,2. Den Text formatieren Sie wie folgt:
   - Überschriften: Schriftart: Trebuchet MS; Schriftgröße: 20 Punkt; Effekt: Kapitälchen; Schriftfarbe: frei wählbar; Zeichenabstand: breit von 5 Punkt
   - Textkörper: Schriftart: Trebuchet MS; Schriftgröße: 8 Punkt; Schriftfarbe: Schwarz, passende Akzentfarbe
   c) Setzen Sie linksbündige Tabstopps bei 3,5 cm, 7,5 cm und 11,5 cm. Rechtsbündige Tabstopps setzen Sie bei 3 cm und 11 cm. Legen Sie anschließend in den passenden Zeilen für die Tabstopps bei 3,5 cm sowie 11,5 cm Füllzeichen wie in der Abbildung fest, außer in der letzten Zeile vor dem Wort „Siegerehrungen".
   d) Fügen Sie ein passendes Piktogramm ein und formatieren Sie es über die Grafiktools nach eigener Wahl.

Der Lösungsvorschlag wurde in den Designfarben Rotorange und das Piktogramm mit farbiger Kontur transparent und Akzent +1 formatiert.

3. Gestalten Sie eine Aufstellung mit Tabulatoren mit Füllzeichen, Schattierungen, Piktogrammen und Onlinebild.
   a) Schreiben Sie den angegebenen Text mit der ⇄-Taste oder öffnen Sie das Dokument **Wettervorhersage_u.docx**. Speichern Sie Ihr Dokument unter **Wettervorhersage1.docx**.
   b) Gestalten Sie das Dokument passend. Hinweis: Richten Sie Ziffern rechtsbündig bzw. mit Dezimaltabulatoren aus!
   c) Denken Sie daran, zu speichern!

Der Lösungsvorschlag wurde in Design Office mit Tabulatoren mit/ohne Füllzeichen 2, Zeichenabständen, mit/ohne Abstände vor/nach, Texteffekten, Kapitälchen, in den Schriftgrößen 10 und 11 Punkt, Schattierungen in Akzent 1 sowie Weiß, passenden Piktogrammen (Größe 1 cm, Textumbruch vor dem Text, keine Füllung, Grafikkontur Akzent 1) sowie einem Onlinebild (Suchbegriff: Himmel, Textumbruch hinter dem Text, Größe angepasst) formatiert.

258

2 Mit Tabellen arbeiten

„Für Ausflüge möchte ich Listen ausdrucken, in denen ich nur noch abhaken muss, wer schon bezahlt hat." Kathis aktuelle Klassenliste scheint dafür nicht so geeignet. „Am besten ich mache das mit einer Tabelle! Da kann ich auch leichter Bilder einfügen."

Besprechen Sie in der Klasse, warum Kathi denkt, dass sie in Tabellen einfacher Bilder einfügen kann. Denken Sie, dass Kathi recht hat? Überlegen Sie, warum das so sein könnte.

Tabellen eignen sich hervorragend, um Texte, Zahlen, Bilder und andere Objekte auf einer Seite strukturiert anzuordnen und darzustellen. Sie sind eine einfache und praktische Alternative zu Tabstopps.

Die wichtigsten Tabellenelemente heißen ZEILE, SPALTE und ZELLE.

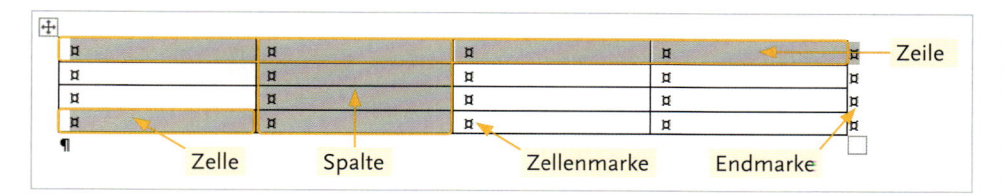

Zelle · Spalte · Zellenmarke · Endmarke · Zeile

In Tabellen navigieren

In WORD-Tabellen bewegen Sie sich von links nach rechts mit der ⇄-Taste von einer Zelle zur nächsten. Um nach links, also zur vorhergehenden Zelle zu gelangen, drückt man die ⇧-Taste + ⇄-Taste. Durch Klick in eine Zelle oder mit den Pfeiltasten steuern Sie beliebige Zellen an.

Wenn ich die ⇄-Taste am Ende der Tabelle drücke, erscheint eine neue Zeile.

Tabellenelemente markieren

Eine Tabelle oder einzelne Tabellenelemente können Sie markieren.

Zelle	Klick in die linke untere Ecke der Zelle	
Spalte	Klick auf den oberen Rand der Spalte	
Zeile	Klick in die Markierungsleiste links von der Zeile	
Ganze Tabelle	Klick auf den Ziehpunkt	

Tabellenelemente können auch über das Register LAYOUT – Gruppe TABELLE – AUSWÄHLEN markiert werden. Mit dem Register werden Sie sich später im Kapitel noch beschäftigen.

Der Ziehpunkt wird auch Fadenkreuz genannt.

···· **PROFI-TIPP** ····

„Egal, ob Mitarbeiterübersicht, Preisliste oder Quartalsbericht – im Unternehmensalltag ist die strukturierte und übersichtliche Darstellung von Informationen und Daten ein absolutes Muss, um genau und effizient arbeiten zu können. Tabellen sind dazu perfekt geeignet!"

Daniel Lehner
– Vice President Human Resources KTM AG –

2.1 Tabelle einfügen

Sie haben mehrere Möglichkeiten, um eine Tabelle in WORD einzufügen.

SCHRITT FÜR SCHRITT: TABELLE EINFÜGEN

1. Positionieren Sie die Einfügemarke an der gewünschten Stelle.
2. Wählen Sie eine der folgenden Varianten (A–E).

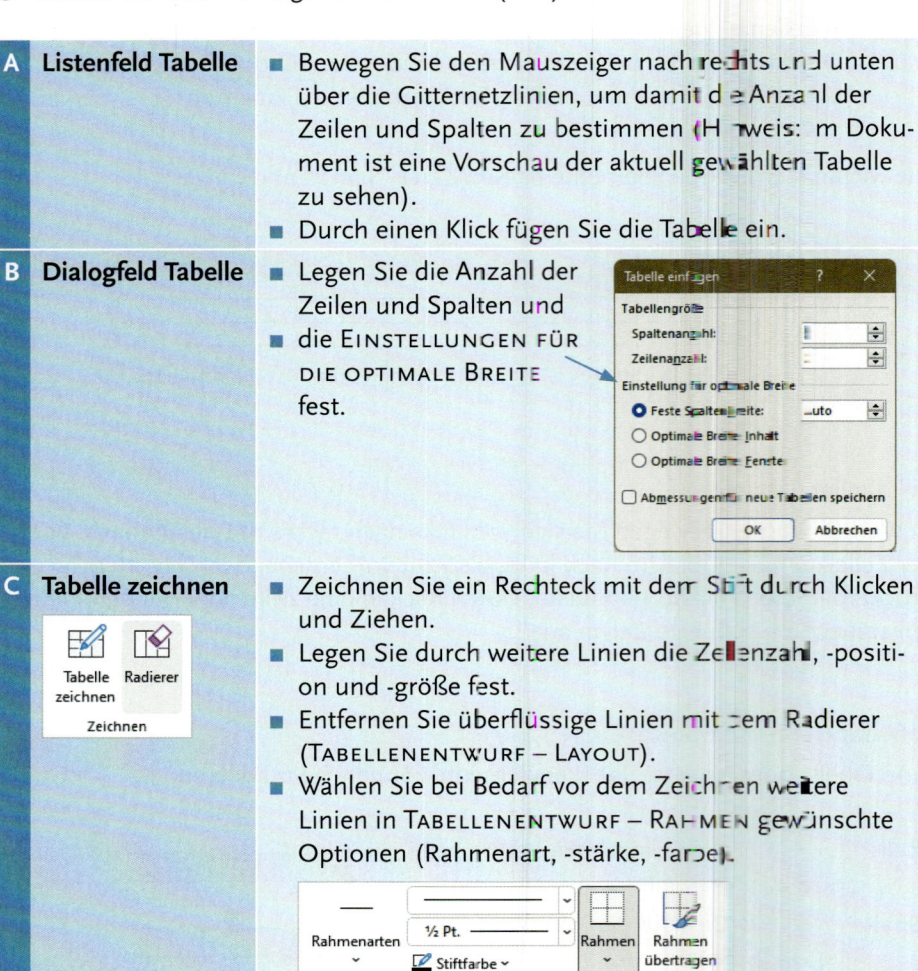

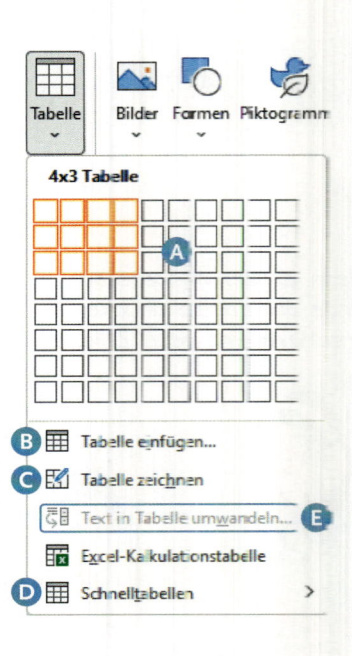

A	Listenfeld Tabelle	■ Bewegen Sie den Mauszeiger nach rechts und unten über die Gitternetzlinien, um damit die Anzahl der Zeilen und Spalten zu bestimmen (Hinweis: im Dokument ist eine Vorschau der aktuell gewählten Tabelle zu sehen). ■ Durch einen Klick fügen Sie die Tabelle ein.
B	Dialogfeld Tabelle	■ Legen Sie die Anzahl der Zeilen und Spalten und ■ die EINSTELLUNGEN FÜR DIE OPTIMALE BREITE fest.
C	Tabelle zeichnen	■ Zeichnen Sie ein Rechteck mit dem Stift durch Klicken und Ziehen. ■ Legen Sie durch weitere Linien die Zellenzahl, -position und -größe fest. ■ Entfernen Sie überflüssige Linien mit dem Radierer (TABELLENENTWURF – LAYOUT). ■ Wählen Sie bei Bedarf vor dem Zeichnen weitere Linien in TABELLENENTWURF – RAHMEN gewünschte Optionen (Rahmenart, -stärke, -farbe). ■ Beenden Sie das Zeichnen mit der Esc-Taste.
D	Schnelltabellen	Diese umfassen eine Auswahl an bereits vordefinierten und formatierten Tabellen (Farben und Schriften hängen vom gewählten Design ab). ■ Wählen Sie eine passende Tabelle aus. ■ Durch einen Klick fügen Sie die Tabelle ein.
E	Text in Tabelle umwandeln	Das ist besonders nützlich, wenn Sie Text in einer CSV-Datei erhalten haben und diese in eine WORD-Tabelle umwandeln wollen. ■ Markieren Sie den Text. ■ Legen Sie die Anzahl der Zeilen und Spalten in den EINSTELLUNGEN FÜR OPTIMALE BREITE fest. Sind im Text Trennzeichen an den Stellen vorhanden, an denen der Text in Spalten geteilt werden soll, müssen Sie diese Stellen unter TEXT TRENNEN BEI angeben

CSV-Datei (Comma-separated-values-Datei) = reine Textdatei, um große Datenmengen zwischen Anwendungsprogrammen zu übertragen. Die einzelnen Spalten sind durch Trennzeichen (Semikolon oder Tabulator) getrennt.

III Mit WORD arbeiten

Mit Tabulatoren und Tabellen strukturiert arbeiten

Let's do this! – „Text in Tabelle umwandeln"

Ausgangssituation

Kathi hat die anstehenden Kosten nur schnell am Laptop mitgeschrieben, aber nicht sofort formatiert. Nun möchte Sie den Text in eine Tabelle umwandeln.

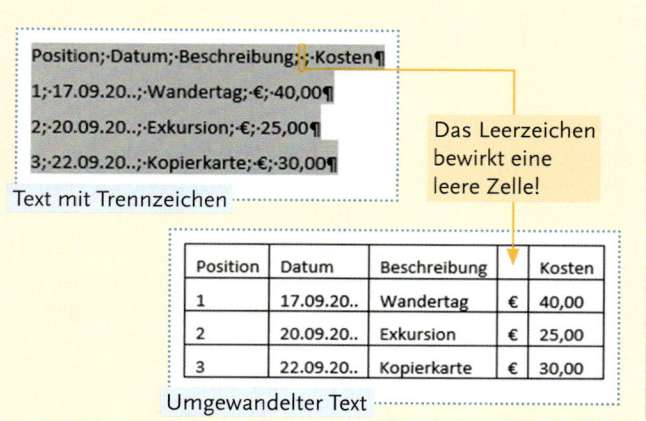

```
Position;·Datum;·Beschreibung;;·Kosten¶
1;·17.09.20..;·Wandertag;·€;·40,00¶
2;·20.09.20..;·Exkursion;·€;·25,00¶
3;·22.09.20..;·Kopierkarte;·€;·30,00¶
```
Text mit Trennzeichen

Das Leerzeichen bewirkt eine leere Zelle!

Position	Datum	Beschreibung		Kosten
1	17.09.20..	Wandertag	€	40,00
2	20.09.20..	Exkursion	€	25,00
3	22.09.20..	Kopierkarte	€	30,00

Umgewandelter Text

Text in Tabelle umwandeln
- Tabellengröße
  - Spaltenanzahl: 5
  - Zeilenanzahl: 4
- Einstellung für optimale Breite
  - ○ Feste Spaltenbreite: Auto
  - ● Optimale Breite: Inhalt
  - ○ Optimale Breite: Fenster
- Text trennen bei
  - ○ Absätze ● Semikolons
  - ○ Tabstopps ○ Andere: -

WORD schlägt die Spalten und Zeilen automatisch vor – ich muss es nur noch kontrollieren!

JETZT SIND SIE DRAN!

- Öffnen Sie die Datei **Ausgabenliste.docx** und speichern Sie sie unter **Ausgabenliste1.docx**.
  a) Wandeln Sie den Text der Liste in eine Tabelle um.
  b) Die Spaltenbreite soll an den Inhalt angepasst werden.
  c) Achten Sie darauf, die richtigen Trennzeichen zu wählen.
  d) Denken Sie daran, zu speichern!

WorkBox – „Tabelle einfügen"

- Erstellen Sie eine Tabelle mit sieben Spalten und einer Tabellenformatvorlage.
  a) Erstellen Sie ein neues Dokument und speichern Sie es unter **Medaillenspiegel1.docx**. Verwenden Sie als Überschrift „Medaillenspiegel der Olympischen Sommerspiele" und weisen Sie die Schnellformatvorlage Überschrift 1 zu.
  b) Recherchieren Sie den Medaillenspiegel der letzten Olympischen Sommerspiele und schreiben Sie diese in eine Tabelle mit sechs Spalten. Erfassen Sie mindestens die zehn erfolgreichsten Länder sowie Österreich mit der entsprechenden Platzierung.

Platz	Mannschaft	Gold	Silber	Bronze	Gesamt
1	Vereinigte Staaten	39	41	33	113
2	Volksrepublik China	38	32	18	88
3	Japan	27	14	17	58
4	Großbritannien	22	21	22	65
5	Russisches Olympisches Komitee	20	28	23	71
6	Australien	17	7	22	46
7	Niederlande	10	12	14	36
8	Frankreich	10	12	11	33
9	Deutschland	10	11	16	37
10	Italien	10	10	20	40
53	Österreich	1	1	5	7

c) Denken Sie daran, zu speichern.

261

III Mit WORD arbeiten

2.2 Tabellen formatieren

Der Text in Tabellen und die Ausrichtung der gesamten Tabelle können über START wie üblich formatiert werden. Für die Formatierung der Tabellen stehen Ihnen zwei zusätzliche Register zur Verfügung.

Die Register TABELLENENTWURF und LAYOUT erscheinen im Menüband, sobald Sie eine Tabelle einfügen, markieren oder mit dem Mauszeiger in eine Tabelle klicken.

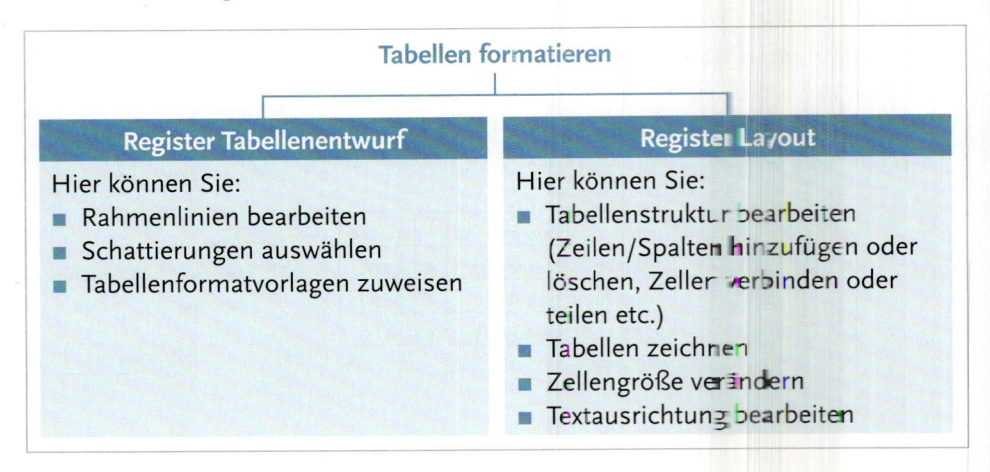

Tabellen formatieren

Register Tabellenentwurf
Hier können Sie:
- Rahmenlinien bearbeiten
- Schattierungen auswählen
- Tabellenformatvorlagen zuweisen

Register Layout
Hier können Sie:
- Tabellenstruktur bearbeiten (Zeilen/Spalten hinzufügen oder löschen, Zellen verbinden oder teilen etc.)
- Tabellen zeichnen
- Zellengröße verändern
- Textausrichtung bearbeiten

2.2.1 Tabellen gestalten im Register Tabellenentwurf

Im Register TABELLENENTWURF weisen Sie Formatierungen wie Tabellenformatvorlagen, Schattierungen, Rahmen etc. zu. Es ist in drei Gruppen unterteilt:

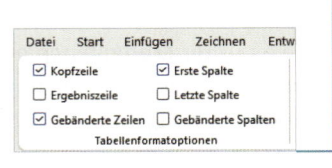

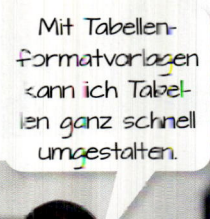

Mit Tabellenformatvorlagen kann ich Tabellen ganz schnell umgestalten.

Tabellenformatoptionen
Die TABELLENFORMATOPTIONEN nutzen Sie, um die Tabellenformatvorlage auf bestimmte Zeilen, z. B. die Kopfzeile der Tabelle, die erste Spalte etc. anzuwenden bzw. nicht anzuwenden.

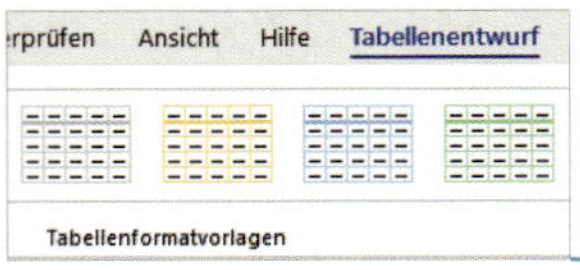

Tabellenformatvorlagen
Farben und Schriften der TABELLENFORMATVORLAGEN hängen vom verwendeten Design ab. Sie ermöglichen ein rasches Formatieren Ihrer Tabelle. Rahmen, Farben, Zeichen- und Absatzformatierungen der gewählten Tabellenformatvorlage werden dem Text und den Zellen zugewiesen.

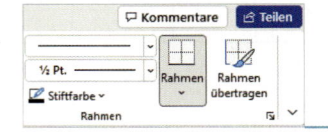

Rahmen
Alle Tabellen werden standardmäßig mit Rahmenlinien eingefügt. Entfernen Sie die Rahmenlinien (RAHMEN – KEIN RAHMEN), bleiben Gitternetzlinien eingeblendet. Diese werden nicht ausgedruckt, sondern dienen lediglich zur besseren Orientierung auf dem Bildschirm und können auch ausgeblendet werden (RAHMEN – GITTERNETZLINIEN ANZEIGEN deaktivieren).

Mit Tabulatoren und Tabellen strukturiert arbeiten

Tipp!
Mit RAHMEN ÜBERTRAGEN können Sie die ausgewählte Rahmenart, Stiftstärke und -farbe mit dem Pinselsymbol auf eine andere Rahmenlinie übertragen.

Let's do this! – „Tabellen gestalten im Register Tabellenentwurf"

Ausgangssituation

Kathi erfasst nun alle Kosten in der Tabelle.
Aber so schwarz auf weiß ist die irgendwie langweilig.

Position	Datum	Beschreibung	Kosten
1	17.09.20..	Wandertag	€ 40,00
2	20.09.20..	Exkursion	€ 25,00
3	22.09.20..	Kopierkarte	€ 30,00

Mit einer Formatvorlage macht die Tabelle gleich viel mehr her!

Tabellenformatvorlage
GITTERNETZTABELLE 5,
DUNKEL, AKZENT 5

Position	Datum	Beschreibung	Kosten	
1	17.09.20..	Wandertag	40,00	EUR
2	20.09.20..	Exkursion	25,00	EUR
3	22.09.20..	Kopierkarte	30,00	EUR
		Kosten gesamt	95,00	EUR

JETZT SIND SIE DRAN!

- Öffnen Sie die von Ihnen erstellte Datei **Ausgabenliste1.docx.** Speichern Sie diese unter **Ausgabenliste2.docx** und probieren Sie verschiedene Tabellenformatvorlagen aus. Speichern Sie Ihren Favoriten!

WorkBox – „Tabellen gestalten im Register Tabellenentwurf"

1. Üben Sie die Gestaltung von Tabellen.

a) Speichern Sie ein neues Dokument unter **Olympia1.docx.** Zeichnen Sie die Tabelle wie abgebildet.

b) Schreiben Sie den Text aus der unten stehenden Abbildung ab. Recherchieren Sie für die gelb markierten Teile die Daten der aktuellsten Olympischen Sommerspiele. Fügen Sie die Bilder **Olympia2.jpg** und **Olympia3.jpg.** Ändern Sie die Größe wie abgebildet und zentrieren Sie die Bilder.

c) Formatieren Sie den Text mit passenden Formatvorlagen und verwenden Sie die Designfarbe Blaugrün. Ändern Sie die Absatzabstände passend und entfernen Sie die Rahmenlinien.

d) Denken Sie daran, zu speichern!

AUSTRAGUNGSORT
Olympische Sommerspiele
Datum der Olympischen Spiele

Empfang der Olympia-Helden
Datum, Ort und Uhrzeit des Empfangs

TEILNEHMENDE POLITIKER, Z. B. BUNDESPRÄSIDENT/IN, VERTEIDIGUNGSMINISTER/IN, SPORTMINISTER/IN ...

Logo der Olympischen Spiele oder passendes Bild

III Mit WORD arbeiten

2. **Erstellen Sie eine Tabelle mit vier Spalten und individueller Formatierung.**

   a) Erstellen Sie ein neues Dokument und speichern Sie es unter **Kalorien1.docx**. Schreiben Sie den Text in der Schriftart Calibri Light in vier Spalten und mit der erforderlichen Zeilenanzahl (für die Überschrift und jedes Lebensmittel je eine Zeile). Als Einstellung für die optimale Breite wählen Sie Inhalt.

   b) Zentrieren Sie die Tabelle. Richten Sie den Text in der linken Spalte linksbündig und in allen weiteren Spalten rechtsbündig aus.

   c) Formatieren Sie alle Zeilen der Tabelle mit einem Absatzabstand vor und nach 6 Punkt. Die Spaltenüberschriften werden fett. Die Zeile mit den Spaltenüberschriften erhält eine Rahmenlinie unten und oben in passender Akzentfarbe und eine Stärke von 3 Punkt. Die letzte Zeile erhält die gleiche Rahmenlinie unten.

   d) Die inneren Rahmenlinien formatieren Sie in der gleichen Akzentfarbe und einer Stärke von ½ Punkt. Weisen Sie den Zeilen verschiedene Akzentfarben mit Füllfarben zu.

Lebensmittel	Menge	Kilokalorien (kcal)	Kilojoule (kJ)
Cheeseburger	100 g	250 kcal	1 047 kJ
Hamburger	100 g	241 kcal	1 007 kJ
Chickennuggets	100 g	236 kcal	989 kJ
Chickenburger	100 g	248 kcal	1 039 kJ
Hotdog	100 g	212 kcal	889 kJ
Döner	100 g	215 kcal	911 kJ
Hähnchendöner	100 g	235 kcal	984 kJ
Vegetarischer Döner	100 g	107 kcal	450 kJ
Frühlingsrollen mit Gemüsefüllung	100 g	166 kcal	698 kJ
Nachos mit Käse	100 g	306 kcal	1 280 kJ
Pommes	100 g	299 kcal	1 252 kJ

Der Lösungsvorschlag wurde in der Designfarbe Blaugrün (Akzent 5 und 6) und mit der Designschrift Century Gothic erstellt.

3. **Üben Sie das Umwandeln von Text in eine Tabelle und ergänzen Sie diese.**

   a) Öffnen Sie das Dokument **Trennzeichen_u.docx** und speichern Sie es unter **Trennzeichen1.docx**. Wandeln Sie den Text in eine Tabelle mit sieben Spalten und vier Zeilen um.

   b) Trennzeichen sind Semikolons. Richten Sie die optimale Breite am Inhalt aus.

   c) Verwenden Sie eine Tabellenformatvorlage eigener Wahl, z. B. Rastertabellen: Gitternetztabelle 4, Akzent 4.

   d) Korrigieren bzw. ergänzen Sie den Inhalt der Tabelle mit Daten aus Ihrem Stundenplan.

   e) Markieren Sie die gesamte Tabelle und richten Sie sie zentriert aus.

UE	Zeit	Montag	Dienstag	Mittwoch	Donnerstag	Freitag
1	08:00–08:50 Uhr	Deutsch	Englisch	BWRR	BWUB	Religion
2	08:55–09:45 Uhr	BWRR	OMAI	OMAI	Englisch	Deutsch
3	09:50–10:40 Uhr	BWRR	BWUB	PBSK	PBSK	Englisch
4	10:55–11:45 Uhr	BSP	PBZG	Deutsch	OMAI	OMAI
5	11:50–12:40 Uhr	BSP	PBZG		OMAI	

2.2.2 Tabellenstruktur bearbeiten im Register Layout

Im Register LAYOUT haben Sie viele verschiedene Möglichkeiten, die Tabellenstruktur zu bearbeiten.

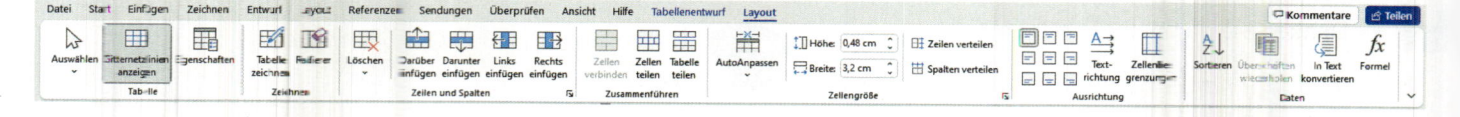

264

Mit Tabulatoren und Tabellen strukturiert arbeiten

Tabellenelemente löschen

Tabellenzeilen oder -spalten können Sie jederzeit wieder löschen.

💡 Tabellenelemente können in der Gruppe ZEILEN UND SPALTEN gelöscht werden.

👣 SCHRITT FÜR SCHRITT: TABELLENELEMENTE LÖSCHEN

1. Markieren Sie die Zelle, Zeile, Spalte oder die gesamte Tabelle.
2. - Klicken Sie auf LAYOUT (Tabelle) – ZEILEN UND SPALTEN – LÖSCHEN – zu löschenden Bereich auswählen (ZELLEN, SPALTEN, ZEILEN, TABELLE)
   oder
   - wählen Sie in der Minisymbolleiste den zu löschenden Bereich aus (ZELLEN, SPALTEN, ZEILEN, TABELLE)
   oder
   - klicken Sie im Kontextmenü ZELLEN LÖSCHEN. 
3. Wählen Sie ein Element aus. Im Dialogfenster ZELLEN LÖSCHEN können Sie dann auswählen, wie die Zellen verschoben werden sollen.

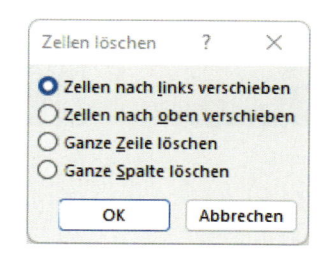

Schon gewusst?
Mit der Entf-Taste löschen Sie die Inhalte der Tabelle, die Tabellenstruktur bleibt erhalten.
Mit der ←-Taste können Sie markierte Zeilen, Spalten oder die ganze Tabelle samt Inhalt löschen.

Mit der Entf-Taste wird nur der Inhalt der Tabelle gelöscht. Die Tabelle selbst bleibt bestehen!

Tabellenelemente einfügen und verschieben

Neue Tabellenzeilen am Ende der Tabelle können Sie ganz schnell hinzufügen. Drücken Sie in der letzten Zeile der Tabelle die ⇥-Taste, um eine weitere Zeile zu erzeugen.

Möchten Sie Tabellenspalten oder Tabellenzeilen an einer beliebigen Stelle der Tabelle einfügen, haben Sie verschiedene Möglichkeiten.

👣 SCHRITT FÜR SCHRITT: TABELLENELEMENTE EINFÜGEN

1. Positionieren Sie die Einfügemarke im Element oder markieren Sie ein Element.
2. - Klicken Sie auf LAYOUT (Tabelle) – ZEILEN UND SPALTEN und wählen Sie ein passendes Symbol aus
   oder
   - klicken Sie auf ziehen Sie die Maus an den Rand der Tabelle zwischen zwei Zeilen/Spalten. Es erscheint ein Plussymbol. Klicken Sie auf das Plussymbol und eine Zeile/Spalte wird an der blauen Markierung eingefügt
   oder
   - wählen Sie im Kontextmenü EINFÜGEN das passende Symbol aus. Bei ZELLEN EINFÜGEN erscheint ein Dialogfenster, wohin die Zelle verschoben werden soll.

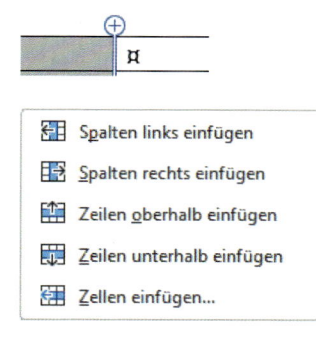

Sie können Elemente in einer Tabelle auch ganz einfach an einen anderen Platz verschieben.

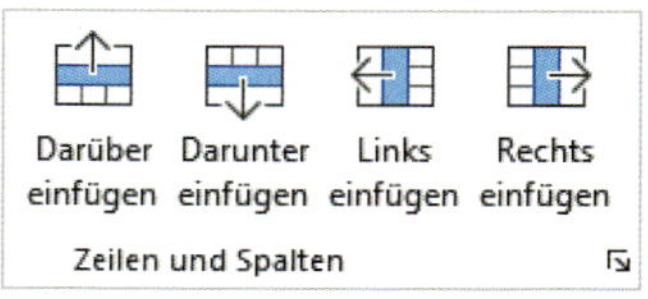

💡 Eingefügte Elemente haben die Formatierung der zuvor markierten Elemente.

265

III Mit WORD arbeiten

> Ich kann auch die Shortcuts Strg + C (kopieren), Strg + X (ausschneiden) und Strg + V (einfügen) nutzen, um Tabellenelemente anders zu platzieren.

SCHRITT FÜR SCHRITT: TABELLENELEMENTE VERSCHIEBEN

❶ Markieren Sie das Element, das Sie verschieben möchten.
❷ Ziehen Sie das Element an die gewünschte Zielposition.

Schon gewusst?
Halten Sie beim Verschieben die Strg-Taste gedrückt, wird das Element kopiert!

❸ Die gesamte Tabelle können Sie mit dem Symbol ⊞ an die gewünschte Position ziehen.

Zellen verbinden oder teilen

Manchmal ist es nötig, zwei oder mehrere Zellen miteinander zu verbinden, z. B. bei Überschriften.

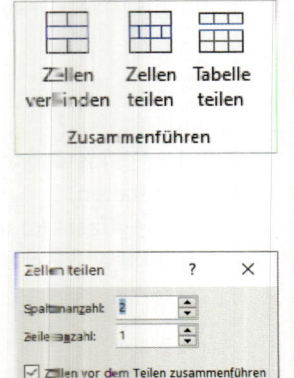

Es kann auch sein, dass Sie im Nachhinein bemerken, dass Sie Inhalte lieber auf mehrere Zellen aufgeteilt hätten. Dann können Sie die Zellen einfach teilen.

- Markieren Sie die betreffende Zellen.
- Klicken Sie auf LAYOUT (Tabelle) – ZUSAMMENFÜHREN – ZELLEN VERBINDEN oder ZELLEN TEILEN.
- Geben Sie beim Teilen von Zellen die gewünschte Spalten- und Zeilenanzahl ein.
Je nach Bedarf können Sie ZELLEN VOR DEM TEILEN ZUSAMMENFÜHREN ☑ aktivieren oder ☐ deaktivieren.

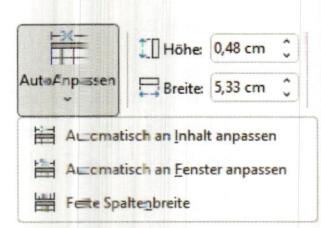

💡 Vorhandener Text aus den verbundenen Zellen wird in Absätzen angeordnet.

Zellengröße anpassen

Sowohl die Höhe als auch die Breite von Zellen können Sie individuell einstellen.

SCHRITT FÜR SCHRITT: ZELLENGRÖSSE ANPASSEN

❶ Falls die Zellengröße noch nicht beim Erstellen der Tabelle über OPTIMALE BREITE festgelegt wurde, markieren Sie das gewünschtes Element.
❷
- Verändern Sie die Zellengröße (Spaltenbreite bzw. Zeilenhöhe) durch Ziehen an den Tabellenrahmenlinien (Achtung: Mauszeiger ändert die Form)
oder
- geben Sie die gewünschte Breite bzw. Höhe in Zentimetern ein
oder
- wählen Sie über ZEILEN VERTEILEN oder SPALTEN VERTEILEN bzw. über AUTOANPASSEN die gewünschte Option.

Text in der Tabelle ausrichten

Sie können in der Gruppe AUSRICHTUNG vorgeben, wie der Text in Ihrer Tabelle ausgerichtet sein soll.

Mit Tabulatoren und Tabellen strukturiert arbeiten

Beispiel: Textausrichtung in Zellen

Oben links	Oben zentriert	Oben rechts
Mitte links	Mitte zentriert	Mitte rechts
Unten links	Unten zentriert	Unten rechts

SCHRITT FÜR SCHRITT:
TEXT IN DER TABELLE AUSRICHTEN

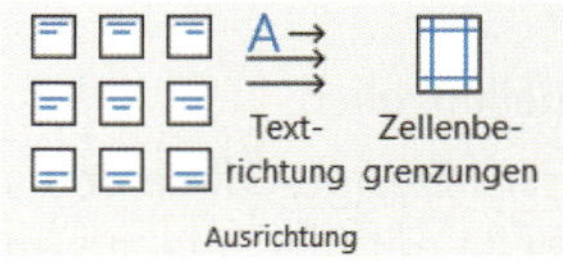

1. Positionieren Sie die Einfügemarke im Element oder markieren Sie das Element.
2. Klicken Sie auf Layout (Tabelle) – Ausrichtung.
3. Die Textrichtung ändert sich durch Klick auf das Symbol. Klicken Sie so oft, bis die gewünschte Ausrichtung erreicht ist.
4. Wählen Sie die Textausrichtung in der Zelle (vertikal und horizontal) durch ein passendes Symbol aus.
5. Legen Sie Zellbegrenzungen und den Abstand zwischen den Zellen fest.

Abstand zwischen Zellenrahmenlinien und Textbeginn

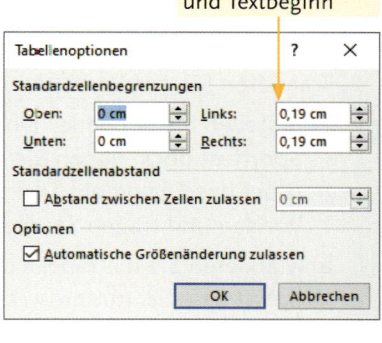

Dialogfeld Tabelleneigenschaften

- Positionieren Sie die Einfügemarke im Element oder markieren Sie ein Element.
- Klicken Sie auf Layout (Tabelle) – Tabelle – Eigenschaften.
- Sie können nun die Eigenschaften der Tabelle, Zeile, Spalte und Zelle über die jeweiligen Register definieren.

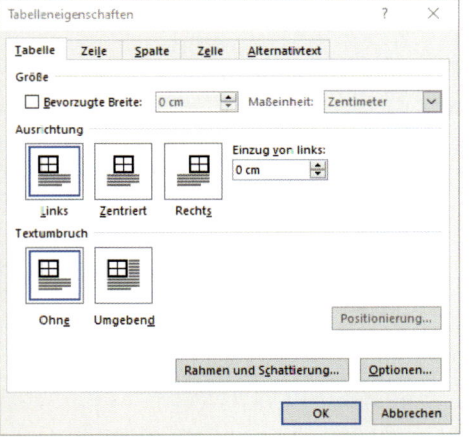

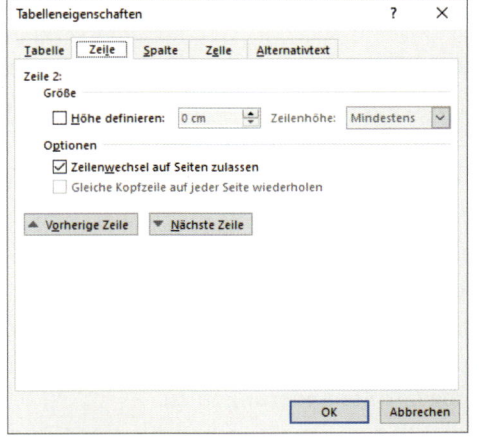

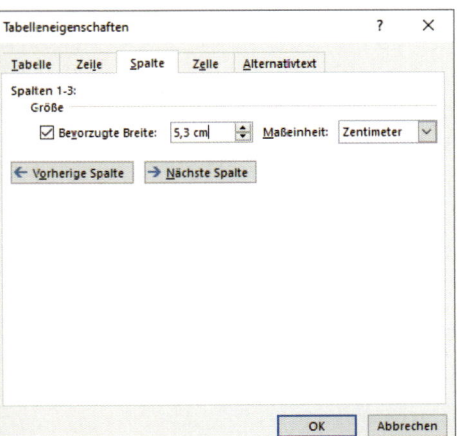

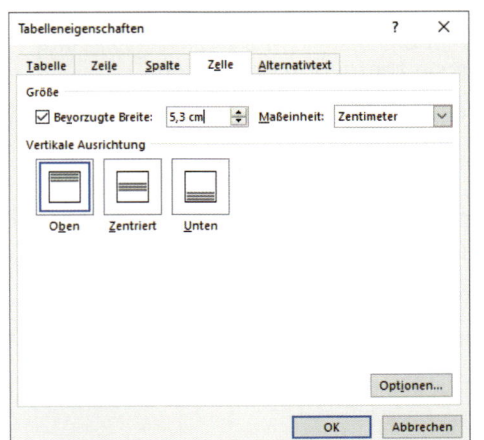

Für Tabellen kann – genau wie für Illustrationen – ein Alternativtext eingegeben werden.

267

III Mit WORD arbeiten

WorkBox – „Tabellen formatieren"

1. Trainieren Sie das Teilen von Tabellenzellen.
   a) Erstellen Sie ein neues WORD-Dokument im Design Office und speichern Sie es unter **Tabelle1.docx**.
   b) Fügen Sie eine Tabelle mit acht Spalten und zwei Zeilen ein (über Listenfeld TABELLE HINZUFÜGEN).
   c) Markieren Sie die erste Zelle und wählen Sie LAYOUT (Tabelle) – ZELLEN TEILEN und tragen Sie fünf Spalten ein. Setzen Sie das so weit fort, dass Ihre Tabelle der unten stehenden Vorlage entspricht.
   d) Denken Sie daran, zu speichern!

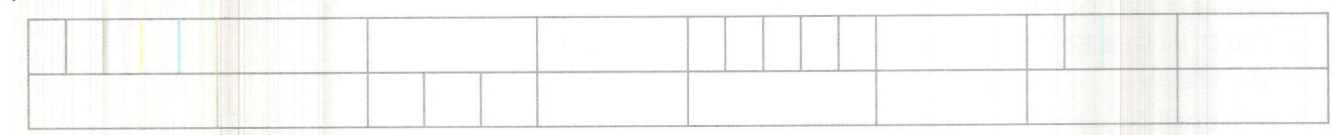

2. Trainieren Sie das Verbinden von Tabellenzellen.
   a) Erstellen Sie ein neues Dokument im Design Office und speichern Sie es unter **Sportfest.docx**. Fügen Sie eine Tabelle mit fünf Spalten und fünf Zeilen ein (über das Dialogfeld TABELLE). Verbinden Sie die Zellen wie in der folgenden Vorlage und tragen Sie die Daten in die Zellen ein.
   b) Markieren Sie die Tabelle und stellen Sie unter LAYOUT (Tabelle) die Ausrichtung auf ZENTRIERT AUSRICHTEN bzw. MITTE LINKS AUSRICHTEN.
   c) Weisen Sie den Zellen passende Schattierungen zu.
   d) Denken Sie daran, zu speichern!

	Sportfest			
	Sabine	Nico	Doro	Tom
60 m Sprint in Sekunden	14	16	13	12
Weitsprung in Zentimeter	320	295	300	346
Schlagballwerfen in Metern	25	31	27	17

3. Erstellen Sie eine Tabelle mit veränderter Zellenbegrenzung, vertikaler Textausrichtung und verbundenen Zellen.
   a) Erstellen Sie ein neues Dokument und speichern Sie es unter **Tasche13.docx**. Fügen Sie eine Tabelle mit sechs Spalten und vier Zeilen ein.
   b) Die Zellen der Spalte 1 bis 4 sind exakt 2,5 cm breit und hoch, Spalte 5 ist 5 cm breit, Spalte 6 ist 1,5 cm breit.
   c) Verbinden Sie in der letzten Zeile die ersten vier Zellen. Verbinden Sie die ersten drei Zellen der Spalte 5 und die Zellen der Spalte 6.
   d) Ändern Sie für die gesamte Tabelle die Standardzellenbegrenzungen oben, unten, links und rechts auf 0 cm und den Abstand zwischen den Zellen auf 0,2 cm. Lassen Sie die automatische Größenänderungen zu.
   e) Fügen Sie die Bilder **Tasche1.jpg, Tasche2.jpg, Tasche3.jpg, Tasche4.jpg, Tasche5.jpg, Tasche6.jpg, Tasche7.jpg, Tasche8.jpg, Tasche9.jpg, Tasche10.jpg, Tasche11.jpg** und **Tasche12.jpg** in beliebiger Reihenfolge in die quadratischen Zellen ein. Positionieren Sie sie zentriert in den Zellen.
   f) Ändern Sie die Textrichtung in Spalte 6 und schreiben Sie den Text „Hackl Lederwaren & Accessoires" in der Mitte zentriert. Der Text in Spalte 5 und die Zelle in der letzten Zeile erhalten die Ausrichtung Mitte links. Schreiben Sie den Text wie abgebildet.
   g) Formatieren Sie den Text in der Schriftart Century Gothic, in der Schriftgrößen 11 Punkt, 8 Punkt und 18 Punkt. Verwenden Sie eine passende helle Akzentfarbe und Weiß. Die gesamte Tabelle schattieren Sie schwarz.
   h) Fügen Sie bei Bedarf Absatzmarken und Zeilenumbrüche ein.
   i) Verwenden Sie Großbuchstaben und Aufzählungszeichen ohne Einzug wie abgebildet.

268

Mit Tabulatoren und Tabellen strukturiert arbeiten

TAUCHEN SIE EIN, INS REICH DER TASCHEN

NICHT NUR TASCHEN:

- Ausgereifte Teile für Business und Reise
- Geldtaschen
- Handschuhe
- Gürtel
- Schmuckkästen
- Accessoires

NICHT NUR DESIGNER-ACCESSOIRES:

Individuelle, extravagante und klassische Mode für sie und ihn!

HACKL LEDERWAREN & ACCESSOIRES
Landstraße 24, 4020 LINZ, Tel. +43 732 77 28 31-0
lederwaren-hackl@aon.at, www.lederwaren-hackl.at
Mo – Fr: 9:00 – 19:00 Uhr, Sa: 9:30 – 17:00 Uhr

4. Trainieren Sie das Erstellen von Schnelltabellen.

a) Erstellen Sie ein neues Dokument im Design Office und fügen Sie eine Schnelltabelle (DOPPELTABELLE) ein.

b) Speichern Sie das Dokument unter **Schnelltabelle1.docx**.

c) Ändern Sie das LAYOUT (Tabelle), die Zellengröße auf AUTOANPASSEN – AUTOMATISCH AN FENSTER ANPASSEN.

d) Erstellen Sie die Daten wie in der Lösung abgebildet (oder kopieren Sie die Verben aus dem Dokument **Schnelltabelle_u.docx**). Ergänzen Sie die Liste um weitere Verben eigener Wahl. Ändern Sie die Formatierung passend (zentriert, kursiv).

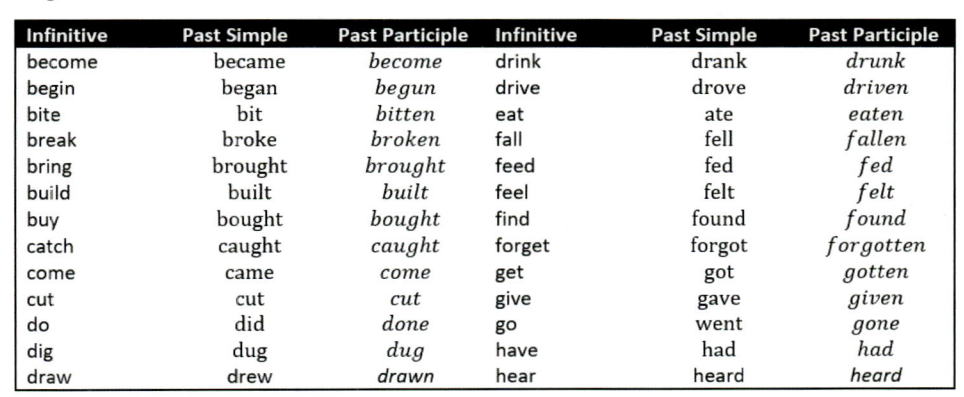

Irregular Verbs

Infinitive	Past Simple	Past Participle	Infinitive	Past Simple	Past Participle
become	became	*become*	drink	drank	*drunk*
begin	began	*begun*	drive	drove	*driven*
bite	bit	*bitten*	eat	ate	*eaten*
break	broke	*broken*	fall	fell	*fallen*
bring	brought	*brought*	feed	fed	*fed*
build	built	*built*	feel	felt	*felt*
buy	bought	*bought*	find	found	*found*
catch	caught	*caught*	forget	forgot	*forgotten*
come	came	*come*	get	got	*gotten*
cut	cut	*cut*	give	gave	*given*
do	did	*done*	go	went	*gone*
dig	dug	*dug*	have	had	*had*
draw	drew	*drawn*	hear	heard	*heard*

e) Heben Sie jene Verben hervor, die Sie sich nicht merken können.

f) Denken Sie daran, zu speichern!

III Mit WORD arbeiten

2.3 In WORD-Tabellen rechnen

Für **einfache Berechnungen** müssen Sie nicht unbedingt auf EXCEL zurückgreifen. Es ist auch möglich, direkt in einer WORD-Tabelle mithilfe von Formeln zu rechnen.

Das Rechnen in einer WORD-Tabelle funktioniert durch **Zellbezüge**. Dabei wird der Inhalt einer Zelle in der Formel durch die Position in der WORD-Tabelle definiert. Die Spaltenposition wird dabei mit Buchstaben und die Zeilenposition mit Ziffern dargestellt, z. B. A5, C7, B3.

🔗 Detaillierte Erklärungen hinsichtlich Zellbezügen erarbeiten Sie im Unterrichtsgegenstand „Wirtschaftsinformatik" im vierten Semester.

Platz	Mannschaft	Gold	Silber	Bronze	Gesamt
1	Vereinigte Staaten	39	41	33	113
2	Volksrepublik China	38	32	18	88
3	Japan	27	14	17	58
4	Großbritannien	22	21	22	65
5	Russisches Olympisches Komitee	20	28	23	71
6	Australien	17	7	22	46

← Zeile Nr. 1
← Zeile Nr. 2

Spalte A Spalte B Spalte C

👣 SCHRITT FÜR SCHRITT: RECHNEN IN TABELLEN

❶ Positionieren Sie die Einfügemarke in der Zelle einer bestehenden Tabelle, in der das Ergebnis der Berechnung stehen soll.

❷ Klicken Sie auf das Register LAYOUT – DATEN – FORMEL.

> Sortieren
> Überschriften wiederholen
> In Text konvertieren
> ƒx Formel
> Daten

❸ Verwenden Sie die vorgeschlagene Formel oder geben Sie eine eigene Formel in das Feld FORMEL ein.

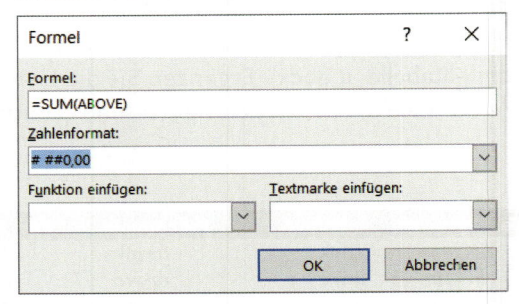

> Formel   ? ×
> Formel:
> =SUM(ABOVE)
> Zahlenformat:
> # ##0,00
> Funktion einfügen: Textmarke einfügen:
>   OK   Abbrechen

❹ Wählen Sie das Zahlenformat aus dem Listenfeld aus und klicken Sie auf OK.
❺ Das Ergebnis erscheint in der Zelle.

Häufig werden folgende Formeln vorgeschlagen:
=SUM(ABOVE)
Diese addiert die Ziffern in den Zellen darüber (bis zur nächsten leeren Zelle).

=SUM(LEFT) bzw. =SUM(RIGHT)
Diese addiert alle Zellen mit Ziffern links bzw. rechts von der Zelle mit der Formel (bis zur nächsten leeren Zelle).

Mit Tabulatoren und Tabellen strukturiert arbeiten

Let's do this! – „In WORD-Tabellen rechnen"

Ausgangssituation

Die beiden Klassenmanager/innen Kathi und Valentin sitzen nach der Schule wieder beisammen. Valentin kann mittlerweile schon genauso schöne Listen und Tabellen erstellen wie Kathi.

Ich muss ausrechnen, wie hoch die Gesamtausgaben im September waren. Ich hole schnell den Taschenrechner.

Lass mal! Das kannst du doch direkt in WORD ausrechnen! Schau her …

Position	Datum	Beschreibung	Kosten	
1	17.09.20..	Wandertag	40,00	EUR
2	20.09.20..	Exkursion	25,00	EUR
3	22.09.20..	Kopierkarte	30,00	EUR
	Kosten gesamt		95,00	EUR

Zellen verbinden   =SUM(ABOVE)

JETZT SIND SIE DRAN!

- Öffnen Sie die Datei **Ausgabenliste2.docx** und speichern Sie sie unter **Ausgabenliste3.docx**. Berechnen Sie die Gesamtsumme Ihrer Ausgaben mithilfe einer Formel direkt in der Tabelle.

Ergebnis aktualisieren

Verändern Sie die Ausgangsdaten, indem Sie in einer Zelle eine Ziffer ändern, müssen Sie das **Ergebnis aktualisieren**:
- Machen Sie einen Rechtsklick in die Zelle mit der Formel – FELDER AKTUALISIEREN – das geänderte Ergebnis erscheint in der Zelle.
- Sie können auch F9 drücken, um die Formel zu aktualisieren.

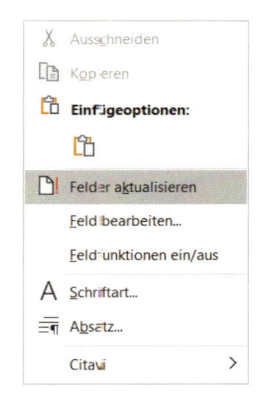

Wenn oberhalb der Summe eine neue Zeile eingefügt wird, wird die Formel nicht automatisch angepasst und muss aktualisiert werden.

Berechnung ändern

Haben Sie die falsche Formel eingegeben oder das falsche Zahlenformat ausgewählt, können Sie das auch **später noch korrigieren.**

SCHRITT FÜR SCHRITT: BERECHNUNG ÄNDERN

1. Machen Sie einen Rechtsklick in die Zelle mit der Formel und klicken Sie auf FELD BEARBEITEN.
2. Das Dialogfeld FORMEL wird erneut geöffnet und die Formel und/oder das Zahlenformat können korrigiert werden. 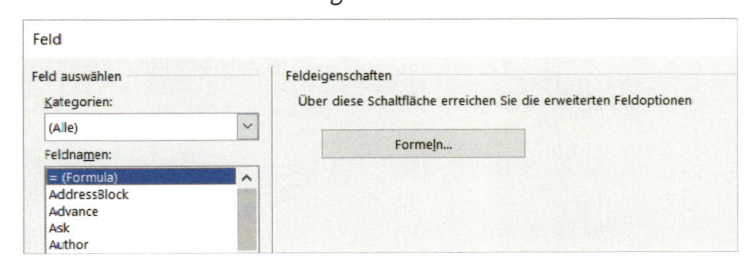
3. Das korrigierte Ergebnis erscheint in der Zelle.

Feldfunktion = zeigt, welche Formel hinter dem Ergebnis steht.

Feldfunktion anzeigen bzw. ausblenden

Mit der Tastenkombination [Alt] + [F9] können die Feldfunktionen angezeigt und wieder ausgeblendet werden.

> **Beispiel: Feldfunktion anzeigen**

7	Niederlande	10	12	14	36
8	Frankreich	10	12	11	33
9	Deutschland	10	11	16	37
10	Italien	10	10	20	40
Summe		203	188	196	587

{=SUM(ABOVE)\#"#,##0"}

Tipps für Formeln in WORD-Tabellen
- Wollen Sie in einer WORD-Tabelle eine Summe bilden, muss diese Zelle leer sein (kein Text, keine Ziffern etc.).
- In den Zellen, auf die sich die Formel bezieht, dürfen nur Ziffern stehen.
- Falls Sie die vorgeschlagenen Formeln nicht verwenden wollen, geben Sie eine eigene Formel ein.
- Formeln beginnen immer mit =.
- Die Operatoren, die Sie für die Formel üblicherweise verwenden, sind + für Additionen, – für Subtraktionen, * für Multiplikationen und / für Divisionen.
- Anstelle von absoluten Zahlen soll mit einem Zellbezug gerechnet werden, z. B. =B3+B9.

WorkBox – „In WORD-Tabellen rechnen"

- Berechnen Sie die Summe in einer Tabelle.
  a) Öffnen Sie die Datei **Medaillenspiegel1.docx** und speichern Sie sie unter **Medaillenspiegel2.docx**.
  b) Ergänzen Sie die Überschrift laut Lösungsvorschlag und formatieren Sie sie mit einer passenden Formatvorlage.
  c) Formatieren Sie die Tabelle nach Ihren Vorstellungen. Passen Sie die Absatzabstände vor und nach bei Bedarf an.
  d) Berechnen Sie die Summen in der Tabelle mit der vorgeschlagenen Formelfunktion SUM(ABOVE) und den Zahlenformaten #.##0.
  e) Setzen Sie in den Zellen mit den Ziffern passende rechte Einzüge und richten Sie die Ziffern rechtsbündig aus.

MEDAILLENSPIEGEL DER OLYMPISCHEN SOMMERSPIELE

Platz	Mannschaft	Gold	Silber	Bronze	Gesamt
1	Vereinigte Staaten	39	41	33	113
2	Volksrepublik China	38	32	18	88
3	Japan	27	14	17	58
4	Großbritannien	22	21	22	65
5	Russisches Olympisches Komitee	20	28	23	71
6	Australien	17	7	22	46
7	Niederlande	10	12	14	36
8	Frankreich	10	12	11	33
9	Deutschland	10	11	16	37
10	Italien	10	10	20	40
Summe			188	196	587

Der Lösungsvorschlag wurde im Design Integral mit der Dokumentformatierung Schattiert erstellt.

3 Mit Tabulatoren und Tabellen gestalten

Kathi unterhält sich mit Valentin über ihre Aufgabe als Klassenmanager/innen: „Durch Tabulatoren und Tabellen ist echt alles viel übersichtlicher geworden. Außerdem spare ich total viel Zeit", meint Valentin. Kathi stimmt ihm zu: „Absolut, aber ich arbeite viel lieber mit Tabellen als mit Tabulatoren. Geht es dir auch so?"

Besprechen Sie gemeinsam in der Klasse, wann Sie lieber mit Tabellen arbeiten und wann der Einsatz von Tabulatoren für Sie praktischer ist.

Sie sind mittlerweile ein echter Profi, wenn es um die Gestaltung mit Tabulatoren und Tabellen geht. Sie lernen nun zwei weitere Einsatzmöglichkeiten für die Formatierungsarten kennen.

Schon gewusst?
Bei der Arbeit mit WORD sind Tabulatoren und Tabellen sehr nützlich. Für manche Aufgaben sind Tabellen sinnvoller als Tabulatoren, z. B. wenn Sie Bilder einbauen möchten. Meistens können Sie aber selbst entscheiden, ob Sie lieber mit Tabulatoren oder einer Tabelle formatieren möchten.

Zwei Gestaltungsmöglichkeiten mit Tabulatoren und Tabellen lernen Sie nun näher kennen.

Gestaltung mit Tabulatoren und Tabellen
- Texte mit Stichwörtern
- Aufstellung gestalten

Texte mit Stichwörtern gliedern
Eine Möglichkeit, Texte übersichtlich zu gliedern, sind Stichwörter.

Stichwörter helfen der Leserin/dem Leser, sich rasch und übersichtlich über den Inhalt zu informieren. Sie sollen möglichst kurz sein und an der Fluchtlinie beginnen. Die Positionierung der dazugehörenden Texte ergibt sich aus dem längsten Stichwort.

Beispiel: Stichwörter in einem Angebot
Für alle E-Scooter aus unserem Katalog gelten folgende Verkaufsbedingungen:

Lieferzeit:	innerhalb 8 Tagen nach Erhalt der Bestellung
Zahlung:	innerhalb 10 Tagen ab Rechnungslegung 2 % Skonto, 30 Tage netto Kassa
Preise:	ab Werk, inkl. Umsatzsteuer

Tabulatoren oder Tabellen? Das ist Geschmackssache. Man nimmt einfach das, womit man persönlich lieber arbeitet.

Für die Gestaltung mit Stichwörtern haben Sie zwei Möglichkeiten:
- Tabelle ohne Rahmenlinie
- Tabstopps mit hängendem Einzug

III Mit WORD arbeiten

WorkBox – „Texte mit Stichwörtern gliedern"

- Üben Sie die Gliederung mit Stichwörtern.
  a) Speichern Sie ein neues Dokument unter **Stichwörter1.docx**.
  b) Gestalten Sie den Stichworttext (wie abgebildet) einmal mit Tabstopps und einmal in einer Tabelle.
  c) Denken Sie daran, zu speichern!

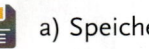

Termin:	28. Juni – 19. Juli 20..
Dauer:	8 Tage
Inklusive:	Charterflug ab/bis Wien oder Salzburg nach Ivalo, Flughafentaxen und Sicherheitsgebühren, 7 x Übernachtung in Hotels der guten Mittelklasse, alle Transfers im Komfortreisebus, alle Ausflüge, Eintritte, Besichtigungen
Verpflegung:	Halbpension mit Frühstück und Abendessen
Preis:	1.199,99 EUR pro Person

Termin: 28. Juni – 19. Juli 20..
Dauer: 8 Tage
Inklusive: Charterflug ab/bis Wien oder Salzburg nach Ivalo, Flughafentaxen und Sicherheitsgebühren, 7 x Übernachtung in Hotels der guten Mittelklasse, alle Transfers im Komfortreisebus, alle Ausflüge, Eintritte, Besichtigungen
Verpflegung: Halbpension mit Frühstück und Abendessen
Preis: 1.199,99 EUR pro Person

Besprechen Sie in der Klasse, welche Variante Ihnen besser gefällt und warum. Überlegen Sie auch, ob eine Variante weniger Aufwand ist als die andere.

Aufstellungen gestalten

Aufstellungen können ebenfalls mithilfe von Tabstopps oder Tabellen erstellt werden. Rahmenlinien können bei Bedarf auch ausgeblendet werden.

Beispiel: Klassenliste

Mit Tabulatoren

Auer Pia........................... 3ak................... 90,00 EUR
Berger Stefan .... 3bk................... 150,00 EUR
Gruber Theo...................... 2as................... 70,00 EUR
Moser Juliana .... 3ak................... 120,00 EUR

← Kolonnen →

Als Tabelle

Auer Pia	3ak	90,00 EUR
Berger Stefan	3bk	150,00 EUR
Gruber Theo	2as	70,00 EUR
Moser Juliana	3ak	120,00 EUR

Schon gewusst?
Vor und nach jeder Aufstellung sind die gleichen **Abstände wie beim Absatz** einzuhalten. Aus Gründen der Übersichtlichkeit sollen zwischen den Kolonnen größere Abstände gesetzt werden.

Mit Tabulatoren und Tabellen strukturiert arbeiten

WorkBox – „Aufstellungen gestalten"

- Gestalten Sie eine übersichtliche Aufstellung über bestellte Artikel.
  a) Speichern Sie ein neues Dokument unter **Aufstellung.docx**.
  b) Folgende Artikel wurden bestellt:
     - Menge 3, Artikel Kopierpapier Standard A4, Gewicht 80 g/m², Paketpreis 209,00 EUR, Gesamtpreis 627,00 EUR
     - Menge 2, Artikel Kopierpapier Standard A3, Gewicht 80 g/m², Paketpreis 406,00 EUR, Gesamtpreis 812,00 EUR
     - Menge 1, Artikel Kopierpapier Colour+ A4, Gewicht 90 g/m², Paketpreis 699,00 EUR, Gesamtpreis 699,00 EUR
  c) Erstellen Sie die Aufstellung sowohl mit Tabulatoren als auch als Tabelle.
  d) Achten Sie auf eine ansprechende Gestaltung, z. B. indem Sie Farben einsetzen.

Ziele erreicht? – „Mit Tabulatoren und Tabellen strukturiert arbeiten"

KOMPETENZ-ERWERB ✓

1. Wählen Sie für die folgenden Fälle den geeigneten Tabulator aus.

   Für eine Rechnung sollen die Geldbeträge exakt untereinander am Komma ausgerichtet werden.
   ⌞ -Tabulatur

   Die Speisen in einem Menüplan sollen zentriert untereinander ausgerichtet werden.
   ⊥ -Tabulatur

   Die Namen in der Klassenliste sollen rechtsbündig untereinander stehen.
   ⌞ -Tabulatur

   Bei der Gestaltung von Stichwörtern sollen die Texte linksbündig an der Fluchtlinie ausgerichtet werden.
   ⊥ -Tabulatur

2. Benennen Sie die Tabellenelemente.

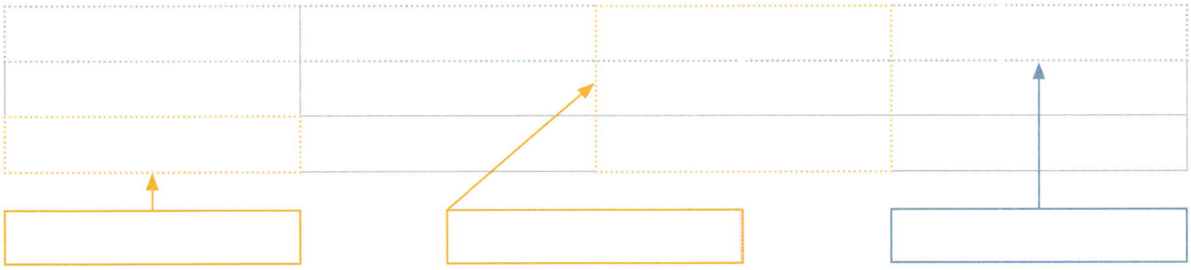

3. Erstellen Sie eine Tabelle mit Bildern und Text.
   a) Erstellen Sie ein neues Dokument im Querformat, Design Ion, in den Farben Laufschrift und speichern Sie es unter **Olympiade1.docx**.
   b) Fügen Sie darunter eine Tabelle mit sechs Spalten und vier Zeilen ein und stellen Sie OPTIMALE BREITE INHALT ein. Verwenden Sie kostenlose und lizenzfreie passende Bilder von www.pixabay.com zur Gestaltung der Seite wie abgebildet. Ändern Sie die Zellenhöhen einheitlich auf 4,5 cm.

275

c) Nehmen Sie folgende Einstellungen vor:
- Richten Sie die Bilder und Texte in allen Zellen zentriert aus.
- Ändern Sie die Textrichtung in der ersten und dritten Spalte wie abgebildet.
- Verringern Sie die Standardzellbegrenzung auf 0 cm.
- Zentrieren Sie die Tabelle.
- Passen Sie die Seitenränder so an, dass Ihre Tabelle auf einer Seite Platz hat.
- Weisen Sie der Tabelle eine passende Schattierungsfarbe und dem Text eine passende Schriftfarbe zu.
- Entfernen Sie die Rahmenlinien.
- Bei Bedarf ändern Sie in SCHRIFTART – ERWEITERT – LIGATUREN auf NUR STANDARD.
- Fügen Sie rechts eine weitere Spalte mit einer Breite von 1 cm ein.

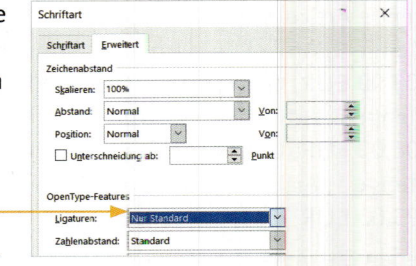

d) Denken Sie daran, zu speichern!

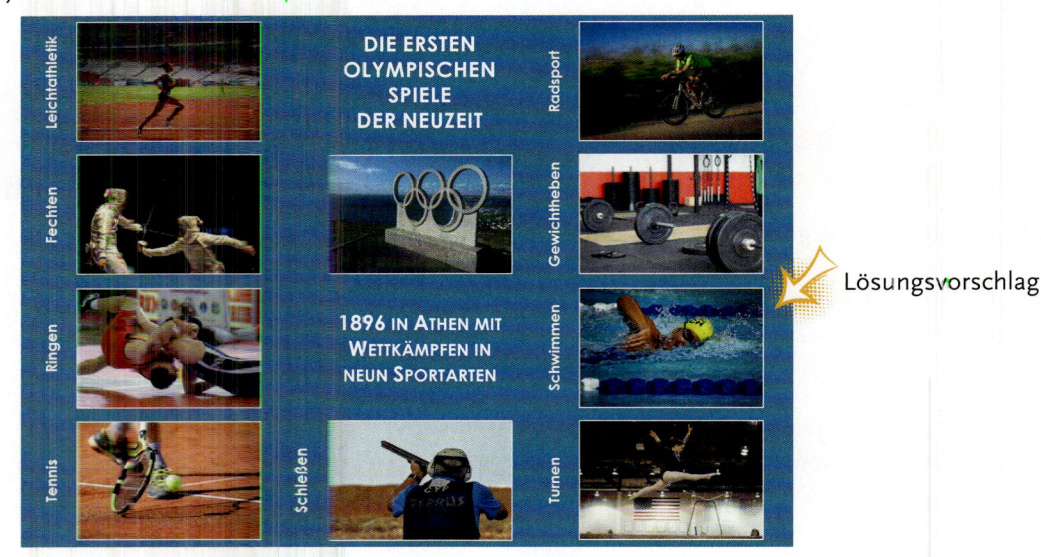

Lösungsvorschlag

4. Gestalten Sie für eine Trattoria eine Speisekarte mit Tabstopps und horizontalen Linien.

a) Öffnen Sie das Dokument **Speisekarte_u.docx** und speichern Sie es unter **Speisekarte2.docx**. Schreiben Sie den Text mit Tabstopps. Entfernen Sie im gesamten Dokument die Absatzabstände nach.

b) Wählen Sie für die Überschriften die Schriftart Lucida Handwriting, die Schriftgröße 16 Punkt und die Schriftfarbe Rot, Akzent 1, dunkler 25 %.

c) Für die Formatierung der Produktnamen verwenden Sie: Schriftart: Calibri; Schriftgröße: 12 Punkt; Schriftschnitt: fett; Schriftfarbe: Rot, Akzent 1, dunkler 25 %; Absatzabstand: vor 6 Punkt.

d) Formatieren Sie die Zutaten in der Schriftart Calibri und in der Schriftgröße 10 Punkt.

e) Setzen Sie linksbündige und Dezimaltabstopps bei 1,5 cm, 10 cm (mit und ohne Füllzeichen), 14 cm, 15,5 cm und 24 cm (mit Füllzeichen).

f) Fügen Sie das Bild **Speisekarte.jpg** ein (Textumbruch: Vor den Text, passend positionieren).

g) Denken Sie daran, zu speichern!

Mit Tabulatoren und Tabellen strukturiert arbeiten

5. Gestalten Sie einen Produktvergleich mit einer Tabelle.

a) Öffnen Sie ein neues Dokument und speichern Sie es unter **Bike2.docx**.

b) Schreiben Sie den unten stehenden Text mit der ⇄-Taste oder in einer passenden Tabelle oder öffnen Sie das Dokument **Bike_u.docx**. Verwenden Sie das Design Integral, die Dokumentformatierung Linien (modisch).

c) Weisen Sie die Formatvorlagen Titel, Untertitel, Schwache Hervorhebung und Intensives Zitat zu.

d) Entfernen Sie bei Bedarf Absatzabstände und verändern Sie die Schriftformatierungen (z. B. Zeichenabstand, Größe, Farbe etc.). Setzen Sie passende Tabstopps, Einzüge und Schattierungen.

e) Fügen Sie das Bild **Bike1.jpg** ein, verkleinern Sie es und wählen Sie den Bildeffekt wie abgebildet.

f) Denken Sie daran, zu speichern!

g) Verändern Sie das Design und die Dokumentformatierung nach Ihren Vorstellungen und speichern Sie es unter **Bike3.docx**.

Die 22 besten Mountainbikes

FÜR TRAILS, TOUREN UND ABENTEUER

Welches Bike würdest du kaufen, wenn du die vielfältigen Trails dieser Welt erobern, aber nur ein Bike besitzen dürftest? Gibt es das eine Mountainbike, das alles kann? Wir haben 22 Mountainbikes von 1.699,00 € bis 13.999,00 € getestet, brechen über Jahrzehnte eingefahrene Denkweisen auf und sorgen für neue Sichtweisen auf die MTB-Welt.

Marke	Modell	Preis in €	Gewicht [kg]	Federweg vorne [mm]	Federweg hinten [mm]	Laufradgröße ["]
Canyon	Neuron CF SLX 9	5.599,00	12,58	130	130	29"
Canyon	Spectral 29 LTD	6.299,00	13,28	160	150	29"
Canyon	Stoic 4	1.699,00	13,76	140	0	29"
FOCUS	THRON 6.9	2.799,00	15,80	130	130	29"
Ibis	Ripmo V2	8.285,00	13,78	160	147	29"
MERIDA	eONE-SIXTY 10K	9.899,00	23,10	160	150	Mullet
MERIDA	NINETY-SIX 8000	7.049,00	11,66	120	100	29"
Nukeproof	Reactor 290C Factory	6.155,00	14,70	140	130	29"
Orbea	Rise M-Team	9.338,00	18,46	150	140	29"
Propain	Hugene	7.203,00	13,98	150	140	29"
RAAW	Jibb XTR Build	7.540,00	14,80	150 (+10)	135	29"
Rocky M	Instinct C70	6.500,00	14,20	150	140	29"
Santa Cruz	5010 X01	8.399,00	13,35	140	130	27,5"
Santa Cruz	Tallboy CC X01	8.399,00	12,94	130	120	29"
SCOTT	Ransom 900 Tuned AXS	8.999,00	13,72	170	170	29"
Specialized	S-Works Turbo Levo SL	13.999,00	16,95	150	150	29"
Specialized	S-Works Stumpjumper	9.999,00	12,48	140	130	29"
Specialized	S-Works Stumpjumper E	10.499,00	14,16	160	150	29"
Trek	Fuel EX 9.8 GX	5.999,00	13,48	140	130	29"
Trek	Top Fuel 9.9 X01	8.999,00	11,54	120	115	29"
Yeti	SB115 TURQ3	10.990,00	12,38	130	115	29"
YT	IZZO BLAZE 29	3.999,00	13,90	140	130	29"

Der Lösungsvorschlag wurde im Design Integral erstellt.

> *Fazit: Das Canyon Spectral 29 LTD ist der perfekte Allrounder für jeden Fahrertyp. Es vereint tourentaugliche Uphill-Performance mit ordentlich Ballerpotenzial und kann auf jedem Trail mit hohem Speed und Fahrspaß überzeugen. Einzig die Reifenwahl limitiert das Spectral im Downhill, doch davon abgesehen kann es mit hoher Verarbeitungsqualität und einem sehr starken Preis-Leistungs-Verhältnis glänzen. Kein Bike im Test hat es geschafft, derart diverse Situationen auf dem Trail mit solch einer Bravour zu meistern und gleichzeitig ein riesiges Einsatzgebiet so gut abzudecken. So sichert sich das Canyon Spectral 29 LTD verdient den Testsieg auf der Suche nach dem besten Mountainbike 2021 – Chapeau!*

Quelle: www.enduro-mtb.com; Peter Walker, Robin Schmitt, Felix Stix; 11.06.2021

III Mit WORD arbeiten

6. Üben Sie das Rechnen in WORD-Tabellen.

a) Erstellen Sie ein neues Dokument und speichern Sie es unter **Duke1.docx**.
b) Formatieren Sie die Überschrift mit passenden Formatvorlagen.
c) Fügen Sie die Bilder **Duke2.jpg** und **Duke3.jpg** ein und positionieren Sie beide passend.
d) Schreiben Sie den Text in eine Tabelle laut Vorlage. Formatieren Sie die Tabelle nach Ihren Vorstellungen.
e) Verwenden Sie die Formatvorlagen Titel, Überschrift 1, Standard und Schwacher Verweis (für die Quellenangabe).
f) Berechnen Sie die Summen in der Tabelle mit der vorgeschlagenen Formelfunktion SUM(ABOVE) und der angegebenen Formel mit Zellbezügen. Wählen Sie das Zahlenformat #.##0.
g) Setzen Sie in den Zellen zu den Ziffern passende rechte Einzüge und richten Sie die Ziffern rechtsbündig aus.
h) Denken Sie daran, zu speichern!

DUKE
PRODUKTIONSPLAN
KW 38/20..

Artikel-Nr.	Order-Nr.	Bestellmenge	Modell	Ausführung
F9903T4	301009347	175	890 Duke R 2020	EU
F9903T4	301009350	50	890 Duke R 2020	EU
		225		
F9903TE	301009023	75	1290 Super Duke R, orange 2020	EU
F9903TE	301009035	125	1290 Super Duke R, orange 2020	EU
		200		
F9603TE	301008803	50	790 Duke L, black 2020	EU
F9603TE	301008806	75	790 Duke L, black 2020	EU
		125		
F9603TB	301008815	100	790 Duke L, orange 2020	EU
F9603TB	301008910	25	790 Duke L, orange 2020	EU
F9603TB	301008916	75	790 Duke L, orange 2020	EU
		200		
F9603T6	301008904	150	790 Duke, black 2020	EU
F9603T5	301009161	50	790 Duke, orange 2020	EU
		200		
F9703T3	301009170	75	890 Duke R 2020	EU
F9775T3	301009173	75	890 Duke R 2020	US
		150		
GESAMT		1100		

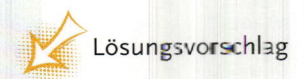

Quelle: KTM AG, September 2021

Einen interaktiven **Safety-Check** finden Sie in der TRAUNER-DigiBox.

IV Perfekte Schriftstücke erstellen

Im Internet schreiben sowieso alle, wie sie wollen. Also ist es doch total egal, wie ich Ziffern und Zahlen schreibe, oder?

Perfekt! Ich habe meine erste Bewerbung am PC geschrieben – jetzt ab zur Post damit!

Sie finden

Gültige Standards im Schriftverkehr anwenden/
Seite 280

Ab die Post – Briefe und E-Mails schreiben/
Seite 307

Gültige Standards im Schriftverkehr anwenden

💬 Diskutieren Sie mit Ihrer Lehrperson, warum die Einhaltung von Schreibregeln wichtig ist.

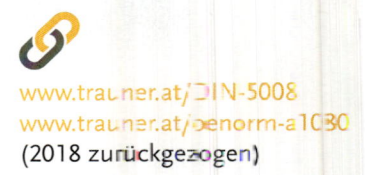

🔗 www.trauner.at/DIN-5008
www.trauner.at/oenorm-a1080
(2018 zurückgezogen)

Gesellschaft, Wissenschaft und Wirtschaft richten sich nach bestimmten, gemeinsam erstellten Regeln. Diese Regeln nennt man auch „Normen" oder „Standards". Sie stellen die Basis für die Rationalisierung und Qualitätssicherung in Wirtschaft, Technik, Wissenschaft und Verwaltung dar. Sie sind zwar rechtlich nicht verpflichtend, stellen jedoch eine Empfehlung dar, an der sich die Wirtschaft sehr stark orientiert. So hinterlassen Zeichen- oder Tippfehler rasch einen unprofessionellen Eindruck.

Man unterscheidet internationale Normen (ISO), europäische Normen (EN) und nationale Normen (z. B. ÖNORM, DIN). Für den Schriftverkehr in Österreich war bis 2018 die ÖNORM A 1080 verbindlich. Seit deren Stilllegung wird sie durch die DIN 5008 sowie andere Regelwerke ersetzt. Im Schriftverkehr gelten zusätzlich die Vorgaben des Österreichischen Wörterbuches und des Duden.

🎯 Meine Ziele

KOMPETENZ-ERWERB

Nach Bearbeitung dieses Kapitels kann ich

- die Bedeutung der am häufigsten in der Praxis verwendeten Abkürzungen nennen;
- Satz- und Sonderzeichen regelkonform verwenden;
- den formal korrekten Mittelstrich einsetzen;
- die unterschiedlichen Wortersatzzeichen passend und regelkonform verwenden;
- Ziffern und Zahlen – je nach Verwendungsart (z. B. Maßeinheit) – korrekt schreiben.

1 Begriffe richtig abkürzen

Ilja und Jenny wohnen in derselben Straße und gehen auch gemeinsam zur Schule. Jennys Lieblingsfach ist „Officemanagement und angewandte Informatik". Ilja ist davon gerade ein bisschen genervt: „Ist das wirklich so wichtig, wie ich etwas abkürze? Warum kann sich nicht einfach jeder selbst überlegen, wie ein Wort abgekürzt werden soll?" „Dann kennt sich doch keiner mehr aus!", wirft Jenny ein.

Überlegen Sie gemeinsam in der Klasse, warum es wichtig ist, dass einheitliche Abkürzungen verwendet werden. Tauschen Sie sich in der Klasse darüber aus, welche Abkürzungen Sie kennen bzw. regelmäßig nutzen.

Abkürzungen können Sie sich nicht einfach ausdenken. Für die meisten Begriffe gibt es vorgegebene Abkürzungen und Regeln, wie diese zu schreiben sind.

Man unterscheidet Abkürzungen, die mit Punkt und solche, die ohne Punkt geschrieben werden.

Abkürzungen richtig schreiben

Abkürzungen mit Punkt

- Abkürzungen, die man beim Lesen **automatisch als ungekürztes Wort** bzw. ungekürzte Wortgruppe **liest**

  Beispiele
  Mag. = Magister, evtl. = eventuell, z. B. = zum Beispiel, d. J. = dieses Jahres, i. A. = im Auftrag

Abkürzungen ohne Punkt

- National oder international festgelegte Abkürzungen für Maßeinheiten, Währungen, Himmelsrichtungen etc.

  Beispiele
  cm = Zentimeter, EUR = Euro, S = Süden, AG = Aktiengesellschaft

- Fachspezifische Abkürzungen

  Beispiele
  USt = Umsatzsteuer, BLZ = Bankleitzahl, VwGH = Verwaltungsgerichtshof

Sogar für das Wort Abkürzung gibt es eine Abkürzung!

Mehrere abgekürzte Wörter werden mit einem **geschützten Leerzeichen** (⇧ + Strg + Leertaste) getrennt.

Ausnahmen
- Die Abkürzungen **usw.** (= und so weiter) und **usf.** (= und so fort) werden nur mit einem Punkt am Ende und ohne Trennung durch Leerzeichen geschrieben.
- Die Abkürzung **Co.** = **Co** für Kompanie bzw. Compagnie kann mit oder ohne Punkt geschrieben werden.

> Steht eine **Abkürzung mit Punkt am Ende eines Satzes,** entfällt der Schlusspunkt, jedoch werden andere Satzzeichen, z. B. Rufzeichen, Fragezeichen, geschrieben.

In den folgenden Tabellen finden Sie eine Auswahl an Abkürzungen, die in der täglichen Praxis häufig vorkommen.

IV Perfekte Schriftstücke erstellen

💬 Besprechen Sie mit Ihrer Lehrperson, welche der hier angeführten Abkürzungen für Sie wichtig sind und kennzeichnen Sie diese.

Manche Abkürzungen können für verschiedene Begriffe stehen. Um ihre Bedeutung zu verstehen, ist der Kontext also der Zusammenhang wichtig.

💬 Überlegen Sie, ob Sie den Begriff PS, Postskriptum, schon einmal gehört haben. Wofür wird dieser verwendet? Tauschen Sie sich in der Klasse aus.

§ Das Abkürzungsverzeichnis des Rechtssystems der Republik Österreich (RIS) finden Sie z. B. unter: www.trauner.at/ abkuerzungen-ris

Allgemeine Abkürzungen

Abk.	Abkürzung, Abkommen
Abs.	Absatz, Absender
Abt.	Abteilung
a. D.	außer Dienst
AGB	Allgemeine Geschäftsbedingungen
Anm.	Anmerkung
Art.	Artikel
Bez.	Bezirk, Bezeichnung(en)
BIC	Bank Identifier Code
bzw.	beziehungsweise
ca.	circa
c/o	care of (beschäftigt bei, wohnhaft bei)
dgl.	dergleichen
d. h.	das heißt
DIN	Deutsche Industrie-Norm(en)
d. J.	dieses Jahres
d. M.	dieses Monats
dzt.	derzeit
eh.	eigenhändig
etc.	et cetera
EU	Europäische Union
evtl.	eventuell
f.	(die) folgende (Seite)
ff.	(die) folgenden (Seiten)
FN	Firmenbuchnummer
gem.	gemäß
GZ	Geschäftszahl
h. c.	honoris causa (ehrenhalber)
i. A.	im Auftrag
IBAN	International Bank Account Number
i. R.	im Ruhestand

ISBN	Internationale Standardbuchnummer
IT	Informationstechnologie
i. V.	in Vollmacht, in Vertretung
Jg.	Jahrgang
Jh.	Jahrhundert
Kfz; KFZ	Kraftfahrzeug
led.	ledig
Lkw; LKW	Lastkraftwagen
Mio.	Million
Mrd.	Milliarde
Nr.	Nummer
p. A.	per Adresse
PIN	Personal Identification Number
Pkw; PKW	Personenkraftwagen
PLZ	Postleitzahl
ppa.	per procura
PS	Postskriptum
s.	siehe
S.	Seite(n)
St.	Sankt
Stk.	Stück
TAN	Transaktionsnummer
Tel.	Telefon
u.	und
u. a.	und andere(s), unter anderem
u. Ä.	und Ähnliche(s)
usw.	und so weiter
v. a.	vor allem
z. B.	zum Beispiel
z. T.	zum Teil
zzgl.	zuzüglich

Schon gewusst?
Für beinahe jeden Bereich des täglichen Lebens gibt es spezielle Abkürzungen. Zum Glück muss man sich nicht alle merken, denn in Büchern und auch auf Websites findet man meist dazugehörige **Abkürzungsverzeichnisse**.

Gültige Standards im Schriftverkehr anwenden

Akademische Grade, Diplomgrade, Standesbezeichnungen

BA	Bachelor of Arts	MAS	Master of Advanced Studies
BBA	Bachelor of Business Administrations	MBA	Master of Business Administration
BEd	Bachelor of Education	MEd	Master of Education
Dipl.-Ing.; DI	Diplom-Ingenieurin/ Diplom-Ingenieur	MIB	Master of International Business
Dr.	Doktorin/Doktor		
Dr. h. c.	Doctor honoris causa	MSc	Master of Science
Ing.	Ingenieurin/Ingenieur	PhD	Philosophiae Doctor
MA	Master of Arts	Univ.-Prof.; Univ.Prof.	Universitätsprofessorin/ Universitätsprofessor
Mag.	Magistra/Magister		

§ Gesetzlich festgelegte Buchstabenabkürzungen sind nur in der vom Gesetzgeber bestimmten Form zu verwenden. Andere Abkürzungen folgen den Regeln der deutschen Rechtschreibung.

Ämter, Ministerien, Behörden, Schultypen

AHS	Allgemeinbildende höhere Schule	HLT	Höhere Lehranstalt für Tourismus
BH	Bezirkshauptmannschaft	HLW	Höhere Lehranstalt für wirtschaftliche Berufe
BHS	Berufsbildende höhere Schule		
BKA	Bundeskanzleramt	HTL	Höhere technische Lehranstalt
BM	Bundesministerium		
BS	Berufsschule	MS	Mittelschule
FA	Finanzamt	OeNB	Oesterreichische Nationalbank
FW	Fachschule für wirtschaftliche Berufe		
		OGH	Oberster Gerichtshof
HAK	Handelsakademie	OLG	Oberlandesgericht
HAS	Handelsschule	PTS	Polytechnische Schule
HF	Hotelfachschule	TFS	Tourismusfachschule
HLA	Höhere Lehranstalt	VfGH	Verfassungsgerichtshof
HLFL	Höhere land- u. forstwirtschaftliche Lehranstalt	VS	Volksschule
		VwGH	Verwaltungsgerichtshof

Ich besuche die HAK. Mein kleiner Bruder ist in der MS, meine große Schwester arbeitet beim FA.

Verfassungsgerichtshof in Wien.

Gesetze, Verordnungen, Kundmachungen, Abgaben, Steuern

ABGB	Allgemeines Bürgerliches Gesetzbuch	KG	Katastralgemeinde, Kommanditgesellschaft
ASVG	Allgemeines Sozialversicherungsgesetz	KÖSt	Körperschaftsteuer
		StGB	Strafgesetzbuch
BG	Bundesgesetz	StVO	Straßenverkehrsordnung
BGBl.	Bundesgesetzblatt	UGB	Unternehmensgesetzbuch
B-VG	Bundes-Verfassungsgesetz	UID-Nr.	Umsatzsteueridentifikationsnummer
ESt	Einkommensteuer		
EStG	Einkommensteuergesetz	USt	Umsatzsteuer
KESt	Kapitalertragsteuer	VSt	Vorsteuer

283

IV Perfekte Schriftstücke erstellen

Österreichische Bundesländer

Bgld.	Burgenland	Stmk.	Steiermark
Ktn.	Kärnten	T	Tirol
NÖ	Niederösterreich	Vbg.	Vorarlberg
OÖ	Oberösterreich	W	Wien
Sbg.	Salzburg		

Rechtsformen von Unternehmen

AG	Aktiengesellschaft	Gen.	Genossenschaft
Co; Co.	Compagnie, Kompanie	GmbH	Gesellschaft mit beschränkter Haftung
e. U.	eingetragene Unternehmerin/ eingetragener Unternehmer	KG	Kommanditgesellschaft
e. V.	eingetragener Verein	OG	Offene Gesellschaft

> **Beispiele**
> Franz Jentschke e. U.
>
> Boehringer Ingelheim RCV GmbH & Co KG

Mit den Rechtsformen von Unternehmen werden Sie sich im zweiten Jahrgang im Unterrichtsgegenstand „Betriebswirtschaft" ausführlich beschäftigen.

Maße, Währungen, Himmelsrichtungen, chemische Zeichen

Maße, Währungen, Himmelsrichtungen, chemische Zeichen etc. werden als Symbole betrachtet und ohne Abkürzungspunkt geschrieben. Vor und nach den Symbolen ist ein Leerzeichen zu setzen.

Maße

mm/mm²/mm³	cm/cm²/cm³	dm/dm²/dm³	m/m²/m³	km/km²/km³	a (= Ar) ha (100 a = 1 ha)
fm	ml	dl	l	hl	mg	g
dag	kg	t	s, Sek.	min, Min.	h, Std.	d, Tag

> **Beispiele**
> 4 m², 10 cm³

Währungen

Bei Währungen ist die internationale dreistellige Bezeichnung anzuwenden. Sie wird in Großbuchstaben (Versalien) geschrieben.

CHF	Schweizer Franken	GBP	Britisches Pfund
CZK	Tschechische Krone	JPY	Japanischer Yen
EUR	Euro	USD	US-Dollar

Kennen Sie weitere Währungen, die hier nicht angeführt sind? Finden Sie heraus, wie diese abgekürzt werden.

Himmelsrichtungen

N	S	O	W	SSW	NNO
Norden	Süden	Osten	Westen	Südsüdwest	Nordnordost

Gültige Standards im Schriftverkehr anwenden

Let's do this! – „Begriffe richtig abkürzen"

Ausgangssituation

Ilja und Jenny haben sich vorgenommen, die Liste mit den Abkürzungen, die sie von ihrer Lehrperson erhalten haben, gemeinsam zu lernen und sich gegenseitig abzuprüfen. Dazu nutzen sie den Chat in TEAMS. Jenny ist total gut drauf. Sie hat am Vortag die Musiksammlung ihrer Eltern durchsucht und muss Ilja gleich ihren Fund zeigen.

FILM AB!
Das Musikvideo zum Song „MfG" der Fantastischen Vier finden Sie unter www.trauner.at/video-mfg.

Jenny Chat 4 weitere

16:02
LOL! Das ist ja krass ... ich kenn den Song sogar. Das ist von den Fantastischen 4, mein Onkel hört die immer! Kennst du da alle Abkürzungen?

Zuletzt gelesen

Jenny 16:03
Ja, ein paar kenne ich. Mann, jetzt müssen wir aber echt lernen. Ich fang an. Ich schick dir Wörter und du schreibst die Abkürzungen in den Chat. Nach zehn richtigen tauschen wir!

16:03
Los geht's!

Jenny 16:03
Schweizer Franken

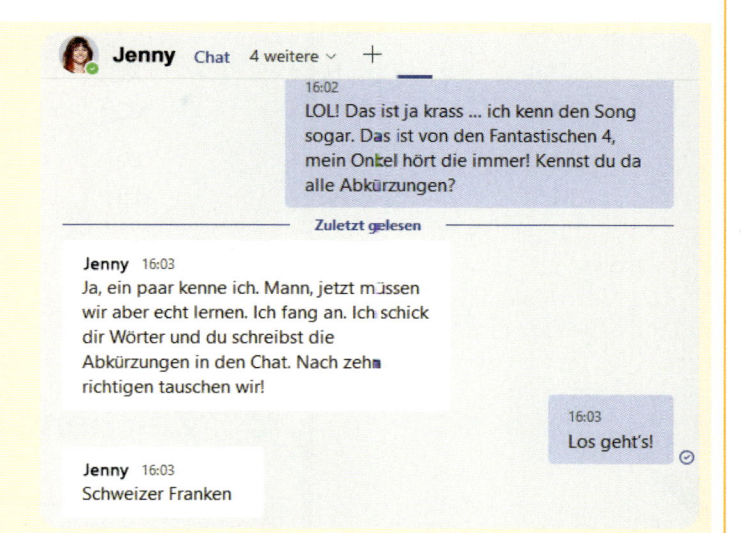

JETZT SIND SIE DRAN!

- Bilden auch Sie Lerngruppen und prüfen Sie sich gegenseitig jene Abkürzungen ab, die Sie lernen sollen. Vielleicht macht Ihre Lehrperson mit Ihnen in der Klasse auch einen Wettbewerb – mal sehen, wer die besten fünf sind!

WorkBox – „Begriffe richtig abkürzen"

- Wählen Sie die richtige Abkürzung.

Ausgangssituation
Jenny und Ilja bereiten sich auf die Schularbeit vor. Ilja hat alle Abkürzungen, die die beiden für die Schularbeit können müssen, in WORD zusammengeschrieben.

a) Iljas Unterlagen sind irgendwie durcheinandergeraten. Teilweise hat er den Begriff stehen, teilweise die Abkürzung – so ein Durcheinander! Helfen Sie den beiden und schreiben Sie die richtige Abkürzung bzw. den passenden Begriff in die leeren Zellen.

per procura				usw.
	St.	zum Beispiel		
Kraftfahrzeug		Schweizer Franken		
per Adresse				AG
	Abt.	(die) folgenden (Seiten)		
dergleichen		Milliarde		
Universitätsprofessor/in				BEd
	Mag.	Stück		
Million				GZ
beschäftigt bei				Ing.
Nummer		im Auftrag		
unter anderem		Euro		

285

IV Perfekte Schriftstücke erstellen

b) Plötzlich bemerkt Jenny, dass einige der Abkürzungen in Iljas Aufzeichnungen nicht korrekt sind. Jetzt ist sie total verwirrt – was ist denn nun richtig? Kreuzen Sie die richtige Schreibweise an:

GmbH ○	USt ○	iV. ○	d. h. ○		
G. mbH. ○	UST ○	i. V. ○	dh. ○		
Stk ○	hc ○	KG ○	PS ○	Stmk. ○	Co ○
Stk. ○	h. c. ○	KG. ○	P. S. ○	STmk. ○	CO ○
KEST ○	PLZ ○	dz. ○	f. ○		
KESt ○	Plz ○	dzt. ○	f ○		

✏️ Erklären Sie, was Jenny machen kann, damit z. B. am Zeilenende nicht getrennt wird.

_____

_____

2 Zeichen korrekt schreiben und einsetzen

> Jenny arbeitet an einem Aufsatz und bittet Ilja um Hilfe: „Der Zeilenumbruch trennt immer wieder Abkürzungen. Siehst du das ... z. steht in der einen Zeile und B. in der anderen. Das sieht doch doof aus. Kann ich z. B. nicht einfach zusammenschreiben?"
> „Auf keinen Fall, das ist nicht erlaubt. Das musst du anders formatieren!"

Auch für die Verwendung von Zeichen, wie z. B. Satzzeichen, Sonderzeichen, Symbolen, Klammern etc. müssen bestimmte Regeln eingehalten werden.

Zeichen korrekt schreiben und einsetzen

- Satzzeichen setzen
- Rechenzeichen verwenden
- Klammern setzen
- Wortersatzzeichen nutzen
- Schrägstrich schreiben
- Diakritische Zeichen einfügen
- Anführungszeichen setzen
- Auslassungszeichen einsetzen
- Mittelstrich einsetzen

💡 Auf den folgenden Seiten wird das geschützte Leerzeichen hin und wieder als farbiger Kreis ° dargestellt, damit Sie deutlich sehen können, an welchen Textstellen kein Zeilenumbruch erfolgen darf.

Beachten Sie bei der Erarbeitung der Zeichen immer die folgenden Tipps.

Tipps!
- Aktivieren Sie die Silbentrennung.
- Trennen Sie niemals zusammengehörige Teile, die durch ein Leerzeichen gegliedert werden. Setzen Sie ein geschütztes Leerzeichen (Strg + ⇧ + Leertaste), um eine Trennung zu verhindern.
- Nutzen Sie den geschützten Mittelstrich (Strg + ⇧ + –), um **eng zusammengehörige Teile,** die durch Bindestriche gegliedert werden, vor einem unbeabsichtigten Zeilenumbruch zu schützen.

286

Gültige Standards im Schriftverkehr anwenden

Beispiele

- **Geschütztes Leerzeichen bei zusammengehörigen Textteilen**
  Daher muss° – um hier Fehler zu vermeiden° – sehr genau gearbeitet werden.
  §°27, 5°%°Skonto, 250°000°Einwohner, Mayer°&°Huber°KG, €°150,00,
  28.°Mai°1930, 5:10°Uhr, S.°27°ff., #°899, 2°:°3, z.°B., etc.

- **Geschützter Mittelstrich bei zusammengehörigen Textteilen**
  E-Mail, A4-Format, 14-mal, 45-jährig, Vitamin-B-Mangel, die x-te Potenz,
  6-zylindrig, C-Dur, UKW-Sender

> Wenn die nichtdruckbaren Zeichen ¶ eingeblendet sind, kann man auch die geschützten Leerzeichen und Trennstriche gut erkennen.

Semikolon = Strichpunkt.

2.1 Satzzeichen setzen

Die Satzzeichen (Punkt, Rufzeichen, Fragezeichen, Doppelpunkt, Komma, Semikolon) werden **ohne Leerzeichen** direkt im Anschluss an ein Wort oder Zeichen geschrieben, danach folgt ein Leerzeichen.

! Ein Abkürzungs- oder Auslassungspunkt am Satzende schließt den Satzschlusspunkt ein, **andere Satzzeichen sind zu setzen.**

Beispiele
- Passt das für Sie?
- Montag geschlossen!
- Wir verkaufen Bücher, Hefte usw.
- Verkaufen Sie Bücher, Hefte usw.?

WorkBox – „Satzzeichen setzen"

- Kreuzen Sie an, ob in den folgenden Fällen nach der Abkürzung ein Satzzeichen gesetzt werden muss. Vervollständigen Sie anschließend den Satz mit dem passenden Satzzeichen.

	Satzzeichen setzen?	
Jenny erzählt: Ich habe für die Party schon alles besorgt: Deko, Essen, Getränke etc.	○ Ja	○ Nein
Jenny möchte gerne wissen: Haben wir genug Teller? Reichen 30 Stk.	○ Ja	○ Nein
Ilja fragt seine Schwester: Kommst du rechtzeitig zur Party nach Sbg.	○ Ja	○ Nein
Jenny ist besorgt über die Kosten der Party: Kostet die Karaokemaschine wirklich über 100 EUR	○ Ja	○ Nein
Ilja versucht, sie zu beruhigen: Ja, aber es zahlen fast alle mit. Tom, Vanessa, Chiara, Chris etc.	○ Ja	○ Nein
Ilja erklärt: Meine Schwester möchte die Party nicht verpassen, sie kommt direkt nach ihrem letzten Kurs an der FH	○ Ja	○ Nein

IV Perfekte Schriftstücke erstellen

2.2 Diakritische Zeichen einfügen

> **Diakritische Zeichen** sind kleine Striche, Punkte, Häkchen etc., die meist über oder unter einem Buchstaben stehen und seine Aussprache oder Betonung verändern.

💡 Diakritische Zeichen werden auch als Sonderbuchstaben bezeichnet.

In WORD stehen mehrere Möglichkeiten zum Erstellen diakritischer Zeichen zur Verfügung.

Tastatur
Drücken Sie zuerst das Akzentzeichen auf der Tastatur, anschließend die Buchstabentaste. Für manche Akzente, z. B. è, müssen Sie zusätzlich die ⇧-Taste drücken.

> **Beispiele**
> - après
> - présenter
> - côte

💡 Auf Ihrem Smartphone oder Tablet können Sie Buchstaben mit diakritischen Zeichen über die Tastatur einfügen. Drücken Sie lange auf den Buchstaben und wählen Sie dann die passende Option aus.

ANSI-Code
Die Eingabe der Ziffern erfolgt über den numerischen Tastenblock.
ç = Alt + 0231   ñ = Alt + 0241   ë = Alt + 0235

> **Beispiele**
> - François
> - Señor
> - Triëder (dreiseitig)

Symbol
Zusätzliche Aussprachezeichen finden Sie unter EINFÜGEN – SYMBOL – WEITERE SYMBOLE.

🔗 Diakritische Zeichen benötigen Sie im Fremdsprachenunterricht z. B. in Französisch oder Spanisch.

> **Beispiele**
> - Halbinsel Bygdøy
> - multiplicação
> - Småland

Tastenkombination
Werden Symbole/Zeichen mehrmals benötigt, können Sie sie als Tastenkombination speichern.

- Klicken Sie auf EINFÜGEN – SYMBOL – WEITERE SYMBOLE.
- Wählen Sie ein Zeichen aus.
- Klicken Sie auf TASTENKOMBINATION... – neue Tastenkombination eingeben – ZUORDNEN.

In einigen Sprachen sind Buchstaben mit diakritischen Zeichen versehen. Diese Sonderbuchstaben können z. B. als Symbol eingefügt werden.

> **Beispiele**
> - ¿ = Alt + F
> - ¡ = Alt + R
> - ï = Alt + I

288

Gültige Standards im Schriftverkehr anwenden

WorkBox – „Diakritische Zeichen einfügen"

- Erfassen Sie einen Text mit diakritischen Zeichen.
  a) Erstellen Sie ein neues Dokument und speichern Sie es unter **Diakritische Zeichen1.docx**.
  b) Schreiben Sie den Text eines Kinderspieles (Toni – der Tausendfüßler) in französischer und spanischer Sprache.
  c) Denken Sie daran, zu speichern!

  Toni le mille-pattes – Le jeu de dé multicolore pour 2 joueurs de 3 à 6 ans

  Contenu: 1 plateau de jeu en bois, 26 chaussures en bois, 2 pions, 1 dé Couleurs

  Tous les matins, Toni le mille-pattes se promène dans l'herbe. De temps en temps, il attrape plutôt froid aux pieds et se réjouit si vous, les enfants, l'aidez à mettre ses nombreuses chaussures.

  Le but du jeu consiste à mettre le plus vite possible toutes les chaussures devant soi aux pieds de Toni, ce garçon très sympa.

  Toni el ciempiés – El turbulento juego de dados para 2 jugadores desde 3 haste 6 años de edad

  Contenido: 1 tablero de madera, 26 zapatos de madera, 2 peones, 1 dado de colores

  Cada mañana, Toni, el pequeño ciempiés, da un paseo por la hierba. De vez en cuando, se moja los pies y, por eso, se alegra cuando los niños le ayudan a ponerse sus numerosos zapatos.

  Objetivo del juego. Los jugadores intentan ponerle a Toni todos los zapatos que se encuentran delante de ellos.

  ¿Quién ganará? (Wer wird gewinnen?)   ¡Mucho éxito! (Gutes Gelingen!)

2.3 Rechenzeichen verwenden

Rechenzeichen sind die Zeichen Plus +, Minus –, Mal *, Geteilt /, das Gleichheitszeichen = sowie die Zeichen für kleiner < und größer >.

Die Rechenzeichen werden mit jeweils **einem Leerzeichen davor und danach** geschrieben. Auf die Zusammengehörigkeit der Rechenteile ist wiederum zu achten.
Ausnahme: Wird das Minus oder Plus als **Vorzeichen** gebraucht, steht es eng bei der Zahl.

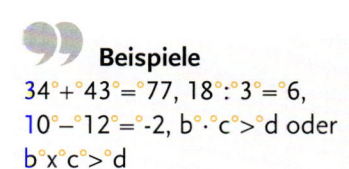

Beispiele
34 + 43 = 77, 18 : 3 = 6,
10 – 12 = -2, b · c > d oder
b x c > d

WorkBox – „Rechenzeichen verwenden"

- Üben Sie den richtigen Einsatz von Rechenzeichen.
  a) Öffnen Sie ein neues WORD-Dokument und speichern Sie es unter **Rechenzeichen1.docx**.
  b) Erfassen Sie die folgenden Rechnungen mit den korrekten Rechenzeichen:
    - 18 dividiert durch 3 ist gleich 6
    - 7 ist größer als 5
    - 16 multipliziert mit 12 ist gleich 192
    - 235 ist kleiner als 277
    - 90 minus 45 plus 20 ist gleich 65
  c) Denken Sie daran, zu speichern!

IV Perfekte Schriftstücke erstellen

Damit WORD automatisch die richtigen Anführungszeichen verwendet, muss die Sprache korrekt eingestellt sein, z. B. Deutsch (Österreich).

2.4 Anführungszeichen setzen

Die **Anführungszeichen** („ " oder in Ausnahmefällen « ») sowie die einfachen Formen (, ' oder in Ausnahmefällen < >) stehen ohne Leerzeichen vor und nach den eingeschlossenen Texten bzw. Zeichen; davor und danach ist ein Leerzeichen zu setzen.

> Das **Aussehen von Anführungszeichen** hängt von der Schriftart und der Sprache ab (Deutsch: „Guten Abend!", Englisch: "Good evening!", Französisch: «Bon soir!»).

Im Deutschen werden die Anführungszeichen folgendermaßen genutzt:

Anführungszeichen „ "
Sie werden verwendet, um wörtlich Wiedergegebenes einzuschließen.

Beispiele
- „Dieser Vertrag muss sofort korrigiert werden", erklärte der Rechtsanwalt.
- Der bekannte Sportler Hans Huber war zu Gast in Peter Burgers Gesprächsserie „Spitzensportler".

Einfache Anführungszeichen , '
Sie werden eingesetzt, um Zitate innerhalb eines unter Anführungszeichen stehenden Textes abzugrenzen.

Beispiel
Der Besucher fragte: „Läuft die Ausstellung ‚Offene Gartentüren' noch bis Herbst?"

Schon gewusst?
In WORD sind die typografischen **Anführungszeichen** (Anführungszeichen unten und oben) bereits standardmäßig eingestellt. Zum Umstellen auf gerade Anführungszeichen:
- DATEI – OPTIONEN – DOKUMENTPRÜFUNG – AUTOKORREKTUR-OPTIONEN
- Registerkarte AUTOFORMAT
- Im Bereich ERSETZEN – „GERADE" ANFÜHRUNGSZEICHEN DURCH „TYPOGRAPHISCHE" deaktivieren

WorkBox – „Anführungszeichen setzen"

- Setzen Sie die korrekten Anführungszeichen.
  a) Erstellen Sie ein neues Dokument und speichern Sie es unter **Anführungszeichen1.docx**.
  b) Setzen Sie an mit ♦ gekennzeichneten Stellen das korrekte Zeichen ein.

  Das E-Mail lautet: ♦ Die Lieferung wird am 22. Mai mit dem Tanker ♦ Poseidon ♦ eintreffen. ♦ Das Sprichwort ♦ Die Zeit heilt alle Wunden ♦ tröstet nicht immer. Die Reisebüroangestellte fragte: ♦ Möchten Sie auf dem Schiff ♦ Queen Mary ♦ Ihr Hochzeitsjubiläum feiern? ♦ Dieser Artikel stand in der Tageszeitung ♦ Der Standard ♦.

2.5 Klammern schreiben

Vor der Anfangs- und nach der Schlussklammer wird ein Leerzeichen gesetzt. Innerhalb der Anfangs- und Schlussklammer werden keine Leerzeichen gesetzt.

Runde Klammern ()
- Um Übersetzungen, Erklärungen, Nebenbemerkungen, Beisätze, Jahreszahlen etc. vom Hauptgedanken zu trennen

Beispiele
- Einer der berühmtesten englischen Dichter (William Shakespeare) starb 1616.
- Wir sind überzeugt (hoffentlich du auch?)!
- Die (Sperrmüll-)Entsorgung übernimmt das Unternehmen Laska und sucht dafür einen neuen Abteilungs(fach)vorstand (m/w).

In lexikalischen Werken steht z. B. die Aussprache in eckigen Klammern, die Herkunftssprache in spitzen Klammern und die Bedeutung in runden Klammern.

Eckige Klammern und spitze Klammern [] <>
- Um in einem eingeklammerten Satzteil oder Satz noch etwas einzuklammern
- Bei Aussprachehinweisen zu einzelnen Wörtern
- Um in einem zitierten Text eigene erläuternde oder ergänzende Einschübe eindeutig zu kennzeichnen

Beispiele
- (Betroffen sind Eltern mit [schulpflichtigen] Kindern.)
- [a + b − c] = ?
- Fidschi [fiji], ist ein Staat im Pazifik.
- Spumante, der <ital.>, (italienische Bezeichnung für Schaumwein)

Eckige Klammern []
AltGr + 8, 9

Geschwungene Klammern {}
- Um mehrere Zeilen zusammenzufassen
- In Programmiersprachen und in der Mathematik

Beispiel
Grundmenge G = {M, A, M, A} = {A, M}

Geschwungene Klammern {}
AltGr + 7, 0

Geschwungene Klammer über mehrere Zeilen ziehen
Einfügen – Illustrationen – Formen

WorkBox – „Klammern schreiben"

- Üben Sie den Einsatz von Klammern.

a) Erstellen Sie ein neues Dokument und speichern Sie es unter **Klammern1.docx**.

b) Setzen Sie an mit ♦ gekennzeichneten Stellen das korrekte Zeichen ein oder führen Sie die in Klammer stehende Anweisung durch.

> Der Läufer nahm am diesjährigen Halbmarathonlauf ♦ 21 km ♦ in Krems teil. Der höchste Berg der Schweiz ist die Dufourspitze ♦ 4 634 m ♦. James Watt ♦ britischer Ingenieur ♦ erfand 1765 die erste brauchbare Dampfmaschine. Kontrakt (eckige Klammer) lat. (eckige Klammer) bedeutet Vertrag, Abkommen. Setzen Sie in diesem Protokoll die richtige ♦ n ♦ Abkürzung ♦ en ♦ ein. Die Alkohol ♦ sünder ♦ statistik hat im Bundesland große Verwunderung ausgelöst. Der Antrag ist ausgefüllt zurückzusenden ♦ bitte deutlich schreiben! ♦ . Der Kongress findet in Lech am Arlberg ♦ Vorarlberg ♦ statt.

2.6 Auslassungszeichen einsetzen

Manchmal können bestimmte Wort- oder Satzteile ausgelassen werden. Dafür werden dann Auslassungszeichen oder -punkte eingesetzt.

2.6.1 Apostroph (Auslassungszeichen)

Der Apostroph ersetzt ausgelassene Buchstaben. Ausnahmen sind z. B. „ins" und „fürs".

> **Beispiele**
> - Das sind paradis'sche Zustände. Ein einz'ger Augenblick. Jetzt ist's genug.
> - 's war mir 'n Fest.
> - Ku'damm = Kurfürstendamm

💡 Am Wortanfang wird das Auslassungszeichen nicht automatisch hochgestellt, es kann als ANSI-Zeichen (Alt-Taste + 0146) eingefügt werden.

2.6.2 Auslassungspunkte

> **Drei ohne Leerzeichen aneinandergereihte Punkte (...)** zeigen an, dass ein Wortteil, ein Wort, ein Satz oder ein längerer Textteil ausgelassen wurde.

Fällt ein Wortteil aus, schließen die Auslassungspunkte direkt an. Stehen Auslassungspunkte am Satzende, entfällt der Punkt (andere Satzzeichen müssen geschrieben werden).

> **Beispiele**
> - Ich würde es dir sagen, wenn°...
> - Ver...! Es war einmal°...

Auslassungen bei Zitaten in wissenschaftlichen Texten werden zusätzlich durch runde oder eckige Klammern gekennzeichnet (je nach Vorgabe der Fakultät).

> **Beispiele**
> - „Der SWIFT-Code kann aus acht oder elf Zeichen°[...] bestehen."
> - „Das ist°(...) verständlich."

WorkBox – „Auslassungszeichen einsetzen"

- Üben Sie Apostroph und Auslassungspunkte richtig einzusetzen.
  a) Erstellen Sie ein neues Dokument und speichern Sie es unter **Apostroph_und_Auslassungszeichen1.docx**.
  b) Schreiben Sie die folgenden Beispiele ab und setzen Sie an mit ♦ gekennzeichneten Stellen das korrekte Zeichen.

  > Bitte versuchen Sie♦s noch einmal. Der Fußballverein Borussia Mönchengladbach stammt tatsächlich aus M♦gladbach und kommt in♦s Viertelfinale. Essen Sie mehrmals täglich Obst (Äpfel, Birnen, Orangen, Bananen ♦)! Gestern habe ich fleißig gelernt, aber heute ♦

2.7 Wortersatzzeichen nutzen

Viele Zeichen werden eingesetzt, um Wörter zu ersetzen. Einige davon werden Sie nun kennenlernen.

Weitere wichtige Zeichen
- Paragrafzeichen
- Durchmesserzeichen
- Et-Zeichen
- Verhältniszeichen
- Nummernzeichen
- Prozent- und Promillezeichen
- Zollzeichen
- Genealogische Zeichen
- Grad-, Minuten- und Sekundenzeichen

Let's do this! – „Wortersatzzeichen nutzen"

Ausgangssituation

Ilja hat bei der Überprüfung der Wortersatzzeichen in der Klasse alle Übungen richtig gemacht. Jenny ist neugierig, wie er das geschafft hat.

Eine interaktive Abbildung der Tastatur finden Sie in der TRAUNER-DigiBox.

Die meisten Zeichen findest du auf der Tastatur. Also habe ich mir auf der Tastatur die Zeichen von links nach rechts und von rechts nach links immer wieder vorgesagt und mir so die Bilder eingeprägt. Dann habe ich mir die Schreibweise dazu vorgestellt – so hatte ich das ruckzuck drauf!

JETZT SIND SIE DRAN!

- Versuchen Sie es selbst! Sehen Sie sich die Symbole auf der Tastatur genau an.
  a) Kennen Sie die Bezeichnung von jedem einzelnen? Sagen Sie sich die Bezeichnungen der Symbole laut vor. Wenn Sie ein Symbol nicht benennen können, schlagen Sie im Buch nach und versuchen Sie es noch einmal.
  b) Wiederholen Sie bei einem zweiten Durchgang die Schreibregeln und v. a. Ausnahmen zum jeweiligen Symbol!

Sie können diese Übung auch zu zweit machen und stoppen, wer schneller alle Symbole richtig benannt hat.

2.7.1 Paragrafzeichen

In Verbindung mit einer **nachgestellten Zahl** wird das Wort „Paragraf" durch das Zeichen ersetzt. Zwischen Ziffer und Paragrafzeichen ist ein (ggf. geschütztes) Leerzeichen zu setzen. Zwei Paragrafzeichen kennzeichnen den Plural.

Beispiele
- Hier ist § 9 Abs. 5 anzuwenden.
- Die §§ 10 bis 15 sind noch gültig.
- **Aber:** Der entsprechende Paragraf war nicht zu finden. Dieser Vertrag besteht aus 23 Paragrafen.

Das Paragrafzeichen darf nur in Verbindung mit Ziffern eingesetzt werden.

ANSI-Code für Promillezeichen

‰ = Alt + 0137

2.7.2 Prozent- und Promillezeichen

In **Verbindung mit einer Zahl** wird das Wort „Prozent" oder „Promille" durch das entsprechende Zeichen ersetzt. Zwischen der Ziffer und dem Prozent- oder Promillezeichen ist ein (ggf. geschütztes) Leerzeichen zu setzen. Bei Ableitungen entfällt das Leerzeichen.

> **Beispiele**
> - Wir bieten 5 % Skonto bei 30%iger Umsatzsteigerung.
> - Die Grenze liegt bei 0,05 ‰!
> - **Aber:** Auf diesen Einkauf erhalten Sie keine Prozente. Beachten Sie die Promillegrenze!

> **WorkBox – „Paragraf-, Prozent- und Promillezeichen"**
>
> - Paragraf-, Prozent- und Promillezeichen nutzen.
>   a) Erstellen Sie ein neues Dokument und speichern Sie es unter **Zeichen1.docx**.
>   b) Schreiben Sie die folgenden Beispielsätze ab und setzen Sie anstelle des Klammerausdruckes das korrekte Zeichen – achten Sie besonders auf Ausnahmeregelungen!
>
> > Die (Paragrafen) 8 bis 14 dieses Gesellschaftervertrages müssen rasch geändert werden. Bei Zahlung innerhalb von fünf Tagen können wir Ihnen 7 (Prozent) Skonto gewähren. Es freut mich, dass man sich auf ihn 100(prozentig) verlassen kann. Nicht immer sind alle (Paragrafen) klar verständlich. Wir verwenden Papier mit einem Altpapieranteil von 40 (Prozent). Bei 0,6 (Promille) Blutalkohol verdoppelt sich das Unfallrisiko, bei 0,8 (Promille) hat es sich bereits vervierfacht.

2.7.3 Durchmesserzeichen

Das **Durchmesserzeichen** wird häufig in technisch orientierten Texten und technischen Zeichnungen in Verbindung mit einer **nachgestellten Zahl** verwendet – man unterscheidet Innen- und Außendurchmesser. Zwischen Ziffer und Durchmesserzeichen ist ein (ggf. geschütztes) Leerzeichen zu setzen, wobei das Durchmesserzeichen vor der Zahl steht.

ANSI-Code für Innen- und Außendurchmesser

Ø = Alt + 0216 (Außendurchmesser)
ø = Alt + 0248 (Innendurchmesser)

> Für technische Texte wird nicht das deutsche Wort „Zoll", sondern ausschließlich das englische Wort „Inch" verwendet.

> **Beispiele**
> - Wir liefern Ihnen die Bistrotische Ø 60 cm lediglich in der Höhe von 105 cm.
> - Bitte bestätigen Sie die Lieferung der Metallrohre mit ø 250 mm noch heute.
> - **Aber:** Wir benötigen den genauen Durchmesser der Rohrleitung.

2.7.4 Zollzeichen

Als Zollzeichen wird das Anführungszeichen in Verbindung mit einer Zahl verwendet. Es wird **ohne Leertaste an die vorangestellte Zahl** geschrieben.

> **Beispiele**
> - Der Bildschirm hat eine Diagonale von 17".
> - Hätten Sie gewusst, dass 0,393 700 787 401 574" genau 1 cm ist?

2.7.5 Et-Zeichen

Das kaufmännische Zeichen für „und" (= et) darf **nur in Firmenbezeichnungen** verwendet werden. In allen anderen Fällen kann aus Platzgründen die Abkürzung „u." für „und" verwendet werden. Davor und danach ist ein (ggf. geschütztes) Leerzeichen zu setzen.

> **Beispiele**
> - Die Unternehmen C°&°A und Peek°&°Cloppenburg sind bekannte Labels.
> - Das Unternehmen Starzinger°GmbH°&°Co°KG hat seinen Unternehmenssitz in Frankenmarkt.
>
> **Aber**
> - White Label und E-Commerce oder aus Platzgründen: White Label u. E-Commerce
> - Gas- und Wasserleitungsinstallationen

💡 Bei der Branchenbezeichnung ist jedoch das Wort „und" auszuschreiben.

WorkBox – „Durchmesser-, Zoll- und Et-Zeichen"

- Üben Sie den Einsatz von Durchmesser, Zoll- und Et-Zeichen.

a) Erstellen Sie ein neues Dokument und speichern Sie es unter **Zeichen2.docx**.

b) Schreiben Sie die folgenden Beispielsätze ab und setzen Sie anstelle des Klammerausdruckes das korrekte Zeichen – achten Sie besonders auf Ausnahmeregelungen und die Reihenfolge!

> Wir bieten Ventilatoren mit 25 cm (Durchmesser) im Abverkauf an. Beachten Sie, dass bei Rohren immer der (Innendurchmesser) angegeben wird. Unsere Edelstahlrohre haben 8 (Zoll) (Durchmesser) bei einer Wandstärke von 2 mm. Wenn Sie oft mit Grafikprogrammen arbeiten, empfiehlt sich eine Bildschirmgröße von mindestens 19 (Zoll). Der Reifenhersteller Firestone Tire (und) Rubber Company wurde bereits am 3. August 1900 gegründet. Die Hauptsponsoren für den Maturaball sind in diesem Jahr die Firmen Baumschlager OG (und) Raupenstein KG. Verschiedene Haushaltsgeräte finden Sie beim Unternehmen Vorwerk Austria GmbH (und) Co KG.

2.7.6 Genealogische Zeichen

> Zeichen für „geboren" und „gestorben" werden als **genealogische Zeichen** bezeichnet.

Die genealogischen Zeichen für „geboren" * und „gestorben" † dürfen in **Verbindung mit einem Datum** verwendet werden. Sie werden mit einem (ggf. geschützten) Leerzeichen vom Text getrennt.

> **Beispiele**
> - Wolfgang Amadeus Mozart, *°27.°Jänner°1756, †°5.°Dezember°1791, war ein berühmter österreichischer Komponist.
> - Michelangelo, *°1475, †°1564, war ein italienischer Bildhauer und Baumeister.

Ohne eine Datumsangabe musst du die Wörter „geboren" und „gestorben" ausschreiben.

2.7.7 Verhältniszeichen

Das Verhältniszeichen wird als Doppelpunkt mit einem (ggf. geschützten) Leerzeichen davor und danach dargestellt.

> **Beispiele**
> - Das Spiel endete 3 : 4.
> - Das Modell ist im Maßstab 1 : 1000 gefertigt.

2.7.8 Grad-, Minuten- und Sekundenzeichen

Das Gradzeichen wird bei Temperaturangaben in Verbindung mit dem Kennbuchstaben der Temperaturskala geschrieben. Zwischen Zahl und Gradzeichen ist ein (ggf. geschütztes) Leerzeichen zu setzen.

Die Einheitenzeichen für Grad, Minuten und Sekunden werden direkt zur Zahl geschrieben.

> **Beispiele**
> - Heute hatte es am Abend noch immer -3 °C.
> - Wir erwarten Temperaturspitzen von +42 °C. 1 °C sind 274,15 °K und 33,8 °F.
> - Ein rechter Winkel hat 90°.
> - Der gesuchte Ort befindet sich auf 48°18`23" N und 14°17`09" E.

2.7.9 Nummernzeichen

Das Zeichen für Nummer(n) darf nur in Verbindung mit darauffolgenden Ziffern verwendet werden. Es wird mit einem Leerzeichen davor und danach geschrieben, darf jedoch bei einem Zeilenumbruch nicht von der Zahl getrennt werden (geschütztes Leerzeichen).

> **Beispiele**
> - Der Artikel # 27 544 wurde heute ausgeliefert.
> - Die Rechnungen # 7 und 14 wurden bisher noch nicht beglichen.

Minutenzeichen = Auslassungszeichen (')
Sekundenzeichen = Anführungszeichen (")

WorkBox – „Genealogische Zeichen, Verhältniszeichen …"

- Genealogische Zeichen, Verhältniszeichen, Grad-, Minuten- und Sekundenzeichen, Nummernzeichen korrekt verwenden.

a) Erstellen Sie ein neues Dokument und speichern Sie es unter **Zeichen3.docx**.

b) Schreiben Sie die folgenden Beispielsätze ab und setzen Sie anstelle des Klammerausdruckes oder mit ♦ gekennzeichneten Stellen das jeweils korrekte Zeichen – achten Sie besonders auf Ausnahmeregelungen!

> Johannes Gutenberg, (geboren) 1398, (gestorben) 1468, war der Erfinder des Buchdrucks. Selena Marie Gomez wurde in Grand Prairie, Texas (geboren). Der Schulatlas der Steiermark enthält Kartenmaterial im Maßstab 1 ♦ 74 000. Das Viertelfinale im Damentennis endete heute in der 2. Runde 7 ♦ 5, 6 ♦ 2. Die Summe der Innenwinkel eines Dreiecks beträgt immer 180 ♦. Die GPS-Koordinaten vor Österreich lauten: 47♦30♦56,826♦ N und 14♦33♦2,459♦ E. Sie konnte die Rechnung ♦ 2541 nicht mehr finden.

2.8 Mittelstrich einsetzen

> Der **Mittelstrich** wird für Wortzusammensetzungen, Wortergänzungen und als Wortersatzzeichen verwendet. Er wird entweder als kurzer oder langer Strich (Halbgeviertstrich) dargestellt.

Langer Mittelstrich

Strg + –

Schon gewusst?
Während der Texteingabe setzt WORD automatisch einen langen Mittelstrich (Halbgeviertstrich), sobald nach dem darauffolgenden Wort ein Leerzeichen oder Satzzeichen gesetzt wird.

Der Mittelstrich findet in vielen unterschiedlichen Fällen Anwendung. Je nach Anwendungsfall können andere Regeln gelten.

Anwendungsmöglichkeiten des Mittelstriches
- Bindestrich
- Gedankenstrich
- Strich für „bis"
- Ergänzungsstrich
- Strich für „gegen"
- Streckenstrich

> Oh Mann, WORD macht auch an Stellen, wo kein langer Mittelstrich gehört, oft automatisch einen. Das nervt. Da muss man aufpassen und es händisch korrigieren.

Bindestrich
Wort- und Zeichenzusammensetzungen werden mit dem Mittelstrich als **„Bindestrich"** geschrieben. Treffen drei gleiche Buchstaben in einem Wort zusammen, kann der Bindestrich gesetzt werden. Wird jedoch eine Verbindung von Buchstaben und Ziffern als Einheit empfunden, kann auf den Bindestrich verzichtet werden.

> **Beispiele**
> Magen-Darm-Problem, Linz-Auhof, der 75-Jährige, der 6-zylindrische Motor, ½-l-Flasche, Richard-Wagner-Festspiele, Alt-Wiener Backtradition, Kunststoff-Flasche, Kongress-Saal, Geschirr-Reiniger, 2 : 1-Sieg, 20-%-Regel

Ergänzungsstrich (Wortergänzung)
Um bei der Zusammenfassung mehrerer Wörter Wortwiederholungen zu vermeiden, wird der Mittelstrich als **„Ergänzungsstrich"** gesetzt.

> **Beispiele**
> - Ein- und Verkauf, Warenannahme und -ausgabe, Lebensmittelgroß- und -einzelhandel, ¼-, 1- und 4-prozentig
> - Bitte benützen Sie auch bei dieser Veranstaltung den Stadionein- und -ausgang.

💡 WORD wandelt beim nebenstehenden Beispiel den Ersatzstrich in einen langen Mittelstrich um, der manuell korrigiert werden muss.

Gedankenstrich
Als **Gedankenstrich** ist der **Halbgeviertstrich** mit jeweils einem (ggf. geschützten) **Leerzeichen davor und danach** zu verwenden. Der Gedankenstrich kann einmal oder zweimal (auch als Einschaltestrich bezeichnet) im Satz vorkommen.

> Mit einem geschützten Mittestrich kann der automatische Zeilenumbruch vor bzw. nach einem Mittelstrich verhindert werden.

Satzzeichen folgen dem zweiten Gedankenstrich ohne Leerzeichen. Statt des Halbgeviertstriches darf auch der lange Mittelstrich (Strg + –) verwendet werden.

Beispiele
- Es gibt eine Erfolgsbeteiligung° – allerdings nur für Führungskräfte.
- Wir erwarten° – trotz der derzeitigen Lage° – eine Gewinnsteigerung.
- Wir erwarten° – trotz der derzeitigen Lage° –, dass der Gewinn steigt.

Strich für „gegen"

Als Zeichen für „gegen" (auch als **Gegenstrich** bezeichnet) wird der **Gedankenstrich** (= Halbgeviertstrich) mit je einem (ggf. geschützten) **Leerzeichen davor und danach** verwendet.

Beispiele
- Im Rechtsstreit Mitter° – Wagner konnte ein Vergleich erreicht werden.
- Das Match Sturm° – GAK fand bei strömendem Regen statt.

Schon gewusst?
Im Behördenschriftverkehr wird als Ersatz für das Wort „gegen" die Zeichenkombination ./. verwendet.

Beispiele
- In der Streitsache Mayr°./. Hofer wurde noch kein Urteil gesprochen.
- Die Scheidung Gruber°./. Gruber fand einvernehmlich statt.

Strich für „bis"

Die **DIN 5008** lässt als Zeichen für „bis" (auch als **Bisstrich** bezeichnet) den Mittelstrich als Gedankenstrich (= Halbgeviertstrich) zu. **Davor und danach** ist ein **Leerzeichen** zu setzen.

Beispiele
- 09:30° – 10:15°Uhr, **aber:** von 09:30 bis 10:15°Uhr, 5°–°10 €, **aber:** 5- bis 10-mal
- Bergstraße°4°–°9

Der **Duden** sieht hingegen vor, dass der Bisstrich als Gedankenstrich (= Halbgeviertstrich) **ohne Leerzeichen** verwendet wird, ergänzt jedoch ebenfalls, dass am Zeilenende oder -anfang statt des Striches das Wort „bis" ebenso wie in der Verbindung mit dem Wort „von" auszuschreiben ist.

Beispiele
- 09:30–10:15 Uhr, **aber:** von 09:30 bis 10:15 Uhr, 5–10 €, **aber:** 5- bis 10-mal
- Bergstraße 4–9

Das **Österreichische Wörterbuch** weicht in Kleinigkeiten von der Vorgaben des Duden ab und verwendet den Bisstrich (egal, ob als Mittelstrich oder Halbgeviertstrich) **immer ohne Leerzeichen**.

Beispiele
- 9:30–10:15 Uhr, **aber:** von 9:30 bis 10:15 Uhr, 5–10 €
- 5- bis 10-mal *oder* 5–10-mal, Bergstraße 4-9 *oder* Bergstraße 4–9

> 💡 Bei den folgenden Schreibweisen (Strich für „bis", Streckenstrich) widersprechen sich die DIN 5008 und der Duden sowie das Österreichische Wörterbuch! Es müssen also alle Schreibweisen als korrekt angesehen werden. Die Schreibweisen dürfen jedoch nicht vermischt werden. Am besten, Sie entscheiden – gemeinsam mit Ihrer Lehrkraft – welche Schreibweise Sie verwenden.

Gültige Standards im Schriftverkehr anwenden

Streckenstrich

Laut DIN 5008 und Österreichischem Wörterbuch wird bei Streckenangaben der **Gedankenstrich** (= Halbgeviertstrich) als „Streckenstrich" – mit je einem **Leerzeichen davor und danach** – verwendet.

> **Beispiele**
> - Die Bahnstrecke Wien ° – Linz ist gesperrt.
> - Der Flug Berlin ° – London wurde verschoben.

Der Duden verwendet den Gedankenstrich (= Halbgeviertstrich) **ohne Leerzeichen**.

> **Beispiele**
> - Die Bahnstrecke Wien–Linz ist gesperrt.
> - Der Flug Berlin–London wurde verschoben.

Let's do this! – „Mittelstrich einsetzen"

Ausgangssituation

Jenny und Ilja wollen nach dem Basketballtraining noch für die Schularbeit lernen. Ilja hat Probleme, sich zu merken, wann ein kurzer und wann ein langer Mittelstrich gesetzt werden muss.

> Ich habe eine Idee! Ich lerne einfach die zwei kurzen – also Bindestrich und Ergänzungsstrich. Alle anderen sind dann automatisch lang! Und die Bezeichnungen sind eh logisch, das merke ich mir.

> Das ist so kompliziert mit diesen vielen unterschiedlichen Strichen. Wie soll man sich das merken?

JETZT SIND SIE DRAN!

- Versuchen Sie es selbst! Schreiben Sie die folgenden Texte in ein WORD-Dokument und setzen Sie den korrekten Mittelstrich. Ergänzen Sie die richtige Bezeichnung für den Mittelstrich. Speichern Sie die Datei unter **Mittelstriche.docx**.

    a) Fußball hat sich in den 1880er ♦ und 1890er ♦ Jahren in Kontinentaleuropa und anderen Kontinenten ausgebreitet.

    b) Am Samstag spielt Mittertreffling ♦ Puchenau.

    c) Boxen gehört ♦ neben Ringen und Fechten ♦ zu den ersten Wettbewerben der Menschheit.

    d) Die Adresse des Sportvereins lautet Dorfstraße 11 ♦ 15.

IV Perfekte Schriftstücke erstellen

WorkBox – „Mittelstrich einsetzen"

- Setzen Sie den richtigen Mittelstrich ein.
  a) Öffnen Sie die Datei **Mittelstrich_u.docx** und speichern Sie sie unter **Mittelstrich1.docx.**
  b) Korrigieren Sie den Text normgerecht oder setzen Sie das korrekte Zeichen.
  c) Ergänzen Sie den Text im Dokument mit den nachfolgenden Übungen und setzen Sie an mit ♦ gekennzeichneten Stellen das korrekte Zeichen.

  > Die AUA ♦ Maschine hatte in Wien ♦ Schwechat einen kurzen Aufenthalt. Der SOS ♦ Kinderdorf ♦ Bote wurde ♦ wie jedes Jahr ♦ Anfang Jänner an alle Haushalte verschickt. Anna ♦ Maria bekam zu ihrem Geburtstag einen 100 ♦ Euro ♦ Gutschein eines bekannten Modeunternehmens. Meine Urlaubsadresse: 8330 Feldbach, Rosenweg 22 ♦ 24. Beim Unternehmen Enzi wird die gesamte Damen ♦ und Herrenbekleidung abverkauft. Die Walkingschuhe und ♦ stöcke sind ab sofort verbilligt. Bewahren Sie bitte absolute Ruhe ♦ das Hotelpersonal wird sich gleich um Sie kümmern. Der Präsentationswettbewerb von Nicole Fellinger ♦ Carola Büchler wurde um eine Woche verschoben. Das neu eröffnete Lebensmittelgeschäft ist täglich von 7 30 ♦ 18:30 Uhr geöffnet. 224 ♦ 120 = 104.
  > Den 400 ♦ m ♦ Lauf hat wiederum unsere Jugendmannschaft gewonnen. Bestellen Sie sofort ♦ eine bessere Chance bietet sich nicht. Der Textilgroß ♦ und ♦ einzelhandel musste leider Verluste verzeichnen. Für die Zugstrecke Wien ♦ Salzburg ist eine Reservierung notwendig.

  d) Denken Sie daran, zu speichern!

2.9 Schrägstrich schreiben

Der Schrägstrich wird bei **Zahlenangaben** als Ersatz für die Worte „je" oder „pro" oder als Bruchstrich **ohne Leerzeichen** verwendet.

> **Beispiele**
> 140 km/h, 20 000 Bäume/ha, ¼, ½, 3 1/5, **aber:** 31/5

Mit dem Schrägstrich können aber auch Wörter oder Zahlen im Sinne von „und/oder" zusammengefasst werden.

> **Beispiele**
> Kolleginnen/Kollegen, sie/er, 1./2. Dezember, Juli/August, Kreuzung Neugasse/Binderweg

Weiters wird der Schrägstrich für die Gliederung von Akten- oder Diktatzeichen ebenso wie für den Hinweis auf Fortsetzungsblätter eingesetzt. Bei der Darstellung von Internetadressen werden teilweise auch zwei Schrägstriche hintereinander gesetzt.

> **Beispiele**
> - Akte # 27/11, Rechnung-Nr. 3456/19, Ma/Jv
> - Im Fußzeilenbereich kann am rechten Rand mit dem Zeichen ./2 auf Folgeseiten verwiesen werden.
> - Das Wendezeichen ./. steht zwei Zeilen nach der letzten Textzeile an der Fluchtlinie oder am rechten Schreibrand.
> - Weitere Informationen zu diesem Schulbuch finden Sie auf http://www.trauner.at/Bildung.

300

Hausnummern

Der Schrägstrich kann aber auch als Ersatz für den Mittelstrich bei Hausnummern verwendet werden.

Zusätze bei Hausnummern können sowohl klein als auch großgeschrieben werden. Die Zusätze können mit einem (ggf. geschützten) Leerzeichen getrennt oder direkt an die Nummer angeschlossen werden.

Beispiele
- Hofgasse°4/6 (= Hofgasse°4–6 bzw. Hofgasse 4°–°6 bzw. Hofgasse°4-6)
- Tür Nr.°12/13 (= Tür Nr.°12–13 bzw. Tür Nr.°12°–°13 bzw. Tür Nr.°12-13)
- Hofgasse°25°a oder Hofgasse°25a
- Landstraße°17°B oder Landstraße°17B

> Laut Vorgaben der Österreichischen Post ist der einfache Schrägstrich explizit für das Anschriftenfeld vorgeschrieben (siehe Empfängeranschrift, S. 314).

> Nur die DIN 5008 sieht explizit die Schreibung mit Leerzeichen vor.

Tipp!
Einigen Sie sich mit Ihrer Lehrkraft auf eine Schreibweise, die Sie für alle weiteren Schriftstücke nutzen.

WorkBox – „Schrägstrich schreiben"

- Üben Sie, den Schrägstrich richtig zu verwenden.

    a) Erstellen Sie ein neues Dokument und speichern Sie es unter **Schrägstrich1.docx**.

    b) Schreiben Sie die folgenden Beispielsätze ab und setzen Sie an mit ♦ gekennzeichneten Stellen das korrekte Zeichen ein oder führen Sie die in Klammer stehende Anweisung durch.

    > Herr DI Ludwig Schachinger übersiedelte in die Aubergstraße 14 (1. Stock, Tür 12). Weltmeister erreichen im Tastaturschreiben eine Geschwindigkeit von 500 Anschlägen (pro) Minute. Für die Installation wurden Kupferrohre mit 1 ¼ (Zoll) (Durchmesser) verwendet. In dieser Nebenstraße gilt eine Geschwindigkeitsbeschränkung von 30 km (pro) Stunde. Alle Schülerinnen (Schrägstrich) Schüler müssen im Schulgebäude laut § 6 der Schulordnung Hausschuhe tragen. Der Durchmesser der Wasserleitungsrohre passte nicht zu den Ventilen.

    > Im Schuljahr 2011 ♦ 12 wurde ein Pisa-Test durchgeführt. Autofahrerinnen ♦ Autofahrer können beim Land Oberösterreich eine Fernpendlerbeihilfe beantragen. Für diesen Cocktail benötigen Sie noch 1 ♦ 16 l Orangensaft und 20 dag Zucker. Die 80 ♦ km ♦ h ♦ Beschränkung auf der Strecke Linz ♦ Enns wurde wieder aufgehoben. Die Konfektionsgröße 32 ♦ 34 wird in der Modebranche durch die Bezeichnung XS angegeben. Dieser Akt hat die Geschäftszahl 455 ♦ 2007-15. Alle Lehrerinnen ♦ Lehrer werden bei dieser Projektpräsentation anwesend sein. Unsere Internetadresse lautet: http: ♦ ♦ www.baeckereiberger.at. Die Adresse des Elektrounternehmens lautet: Rudigierstraße 24 ♦ 2 ♦ 11.

    c) Denken Sie daran, zu speichern!

IV Perfekte Schriftstücke erstellen

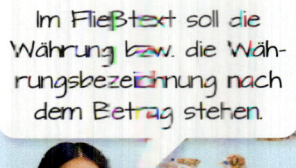

3 Korrekte Schreibweise von Ziffern und Zahlen anwenden

Besprechen Sie mit Ihrer Lehrperson, welche Besonderheiten Ihnen bei der Schreibung von Zahlen bisher aufgefallen sind.

> Ilja ist mittlerweile richtig motiviert beim Lernen: „Wenn man mal die Regeln intus hat, ist das echt keine große Sache mit den ganzen Zeichen. Ich bin sicher, Ziffern und Zahlen haben wir dann auch ganz schnell heraußen!" Jenny stimmt ihm zu: „Ich glaub' auch. So viele Besonderheiten sind mir bei Ziffern und Zahlen gar nicht aufgefallen. Ich weiß aus Deutsch, dass man Zahlen unter zwölf im Text immer ausschreiben soll."

Es gibt klare Regeln, wie Zahlen und Ziffern geschrieben und gegliedert werden dürfen.

> **Zahlen** werden **in Ziffern geschrieben,** wenn sie in Verbindung mit Einheiten (Zeichen, Abkürzungen, Maßen, Gewichten, Währungen etc.) stehen oder wenn es der Übersichtlichkeit dient.
> **Im Fließtext** werden die Zahlen **eins bis zwölf** vorzugsweise in Worten geschrieben; die Zahlen ab 13 werden üblicherweise auch im Fließtext als Ziffern dargestellt.

Nur Jahres- und Postleitzahlen, Seiten- und Paragrafangaben werden nicht gegliedert.

Geldbeträge, Mengen- und Maßangaben, die aus mehr als drei Ziffern bestehen, werden vom Dezimalzeichen nach rechts und links in Gruppen von je drei Ziffern gegliedert. Diese Gruppen sind durch Trennzeichen (abhängig von der Maßeinheit können dies Leerzeichen oder Punkte sein) voneinander zu trennen.

Geldbeträge

Geldbeträge mit mehr als drei Stellen sollen vom Dezimalzeichen ausgehend durch jeweils einen Punkt **in Gruppen zu je drei Ziffern gegliedert** werden. Die Währungsbezeichnung kann entweder vor oder nach dem Betrag stehen; sie darf nicht unterführt werden. Wird eine Währungseinheit in Buchstaben angegeben, ist die internationale dreistellige Bezeichnung gemäß ÖNORM EN 24217 zu verwenden.

Im Fließtext soll die Währung bzw. die Währungsbezeichnung nach dem Betrag stehen.

> **Beispiele**
> € 500,00   EUR 1.200.000,00   JPY 8.250,00
> €   0,00   EUR   700,00   JPY   700,00
>
> **Aber:** Der deutsche Urlauber wechselte 1.300,00 EUR in USD um.

Mengen- und Maßangaben

Mengen- und Maßangaben mit mehr als drei Stellen werden vom Dezimalzeichen ausgehend durch jeweils ein Leerzeichen **in Gruppen zu je drei Ziffern gegliedert.** Die Zahl und die nachfolgende Einheitenbezeichnung dürfen am Zeilenende nicht getrennt werden.

> **Beispiele**
> - Die 6 000 Besucher der Veranstaltung verursachten einen Schaden von 4.500,00 €.
> - Die leichte und flache Laufstrecke am Donaudamm hat eine Länge von 8,35 km und ist 1,35 km vom Hallenbad entfernt.

302

Gültige Standards im Schriftverkehr anwenden

Tipp!
Mit einer **kleinen Eselsbrücke** können Sie sich leicht merken, welches **Trennzeichen** eingesetzt wird.
- **Maßeinheiten** bezeichnen einen Abstand und haben deshalb eine Leertaste als Trennzeichen.
- **Geldbeträge** muss man punktgenau bezahlen, deshalb haben sie einen Punkt als Trennzeichen.

Mit der Eselsbrücke kann man sich die Regel ganz leicht merken!

Mikrozeichen

Das **Mikrozeichen** (μ = my für Mikro = 0,000 001 = 10^{-6}) wird zur Darstellung des Millionstels einer Einheit verwendet und mit dieser **ohne Leerzeichen** zusammengeschrieben. Es darf nur in Verbindung mit Zahlen verwendet werden.

Beispiele
15 µm = 15 Mikrometer, 6 µl = 6 Mikroliter
Aber: Bei uns zählt jedes Mikrogramm!

Datums- und Zeitangaben

Im Fließtext soll das **Datum** alphanumerisch und ohne Zeilenwechsel geschrieben werden. Monatsnamen sollten ausgeschrieben werden. Empfehlenswert ist, Jahreszahlen vierstellig anzugeben.

Im Fließtext wird bei **Stundenangaben** keine führende Null angegeben, in tabellarischen Aufstellungen ist dies jedoch empfehlenswert. Gliederungszeichen ist der Doppelpunkt, die Zeitangabe ist um das Wort „Uhr" zu ergänzen.

Beispiele
Der Bus fährt am 12. Mai um 10:30 Uhr vom Stadtplatz ab und kehrt um 20:30 Uhr wieder zurück.

Abfahrt: 09:40 Uhr
Ankunft: 16:30 Uhr

Tagesbestzeit: 3 h 15 min 16,05 s oder
Tagesbestzeit: 3 Std. 15 Min. 16,05 Sek.

Numerische Schreibweise in Vordrucken, Übersichten, Tabellen, Bezugszeichenzeile und -block: .....-01-05

Telefon- und Faxnummern

Diese Nummern werden in folgende durch Leerzeichen getrennte Teile gegliedert:

Ungegliederte Ortskennzahl → +43 **732** 333 44 55-66 ← In Dreier- und/oder Zweiergruppen gegliederte Nummer des Teilnehmers

Internationale Landesvorwahl (z. B. +43 für Österreich)

Ungegliederte, durch Bindestrich getrennte Nummer einer Nebenstelle oder der Vermittlung

💡 Schrägstriche werden nur bei alternativen Nummern gesetzt.

303

Schon gewusst?
Die Ortskennzahl wird ohne vorangestellte Null geschrieben, wenn die internationale Landesvorwahl vorangestellt wird (z. B. 7229 für Traun). Bei Verzicht auf die internationale Landesvorwahl muss die Null angeführt werden (z. B. 07229 für Traun).

Beispiele
- Ab sofort bin ich unter der Nummer +43 732 123 45 67-99 erreichbar.
- Sie können mich auch unter der Mobilnummer 0664 366 88 99 anrufen.

Exponenten
- START – SCHRIFTART – HOCHGESTELLT
- Oder Kontextmenü SCHRIFTART – HOCHGESTELLT

Beispiele
- Die Wohnfläche betrug 130,50 m².
- Der Lkw brachte 2,58 m³ zur Baustelle.
- $a^{(n-1)}$

Exponenten folgen dem vorhergehenden Zeichen ohne Leerzeichen.

Zeichen hochstellen
Strg + + = x²

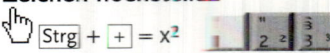

Indizes
- START – SCHRIFTART – TIEFGESTELLT
- Oder Kontextmenü SCHRIFTART – TIEFGESTELLT

Beispiele
Die Schüler/innen lernen im Chemieunterricht die Formel H_2CO_3 (Kohlensäure). Kupfersulfat: $CuSO_4$, Aluminiumoxid: Al_2O_3, Kohlendioxid: CO_2, Methan: CH_4

Römische Zahlen
Römische Zahlen sind durch entsprechende Großbuchstaben darzustellen. Sie können rechts- oder linksbündig untereinander geschrieben werden.

Beispiele

I = 1	II = 2	III = 3	IV = 4	V = 5
VI = 6	VII = 7	VIII = 8	IX = 9	X = 10
L = 50	C = 100	D = 500	M = 1000	A = 5000

    I. Cocktailempfang   I. Cocktailempfang
   II. Präsentation   II. Präsentation
  III. Diskussion   III. Diskussion

Wer eine arabische Zahl in eine römische umwandeln möchte oder umgekehrt, kann dies ganz einfach auf https://www.mathepower.com/roemisch.php umsetzen und bekommt auch den Lösungsweg angezeigt.

Summen
Bei **allen** Zahlenangaben ist eine Einheitenbezeichnung anzuführen. Setzen Sie einen linksbündigen Tabulator für das Währungszeichen und einen Dezimaltabulator für die Beträge. Unter dem letzten Summanden ist eine Linie einzufügen, die über die gesamte Breite der Angaben reicht. Darunter wird die Summe/Differenz mit einem entsprechenden Abstand geschrieben. Sie soll durch Fettdruck oder Doppellinie hervorgehoben werden.

Gültige Standards im Schriftverkehr anwenden

Beispiele

Linksbündiger Tabulator — Dezimaltabulator

EUR	12,00	4 500,00 m		€	3.000,00
EUR	209,30	23,40 m		€	500,00
EUR	87,50	465,01 m		€	3.500,00
EUR	910,20	99 400,00 m	+ 20 % USt	€	700,00
EUR	**1.219,00**	**104 388,41 m**	**Endpreis**	**€**	**4.200,00**

WorkBox – „Korrekte Schreibweise von Ziffern und Zahlen …"

- Ziffern und Zahlen richtig gestalten.

  a) Öffnen Sie die Datei **Ziffern und Zahlen_u.docx** und speichern Sie sie unter **Ziffern und Zahlen1.docx**.

  b) Korrigieren Sie den vorhandenen Text normgerecht.

  c) Ergänzen Sie anschließend diese Datei mit den folgenden Summen.

  Summen:
  € 55,00 + € 170,00 + € 972,00 = ?
  200 l + 400 l + 730 l = ?
  € 70,20 + € 140,00 + 20 % USt = ?

  d) Denken Sie daran, zu speichern!

Ziele erreicht? – „Gültige Standards im Schriftverkehr anwenden"

1. Üben Sie den korrekten Einsatz von Zeichen.

  a) Erstellen Sie ein neues Dokument und speichern Sie es unter **Zusammenfassung1.docx**.

  b) Schreiben Sie die Beispiele ab und setzen Sie an mit ♦ gekennzeichneten Stellen das korrekte Zeichen ein oder führen Sie die in Klammer stehenden Anweisungen durch.

  Mittelstrich Derzeit werden über die E ♦ Card chefarztpflichtige Medikamente genehmigt. Wir kontrollieren alle Pkw ♦ Fahrer ♦ und das in allen Bundesländern. Die Hawaii ♦ Inseln sind ein beliebtes Urlaubsziel der Amerikaner. Die Ordination von Herrn Dr. Huber ist von Montag ♦ Freitag von 8:00 ♦ 10:00 Uhr und von 16:00 ♦ 18:00 Uhr geöffnet. Samstag: 8:00 ♦ 10:00 Uhr. Der Linzer erreichte beim 3 ♦ Brücken ♦ Lauf den 1. Platz. Die Zufahrt zur Landstraße 16 ♦ 18 wurde wegen des Lkw ♦ Unfalls gesperrt. Die heutige OMAI ♦ Schularbeit musste wegen der Neuadaptierung des EDV ♦ Raumes auf nächste Woche verschoben werden. Greifen Sie rasch zu ♦ unser Angebot ist zeitlich begrenzt. Anna ♦ Maria benötigte für die Rechnung 956 (minus) 268 den Taschenrechner.

  Anführungs-, Auslassungs-, Zollzeichen ♦ Der Bettelstudent ♦ ist eine Operette von Karl Millöcker. Der Klassensprecher sagte: ♦ Können wir bitte die RW-Schularbeit um eine Woche verschieben? ♦ Das war ♦ s für heute. Die Lieferung der Metallrohre mit 2,5 ♦ ø wird sich etwas verzögern. ♦ Dieses Postamt wird geschlossen ♦, teilte der Pressesprecher mit.

  Klammern Ludwig van Beethoven ♦ deutscher Komponist ♦ komponierte neun Sinfonien. Die Artischocke (eckige Klammer) ital. (eckige Klammer) ist ein mediterraner Korbblütler mit fleischigem Blütenboden. Dies ist ein besonderes Ergebnis. ♦ Details darüber finden Sie in der nächsten Ausgabe. ♦

IV Perfekte Schriftstücke erstellen

Wortersatz-zeichen Das Unternehmen Mitter (et) Weger steigerte heuer den Jahresumsatz um 4 (Prozent). Aufgrund der Nichteinhaltung der Paragrafen wurde der Unternehmer zu einer Geldstrafe verurteilt. Die Belohnung beträgt 3 (Promille) des Verkaufspreises. Der Kandidat aus Wattens (Tirol) hatte bei der Millionenshow eine 50 (prozentige) Chance, die Antwort zu erraten. Die Nachmittagstemperaturen werden (minus) 6 (Grad Celsius) betragen. Ein Halbkreis hat 180 (Grad). Dieser Winkel weicht um 13 (Grad) 12 (Minuten) ab. Der Physiker Albert Einstein, (geboren) 1879, (gestorben) 1955, bekam 1921 den Nobelpreis. Das Fußballspiel Rapid (gegen) Austria endete 3 (zu) 1. Die Faser hat eine Größe von 39 (Mikrometer). Wird sie den Beweis antreten oder (Auslassungspunkte)?

Schrägstrich Er übersiedelt noch in diesem Monat in die Bert-Brecht-Gasse 12 (3. Stock, Tür 4). Diese Mäntel sind in den Größen 36 ♦ 38 und 40 ♦ 42 lieferbar. Die Schülerinnen ♦ Schüler der V. Jahrgänge nahmen an dem Redewettbewerb teil. Diese Abfüllmaschine hat eine Kapazität von 12 000 Flaschen ♦ Stunde. Für Auskünfte und ♦ oder Bestellungen kontaktieren Sie bitte unsere Damen des Sekretariats.

c) Denken Sie daran, zu speichern!

2. Gestalten Sie einen normgerechten Text.

Die Schularbeit haben Jenny und Ilja problemlos gemeistert. Die beiden haben fleißig gelernt und wurden mit guten Noten belohnt. Die Regeln, die sie nun im Schlaf beherrschen, dürfen sie jetzt aber nicht vergessen. Im Gegenteil: Egal, ob OMAI, Deutsch, Geschichte etc. für Aufsätze, Referate, Handouts ist es immer wichtig, dass alles formal korrekt gestaltet ist. Deshalb achten Jenny und Ilja auch bei ihrem Handout über das Freilichtmuseum sehr genau darauf, dass alles den gültigen Standards entspricht.

a) Öffnen Sie die Datei **Freilichtmuseum_u.docx** und speichern Sie sie unter **Freilichtmuseum1.docx**.
b) Gestalten Sie den unformatierten Text ansprechend und v. a. entsprechend der gültigen Normen und Standards im Schriftverkehr.
c) Recherchieren Sie folgende Informationen auf der Website des Freilichtmuseums (www.germanengehoeft-elsarn.at).
 - Öffnungszeiten
 - Eintrittspreise (Achten Sie auf eine übersichtliche Gestaltung, z. B. mit Tabulatoren!)
 - Kontaktdaten
d) Fügen Sie die Informationen an passender Stelle ein. Formatieren Sie diese ansprechend und v. a. normgerecht.

Hinweis!
Angaben zur Formatierung sind gelb hervorgehoben. Löschen Sie diese Anweisungen, sobald Sie sie durchgeführt haben.

Einen interaktiven **Safety-Check** finden Sie in der TRAUNER-DigiBox.

Ab die Post – Briefe und E-Mails schreiben

Geschlechtergerechtes Formulieren ist in Österreich gesetzlich vereinbart. Die Grundregeln müssen Sie daher auch im Schriftverkehr beachten. Ein Informationsblatt dazu finden Sie in der TRAUNER-DigiBox.

Englischsprachige Übungen zu diesem Kapitel finden Sie in der TRAUNER-DigiBox.

Wenn Sie mit Ihren Freundinnen und Freunden oder Familienmitgliedern etwas besprechen oder einen Termin ausmachen, nutzen Sie wahrscheinlich WHATSAPP, FACEBOOK, TIKTOK etc. Dabei tippen Sie die Sätze, wie sie Ihnen in den Sinn kommen. Häufig schreiben Sie alles klein und achten gar nicht auf die Rechtschreibung.

Für den Freundeskreis und die Familie ist das ausreichend. Es gibt jedoch viele Situationen, in denen eine professionelle Kommunikation gefragt ist. Es gibt Regeln zum Verfassen von geschäftlichen E-Mails und Briefen. In diesem Kapitel erfahren Sie, worauf Sie dabei achten müssen.

Meine Ziele

KOMPETENZ-ERWERB

Nach Bearbeitung dieses Kapitels kann ich
- Privat- und Geschäftsbriefe unterscheiden;
- die Bestandteile eines (Geschäfts-)briefes sowie deren Reihenfolge korrekt benennen;
- Absenderangaben korrekt und optisch ansprechend gestalten;
- Empfängeranschriften mit passender Briefanrede korrekt schreiben und positionieren;
- Bezugszeichen korrekt anführen und positionieren;
- den Unterschriftenblock und die Beilagenvermerke normgerecht gestalten;
- Geschäftsbriefe mit den korrekten Pflichtangaben verfassen;
- E-Mails professionell und formal korrekt gestalten;
- Privat- und Geschäftsbriefe unterschriftsreif gestalten.

IV Perfekte Schriftstücke erstellen

1 Das Einmaleins der Briefgestaltung

💬 Überlegen Sie, wann Sie das letzte Mal einen Brief geschrieben haben. Was war der Anlass?

Viktoria möchte im Sommer unbedingt zum ersten Mal arbeiten. Am liebsten wäre Ihr ein Job an der Rezeption, da ihr sowohl die Arbeit mit Menschen als auch mit dem Computer viel Spaß macht. Sie erzählt Ihrem Freund Peter von einem interessanten Inserat, das sie gefunden hat: „Für den Job bin ich perfekt – naja, fast zumindest. Es wird der ‚sichere Umgang mit Normen der Briefgestaltung' gefordert." Peter beruhigt sie: „Das lernen wir doch in OMAI!"

Sie denken vielleicht, dass Briefe heute gar nicht mehr wichtig sind, weil es E-Mails gibt. Tatsächlich sind E-Mails auch in der beruflichen Kommunikation sehr oft die erste Wahl. Aber es gibt noch immer viele Gelegenheiten, bei denen es besser ist, einen Brief zu verschicken.

Schon gewusst?
Wichtige Schreiben kommen meistens mit der Post, z. B.
- Schreiben von oder an Behörden,
- Vertragskündigungen,
- Mahnungen,
- Verträge.

💡 Regeln für die Briefgestaltung geben z. B. die Österreichische Post, der Duden, die DIN 5008 sowie das Österreichische Wörterbuch vor.

Für die Gestaltung von Briefen gibt es verschiedene Normen und Richtlinien, die eingehalten werden sollen.

PROFI-TIPP

💡 Ein formal richtig gestalteter Brief vermittelt der Empfängerin/ dem Empfänger Professionalität.

„Briefe sind die Visitenkarte der Absenderin/des Absenders. Der erste Eindruck ist entscheidend. Die ersten 20 Sekunden entscheiden, ob die Mitteilung im Papierkorb landet oder weiter behandelt wird. Neben dem fehlerfreien Inhalt des Schriftstückes ist auch die Form (das Layout) von großer Bedeutung."

– Leiterin der Personalabteilung einer Hotelkette –

Die wichtigsten Regeln und Normen werden Sie im Laufe des Kapitels genau kennenlernen.

Das Einmaleins der Briefgestaltung

- Privat- und Geschäftsbrief unterscheiden
- Briefkopf mit Absenderangabe
- Bezugszeichen richtig platzieren
- Anrede und Brieftext formulieren
- Unternehmensinformationen in der Fußzeile einfügen
- Briefbestandteile im Überblick
- Empfängeranschrift einfügen
- Aussagekräftigen Betreff wählen
- Briefabschluss gestalten

Ab die Post – Briefe und E-Mails schreiben

1.1 Privat- und Geschäftsbriefe unterscheiden

> Briefe, die von Privatpersonen geschrieben werden, nennt man **Privatbriefe.** Wenn ein Unternehmen Briefe verschickt, sind das **Geschäftsbriefe.**

Beim Verfassen und Gestalten von Privat- und Geschäftsbriefen gibt es viele Überschneidungen, aber auch einige Unterschiede, die Sie kennen sollten:

Absender/in
(Wer schickt den Brief?)

Privatbrief
Privatperson oder Verein

Geschäftsbrief
Unternehmen (mit Pflichtangaben für Geschäftskorrespondenz in der Fußzeile)

Bezugszeichen
(Weitere Informationen)

Privatbrief
Datum rechtsbündig (24. Juli ....) reicht aus

Geschäftsbrief
Bezugszeichenblock mit weiteren Informationen zur Absenderin/zum Absender bzw. zum Schriftwechsel

Abschluss
(Wie „verabschiedet" man sich von der Empfängerin/vom Empfänger?)

Privatbrief
Keine maschinschriftliche Wiederholung des Namens, nur handschriftliche Unterschrift

Geschäftsbrief
- Firmenwortlaut
- Handschriftliche Unterschrift
- Maschinschriftliche Wiederholung des Namens der/des Unterschreibenden

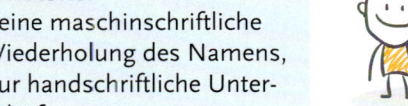

Je nachdem, wer den Brief schreibt, spricht man von einem Geschäfts- oder einem Privatbrief.

Schriftwechsel = der Austausch von mehreren Briefen zu einem Thema.

Beispiele
- **Privatbriefe:** Bewerbungen, Kündigungsschreiben (z. B. Handyvertrag, Internet etc.), offizielle Ansuchen oder Anfragen bei Behörden, Unternehmen etc.
- **Geschäftsbriefe:** Rechnungen, Mahnungen, Angebote etc.

Egal, ob es sich um einen Privat- oder Geschäftsbrief handelt, die folgenden Tipps sollen Sie immer einhalten.

Tipps!
- Beschreiben Sie Briefe nur einseitig.
- Verwenden Sie eine gut lesbare Schrift, z. B. Calibri.
- Wählen Sie eine Schriftgröße zwischen 10 und 12 Punkt.
- Aktivieren Sie die automatische Silbentrennung.
- Verringern Sie den Zeilenabstand der Standard-Schnellformatvorlage bei Bedarf bzw. erhöhen Sie ihn bei sehr kurzen Texten.
- Kontrollieren Sie den Text vor dem Ausdrucken in der Seitenansicht.

Briefe müssen immer auf Rechtschreib- und Tippfehler kontrolliert werden.

309

IV Perfekte Schriftstücke erstellen

1.2 Briefbestandteile im Überblick

Briefe bestehen aus unterschiedlichen Blöcken (Briefteilen). Die Position und die Maße der einzelnen Briefteile richten sich nach der Papiergröße DIN A4 sowie der Positionierung eines eventuellen Fensters bei Fensterkuverts.

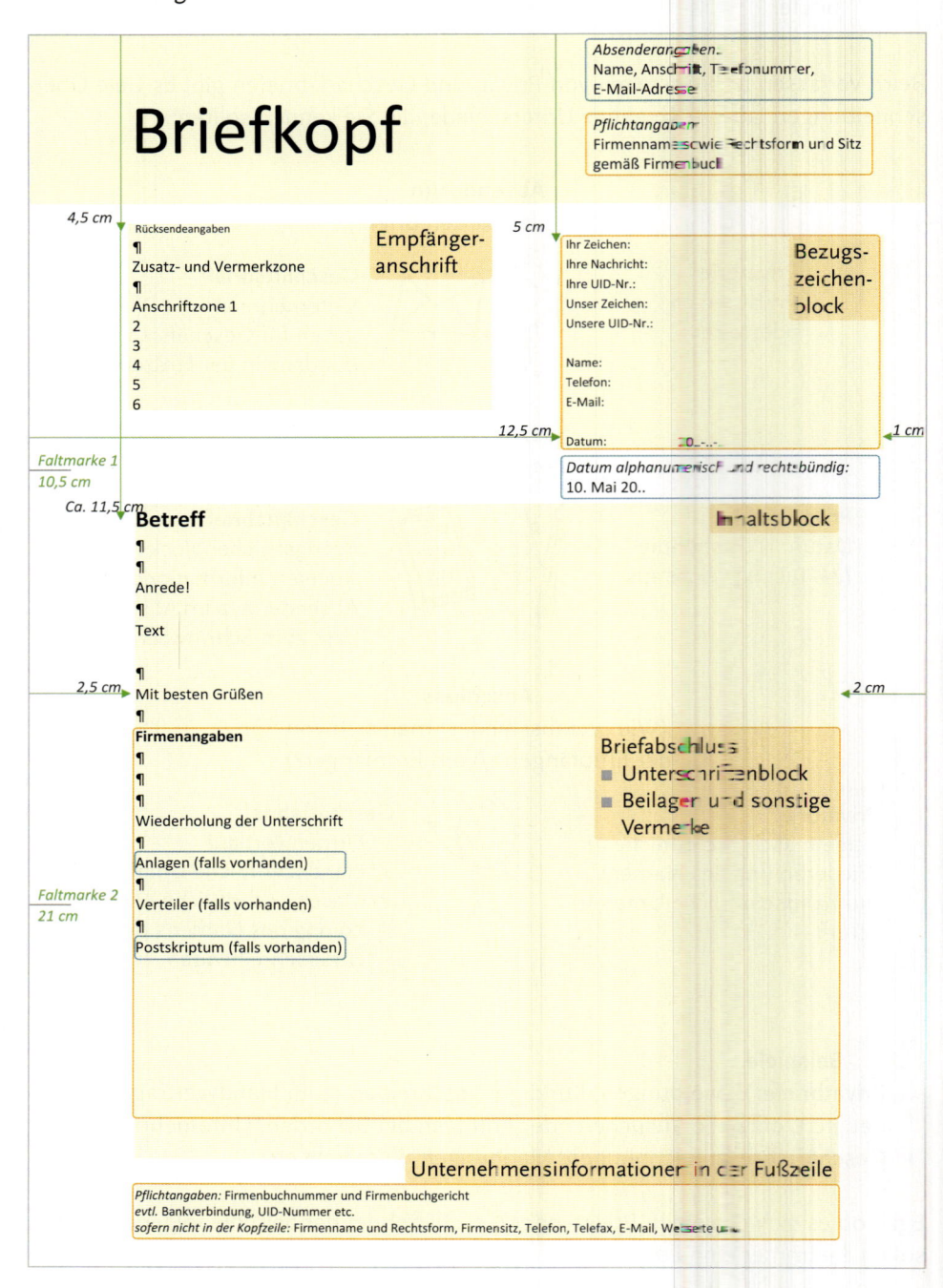

- Im Privatbrief
- Im Geschäftsbrief

💡 Die verwendeten Bezugszeichen können variieren, die Reihenfolge ist jedoch einzuhalten.

💬 Besprechen Sie mögliche Inhalte, die zu den einzelnen Blöcken gehören könnten, mit Ihrer Lehrperson.

Briefkopf

Absenderangaben
Name, Anschrift, Telefonnummer, E-Mail-Adresse

Pflichtangaben
Firmenname sowie Rechtsform und Sitz gemäß Firmenbuch

4,5 cm — Rücksendeangaben — 5 cm
¶
Zusatz- und Vermerkzone
¶
Anschriftzone 1
2
3
4
5
6

Empfängeranschrift

Ihr Zeichen:
Ihre Nachricht:
Ihre UID-Nr.:
Unser Zeichen:
Unsere UID-Nr.:

Name:
Telefon:
E-Mail:

Bezugszeichenblock

12,5 cm — Datum: 20..-..-.. — 1 cm

Datum alphanumerisch und rechtsbündig:
10. Mai 20..

Faltmarke 1
10,5 cm

Ca. 11,5 cm
Betreff
¶
¶
Anrede!
¶
Text
¶
2,5 cm → Mit besten Grüßen ← 2 cm
¶
Firmenangaben
¶
¶
Wiederholung der Unterschrift
Anlagen (falls vorhanden)
¶
Verteiler (falls vorhanden)
¶
Postskriptum (falls vorhanden)

Inhaltsblock

Briefabschluss
- Unterschriftenblock
- Beilagen und sonstige Vermerke

Faltmarke 2
21 cm

Unternehmensinformationen in der Fußzeile

Pflichtangaben: Firmenbuchnummer und Firmenbuchgericht
evtl. Bankverbindung, UID-Nummer etc.
sofern nicht in der Kopfzeile: Firmenname und Rechtsform, Firmensitz, Telefon, Telefax, E-Mail, Webseite usw.

Tipp!
Beginnen Sie bei der Gestaltung eines Briefes mit dem Einrichten der Seitenränder. Mit den folgenden Seitenrändern fällt Ihnen die Einhaltung der richtigen Abstände leichter:

Seitenränder			
Oben:	4,5 cm	Unten:	2,25 cm
Links:	2,5 cm	Rechts:	2 cm
Bundsteg:	0 cm	Bundstegposition:	Links

← 2 oder 2,5 cm sind erlaubt

Seitenränder einstellen
👆 SEITENLAYOUT – SEITE EINRICHTEN – SEITENRÄNDER

310

Ab die Post – Briefe und E-Mails schreiben

Let's do this! – „Briefbestandteile im Überblick"

Ausgangssituation

Viktoria hat im Unterricht ihren ersten Geschäftsbrief geschrieben. Sie ist unsicher, ob alles richtig ist, und bittet Peter, den Brief zu kontrollieren.

SEGURO VERSICHERUNG

Rheinstraße 28, 6900 BREGENZ, ÖSTERREICH/AUSTRIA
Tel. +43 5574 750 00-0
Fax +43 5574 750 00-19
office@seguro.at
www.seguro.at

Seguro AG, Rheinstraße 28, 6900 Bregenz, AUSTRIA

Österreichische Post AG Info.Mail Entgelt bezahlt

Frau
Eugenie Zumtobel
Graf-Kaspar-Straße 14
6850 Dornbirn

Unser Zeichen: pe-hä

Name: Markus Hämmerle
Telefon: +43 5574 750 00-22
E-Mail: haemmerle@seguro.at

Datum: 20..-12-05

Hilfe! Ist der Brief so richtig?

Ihre Krankenversicherung – Polizzen-Nr. 253-1112536

Sehr geehrte Frau Zumtobel,

aufgrund der Veränderungen der Preise im Gesundheitswesen und der allgemein häufigeren Inanspruchnahme von Leistungen ist eine Tarifanpassung notwendig, um die Qualität Ihrer Krankenversicherung zu erhalten.

Mit dieser Anpassung können wir die in der Beilage dokumentierte Kostendeckungsgarantie und die direkte Verrechnung mit den Vertragsspitälern weiterhin aufrechterhalten.

Wenn Sie eine oder mehrere der folgenden Zusatzleistungen mitversichert haben, werden auch diese angepasst:

- ✓ ambulante Arztbehandlung
- ✓ ambulante Zahnbehandlung
- ✓ Pflegeversicherung
  zur Pflegeversicherung lesen Sie bitte auch die beiliegenden Informationen

Die Tarifanpassung wird ab 1. Jänner 20.. wirksam. Ihre aktuelle Prämienhöhe entnehmen Sie bitte der beiliegenden Folgepolizze.

Mit freundlichen Grüßen

SEGURO Versicherung AG

ppa. Mag. Andreas Peters   i. V. Markus Hämmerle

Kostendeckungsgarantie
Information Pflegeversicherung
Folgepolizze

ATU25426044   BIC BKAUATWW
FN 115596 b   IBAN AT63 1184 0002 6584 9000
Firmenbuchgericht Bregenz

> JETZT SIND SIE DRAN!

- Helfen Sie Viktoria und Peter!
  a) Kontrollieren Sie, ob alle Briefbestandteile vorhanden sind, und beschriften Sie diese mit der korrekten Bezeichnung.
  b) Überprüfen Sie zudem, ob der Brief alle Pflichtangaben enthält.
     ○ Ja, alle Angaben sind vorhanden.
     ○ Nein, es fehlt _____.

IV Perfekte Schriftstücke erstellen

WorkBox – „Privat- und Geschäftsbriefe unterscheiden"

- Viktoria und ihre Freunde schreiben Briefe. Um welche Art von Brief handelt es sich, Privat- oder Geschäftsbrief?

	Privat-brief	Geschäfts-brief
Jeremy möchte sich für einen Ferialjob als Verkäufer bei einer Modekette bewerben. Seine Bewerbungsmappe schickt er mit der Post an die Personalabteilung.	○	○
Peter hat beim Unternehmen Joker Jeans Schnuppertage absolviert und durfte eine Auftragsbestätigung schreiben. Eine Boutique hat 200 Jeans bei Joker Jeans bestellt.	○	○
Viktoria ist unzufrieden mit ihrem Handytarif. Sie hat viel zu wenig mobile Daten. Sie schickt ein Kündigungsschreiben an ihren Anbieter.	○	○
Peter hat eine Einladung zum Sommerfest seines Sportvereines bekommen.	○	○

Pflichtangaben im Geschäftsbrief

Die **Pflichtangaben für Geschäftskorrespondenz** sind im **Unternehmensgesetzbuch** und in der **Gewerbeordnung** geregelt und werden in der Regel in der Kopfzeile bzw. im Feld für die Geschäftsangaben in der Fußzeile angeführt.

Die Pflichtangaben variieren je nach Rechtsform des Unternehmens, Art des Geschäftspapiers und Form der Übermittlung. Immer anzuführen sind die folgenden Informationen:
- Firmenname
- Rechtsform
- Sitz gemäß Firmenbuch
- Firmenbuchnummer (FN, sechsstellige Zahl und Kleinbuchstabe)
- Firmenbuchgericht

Eine Bankverbindung (**IBAN** und **BIC**) kann, muss aber nicht angegeben werden. Wird der IBAN angegeben, soll er zur besseren Lesbarkeit in Vierergruppen gegliedert werden.

Schon gewusst?
In Unternehmen werden meist **Vordrucke** verwendet. So sind alle wichtigen Informationen, wie z. B. Briefkopf, Pflichtangaben in der Fußzeile, bereits auf dem Briefpapier vorhanden.
Durch Vordrucke sehen Briefe immer gleich aus. So kann auch das Corporate Design leicht eingehalten werden.

Achten Sie künftig bei Geschäftsbriefen, die Sie oder Ihre Familienmitglieder bekommen, darauf, ob alle Pflichtangaben vorhanden sind.

IBAN (International Bank Account Number) = AT + 2-stellige Zahl + BLZ + 11 Stellen für Kto.-Nr.

BIC (Bank Identifier Code – auch als SWIFT-Adresse bekannt), weltweit eindeutiger Code zur Identifizierung von Kreditinstituten.

Informationen zu den Pflichtangaben in der Korrespondenz finden Sie auch im Unternehmensservice-Portal:
www.trauner.at/pflichtangaben-korrespondenz

Bei **Rechnungen** gelten (über die Angabe der Absenderin/des Absenders und der Empfängerin/des Empfängers hinaus) zusätzliche Pflichtangaben:

- Name und Anschrift der Verkäuferin/des Verkäufers
- Name und Anschrift der Käuferin/des Käufers
- Menge und Bezeichnung der Produkte oder sonstigen Leistung
- Datum der Lieferung
- Entgelt ohne USt (Nettobetrag)
- USt-Betrag
- UID-Nummer der Verkäuferin/des Verkäufers
- USt-Satz oder Hinweis auf Steuerbefreiung
- Ausstellungsdatum
- Fortlaufende Rechnungsnummer
- Bei Rechnungen über 10.000,00 EUR inkl. USt: UID-Nummer der Käuferin/des Käufers

Mit den Pflichtangaben auf Rechnungen werden Sie sich in den Unterrichtsgegenständen „Unternehmensrechnung" und „Betriebswirtschaft" ausführlicher beschäftigen.

Neben den gesetzlichen Bestandteilen kann eine Rechnung noch weitere Informationen enthalten, z. B. Bestelldatum, Zahlungsbedingungen, Rabatt, Eigentumsvorbehalt, Verzugszinsen oder werbewirksame Hinweise auf neue Produkte.

1.3 Briefkopf mit Absenderangabe gestalten

Der **Briefkopf mit Absenderangabe** ist im oberen Bereich des Briefes vorgesehen. Es stehen maximal 4,5 cm vom oberen Blattrand zur Verfügung.

Die Absenderangaben sind frei gestaltbar und können auch grafische Elemente (z. B. Logo, Symbole, Linien) enthalten.

Im internationalen Schriftverkehr soll auch im Absender ÖSTERREICH/AUSTRIA angeführt werden.

Let's do this! – „Briefkopf mit Absenderangabe gestalten"

Ausgangssituation

Viktoria und Peter sind total motiviert und haben bereits einen Briefkopf für ihre Bewerbungsunterlagen erstellt. Sie haben sich für die Gestaltung im Internet inspirieren lassen.

Peter Scheibenreiter
3910 Zwettl | Karl-Kastner-Straße 1 | E-Mail: pscheibenreiter@gmx.at | 0680 707 79

Viktoria Hainfeld
8020 Graz | Bahnstraße 7a
Tel.: +43 660 404 42 51
v_hainfeld@gmail.com

Weitere Übungsbeispiele zur Gestaltung der Absenderangabe finden Sie in der TRAUNER-DigiBox.

JETZT SIND SIE DRAN!

- Entwerfen Sie in einem WORD-Dokument Ihren eigenen Briefkopf mit Ihren Kontaktdaten. Achten Sie dabei auf die Einhaltung des korrekten Abstandes vom oberen Blattrand. Speichern Sie das Dokument unter **Briefkopf_IhrName.docx**.

1.4 Empfängeranschrift einfügen

Die Empfängerangabe gibt Auskunft darüber, an wen der Brief geschickt werden soll. Damit die Anschrift in einem Fensterkuvert gut lesbar ist, müssen Sie die folgenden Vorgaben einhalten.

> Die Größe des **Anschriftenblockes** beträgt maximal 4,5 x 8,5 cm. Er besteht aus einer Zeile für die **Rücksendeangabe**, drei Zeilen für die Zusatz- und Vermerkzone sowie maximal sechs Zeilen für die Anschriftzone.

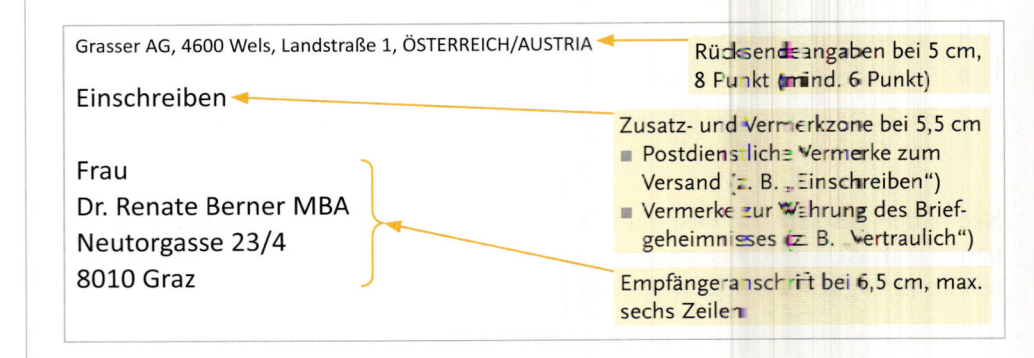

Rücksendeangabe = Kurzabsender/in. Dadurch ist die Absenderin/der Absender im Fensterkuvert auf einen Blick erkennbar.

In der TRAUNER-DigiBox finden Sie Details zu gängigen Beförderungsvermerken.

```
Grasser AG, 4600 Wels, Landstraße 1, ÖSTERREICH/AUSTRIA

Einschreiben

Frau
Dr. Renate Berner MBA
Neutorgasse 23/4
8010 Graz
```

- Rücksendeangaben bei 5 cm, 8 Punkt (mind. 6 Punkt)
- Zusatz- und Vermerkzone bei 5,5 cm
  - Postdienstliche Vermerke zum Versand (z. B. „Einschreiben")
  - Vermerke zur Wahrung des Briefgeheimnisses (z. B. „Vertraulich")
- Empfängeranschrift bei 6,5 cm, max. sechs Zeilen

Schon gewusst?
Innerhalb der Empfängeranschrift dürfen weder Leerzeilen, Sperrschriften, Scriptschriften noch Unterstreichungen verwendet werden.

Die aktuellen Leitlinien der Österreichischen Post zum korrekten Adressieren können Sie aus dem Internet herunterladen:
www.trauner.at/leitlinien-post

1.4.1 Bestandteile der Empfängeranschrift an Privatpersonen

Bei der Gestaltung der Empfängeranschrift müssen Sie die Vorgaben der Österreichischen Post einhalten.

Die Empfängeranschrift hat der Reihe nach folgende Angaben zu enthalten:

```
Anrede Titel
Akad. Grad(e) Vorname Zuname, Bakk.- und Mastergrad(e)   ❶
Berufsbezeichnung oder Zusatz
Straße Hausnummer   ❷
PLZ Ort   ❸
(evtl. Land)   ❹
```

- ❶ Bezeichnung der Empfängerin/des Empfängers
- ❷ Abgabestelle (z. B. Straßenbezeichnung, Postfach)
- ❸ Postleitzahl und Bestimmungsort
- ❹ Bestimmungsland (bei Auslandssendungen)

Sie werden nun die einzelnen Bestandteile etwas genauer kennenlernen.

Ab die Post – Briefe und E-Mails schreiben

SCHRITT FÜR SCHRITT: BESTANDTEILE DER EMPFÄNGERANSCHRIFT

❶ Bezeichnung der Empfängerin/des Empfängers

- Die **Anrede** erfolgt mit „Herr(n)", „Frau" oder „Familie".
- **Titel und Funktionsbezeichnungen,** wie Amts- und Diensttitel, Dienstgrade, militärische und kirchliche Titel sowie Funktionsbezeichnungen stehen ungekürzt neben der Anrede – bei Bedarf können sie in der nächsten Zeile fortgesetzt werden.

> **Beispiele: Titel und Funktionsbezeichnungen**
>
> Frau Medizinalrätin
> Gerda Müller
>
> Herrn Generalmajor
> Robert Schmölzer
>
> Herrn Schulrat
> Carsten Schmidt
>
> Frau Universitätsprofessorin
> Ruth Hinterberger

💡 Bei Titeln bzw. Funktionsbezeichnungen für Frauen können die weiblichen Formen angegeben werden.

- **Akademische Grade** werden in abgekürzter Form in der Zeile der Namensnennung angegeben.
  - **Magister-, Diplom- und Doktorgrade** sowie die Standesbezeichnung Ing. werden dem Vornamen vorangestellt (Dipl.-Päd., DI, Mag., MMag., Dr., DDr.).

> **Beispiele**
>
> Mag. Dr. Evelyn Bürger
> DI Petra Fink
> Dipl.-Päd. Anton Moshammer

  - Bachelor- und Mastergrade werden dem Nachnamen nachgestellt (BA, BEd, MAS, MSc, MBA)

> **Beispiele**
>
> Peter Obermüller Bakk. phil.
> Andrea Eder, MBA ← *Schreibung mit und ohne Beistrich erlaubt*
> Dr. Walter Schneider MSc ←

✏️ Überlegen Sie, wie die korrekte Anrede mit Titeln, akademischen Graden und Namen für Ihnen bekannte Personen lauten würde:

_____
_____
_____
_____
_____

- **Vor- und Nachname** der Empfängerin/des Empfängers folgen in der Zeile unter der Anrede. Der Nachname soll, wenn er wie ein Vorname lautet oder die beiden Namen nicht unterscheidbar sind, in Großbuchstaben geschrieben werden.

> **Beispiele: Titel und Funktionsbezeichnungen**
>
> Herrn Hofrat
> Dr. Manfred GÜNTHER
>
> Frau
> Hitomi NAGAYASHI

- **Berufsbezeichnungen und Zusätze** folgen unter dem Empfängernamen.
  - Briefe an Privatpersonen in Unternehmen: „p. A." (per Adresse), bei ausländischen Adressen „c/o" (care of)
  - Zusatz bei Untermietern: „bei"

> **Beispiele: Zusätze**
>
> Frau
> MMag. Julian Schauer
> c/o Fischer GmbH
>
> Herrn
> Peter Hartmann
> bei Familie Richter

Berufsbezeichnungen sind z. B. Steuerberater/in, Eventmanager/in, Bautechniker/in, Landschaftsarchitekt/in.

IV Perfekte Schriftstücke erstellen

❷ Abgabestelle
Die Abgabestelle für die Empfängerin/den Empfänger (Straße und Hausnummer u. Ä. oder Postfach, Postlagernd) ist in der Zeile unter der Bezeichnung der Empfängerin/des Empfängers zu schreiben.

- Doppelnummern mit kurzem Mittelstrich ohne Leerzeichen

> **Beispiel**
> Hirschgasse 16–18

- Weitere Nummern (Stiege, Stockwerk, Wohnung) getrennt durch Schrägstriche

> **Beispiel**
> Mozartstraße 17/3/22

- Bei Hausnummern mit ergänzenden Buchstaben lt. DIN 5008 kein Leerzeichen zwischen Hausnummer und Buchstabe

> **Beispiel**
> Wienstraße 22a

FILM AB!
Wie Straßennamen korrekt geschrieben werden, erfahren Sie im Video unter www.trauner.at/strassennamen-schreiben.

Schon gewusst?
Für die Schreibung von Straßennamen gibt es Vorgaben. Ein Straßenname besteht aus einem Bestimmungswort und einem Grundwort.

Bestimmungswort Grundwort Straße, Gasse, Platz, Weg, Allee, Gürtel ...

Wien|straße

- Ist das **Bestimmungswort unverändert,** wird der Straßenname zusammengeschrieben, z. B. Wienstraße, Einsteinstraße, Hessenplatz etc.
- Ist das **Bestimmungswort verändert,** wird der Straßenname getrennt geschrieben, z. B. Wiener Straße, Linzer Weg, Südtiroler Gasse etc.
- Bei einem **mehrgliedrigen Bestimmungswort** wird der Straßenname mit einem Bindestrich geschrieben, z. B. Otto-Wiener-Straße, Dr.-Peter-Kaiser-Weg, Franz-Josephs-Kai etc.
- Straßennamen **ohne Grundwort** werden getrennt geschrieben. Eigenschaftswörter im Straßennamen werden großgeschrieben, z. B. An der Alten Wien, Linke Wienzeile, In der Neuen Welt etc.

Auf der Post erfolgt die Zuordnung zum Empfängerland im Inland, daher wird das Bestimmungsland auf Deutsch geschrieben. Die weitere Sortierung geschieht im Ausland. Also schreibt man den Ort in der jeweiligen Sprache.

❸ Postleitzahl und Bestimmungsort
Unmittelbar darunter stehen die Postleitzahl und der Bestimmungsort – beide in derselben Zeile. Zwischen Postleitzahl und Bestimmungsort ist ein Leerzeichen zu setzen.

> **Beispiele**
>
> Pfarrhofgutweg 12   Linzer Straße 19b   Postfach 299
> 5400 Hallein   4470 Enns   1091 Wien

❹ Auslandsanschriften
- BESTIMMUNGSORT und BESTIMMUNGSLAND werden in VERSALIEN (Großbuchstaben) formatiert.
- Der Ort wird in der **Sprache des Empfängerlandes** (z. B. FIRENZE oder BUCURESTI) geschrieben.
- Das Bestimmungsland wird auf Deutsch (BELGIEN statt BELGIQUE) geschrieben.

Ab die Post – Briefe und E-Mails schreiben

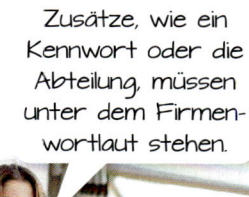

WorkBox – „Bestandteile der Empfängeranschrift an Privatpersonen"

1. Üben Sie die Gestaltung von Empfängeranschriften.
   a) Öffnen Sie die Datei **Empfängeranschriften_privat_u.docx** und speichern Sie es unter **Empfängeranschriften_privat1.docx**.
   b) Gestalten Sie formal korrekte Anschriften.

2. Achten Sie auf die korrekte Schreibweise von Straßennamen.
   a) Öffnen Sie die Datei **Strassennamen_u.docx** und speichern Sie die Lösung unter **Strassennamen1.docx**.
   b) Korrigieren Sie die Straßennamen bzw. kreuzen Sie die richtige Lösung an.

1.4.2 Bestandteile der Empfängeranschrift an Unternehmen

Anschriften an Unternehmen bzw. Ämter und Behörden unterscheiden sich geringfügig von solchen an Privatpersonen. Unterschiede gibt es bei der Bezeichnung der Empfängerin/des Empfängers. Alle anderen Teile entsprechen der Privatanschrift.

Firma oder Branchenbezeichnung
Firmenname
Branche oder Zusatz
Straße Hausnummer
PLZ Ort
(evtl. Land – bei Auslandsanschriften)

Schon gewusst?
Bei Einzelunternehmerinnen/Einzelunternehmern, die nicht ins Firmenbuch eingetragen sind, soll das Wort „Firma" vorangesetzt werden, um Verwechslungen mit Privatpersonen zu vermeiden.

> **Beispiel**
> Firma
> Petra Klement
> Kosmetik – Massage – Pediküre

💡 Ins Firmenbuch eingetragene Einzelunternehmer/innen erkennen Sie am Zusatz e. U. Dieser steht für eingetragene Unternehmerin/eingetragener Unternehmer.

Die Branchenbezeichnung kann in der Zeile über oder unter dem Empfängernamen stehen. Weitere Zusätze (z. B. „Abteilung", „Kennwort" oder „Bearbeiter/in") sind unter den Firmenwortlaut zu schreiben.

> **Beispiele**
>
> Möbelfabrik   P. Pflügl GmbH & Co KG
> Martin Schösser & Söhne   Verkaufsabteilung
> Herrn Wilfried Schösser   Frau Mag. Eva Asamer

Zusätze, wie ein Kennwort oder die Abteilung, müssen unter dem Firmenwortlaut stehen.

Die Bezeichnung des Empfängers, wenn dieser ein Amt oder eine Behörde ist, erfolgt wie bei Unternehmen.

> **Beispiele**
>
> Magistrat der Stadt Linz   Bundesministerium für
> Hoch- und Tiefbauabteilung   Bildung, Wissenschaft und Forschung
> Herrn Dipl.-Ing. Manfred Kaun Sektion IV

IV Perfekte Schriftstücke erstellen

WorkBox – „Bestandteile der Empfängeranschrift an Unternehmen"

■ Üben Sie die Gestaltung von Empfängeranschriften.

a) Erstellen Sie ein neues Dokument und speichern Sie es unter **Empfängeranschriften1.docx**.
b) Gestalten Sie folgende Anschriften mit den passenden Briefanreden:

Inlandsanschriften
1. Szabo & Partner Wirtschaftstreuhand GmbH, Floridsdorfer Hauptstraße 29/5, 1210 Wien
2. Kebap Restaurant Deniz, Bräuhausgasse 4, 3100 St. Pölten
3. Bäckerei und Cafe Mayr-Stritzinger, Bahnhofstraße 1, 4840 Vöcklabruck
4. Einschreiben, Fussenegger Holzbau GmbH, Herrn Dr. Peter Lukasser, Gütlestraße 5, 6850 Dornbirn
5. Farbencenter Holzer, Halleiner Landesstraße 20, 5400 Hallein
6. Einschreiben – Eigenhändig, 3-D-Werkstatt, Frau DI Renate Vouillarmet-Winkler, Am Stadtpark 25, 2491 Neufeld an der Leitha
7. Per Fax, Royer Cosmetics GmbH, Frau Jennifer Scott, Hauptplatz 35, 8970 Schladming
8. Therapiezentrum St.-Veit-GmbH, Max-Seidl-Weg 14, 9300 St. Veit an der Glan

Auslandsanschriften
1. Ambassade de la République fédérale d'Allemagne, 13/15, Avenue Franklin D. Roosevelt, 75008 PARIS, FRANKREICH
2. Priority, Wendt Kunststoff Technik, Rönneburger Straße 52a, 21079 HAMBURG, DEUTSCHLAND
3. FECSA ENDESA, Av. Vilanova, 12, 08004 BARCELONA, SPANIEN
4. Gasthof Grissianerhof, Grissian 6a, 39010 TISENS/GRISSIAN, ITALIEN
5. Hilti AG, Unternehmenskommunikation, Herrn Cengiz Bahadir, Postfach 333, 9494 SCHAAN, LIECHTENSTEIN
6. ROLLING MILL SUPPLIES & ENGINEERING (Pty.) Ltd., Stahltrenn- und Schleifmaschinen, 7 Bussing Street, 1760 RANDFONTEIN, SÜDAFRIKA

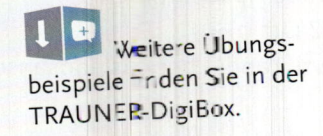

Weitere Übungsbeispiele finden Sie in der TRAUNER-DigiBox.

Fallbeispiele
1. Sie bewerben sich im Unternehmen Angerlehner Hoch- und Tiefbaugesellschaft mbH, Personalabteilung, Frau Mag. Beatrix Schmidinger, Obere Landstraße 19, 4055 Pucking.
2. Herr Philipp Mardorfer, MAS, bekommt von seiner Assistentin wichtige Dokumente schnellstmöglich an seine Hoteladresse gesandt: Radisson Blu Hotel Bucharest, Calea Victoriei 63-81, 010065 Bucuresti, Rumänien.

c) Denken Sie daran, zu speichern!

1.5 Bezugszeichen richtig platzieren

Bezugszeichen sind Informationen und Angaben, die sich auf den aktuellen Schriftwechsel beziehen. Dazu zählen Geschäftszeichen, Datum, Telefonnummer, Name der Sachbearbeiterin/des Sachbearbeiters.

Bezugszeichen unterstützen die Empfängerin/der Empfänger beim Erfassen der wesentlichen Informationen zum Schriftwechsel.

Schon gewusst?
Bei Privatbriefen ist kein Bezugszeichenblock notwendig. Das Datum wird **rechtsbündig in alphanumerischer Form** geschrieben. Eine senkrechte Positionierung ist nicht vorgegeben. Es empfiehlt sich jedoch, das Datum zwischen Empfänger/in und Betreff zu platzieren. Wenn der Brief an einem anderen Ort als der Absenderadresse geschrieben wird, kann man den Ort noch vor das Datum setzen.

> **Beispiele: Datum im Privatbrief**

Wien, 27. Mai ....

1. Februar ....

Für die Gestaltung von Bezugszeichen haben Sie verschiedene Möglichkeiten.

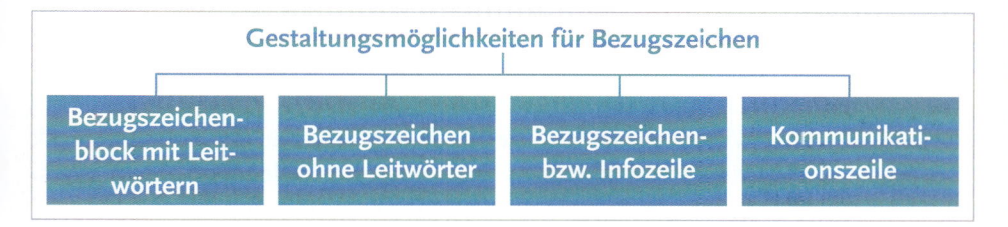

Gestaltungsmöglichkeiten für Bezugszeichen
- Bezugszeichenblock mit Leitwörtern
- Bezugszeichen ohne Leitwörter
- Bezugszeichen- bzw. Infozeile
- Kommunikationszeile

1.5.1 Bezugszeichenblock mit Leitwörtern

Für die Gestaltung des Bezugszeichenblockes gibt es genaue Vorgaben, an die Sie sich halten müssen. Achten Sie v. a. auf die korrekte Positionierung der einzelnen Bestandteile.

💡 Die Angabe der kompletten Telefonnummer erleichtert die Kontaktaufnahme mit der Ansprechpartnerin/dem Ansprechpartner.

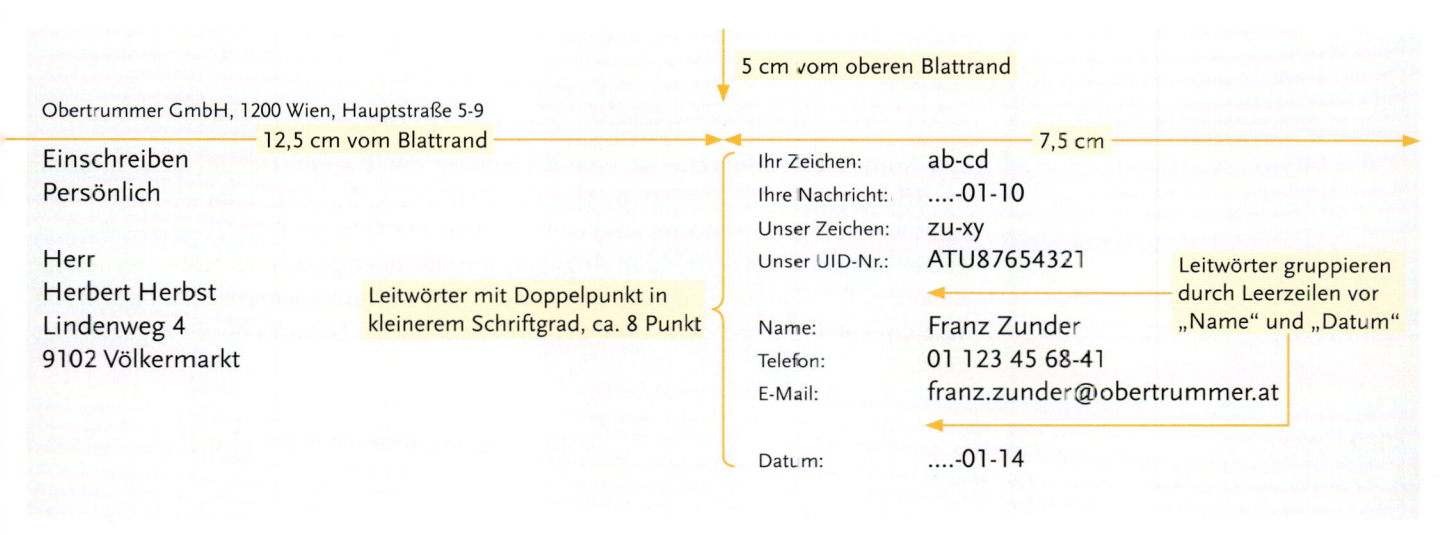

5 cm vom oberen Blattrand

Obertrummer GmbH, 1200 Wien, Hauptstraße 5-9
12,5 cm vom Blattrand — 7,5 cm

Einschreiben
Persönlich

Herr
Herbert Herbst
Lindenweg 4
9102 Völkermarkt

Ihr Zeichen:	ab-cd
Ihre Nachricht:	....-01-10
Unser Zeichen:	zu-xy
Unser UID-Nr.:	ATU87654321
Name:	Franz Zunder
Telefon:	01 123 45 68-41
E-Mail:	franz.zunder@obertrummer.at
Datum:	....-01-14

Leitwörter mit Doppelpunkt in kleinerem Schriftgrad, ca. 8 Punkt

Leitwörter gruppieren durch Leerzeilen vor „Name" und „Datum"

Schon gewusst?
- Leitwörter können ergänzt, weggelassen oder verändert werden.
- Die Reihenfolge der Leitwörter ist einzuhalten: „Ihr Zeichen", „Ihre Nachricht vom", „Unser Zeichen", „Unsere Nachricht vom", „Name", „Telefon", „Fax", „E-Mail" und „Datum".

1.5.2 Bezugszeichen ohne Leitwörter

In manchen Fällen (z. B. bei Einzelunternehmer/innen, Vereinen) kann es ausreichend sein, die eigenen Bezugszeichen rechtsbündig unter der Datumsangabe anzuführen. Eventuelle fremde Bezugszeichen können unter der Betreffangabe und in kleinerem Schriftgrad angeführt werden.

IV Perfekte Schriftstücke erstellen

> **Beispiel**

25. Oktober ....
Manuela Pertl

Wartungsangebot
M/U, Ihre Anfrage vom 24. Oktober d. J. (9 Punkt)

1.5.3 Bezugszeichen- bzw. Infozeile

V. a. **im öffentlichen Dienst** ist die Bezugszeichen- bzw. Infozeile noch in Vordrucken vorhanden. In der Wirtschaft hat sich der flexible Bezugszeichen- bzw. Infoblock durchgesetzt. Die Leitwörter sind so zu setzen, dass ihre **Zeilenoberkante mindestens 8,46 cm (= 24 Punkt oder 2 Zeilen) unterhalb** des **Anschriftenfeldes** steht.

Die typischen **Leitwörter** (nicht benötigte Leitwörter können entfallen) sind im Abstand von 5 cm, meist in **Schriftgröße 6 bis 8 Punkt** vorgedruckt. Die dazugehörigen Angaben stehen in der jeweils gewählten Schriftgröße darunter.

Die Bezugszeichenzeile wird hauptsächlich im öffentlichen Dienst eingesetzt.

Ihr Zeichen/Ihre Nachricht vom	Unser Zeichen/Unsere Nachricht vom	Telefon/Name	Datum
ab-cd/....-01-10	zu-xy/....-12-21	41/Franz Zunder	....-01-14

1.5.4 Kommunikationszeile

Die Kommunikationszeile ist eine **Ergänzung der Bezugszeichen- bzw. Infozeile im Briefkopf**. Damit können weitere Angaben wie z. B. „Fax" oder „E-Mail" angeführt werden. Die Leitwörter sind rechts neben das Feld der Empfängeranschrift zu setzen, wobei die zugehörigen Angaben schreibzeilengerecht in Höhe der letzten Zeile des Empfängeranschriftfeldes stehen. Die Kommunikationszeile **beginnt bei 12,5 cm von links** und damit **in Flucht mit dem dritten Leitwort** der Bezugszeichenzeile.

4020 Linz   E-Mail: franz.zunder@obertrummer.at

Ihr Zeichen/Ihre Nachricht vom	Unser Zeichen/Unsere Nachricht vom	Telefon/Name	Datum
ab-cd/....-01-10	zu-xy/....-12-21	41/Franz Zunder	....-01-14

WorkBox – „Bezugszeichen richtig platzieren"

■ Üben Sie die Gestaltung von Bezugszeichen.

a) Erstellen Sie ein neues Dokument und speichern Sie es unter **Bezugszeichen1.docx**.

b) Gestalten Sie mit folgenden Angaben Bezugszeichenblöcke und/oder Bezugszeichenzeilen mit Betreffangaben:

Empfänger: Farbencenter Holzer, Herrn Mag. Walter Berghammer, Halleiner Landesstraße 20, 5400 Hallein
Ihr Zeichen: wb-kg, Ihre Nachricht: ....-04-05, Unser Zeichen: kor-wa, Name: Frau Else Korab
Telefon: +43 7736 567 14-268, E-Mail: korab@rogner.at, Datum: ....-04-07,

Empfänger: Weinshop Wagram, Frau Gertrude Vordermayr, Marktplatz 44, 3470 Kirchberg
Unser Zeichen: Dr. W/K, Name: Dr. Gerd Weber, Telefon: +43 7279 297 98-134, Telefax: +43 7279 297 98-135,
E-Mail: g.weber@wagram.at, Datum: ....-09-12,

Empfänger: Dolenz Rauch Sonnenschutz GmbH, Herr Mag. Paul Obinger MBA, Conrad-von-Hötzendorf-Straße 116, 8010 Graz
Ihr Zeichen: KO/Pm, Ihre Nachricht: ….-11-12, Ihre UID-Nr.: ATU45789901,
Unser Zeichen: GA/ML, Unsere UID-Nr.: ATU98127763, Name: Ing. Max Gartner,
Telefon: +43 664 122 33 44, E-Mail: mgartner@klotzner.at, Datum: ….-11-13,

c) Denken Sie daran, zu speichern!

Überlegen Sie sich, welche Zeichen Sie selber verwenden können.

1.6 Aussagekräftigen Betreff wählen

Der Betreff ist eine stichwortartige Inhaltsangabe des Briefes. Er wird bei ca. 11,5 cm vom oberen Blattrand platziert. Er wird durch Fettdruck, vergrößerten Schriftgrad oder Farbdrucke hervorgehoben. Nach dem Betreff folgen zwei Leerzeilen.

> Durch den Betreff eines Briefes soll die Empfängerin/der Empfänger **auf den ersten Blick erkennen, worum es geht.** Deshalb muss der Betreff kurz und aussagekräftig sein.

Beispiel

Bestellbestätigung – Auftragsnummer 123.456-7 ← Betreff bei 11 cm

¶
¶   Nach dem Betreff müssen zwei Leerzeilen folgen

Der Betreff soll einen ersten Eindruck vermitteln, worum es im Brief geht.

💡 Wenn Sie Formatvorlagen mit Absatzabständen, z. B. Abstand Nach: 10 Pt, verwenden, entfällt die zweite Leerzeile.

WorkBox – „Aussagekräftigen Betreff wählen"

■ Wählen Sie für die folgenden Situationen einen passenden Betreff.

Situation	Betreff
Ein Sportartikelgroßhändler schickt ein Angebot über 200 Mountainbikes an einen Kunden.	
Viktoria bewirbt sich um einen Ferialjob als Teamassistentin.	
Der Tennisverein „Flinke Hände" schickt eine Einladung zum Sommerfest am 16.08. ….	
Ein Kunde hat seine Rechnung vom 10.12. …. noch nicht beglichen. Der Verkäufer schickt eine Zahlungserinnerung.	

IV Perfekte Schriftstücke erstellen

> Wenn Sie Formatvorlagen mit Absatzabständen, z. B. ABSTAND NACH: 10 PT, verwenden, entfällt die zweite Leerzeile.

1.7 Anrede und Brieftext formulieren

Die **Anrede** folgt zwei Leerzeilen nach dem Betreff. Sie ist die Begrüßung der Empfängerin/des Empfängers.

Nach der Anrede können Sie einen Beistrich oder ein Rufzeichen setzen. Zwischen Anrede und Brieftext muss eine Leerzeile eingefügt werden.

> **Tipp!**
> Sie können „Liebe .../Lieber ..." als Anrede wählen, wenn Sie die Empfängerin/den Empfänger gut kennen und eine persönliche Beziehung zu ihr/ihm haben. Bei offiziellen Schreiben ist das formelle „Sehr geehrte/r ..." passender. Wenn Sie unsicher sind, entscheiden Sie sich immer für die formelle Variante!

Titel und akademische Grade in der Anrede

Besonders in Österreich wird sehr viel Wert auf die korrekte Angabe von Titeln gelegt. Daher sollen Sie diese auch in der Anrede korrekt verwenden. Beachten Sie dabei folgende Punkte.

- Wird ein Titel in der Anrede ausgeschrieben, folgt keine Nennung des Namens.

  > **Beispiel**
  > Frau Hofrätin Marina Neugebauer => Sehr geehrte Frau Hofrätin,

- Dem abgekürzten akademischen Grad wird der Nachname nachgestellt.

  > **Beispiel**
  > Herr Magister Martin Müller => Sehr geehrter Herr Mag. Müller,

- Nachgestellte Bachelor- oder Mastergrade werden in der Anrede nicht angeführt.

  > **Beispiel**
  > Frau Gabriele Hofmeister, BA => Sehr geehrte Frau Hofmeister,

> Bei mehreren Graden wird nur der höchste angeführt.

> ! In der **Anrede** muss die Empfängerin/der Empfänger immer **mit Namen angesprochen** werden. Wenn Sie nicht wissen, an wen der Brief geht, können Sie auch „Sehr geehrte Damen und Herren" schreiben.

> **Beispiele**

Mag. Walter Winter	=>	Sehr geehrter Herr Mag. Winter,
Gloria Moser, BEd. MEd.	=>	Sehr geehrte Frau Moser,
Dr. med. Dr. phil. Jonas Müller	=>	Guten Tag, Herr Dr. Müller,
Familie Luise und Robert Penninger	=>	Sehr geehrte Familie Penninger!
Herr Kammersänger Julius Melzer	=>	Sehr geehrter Herr Kammersänger,
Herr Bernd Grafenauer, MAS	=>	Sehr geehrter Herr Grafenauer!

> Ganz einfach, oder? Versuchen Sie es selbst und überlegen Sie sich eine passende Anrede für Ihre Lehrkraft.

Brieftext

Nach der Anrede folgt der **Brieftext.** Zum Formulieren von Texten gibt es viele Regeln, die Sie auch in anderen Unterrichtsgegenständen noch eingehend besprechen werden. Die folgenden Tipps sollen Sie immer beachten.

Tipps!
- Achten Sie auf kurze und prägnante Formulierungen.
- Nutzen Sie aktive Formulierungen, z. B. statt „Die Reparaturkosten werden von der Versicherung übernommen." schreiben Sie: „Die Versicherung übernimmt die Reparaturkosten."
- Vermeiden Sie Füllwörter und umständliche Formulierungen, wie z. B. statt „Hiermit bestätigen wir den Eingang Ihrer Abmeldung." schreiben Sie: „Wir haben Ihre Abmeldung erhalten."
- Verwenden Sie die Formatierungsmöglichkeiten, die Sie bereits bei der Textgestaltung gelernt haben, aber setzen Sie diese sparsam ein.

Im dritten Jahrgang lernen Sie die wichtigsten Regeln für die inhaltliche Briefgestaltung genauer kennen.

WorkBox – „Anrede und Brieftext formulieren"

- Finden Sie passende Anreden.
  a) Öffnen Sie das Dokument **Empfängeranschriften1.docx** und speichern Sie eine Kopie unter **Empfängeranschriften_Anreden1.docx**.
  b) Fügen Sie mit einer Leerzeile unter den einzelnen Anschriften die passende Anrede ein.

1.8 Briefabschluss gestalten

Wie in einem persönlichen Gespräch folgt am Ende eines Briefes die Verabschiedung von der Empfängerin/vom Empfänger. Der Briefabschluss kann zudem nach der „Verabschiedung" noch Vermerke zu Beilagen oder Verteilern enthalten.

Briefabschluss

Verabschiedung	Vermerke
■ Höfliche Grußformel mit handschriftlicher Unterschrift im Privatbrief ■ Unterschriftenblock im Geschäftsbrief	■ Beilagen- oder Anlagenvermerk ■ Verteilervermerk

Am Ende eines Briefes müssen Sie sich „verabschieden".

1.8.1 Verabschiedung

Im Privat- sowie in Geschäftsbrief beginnt die Verabschiedung mit einer höflichen Grußformel. Danach folgt im Privatbrief die Unterschrift bzw. im Geschäftsbrief der Unterschriftenblock.

Beispiele: Höfliche Grußformeln
Freundliche Grüße, Mit besten Grüßen, Mit freundlichen Grüßen, Herzliche Grüße

IV Perfekte Schriftstücke erstellen

Sammeln Sie in Kleingruppen weitere Ideen für Grußformeln und dokumentieren Sie die Ergebnisse in einem Dokument.

Es soll immer eine handschriftliche Unterschrift eingefügt werden. Verwenden Sie keine Zierschriften.

Wenn mehrere Personen ein Schriftstück unterzeichnen, wird die ranghöhere (bei gleicher Ranghöhe die sachlich zuständige) Person links angeführt.

Schon gewusst?
In der modernen Kommunikation werden mittlerweile auch gerne etwas zwanglosere Grußformeln eingesetzt, z. B. „Mit den besten Wünschen", „Lieben Gruß", „Beste Grüße aus ...", „Liebe Grüße nach ...", „Einen guten Start in die Woche wünscht" oder etwas vertrauter bei guten Bekannten „Sonnige Grüße", „Herzliche Grüße".

Unterschrift im Privatbrief
Bei **Privatbriefen** folgt nach der Grußformel die handschriftliche Unterschrift der Absenderin/des Absenders. Für diese muss ein Freiraum gelassen werden.

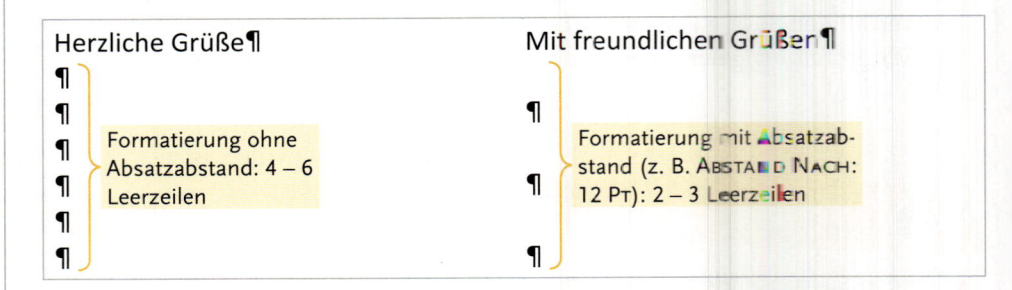

Herzliche Grüße¶	Mit freundlichen Grüßen¶
¶ ¶ ¶ ¶ ¶ ¶ — Formatierung ohne Absatzabstand: 4 – 6 Leerzeilen	¶ ¶ ¶ — Formatierung mit Absatzabstand (z. B. ABSTAND NACH: 12 PT): 2 – 3 Leerzeilen

Unterschriftenblock
Beim Geschäftsbrief besteht der Unterschriftenblock aus folgenden Elementen.

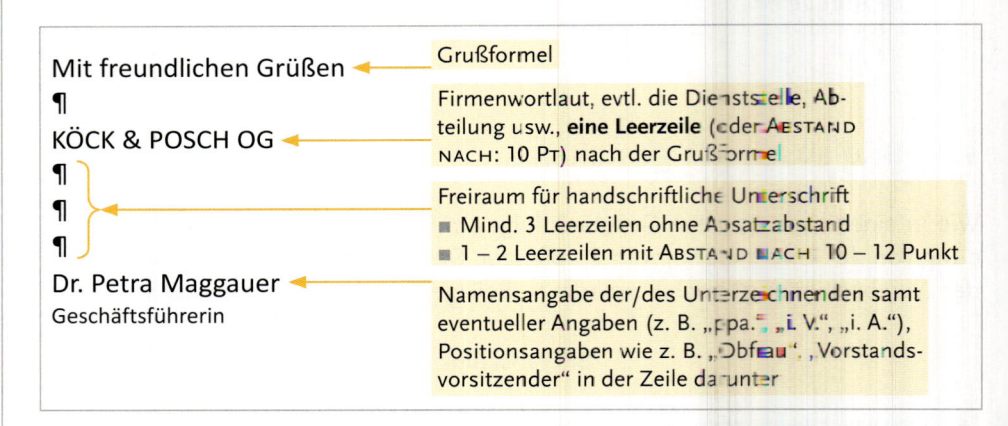

Mit freundlichen Grüßen	← Grußformel
¶	
KÖCK & POSCH OG	← Firmenwortlaut, evtl. die Dienststelle, Abteilung usw., eine Leerzeile (oder ABSTAND NACH: 10 PT) nach der Grußformel
¶ ¶ ¶	← Freiraum für handschriftliche Unterschrift ■ Mind. 3 Leerzeilen ohne Absatzabstand ■ 1 – 2 Leerzeilen mit ABSTAND NACH: 10 – 12 Punkt
Dr. Petra Maggauer Geschäftsführerin	← Namensangabe der/des Unterzeichnenden samt eventueller Angaben (z. B. „ppa.", „i. V.", „i. A."), Positionsangaben wie z. B. „Obfrau", „Vorstandsvorsitzender" in der Zeile darunter

1.8.2 Vermerke

Drei Leerzeilen nach der Grußformel bzw. eine Leerzeile nach der Angabe der/des Unterzeichnenden folgt der Bereich für Vermerke, also Beilagen- und Verteilervermerk.

Beilagen- oder Anlagenvermerk

! Im **Beilagenvermerk** werden alle Unterlagen aufgelistet, die dem Brief beigelegt werden. Somit können sowohl Empfänger/in als auch Absender/in kontrollieren, ob die gewünschten Beilagen mitgeschickt wurden.

324

Dr. Petra Maggauer ← Mind. 1 Leerzeile Abstand zum Unterschriftenblock
Geschäftsführerin
¶
Angebot ←
- Ausrichtung am linken Blattrand bzw. bei Platzmangel rechts neben Freiraum für Unterschrift
- Wort „Beilage/n" kann entfallen
- Hervorhebungen und/oder kleinere Schrift möglich

Beispiele

| Beilage: | oder | 1 Prospekt | oder | 1 Beilage |
| Prospekt | | | | |

Beilagen	oder	1 Eintrittskarte	oder	2 Beilagen
1 Eintrittskarte		1 Stadtplan		
1 Stadtplan				

Verteilervermerk

Im **Verteilervermerk** werden alle Personen und Abteilungen angeführt, die eine Kopie des Briefes erhalten.

Ist sowohl ein Beilagen- als auch ein Verteilervermerk zu schreiben, folgt der Verteilervermerk eine Leerzeile nach der letzten Zeile des Beilagenvermerkes.

Sie können den Verteilervermerk auch in einer kleineren Schriftgröße formatieren.

Verteilervermerke sind wie Beilagenvermerke zu behandeln.

Beispiele

Verteiler:
Rechtsanwalt Dr. Peter Seiler
Rechtsanwalt DDr. Konrad Klimesch

Kopie: Mag. Petra Steiner, Salesmanagerin

Beispiele: Briefabschluss im Geschäftsbrief mit Vermerk(en)

Linksbündig

Bitte retournieren Sie die beiliegende Anmeldungskarte per Post.
¶
Mit freundlichen Grüßen
¶
Gilles GmbH & Co KG
¶
¶ ← Formatierung ohne Absatzabstand
¶

Wolfgang Krämer
Geschäftsführer
¶
Anmeldungskarte

Egal, wie der Unterschriftenblock formatiert wird, Briefe müssen immer händisch unterschrieben werden.

IV Perfekte Schriftstücke erstellen

Briefabschlüsse können links, rechts oder zentriert ausgerichtet werden.

Rechte Schreibraumhälfte – eingerückter Briefabschluss

Wir stehen Ihnen für weitere Auskünfte gerne zur Verfügung.

                                   Freundlicher Gruß

                                   Dipl.-Ing. Huber KG — *Kann entfallen*
                                   Hoch- und Tiefbau

                                   ¶ — *Formatierung mit Absatzabstand* ABSATZ NACH: 10 PT.
                                   ¶

                                   i. A. Walter Langer
                                   Leiter Tiefbau

Beilagen:
2 Rechnungskopien
1 Kontoauszug

Kopie: Dr. Müller

Zentriert

Bitte merken Sie die Reservierung vor.

                         ¶

                    Mit besten Grüßen

                         ¶

                  SPORTHOTEL ELLMAU

                         ¶
                         ¶
                         ¶

Dr. Manfred Berger   ppa. Walter Schreber
Geschäftsführer   Empfangschef

                         ¶

Verteiler:
Abt. Buchhaltung

Überlegen Sie, mit welchen Einstellungen das nebenstehende Beispiel formatiert wurde:

Word-Box – „Briefabschluss gestalten"

- Gestalten Sie formal korrekte Briefabschlüsse.

    a) Erstellen Sie ein neues Dokument und speichern Sie es unter **Briefabschluss1.docx**.

    b) Gestalten Sie aufgrund folgender Angaben Briefabschlüsse in schönem Layout:

    1. Grußformel: Mit freundlichen Grüßen
       Absender/in: Hess, Bauspenglerei und Dachdeckerei GmbH
       Unterschrift: Martin Hess, Geschäftsführer
       Beilagen: 1 Angebot
       Verteiler: –

    2. Grußformel: Mit kollegialen Grüßen
       Absender/in: Dr. Wolfgang Lenz & Dr. Ernst Wittmann, Notarpartnerschaft
       Unterschrift: i. A. Susanne Fellner
       Beilagen: Vertrag
       Verteiler: Mag. Peter Kastner

3. Grußformel: Mit modischen Grüßen
   Absender/in: Carl TLAPA, Kleidermoden GmbH
   Unterschrift: i. V. Clarissa Rubens
   Beilagen: 1 Entwurf, 1 Angebot
   Verteiler: –

4. Grußformel: Freundlicher Gruß
   Absender/in: Kromberg & Schubert Austria GmbH u. Co KG
   Unterschrift: ppa. DI Martin Czepl, Mag. Margot Bauer
   Beilagen: –
   Verteiler: –

5. Grußformel: Freundliche Grüße
   Absender/in: Georg Pappas Automobil AG
   Unterschrift: Eberhard Kowatsch
   Beilagen: Buchhaltung
   Verteiler: –

c) Denken Sie daran, zu speichern!

Ein weiteres Übungsbeispiel finden Sie in der TRAUNER-DigiBox.

1.9 Unternehmensinformationen in der Fußzeile einfügen

In die **Fußzeile** kommen all jene **Pflichtangaben für Geschäftskorrespondenz,** die weder in der Kopfzeile noch im Bezugszeichenblock angeführt sind. Die Gestaltung ist frei, es macht jedoch Sinn, zusammengehörige Angaben (z. B. Bankverbindung) in einen Block zusammenzufassen.

Beispiele

Bankverbindung: Volksbank Tirol Innsbruck ▪ IBAN: AT02 4585 0005 4002 2566 ▪ BIC: VBOEATWWINN
UID-Nr. ATU369526978 ▪ Firmenbuchgericht Innsbruck ▪ FN 336544 a

Firmenbuchgericht: Salzburg	Firmenbuch-Nr.: FN 123456 d
UID-Nr.: ATU 13456258	DG-Nr.: 535587644
IBAN: AT78 2015 1006 6077 0880	BIC: BKAUATWW

Die **Schriftgröße in der Fußzeile** soll eindeutig **kleiner als im Text** sein und der Abstand der Fußzeile zum Brieftext soll deutlich sein, um eine optische Trennung zu haben. Zusätzlich können Linien oder andere Grafikelemente in die Fußzeile eingebunden sein.

Schon gewusst?
Schriftstücke, die Sie auf dem Postweg versenden, müssen Sie **passend für den verwendeten Briefumschlag falten.** Damit der Brief seinen Weg zur Empfängerin/zum Empfänger findet, muss der Briefumschlag außerdem **korrekt beschriftet** sein.

FILM AB!

Wie Sie Briefe korrekt falten und Briefumschläge richtig beschriften, erfahren Sie im Video unter www.trauner.at/Falzarten-Umschlaege

2 Übung macht den Meister: Musterbriefe verfassen

Tauschen Sie sich in der Klasse aus: Gibt es Aspekte der Briefgestaltung, bei denen Sie noch unsicher sind?

„Ganz schön viel, worauf man achten muss", meint Peter nach der OMAI-Stunde. „Schon", stimmt Viktoria ihm zu. „Das ist wie überall: Übung macht den Meister. Ich bin sicher, wenn wir ein paar Briefe geschrieben haben, funktioniert das alles ganz problemlos!", meint sie. Peter sieht das auch so: „Dann starten wir am besten gleich!"

Sie beherrschen nun die wichtigsten Normen und Regeln für modernen Schriftverkehr. Außerdem wissen Sie, worauf Sie bei der Gestaltung professioneller Privat- und Geschäftsbriefe achten müssen. Trainieren Sie Ihr Wissen mit den folgenden Praxisbeispielen.

2.1 Privatbriefe gestalten

Mit dem Thema Bewerbung werden Sie sich im dritten Jahrgang ausführlich beschäftigen.

Die Anforderungen für die Gestaltung von Privatbriefen sind weniger umfangreich und streng wie bei Geschäftsbriefen.

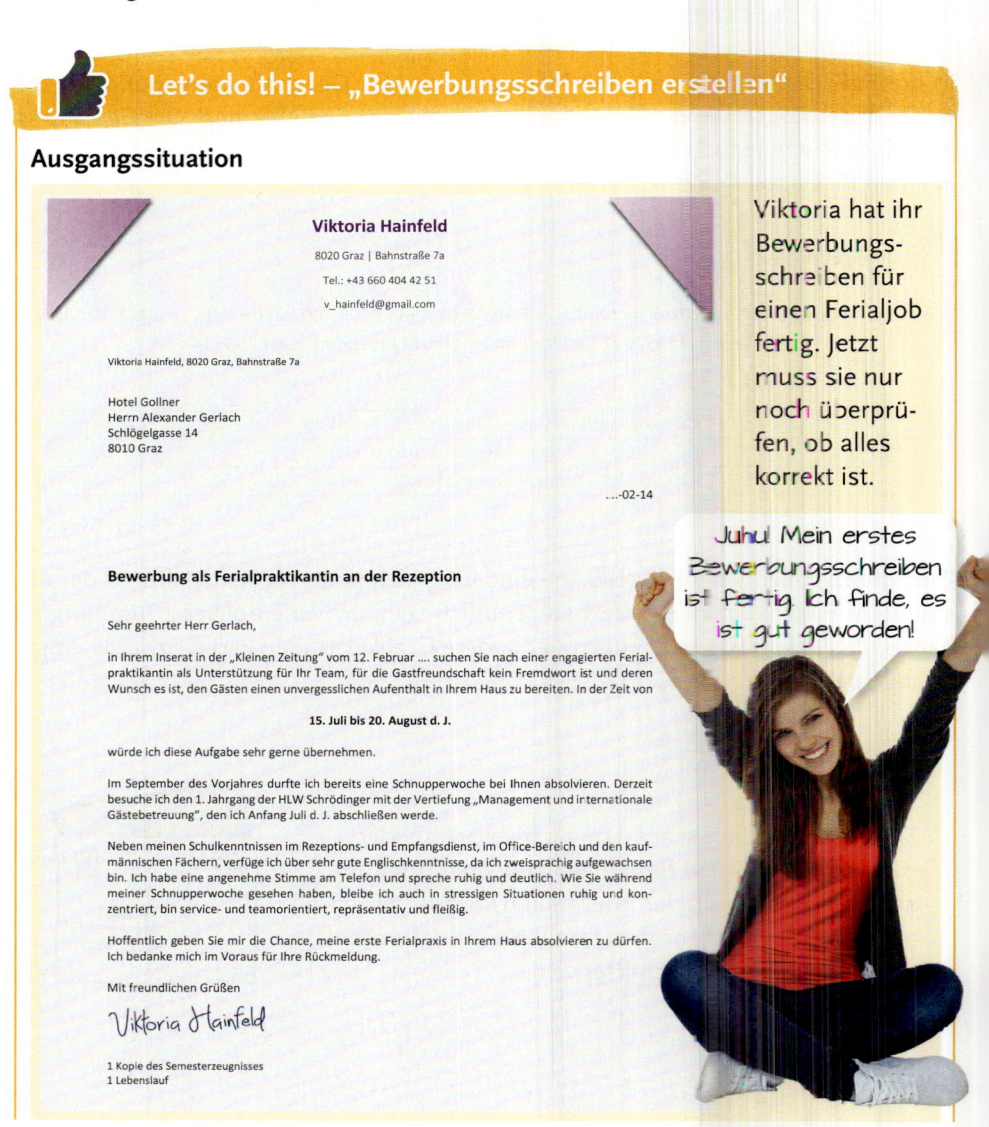

Let's do this! – „Bewerbungsschreiben erstellen"

Ausgangssituation

Auch wenn Sie Ihre Bewerbungsunterlagen per E-Mail verschicken, muss das Bewerbungsschreiben wie ein Privatbrief gestaltet werden!

Viktoria Hainfeld
8020 Graz | Bahnstraße 7a
Tel.: +43 660 404 42 51
v_hainfeld@gmail.com

Viktoria Hainfeld, 8020 Graz, Bahnstraße 7a

Hotel Gollner
Herrn Alexander Gerlach
Schlögelgasse 14
8010 Graz

....-02-14

Bewerbung als Ferialpraktikantin an der Rezeption

Sehr geehrter Herr Gerlach,

in Ihrem Inserat in der „Kleinen Zeitung" vom 12. Februar .... suchen Sie nach einer engagierten Ferialpraktikantin als Unterstützung für Ihr Team, für die Gastfreundschaft kein Fremdwort ist und deren Wunsch es ist, den Gästen einen unvergesslichen Aufenthalt in Ihrem Haus zu bereiten. In der Zeit von

15. Juli bis 20. August d. J.

würde ich diese Aufgabe sehr gerne übernehmen.

Im September des Vorjahres durfte ich bereits eine Schnupperwoche bei Ihnen absolvieren. Derzeit besuche ich den 1. Jahrgang der HLW Schrödinger mit der Vertiefung „Management und internationale Gästebetreuung", den ich Anfang Juli d. J. abschließen werde.

Neben meinen Schulkenntnissen im Rezeptions- und Empfangsdienst, im Office-Bereich und den kaufmännischen Fächern, verfüge ich über sehr gute Englischkenntnisse, da ich zweisprachig aufgewachsen bin. Ich habe eine angenehme Stimme am Telefon und spreche ruhig und deutlich. Wie Sie während meiner Schnupperwoche gesehen haben, bleibe ich auch in stressigen Situationen ruhig und konzentriert, bin service- und teamorientiert, repräsentativ und fleißig.

Hoffentlich geben Sie mir die Chance, meine erste Ferialpraxis in Ihrem Haus absolvieren zu dürfen. Ich bedanke mich im Voraus für Ihre Rückmeldung.

Mit freundlichen Grüßen

Viktoria Hainfeld

1 Kopie des Semesterzeugnisses
1 Lebenslauf

Tipps zur Bewerbung für einen Ferienjob gibt es z. B. auf der Website des AMS: www.trauner.at/bewerbungstipps-ams

Viktoria hat ihr Bewerbungsschreiben für einen Ferialjob fertig. Jetzt muss sie nur noch überprüfen, ob alles korrekt ist.

Juhu! Mein erstes Bewerbungsschreiben ist fertig. Ich finde, es ist gut geworden!

Viktorias Bewerbungsschreiben finden Sie auch in der TRAUNER-DigiBox.

Ab die Post – Briefe und E-Mails schreiben

JETZT SIND SIE DRAN!

1. Überprüfen Sie, ob Viktorias Bewerbungsschreiben den Regeln für Privatbriefe entspricht.
2. Erstellen Sie ein neues Dokument und speichern Sie es unter **Ferialpraxis-Bewerbung1.docx**. Gestalten Sie anhand des hier abgebildeten Beispieles Ihr eigenes Bewerbungsschreiben für Ihr Ferialpraktikum. Suchen Sie sich dazu die nötigen Empfängerangaben von einem Unternehmen, in dem Sie gerne arbeiten würden im Internet und ändern Sie die Inhalte im Brieftext entsprechend ab.

Sammeln Sie die fertigen Briefe an einer Pinnwand oder auf einem Tisch und besprechen Sie, was Ihnen gefällt und was nicht. Vielleicht finden Sie in den Beispielen Ihrer Kolleginnen und Kollegen weitere Ideen zur Gestaltung von Briefen.

WorkBox – „Privatbrief gestalten"

- Üben Sie die Gestaltung eines Privatbriefs.

Ausgangssituation
Peter muss dringend seinen Handyvertrag kündigen. Das macht er am besten schriftlich mit einem eingeschriebenen Brief.

a) Erstellen Sie ein neues Dokument und speichern Sie es unter **Kündigung-Handyvertrag1.docx**.

b) Gestalten Sie anhand des hier abgebildeten Beispieles Ihr eigenes Kündigungsschreiben.

Peter Scheibenreiter

3910 Zwettl ▲ Karl-Kastner-Straße 1 ▲ AUSTRIA ▲ E-Mail: peschi388@gmx.at ▲ 0680 707 79 10

Peter Scheibenreiter, 3910 Zwettl, Karl-Kastner-Straße 1

Einschreiben

BOB Service
Postfach 0680
1010 Wien

...-02-14

Kündigung Mobilfunkvertrag Kunden-Nr. 526380432/1

Sehr geehrte Damen und Herren,

hiermit kündige ich meinen Mobilfunkvertrag für die Rufnummer 0680 707 79 10 zum nächstmöglichen Termin.

Bitte senden Sie mir die

- NÜV-Information für die Rufnummernmitnahme und
- bestätigen Sie mir die Kündigung schriftlich und
- teilen Sie mir mit, zu welchem Zeitpunkt der Vertrag beendet wird.

Darüber hinaus widerspreche ich der Nutzung und Speicherung meiner Daten.

Besten Dank im Voraus.

Mit freundlichen Grüßen

Peter Scheibenreiter

Sammeln Sie in der Klasse weitere Ideen für Privatbriefe, die Sie evtl. in nächster Zeit benötigen, und erstellen Sie Ihre eigenen Musterbeispiele. Dazu können Sie auch Gruppen bilden und die Briefe anschließend teilen. So haben Sie rasch eine Sammlung von wiederverwendbaren Brieftexten.

Weitere Übungsbeispiele für Privatbriefe finden Sie in der TRAUNER-DigiBox.

IV Perfekte Schriftstücke erstellen

2.2 Geschäftsbriefe richtig formatieren

Geschäftsbriefe unterliegen strikteren Richtlinien als Privatbriefe. Wenn Sie die Regeln gut verinnerlicht haben, wird die Gestaltung für Sie jedoch genauso einfach wie bei Privatbriefen.

Dokumentvorlagen für Geschäftsbriefe mit Tabellen oder Textfeldern finden Sie in der TRAUNER-DigiBox.

Tipp!
Die **Gestaltung des Bezugszeichenblockes** im Geschäftsbrief erscheint Ihnen auf den ersten Blick wahrscheinlich kompliziert. Mithilfe einer **Tabelle** oder mit **Textfeldern** stellen Sie sicher, dass alle Elemente an der richtigen Stelle platziert sind.

Probieren Sie es in den folgenden Übungsbeispielen einfach aus.

Let's do this – „Geschäftsbriefe richtig formatieren"

Ausgangssituation

Viktoria ist begeistert, dass ihr der Privatbrief so schnell gelungen ist. Aber bei den Geschäftsbriefen ist sie noch nicht ganz so sattelfest. Diese muss sie aber für ihren Ferialjob genauso perfekt gestalten können.

Ich bin ja noch kein Profi beim Verfassen von Geschäftsbriefen, aber da ist definitiv etwas ganz schön durcheinandergeraten!

Best Look GmbH, 7100 Neusiedl/See, Hauptplatz 15, AUSTRIA

Empfänger/in

Unsere UID-Nr.	ATU14785236
Name:	Sanja Marić
Telefon:	+43 2167 234 05-01
E-Mail:	s.maric@best-look.at
Datum:	….-09-17

Sehr geehrte Damen und Herren!

Danke für Ihre termingerechte Lieferung der bestellten Lippenstifte „Color Explosion" in der Farbe „Beere". Wir haben die Ware geprüft und dabei festgestellt, dass 30 der 100 gelieferten Lippenstifte beschädigt sind. Die Außenhüllen sind eingedrückt.

Bitte senden Sie uns 30 Stück einwandfreie Lippenstifte „Color Explosion" in „Beere" **innerhalb einer Woche** nach.

Mit freundlichen Grüßen

Best Look GmbH

Sanja Marić

Sanja Marić

Gerichtsstand Eisenstadt, UID: ATU14785236
Firmenbuch-Nr.: FN 123456 c
BIC: RZTIAT22254, IBAN: AT11 1234 0000 5678 9101

Reklamation
Ihre Lieferung vom ….-09-16

Best Look
Best Look GmbH
Hauptplatz 15, 7100 Neusiedl am See
AUSTRIA
Tel. +43 2167 234 05
E-Mail office@best-look.at
Web www.best-look.at

> **JETZT SIND SIE DRAN!**
>
> ■ Helfen Sie Viktoria!
>
> a) Bringen Sie die Briefteile in die richtige Reihenfolge und beschriften Sie sie.
>
> b) Sind alle Briefteile vorhanden? ○ Ja. ○ Nein, es fehlt _____ .

Ab die Post – Briefe und E-Mails schreiben

Damit Geschäftsbriefe übersichtlich sind, können Sie Ihre Formatierungskenntnisse aus WORD einsetzen. Formatierungsarten, die sich besonders gut für die Hervorhebung in Geschäftsbriefen eignen, sind:
- Aufzählungen, z. B. für Produktbeschreibungen,
- Zentrierungen bzw. Einzüge, z. B. für besonders wichtige Teile wie Termine,
- Tabellen und Tabulatoren, z. B. für Rechnungen oder Terminübersichten.

Weitere Übungsbeispiele zu Geschäftsbriefen finden Sie in der TRAUNER-DigiBox.

WorkBox – „Geschäftsbriefe richtig formatieren"

1. Gestalten Sie den **Geschäftsbrief mit Aufzählung und Zentrierung** (Design: Larissa, Schriftart: Garamond, Absenderangabe und Logo: Schriftart: Bernhard MT Condensed, Ellipsen und Kreise einfügen, Vorlage: **Post_v.dotx**). Speichern Sie das Dokument unter **Post1.docx**.

HOTEL POST*****
6534 SERFAUS | Schönegg 8 | ÖSTERREICH/AUSTRIA
Tel. +43 5476 265 36-0 | E-Mail office@hotel-post.at | www.hotel-post.com

Hotel Post****, 6534 Servaus, Schönegg 8, AUSTRIA

6,5 cm → Herr
Mag. Ferdinand Zugar
Seeblick 53
7443 Rattersdorf

Ihre Nachricht:	....-03-06
Name:	Elke Herzog
Telefon:	+43 5476 265 36-0
E-Mail:	office@hotel-post.
Datum:	....-03-10

Angebot

Sehr geehrter Herr Mag. Zugar,

vielen Dank für Ihr Interesse an unserem Deluxe Doppelzimmer. Gerne informieren wir Sie über die aktuellen Konditionen:

Deluxe Doppelzimmer zum Preis von € 180,00/Zimmer,
inklusive Halbpension

Zimmerausstattung:
- Bad mit WC/Dusche
- Bademäntel für die Dauer Ihres Aufenthalts
- kostenfreie Pflegeprodukte
- Telefon
- DVD-Player
- kostenloses WLAN

Für einen entspannten Aufenthalt sorgt unser hoteleigener Wellness- und Fitnessbereich. Informieren Sie sich im beiliegenden Prospekt über unser vielfältiges Angebot.

Sie haben noch weitere Fragen? Gerne beraten wir Sie unter der Nummer +43 5476 265 36-0.

Mit freundlichen Grüßen

Hotel Post

Elke Herzog
Elke Herzog

Beilage → Prospektmaterial

Bankverbindung: Volksbank Landeck: IBAN: AT02 4585 0005 4002 4430 BIC: VBOEATWWLA
UID-Nr. ATU369522478 Firmenbuchgericht Landeck FN 226955 a

IV Perfekte Schriftstücke erstellen

2. Gestalten Sie den **Geschäftsbrief mit Bezugszeichenzeile und Gliederung in Absätzen** (Design: Metropolitan, Farben: Rotorange, Tabellenformatvorlage: Mittleres Raster 3 und Schattierung Akzent 6, Schriftgrad Textkörper 14, 10 und 8 Punkt, Absatzabstand vor und nach anpassen, Vorlage: **Rankl_v.dotx**). Speichern Sie das Dokument unter **Rankl1.docx**.

RANKL-Bau GmbH
Bauunternehmung

5020 SALZBURG | Mühldorfer Straße 7 | ÖSTERREICH/AUSTRIA

Tel.: +43 662 230 30-0 | Fax: +43 662 230 31 | E-Mail: bestellung@rankl.at

RANKL-Bau GmbH, 5020 Salzburg, Mühldorfer Straße 7

Glasbau
Egon Ostermann
Herrn Ing. Manfred Fellinger
Fichtenstraße 7
4020 Linz

Ihr Zeichen/Ihre Nachricht vom	Unser Zeichen/Unsere Nachricht vom	Telefon/Name	Datum
fe-xa; 20..-07-14	ra-we/-	166/Frau Weber	20..-..-..

ZAHLUNGSERINNERUNG

Sehr geehrter Herr Ing. Fellinger,

vielen Dank, dass Sie uns die Sanierung Ihrer Außenfassade anvertraut haben. Die entsprechenden Arbeiten wurden von uns termingerecht durchgeführt und abgeschlossen.

Unsere Rechnung Nr. 2254 vom 2. d. M. ist allerdings noch offen. Der Betrag in Höhe von 20.400,00 € ist bereits seit zwei Wochen fällig. Wir übersenden Ihnen diese Rechnung nochmals als Kopie.

Falls Sie den Rechnungsbetrag bereits überwiesen haben, betrachten Sie dieses Schreiben bitte als gegenstandslos.

Freundliche Grüße

RANKL-Bau GmbH
Bauunternehmung

Elisabeth Weber

i. A. Elisabeth Weber

1 Rechnungskopie

Firmenbuchgericht: Salzburg | Firmenbuch-Nr.: FN 123456 d
UID-Nr.: ATU 13456258 | DG-Nr.: 535587644
IBAN: AT78 2015 1006 6077 0780 | BIC: BKAUATWW

3. Einladung zur Modenschau gestalten.
   a) Erstellen Sie einen Geschäftsbrief in einem neuen Dokument im Design Metropolitan oder verwenden Sie die Vorlage **Mode_v.dotx**. Speichern Sie den Brief unter **Mode2.docx**.
   b) Logo Absendergestaltung: Logo **Mode1.png**
   c) Textgestaltung: Zentrierung

Ab die Post – Briefe und E-Mails schreiben

Absenderangabe:	**GIOIA** DONNA UOMO MODA Fischer-von-Erlach-Gasse 1 8010 GRAZ ÖSTERREICH/AUSTRIA Tel. +43 316 83 99 50 Mail office@gioia-moda.at http://www.gioia-moda.at
Empfängerangabe:	Dr. Bernadette Lichtenegger, MSc, Sonnenweg 14, 8600 Bruck an der Mur
Bezugszeichen:	10. April …., Sybille Bacher
Betreff:	Einladung
Beilage:	Siehe Briefinhalt
Weitere Firmeninformationen:	Passende Informationen einfügen
Briefinhalt:	Passende Anrede, es freut uns sehr, Sie zu unserer *(Beginn Zentrierung, Schriftgröße 14, Rot)* Hausmodenschau am 5. Mai …. *(neue Zeile)* um 19 Uhr *(Ende Zentrierung)* einladen zu dürfen. / Erleben Sie mit uns die neue Kollektion …. verschiedener Modelabels. / Wir haben ein abwechslungsreiches Programm für Sie zusammengestellt, das Sie bei Sekt und Brötchen genießen können. / Bitte melden Sie sich mit der beiliegenden Antwortkarte an, damit wir dieses Event besser planen können. Wir freuen uns auf Sie! / Grußformel

d) Denken Sie daran, zu speichern!

4. Anfrage für Druckkosten verfassen.
   a) Erstellen Sie einen Geschäftsbrief in einem neuen Dokument im Design: Zitierfähig, Farben: Rot, Seitenfarbe: Akzent 3, heller 80 % oder verwenden Sie die Vorlage **Posthof_v.dotx**. Speichern Sie das Dokument unter **Posthof3.docx**.
   b) Logo Absender: **Posthof1.jpg** und **Posthof2.jpg**, Bildtools: Farbe – Neu einfärben – Sepia, Form mit Fülleffekt: Akzent 2, dunkler 25 % und geänderte Textrichtung
   c) Textgestaltung: Schriftgrößen 11 und 9 Punkt

Absenderangabe:	ZEITKULTUR AM HAFEN **POSTHOF** 4020 LINZ	Posthofstraße 43 ÖSTERREICH/AUSTRIA Tel. +43 732 55 44 85-0 Fax +43 732 55 44 85-140 E-Mail: office@posthof.at Web: www.posthof.at
Empfängerangabe:	Johann Sandler GesmbH & Co KG, Druckereiweg 1, 3671 Marbach
Bezugszeichen:	….-03-17, pk, Paul Kastner, +43 732 55 44 85-120, p.kastner@posthof.at
Betreff:	Bitte um Preisauskunft
Beilage:	Siehe Briefinhalt
Weitere Firmeninformationen:	Landesgericht Linz, FN 83520 z, UID-Nr. ATU23131803, IBAN AT401500000417070000, BIC OBKLAT2L IBAN AT463400000001127356, BIC RZOOAT2L
Briefinhalt:	Passende Anrede, für die kommende Saison …./…. ersuche ich um Ihre unverbindliche Preisauskunft bezüglich folgender Punkte und lt. beiliegender Aufstellung: / 1. Druck Posthof-Magazin / 2. Adressierung + Versand Posthof-Magazin / 3. Druck Folder Monatsprogramme / 4. Druck Flyer / 5. Druck A1-Plakate / Für Rückfragen stehe ich sehr gern unter der Telefonnummer +43 732 55 44 85-120 zur Verfügung. Ich bitte um Ihre **Preisauskunft** bis **Donnerstag, 24. März d. J.**, an meine Mailadresse – danke! Freundliche Grüße

d) Denken Sie daran, zu speichern!

IV Perfekte Schriftstücke erstellen

3 Professionelle E-Mails verfassen

Tauschen Sie sich in der Klasse aus, ob Sie schon einmal ein offizielles E-Mail von einem Unternehmen oder einer Behörde bekommen haben. Was war der Anlass?

„Briefe sind ja schön und gut", meint Viktoria, „aber meine Bewerbungsunterlagen muss ich per E-Mail verschicken. Das steht ausdrücklich in der Stellenanzeige." Sie überlegt weiter: „Ich bin auch sicher, dass im Büroalltag ein Großteil der Kommunikation per E-Mail abläuft. Gibt's da dann auch Regeln?" Nach einer kurzen Diskussion mit ihren Freundinnen und Freunden kommen sie zu dem Ergebnis, dass für E-Mails dieselben Regeln wie bei der gedruckten Korrespondenz gelten.

In der modernen Geschäftskorrespondenz werden vermehrt E-Mails anstelle von Briefen geschrieben.

E-Mails sind aus der modernen Geschäftskorrespondenz nicht mehr wegzudenken.

Let's do this! – „Bewerbung als E-Mail schreiben"

Ausgangssituation

Viktoria muss ihre Bewerbungsunterlagen per E-Mail versenden. Dafür verfasst sie das Bewerbungsschreiben ganz normal, wie einen Privatbrief, in WORD. Für den Versand speichert sie das Bewerbungsschreiben und alle weiteren Unterlagen als PDF, damit sie sie dem E-Mail beifügen kann.

Ein professionelles E-Mail hat viele Gemeinsamkeiten mit einem Geschäftsbrief.

Von	v_hainfeld@gmail.com
An	alexander.gerlach@hotelgollner.com
Cc	
Bcc	
📎	Bewerbungsschreiben_Hainfeld.pdf; Kopie_Semesterzeugnis.pdf; Lebenslauf_Hainfeld.pdf
Betreff	Bewerbung als Ferialpraktikantin an der Rezeption

Sehr geehrter Herr Gerlach,

in Ihrem Inserat in der „Kleinen Zeitung" vom 12. Februar …. suchen Sie nach einer engagierten Ferialpraktikantin als Unterstützung für Ihr Team und bitten um Übermittlung der Unterlagen per Mail.

Mit diesem E-Mail übermittle ich Ihnen daher meine Bewerbungsunterlagen für den Zeitraum von 15. Juli bis 20. August d. J.

Ich hoffe auf eine Chance, meine erste Ferialpraxis in Ihrem Haus absolvieren zu dürfen und freue mich auf Ihre Rückmeldung. Bei Fragen sowie für ein persönliches Gespräch stehe ich jederzeit gerne zur Verfügung.

Mit freundlichen Grüßen

Viktoria Hainfeld

E-Mail: v_hainfeld@gmail.com
Telefon: 0660 404 42 51

Postanschrift: 8020 Graz, Bahnhofstraße 7a

Die Information in dieser Nachricht ist vertraulich und ausschließlich für den Adressaten bestimmt. Der Empfänger dieser Nachricht, der nicht der Adressat, einer seiner Mitarbeiter oder sein Empfangsbevollmächtigter ist, wird in Kenntnis gesetzt, dass er den Inhalt nicht verwenden, weitergeben oder reproduzieren darf.
Sollten Sie diese Nachricht irrtümlich erhalten haben, benachrichtigen Sie mich bitte und löschen Sie die Nachricht aus Ihrer Mailbox.

▶ JETZT SIND SIE DRAN!

- Sehen Sie sich Viktorias E-Mail genau an. Vergleichen Sie es mit einem gedruckten (Geschäfts-)Brief. Markieren Sie alle Elemente, die in beiden vorkommen, und sammeln Sie diese.

Ab c e Post – Briefe und E-Mails schreiben

Grundsätzlich gelten beim Versand von E-Mails die gleichen Regeln wie bei Geschäftsbriefen. Ein paar Unterschiede müssen Sie aber beachten! Diese werden Sie nun genauer kennenlernen.

Besonderheiten beim Versand von E-Mails
- Netiquette
- Anschrift
- Aussagekräftiger Betreff
- Text und Anhang
- Abschluss (Signatur)

Schon gewusst?
Beim Versand von E-Mails sind die Bestimmungen der Datenschutz-Grundverordnung, kurz DSGVO, zu beachten! E-Mails an mehr als 50 Empfängerinnen/Empfänger oder Werbe-E-Mails bedürfen grundsätzlich der vorherigen Zustimmung der Empfängerin/des Empfängers. Bei Newslettern oder E-Mails, die mindestens viermal jährlich in ähnlicher Ausführung versandt werden, ist ein Impressum anzuführen.

Netiquette

In der realen sowie in der digitalen Welt gibt es spezielle Anforderungen bzw. Verhaltensvereinbarungen. Die **Netiquette** beschreibt die **Verhaltensvereinbarungen im Rahmen der elektronischen Kommunikation.**

Manche Unternehmen haben eine eigene Netiquette. Es gibt aber ein paar allgemeine Grundregeln, an die Sie sich immer halten sollen.

Netiquette: setzt sich aus dem englischen Wort **net** (Netz) und dem französischen Wort **etiquette** (Verhaltensregeln) zusammen.

Briefabschluss

Verwenden Sie die richtige Formatierung! 
- Eine gut lesbare Standardschrift (z. B. Arial) mit einer Schriftgröße von 11 oder 12 Punkt verwenden.
- Keine GROSSBUCHSTABEN verwenden. Das wirkt wie schreien im direkten Gespräch.
- Hervorhebungen (kursiv, fett) für wichtige Daten und Fakten sparsam einsetzen.

Achten Sie auf die Formulierung! 
- Halten Sie sich kurz. Konzentrieren Sie sich auf das Wesentliche.
- Verwenden Sie keine Emoticons.
- Rechtschreibung und Grammatik überprüfen: Groß- und Kleinschreibung beachten und vollständige Sätze formulieren.
- Bleiben Sie immer höflich und sachlich.
- Ein berufliches E-Mail sollte wie ein Geschäftsbrief gestaltet sein.

Eine der wichtigsten Regeln: Bleiben Sie **immer höflich und freundlich!**

335

IV Perfekte Schriftstücke erstellen

> Private E-Mail-Adressen sollen den Vor- und Nachnamen enthalten, z. B. monika.berger@gmx.at. Fantasienamen wirken unprofessionell.

Anschrift

Bei einem Brief besteht die Anschrift aus dem Namen und der Adresse (Straßenname, Hausnummer, Postleitzahl und Ort). Wenn Sie ein E-Mail verschicken, ist die E-Mail-Adresse die Anschrift.

Schon gewusst?
In E-Mail-Adressen dürfen keine Leerzeichen enthalten sein. Punkt, Binde- oder Unterstrich dienen als Trennzeichen. Umlaute und Scharfes-S werden wie folgt dargestellt: ä = ae, ö = oe, ü = ue, ß = ss.

Ein E-Mail kann an mehrere Empfänger/innen gleichzeitig geschickt werden. Dafür werden alle entsprechenden E-Mail-Adressen im Adressfeld eingegeben.

> 💡 Die Eingabe mehrerer E-Mail-Adressen gleichzeitig entspricht dem Verteilervermerk beim Geschäftsbrief.

❗ Je nachdem, ob die Adressen im Verteiler für die einzelnen Empfänger/innen **sichtbar (CC)** oder **unsichtbar (BCC)** sein sollen, sind diese im entsprechenden Verteilerfeld einzutragen. Offene Verteiler (CC) sollen jedoch – auch aus datenschutzrechtlichen Gründen – mit Bedacht verwendet werden, damit nicht unbeabsichtigt persönliche Daten weitergegeben werden.

Aussagekräftiger Betreff

Ein **Betreff mit Aussagekraft** ist in einem E-Mail besonders wichtig und vorteilhaft, weil er schon in der Übersicht des Posteinganges sichtbar ist.

Schon gewusst?
E-Mails sollen **nie ohne Betreff** verschickt werden. Eine Nachricht ohne Betreff wirkt auf die Empfängerin/den Empfänger **unprofessionell** und **nicht vertrauenerweckend**.

Bei mehrmaligem Schriftwechsel ist es empfehlenswert, einen neuen Betreff zu wählen.

Text und Anhang

Für die **Gestaltung und Formatierung** des E-Mail-Textes gelten dieselben Vorschriften wie in Geschäftsbriefen. So beginnen Sie z. B. jedes E-Mail mit einer höflichen Anrede.

Erfassen Sie den Text ohne Worttrennungen, da der Umbruch durch die Software des Empfängergeräts, abhängig von der Fenster- und Bildschirmgröße, erfolgt.

> Das PDF-Format garantiert, dass die Empfänger/innen Dokumente in der ursprünglicher Formatierung erhalten.

Schon gewusst?
Die Darstellung eines E-Mails hängt vom Programm der Empfängerin/des Empfängers ab. Daher sollen Sie **auf ausgefallene Formatierungen** in E-Mails **verzichten**.

Sie können Dateien per E-Mail verschicken. Das nennt man **Anhang**. Wenn Sie Ihrem E-Mail einen Anhang hinzufügen, sollen Sie im Text darauf hinweisen.

> Wenn Sie einen Anhang ankündigen, vergessen Sie nicht, ihn auch anzufügen!

PROFI-TIPP

„Versenden Sie nur, was unbedingt notwendig ist, und halten Sie die Daten so gering wie möglich (höchstens 5 MB). Die Speicher von E-Mail-Postfächern sind begrenzt. Ein Link zu einem Datenspeicher, z. B. WETRANSFER, ist für große Datenmengen meist die bessere Lösung."

– Assistent der Geschäftsführung in einer großen Rechtsanwaltskanzlei –

Abschluss (Signatur)

Für den Abschluss eines E-Mails gelten dieselben Regeln wie für Geschäftsbriefe. Daher sind die Pflichtangaben meist am Ende zusammengefasst. In der Regel wird ein Textbaustein in Form einer Signatur verwendet.

Signatur = digitale Unterschrift und wichtiger Bestandteil der geschäftlichen Kommunikation.

Schon gewusst?
Für E-Mails, die einem höheren rechtlichen Standard gerecht werden müssen, ist eine **qualifizierte elektronische Signatur** nötig. Diese funktioniert wie eine Unterschrift auf einem gedruckten Dokument. Sie ermöglicht es, die Identität der Absenderin/des Absenders zu überprüfen.

FILM AB!
In Österreich kann die „Handy-Signatur" als rechtsgültige elektronische Unterschrift kostenfrei aktiviert werden. Mehr dazu erfahren Sie unter: www.trauner.at/handysignatur

Beispiel

Mit besten Grüßen

Obertrummer GmbH

i. V. Franz Zunder

E-Mail:	franz.zunder@obertrummer.at
Internet:	www.obertrummer.at
Telefon:	+43 1 568 34 45-41
Postanschrift:	Hauptstraße 5-9, 1200 Wien
	Gesellschaft mit beschränkter Haftung
Gesellschafter:	Max Obertrummer (50 %); Moritz Obertrummer (50 %)
	IT-Consulting
UID-Nr.:	ATU81457123
FN 457021 s	Firmenbuchgericht: Handelsgericht Wien
SWIFT-Code:	GIBAATWWXXX
IBAN:	AT34 5901 5872 0003

Schon gewusst?
Zusätzlich können Sie in der Signatur Links zu Social-Media-Kanälen oder das Firmenlogo einbauen.

IV Perfekte Schriftstücke erstellen

WorkBox – „Professionelle E-Mails verfassen"

1. Wählen Sie für die folgenden Fälle einen passenden Betreff sowie eine geeignete Anrede.

Wir interessieren uns für das Jeansmodell „Perfect Fit" in den Farben Schwarz und Dunkelblau. Wir benötigen jeweils 95 Stück. Bitte senden Sie uns Ihr Angebot bis 25.9.

Beste Grüße
Horst Mühlbacher

Betreff

Anrede

Danke für Ihr rasches Angebot. Wir bestellen zu den in Ihrem Angebot vom 30.08.20.. festgelegten Bedingungen:
- 50 x HP Büropapier DIN A4 80 gqm weiß 500 Blatt à 2,99 EUR,
- 20 x Office Depot Haftnotizen 76 x 76 mm farbig sortiert, pastell 12 Stück à 100 Blatt 15,99 EUR.

Bitte senden Sie uns Ihre Auftragsbestätigung und liefern Sie termingerecht.

Mit freundlichen Grüßen
Gertrude Humboldt

Betreff

Anrede

In einer Gesprächsnotiz eines Telefonates mit Herrn Christian Trenker wurden folgende Punkte festgehalten. Die Bearbeitung des Anliegens erfolgt per E-Mail.

Bestellung lt. Werbefolder über
- *1 x Wonderlash Mascara, Farbe Schwarz (Art.-Nr. 01369-X) à 13,99 EUR (inkl. USt.)*
- *2 x Long Last Lipstick, Farbe Mohnblüte (Art.-Nr. 02456-Y) à 9,95 EUR (inkl. USt.)*

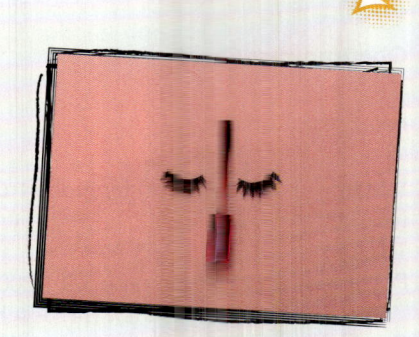

Betreff

Anrede

2. In der TRAUNER-DigiBox finden Sie die Briefvorlage des Unternehmens Seguro Versicherung. Mag. Andreas Peters ist der Geschäftsführer. Gestalten Sie eine E-Mail-Signatur für ihn.

Eine Vorlage für die Simulation eines E-Mails finden Sie in der TRAUNER-DigiBox.

Ab die Post – Briefe und E-Mails schreiben

Ziele erreicht? – „Ab die Post – Briefe und E-Mails schreiben"

KOMPETENZ-ERWERB

1. Reklamation für das Unternehmen EKU gestalten.

a) Erstellen Sie einen Geschäftsbrief in einem neuen Dokument im Design Office oder verwenden Sie die Vorlage **EKU_v.dotx** und speichern Sie das Dokument unter **EKU1.docx**.

EKU-Metallbau
Unionstraße 24, 4020 LINZ, ÖSTERREICH/AUSTRIA
Tel. +43 732 44 87 92, Fax +43 732 44 87 92-15
E-Mail: einkauf@eku.at
EKU

b) Logo Absender: Schriftgrößen 22 und 10 Punkt

c) Textgestaltung: Schriftgrößen 22 und 10 Punkt, Formatvorlagen, Schriftfarbe oder Texteffekte zur Hervorhebung

d) Sachverhalt: Sie sind Einkäufer/in des Unternehmens EKU-Metallbau und sind mit der Qualität der Lieferung der Helmut Rübsamen GmbH & Co KG, Carl-Goerdeler-Allee 6, 56470 Bad Marienberg, Deutschland unzufrieden. Schreiben Sie eine entsprechende Reklamation mit passendem Behandlungsvermerk, Betreff, Anrede und Großformel. Wichtige Textpassagen sind entsprechend hervorzuheben.

e) Textvorschlag: Mit Ihrer Lieferung vom 15. April, Lieferschein-Nr. 22389 sind wir nicht zufrieden. Der Grund: Die Qualität entspricht nicht der Warenprobe, die Grundlage unseres Auftrages war. Bitte liefern Sie die vereinbarte Ware bis spätestens 20. April. Sollten Sie den Termin nicht einhalten können, bitten wir um rechtzeitige Mitteilung. Zusätzliche Kosten müssten wir Ihnen dann in Rechnung stellen.

f) Erstellen Sie mit demselben Sachverhalt einen Text, den Sie als E-Mail samt Signatur verschicken würden, und speichern Sie das Dokument unter **EKU_Mail1.docx**.

2. Bestellung für das Unternehmen Bauwelt Pümpel verfassen.

a) Erstellen Sie einen Geschäftsbrief in einem neuen Dokument im Design Schaltkreis oder verwenden Sie die Vorlage **Bauwelt_v.dotx**. Speichern Sie das Dokument unter **Bauwelt1.docx**.

BAUWELT PÜMPEL
Reichsstraße 160-162, 6800 FELDKIRCH
ÖSTERREICH/AUSTRIA
Tel. +43 5522 720 14-0, Fax +43 5522 720 14-25
E-Mail office@puempel.com
Web www.bauwelt-puempel.com

b) Logo Absender: zweispaltige Tabelle, Schriftgröße: 9 bzw. 18 Punkt, Zeichenabstand Erweitert 10 Punkt, passende Füllfarben, Onlinebilder einfügen

c) Textgestaltung: Textkörperschrift, Standard-Formatvorlage, passende Aufzählungszeichen

d) Sachverhalt: Sie sind Einkäufer/in in der Elektroabteilung des Baumarktes Bauwelt Pümpel: Reichsstraße 160-162, 6800 FELDKIRCH, ÖSTERREICH/AUSTRIA, Tel.: +43 5522 720 14-0, Fax: +43 5522 720 14-25, E-Mail: office@puempel.com, Web: www.bauwelt-puempel.com und haben vorgestern ein Angebot des Elektrogroßhandels Anton Gruber OG, Rheinstraße 40, 6850 Dornbirn erhalten.

e) Schreiben Sie eine Bestellung über 5 Stk. Mikrowellenherde Whirlpool, MAX24, 8 Stk. Handstaubsauger Hoover, Acenta und 2 Stk. Luftbefeuchter Bosch, PAD10000. Bitten Sie um die Lieferung noch in dieser Woche.

f) Erstellen Sie mit demselben Sachverhalt einen Text, den Sie als E-Mail samt Signatur verschicken würden, und speichern Sie das Dokument unter **Bauwelt_Mail1.docx**.

3. Gestalten Sie ein Bewerbungsschreiben.
   a) Erstellen Sie einen Privatbrief und einen Lebenslauf in einem neuen Dokument im Design Facette oder verwenden Sie die Vorlage **Wipplinger_v.dotx**. Speichern Sie das Dokument unter **Wipplinger1.docx**.
   b) Logo Absender: Quadrat mit Füllfarbe, zwei Textfelder, Schriftgrößen 30, 14 und 9 Punkt, fett
   c) Textgestaltung Brief: Schnellformatvorlage Fett

Absenderangabe:	MW Manuel Wipplinger	Pastorstraße 13, 6020 Innsbruck, Mobil 0650 199 08 12
Empfängerangabe:	Alpenverein Innsbruck, Meinhardstraße 7–11, 6020 Innsbruck
Datum:	26. Februar ....
Betreff:	Bewerbung als Ferialpraktikant
Beilage:	Kopie des Semesterzeugnisses, Lebenslauf
Briefinhalt:	Passende Anrede! Da ich in den heurigen Sommerferien mein theoretisches Wissen in der Praxis anwenden möchte, bewerbe ich mich als Mitarbeiter in Ihrem Büro. / Im Monat Juli absolviere ich einen dreiwöchigen Sprachkurs in Frankreich und ersuche deswegen um einen **eventuellen Dienstantritt ab 1. August d. J.** / Derzeit besuche ich den ersten Jahrgang der Bundeshandelsakademie Innsbruck. Bereits seit meiner Pflichtschulzeit bin ich Mitglied des Alpenvereins – daher interessiert mich eine Ferialpraxistätigkeit bei Ihnen ganz besonders. / Sollten Sie Interesse an meiner Bewerbung haben, bitte ich Sie um Ihre Antwort in den nächsten Tagen. /Mit freundlichen Grüßen

4. Verfassen Sie einen Geschäftsbrief.
   a) Erstellen Sie einen Geschäftsbrief in einem neuen Dokument in den Schriftfarben Grüngelb, Schriftart Franklin Gothic oder verwenden Sie die Vorlage **AI Tech_v.dotx**. Speichern Sie den Brief unter **AI Tech1.docx**.
   b) Logo Absenderangabe: Schriftart: Arial; Schriftgröße: 36 und 24 Punkt
   c) Textgestaltung Absätze

Absenderangabe:	**AI Tech e. U.** 4222 LUFTENBERG	Stelzhamerstraße 12	ÖSTERREICH/AUSTRIA Tel. +43 676 746 00 05	E-Mail office@aitech.co.at	Web www.aitech.co.at
Empfängerangabe:	Taschner Elektrotechnik e. U., Mag. Ewald BERNHARDT, Höttinger Gasse 15, 6020 Innsbruck
Bezugszeichen:	....-06-06, lä, Manfred Lämmermann, +43 664 242 61 9, office@aitech.co.at
Betreff:	Lieferverzug – Auftrag Nr. 2566/..
Beilage:	Siehe Briefinhalt
Briefinhalt:	Passende Anrede, Leider können wir Ihren Auftrag Nr. 2566/.. nicht zum vereinbarten Termin am 13. c. M. liefern. Ein Zulieferer ist aufgrund eines technischen Gebrechens bei einer seiner Produktionsmaschinen in Lieferrückstand gekommen. / Die Reparatur wird noch in dieser Woche durchgeführt. Die Lieferung der uns fehlenden Produkte Anfang nächster Woche wurde uns garantiert. Der Produktion Mitte der kommenden Woche steht unsererseits nichts im Wege. / Wir sichern Ihnen die Auslieferung in KW 25 zu. Den exakten Liefertermin werden wir Ihnen so bald als möglich mitteilen. / Bitte nehmen Sie unsere Entschuldigung an – wir bedanken uns schon im Voraus für Ihr Verständnis. / Grußformel

Weitere Übungsbeispiele finden Sie in der TRAUNER-DigiBox.

Einen interaktiven **Safety-Check** finden Sie in der TRAUNER-DigiBox.

V Aufgepasst! Referate spannend gestalten

Ein Bild sagt mehr als tausend Worte. Dank POWERPOINT kann ich meine Präsentationen zum Leben erwecken!

Wahnsinn! Mit der richtigen Vorbereitung war meine Präsentation total easy.

Sie finden

Präsentieren leicht gemacht/
Seite 342

Erfolgreich Präsentieren mit POWERPOINT/
Seite 355

Präsentieren leicht gemacht

Sind Sie nervös, wenn Sie eine Präsentation halten? Wenn Sie die wichtigsten Grundregeln des Präsentierens kennen und sich gut vorbereitet haben, gibt Ihnen das Sicherheit. So können Sie souverän und selbstbewusst auftreten.

Eine durchdachte Gliederung kann für die Vortragende/den Vortragenden auch ein guter Leitfaden durch die Präsentation sein. Deshalb sollen vorab wesentliche Punkte, die die Zielgruppe betreffen, überlegt werden.

Meine Ziele

Nach Bearbeitung dieses Kapitels kann ich
- den Aufbau einer Präsentation sowie die Grundregeln erklären;
- die Elemente der POWERPOINT-Oberfläche benennen;
- eine Präsentation in verschiedenen Ansichtsarten darstellen;
- eine Kopf- und Fußzeile einfügen;
- Einstellungen für den Druck festlegen;
- eine Onlinevorlage verwenden.

Präsentieren leicht gemacht

1 Präsentationen vorbereiten

Mark und Samuel sollen eine Präsentation in BW erstellen. Sie können selbst entscheiden, welche Präsentationsmedien sie einsetzen möchten. Mark überlegt: „Wir müssen die Präsentation auf jeden Fall so gestalten, dass unsere Mitschüler/innen sich die Inhalte besonders gut merken können. Immerhin wird das Thema im nächsten Test vorkommen." Samuel denkt nach: „Dann sollten wir ganz viele Bilder, Videos und Animationen einbauen – je mehr, desto besser!"

FILM AB!

Sehen Sie sich als Einführung zum Kapitel „Präsentieren leicht gemacht" das Video unter www.trauner.at/aim_v10.aspx an.

Eine **Präsentation** ist ein **Vortrag**, der durch Präsentationsmedien, z. B. **Flipchart** oder Beamer, unterstützt wird. Mithilfe der Präsentation werden den Zuhörerinnen/Zuhörern Wissen und Informationen einfach und verständlich vermittelt.

Vortrag = Rede über ein bestimmtes Thema.

Wissenschaftliche Untersuchungen zeigen, dass wir uns Dinge so besser merken können:

Flipchart = Gestell, auf dem ein großer Papierblock angebracht ist.

Wie wir uns Dinge besser merken können

- 10 % von dem, was wir **lesen,** merken wir uns.
- 20 % von dem, was wir **hören,** merken wir uns.
- 30 % von dem, was wir **sehen,** merken wir uns.
- 50 % von dem, was wir **hören** und **sehen,** merken wir uns.
- 90 % von dem, was wir **tun, hören** und **sehen,** merken wir uns.

! Durch **Visualisierungen** wird Ihre Präsentation für die Zuhörerinnen und Zuhörer noch interessanter und abwechslungsreicher.

Checkliste vor dem Beginn

Für eine gelungene Präsentation müssen Sie sich gut vorbereiten! Wann immer Sie ein Referat oder eine Präsentation planen, werden Sie eines feststellen: **Der erste Schritt ist der schwierigste.** Folgende Fragen sollen vorab geklärt werden.

Checkliste vor dem Beginn

- Welches Thema präsentiere ich?
- Wer ist meine Zielgruppe?
- Was möchte ich mit meiner Präsentation erreichen?
- Welche Punkte sind wesentlich?

V Aufgepasst! Referate spannend gestalten

Aufbau einer Präsentation
Teilen Sie Ihre Präsentation in drei Teile:

Aufbau einer Präsentation

1 EINLEITUNG
- Begrüßung
- Vorstellung

2 HAUPTTEIL
- Informationen

3 SCHLUSS
- Wichtige Punkte wiederholen
- Verabschiedung

Gestaltungsrichtlinien für eine gelungene Präsentation

Design
Verwenden Sie ein einheitliches, passendes Layout für Ihre Präsentation.
Texte in dunkler Schriftfarbe auf hellen Folien sind einfacher zu lesen als helle Schriftfarbe auf dunklem Hintergrund. Achten Sie auf den Kontrast!

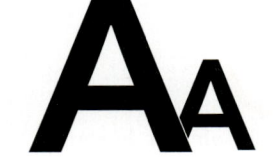

Schriftgröße und Schriftart
Verwenden Sie für gleiche Textarten immer die gleiche Schriftart und Formatierung (Überschriften, Unterüberschriften, Textkörper etc.).
- Serifenlose Schriftarten sind besser lesbar als Serifenschriften. Verwenden Sie keine Schmuck- oder Zierschriften.
- Verwenden Sie eine Schriftgröße von mindestens 24 Punkt für den Text.
- Wählen Sie für die Überschrift einen größeren Schriftgrad als für den Text.

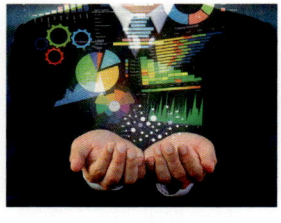

„Ein Bild sagt mehr als tausend Worte!"
Dieses Sprichwort gilt auch für Präsentationen. Bilder bleiben besser in Erinnerung als reiner Text. Peppen Sie Ihre Präsentation mit passenden Bildern, Diagrammen etc. auf.

Weniger ist mehr
- Schreiben Sie so wenig Text wie möglich, jedoch so viel wie nötig auf die Folie.
- Wenn Sie Animationen verwenden, setzen Sie sie gezielt ein.
- Schreiben Sie keine vollständigen Sätze auf die Folien.

💡 **Serifenlose Schriftarten:** Calibri, Verdana, Tahoma, Century Gothic, Arial …

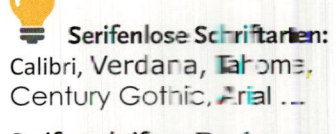

Serifenschriften: Bookman Old Style, Cambria, Times New Roman, Century Schoolbook …

A o
Serife

A o

💡 Die POWERPOINT-Präsentation soll Ihren Vortrag begleiten, ihn aber nicht ersetzen. Dazu gibt es die sogenannte K.I.S.S.-Regel:

K.I.S.S. – Keep It Short and Simple.

Tipp!
Überprüfen Sie, ob Sie die passende Schriftgröße eingestellt haben, indem Sie die Präsentation via Beamer vorführen. Stellen Sie sich in die letzte Reihe und kontrollieren Sie, ob die Texte gut lesbar sind. Überprüfen Sie auch die Farben, da diese über den Beamer anders aussehen können.

Präsentations-Tools im Überblick

Für die Gestaltung Ihrer Päsentation, können Sie aus verschiedenen Tools wählen.

POWERPOINT	Ist im MICROSOFT OFFICE-Paket enthalten. Die Software können Sie für WINDOWS- und APPLE-Computer verwenden.
KEYNOTE	Ist im MAC APP STORE erhältlich und kann nur auf APPLE-Computern installiert werden.
IMPRESS	Ist im Open-Source-Paket LIBRE OFFICE enthalten. Die Funktionen sind gegenüber POWERPOINT oder KEYNOTE stark eingeschränkt.
PREZI	Ist ein cloud-abhängiges, kostenloses Präsentationsprogramm. Es basiert auf der HTML5-Technologie.
GOOGLE PRÄSENTATIONEN	Ist ein kostenloses Online-Präsentationsprogramm. Es bietet die Möglichkeit zum kollaborativen Arbeiten.
Weitere Cloud-Tools	SWAY: https://sway.office.com EMAZE: www.emaze.com

2 Mit POWERPOINT arbeiten

Samuel und Mark überlegen, mit welchem Präsentations-Tool sie ihre Präsentation gestalten können. Schließlich schlägt Samuel vor, mit POWERPOINT zu arbeiten: „Wir haben beide OFFICE 365, da können wir super gemeinsam an der Präsentation arbeiten!"

Vergleichen Sie in der Klasse Ihre Erfahrungen mit POWERPOINT oder anderen Präsentations-Tools.

Bevor Sie mit der Gestaltung Ihrer Präsentation beginnen, machen Sie sich mit dem Programm POWERPOINT besser vertraut.

Als **Präsentation** wird die gesamte Datei mit allen Folien bezeichnet. Die **Dateiendung** von POWERPOINT lautet ***.pptx.**

V Aufgepasst! Referate spannend gestalten

2.1 POWERPOINT-Oberfläche kennenlernen

Wenn Sie sich die Oberfläche ansehen, bemerken Sie, dass Sie vieles bereits aus WORD kennen.

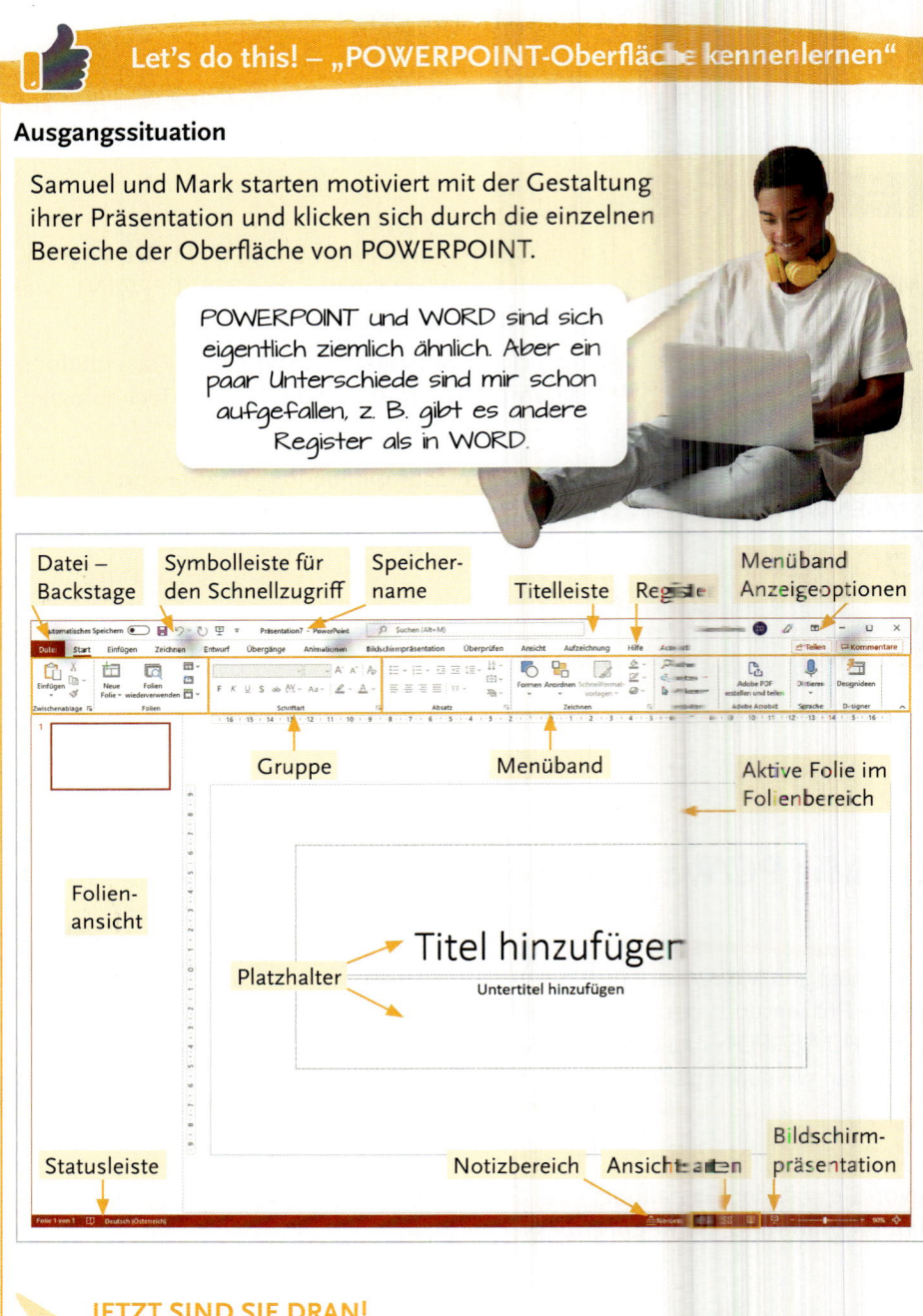

Eine interaktive Abbildung finden Sie in der TRAUNER-DigiBox.

Let's do this! – „POWERPOINT-Oberfläche kennenlernen"

Ausgangssituation

Samuel und Mark starten motiviert mit der Gestaltung ihrer Präsentation und klicken sich durch die einzelnen Bereiche der Oberfläche von POWERPOINT.

> POWERPOINT und WORD sind sich eigentlich ziemlich ähnlich. Aber ein paar Unterschiede sind mir schon aufgefallen, z. B. gibt es andere Register als in WORD.

Auf Bildschirmen mit Touch-Funktion erscheint der Begriff DOPPELTIPPEN auf der Folie, bei normalen Bildschirmen DOPPEL-KLICKEN.

Beschriftungen der Abbildung:
- Datei – Backstage
- Symbolleiste für den Schnellzugriff
- Speichername
- Titelleiste
- Register
- Menüband Anzeigeoptionen
- Gruppe
- Menüband
- Aktive Folie im Folienbereich
- Folienansicht
- Platzhalter → Titel hinzufügen / Untertitel hinzufügen
- Statusleiste
- Notizbereich
- Ansichtsarten
- Bildschirmpräsentation

Unterschiede WORD und POWERPOINT:

_____
_____
_____
_____

JETZT SIND SIE DRAN!

- Mark und Samuel haben sich mit der Oberfläche von POWERPOINT vertraut gemacht. Öffnen Sie ebenfalls eine leere Präsentation. Welche Unterschiede zu WORD fallen Ihnen auf?

Tipp!
In der Folienansicht können Sie mit den Pfeiltasten rasch zu einer anderen Folie navigieren.

2.2 Neue Folien erstellen

Beim Öffnen einer neuen Präsentation wird automatisch die Titelfolie angezeigt.

Einfügen weiterer Folien:
- START – FOLIEN – Listenfeld NEUE FOLIE
- Folienlayout durch Anklicken auswählen

Platzhalter

Die Textfelder einer Folie werden Platzhalter genannt. Diese sind vordefiniert und dienen zum Eingeben der Texte. POWERPOINT bietet Ihnen verschiedene Folienlayouts.

Text eingeben

Klicken Sie in den Platzhalter, um einen Text einzugeben. Interaktive Schaltflächen und der Aufforderungstext zur Eingabe des Textes verschwinden, Aufzählungszeichen werden angezeigt.

Zu einer anderen Folie navigieren

Um ohne Klicken rasch zur nächsten Folie zu gelangen, wählen Sie die Richtungstasten ↑ und ↓ oder ← und →.

2.3 Ansichtsarten anwenden

Die Oberfläche von POWERPOINT haben Sie bereits kennengelernt. In diesem Abschnitt erfahren Sie mehr über die Ansichtsarten.

2.3.1 Präsentationsansichten

- ANSICHT – PRÄSENTATIONSANSICHTEN
- Oder im rechten Bereich der Statusleiste

Normalansicht

Wenn Sie eine neue Präsentation öffnen, wird sie in der Normalansicht angezeigt. In dieser Ansicht erstellen Sie Ihre Präsentation, indem Sie Texte, Grafiken usw. einfügen.

In den Notizen unterhalb der Folie können Sie weitere Informationen, die beim Abspielen der Präsentation nicht sichtbar sind, eingeben.

Öffnen und schließen Sie den Notizbereich durch Klick auf NOTIZEN in der Statusleiste.

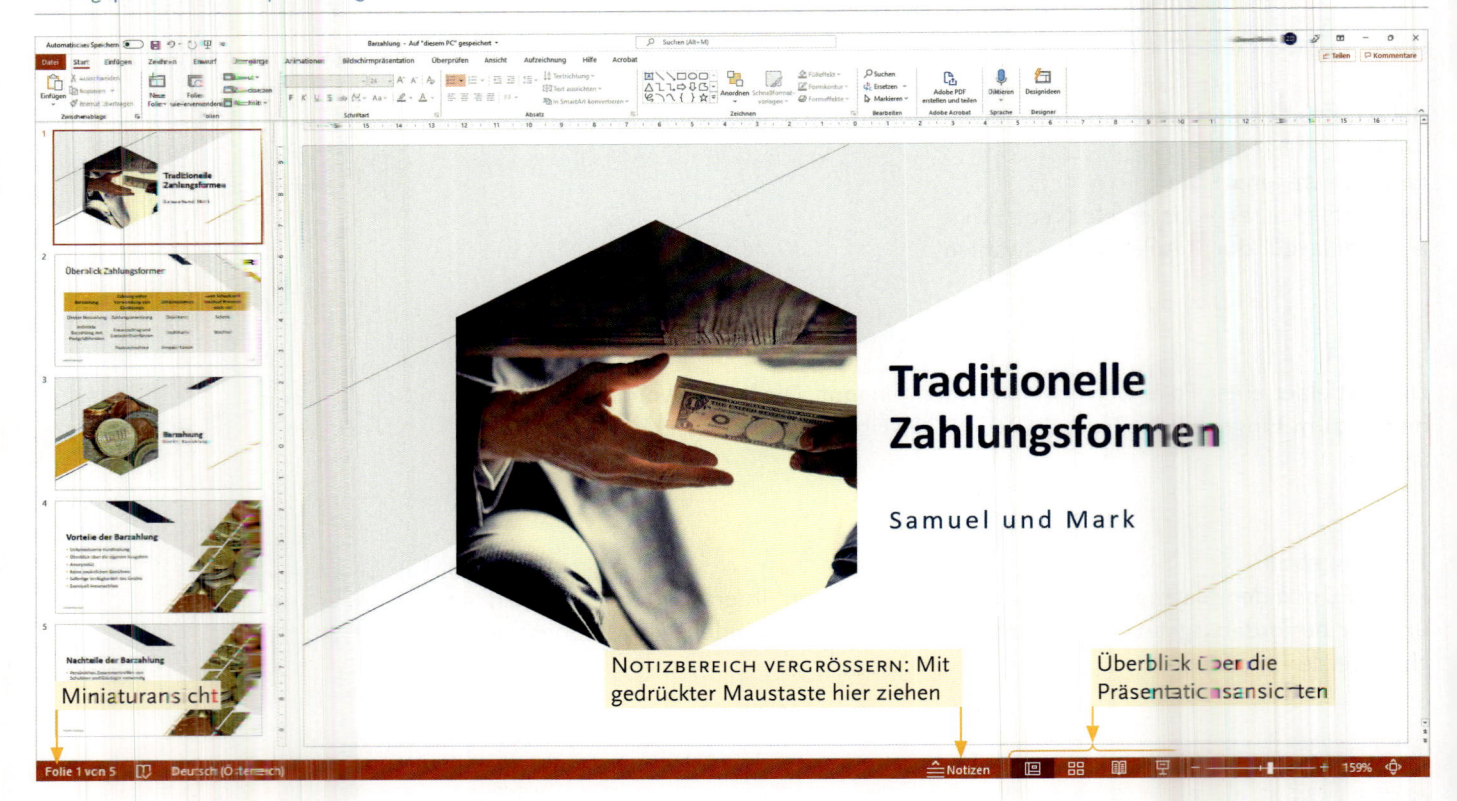

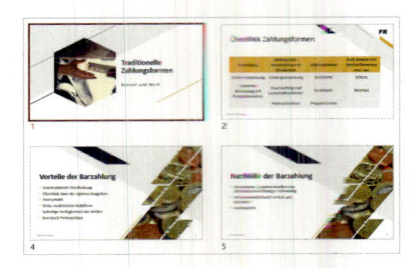

V Aufgepasst! Referate spannend gestalten

[Screenshot einer PowerPoint-Ansicht mit Titelfolie „Traditionelle Zahlungsformen – Samuel und Mark". Hinweise im Bild: Miniaturansicht; Notizbereich vergrössern: Mit gedrückter Maustaste hier ziehen; Überblick über die Präsentationsansichten.]

Foliensortierung

Die Folien werden der Reihe nach in der Miniaturansicht dargestellt. Diese Ansicht ermöglicht Ihnen einen Überblick über die gesamte Präsentation. Weiters können Sie die Folien durch Ziehen rasch verschieben.

Leseansicht

Verwenden Sie die Leseansicht zum Korrekturlesen Ihrer Präsentation. Wenn Sie die Präsentation einer Person auf einem kleinen Bildschirm zeigen, können Sie diese ebenso in der Leseansicht präsentieren.

Bildschirmpräsentation

Diese Ansicht verwenden Sie zum Vorführen der Präsentation vor einem Publikum. Es wird die Folie präsentiert, die Sie zuletzt verwendet haben. Mit den Richtungstasten ↑ und ↓ oder ← und → können Sie zur nächsten oder zur vorigen Folie navigieren.

💡 Die Bildschirmpräsentation können Sie mit F5 aufrufen oder machen Sie in der Symbolleiste einen Schnellzugriff durch Klick auf VON ANFANG AN BEGINNEN (F5).

Damit Sie zur nächsten Folie gelangen, können Sie auch die linke Maustaste oder die ⏎-Taste betätigen.

Möchten Sie zu einer anderen Folie, also zur vorigen oder nächsten, rufen Sie das Kontextmenü auf und wählen die gewünschte Folie aus oder Sie wählen die interaktiven Schaltflächen links unten aus.

Mit der Esc-Taste können Sie die Präsentation beenden oder abbrechen.

348

Referentenansicht

Für die Referentenansicht benötigen Sie zwei Bildschirme. Sie bietet Ihnen unterschiedliche Ansichten. Auf einem Bildschirm wird die Präsentation, wie sie Ihre Zuhörerinnen und Zuhörer sehen, angezeigt. Auf dem anderen Bildschirm sehen Sie auch Ihre Notizen.

- BILDSCHIRMPRÄSENTATION – BILDSCHIRME – REFERENTENANSICHT aktivieren

Richten Sie Ihre Referentenansicht ein:
- Wechseln Sie in die Ansicht BILDSCHIRMPRÄSENTATION
- Kontextmenü REFERENTENANSICHT

☑ Referentenansicht

Alt + F1

Interaktive Lernkarten finden Sie in der TRAUNER-DigiBox.

Diese Folie sieht Ihr Publikum z. B. über einen Beamer

Hier stehen die Notizen zur aktuellen Folie

Hier sehen Sie die Vorschau der nächsten Folie

2.3.2 Miniaturansicht

In der **Miniaturansicht** sehen Sie die gestalteten Folien untereinander. Hier können Sie mit einem Klick zu einer anderen Folie wechseln. Die aktuelle Folie ist farblich hinterlegt.

In der **Gliederungsansicht** sehen Sie die Texte einer Folie. In dieser Ansicht können Sie Texte rasch bearbeiten oder im Kontextmenü die Ebenen **höher- und tieferstufen**.

- ANSICHT – PRÄSENTATIONSANSICHTEN – GLIEDERUNGSANSICHT

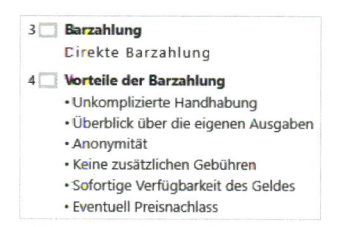

Gliederungsansicht

WorkBox – „Ansichtsarten anwenden"

- Präsentation mit zwei Folien erstellen und Ansichtsarten testen.
  a) Erstellen Sie eine neue Präsentation mit einer Titelfolie und einer Titel und Inhalt Folie. Speichern Sie die Datei unter **Kaufvertrag1.pptx.**
  b) Sehen Sie sich die Präsentation in allen Ansichtsarten an.

Der Kaufvertrag
Übereinstimmende Willenserklärung zwischen Verkäufer und Käufer

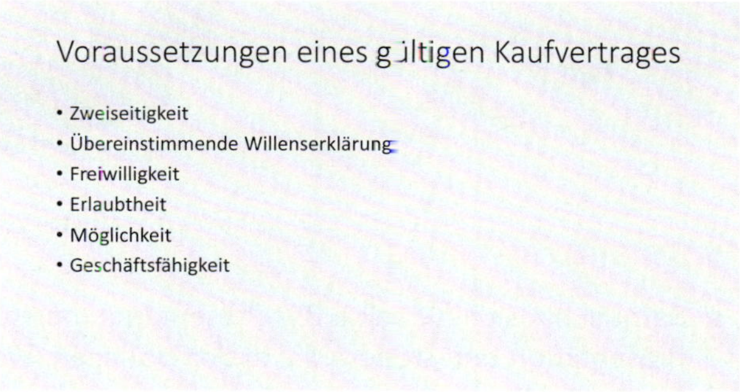

Voraussetzungen eines gültigen Kaufvertrages
- Zweiseitigkeit
- Übereinstimmende Willenserklärung
- Freiwilligkeit
- Erlaubtheit
- Möglichkeit
- Geschäftsfähigkeit

2.4 Onlinevorlagen verwenden

Sie können nicht nur die Standard-Designs, sondern auch Onlinevorlagen verwenden.

- Datei – Neu
- Suchbegriff bei Nach Onlinevorlagen und -designs suchen eingeben
  Oder einen empfohlenen Suchbegriff auswählen
- Vorlage auswählen
- Erstellen
- Texte und Folien anpassen

Manche Onlinevorlagen bieten Ihnen eine Hilfe an, wie Sie Ihre Präsentation ändern bzw. an Ihre Bedürfnisse anpassen können.

Let's do this! – „Onlinevorlagen verwenden"

Ausgangssituation

Samuel und Mark haben sich an den „Standard-Designs" schon sattgesehen.
Sie möchten etwas Neues ausprobieren.

Hey Mark, schau mal, hier gibt es Onlinevorlagen.

Wo?

Wenn du eine neue Präsentation erstellst (Datei – Neu), kannst du unten aus Vorlagen auswählen.

Die schauen ja richtig businessmäßig aus. Da nehm' ich gleich eine für meine BW-Präsentation.

Aja ... wow, da gibt's Schöne. Gib mal „geschäftlich" ein.

> **JETZT SIND SIE DRAN!**
>
> - Samuel hat sich für seine BW-Präsentation bereits eine Vorlage ausgesucht. Öffnen Sie eine neue leere Präsentation und stöbern Sie in den Vorlagen. Welche Vorlage würden Sie für eine BW-Präsentation wählen?

2.5 Präsentation bearbeiten

Folien löschen

Nicht benötigte Folien löschen Sie in der MINIATURANSICHT oder in der FOLIENSORTIERUNG.

- MINIATURANSICHT bzw. ANSICHT – PRÄSENTATIONSANSICHTEN – FOLIENSORTIERUNG
- Entf-Taste oder Kontextmenü FOLIE LÖSCHEN

Reihenfolge ändern

- Ansicht FOLIENSORTIERUNG
- Folie mit gedrückter linker Maustaste an die gewünschte Position ziehen
- Linke Maustaste loslassen

Folien kopieren

Möchten Sie eine Folie mehrmals verwenden, kopieren Sie sie. Sie können auch Folien von anderen Präsentationen kopieren.

- Kopieren und fügen Sie die Folie mithilfe der Zwischenablage ein.

Kopieren und Einfügen
Strg + C und Strg + V

2.6 Kopf- und Fußzeilen einfügen

In POWERPOINT können Sie Kopf- und Fußzeilen für Notizblätter und Handzettel sowie für Folien erstellen.

- EINFÜGEN – TEXT – KOPF- UND FUSSZEILE
- Register auswählen und ausfüllen
- FÜR ALLE ÜBERNEHMEN oder ÜBERNEHMEN klicken

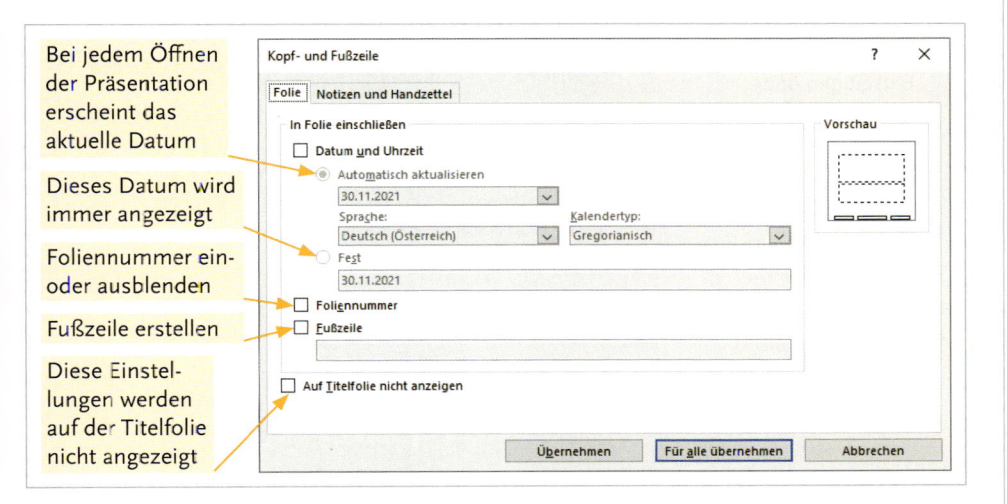

Kopf- und Fußzeile

Füllen Sie diese Registerkarte aus, werden Ihre Einstellungen für eine (ÜBERNEHMEN auswählen) oder alle Folien (FÜR ALLE ÜBERNEHMEN auswählen) übernommen.

Wenn Sie ein Feld aktiviert haben, sehen Sie es in der Vorschau rechts unten (fett hervorgehoben).

- Bei jedem Öffnen der Präsentation erscheint das aktuelle Datum
- Dieses Datum wird immer angezeigt
- Foliennummer ein- oder ausblenden
- Fußzeile erstellen
- Diese Einstellungen werden auf der Titelfolie nicht angezeigt

V Aufgepasst! Referate spannend gestalten

💡 Füllen Sie diese Registerkarte aus, werden Ihre Einstellungen für die Notizblätter und Handzettel übernommen. Diese Einstellungen sehen Sie nur auf dem Ausdruck.

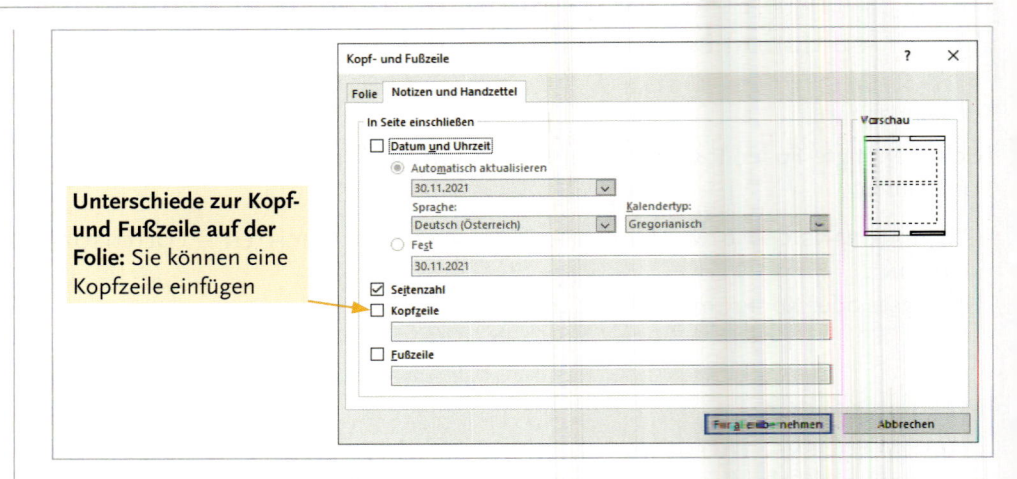

Unterschiede zur Kopf- und Fußzeile auf der Folie: Sie können eine Kopfzeile einfügen

WorkBox – „Kopf- und Fußzeilen einfügen"

- Erstellen Sie eine Kopf- und Fußzeile.
  a) Öffnen Sie die Präsentation **Kaufvertrag1.pptx** und speichern Sie sie unter **Kaufvertrag2.pptx**.
  b) Wechseln Sie die Kopf- und Fußzeile. Aktivieren Sie FOLIE – FÜR ALLE ÜBERNEHMEN und wählen Sie folgende Einstellungen:
    - Datum und Uhrzeit aktivieren und automatisch aktualisieren;
    - Foliennummer anzeigen;
    - AUF TITELFOLIE NICHT ANZEIGEN aktivieren.
  c) Treffen Sie folgende Einstellungen für Notizblätter und Handzettel:
    - Datum und Uhrzeit aktivieren und Fest auswählen;
    - Kopfzeile: „Informationsblatt";
    - Fußzeile: „Vorname Nachname".

2.7 Folien drucken

Sie können einzelne Folien, Notizseiten oder Handzettel ausdrucken.

- DATEI – DRUCKEN

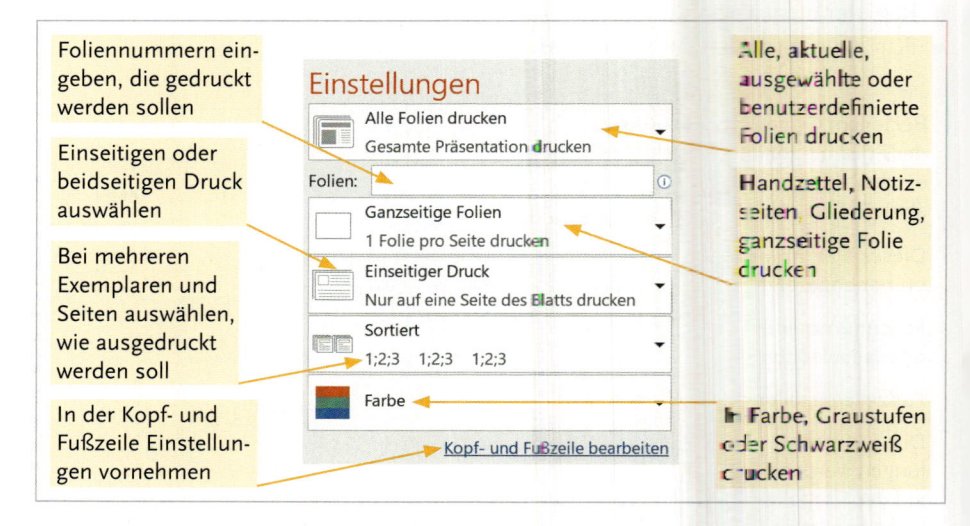

Notizseiten: Wenn Sie einen Text in den NOTIZBEREICH geschrieben haben, können Sie ihn mit der Folie ausdrucken. Auf dem Ausdruck erscheint eine Folie pro Blatt. Darunter wird der Text aus dem Notizbereich eingefügt.

Handzettel: Mehrere Folien werden auf einem Blatt ausgedruckt. Dieser Ausdruck eignet sich gut als Präsentationsübersicht.

Foliennummern eingeben, die gedruckt werden sollen

Einseitigen oder beidseitigen Druck auswählen

Bei mehreren Exemplaren und Seiten auswählen, wie ausgedruckt werden soll

In der Kopf- und Fußzeile Einstellungen vornehmen

Alle, aktuelle, ausgewählte oder benutzerdefinierte Folien drucken

Handzettel, Notizseiten, Gliederung, ganzseitige Folie drucken

In Farbe, Graustufen oder Schwarzweiß drucken

352

Präsentieren leicht gemacht

Ziele erreicht? – „Präsentieren leicht gemacht"

KOMPETENZ-ERWERB ✓

1. Beschriften Sie die Elemente der POWERPOINT-Oberfläche.

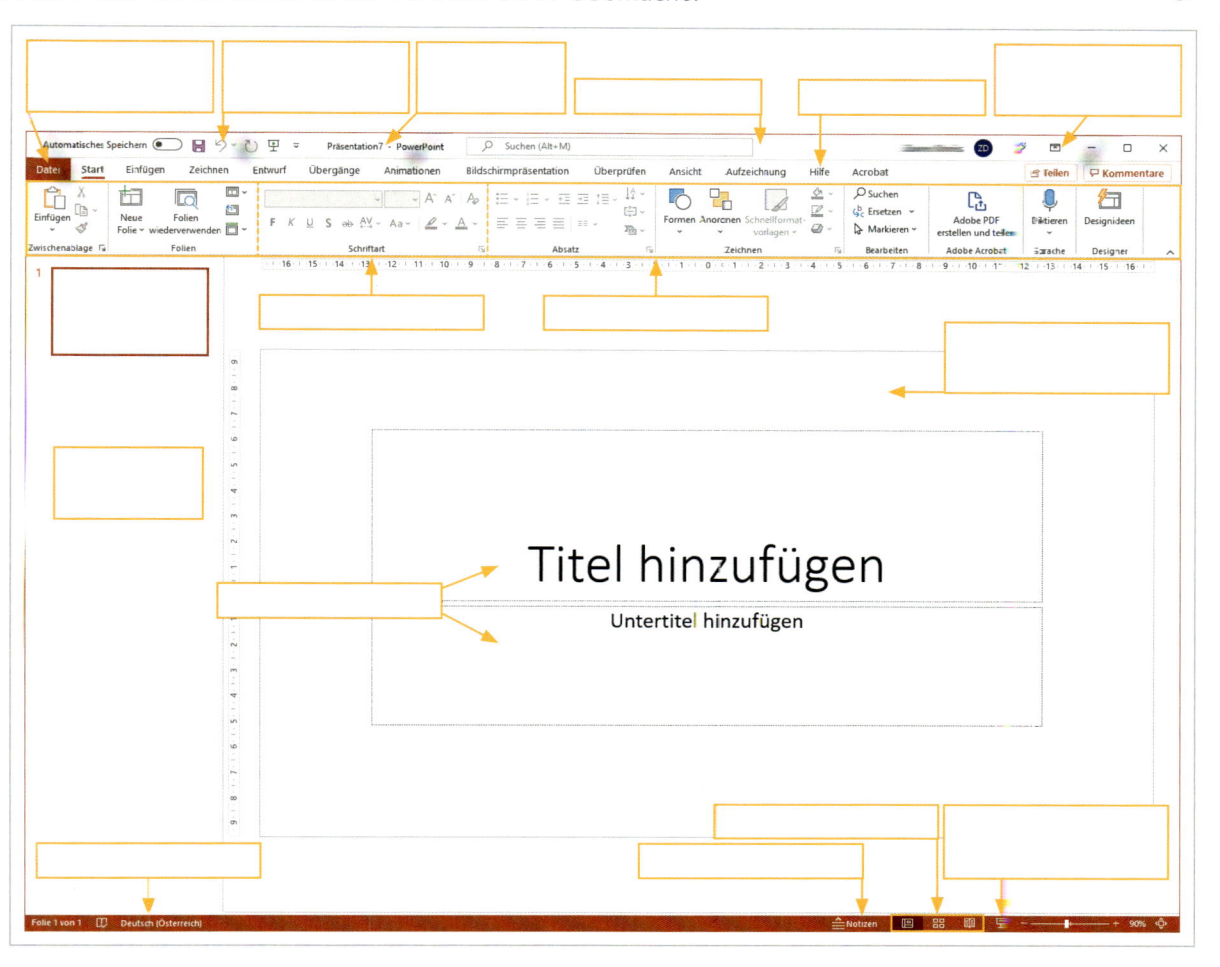

2. Mark und Samuel haben sich Notizen für den Aufbau ihrer Präsentation gemacht. Aber irgendetwas ist durcheinandergeraten. Helfen Sie den beiden und bringen Sie die Punkte in die richtige Reihenfolge.

- Zahlungsarten vorstellen
- Begrüßung
- Wichtigste Punkte wiederholen
- Verabschieden
- Vorstellung Mark/Samuel

353

V Aufgepasst! Referate spannend gestalten

3. Nennen Sie die richtige Ansichtsart in POWERPOINT.

Sie erstellen die Präsentation in dieser Ansicht.	➪
Diese Ansicht können Sie verwenden, wenn die Präsentation nur einer Person gezeigt wird.	➪
Diese Präsentationsvariante wird auch mit der Taste F5 aufgerufen.	➪
Beim Öffnen der POWERPOINT-Präsentation wird diese automatisch in dieser Ansicht geöffnet.	➪
Diese Ansicht eröffnet Ihnen eine schnelle Übersicht über die gesamte Präsentation.	➪
Diese Ansichtsvariante wird auch zum Korrekturlesen verwendet.	➪
Diese Möglichkeit der Ansicht wird beim Vortrag verwendet.	➪

4. Erste Schritte in POWERPOINT.

Ausgangssituation
Wie Samuel und Mark müssen Sie eine Präsentation für den Unterrichtsgegenstand „Betriebswirtschaft" erstellen. Sie haben sich für das Thema Barzahlung entschieden. Die wichtigsten Informationen für Ihre Präsentation haben Sie bereits gesammelt. Nun geht es an den Feinschliff.

a) Öffnen Sie die Präsentation **Barzahlung_u.pptx** und speichern Sie sie unter **Barzahlung1.pptx**.

b) Fügen Sie am Ende der Präsentation eine Folie ein. Schreiben Sie einen passenden Text zur Verabschiedung auf die Folie.

c) Löschen Sie die erste Folie und vertauschen Sie anschließend die vierte Folie mit der fünften. Kopieren Sie die dritte Folie und fügen Sie die Kopie nach der fünften Folie ein.

d) Erstellen Sie eine Kopf- und Fußzeile. Diese sollen für alle Folien übernommen werden. Nur auf der Titelfolie sollen sie nicht angezeigt werden. Folgende Informationen müssen enthalten sein:
- Heutiges Datum, das sich automatisch aktualisiert
- Folienummer
- Ihr Name in der Fußzeile

e) Testen Sie die verschiedenen Ansichtsarten.

f) Drucken Sie die Präsentation als Handzettel aus.

g) Denken Sie daran, zu speichern!

Einen interaktiven **Safety-Check** finden Sie in der TRAUNER-DigiBox.

Erfolgreich präsentieren mit POWERPOINT

Ein Vortrag mit Bildern, Diagrammen, Fakten und Videos ist für die Zuhörerin/den Zuhörer wesentlich interessanter und effektiver als ein reiner Vortrag ohne visuelle Hilfsmittel. Die Informationen werden viel besser aufgenommen und behalten.

In diesem Kapitel erfahren Sie, wie Sie mithilfe der Präsentations-Software POWERPOINT ansprechende Präsentationen gestalten können.

Meine Ziele

Nach Bearbeitung dieses Kapitels kann ich
- wichtige Begriffe zum Präsentieren und in POWERPOINT erklären;
- Folien erstellen, deren Layout ändern und Objekte einfügen;
- einer Präsentation ein Design zuweisen;
- einen Folienmaster erstellen und bearbeiten;
- Folien mit einem Folienübergang und einer Animation versehen.

KOMPETENZ-ERWERB

V Aufgepasst! Referate spannend gestalten

1 Folien designen

💬 Diskutieren Sie in der Klasse über Ihre Erfahrungen mit Designs in anderen OFFICE-Programmen.

> Sarah und Emma haben sich mit POWERPOINT vertraut gemacht. Nun wollen Sie mit ihrer Präsentation starten. „Wir müssen unbedingt darauf achten, dass die Präsentation ein cooles Design hat." Sie möchten mit ihrer Stadtpräsentation richtig punkten.

Für die Gestaltung Ihrer Präsentation haben Sie viele verschiedene Möglichkeiten.

1.1 Folienlayout ändern

❗ POWERPOINT bietet viele verschiedene **Gestaltungsvorschläge** für Folien. Das sind die sogenannten Layouts, die Sie auf den Folien anwenden.

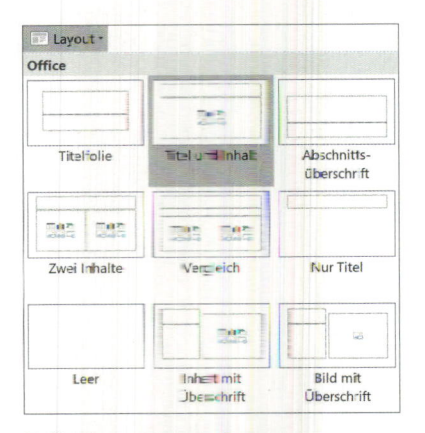

Folienlayout ändern

Bemerken Sie, dass ein anderes Folienlayout besser passt, können Sie dieses auch im Nachhinein ändern.

- START – FOLIEN – LAYOUT
- Layout auswählen

Folienlayout zurücksetzen

Haben Sie die Folie verändert, z. B. einen Platzhalter gelöscht, können Sie die Folie zurücksetzen, um die Standardeinstellungen von POWERPOINT zurückzuerhalten.

- START – FOLIEN – ZURÜCKSETZEN

Folienlayout zurücksetzen
👆 Kontextmenü – FOLIE ZURÜCKSETZEN

1.2 Platzhalter einfügen und bearbeiten

❗ Sie können **Platzhalter** verschieben, vergrößern, verkleinern sowie neue Platzhalter einfügen oder bestehende löschen.

Platzhalter erstellen

Einen zusätzlichen Platzhalter erhalten Sie, indem Sie ein Textfeld mit dem Kreuz beim Mauszeiger aufziehen (erscheint durch Klick).

- START – ZEICHNEN – TEXTFELD
- Oder EINFÜGEN – TEXT – TEXTFELD

Durch Ziehen an den Eck- oder Seitenpunkten vergrößern oder verkleinern Sie das Textfeld. Durch Klicken auf die Linie – eine durchgehende Linie erscheint – verschieben Sie den Platzhalter mit der linksgedrückten Maustaste.

Platzhalter exakt anordnen

Platzieren Sie Ihre eingefügten Textfelder:

- START – ZEICHNEN – Listenfeld ANORDNEN

Möchten Sie die Textfelder exakt anordnen, verwenden Sie ein Raster als Orientierungshilfe.

- ANSICHT – ANZEIGEN – GITTERNETZLINIEN
- Oder ANSICHT – ANZEIGEN – Dialogfeld RASTEREINSTELLUNGEN

Gitternetzlinien zur Orientierung
Auf der Folie Kontextmenü – RASTER UND FÜHRUNGSLINIEN…

Platzhalter löschen

Platzhalter, die Sie nicht benötigen, entfernen Sie durch Klick auf den Rahmen und Drücken der Entf-Taste.

1.3 Designs auswählen

POWERPOINT bietet Ihnen wie WORD vorgefertigte Designs zum raschen Formatieren Ihrer Präsentation. Beim Ändern eines Designs werden die Farben, Schriftarten, Formen, Effekte etc. verändert.

- ENTWURF – DESIGNS – WEITERE

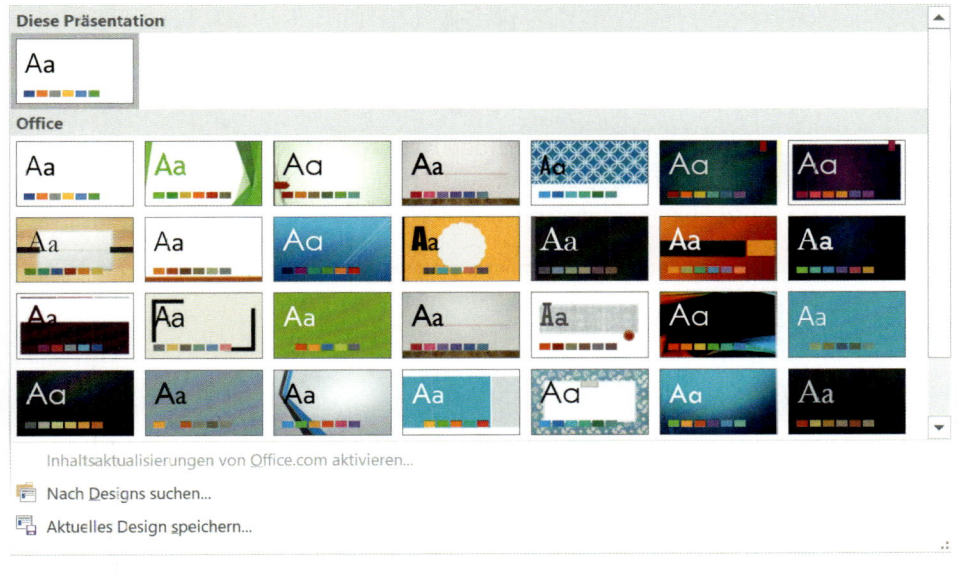

Beim Erstellen einer neuen Präsentation ist das Standarddesign „Office" eingestellt.

Onlinevorlagen haben Sie bereits kennengelernt.

Wenn Sie mit dem Mauszeiger auf ein Design zeigen, wird Ihre Präsentation sofort mit dieser Formatierung angezeigt. Durch Klick auf das **Design wählen** Sie es aus.

Sie können das Design jederzeit durch Auswählen eines anderen ändern.

V Aufgepasst! Referate spannend gestalten

Tipp!
Sie können auch ein individuelles Design aus den Vorlagen erstellen. Wählen Sie zuerst das Design und anschließend die gewünschten Varianten (Farben, Schriftarten, Effekte und Hintergrundformate).

Schnellformatvorlagen anwenden

Textfelder können mit vorgefertigten Vorlagen gefüllt werden.

- Platzhalter markieren
- START – ZEICHNEN – SCHNELLFORMATVORLAGEN

Hintergrund festlegen

Sie können anstatt eines Designs einen eigenen Hintergrund gestalten oder aus einem vorgefertigten Hintergrundformat auswählen. Sie sehen sofort den ausgewählten Hintergrund auf der Folie.

- ENTWURF – ANPASSEN – HINTERGRUND FORMATIEREN
- Oder Kontextmenü auf der Folie – HINTERGRUND FORMATIEREN..
- Füllung auswählen
- AUF ALLE ANWENDEN

····· **PROFI-TIPP** ·····

„Sie haben die Möglichkeit, den Hintergrund lediglich für eine Folie zu übernehmen. Klicken Sie dafür nach dem Auswählen der Hintergrundfarbe auf Schliessen ✕."

– Marketingmanagerin in einem internationalen Lebensmittelkonzern –

Hintergrund zurücksetzen

Sie können einen Hintergrund auch löschen.

- Bereich HINTERGRUND FORMATIEREN
- HINTERGRUND ZURÜCKSETZEN

WorkBox – „Designs auswählen"

- Ändern Sie das Layout und wählen Sie ein Design aus.
  a) Öffnen Sie die Präsentation **Paris1.pptx** und speichern Sie sie unter **Paris2.pptx**.
  b) Sehen Sie sich die Präsentation mit verschiedenen Designs an.
  c) Weisen Sie das Design Metropolitan zu.
  d) Ändern Sie das Layout von Folie 2 in Zwei Inhalte um.
  e) Denken Sie daran, zu speichern!

Erfolgreich präsentieren mit POWERPOINT

1.4 Designideen verwenden

> Der **POWERPOINT-Designer** ist ein sogenannter intelligenter Dienst in OFFICE 365. Während Sie auf der Folie Inhalte (Texte, Bilder etc.) einfügen, arbeitet der Designer im Hintergrund und schlägt Ihnen ein professionelles Layout vor.

Die Designideen funktionieren nur in OFFICE 365, nicht in OFFICE 2019.

Der Bereich DESIGNIDEEN öffnet sich automatisch, wenn Sie eine neue Präsentation erstellen. Um ihn einblenden zu können:

- ENTWURF – DESIGNER – DESIGNIDEEN
- Design auswählen

Schon gewusst?
Den POWERPOINT-DESIGNER aktivieren Sie im Menü DATEI – OPTIONEN – ALLGEMEIN – Bereich POWERPOINT-DESIGNER.

PROFI-TIPP
Designs können auch mit den Designideen kombiniert werden!

Let's do this! – „Designideen verwenden"

Ausgangssituation

Emma und Sarah können sich nicht einigen, welches Design sie verwenden sollen. Jede sucht auf ihrem PC etwas Passendes. Emma mag Blau, das gefällt Sarah überhaupt nicht.

Sarah, suchen wir uns doch etwas aus den Designideen aus. Da ist bestimmt etwas dabei, das uns beiden gefällt.

JETZT SIND SIE DRAN!

- Emma und Sarah haben diese Layouts in den Designideen gefunden. Öffnen Sie eine neue leere Präsentation und schreiben Sie auf die Titelfolie „London". Suchen Sie sich eine Designidee aus und speichern Sie die Präsentation unter **London1.pptx.**

V Aufgepasst! Referate spannend gestalten

1.5 Folienmaster erstellen

Im Folienmaster können Sie das Design, die Schriftarten, die Farben usw. ändern. Der Vorteil liegt darin, dass die hier getroffenen Einstellungen automatisch für die gesamte Präsentation übernommen werden. Legen Sie beispielsweise ein neues Aufzählungszeichen fest, wird dieses automatisch für alle Folien der Präsentation übernommen.

Sie können den Folienmaster individuell anpassen. Fügen Sie z. B. ein Logo ein, das automatisch auf jeder Folie erscheint.

PROFI-TIPP

„Im Unternehmensalltag ist es wichtig, dass die Präsentationen auf das Corporate Design abgestimmt sind. Mit dem Folienmaster ist es ganz einfach, dass immer alle Präsentationen wie aus einem Guss aussehen!"

– Marketingmanagerin in einem internationalen Lebensmittelkonzern –

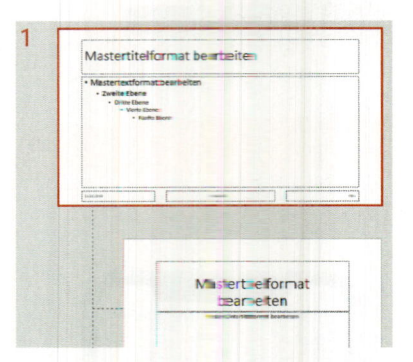

SCHRITT FÜR SCHRITT: FOLIENMASTER ERSTELLEN

1. Klicken Sie auf ANSICHT – MASTERANSICHTEN – FOLIENMASTER.
2. Wählen Sie in der Folienansicht die zu ändernde Folie aus.
3. Bearbeiten Sie die Folie.
4. Wählen Sie, wenn nötig, weitere Folien aus und formatieren Sie sie.
5. Schließen Sie die MASTERANSICHT.

💡 Möchten Sie z. B. die Titelfolie LAYOUT anders gestalten als alle anderen Folien, dürfen Sie den DESIGN-FOLIENMASTER (1. Folie) nicht formatieren. Verwenden Sie die Funktion FORMAT ÜBERTRAGEN.

❗ Möchten Sie ein **Layout für alle Folien** verwenden, formatieren Sie die erste Folie als DESIGN-FOLIENMASTER (OFFICE FOLIENMASTER).

360

Erfolgreich präsentieren mit POWERPOINT

WorkBox – „Folienmaster erstellen"

- Trainieren Sie das Erstellen eines Folienmasters.
  a) Erstellen Sie eine neue Präsentation, die Sie unter **Reisetipps1.pptx** speichern.
  b) Wechseln Sie in den Folienmaster und weisen Sie das Design Rückblick und die Farben Warmes Blau zu.
  c) Treffen Sie folgende Einstellungen für die Titelfolie Layout:
      - Untertitel: Schriftgröße: 32 Punkt;
      - Titelmasterformat: Textschatten.
  d) Treffen Sie folgende Einstellungen im Titel und Inhalt Layout Folienmaster:
      - Titel: fett formatieren;
      - erste Ebene Schriftgröße 28 Punkt;
      - Grafik **Reisetipps6.png** einfügen; Höhe 4 cm, Breite proportional; Position eingeben: horizontal –0,37 cm und vertikal 15 cm von der oberen linken Ecke. Wählen Sie das Werkzeug TRANSPARENTE FARBE BESTIMMEN und klicken Sie auf den weißen Bereich im Kompass.
  e) Wählen Sie folgende Einstellungen für die Folie zwei Inhalte Layout:
      - Titel: fett formatieren;
      - erste Ebene Schriftgröße 28 Punkt.
  f) Schließen Sie die Masteransicht.
  g) Geben Sie folgenden Text auf der Titelfolie ein: Titel: „Reisetipps", Untertitel: „Das Wichtigste zusammengefasst".
  h) Erstellen Sie die beiden Folien (Titel und Inhalt, Zwei Inhalte).
  i) Denken Sie daran, zu speichern.

> Sehen Sie sich die Folien in der Miniaturansicht an nachdem Sie die Grafik eingefügt und formatiert haben. Sie erkennen nun, dass die Grafik auch auf den anderen Folien zu sehen ist.

In die zweite Ebene gelangen
- ⇥-Taste drücken
- Oder START – ABSATZ – LISTENEBENE ERHÖHEN

Reisetipps
DAS WICHTIGSTE ZUSAMMENGEFASST

Organisatorisches vor der Reise
Checkliste für Formalitäten erstellen (Einreisebestimmungen usw.)
Gültiger Reisepass?

2 Texte und Objekte ansprechend gestalten

„Wow, ich bin echt begeistert von unserer Präsentation – das Design ist top!", ruft Emma freudig. „Jetzt müssen wir noch Texte und Bilder einfügen. Es heißt ja ‚Ein Bild sagt mehr als tausend Worte.'" Sarah ist skeptisch: „Ich glaube, wir müssen aufpassen, dass die Folien nicht überladen wirken, oder?"

> Erinnern Sie sich bei der Gestaltung Ihrer Folien immer an die K.I.S.S.-Regel!

Nicht nur das Layout und Design Ihrer Folien ist wichtig. Die Texte und grafischen Elemente müssen gut überlegt und sinnvoll platziert werden.

V Aufgepasst! Referate spannend gestalten

Zeichenformatierung

Absatzformatierung

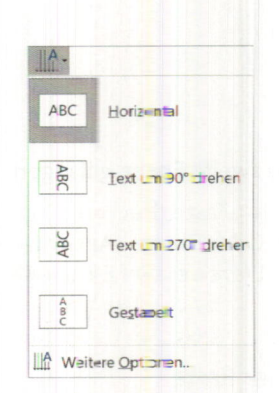

2.1 Texte im Platzhalter formatieren

Das Formatieren in POWERPOINT funktioniert wie in WORD. Zuerst wird der zu formatierende Text markiert und anschließend formatiert.

Format übertragen

Ein Format von einem formatierten Textfeld auf ein anderes übernehmen:

- Platzhalter markieren
- START – ZWISCHENABLAGE – FORMAT ÜBERTRAGEN
- Auf das zu formatierende Textfeld klicken

Textausrichtung im Platzhalter ändern

Sie können entscheiden, wie ein Text im Platzhalter ausgerichtet wird. Standardmäßig ist OBEN eingestellt.

- START – ABSATZ – Listenfeld TEXT AUSRICHTEN

Textrichtung im Platzhalter ändern

- START – ABSATZ – Listenfeld TEXTRICHTUNG

Freies Drehen

Drehen Sie mit der linksgedrückten Maustaste den Pfeil, um die Textrichtung individuell zu ändern.

2.2 Objekte im Platzhalter formatieren

„**Ein Bild sagt mehr als tausend Worte.**" Verwenden Sie Tabellen, Diagramme, SmartArt-Grafiken usw. zur grafischen Darstellung von Zahlen, Fakten etc. Diese lockern Ihre Präsentation auf.

Der vordefinierte Platzhalter bietet die Möglichkeit, Bilder, Tabellen, Diagramme usw. rasch auf der Folie einzufügen. Sie können ebenso alle Objekte im Register EINFÜGEN einfügen.

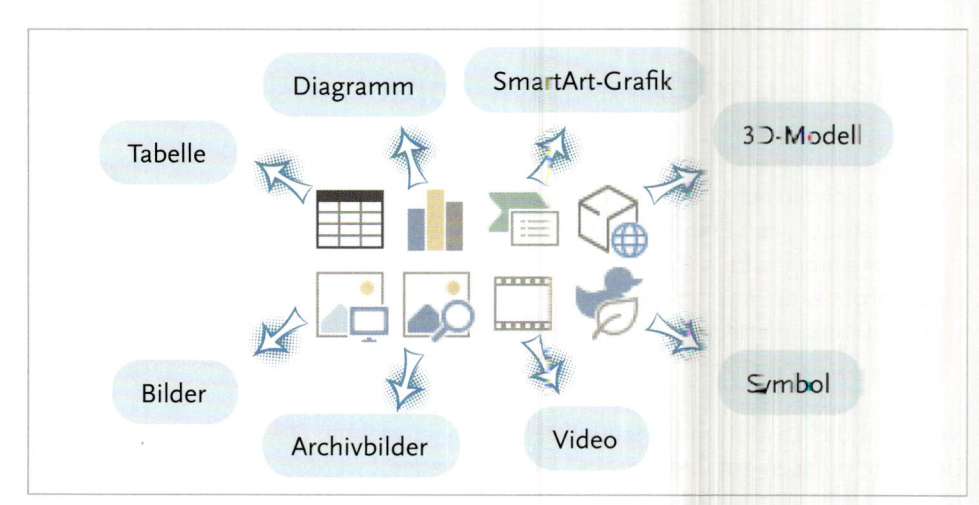

362

Erfolgreich präsentieren mit POWERPOINT

2.2.1 Bilder einfügen und formatieren

Bilder lockern Ihre Präsentation auf und helfen, das Gesagte visuell zu unterstützen. Für das Einfügen von Bildern stehen Ihnen in POWERPOINT unterschiedliche Möglichkeiten zur Verfügung.

Bilder einfügen

Das Einfügen und Formatieren von Bildern kennen Sie bereits aus WORD.

SCHRITT FÜR SCHRITT:
BILDER VOM EIGENEN GERÄT ODER ONLINESPEICHER EINFÜGEN

1. Wählen Sie im Platzhalter BILDER aus oder klicken Sie auf EINFÜGEN – BILDER – BILDER – DIESES GERÄT...
2. Navigieren Sie zum Speicherort.
3. Wählen Sie das Bild aus und klicken Sie auf EINFÜGEN oder machen Sie einen Doppelklick auf das gewünschte Bild.

> 💡 Für mehr Barrierefreiheit in Ihrer Präsentation können Sie einen Alternativtext für Ihre Bilder eingeben.

> 🔗 Den Alternativtext kennen Sie bereits aus WORD.

Archivbilder nutzen

SCHRITT FÜR SCHRITT:
ARCHIVBILDER EINFÜGEN

1. Wählen Sie im Platzhalter ARCHIVBILDER aus oder klicken Sie auf EINFÜGEN – BILDER – BILDER – ARCHIVBILDER.
2. Die Bibliothek mit lizenzfreien Bildern erscheint.
3. Wählen Sie eine Bildkategorie aus.
4. Geben Sie im Textfeld den Suchbegriff ein oder wählen Sie eine Kategorie aus.
5. Drücken Sie die Eingabetaste.
6. Die Suchergebnisse werden angezeigt.
7. Wählen Sie ein Bild aus und klicken Sie auf EINFÜGEN oder machen Sie einen Doppelklick auf das Bild.
8. Das Bild wird heruntergeladen und eingefügt.

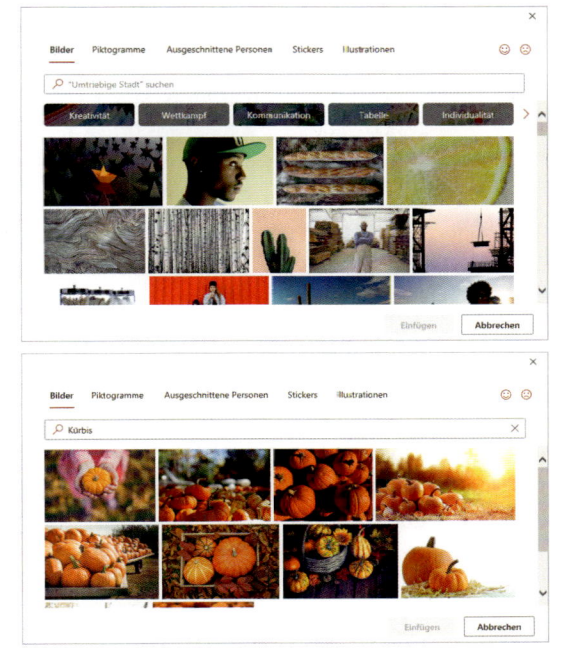

> 💡 Lizenzfreie Bilder sind Bilder, die Sie für Ihre Präsentationen, Handouts usw. frei verwenden dürfen.

> Yesss, den Unterschied zwischen Archivbildern und Bildern gecheckt. Archivbilder sind online und Bilder sind am PC, USB-Stick, in der Cloud etc. gespeichert.

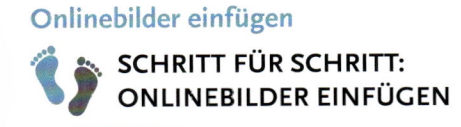

Onlinebilder einfügen

SCHRITT FÜR SCHRITT:
ONLINEBILDER EINFÜGEN

1. Klicken Sie auf EINFÜGEN – BILDER – BILDER – ONLINEBILDER...
2. Geben Sie im Textfeld den Suchbegriff ein oder wählen Sie eine Kategorie aus.
3. Drücken Sie die Eingabetaste.

V Aufgepasst Referate spannend gestalten

Ich verwende nur Bilder, die ich selbst fotografiert habe oder solche mit Creative Commons-Lizenz. Dann muss ich mir keine Sorgen um das Urheberrecht machen.

④ Die Suchergebnisse werden angezeigt: Es werden automatisch alle Bilder, die mit einer Creative Commons-Lizenz (CC) markiert sind, angezeigt (NUR CREATIVE COMMONS). Durch Deaktivierung des Kontrollkästchens können alle Bilder angezeigt werden.

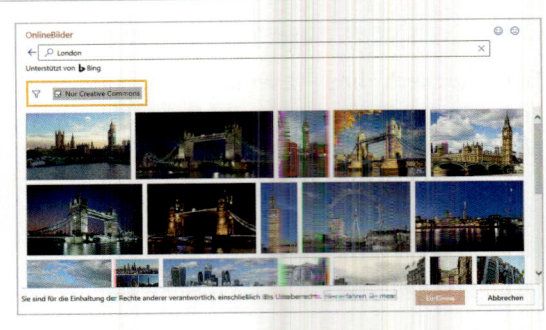

⑤ Wählen Sie ein Bild aus und klicken Sie auf EINFÜGEN oder machen Sie einen Doppelklick auf das Bild.

⑥ Das Bild wird heruntergeladen und eingefügt.

Let's do this! – „Bilder einfügen und formatieren"

Ausgangssituation

Sarah und Emma haben so viele Fotos mit ihren Smartphones gemacht. Sie können sich nur schwer entscheiden, welche Bilder sie herzeigen wollen. Und dann haben sie manches überhaupt nicht fotografiert, weil sie so fasziniert waren. Da würden sie gerne ein schönes Bild aus dem Internet verwenden.

Mit dem Designer können die Bilder noch besser in Szene gesetzt werden.

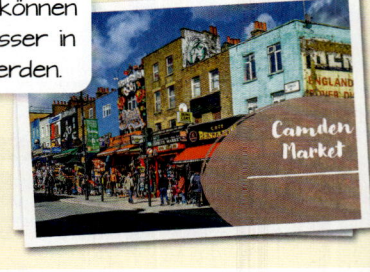

JETZT SIND SIE DRAN!

- Emma und Sarah arbeiten an der Präsentation **London1.pptx** weiter. Probieren Sie auch aus, wie sich die Präsentation mit verschiedenen Bildern verändert. Fügen Sie Bilder aus dem Ordner London in Ihre Präsentation ein. Vervollständigen Sie Ihre Präsentation mit Onlinebildern, Piktogrammen etc. und speichern Sie die Präsentation unter **London2.pptx**.

WorkBox – „Bilder einfügen und formatieren"

- Grafiken einfügen und Designideen anwenden.
  a) Öffnen Sie die Präsentation **Paris2.pptx** und speichern Sie sie unter **Paris3.pptx**.
  b) Fügen Sie auf Folie 1 das Bild **Paris4.jpg** ein und gestalten Sie die Folie mit dem Designer.
  c) Fügen Sie im Platzhalter auf Folie 2 das Bild **Paris5.jpg** ein und formatieren Sie es passend.
  d) Fügen Sie auf Folie 1 ein Piktogramm (Herz, Liebesschloss etc.) ein und formatieren Sie es passend zur Folie.

2.2.2 Tabellen einfügen und formatieren

Mithilfe von Tabellen können Sie Inhalte übersichtlich und strukturiert präsentieren.

**SCHRITT FÜR SCHRITT:
TABELLE EINFÜGEN**

1. Wählen Sie im Platzhalter TABELLE aus.
2. Geben Sie die Anzahl der Spalten ein.
3. Klicken Sie auf OK.

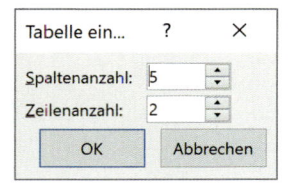

Oder

1. Klicken Sie auf EINFÜGEN – TABELLEN – TABELLE.
2. Wählen Sie die gewünschte Anzahl an Spalten und Zeilen aus.

Das Zeichnen sowie das Erstellen einer EXCEL-Tabelle funktioniert wie in WORD.

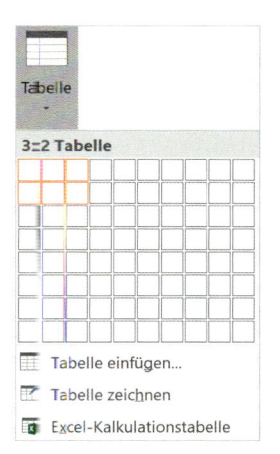

Tabelle formatieren

In den Registern TABELLENENTWURF und LAYOUT können Sie weitere Einstellungen für Ihre Tabelle vornehmen.

Das Formatieren von Tabellen funktioniert wie in WORD.

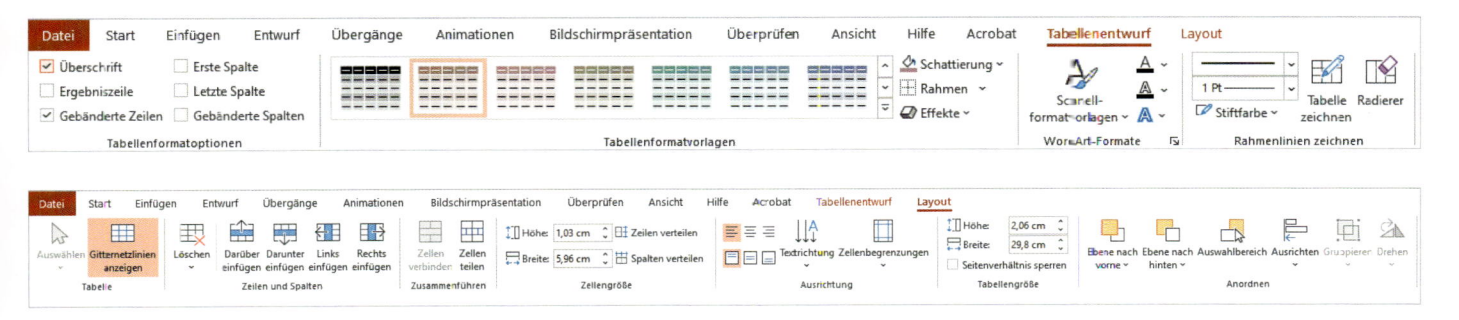

2.2.3 Diagramme einfügen und formatieren

Diagramme eignen sich sehr gut für das Darstellen und Vergleichen von Zahlen. Viele verschiedene Diagrammtypen können dafür verwendet werden.

Vergleichen Sie beim Erstellen des Diagrammes unterschiedliche Diagrammtypen, um die beste Darstellungsmöglichkeit herauszufinden.

**SCHRITT FÜR SCHRITT:
DIAGRAMM EINFÜGEN**

1. Wählen Sie im Platzhalter DIAGRAMM aus oder klicken Sie auf EINFÜGEN – ILLUSTRATIONEN – DIAGRAMM.
2. Wählen Sie den Diagrammtyp aus.
3. Klicken Sie auf OK.

Datenreihen zeigen die Messwerte an und **Kategorien** teilen die Daten in Gruppen ein.

V Aufgepasst! Referate spannend gestalten

Prozentsätze eingeben
Schreiben Sie das Prozentzeichen direkt nach der Zahl.

In Ihrem Platzhalter wird ein Beispieldiagramm angezeigt und ein EXCEL-Tabellenblatt wird geöffnet. Tragen Sie in EXCEL Ihre Daten ein. Sie sehen, dass sich die Daten in POWERPOINT sofort ändern.

Nicht benötigte Zeilen und Spalten löschen Sie, indem Sie sie markieren und die ⌦-Taste drücken.

Ziehen Sie an der blauen Linie, um Ihre Daten einzugrenzen. Schließen Sie EXCEL.

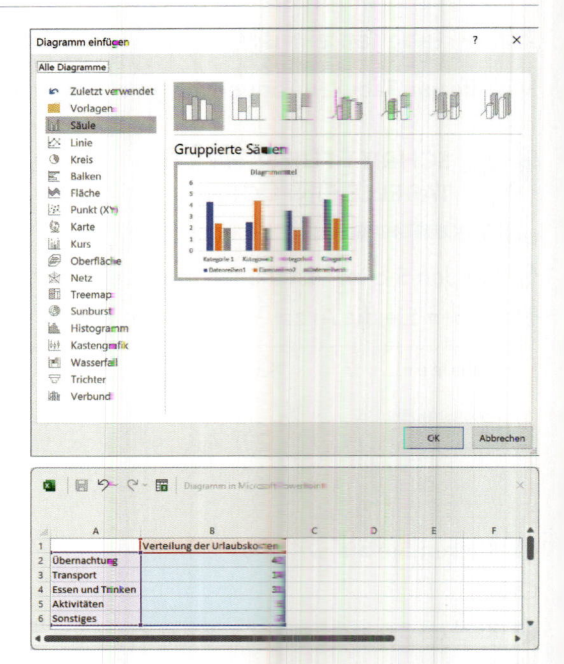

Daten in EXCEL bearbeiten

- Klick auf DATEN BEARBEITEN – DATEN IN EXCEL BEARBEITEN

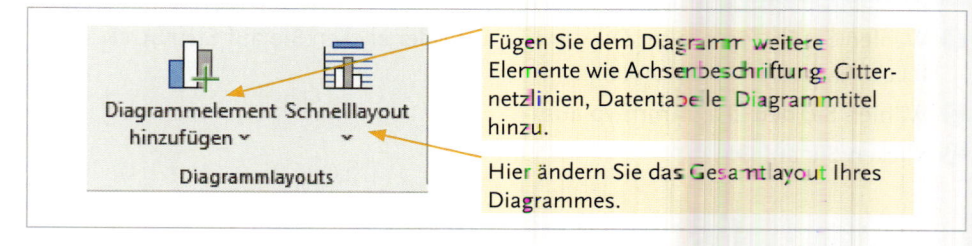

Diagramm formatieren

Ist das Diagramm markiert, stehen Ihnen die Register DIAGRAMMENTWURF und FORMAT zur Verfügung. Neben der rechten oberen Diagrammecke werden kleine Schaltflächen eingeblendet.

Register Diagrammentwurf

Grundlegende Einstellungen für Ihr Diagramm nehmen Sie im Register DIAGRAMMENTWURF vor. Lernen Sie nun die Gruppen im Register besser kennen:

Diagrammlayouts

Fügen Sie dem Diagramm weitere Elemente wie Achsenbeschriftung, Gitternetzlinien, Datentabelle, Diagrammtitel hinzu.

Hier ändern Sie das Gesamtlayout Ihres Diagrammes.

Diagrammformatvorlagen

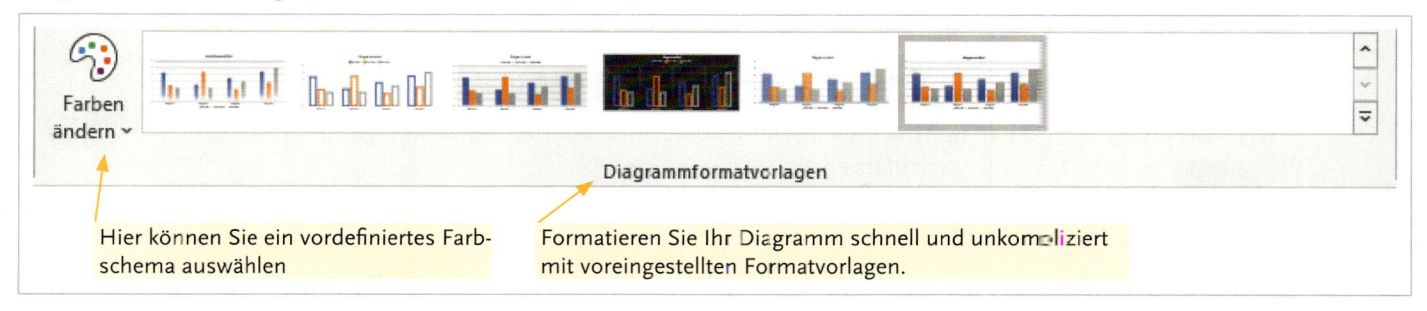

Hier können Sie ein vordefiniertes Farbschema auswählen.

Formatieren Sie Ihr Diagramm schnell und unkompliziert mit voreingestellten Formatvorlagen.

Daten und Typ

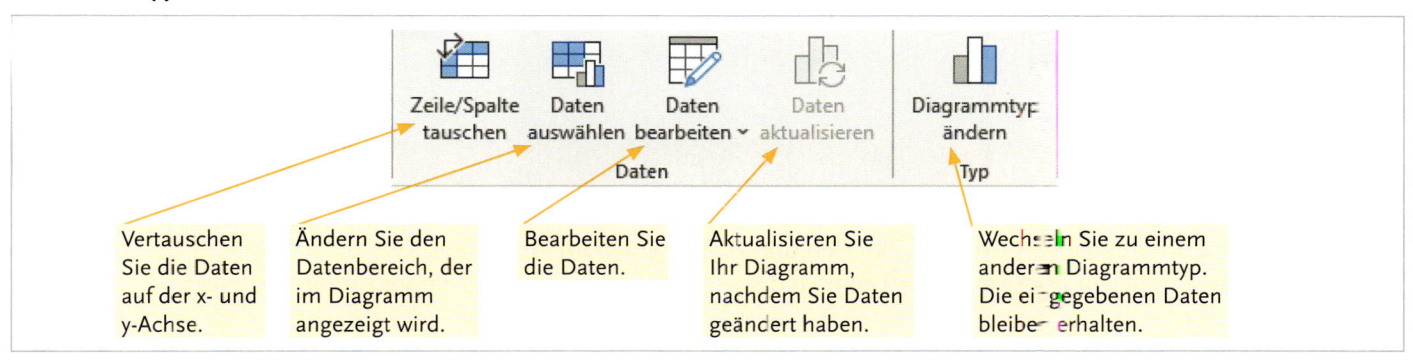

Vertauschen Sie die Daten auf der x- und y-Achse.

Ändern Sie den Datenbereich, der im Diagramm angezeigt wird.

Bearbeiten Sie die Daten.

Aktualisieren Sie Ihr Diagramm, nachdem Sie Daten geändert haben.

Wechseln Sie zu einem anderen Diagrammtyp. Die eingegebenen Daten bleiben erhalten.

Register Format

Weitere Bearbeitungsmöglichkeiten finden Sie im Register FORMAT.

Einzelne Diagrammelemente können Sie in der Gruppe AKTUELLE AUSWAHL formatieren:

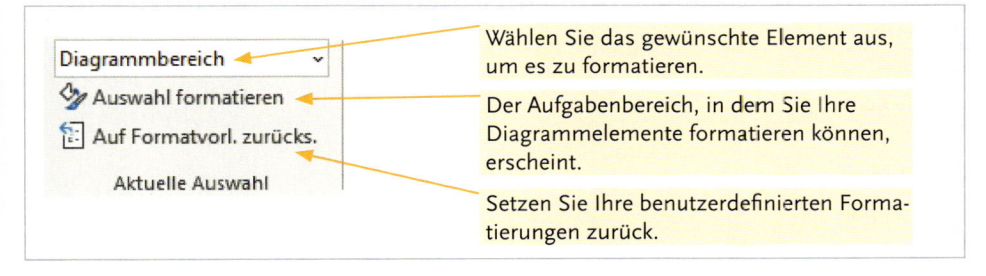

Wählen Sie das gewünschte Element aus, um es zu formatieren.

Der Aufgabenbereich, in dem Sie Ihre Diagrammelemente formatieren können, erscheint.

Setzen Sie Ihre benutzerdefinierten Formatierungen zurück.

💡 Wie in WORD können Sie auch in POWERPOINT eigene Formen einfügen (FORMAT – FORMEN EINFÜGEN) und mit Fülleffekten, Formkonturen und Formeffekten (FORMAT – FORMARTEN) gestalten.

Diagrammelemente

Blenden Sie die Datenbeschriftung und die Legende ein oder aus und fügen Sie einen Diagrammtitel hinzu oder entfernen Sie ihn. Diese Elemente können ebenso formatiert werden, indem Sie auf den kleinen Pfeil rechts daneben klicken.

Diagrammformatvorlagen

Ändern Sie die Diagrammformatvorlage sowie die Farben.

V Aufgepasst! Referate spannend gestalten

Wenn ich nicht alle Diagrammdaten zeigen möchte, nutze ich einfach einen Diagrammfilter.

Diagrammfilter

Blenden Sie Diagrammdaten ein und aus.

Farbe einer Kategorie ändern

Oftmals ist es notwendig, nur eine einzelne Kategorie umzufärben.

- Diagramm markieren
- Kategorie auswählen (es darf nur diese Kategorie markiert sein)
- FORMAT – FORMENARTEN
- FÜLLEFFEKT auswählen

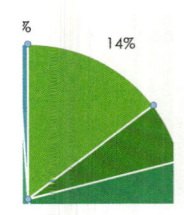

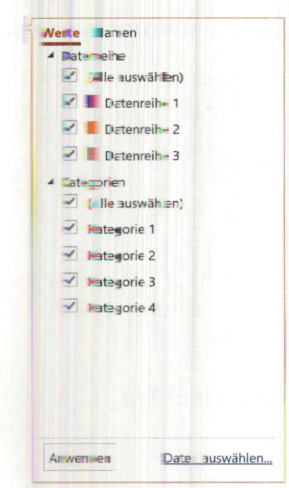

WorkBox – „Objekte im Platzhalter formatieren"

- Üben Sie das Formatieren von Grafiken, Tabellen und Diagrammen im Platzhalter.
    a) Öffnen Sie die Präsentation **Reisetipps1.pptx** und speichern Sie sie unter **Reisetipps2.pptx**. Wechseln Sie zur Titelfolie.
    b) Suchen Sie ein Onlinebild mit dem Schlagwort Reise. Fügen Sie es auf der Titelfolie ein und gestalten Sie die Folie mit dem Designer.
    c) Fügen Sie auf Folie 3 die Grafik **Reisetipps4.jpg** im Platzhalter ein. Formatieren Sie das Bild mit dem Bildeffekt Schatten-Außen-Offset: unten rechts.
    d) Erstellen Sie eine neue Folie (Titel und Inhalt):
       - Titel: „Beste Reisezeit für Fernreiseziele";
       - Tabelle (zwei Spalten, sieben Zeilen) mit folgendem Inhalt:

Reiseziel	Reisezeit
Australien	Oktober – April
Bali	Mai – Oktober
Costa Rica	Dezember – April
Karibik	November – April
Mauritius	Mai – November
Dominikanische Republik	Dezember – April

   e) Formatieren Sie die Tabelle:
      - Tabellenformatvorlage: Helle Formatvorlage 2 – Akzent 1;
      - 1. Zeile: Höhe 1,5 cm, Text vertikal zentrieren, Schriftgröße: 24 Punkt.
      - Verkleinern Sie die Spalten und die Tabelle.
   f) Erstellen Sie eine neue Folie (Titel und Inhalt):
      - Titel: „Beliebteste Reiseziele aller Nationen";
      - Diagramm einfügen: Balken – Gruppierte Balken;
      - Geben Sie die Daten aus der Tabelle ein.
   g) Formatieren Sie das Diagramm:
      - Keine Legende;
      - Diagrammformatvorlage 10.
   h) Diagrammtitel ändern: „Anzahl der Besucher/innen in Mio."
   i) Wechseln Sie auf Folie 5 in den Notizbereich. Öffnen Sie die Datei **Reisetipps5.txt**. Kopieren Sie den Text aus der Textdatei und fügen Sie diesen auf Folie 5 im Notizbereich ein.

	A	B
1		Anzahl der Besucher/innen
2	Frankreich	90,2
3	Spanien	83,7
4	USA	78,7
5	China	67,6
6	Italien	64,7
7	Türkei	52,2
8	Mexiko	44,9
9	Thailand	39,7
10	Deutschland	39,4
11	Vereinigtes Königreich	36,9

Erfolgreich präsentieren mit POWERPOINT

2.2.4 SmartArt-Grafiken einfügen und formatieren

Mithilfe von SmartArt-Grafiken können Sie Informationen schnell und einfach visuell ansprechend darstellen.

SCHRITT FÜR SCHRITT:
SMARTART-GRAFIK EINFÜGEN

① Im Platzhalter SmartArt-Grafik auswählen oder EINFÜGEN – ILLUSTRATIONEN – SMARTART

② SmartArt-Typ auswählen

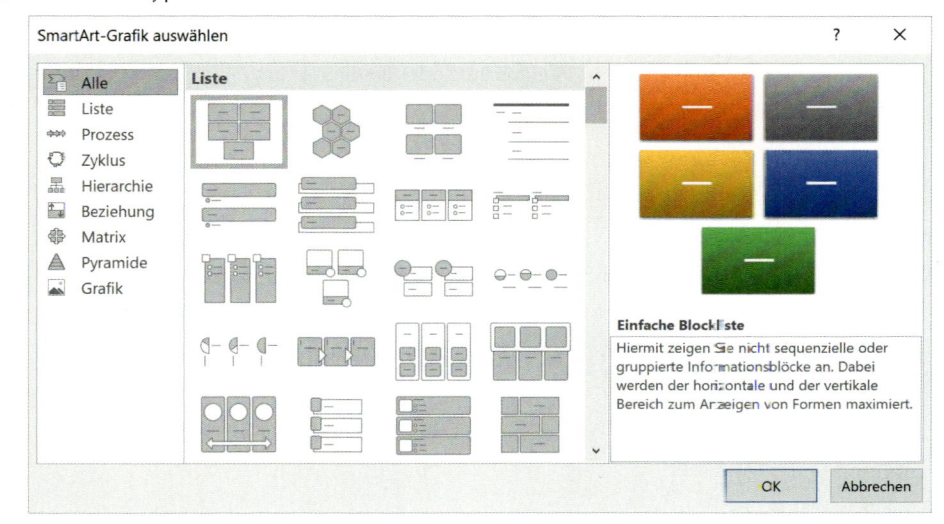

Das Erstellen und Formatieren von SmartArt-Grafiken funktioniert in WORD und POWERPOINT gleich. Damit werden Sie sich im zweiten Jahrgang detailliert beschäftigen.

Im rechten unteren Bereich wird die ausgewählte SmartArt-Grafik näher erklärt.

SmartArt-Grafiken formatieren

Bei einer markierten SmartArt-Grafik stehen Ihnen die Register SMARTART-DESIGN und FORMAT zur Verfügung.

SmartArt-Design
Lernen Sie nun das Register SMARTART-DESIGN besser kennen:

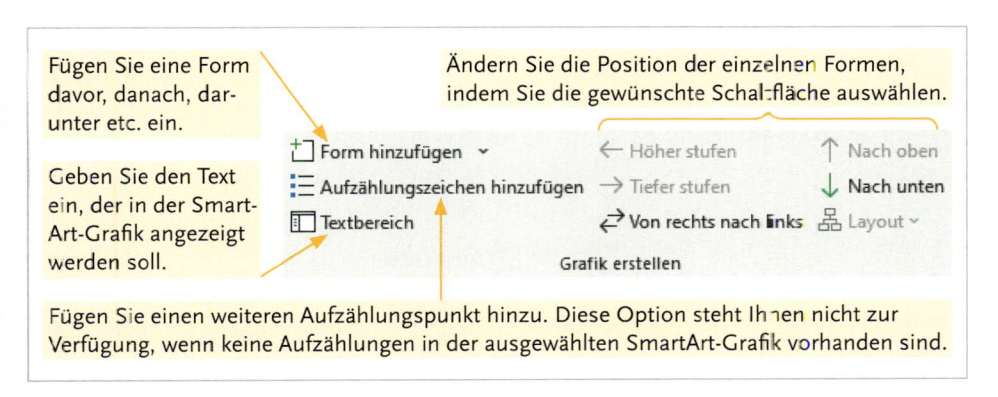

Fügen Sie eine Form davor, danach, darunter etc. ein.

Geben Sie den Text ein, der in der SmartArt-Grafik angezeigt werden soll.

Ändern Sie die Position der einzelnen Formen, indem Sie die gewünschte Schaltfläche auswählen.

Fügen Sie einen weiteren Aufzählungspunkt hinzu. Diese Option steht Ihnen nicht zur Verfügung, wenn keine Aufzählungen in der ausgewählten SmartArt-Grafik vorhanden sind.

Unter LAYOUTS können Sie mit einem Klick ein neues Layout für Ihre SmartArt-Grafik auswählen:

Weitere Formen
Kontextmenü FORM
HINZUFÜGEN

Text einfügen
- Text durch Klicken in die Form einfügen
- Kontextmenü TEXT BEARBEITEN

Mit SmartArt-Grafiken kann man ganz schnell Übersichten, Abläufe etc. optisch ansprechend darstellen.

369

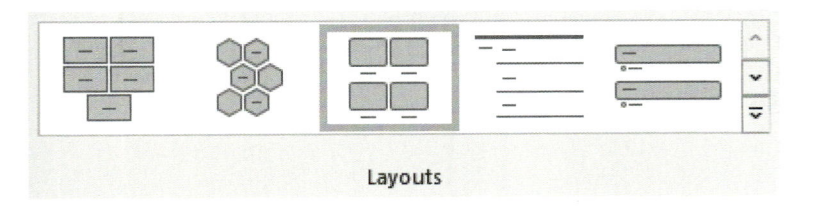

V Aufgepasst! Referate spannend gestalten

Wechseln Sie die Farben der SmartArt-Grafik.

Formatieren Sie Ihre SmartArt-Grafik mit einer Formatvorlage.

SmartArt-Formatvorlagen

Wandeln Sie Ihre SmartArt-Grafik in einen Text oder eine Form um.

Alle getätigten Formatierungen werden gelöscht.

💡 Wie in WORD können Sie auch in POWERPOINT die Formen mit Fülleffekten, Formkonturen und Formeffekten versehen (FORMAT – FORMENARTEN).

Format
Weitere Einstellungen können Sie im Register FORMAT vornehmen:

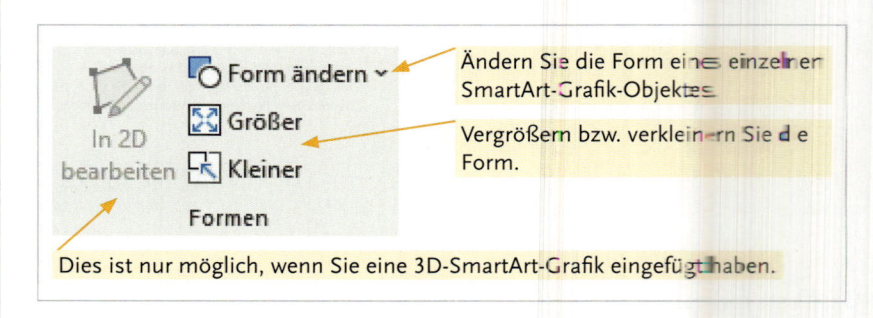

Ändern Sie die Form eines einzelnen SmartArt-Grafik-Objektes.

Vergrößern bzw. verkleinern Sie die Form.

Dies ist nur möglich, wenn Sie eine 3D-SmartArt-Grafik eingefügt haben.

Bilder, Formen etc. können in POWERPOINT wie in WORD bearbeitet werden.

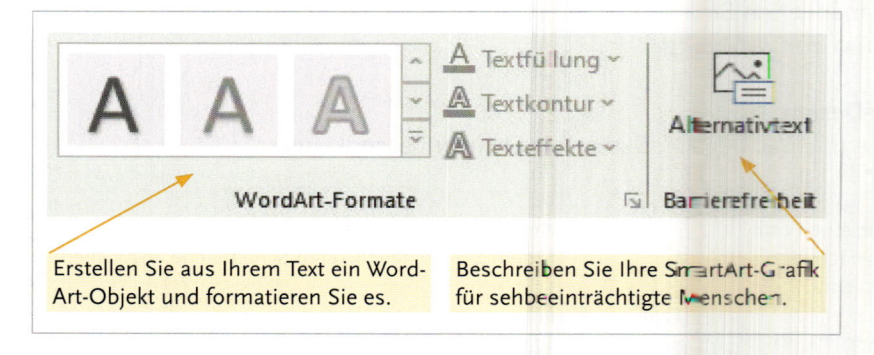

Erstellen Sie aus Ihrem Text ein WordArt-Objekt und formatieren Sie es.

Beschreiben Sie Ihre SmartArt-Grafik für sehbeeinträchtigte Menschen.

🔗 Den Alternativtext kennen Sie bereits aus WORD.

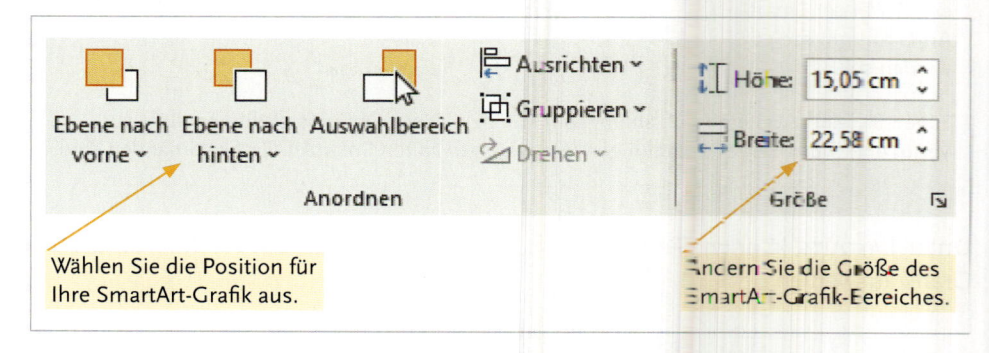

Wählen Sie die Position für Ihre SmartArt-Grafik aus.

Ändern Sie die Größe des SmartArt-Grafik-Bereiches.

370

Erfolgreich präsentieren mit POWERPOINT

WorkBox – „Objekte im Platzhalter formatieren"

- Fügen Sie einen Hintergrund und eine SmartArt-Grafik in eine Präsentation ein.
  a) Erstellen Sie eine neue Präsentation im Design Office mit einer Titelfolie und einer Titel und Inhalt Folie. Speichern Sie die Präsentation unter **Kreuzfahrt.pptx**.
  b) Titelfolie:
     - Titel: „Westliche Mittelmeer-Kreuzfahrt", Untertitel: „Routenverlauf".
  c) Titel und Inhalt Folie:
     - Titel: „Reiseablauf";
     - SmartArt-Grafik Prozess – Alternierender Fluss.
  d) Formatieren Sie die SmartArt-Grafik:
     - SmartArt-Formatvorlage 3D – Abgesenkt;
     - Farben ändern: Bunt – Farbiger Bereich – Akzentfarben 5 bis 6;
  e) Weisen Sie der Präsentation den Hintergrund – Hintergrundformat – Formatvorlage 9 zu.

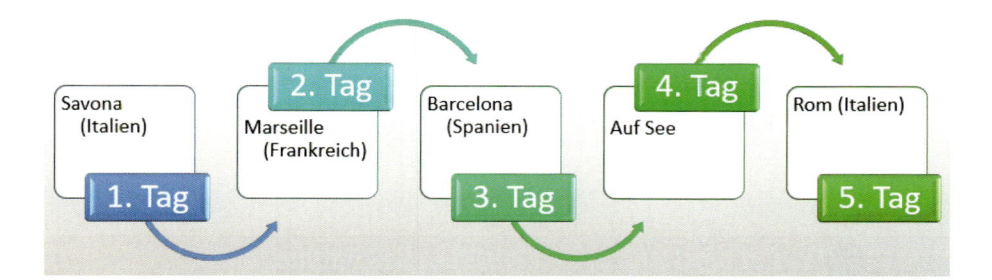

Eingabe im Textbereich

3 Folienübergänge auswählen

Mit Folienübergängen können Sie Ihre Präsentation aufpeppen. Wie die nächste Folie auf dem Bildschirm erscheint, stellen Sie im Folienübergang ein.

> Zu viele verschiedene Übergänge wirken schnell unprofessionell.

Tipp!
Wählen Sie einen einheitlichen, dezenten Übergang für alle Folien.

SCHRITT FÜR SCHRITT: ÜBERGÄNGE EINSTELLEN

1. Klicken Sie auf ÜBERGÄNGE – ÜBERGANG ZU DIESER FOLIE.
2. Wählen Sie den gewünschten Übergang aus.

3. Bei manchen Übergängen kann man unter EFFEKTOPTIONEN die Richtung ändern, z. B. Wischen von links, von oben etc.

371

V Aufgepasst! Referate spannend gestalten

④ Stellen Sie die ANZEIGEDAUER ein und treffen Sie weitere Einstellungen. Klicken Sie auf AUF ALLE ANWENDEN.

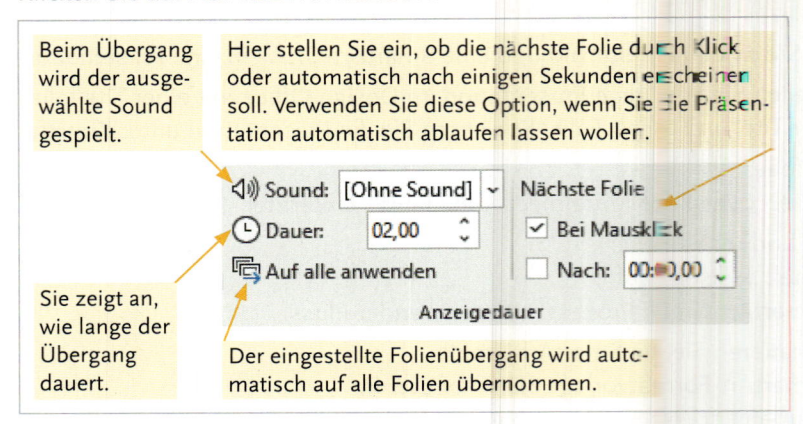

Beim Übergang wird der ausgewählte Sound gespielt.

Hier stellen Sie ein, ob die nächste Folie durch Klick oder automatisch nach einigen Sekunden erscheinen soll. Verwenden Sie diese Option, wenn Sie die Präsentation automatisch ablaufen lassen wollen.

🔊 Sound: [Ohne Sound]   Nächste Folie
🕒 Dauer: 02,00   ☑ Bei Mausklick
🗇 Auf alle anwenden   ☐ Nach: 00:00,00

Anzeigedauer

Sie zeigt an, wie lange der Übergang dauert.

Der eingestellte Folienübergang wird automatisch auf alle Folien übernommen.

Ein Eyecatcher kann die Aufmerksamkeit des Publikums erhalten.

Schon gewusst?
Möchten Sie während der Präsentation die Zuseherinnen/Zuseher mit einem Eyecatcher überraschen, wählen Sie für eine bestimmte Folie, beispielsweise nach dem Theorie-Input vor einem Fallbeispiel, einen spektakulären Übergang.

Let's do this! – „Folienübergang einstellen"

Ausgangssituation

Emma und Sarah sind hin und weg von den Übergängen in POWERPOINT.

Emma, schau mal, diese Übergänge sind toll. Nehmen wir so einen?

Die sehen super aus. Aber wir sollen doch einen dezenten Übergang wählen. Wobei, als Eyecatcher wären sie toll.

> **JETZT SIND SIE DRAN!**
>
> ■ Diese Übergänge haben es Emma und Sarah angetan. Öffnen Sie die Präsentation **London2.pptx** und testen Sie verschiedene Übergänge. Speichern Sie die Präsentation unter **London3.pptx**.

372

Erfolgreich präsentieren mit POWERPOINT

Ziele erreicht? – „Erfolgreich präsentieren mit POWERPOINT"

KOMPETENZ-ERWERB ✓

1. Ordnen Sie den wichtigsten Begriffen des Kapitels die richtigen Beschreibungen zu.

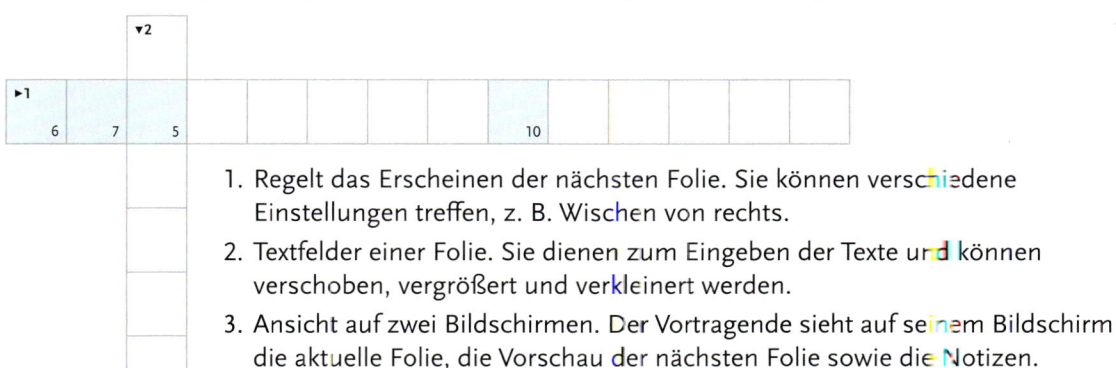

1. Regelt das Erscheinen der nächsten Folie. Sie können verschiedene Einstellungen treffen, z. B. Wischen von rechts.
2. Textfelder einer Folie. Sie dienen zum Eingeben der Texte und können verschoben, vergrößert und verkleinert werden.
3. Ansicht auf zwei Bildschirmen. Der Vortragende sieht auf seinem Bildschirm die aktuelle Folie, die Vorschau der nächsten Folie sowie die Notizen.
4. Vorlage für die Folie. Die getroffenen Einstellungen werden automatisch auf alle Folien angewendet.

LÖSUNGSWORT:

2. Präsentation erstellen, gestalten und drucken.

a) Erstellen Sie eine neue Präsentation und speichern Sie sie unter **USA1.pptx**.

b) Wechseln Sie in Folienmaster und nehmen Sie folgende Einstellungen vor:
- Design Berlin; Farben Rot; Hintergrundformat Formatvorlage 1;
- Berlin Notizen: Mastertitelformat fett; erste Ebene Schriftgröße 28 Punkt; zweite Ebene 24 Punkt.

c) Gestalten Sie Folie 1 (Titelfolie): Titel „Urlaub in den USA", Untertitel: „Ein Überblick".

d) Erstellen Sie Folie 2 (Titel und Inhalt) sowie Folie 3 und 4 (Zwei Inhalte) laut Lösungsvorschlag:

Lösungsvorschlag

Mögliche Reiseziele

Westküste	Ostküste
• Kalifornien • Arizona • Nevada • Utah	• New York • Boston • Philadelphia

SmartArt-Grafik: Liste – Horizontale Aufzählung; Piktogramm „Karte" einfügen

Highlights Westküste
- Arizona Parks
- Grand Canyon
- Las Vegas
- Death Valley
- Sierra Nevada
- San Francisco
- Los Angeles

Highlights Ostküste
- Niagarafälle
- New York City
- Historische Metropolen
  - Boston
  - Washington D. C.
  - Philadelphia
- Sandstrände

Onlinebild „Grand Canyon" einfügen

Folienlayout: Zwei Inhalte; Bild **USA2.jpg** einfügen

e) Erstellen Sie eine neue Folie (Titel und Inhalt Layout):
   - Titel: „USA-Steckbrief";
   - Tabelle: 2 Spalten, 7 Zeilen; Tabellenformatoptionen Überschrift deaktivieren; Helle Formatvorlage 1 Akzent 5; erste Spalte kursiv formatieren.

Fläche	Ca. 9,629 Mio. km²
Einwohner	Ca. 310 Mio.
Nachbarländer	Kanada, Mexiko, Kuba
Höchster Berg	Mount McKinley (6.194 m), Alaska
Längster Fluss	Mississippi (3.778 km)
Staatsform	Präsidiale Bundesrepublik
Währung	US-Dollar

f) Erstellen Sie eine neue Folie (Titel und Inhalt Layout):
   - Titel: „Sprachen in den USA";
   - Diagramm: Eingabe lt. Tabelle; Diagrammtitel löschen; Datenbeschriftung: Größe anpassen; Legende rechts; Legende 18 Punkt; das Diagramm kann vergrößert werden; formatieren Sie die Datenbeschriftung in 14 Punkt.
   - Formatieren Sie die Datenreihe Englisch: Gold, Hintergrund 2 und die sonstigen Europäischen Sprachen Dunkelrot, Akzent 1.
   - Fügen Sie folgende Notiz ein: „Hawaiianisch ist neben Englisch im Bundesstaat Hawaii Amtssprache."

	A	B
1		Spalte1
2	Englisch	79,20%
3	Spanisch	12,90%
4	Sonstige Europäische Sprachen	3,80%
5	Asiatisch	3,30%
6	Andere	0,90%

g) Verschieben Sie Folie 5 nach Folie 1.

h) Wählen Sie den Folienübergang Schwenken von unten auf allen Folien an.

i) Erstellen Sie eine Kopf- und Fußzeile:
   - Für Notizen und Handzettel: heutiges Datum fest; Seitenzahl deaktivieren;
   - Kopfzeile: „Informationsblatt: Urlaub in den USA"; für alle übernehmen.

j) Erstellen Sie eine neue Folie 7 (Leer):
   - Bild **USA2.jpg** einfügen und vergrößern;
   - Übergang löschen.

k) Duplizieren Sie Folie 7 zweimal.

l) Ändern Sie das Bild auf Folie 8 (KONTEXTMENÜ – BILD ÄNDERN) in **USA3.jpg** und auf Folie 9 in **USA4.jpg**.

3. Üben Sie die freie Gestaltung einer Präsentation.

   a) Erstellen Sie eine Präsentation über Ihren letzten Urlaub oder Ausflug und speichern Sie die Präsentation unter **Urlaub1.pptx**.
   b) Suchen Sie zusätzliche Informationen im Internet.
   c) Verwenden Sie den POWERPOINT-Designer für das Folienlayout. Weitere Einstellungen und Formatierungen können Sie nach Belieben vornehmen.
   d) Verwenden Sie verschiedene Elemente (Tabellen, Diagramme, Bilder etc.).

Weitere Übungsbeispiele finden Sie in der TRAUNER-DigiBox.

Einen interaktiven **Safety-Check** finden Sie in der TRAUNER-DigiBox.

> So cool, wie viele Informationen man im Internet in kürzester Zeit erhält!

> Ja, aber stimmen alle diese Infos auch wirklich immer?

VI Online sicher agieren

Sie finden

Mit Internetdiensten sicher arbeiten/
Seite 376

Soziale Netzwerke verantwortungsvoll nutzen/
Seite 387

VI Online sicher agieren

Mit Internetdiensten sicher arbeiten

FILM AB!

Hilfreiche Tipps zur Internetrecherche haben Sie bereits im Video unter www.trauner.at/internetrecherche kennengelernt. Nun werden Sie diese Tipps wieder brauchen. Sehen Sie sich das Video noch einmal an, um Ihr Gedächtnis aufzufrischen.

Im Internet gibt es unzählige Möglichkeiten, an Informationen zu kommen. Gerade deswegen ist es wichtig, den Suchergebnissen nicht blind zu vertrauen, sondern die Ergebnisse zu bewerten.

Das WWW (World Wide Web) stellt unterschiedliche Suchmöglichkeiten zur Verfügung. Neben Suchmaschinen (z. B. GOOGLE) gibt es u. a. Metasuchmaschinen, Webkataloge, etc. In diesem Kapitel erfahren Sie, wie Sie mit den Ergebnissen von Suchanfragen umgehen.

Meine Ziele

KOMPETENZ-ERWERB

Nach Bearbeitung dieses Kapitels kann ich
- verschiedene Internetdienste beschreiben;
- Informationen über unterschiedliche Suchmöglichkeiten gezielt und effizient recherchieren;
- Suchergebnisse hinsichtlich verschiedener Qualitätskriterien analysieren und kritisch hinterfragen;
- Suchergebnisse im Internetbrowser und in Apps speichern;
- Informationen mithilfe unterschiedlicher Methoden wie z. B. einer Mindmap aufbereiten und strukturieren.

1 Internetdienste kennenlernen

Laura erklärt ihrem Opa, wofür sie das Internet nutzt: „Ich brauche das Internet, um auf Websites zu recherchieren. Da findest du wirklich zu allem etwas! Dann schaue ich mir manchmal Dokumentationen an. Außerdem verwende ich es, um mit meinen Freundinnen/Freunden zu kommunizieren." Ihr Opa lacht: „Dann ist das Internet also die Buschtrommel von heute?"

Diskutieren Sie in der Klasse, wofür Sie das Internet nutzen.

> Das **Internet** ist ein **großes Netzwerk von Computern.** Geräte in jedem Land der Erde sind durch Kabel oder über Satelliten miteinander verbunden. So können Sie mit anderen Menschen z. B. Texte, Bilder oder Videos austauschen.

Alle nötigen technischen Grundlagen zur **Übertragung von Daten** werden im **Internet** zur Verfügung gestellt. Damit Sie auf Ihrem Computer damit etwas anfangen können, braucht es **Internetdienste**.

Man kann das Internet als „Datenautobahn" bezeichnen. Die Internetdienste sind die verschiedenen Fahrzeuge, die darauf unterschiedliche Waren transportieren.

World Wide Web (WWW)
Das WWW macht Websites sichtbar.

E-Mail (elektronische Post)
Der E-Mail-Dienst ist einer der ältesten und einer der am häufigsten genutzten Dienste im Internet.

Dateiverwaltung
Dateien und Ordner können über das Internet verwaltet werden (am bekanntesten sind die Cloud-Dienste ICLOUD, ONEDRIVE, GOOGLE DRIVE oder DROPBOX).

Datenübertragung (File Transfer)
Dabei werden Informationen, wie z. B. Dateien, über das Internet verschickt.

Soziale Netzwerke, Instant Messenger, Videotelefonie, Chatten, Diskussionsforen usw.
Darüber kann man mit anderen Menschen über das Internet in Kontakt treten.

377

VI Online sicher agieren

Streamingdienste, Internetfernsehen, Internetradio usw.
Sie ermöglichen es, online Videoclips zu schauen, Musik zu hören und fern zu sehen usw.

Computerspiele
Sie ermöglichen Online-Gaming.

Es gibt noch viele weitere Internetdienste und jeden Tag werden es mehr.

Schon gewusst?
Viele bezeichnen mit **Internet** und **World Wide Web (WWW)** die gleiche Sache. Das WWW ist aber eigentlich nur ein Dienst – ein Teilbereich – des Internets. Es macht Websites sichtbar, d. h., es ist eine wichtige **grafische Oberfläche** für das Internet.

Eine Übersicht über die wichtigsten Begriffe im Zusammenhang mit dem WWW finden Sie in der TRAUNER-DigiBox.

WorkBox – „Internetdienste kennenlernen"

- Erstellen Sie eine Mindmap mit allen Ihnen bekannten Internetdiensten. Gliedern Sie Ihre Mindmap so, wie es Ihnen sinnvoll erscheint. Vergleichen Sie Ihr Ergebnis mit dem Ihrer Mitschüler/innen.

  Hinweis: Sie können auch die wichtigsten WWW-Begriffe aus der Übersicht in der TRAUNER-DigiBox in Ihre Mindmap einbauen.

Sie können z. B. die kostenlosen Programme MINDMEISTER (mindmeister.com) oder FREEMIND (freemind.de.softonic.com) zur Erstellung von Mindmaps nutzen.

2 Informationen im Internet beschaffen

Tauschen Sie sich in der Klasse über Ihre Erfahrungen bei der Recherche im Internet aus. Worauf achten Sie dabei?

Laura muss für Referate, Hausübungen, Ausarbeitungen etc. in der Schule oft nach Informationen im Internet suchen. Sie nutzte bisher immer die gleiche Suchmaschine, findet bei der Eingabe von Begriffen immer zu viele Informationen und kann diese nur schwer aufbereiten. Sie stellt sich oft folgende Fragen: Welche Informationen stimmen? Welche sind fake?

In der heutigen Zeit ist es sehr einfach und schnell möglich, an Informationen zu kommen. Die Vielfalt an Informationen kann unüberschaubar werden. Deshalb müssen Sie Ihre Online-Recherche gut strukturieren.

Mit Internetdiensten sicher arbeiten

```
          Informationsbeschaffung im Internet
    ┌──────────────┬──────────────┬──────────────┐
 Was suchen    Wo suchen    Suchergebnisse  Suchergebnisse
   Sie?          Sie?         auswerten       sammeln
```

2.1 Was suchen Sie?

Im Internet finden Sie beinahe zu jedem Themengebiet eine Vielzahl an Informationen. Es beginnt die berühmte Suche nach der Nadel im Heuhaufen. Es ist wichtig, dass Sie sich klarmachen, wonach Sie genau suchen, welche Suchbegriffe oder auch Synonyme zu Ihrer Frage passen könnten.

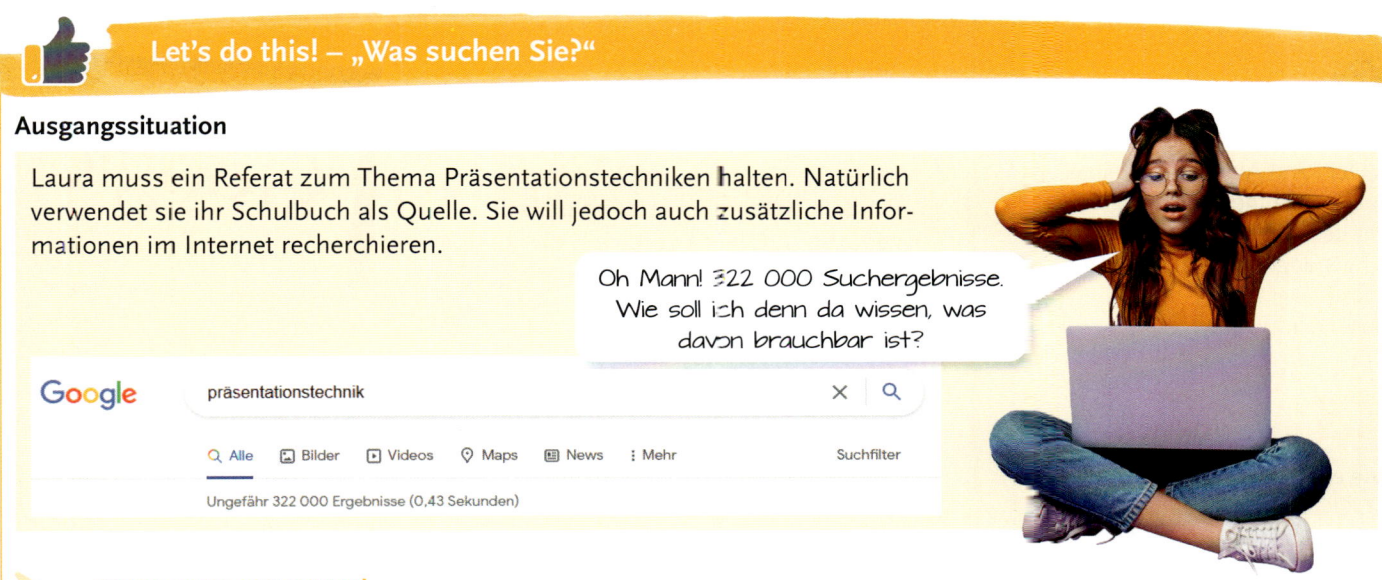

Let's do this! – „Was suchen Sie?"

Ausgangssituation

Laura muss ein Referat zum Thema Präsentationstechniken halten. Natürlich verwendet sie ihr Schulbuch als Quelle. Sie will jedoch auch zusätzliche Informationen im Internet recherchieren.

> Oh Mann! 322 000 Suchergebnisse. Wie soll ich denn da wissen, was davon brauchbar ist?

Google — präsentationstechnik
Alle Bilder Videos Maps News Mehr   Suchfilter
Ungefähr 322 000 Ergebnisse (0,43 Sekunden)

JETZT SIND SIE DRAN!

- Überlegen Sie in Gruppen von drei bis vier Personen, wie Laura bei der Recherche für ihr Referat vorgehen könnte. Denken Sie dabei an Ihre eigenen Erfahrungen. Sie können z. B. auf die folgenden Punkte eingehen:
  - Überlegen Sie, worauf Sie bei der Recherche achten.
  - Diskutieren Sie, ob alle Suchergebnisse gleich gut sind.

SCHRITT FÜR SCHRITT: INTERNETSUCHE NACH PLAN

❶ Ziel der Suche überlegen
- Wie lautet das Thema genau?
- Wofür benötigen Sie die Rechercheergebnisse? (z. B. Präsentation, Projektarbeit, Wissen aneignen usw.)

❷ Suche eingrenzen
- Welche Teilgebiete hat Ihr Thema?
- Welche Schlagworte gibt es dazu?

❸ Suche durchführen
- Suchmaschine (z. B. DUCKDUCKGO, GOOGLE)
- Online-Lexikon (z. B. WIKIPEDIA, BROCKHAUS)
- Online-Nachschlagewerk, Online-Archiv (z. B. wissen.de)
- Online-Bibliothek (z. B. bibliotheken.at)

> Mit ein bisschen Planung komme ich bei der Online-Recherche schneller an brauchbare Ergebnisse.

VI Online sicher agieren

🔗 Wie Sie bei der Dokumentation Ihrer Suchergebnisse vorgehen, erfahren Sie später in diesem Kapitel.

> **Tipp!**
> Dokumentieren Sie Ihre Suche! Verwenden Sie Favoriten bzw. Lesezeichen in Ihrem Internetbrowser, um wichtige Internetseiten und Informationen wiederzufinden bzw. zu speichern.

2.2 Wo suchen Sie?

Die erste Wahl für die Online-Suche ist meist die klassische Suchmaschine. Sie können aber auch auf Informationsquellen, wie Metasuchmaschinen, Kataloge, Archive, Foren etc. zurückgreifen.

🧰 Weitere Suchmaschinen sind z. B. DUCKDUCKGO und WOLFRAM ALPHA. Bei diesen Suchmaschinen wird sorgsamer mit den Daten der Nutzer/innen umgegangen als bei GOOGLE:
duckduckgo.com
www.wolframalpha.com

> **Schon gewusst?**
> Wussten Sie, dass 98 % der Webeinstiege über eine Suchmaschine erfolgen? Suchmaschinen werden genutzt, obwohl die Domain bekannt ist, es wird einfach alles gesucht. In Europa geschieht das zu über 90 % über die Suchmaschine GOOGLE.

2.2.1 Mit Suchmaschinen suchen

▶ **FILM AB!**
Wie eine Suchmaschine wie GOOGLE funktioniert, erfahren Sie im Video unter www.trauner.at/aim_v12.aspx.

> **Suchmaschinen** durchsuchen das Internet nach Begriffen, sogenannten Keywords. Jede Suchmaschine erstellt dafür einen Index (eine Kartei), der das Internet kategorisiert und indexiert. So können sie in Sekundenbruchteilen Ergebnisse liefern.

Wenn Sie bei GOOGLE einen Suchbegriff eingeben, bekommen Sie von der AUTO-COMPLETE-Funktion mögliche Suchbegriffe vorgeschlagen. Die Funktion wird ständig verbessert.

💡 GOOGLE ändert laufend die Benutzeroberfläche, insbesondere wird das GOOGLE Logo zu speziellen Anlässen (z. B. Valentinstag, Weihnachten, Pride Month, Geburtstagen von berühmten Persönlichkeiten etc.) künstlerisch verändert.

380

Mit Internetdiensten sicher arbeiten

Sie können in einer Suchmaschine die gewünschten Keywords einfach eingeben. Bei der Suchmaschine GOOGLE haben Sie aber auch die Möglichkeit, auf Ihrem Smartphone oder Tablet eine Suche über die Spracheingabe durchzuführen. So können Sie z. B. unterwegs eine Route berechnen lassen.

SCHRITT FÜR SCHRITT: SPRACHSUCHE AKTIVIEREN UND NUTZEN

1. Öffnen Sie auf Ihrem ANDROID Smartphone oder Tablet die GOOGLE-App.
2. In den Einstellungen können Sie die SPRACHEINGABE aktivieren. Tippen Sie dafür unter „HEY GOOGLE" auf Voice Match – aktivieren Sie HEY GOOGLE über den Schieberegler.
3. Sagen Sie OK GOOGLE oder tippen Sie auf das Mikrofonsymbol.
4. Sagen Sie Ihren gewünschten Suchbegriff.
5. Es werden Ihnen die Suchergebnisse angezeigt.

💡 Bei APPLE-Geräten gehen Sie ähnlich vor.

WorkBox – „Mit Suchmaschinen suchen"

- Üben Sie die Online-Suche mit einer Suchmaschine.
  a) Öffnen Sie eine Suchmaschine Ihrer Wahl.
  b) Suchen Sie mit geeigneten Keywords nach Informationen zu einem Thema, das Sie besonders interessiert.
  c) Grenzen Sie Ihre Suche passend ein.
  d) Dokumentieren Sie Ihre Ergebnisse und halten Sie fest, ob und wie sich Ihre Suchergebnisse dadurch verändern.
  e) Testen Sie die Suche mittels Spracheingabe und beantworten Sie so die folgenden Fragen. Geben Sie jeweils an, was Sie bei der Suche gesagt haben, und machen Sie einen Screenshot des Ergebnisses.
  ▸ Welcher Film wird am kommenden Samstagabend im nächstgelegenen Kino gespielt?

  ▸ Welche Öffnungszeiten hat Ihr Lieblingslokal?

  ▸ Welches Mittagsmenü gibt es diese Woche in Ihrem Lieblingsrestaurant?

  ▸ Wie wird das Wetter am kommenden Wochenende?

  ▸ Was ist der aktuelle Umrechnungskurs USD/EUR?

2.2.2 Metasuchmaschinen nutzen

Metasuchmaschinen arbeiten anders als herkömmliche Suchmaschinen. Sie weisen keinen Index auf, sondern greifen auf die Datenbestände von Suchmaschinen zurück.

Nach der Eingabe eines Suchbegriffes sammelt eine Metasuchmaschine die Ergebnisse mehrerer Suchmaschinen und bereitet diese auf. Die Suche ist zeitaufwendiger, jedoch erhalten Sie eine vielseitigere Übersicht einer größeren Auswahl.

💡 Die größte und bekannteste deutsche Metasuchmaschine ist METAGER.

VI Online sicher agieren

Google Scholar

🔗 Deutsche Suche:
https://scholar.google.de

💡 Sie können sich auf GOOGLE SCHOLAR anmelden und Artikel speichern und später lesen.

2.2.3 Nach wissenschaftlicher Literatur suchen

GOOGLE SCHOLAR ist eine spezielle Suchmaschine, die von GOOGLE betrieben wird. Sie ermöglicht es, eine umfassende Literaturrecherche durchzuführen, um wissenschaftliche Dokumente und Quellen (Fachliteratur, wissenschaftliche Arbeiten, Fachzeitschriften …) in deutscher und englischer Sprache zu finden.

> **GOOGLE SCHOLAR** präsentiert die Ergebnisse einer Suchanfrage ausschließlich aus wissenschaftlicher Literatur und verlinkt sie direkt als PDF.

WorkBox – „Nach wissenschaftlicher Literatur suchen"

- Für Ihr nächstes Referat sind Sie auf der Suche nach wissenschaftlichen Artikeln.
  a) Suchen Sie nach Artikeln zum Thema Green IT.
  b) Filtern Sie die Suche nach aktuellen Beiträgen.
  c) Protokollieren Sie Ihre gefundenen Ergebnisse und denken Sie an die korrekte Quellenangabe.

(25 min)

2.2.4 Webkataloge nutzen

Für Ihre Suche können Sie auch Webkataloge nutzen.

💡 Die Qualität der Suchergebnisse ist aufgrund der Überprüfung von Redakteurinnen/Redakteuren sehr hoch.

> Ein **Webkatalog (Webverzeichnis)** ist eigentlich keine Suchmaschine. Ein Webkatalog ist eine Datenbank, die die Einträge von Redakteurinnen und Redakteuren überprüfen und kommentieren lässt.

🔗 webspider24.de ist ein Beispiel für einen Webkatalog.

Schon gewusst?
Jede/Jeder, die/der eine Website betreut, kann den Link ihrer/seiner Website in einem Webkatalog eintragen lassen. Die Websites werden kontrolliert und geprüft, daher ist der Arbeitsaufwand sehr hoch und die Zahl der Suchergebnisse wird stark eingeschränkt. Bei lokalen Dienstleistungen ist ein Webkatalog beliebt, er wird wie ein Branchenbuch genutzt.

2.3 Suchergebnisse auswerten

Der erste gefundene Link muss nicht unbedingt der beste sein.

Haben Sie Ergebnisse zu Ihrer Suchanfrage erhalten, ist es wichtig, die gefundenen Informationen zu analysieren bzw. auszuwerten. Grundsätzlich müssen Sie die Glaubwürdigkeit der Website kontrollieren.

> Prüfen Sie die **Glaubwürdigkeit Ihrer Suchergebnisse** kritisch und suchen Sie im Zweifelsfall nach einer zweiten und/oder dritten Quelle. Stellen Sie die Fragen WER, WIE, WARUM, WANN, um Ihre Quellen zu bewerten.

Mit Internetdiensten sicher arbeiten

Seien Sie vorsichtig bei privaten Websites und bei Blogs. Auch WIKIPEDIA-Einträge müssen Sie kritisch betrachten, nicht alle Einträge wurden von Fachleuten geprüft. Haben Sie Suchergebnisse zu einem Thema erhalten, müssen Sie einschätzen, wie glaubwürdig die gefundenen Informationen sind. Achten Sie besonders auf Fake News!

Fake News = Falschmeldungen, die sich im Internet schnell verbreiten. Sie sollen die Leser/innen beeinflussen.

1. Nützlich?
Passen die Ergebnisse zu Ihrer Frage?

2. Wahr?
Können die gefundenen Informationen der Wahrheit entsprechen? Wie ist die sprachliche Qualität der Website einzuschätzen (Rechtschreibung, Grammatik, Schreibstil usw.)?

Websites wie mimikama.at können Ihnen dabei helfen, Fake News zu erkennen.

3. Glaubwürdig?
Wie glaubwürdig ist die gefundene Website? Finden sich die Informationen auch auf anderen/seriösen Seiten?

4. Impressum?
Wer ist die Verfasserin/der Verfasser? Gibt es ein Impressum?

Impressum = gibt Auskunft darüber, wer die Website erstellt hat und wer für den Inhalt verantwortlich ist.

5. Datum?
Wann wurden die Informationen veröffentlicht? Sind die Informationen noch aktuell?

6. Werbung?
Sind die Ergebnisse als Information oder als Werbeanzeige einzustufen?

In Österreich muss jede Website ein Impressum haben. Darin müssen je nach Unternehmensgröße bzw. Privat-Website zumindest Name/Firma des Medieninhabers, Unternehmensgegenstand bzw. Sitz des Medieninhabers vorkommen.

Wie die Suchergebnisse gereiht werden, ist von vielen Kriterien abhängig. Es kommt u. a. darauf an, wie oft ein Suchbegriff auf einer Website vorkommt oder wie oft die Website verlinkt wurde. Außerdem speichern Suchmaschinen Ihre Vorlieben sowie bereits besuchte Seiten. Die Reihenfolge der Suchergebnisse muss daher nichts über die Qualität des Inhaltes aussagen.

WorkBox – „Suchergebnisse auswerten"

1. Für Ihr nächstes Referat sind Sie auf der Suche nach Artikeln zum Thema „Digitalisierung und Klimaschutz".
   a) Filtern Sie nach aktuellen Beiträgen.
   b) Geben Sie an, wie viele Ergebnisse Sie gefunden haben: _____
   c) Erklären Sie, wie Sie vorgehen, um Fakten von Fake News zu unterscheiden.
   d) Diskutieren Sie mit Ihren Mitschülerinnen und Mitschülern sowie Ihrer Lehrkraft über die gefundenen Ergebnisse.

2. Bewerten Sie die Ergebnisse einer Suchanfrage.
   a) Geben Sie einer Mitschülerin/einem Mitschüler ein Stichwort zu einem Thema, das Sie gerade beschäftigt (z. B. aktuelle Nachrichten).
   b) Ihre Mitschülerin/Ihr Mitschüler hat die Aufgabe, zu diesem Thema fünf interessante Links zu suchen und zu überprüfen. Verwenden Sie dafür unterschiedliche Suchmethoden und -strategien. Speichern Sie die gefundenen Ergebnisse.
   c) Im Anschluss präsentieren Sie sich gegenseitig die gefundenen Ergebnisse. Besprechen Sie gemeinsam, wie Sie zu den Suchergebnissen gekommen sind und ob sie seriös wirken. Finden Sie Pro und Kontra für die Suchergebnisse und versuchen Sie, die Ergebnisse zu bewerten.
   d) Analysieren Sie mit der gesamten Klasse, welche Suchmethoden Sie empfehlen können und welche eher nicht. Protokollieren Sie die Ergebnisse in einem WORD-Dokument.

VI Online sicher agieren

2.4 Suchergebnisse sammeln

Wenn Sie nach bestimmten Themen suchen und bereits einige Ergebnisse gefunden und kontrolliert haben, müssen Sie die Quellen sammeln und speichern.

Denken Sie immer daran, Ihre Suchergebnisse gut zu dokumentieren.

····· **PROFI-TIPP** ·····

„Für die korrekten Zitierrichtlinien für Ihr Referat notieren Sie sich die Autorin/den Autor, die URL sowie das Downloaddatum. Sie müssen immer alles mit Quellen belegen können!"

– Professorin an einer Handelsakademie –

Let's do this! – „Suchergebnisse sammeln"

Ausgangssituation

Laura unterhält sich mit ihrer Schulfreundin Hannah. Genau wie Laura hat auch Hannah bereits viele seriöse Informationen für ihr Referat gesammelt. Aber Hannah ist etwas echt Dummes passiert. Sie hat den Browser geschlossen und nun kann sie einen guten Artikel nicht mehr finden. Laura hat sofort einen Tipp, damit Hannah so etwas in Zukunft nicht mehr passiert.

> Ach nö, das ist ja echt doof. Am besten du setzt bei guten, brauchbaren Websites sofort Lesezeichen im Browser. Bei FIREFOX musst du z. B. nur auf das Stern-Symbol klicken ☆.

Im Browser EDGE heißen die Lesezeichen Favoriten, in FIREFOX, CHROME sowie SAFARI Lesezeichen.

JETZT SIND SIE DRAN!

1. Diskutieren Sie in der Klasse, welche Möglichkeiten Sie kennen, um Websites zu speichern bzw. wiederzufinden. Tauschen Sie sich darüber aus, wie Sie bisher dabei vorgegangen sind, und sammeln Sie die Ergebnisse.

2. Ist Ihnen schon einmal etwas Ähnliches wie Hannah passiert?

Mit Internetdiensten sicher arbeiten

Möglichkeiten, um Suchergebnisse zu sammeln bzw. zu speichern

Bookmarks/Favoriten/Lesezeichen anlegen
Wie in einem Buch können Sie auch im Internet Seiten mithilfe von „Lesezeichen" später wieder aufrufen. Dafür können Sie die FAVORITEN- bzw. LESEZEICHEN-Funktion des Browsers nutzen. Die gespeicherten Websites können Sie in Ordnern übersichtlich verwalten. Wenn Sie unterschiedliche Endgeräte (Smartphone, Tablet, PC etc.) verwenden, sind Bookmarking-Apps hilfreich.

Eine umfangreiche Möglichkeit, Suchergebnisse zu speichern, bietet die App raindrop.io.

Mittels Mindmap strukturieren
- Sammeln Sie Ihre gefundenen Ergebnisse auf Papier.
- Erstellen Sie für Ihre Sammlung eine Mindmap.
- Gliedern oder veranschaulichen Sie Ihre Ergebnisse mit kreativen Methoden.

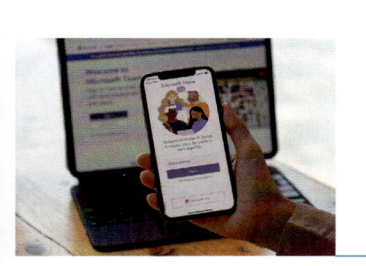

Quellen gemeinsam sammeln mit TEAMS/ONENOTE
Für kollaboratives Arbeiten können Sie auch TEAMS bzw. ONENOTE nutzen, um Websites zu speichern.

Beispiel
Legen Sie sich in Ihrer ONENOTE-Notiz Lesezeichen/Bookmarks an.

Tipps!
- Achten Sie bei der Verwendung von Texten, Bildern, Musik, Videos etc. auf das Urheberrecht und die korrekte Quellenangabe.
- Es können auch Texte, Bilder etc. unter der sogenannten Creative-Commons-Lizenz zur Verfügung stehen.
- Wie die Werke verwendet werden dürfen, hängt von der jeweiligen Lizenz ab.
- Lesen Sie die Einschränkungen immer genau!

Mit der Creative-Commons-Lizenz geben Urheber/innen anderen Personen die Möglichkeit, Texte, Bilder etc. zu verwenden, ohne ausdrücklich um Erlaubnis zu fragen.
Mehr Informationen dazu:
https://creativecommons.org/licenses/?lang=de

Mit dem Urheberrecht werden Sie sich im zweiten Jahrgang ausführlicher beschäftigen.

WissensCheck – „Mit Internetdiensten sicher arbeiten"

1. Zählen Sie fünf Internetdienste auf.
2. Beschreiben Sie die Schritte einer gut geplanten Internetsuche.
3. Nennen Sie die unterschiedlichen Suchmöglichkeiten im Internet.
4. Geben Sie an, wo Sie speziell nach wissenschaftlicher Literatur suchen können.
5. Zählen Sie Möglichkeiten auf, um Websites zu speichern.

Ziele erreicht? – „Mit Internetdiensten sicher arbeiten"

Hinweis
Achten Sie bei allen Aufgaben, Protokollen und Lösungen auf die korrekte Quellenangabe!

1. **Leitfaden für eine Online-Suche erstellen.**
   Visualisieren Sie die Inhalte zur Internetrecherche. Erstellen Sie eine Mindmap, in der Sie die wichtigsten Kriterien und die einzelnen Schritte von der Vorbereitung bis zur Ergebnisauswertung darstellen. Präsentieren Sie abschließend Ihre Ergebnisse.

2. **Recherchieren Sie online und geben Sie eine Kaufempfehlung.**

   Ausgangssituation
   Sie benötigen zu Hause einen neuen Drucker. Ihre Eltern entscheiden sich für einen WLAN-Drucker, da sie Fotos direkt über das Smartphone oder das Tablet ausdrucken möchten. Sie sollen ihnen dabei helfen, ein passendes und preiswertes Modell zu finden.

   a) Recherchieren Sie im Internet nach passenden Produkten auf unterschiedlichen Websites. Wählen Sie aus drei Produkte aus und suchen Sie für diese Modelle Hardwaretests bzw. vergleichen Sie Bewertungen der Drucker. Finden Sie für alle Modelle das aktuell günstigste Angebot.

   b) Speichern Sie die gefundenen Websites in Ihrem Internetbrowser, um Ihren Eltern später die Suchergebnisse zu präsentieren.

   c) Besprechen Sie mit Ihren Mitschülerinnen/Mitschülern, für welches Produkt Sie sich letztendlich entschieden haben, wie Sie den Drucker gefunden haben und warum gerade dieser Sie überzeugt hat.

3. **Recherchieren Sie für ein Handout zum Thema Nachhaltigkeit.**

   Ausgangssituation
   Nachhaltigkeit liegt im Trend. Sie lesen und hören immer öfter von grüner Technik. Ganz besonders interessiert Sie das Thema „Zweites Leben für gebrauchte Smartphones". Für Ihre Recherche nutzen Sie eine Suchmaschine und verwenden logische Operatoren.

   a) Erstellen Sie ein einseitiges A4-Handout mit der Überschrift „Darum macht gebrauchte Technik Sinn" und beantworten Sie dabei folgende Fragen:
      - Erklären Sie den Begriff „Refurbished IT".
      - Nennen Sie die Rohstoffe, die Smartphones enthalten.
      - Erklären Sie, wie technische Geräte recycelt werden.
      - Nennen Sie fünf Gründe, warum Sie Elektrogeräte wie z. B. Smartphones oder Laptops besser gebraucht/refurbished kaufen sollten.

   b) Suchen Sie nach aktuellen wissenschaftlichen Artikeln zu diesem Thema und verlinken Sie die gefundenen Ergebnisse auf Ihrem Handout.

   c) Gestalten Sie das Handout ansprechend mit lizenzfreien Bildern.

   d) Besprechen Sie mit Ihrer Lehrkraft die Ergebnisse. Wie haben Sie gesucht? Gab es Unterschiede bei der Suche mit logischen bzw. ohne logische Operatoren? Hatten Sie Schwierigkeiten, seriöse Ergebnisse zu finden? Hatten Sie bei einem Suchergebnis das Gefühl, dass es „fake" sein könnte?

Einen interaktiven **Safety-Check** finden Sie in der TRAUNER-DigiBox.

Soziale Netzwerke verantwortungsvoll nutzen

Die Grundlage der sozialen Netzwerke bildet das Web 2.0. Darunter versteht man eine Weiterentwicklung des Internets, durch die die User/innen mit geringem Aufwand Inhalte selbst erstellen und diese mit anderen Userinnen/Usern teilen können.

Dank Smartphones und Co. sind soziale Netzwerke für viele Menschen zu etwas Alltäglichem geworden. Sie werden genutzt, ohne sich viele Gedanken darüber zu machen. Dabei werden kritische Aspekte oft übersehen.

Damit Sie und Ihre Daten online sicher sind, ist ein verantwortungsvoller Umgang mit sozialen Netzwerken entscheidend. Worauf es dabei ankommt, erfahren Sie in diesem Kapitel.

Statt soziale Netzwerke bzw. soziale Medien wird häufig auch der englische Begriff Social Media verwendet. Nutzer/innen werden auch als User/innen bezeichnet.

Meine Ziele

Nach Bearbeitung dieses Kapitels kann ich
- den Begriff Social Media erklären;
- Social-Media-Plattformen und deren Inhalte nach vorgegebenen Gesichtspunkten analysieren;
- soziale Neztwerke verantwortungsvoll nutzen;
- Problemfelder von sozialen Medien erkennen und analysieren.

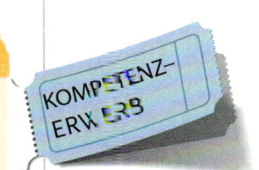

VI Online sicher agieren

1 Richtiges Verhalten im Internet

💬 Diskutieren Sie in der Klasse, welche Verhaltensregeln für das Internet gelten und notieren Sie diese an der Tafel. Überlegen Sie dann gemeinsam, wie man dieser Mitschülerin helfen kann.

Emilia und Jonathan sind schockiert. Gerade haben sie auf INSTAGRAM ein Video gesehen, in welchem eine Mitschülerin aus ihrer Klasse verspottet wird. Die beiden sind aufgebracht: „Wir müssen ihr helfen! Aber was können wir bloß tun?"

❗ Wie auch in der realen Welt gibt es im Internet **gesellschaftliche Regeln**, an die Sie sich halten müssen: **Alles soll fair und rechtlich richtig ablaufen.**

Richtiges Verhalten im Internet
- Netiquette einhalten
- Datenschutz und Recht am eigenen Bild beachten
- Privatsphäre schützen

1.1 Netiquette einhalten

Die Netiquette müssen Sie nicht nur beim Verfassen von E-Mails beachten. Sie gilt für alle Bereiche des Internets, z. B. auch beim Chatten in Foren (Chatiquette) oder in sozialen Netzwerken.

🔗 Mit der Netiquette haben Sie sich bereits im Kapitel „Ab die Post – Briefe und E-Mails schreiben" beschäftigt.

Schon gewusst?
Beachten Sie die folgenden Netiquette-Tipps:
- Vergessen Sie nicht: Hinter jedem Bildschirm sitzt ein Mensch!
- Behandeln Sie jede Person so, wie Sie selbst behandelt werden möchten!
- Beleidigungen, Pöbeleien und rassistische Äußerungen sind untersagt.
- Glauben Sie nicht alles, was Sie im Internet lesen.
- Achten Sie unbedingt auf das Urheberrecht und den Schutz der Privatsphäre.

Ein Mensch, der sich im Internet nicht an die Netiquette hält und pöbelt, wird Troll genannt.

Allzu große Freizügigkeit im Netz kann unangenehme Folgen haben! Das Internet vergisst nichts. Wenn einmal eine persönliche Information oder ein verfängliches Bild von Ihnen im Netz veröffentlicht ist, ist es sehr schwer – oder gar nicht mehr möglich – diese Information bzw. dieses Bild zu entfernen.

💬 Besprechen Sie in der Klasse, was bedenkenlos in sozialen Medien gepostet werden kann und worauf lieber verzichtet werden soll.
Welche persönlichen Informationen geben Sie im Internet preis?

Außerdem können Daten und Bilder ohne Ihr Wissen einfach kopiert, verfremdet und an anderen Orten im Internet wieder zur Verfügung gestellt werden.

388

1.2 Datenschutz und Recht am eigenen Bild beachten

Es darf niemand unbefugt persönliche Daten von anderen erheben, speichern und weitergeben. Das ist ein wichtiges Recht.

> **Datenschutz** bezeichnet das Recht, dass Sie selbst darüber entscheiden, wem wann welche Ihrer persönlichen Daten zugänglich sein sollen.

Das Recht am eigenen Bild

- Auch bei privaten Bildern müssen Sie die **abgebildeten Personen fragen,** bevor Sie diese ins Internet stellen oder über einen Messenger teilen. Sie verletzen sonst das **Recht am eigenen Bild** dieser Personen.
- Überlegen Sie ganz genau, **welche Bilder, Videos usw. Sie von sich preisgeben** und im Internet haben möchten.

> **Schon gewusst?**
> Wenn Sie das Foto nicht selbst geschossen haben, verletzen Sie neben dem Recht am eigenen Bild auch das Urheberrecht.

1.3 Privatsphäre schützen

Vielen ist nicht bewusst, wie viele Leute ihre Profile tatsächlich ansehen. Das Gefühl von Intimität unter digitalen „Freundinnen/Freunden" führt oft zu unangebrachten oder schädlichen Enthüllungen.

> Die **Privatsphäre** bezeichnet Ihren ganz persönlichen Bereich, der **nicht öffentlich** ist und der **nur Sie etwas angeht.** Alle haben ein Recht auf ihre Privatsphäre und sollten von diesem Recht auch Gebrauch machen!

Denken Sie daran, dass Sie durch das Nutzen des Internets unter Beobachtung stehen. Sie hinterlassen immer Datenspuren im Netz, viele davon sind relativ unbedenklich, andere aber nicht! **Geben Sie daher so wenige Informationen von sich preis wie möglich!**

> **Tipps zum Schutz der Privatsphäre**
> - Keine peinlichen Fotos oder Videos machen lassen oder posten!
> - Persönliche Daten geheim halten!
> - Sichere Passwörter verwenden!
> - Computer schützen!
> - Vorsicht bei der Nutzung öffentlicher Computer: Über Cookies kann dein Surfverhalten ausgelesen werden. Sie sollten daher an öffentlich zugänglichen Computern den Browserverlauf löschen, bevor Sie den Rechner ausschalten.

Im Datenschutzgesetz ist geregelt, dass das Mindestalter zur Nutzung sozialer Netzwerke in Österreich 14 Jahre beträgt.

Mit dem Urheberrecht werden Sie sich im zweiten Jahrgang ausführlich beschäftigen.

Niemand darf Fotos von Ihnen posten oder verlinken wenn Sie das nicht wollen!

Diskutieren Sie, ob von Ihnen schon einmal Fotos oder Videos gegen Ihren Willen gepostet wurden. Was haben Sie in dieser Situation gemacht?

Cookies bedeutet übersetzt Kekse, in der Welt der Computer bezeichnet man damit kleine Datenpakete.

VI Online sicher agieren

Sehr viel Interessantes zum Thema sicherer Umgang mit digitalen Medien finden Sie hier:

Saferinternet.at
Das Internet sicher nutzen!

WorkBox – „Richtiges Verhalten im Internet"

- Privatspäre-Rollenspiel.
- a) Spielen Sie in der Klasse ein paar Mal mit verteilten Rollen folgende kurze Szene: A sitzt bei einem Bewerbungsgespräch vor dem Personalchef B. A weiß nicht, ob B bereits peinliche Fotos von ihr/ihm im Internet gesehen hat.
- b) Diskutieren Sie anschließend gemeinsam darüber: Was kann man tun, damit es im richtigen Leben nicht zu einer solchen Szene kommt?

2 Social Media überblicken

Schreiben Sie gemeinsam auf der Tafel auf, welche Social-Media-Anwendungen Sie nutzen. Besprechen Sie, warum Sie sie nutzen und was Ihnen daran gefällt. Diskutieren Sie auch darüber, ob es Plattformen gibt, die Sie nicht nutzen. Wenn ja, warum?

Jonathan findet soziale Netzwerke doof. Er nutzt zwar Messanger-Dienste wie z. B. WHATSAPP und SIGNAL, aber FACEBOOK, TIKTOK und Co. interessieren ihn nicht. Sein Freundeskreis kann das nicht verstehen. Aber Jonathan ist überzeugt: „Auf sozialen Netzwerken sind meine persönlichen Daten nicht sicher. Außerdem gibt es zu viele Trolls und Fake News auf den Plattformen!"

SOCIAL
Sozial bedeutet u. a., dass sich verschiedene Menschen austauschen.

MEDIA
Mit einem Medium verbreitet man Inhalte, also Texte, Fotos, Videos und anderes.

Social-Media-Portale sind digitale Technologien und Medien, über die Nutzer/innen miteinander kommunizieren und Inhalte austauschen können.

2.1 Social-Media-Anwendungen kennenlernen

Es gibt eine Vielzahl an **Social-Media-Anwendungen**. Die unterschiedlichen Plattformen haben verschiedene Einsatzbereiche und Funktionen.

Social-Media-Anwendungen

Kommunikations-plattformen	Online-Wissenssysteme	Multimedia-Plattformen	Unterhaltung
- Blogs (z. B. WORDPRESS oder BLOGGER) - Soziale Netzwerke (z. B. FACEBOOK, TWITTER) - Messaging Dienste (z. B. WHATSAPP)	- Online-Wissenssysteme (z. B. WIKIPEDIA) - Lernplattformen (z. B. MOODLE) - Foren	- Bild- und Videoplattformen (z. B. YOUTUBE, INSTAGRAM, TIKTOK) - Streamingdienste (z. B. NETFLIX) - Podcasts	- Online-Spiele (z. B. MINECRAFT)

In der TRAUNER-DigiBox finden Sie eine POWERPOINT-Präsentation über Social-Media-Anwendungen.

WorkBox – „Social-Media-Anwendungen kennenlernen"

- Social-Media-Plattformen vorstellen.

Teilen Sie sich in der Klasse in neun Gruppen auf. Jede Gruppe stellt ein anderes soziales Netzwerk bzw. einen anderen Kommunikationsdienst im Rahmen einer Präsentation vor. Recherchieren Sie dafür online. Gehen Sie auf die folgenden Punkte ein:
- Allgemeine Informationen zum Netzwerk bzw. zur Plattform
- Aktuelle Zahl der Nutzer/innen
- Funktionen des Netzwerkes bzw. der Plattform
- Kritische Aspekte (Tipp: Suchen Sie dafür gezielt nach Zeitungsartikeln.)

Folgende Netzwerke und Plattformen stehen zur Auswahl:

FACEBOOK   INSTAGRAM   YOUTUBE   TWITTER   SNAPCHAT   TELEGRAM   TWITCH   TIKTOK   WHATSAPP

2.2 Soziale Netzwerke kritisch betrachten

Fast alle Teenager nutzen soziale Medien und geben in ihren Profilen jede Menge private Daten und Bilder weiter. Es tut gut, sich selbst darzustellen und dabei zu testen, was bei anderen ankommt und was nicht, mit verschiedenen Identitäten zu experimentieren, den Selbstwert zu testen, Freundschaften zu pflegen und neue Bekanntschaften zu finden.

Soziale Medien bergen aber auch Gefahren und sollen deshalb nicht leichtfertig genutzt werden.

> Haben Sie **Probleme in einem sozialen Netzwerk,** melden Sie diese sofort an die Seitenbetreiber. Es kann auch hilfreich sein, mit einer erwachsenen Person Ihres Vertrauens zu sprechen.

147 RAT auf Draht

Sie können sich bei Problemen auch anonym bei rataufdraht.at melden.

VI Online sicher agieren

```
                Kritische Aspekte von sozialen Netzwerken
    ┌───────────────┬──────────────────┬──────────────┬──────────────────┐
    │ Internetsucht │ Fake News und    │ Cybermobbing │ Cyberstalking    │
    │               │ Filterblasen     │              │ und -grooming    │
    └───────────────┴──────────────────┴──────────────┴──────────────────┘
```

💡 Der Übergang von einer problemfreien zu einer problematischen Nutzung und Abhängigkeit ist oft fließend.

Internetsucht

Viele Jugendliche laufen gerade bei Computerspielen und sozialen Plattformen Gefahr, süchtig zu werden. Sie sind vom Internet so gefesselt, dass sie ihre gesamte Zeit dieser Tätigkeit widmen und auf alles andere vergessen.

> **Hauptmerkmale von Sucht am Beispiel von Smartphone-Nutzung**
> - Zwang oder zwanghaftes Verhalten: „Ich muss jetzt noch dieses Video auf TIKTOK posten/ansehen." oder „Ich muss dringend die neuesten INSTAGRAM-Posts checken."
> - Kontrollverlust: „Ich kann das Smartphone nicht weglegen/ausschalten."
> - Dosissteigerung: „Ich brauche mehr."
> - Entzugserscheinungen, z. B. Nervosität/Unruhe, wenn das Smartphone nicht dabei ist bzw. nicht genutzt werden kann, z. B. im Unterricht
> - Anhaltender Konsum trotz auftretender Schäden, z. B. Kopf- oder Nackenschmerzen durch die Haltung am Smartphone
> - Vernachlässigung des Freundeskreises, der Familie oder des Berufes

💬 Besprechen Sie gemeinsam, warum fast alle Plattformen bei der Registrierung ein Mindestalter verlangen.

Oft wird im Zusammenhang mit Mediennutzung auch von der **„Fear Of Missing Out" oder kurz FOMO,** also der Angst, etwas zu verpassen, gesprochen. Dieses Gefühl kann natürlich auch unabhängig von technischen Geräten auftreten, z. B. wenn Ihre Freundinnen/Freunde ohne Sie unterwegs sind. Durch Smartphones und soziale Netzwerke wird das Phänomen jedoch zunehmend verstärkt.

💬 Tauschen Sie sich in der Klasse aus. Hatten Sie schon einmal FOMO? Wenn ja, in welchem Zusammenhang?

> **Tipps gegen Suchtverhalten**
> - **Regeln schaffen Klarheit:** Legen Sie bestimmte Tageszeiten fest, wann und wie lange Sie das Smartphone oder das Internet nutzen, Computerspiele spielen etc.
> - **Lassen Sie keine Langeweile aufkommen:** Planen Sie, wie Sie Ihre Zeit ohne Internet, Smartphone, Spiele etc. nutzen möchten, z. B. Freundinnen/Freunde treffen, Sport etc.
> - **Suchen Sie sich Hilfe:** Es ist keine Schande, wenn man allein nicht weiterkommt. Lassen Sie sich von Freundinnen/Freunden und der Familie bzw. von professionellen Beratungsstellen, wie Rat auf Draht, helfen.

Vergiss nicht die richtige Welt draußen. Kein Tablet der Welt kann einen Nachmittag an der Luft oder ein Hobby wie Fußballspielen oder Tanzen ersetzen.

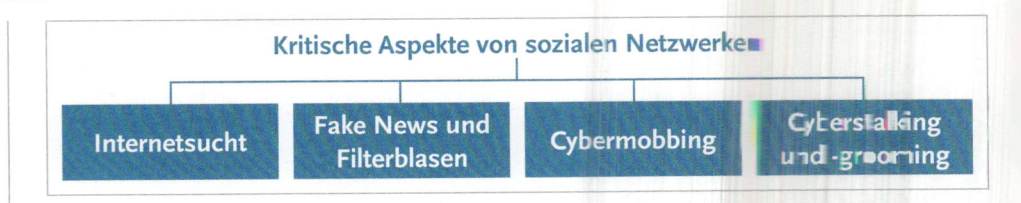

WorkBox – „Social Media überblicken"

- Denken Sie an Ihre eigene Nutzung von sozialen Medien.
  a) Treffen Sie eine Selbsteinschätzung, wie oft täglich bzw. wöchentlich Sie soziale Netzwerke nutzen und wofür. Schreiben Sie diese Einschätzung auf.
  b) Führen Sie für ein bis zwei Wochen ein Mediennutzungstagebuch, in dem Sie alle Ihre Aktivitäten in den sozialen Medien dokumentieren. Vergleichen Sie anschließend Ihre zuvor getroffene Selbsteinschätzung mit dem Ergebnis des Tagebuches. War Ihre Einschätzung zutreffend oder lagen Sie falsch?
  c) Diskutieren Sie die Ergebnisse in der Klasse.

Fake News und Filterblasen

Fake News, also gefälschte Nachrichten oder Berichte, werden absichtlich auf sozialen Plattformen in Umlauf gebracht, um z. B. auf Wahlen oder gesellschaftliche Stimmungen Einfluss zu nehmen.

Sie werden von vielen Userinnen/Usern, ohne die Information zu überprüfen, geteilt und verbreiten sich dadurch rasend schnell.

Fake (engl.) = falsch, vortäuschen, Fälschung.

Schon gewusst?

Im Hintergrund von sozialen Medien sind sogenannte **Algorithmen** aktiv. Wenn man sich für ein Thema interessiert, eine bestimmte Seite liked oder nach einem Produkt sucht, schlagen die Algorithmen ähnliche Seiten oder Produkte vor. So besteht die Gefahr, dass man sich in einer **Filterblase** (auf Englisch Filterbubble) wiederfindet. Das bedeutet, man bekommt nur noch Inhalte angezeigt, die einer bestimmten Richtung entsprechen. Daher ist es wichtig, sich bewusst zu informieren und verschiedene Quellen heranzuziehen.

Websites wie hoaxinfo.de oder mimikama.at sammeln und entlarven Falschmeldungen.

Let's do this! – „Fake News erkennen"

Ausgangssituation

Am Heimweg poppt eine Benachrichtigung auf Emilias Smartphone auf. Einer ihrer FACEBOOK-Freunde hat ein Bild geteilt. Sie kennt die Person hinter dem Post nicht persönlich. Es ist ein Bekannter einer entfernten Verwandten.

> Was?! Das kann nicht echt sein, oder? Das ist doch bestimmt Fake?!

Unsere friday for Future kids. Hahahaha

Quelle: mimikama.at

FILM AB!

Wichtige Tipps, um Fake News zu erkennen, erhalten Sie im folgenden Video: www.trauner.at/fakenews-erkennen

JETZT SIND SIE DRAN!

- Nach kurzer Recherche ist sich Emilia sicher, dass es sich bei dem geposteten Bild um Fake News handelt. Aber wie kann man Fake News erkennen?
  Sammeln Sie in der Klasse Aspekte, an denen man Ihrer Meinung nach Fake News erkennt. Erstellen Sie ein Poster für Ihr Klassenzimmer.

VI Online sicher agieren

Cybermobbing bezeichnet das absichtliche Beleidigen, Bedrohen, Bloßstellen oder Belästigen von Personen im Internet über einen längeren Zeitraum.

Bully bezeichnet die Täterin/den Täter bei Cybermobbing.

💡 Nutzen Sie die Möglichkeit, **Fake-Profile** in sozialen Netzwerken zu melden, damit diese von den Netzwerkbetreibern geprüft und gegebenenfalls gelöscht werden können.

§ Cybermobbing ist in Österreich seit 2016 strafbar! Wenn Sie betroffen sind, sichern Sie alle Nachrichten, Fotos oder Chats (z. B. mithilfe von Screenshots), um im Falle einer Anzeige bei der Polizei Beweise zu haben.

Cybermobbing

Häufig geht Cybermobbing mit Mobbing in der realen Welt einher. Die Opfer kennen dann den Bully oft auch persönlich. Teils wird das Mobbing online weitergeführt, teils beginnt das Mobbing online und setzt sich dann im Schulalltag fort. Aus diesem Grund sind Mobbing und Cybermobbing meistens nicht voneinander zu trennen.

Die Täterin/Der Täter kann aber auch anonym bleiben. Das ist möglich, indem sogenannte Fake-Profile genutzt werden. Dabei erstellen Personen unter falschem Namen und mit falschen Bildern Profile in sozialen Netzwerken. Teilweise werden dafür auch die Daten (Name, Foto) von echten Personen genutzt.

Schon gewusst?
Die meisten sozialen Netzwerke bieten die Möglichkeit, **Personen zu blockieren,** die Sie belästigen. Nutzen Sie diese Möglichkeit, wenn Sie online gemobbt oder gestalked werden. Reagieren Sie auf keinen Fall auf belästigende oder beleidigende Nachrichten und melden Sie die Person(en).

WorkBox – „Cybermobbing"

■ Informieren Sie sich für eine Präsentation über Cybermobbing.

Ausgangssituation
Emilia und Jonathan sind betroffen, weil ihre Klassenkollegin gemobbt wird. Mittlerweile wird sie auch im virtuellen Raum beleidigt und bedroht. Sie haben sich intensiv mit dem Thema beschäftigt und wollen mit einer Präsentation mehr Bewusstsein darüber in der Klasse schaffen.

Erstellen Sie in Kleingruppen Präsentationen zum Thema Cybermobbing. Gehen Sie dabei auf folgende Punkte ein:
- Definition: „Was ist Cybermobbing?"
- Recherchieren und erklären Sie die Unterschiede zwischen Cybermobbing und Offlinemobbing.
- Suchen Sie online nach Tipps und Beratungsstellen im Fall von Cybermobbing.
- Bauen Sie den Link zu einem passenden YOUTUBE-Video ein, z. B. mit Tipps für Opfer von Cybermobbing oder einen Fernsehbericht zum Thema.

Unerwünschte Kontakte im Internet

Das Internet hat es noch leichter gemacht, Informationen über andere Personen einzuholen. Das ist positiv, wenn man z. B. Kontakt zu alten Freundinnen/Freunden oder Schulkameradinnen/-kameraden sucht.

Die leichte Auffindbarkeit im Internet bietet aber auch viele Gelegenheiten für unerwünschte Kontakte.

CYBERSTALKING

- Stalker nehmen wiederholt unerwünscht Kontakt zu anderen Personen auf.
- Das Opfer wird verfolgt und belästigt.
- Der Kontakt erfolgt z. B. über E-Mail, Instant Messages oder soziale Plattformen.

To stalk somebody (engl.) = für jemanden belauern, sich anschleichen, jemandem nachstellen.

Grooming (engl.) = pflegend; Belästigung von Minderjährigen im Internet.

CYBERGROOMING

- Erwachsene suchen mit Fake-Profilen Kontakt zu Kindern und Jugendlichen.
- Sie geben sich als Gleichaltrige aus.
- Sie versuchen z. B. durch Komplimente, Vertrauen aufzubauen.
- Ihr Ziel ist ein persönliches Treffen und der Zwang zu sexuellen Handlungen.

Tipps für mehr Sicherheit im Internet!

- Überlegen Sie vor jedem Posting, wer es sehen kann. Soll die Information, das Bild etc. wirklich für immer im Internet zugänglich sein?
- Achten Sie genau darauf, mit wem Sie online Kontakt haben. Kennen Sie die Person auch offline?
- Geben Sie online niemals persönliche Informationen preis.
- Schalten Sie Ihre Profile, wenn möglich, auf privat und wählen Sie jede Freundschafts- bzw. Followeranfrage sorgsam aus.
- Kontrollieren Sie Ihre Privatsphäre-Einstellungen regelmäßig und schützen Sie Ihre Daten! Telefonnummer, Adresse, Passwörter etc. gehen niemanden etwas an und haben nichts im Internet zu suchen!

WorkBox – „Soziale Netzwerke kritisch betrachten"

- Besprechen Sie in der Klasse, welche Informationen Sie in welchen sozialen Medien preisgeben. Haben Sie Privatsphäre-Einstellungen aktiviert?

WissensCheck – „Soziale Netzwerke verantwortungsvoll nutzen"

1. Beschreiben Sie den Unterschied zwischen Datenschutz, Schutz der Privatsphäre und Urheberrecht. Worum geht es bei den einzelnen Begriffen genau?
2. Erklären Sie, was unter dem Recht am eigenen Bild verstanden wird.
3. Geben Sie Tipps für den respektvollen Umgang im Internet (Stichwort Netiquette).
4. Erklären Sie den Begriff Social Media.
5. Zählen Sie die Kategorien auf, in die Social-Media-Anwendungen unterteilt werden. Nennen Sie jeweils mindestens zwei Beispiele.
6. Nennen Sie Problemfelder, die sich durch die Nutzung von sozialen Medien ergeben können.

VI Online sicher agieren

Ziele erreicht? – „Soziale Netzwerke verantwortungsvoll nutzen"

1. Lesen Sie den folgenden Comic und bearbeiten Sie anschließend die Aufgabenstellungen dazu.

   a) Geben Sie an, gegen welches Gesetz Leon verstößt.

   b) Diskutieren Sie, worauf das Mädchen im Comic in Zukunft achten soll.
   c) Überprüfen Sie die Bilder, die Sie in den letzten Wochen oder Monaten in sozialen Medien gepostet haben. Sind welche dabei, mit denen Sie wie Leon gegen ein Gesetz verstoßen?

2. Lesen Sie den Artikel „Wie funktionieren Filterblasen?" in der TRAUNER-DigiBox und bearbeiten Sie die folgenden Aufgabenstellungen:

   a) Erklären Sie, was unter dem Begriff Filterblase verstanden wird und von wem er geprägt wurde.
   b) Beschreiben Sie den Unterschied zwischen einer Filterblase und der bewussten Auswahl von Printmedien.
   c) Analysieren Sie, warum Filterblasen problematisch sein können.
   d) Diskutieren Sie, wie sich Filterblasen auf die Gesellschaft auswirken können.
   e) Recherchieren Sie online nach Tipps, wie Sie aus einer Filterblase „ausbrechen" können und fassen Sie diese übersichtlich zusammen.

3. Bearbeiten Sie die Aufgabenstellungen zum Umgang mit Problemen in sozialen Netzwerken.

   Ausgangssituation
   Viele Menschen posten in sozialen Netzwerken jeden noch so kleinen und auch privaten Aspekt ihres Lebens. Lesen Sie den Artikel **„Ängste, Sorgen – Warum Menschen ihre seelischen Probleme in sozialen Netzwerken teilen"** und bearbeiten Sie anschließend die Aufgabenstellungen dazu. Sie finden den Artikel in der TRAUNER-DigiBox.

   a) Finden Sie im Artikel Gründe, warum so viele Menschen ihre persönlichen Probleme in sozialen Netzwerken teilen, und markieren Sie diese mit einem Textmarker. Gibt es für die Betroffenen positive Aspekte?
   b) Diskutieren Sie, wie Sie selbst damit umgehen: Posten Sie Ihre Probleme öffentlich? Nehmen Sie an Diskussionen über die Probleme anderer teil?
   c) Im Artikel werden auch Gefahren genannt, die sich durch das öffentliche Teilen von Problemen ergeben können. Analysieren Sie diese im Kontext der Problemfelder von sozialen Medien, die Sie bereits kennengelernt haben.

Einen interaktiven **Safety-Check** finden Sie in der TRAUNER-DigiBox.

VII Themenübergreifende Fallbeispiele

Die themenübergreifenden Fallbeispiele finden Sie in der TRAUNER-DigiBox.

Stichwortverzeichnis

10-Minuter-Abschriften 168
3-2-1-Regel 145
3-D-Modelle 227

A

Abgabestelle 316
Abkürzungen 281
Absatzabstand 221
Absatzausrichtung 209
Absatzeinzüge 212
Absatzformatierung 208
Absenderangabe 313
Alternativtext 231
Analoge Daten 47
ANDROID 90
Anführungszeichen 290
Anlagenvermerk 234
Anrede 322
Anwendungs-Software 85
Apostroph 292
APPLE IOS 90
– MAC OS 90
App-Startfeld 17
Arbeitsspeicher 58
Archivbibliothek 225
Archivbilder 223
Aufgaben des Betriebssystems 88
– in TEAMS 34
Aufstellungen gestalten 273
Aufzählungszeichen 238
Ausgabegeräte 74
Auslandsanschriften 316
Auslassungspunkte 292
Auslassungszeichen 292
Ausrichtung 214
Ausschneiden 185
AutoKorrektur 194
– permanent deaktivieren 254
AutoSpeichern 145

B

Backstage-Ansicht 174
Back-up 145
Back-up-Programm 148
Barrierefreiheit 231
Beilagenvermerk 324
Benutzeroberfläche 100
Bestandteile Empfängeranschrift 314, 317
Betreff 321, 336
Betriebssystem 83, 88
–, Aufgaben 88
Bezugszeichen 318
– ohne Leitwörter 319
Bezugszeichenblock mit Leitwörtern 319
Bezugszeichenzeile 320
Bilder 223

– einfügen 222
– einfügen und formatieren 363
– freistellen 227
Bildformatvorlagen 230
Bildkorrekturen 228
Bildlauf 182
Bildschirm 74
– teilen in TEAMS 32
Bildschirmpräsentation 348
Binäres Zahlensystem 45
Bindestrich 297
Bis-Strich 298
Bits 46
Blocksatz 209
Blu-ray Disc 64
Bookmarks 385
Branchen-Software 86
Briefabschluss 323
Briefbestandteile 310
Briefgestaltung 308
Briefkopf gestalten 313
Brieftext 323
Bussystem 56
Bytes 46

C

CD 64
CD-ROM 64
Chatten 377
Computer herunterfahren 9
– neu starten 9
– sperren 10
– starten 9
–, abmelden vom 10
–, anmelden am 9
Computerkauf 68
Computerspiele 378
CPU 54
Creative-Commons 223
Cybergrooming 395
Cybermobbing 394
Cyberstalking 395

D

Datei löschen 105
– wiederherstellen 105
Dateien in TEAMS hochladen und erstellen 33
– sichern 145
– sortieren 129
– speichern 145
– speichern auf ONEDRIVE 20
– teilen auf ONEDRIVE 22
Dateien und Ordner ausschneiden 134
– – – einfügen 134
– – – erstellen 132
– – – extrahieren 141

– – – komprimieren 141
– – – kopieren 134
– – – umbenennen 133
– – – verschieben 134
– – –, Eigenschaften 137
Dateiendung 139
Datei-Explorer 125
Dateiformate 138
Dateinamenerweiterung 139
Dateiverwaltung 377
– im WINDOWS-Explorer 131
Daten, analoge 47
–, digitale 47
Datenreise durch den Computer 43
Datenschutz 389
Datensicherung, Arten von 146
–, vollständige 145
Datenverarbeitung 43
Datums- und Zeitangaben schreiben 303
Design auswählen 257
Designeffekte 218
Designfarben 218
Designideen 259
Designs in WORD 218
Designschriftarten 218
Desktop 100
Desktop-PC 57
Diagramme einfügen und formatieren 365
Diagrammfilter 368
Diakritische Zeichen 287
Dialogfeld Layout 236
– Rahmen und Schattierung 242
– Schriftart 206
– Seite einrichten 215
– Tabelle 260
– Tabelleneigenschaften 267
Dienstprogramme 84
Digi4School 94
Digitale Daten 47
DIN 5008 230
Diskussionsforen 377
Drag-and-drop 134
Drahtlose Schnittstellen 57
Drei-Stufen-Methode für Kennwörter 118
Druckaufträge verwalten 114
Drucker 75
– installieren 113
Druckoptionen festlegen 180
Durchmesserzeichen 294
DVD 64

E

Eckige Klammern 291
Eigenschaften von Dateien und Ordnern 137

Einfügen 185
Eingabegeräte 71
Einzug 212
–, hängender 212
eLearning 93
Elektronische Speicher 65
E-Mail 377
– Anschrift 336
– Betreff 336
– Signatur 337
– schreiben 334
Emergency-Restart 146
Empfängeranschrift 314
Ergänzungsstrich 297
Ersetzen 192
Et-Zeichen 295
EVA-Arbeitsprinzip 44
Explorer 125
Exponenten schreiben 304
Externe Schnittstellen 56

F

Fake News 383, 393
Feldfunktion anzeigen bzw.
    ausblenden 272
Fenster 12
Festplatte 63
Festplattenarten 63
Festwertspeicher 58
File Transfer 377
Filterblasen 393
Firewall 120
Firmware 84
Folien designen 356
– drucken 352
– kopieren 351
Folienlayout 256
Folienmaster 260
Foliensortierung 348
Folienübergänge 371
Format 214
– übertrager 206, 263
Formatierung 201
Formatvorlagensatz 221
Formen einfügen 224
Freigabe beenden auf ONEDRIVE 23
Full-Image-Dump 146
Füllzeichen 256
Funktionen von Lernplattformen 93

G

Gedankenstrich 297
Gegen-Strich 298
Gehäuse 67
Geldbeträge schreiben 302
Genealogische Zeichen 295
Geschäftsbrief Pflichtangaben 312

Geschwungene Klammern 291
Geteilte Inhalte in ONEDRIVE
    aufrufen 24
GOOGLE 380
– SCHOLAR 382
Gradzeichen 296
Grafikkarte 59
Groß-/Kleinschreibung 204
Großschreibung 159
Großvater-Vater-Sohn-Prinzip 147
Grundreihe 157

H

Hardware 48
Hardware-Komponenten 53
Hardware-Technik 53
Hauptplatine 55
Hauptprozessor 54
Hausnummern schreiben 301
HDMI 57
Hilfsquellen 193
Hochformat 214
Horizontale Linien 243

I

Illustrationen anordnen 231
– anpassen 229
– ausrichten 233
– Größe anpassen 236
– verankern 234
– zuschneiden 236
Incremental Dump 146
Individual-Software 85
Indizes schreiben 304
Informationsbeschaffung 379
Infozeile 320
Initiale 246
Instant Messanger 377
Interne Schnittstellen 56
Internet 377
Internetdienste 377
Internetsuche planen 379
Internetsucht 392
Intranet-/Internetdienstleistungen 86

K

K.I.S.S.-Regel 344
Kaufmännisches und 295
Kennwort 14
– ändern 117
–, sicheres 118
–, Drei-Stufen-Methode für 118
Klammern 291
Kommerzielle Software 92
Kommunikation über TEAMS 29
Kommunikationsschnittstellen 57

Kommunikationszeile 320
Kontoeinstellungen 117
Kopf und Fußzeile in WORD 187
Kopieren 185

L

Laptop 67
Laut vorlesen 197
Lautsprecher 76
Layout 201
Layoutoptionen 232
Lernplattformen 93
–, Funktionen von 93
Lesebereich 348
Lesezeichen 385
Lineal 182
Linksbündig 209
LINUS 90
Lizenz 81
LMS.at 95

M

Magnetband 63
Magnetische Speicher 63
Mainboard 55
Massenspeicher 62
Maustaste 10
–, linke 10
–, rechte 10
Mengen- und Maßangaben
    schreiben 302
Menüfelder in TEAMS 27
Metasuchmaschine 381
MICROSOFT 365 installieren
– 365 -Programme und -Apps 13, 18
– ONENOTE KLASSENNOTIZBUCH 35
– Support 893
– TEAMS 26
– WINDOWS 90
MICROSOFT-Konto 16
MICROSOFT-Suche 193
Mikrozeichen schreiben 303
Minaturansicht 349
Mindmap 335
Minisymbolleiste 205
Minutenzeichen 296
Mittelstrich 297
–, kurzer 297
–, langer 297
Mitteilungszentrale 104
MOODLE 95
Motherboard 55
MS-ACH 13
Multimediaschnittstellen 57
Multimedia Typing 156

Stichwortverzeichnis

N

Navigieren im WINDWOS-Explorer 126
Netiquette 335, 388
Netzlaufwerke 142
– trennen 143
– verbinden 143
Netzteil 67
Neue Folie erstellen 347
Nicht kommerzielle Software 92
Nichtdruckbare Zeichen 208
Normalansicht 347
Notebook 67
Nummerierung 238
Nummerischer Tastenblock 66
Nummernzeichen 296

O

Office.com Einstieg 15
ONEDRIVE FOR BUSINESS 20
– – – installieren 25
ONEDRIVE PERSONAL 25
–, Dateien speichern auf 20
–, Dateien teilen auf 22
–, Freigabe beenden 23
–, geteilte Inhalte aufrufen 24
ONENOTE Abschnittsbereiche 36
– Suchfunktion 37
ONENOTE-Oberfläche in TEAMS 37
Onlinebilder 223
– einfügen und formatieren 363
Onlinevorlagen 350
ÖNORM A 1080 280
Open Source 92
Optische Speicher 64
Ordner freigeben 143
– löschen 105
– sortieren 129
– wiederherstellen 105

P

Papierkorb 104
Paragrafzeichen 293
PC-Maus 71
Pflichtangaben Geschäftsbrief 312
Piktogramme 225
Platzhalter 347
– anordnen 257
– erstellen 256
– löschen 257
Plug-and-play 65
Position 232
POWERPOINT Ansichtsarten 347
– Kopf- und Fußzeile 351
POWERPOINT-Designer 259
POWERPOINT-Oberfläche 346
Präsentation 343
– Aufbau 344
– bearbeiten 351

– Checkliste 343
– Gestaltungsrichtlinien 344
Präsentationsansichten 347
Präsentationstools 345
Privat- und Geschäftsbrief
  unterscheiden 309
Privatsphäre 389
Profilbild ändern 17
Promillezeichen 294
Protokoll-Software 83
Prozentzeichen 294

Q

Querformat 214

R

Rahmen 262
– übertragen 263
Rahmenlinien 241
RAM 58
RAM-ROM Unterschied 59
Rechenzeichen 287
Rechnen in Tabellen 270
Recht am eigenen Bild 389
Rechtsbündig 209
Rechtschreib- und
  Grammatikprüfung 195
Referentenansicht 349
Register Diagrammentwurf 366
– Format 367
– Layout 264
– Tabellenentwurf 262
Registerkarten in TEAMS 28
Risiken von WLAN-Hotspots 115
ROM 58
Römische Zahlen schreiben 304
Rückgängig machen 186
Runde Klammern 291

S

Satzzeichen 287
Scanner 72
Schaltfläche Start 102
Schattierungen 241
Schnellformatvorlagen 219, 258
Schnittstellen 56
–, drahtlose 57
–, externe 56
–, interne 56
Schrägstrich 300
Schreibschutz 137
Schriftart ändern 203
Schriftfarbe ändern 205
Schriftgröße anpassen 203
Seite einrichten 214
Seitenfarbe 216
Seitenformatierung 214
Seitenhintergrund 215

Seitenränder 214, 216
Seitenzahlen einfügen in WORD 188
Sekundenzeichen 296
Serversoftware 84
Shortcuts WINDOWS 17
Sicherungskopie 145
Silbentrennung 193, 209
Sitzposition 155
SmartArt-Grafiken einfügen und
  formatieren 359
Smartphone 67
Social Media 390
Social-Media-Anwendungen 391
Software 48
– deinstallieren 112
– installieren 111
– kaufen 91
–, kommerzielle 92
–, nicht kommerzielle 92
–, Open Source 92
Software-Arten 83
Soundkarte 60
Soziale Netzwerke 377
– – kritisch betrachtet 391
Speicher, elektronische 65
–, magnetische 63
–, optische 64
Speicherkapazitäten umrechnen 46
Speicherkarte 65
Speicherort festlegen 173
Speicherorte 126
Spitze Klammern 291
Sprache einstellen 196
Sprachsuche 381
SSD 65
Standarddrucker festlegen 113
Standard-Software 85
Startmenü 102
Steuerleiste 17
Straßennamen schreiben 316
Streaming 378
Streckenstrich 299
Suche nach wissenschaftlicher
  Literatur 382
Suchen 191
Suchergebnisse auswerten 382
– einschränken 127
– sammeln 384
Suchfeld 127
Suchmaschinen 380
Summen schreiben 304
Symbole 246
Synonym 196
System-Software 83

T

Tabelle einfügen 260
– formatieren 263
Tabellen 259
– einfügen und formatieren 365

Stichwortverzeichnis

Tabellenelemente 259
– einfügen 265
– löschen 265
– verschieben 266
Tabellenformatoptionen 262
Tabellenformatvorlagen 262
Tabellenstruktur 264
Tablet 67
Tabstopp 253
Tabstopp-Arten 253
Tabstoppposition 253
Tabstopps ändern 256
– löschen 256
– setzen 254
Tabulatortaste 253
Taskleiste 100
–, Programme anheften an der 101
–, Programme löschen von der 101
Task-Manager 106
Tastatur 71, 153
Tastenblock, nummerischer 166
Tastenfeld 153
TEAMS, Aufgaben in 34
–, Bildschirm teilen in 32
–, Dateien hochladen und erstellen 33
–, Kommunikation über 29
–, Menüfelder in 27
–, Registerkarten in 28
TEAMS-Besprechungen 30
TEAMS-Oberfläche 27
Technische Probleme lösen 77
Telefon- und Faxnummern schreiben 303
Text einfügen 184
– erfassen 183
– in Tabelle ausrichten 266
– korrigieren 183
– markieren 183
Textausrichtung im Platzhalter ändern 362
Texte im Platzhalter formatieren 362
– mit Stichwörtern gliedern 273
Texteffekte und Typografie 204
Textfelder 244
– formatieren 245

–, benutzerdefinierte 244
–, integrierte 244
Texthervorhebungsfarbe 205
Textrichtung im Platzhalter ändern 362
Textumbruch 232
Textverarbeitungsprogramme 172
Thesaurus 196
Tippübungen 157
Touchscreen 72
TRAUNER-DigiBox 94
Trennstriche 190

U

Unternehmensinformationen 327
Unterschrift im Privatbrief 324
Unterschriftenblock 324
Updates 110
USB 57
USB-Stick 65

V

Vater-Sohn-Prinzip 147
Verhältniszeichen 296
Verknüpfungen 135
Verschieben 185
Verteilervermerk 325
Vertikale Linie 256
Videotelefonie 377
Visualisierung 343

W

Wasserzeichen 216
Webkataloge 382
Wiederherstellen 186
WINDOWS Shortcuts 11
– steuern 10
WINDOWS-Einstellungen 109
WINDOWS-Hilfe 107
WINDOWS-Sicherheit 120
WINDOWS-Suche 103
WINDWOS-Explorer 125
– Ansichtsarten 128

–, Oberfläche 125
–, starten 125
–, Vorschau und Details 128
–, Dateiverwaltung im 131
–, navigieren im 126
WLAN 57
WLAN-Hotspots 115
–, Reichweiten von 115
WLAN-Verbindung 115
WORD als ADOBE-PDF speichern 178
– Ansichtsarten 181
– Dialogfelder 173
– Menüband 173
– starten 172
–, Kopf- und Fußzeile in 187
–, Seitenzahlen einfügen in 188
WordArt 246
WORD-Designs 218
WORD-Dokument drucken 179
– erstellen 176
– freigeben 180
– öffnen 176
– schließen 176
– speichern 176
WORD-Formatierungsarten 201
WORD-Formatvorlagen 219
WORD-Hilfe 193
WORD-Oberfläche 173
Wortersatzzeichen 293
WWW 377

Z

Zahlensystem, binäres 45
Zahlentraining 165
Zeichenformatierung 201
Zeile- und Absatzabstand 210
Zeilenumbruch, manuell 208
Zellen teilen 266
– verbinden 266
Zellgröße anpassen 266
Zentriert 209
Zollzeichen 294
Zwischenablage 185

401

Übungsverzeichnis

AI Tech_v.dotx 340
AI Tech1.docx 340
Anführungszeichen1.docx 290
Apostroph_und_Auslassungszeichen1.docx 292
Aufstellung.docx 275
Ausgabenliste.docx 261, 355
Ausgabenliste1.docx 261, 263
Ausgabenliste2.docx 263, 271
Ausgabenliste3.docx 271

Barzahlung_u.docx 354
Barzahlung1.docx 354
Bauwelt_Mail1.docx 339
Bauwelt_v.dotx 339
Bauwelt1.docx 339
Bezugszeichen1.docx 320
Bike_u.docx 277
Bike1.jpg 277
Bike2.docx 277
Bike3.docx 277
Bildkorrekturen.docx 229
Bildlauf_u.docx 182
Briefabschluss1.docx 326
Briefkopf_IhrName.docx 313

Deutsch_11-24.docx 179
Diakritische Zeichen1.docx 289
Duke1.docx 278
Duke2.jpg 278
Duke3.jpg 278

Edelsteine_u.docx 217
Edelsteine1.docx 217
Edelsteine2.docx 217
Eigenschaften_Familienname.docx 40
EKU_Mail1.docx 339
EKU_v.dotx 339
EKU1.docx 339
Empfängeranschriften_privat_u.docx 317
Empfängeranschriften_privat1.docx 317
Empfängeranschriften1.docx 318, 323
Empfängeranschriften_Anreden1.docx 323

Ferialpraxis-Bewerbung1.docx 329
Flamingos1.docx 213, 226
Flamingos2.docx 226, 237
Flamingos3.docx 237
Formen1.docx 225
Freilichtmuseum_u.docx 306
Freilichtmuseum1.docx 306
Freistellen.docx 228
Froschkönig_u.docx 249
Froschkönig1.docx 249

Geburtstagsliste.docx 34
Gitarrenarten_akustisch.jpg 233
Gitarrenarten_alle.jpg 233

Gitarrenarten_elektro.jpg 233
Gitarrenarten_halbakustisch.jpg 233
Gitarrenarten_u.docx 220
Gitarrenarten1.docx 220, 224
Gitarrenarten2.docx 224, 231
Gitarrenarten3.docx 231, 233
Gitarrenarten4.docx 233

Haare_färben1.docx 169
Hilfetext1.docx 198
Holz_u.docx 250
Holz1.docx 250

Kaiserschmarrn_u.docx 243
Kaiserschmarrn1.docx 243
Kalorien1.docx 264
Kaufvertrag1.pptx 349, 352
Kaufvertrag2.pptx 352
Klammern1.docx 291
Klassenliste1.docx 256
Klassenliste2.docx 256
Kleidung1.docx 170
Komponisten_u.docx 239
Komponisten1.docx 239
Kreuzfahrt.pptx 371
Kündigung-Handyvertrag1.docx 329
Kürbis_u.docx 213
Kürbis1.docx 213

Liedtext_u.docx 207
Liedtext1.docx 207
London1.pptx 359, 364
London2.pptx 364, 372
London3.pptx 372
Lyrics_u.docx 188
Lyrics1.docx 188, 196
Lyrics2.docx 196, 197
Lyrics3.docx 197

Mail_X.zip 127, 131
Medaillenspiegel1.docx 261, 272
Medaillenspiegel2.docx 272
Mittelstrich_u.docx 300
Mittelstrich1.docx 300
Mittelstriche.docx 299
Mode_v.dotx 332
Mode1.png 332
Mode2.docx 332
Musikepochen_u.docx 243
Musikepochen1.docx 243
Musikgenuss_u.docx 191
Musikgenuss1.docx 191, 192
Musikgenuss2.docx 192

Öffnungszeiten_u.docx 257
Öffnungszeiten1.docx 257
Olivenöl_u.docx 222
Olivenöl1.docx 222
Olympia1.docx 263

Olympia2.jpg 263
Olympia3.jpg 263
Olympiade1.docx 271

Paris1.pptx 358
Paris2.pptx 358, 364
Paris3.pptx 364
Paris4.jpg 364
Paris5.jpg 364
Pflanzkraft_u.docx 240
Pflanzkraft1.docx 240
Piktogramme_u.docx 225
Piktogramme1.docx 226
Post_v.dotx 331
Post1.docx 331
Posthof_v.dotx 333
Posthof1.jpg 333
Posthof2.jpg 333
Posthof3.docx 333

Rankl_v.dotx 332
Rankl1.docx 332
Rechenzeichen1.docx 289
Refrain_u.docx 186
Refrain1.docx 34, 186
Refrain2.docx 186
Reisetipps1.pptx 361, 368
Reisetipps2.pptx 368
Reisetipps4.jpg 368
Reisetipps5.pptx 368
Reisetipps6.png 361
Rundwanderung_u.docx 251
Rundwanderung1.docx 251

Salzkammergut_u.docx 249
Salzkammergut1.docx 249
Schnelltabelle_u.docx 269
Schnelltabelle1.docx 269
Schrägstrich1.docx 301
Sebastian_Mailer.zip 149
Seenland_u.docx 229
Seenland1.jpg 229, 235
Seenland2.jpg 229, 235
Seenland3.docx 230, 229
Seenland4.docx 230, 235
Seenland5.docx 235
Sinne_u.docx 245
Sinne1.docx 245
Songtext.docx 202, 210
Songtext1.docx 210, 211
Songtext2.docx 211, 216
Songtext3.docx 216
Songwriting_u.docx 199
Songwriting1.docx 199
Speisekarte_u.docx 276
Speisekarte1.jpg 276
Speisekarte2.docx 276
Sport1.docx 247
Sportarten_u.docx 221

402

Sportfest.docx 268
Stichwörter1.docx 274
Strassennamen_u.docx 317
Strassennamen1.docx 317
Symbole1.docx 247

Tabelle1.docx 268
Tanzarten_u.docx 187
Tanzarten1.docx 187
Tanzarten2.docx 187
Tanzen_u.docx 185
Tanzen1.docx 185
Tasche1.jpg 268
Tasche2.jpg 268
Tasche3.jpg 268
Tasche4.jpg 268
Tasche5.jpg 268
Tasche6.jpg 268
Tasche7.jpg 268
Tasche8.jpg 268

Tasche9.jpg 268
Tasche10.jpg 268
Tasche11.jpg 268
Tasche12.jpg 268
Tasche13.docx 268
Technische_Probleme_lösen.docx 78
Teilen.docx 181
Trennzeichen_u.docx 264
Trennzeichen1.docx 264
Turnier1.docx 258

Übung.zip 142
Urlaub1.pptx 374
USA1.pptx 373
USA2.jpg 374
USA3.jpg 374
USA4.jpg 374

Wasserfälle_u.docx 207
Wasserfälle1.docx 207, 212

Wasserfälle2.docx 212, 237
Wasserfälle3.docx 237
Wellness_u.docx 251
Wellness1.docx 251
Westküste_u.docx 218
Westküste1.docx 218, 221
Westküste2.docx 221
Wettervorhersage_u.docx 258
Wettervorhersage1.docx 258
Wipptalerger_v.dotx 340
Wipptalerger1.docx 340
Worter1.docx 246

Zeichen1.docx 294
Zeichen2.docx 295
Zeichen3.docx 296
Ziffern und Zahlen_u.docx 305
Ziffern und Zahlen1.docx 305
Zusammenfassung1.docx 305

Bildnachweis

Redaktionelle Bilder
S. 7: Microsoft Apps © Teda Images – stock.adobe.com
S. 8: Microsoft 365 © PhotoGranary – stock.adobe.com
S. 13: Browser office.com © Rustam Kholov – stock.adobe.com
S. 13: Microsoft Icons © wachiwit – stock.adobe.com
S. 19: Microsoft Teams © Jens Hertel – stock.adobe.com
S. 25: Microsoft OneDrive © IB Photography – stock.adobe.com
S. 31: Microsoft Teams © Luca Lorenzelli – stock.adobe.com
S. 49: Musik © Koshiro – Shutterstock.com
S. 57: Bluetooth © stas11 – stock.adobe.com
S. 83: Software © wachiwit – stock.adobe.com
S. 83: Windows 11 © dy13 – stock.adobe.com
S. 88: Windows 11 © Sa – stock.adobe.com
S. 99: Windows 11 © dy13 – stock.adobe.com
S. 101: Windows Taskleiste Word © prima91 – stock.adobe.com
S. 109: Windows 11 Einstellungen © curtbauer – stock.adobe.com
S. 111: Microsoft Store © PixieMe – stock.adobe.com
S. 137: Windows 11 Startmenü © Wirestock – stock.adobe.com
S. 143: Microsoft OneDrive © Aleksei – stock.adobe.com
S. 144: Windows Explorer © PixieMe – stock.adobe.com
S. 171: Office 365 © denizn – stock.adobe.com
S. 355: PowerPoint © morticellllo – stock.adobe.com
S. 380: FIFA © icemanphotos – Shutterstock.com
S. 387: Microsoft Teams © Natee Meepian – stock.adobe.com
S. 392: Social Media © Aleksei – stock.adobe.com

Kostenlos zur Verfügung gestellt
S. 21, 26, 37: Foto Mag. (FH) Martina FLORIAN
S. 55: Motherboard, Gigabyte.com
S. 60: Soundkarte, BoostBoxx
S. 62: SSD, Samsung
S. 259: Foto Daniel Lerner, KTM AG
S. 380: Karikatur www.der-cartoon.de
Logos gelten als gemeinfreie Bilder.

Alle weiteren Bilder und Grafiken sind Eigentum der TRAUNER Verlag + Buchservice GmbH bzw. wurden von Bildagenturen zugekauft (shutterstock, stock.adobe.com).